몰락의 에티카

몰락의 에티카

신 형 철 평 론 집

문학동네

책머리에

> 나는 사랑하노라.
> 몰락하는 자로서가 아니라면 달리 살 줄 모르는 사람들을.
> ─니체, 『차라투스트라는 이렇게 말했다』

1

나는 늘 몰락한 자들에게 매료되곤 했다. 생의 어느 고비에서 한순간 모든 것을 잃어버리는 사람은 참혹하게 아름다웠다. 왜 그랬을까. 그들은 그저 모든 것을 다 잃어버리기만 한 것이 아니었다. 전부인 하나를 지키기 위해 그 하나를 제외한 전부를 포기한 것이었다. 그래서 그들은 텅 빈 채로 가득 차 있었고 몰락 이후 그들의 표정은 숭고했다. 나를 뒤흔드는 작품들은 절정의 순간에 바로 그런 표정을 짓고 있었다. 그 표정들은 왜 중요한가. 몰락은 패배이지만 몰락의 선택은 패배가 아니다. 세계는 그들을 파괴하지만 그들이 지키려 한 그 하나는 파괴하지 못한다. 그들은 지면서 이긴다. 성공을 찬미하는 세계는 그들의 몰락을 이해하지 못한다. 그들 덕분에 세계는 잠시 혼란에 빠질 것이다. 그들은 스스로 몰락하면서 이 세계의 완강한 일각을 더불어 침몰시킨다. 그 순간 우리의 생이 잠시 흔들리고 가치들의 좌표가 바뀐다. 그리고 질문하게 한다. 어떤 삶이 진실하고 올바르고 아름다운 삶인가. 이 질문은 본래 윤리학의 질문이 아닌가. 그렇기 때문에 각각의 몰락은 하나씩의 질문을 낳고 그 질문과 더불어 새로운 윤리학이 창안된다. 그러나 한국어 '윤리학'은 다급한 질문보다는 온화한 정답을, 내면의 부르짖음보다는 외부의 압력을 떠올리게 한다. 그 뉘앙스가 버성겨서 나는 저 말의 라틴어인 '에티카'를 가져왔다. 문학이란 무엇인가. 몰락의 에티카다. 온 세계가 성공을 말할 때 문학은 몰락을 선택한 자들을 내세워 삶을 바꿔야 한다고 세계는 변해야 한다고 말한다. 지금까지 그래왔고 앞으로도 그러할 것이다. 문학이 이런 것이라서 그토록 아껴왔거니와, 시정의 의론(議論)들이 아무리 흉흉해도 나는 문학이 어느 날 갑자기 다른 것이 될 수 있다고 생각하지 않는다. 이런 생각들이 머릿속에서 가지런해지던 날 나는 책을 묶을 수 있겠다고 생각했다. 책의 제목은 그때 정해졌고 결국 바뀌지 않았다. 그 책을 이제야 낸다.

2

1부에는 소설에 관해 쓴 글들을 묶었다. 1부의 부제를 소설과 윤리라고 해도 좋다. 어떤 경우에도 소설은 삶보다 위중할 수 없다. 윤리학의 질문은 소설 이론의 어떤 질문보다 중요하다. 쓰기 위해 사는 것이 아니라 살기 위해 쓰는 것이다. 윤리적으로 급진적인 소설들이 문학적으로도 훌륭하다는 것을 보여주려 했다. 2부에는 2000년대 중반에 등장한 젊은 시인들에 대해 쓴 글들을 묶었다. 2부의 부제를 시와 전위라고 해도 좋다. 시는 가장 개인적인 언어로 가장 심층적인 세계를 가장 무책임하게 주파하는 장르다. 그래서 당대 언어예술의 맨 앞자리에 있을 수 있다. 나는 늘 난해함에는 관대했지만 태만함에는 냉담했다. 학생들에게 가르치기 편한 시를 써달라고 시인들에게 떼를 쓰는 비평가들이 답답했다. 이런 와중에 쓴 글들이라 더러 억지스럽고 생경한 대목들도 있을 것이다. 간혹 오해를 받기도 했지만 내가 옹호하려 한 것은 난해한 시가 아니라 다른 언어, 다른 세계, 다른 삶을 말하는 시였고, 내가 비판하고자 한 것은 쉬운 시가 아니라 관습적이고 태만하고 타협적인 시였다. 4부에 묶은 글들은 시사(詩史)의 초안처럼 읽히면 좋겠다. 이 어설픈 글들은 언젠가 공부가 깊어지면 쓰게 될 한국 현대시사 속으로 녹아들 것이다. 3부와 5부에는 주로 단행본에 수록된 '해설'들 중에서 골라 묶었다. 나 자신 훌륭한 해설들의 애독자였기 때문에 마다하지 않았고 텍스트의 미덕을 찾아내는 훈련이 되었기 때문에 쓰면서 기꺼웠다. 읽고 또 읽어 마침내 내가 쓴 글처럼 보일 때 「작가의 말」을 쓴다는 기분으로 썼지만, 그 안에 나의 인장(印章)을 분명히 찍어넣기 위해 노력했다. 나는 이 줄타기가 난감하기보다는 즐거웠다.

3

다음 두 개의 명제를 늘 붙들고 있다. "예술에 열광하는 것은 비평가와는 무관하다. 그의 손 안에서 예술작품은 정신들의 투쟁 속에서 번뜩이는 칼이다."(발터 벤야민, 『일방통행로』) "사람들은 비평이라는 말을 들으면, 바로 판단이라든가 이성이라든가 냉안(冷眼)이라든가 하는 단어를 떠올리지만, 그와 동시에 애정이라든가 감동을 비평과 동떨어진 것으로 생각한다. 그런 식으로 생각하는 사람들은 비평에 대해서 아무것도 모르는 사람들이다."(고바야시 히데오, 「비평에 대해서」) 이 두 명제를 모두 존중한다. 가능하다면 그 둘 모두를 내 글이 감당했으면 좋겠다. 그러나 나는 후자의 위치에 설 때 더 행복했다. 나에게는 보편성과 객관성에 대한 야망이 많지 않다. 나는 차라리 압도적인 특수성 혹은 매혹적인 주관성이고 싶다. 나에게 비평은 아름다운 것들에 대해 아름답게 말하는 일이다. 아름다운 글을 쓰고 싶다고 말할 때 나는 절박하다. 나는 부조리하고 이기적이며 무책임한 사람이다. 많은 상처를 주었고 적은 상처를 받았다. 이 불균형 덕분에 지금까지 살아왔고 앞으로도 살아갈 것이다. 그래서 무엇보다 나 자신을 위해, 오로지 나의 삶을 나의 글로 덮어버리기 위해 썼다. 문학이 아니었으면 정처 없었을 것이다. 내가 나 자신을 혐오하지 않으면서 말할 수 있는 단 하나의 진실이 있다면 이것이다. 나는 문학을 사랑한다. 문학이 나를 사랑하지 않아도 어쩔 수가 없다.

4

그간 인연을 맺은 여러 출판사의 편집자들이 인내하고 채근하지 않았더라면 나는 어떤 글도 끝내 완성하지 못했을 것이다. 나로 인해 고통을 겪은 그분들에게 사죄한다. 이 글들을 쓰는 동안 서울대학교 대학신문사가 든든한 버팀목이 돼주었다. 여러 선생님들과 후배 기자들에게 존경과 우정의 인사를 전한다. 후배이자 친구인 은형은 내 초고의 가장 명석하고 정직한 독자가 되어주어 나를 감동시켰고 책을 만드는 과정에서는 나의 의도에 부합하는 톰 헌터의 사진을 소개해주어 나를 기쁘게 했으니 고맙고 또 고맙다. 이 책의 출간을 뒷바라지해준 오경철 팀장, 탁월한 능력으로 원고를 매만져준 고경화씨에게 감사의 인사를 전한다. 강태형 사장님, 염현숙 국장님, 조연주 차장님께도 늘 고맙다. 추천사를 써주신 남진우, 은희경, 권혁웅 선생님께 감사드린다. 나는 이 세 분의 팬이다. 은사이신 신범순 선생님께 이 엉성한 책에 추천사를 부탁하는 만용을 부렸다. 더 넓어지고 깊어지는 것이 존경하는 선생님께 보답하는 길이라고 믿는다. 4년 전에 첫 글을 발표한 지면이 『문학동네』다. 편집위원 여섯 분 선생님의 가르침과 격려 덕분에 부끄러운 줄도 모르고 써왔다. 마지막 글을 발표하는 지면도 『문학동네』가 되면 좋겠다. 사랑하는 나의 어머니 박영자 여사는 변변찮은 한 사내의 곁을 서른세 해 동안 홀로 지켜주었다. 그 사랑의 지구력만큼 나를 겸허하게 만드는 것은 이 세상에 없다. 책을 좋아하고 작가를 존경하는 분의 아들로 태어난 것은 나의 행운이다. 어머니가 해주신 밥 먹으면서 이 글들을 썼다. 어머니가 쓰신 책이므로,

어머니에게 드린다.

2008년 12월
신형철

차례

책머리에 · 5

프롤로그　몰락의 에티카_ 21세기 문학 사용법 · 13

제1부 만유인력의 서사학

만유인력의 소설학 _ 김영하, 강영숙, 박민규의 장편을 통해 본 '소설과 현실' · 23
속지 않는 자가 방황한다 _ 김훈 소설에 대한 단상 · 44
오이디푸스 누아르_ 영화 〈올드보이〉를 위한 10개의 주석 · 62
수음하는 오디세우스, 노래하는 세이렌 _ 「무진기행」의 한 읽기 · 86
아포리아의 제국 _ 박성원의 소설 · 115
당신의 X, 그것은 에티카 _ 김영하의 90년대와 배수아의 2000년대 · 142
보유　우리가 '소설의 윤리'를 말할 때 너무 많이 한 말과 거의 안 한 말
　　　_ 세 편의 평론에 대한 노트 · 163

제2부 전복을 전복하는 전복

문제는 서정이 아니다 _ 웰컴, 뉴웨이브 · 181
진실은 앓는 자들의 편에 _ 2005년, 뉴웨이브 진단 소견 · 204
스키조와 아나키 _ 2000년대 한국시의 정치학 · 231
시적인 것들의 분광(分光), 코스모스에서 카오스까지 _ 2006년 여름의 한국시 · 247
전복을 전복하는 전복 _ 뉴웨이브 총론 · 271
보유　미니마 퍼스펙티비아(minima perspectivia) _ 시의 '깊이'에 대한 단상 · 289
감각이여, 다시 한번 _ 김경주의 시에 대한 단상 · 296
보유　시인들이 거기에 있을 때 우리는 무엇을 해야 하는가
　　　_ 필연성과 가능성에 대한 두 개의 단상 · 315

제3부 열세번째 사도들

열세번째 사도의 슬픈 헛것들 _ 남진우, 『새벽 세시의 사자 한 마리』 · 329

시뮬라크르를 사랑해 _ 김행숙, 『이별의 능력』 · 347

어제의 상처, 오늘의 놀이, 내일의 침묵 _ 이민하, 『음악처럼 스캔들처럼』 · 369

어쩐지 록 스피릿! _ 문혜진, 『검은 표범 여인』 · 391

이렇게 헤어짐을 짓는다 _ 이병률, 『바람의 사생활』 · 408

감춤을 드러내고 드러냄을 감추는 일 _ 장석남의 시 · 419

애도하는 오르페우스, 그리고 그 이후 _ 김근의 시 · 432

제4부 그가 누웠던 자리

시선의 정치학, 거울의 주체론 _ 이상의 시 · 457

그가 누웠던 자리 _ 윤동주의 「병원」과 서정시의 윤리학 · 502

이 사랑을 계속 변주해나갈 수 있을까 _ 김수영의 '사랑'에 대한 단상 · 513

시적인 것, 실재적인 것, 증상적인 것 _ 황지우의 시론 · 528

반성적 에피큐리언의 초상 _ 오생근의 시론 · 554

불타는 사랑기계들의 연대기 _ 김혜순의 연애시 · 574

시는 섹스를 한다 _ 한국시, 체위의 역사 · 596

제5부 고독한 인간의 지도

거대한 고독, 인간의 지도 _ 은희경, 『아름다움이 나를 멸시한다』 · 617

정치적으로 올바른 아담 _ 이기호, 『갈팡질팡하다가 내 이럴 줄 알았지』 · 629

욕망에서 사랑으로 _ 천운영, 『그녀의 눈물 사용법』 · 650

섬뜩하게 보기 _ 편혜영, 『사육장 쪽으로』 · 666

남근이여, 안녕 _ 오현종, 『본드걸 미미양의 모험』 · 679

소녀는 스피노자를 읽는다 _ 김애란, 『달려라, 아비』 · 693

현실의 비관주의, 문학의 낙관주의 _ 김영찬, 『비평극장의 유령들』 · 709

에필로그 울음 없이 젖은 눈 _ 김소진에 대해 말하지 않기 · 715

발표 지면 · 722

일러두기

이 책을 묶으며 덧붙인 주석은 〔 〕로 표시한다.

| 프롤로그 |

몰락의 에티카
— 21세기 문학 사용법

1

　문학은 불가피하다. 인간이 말하고 행동하는 존재이기 때문이다. 아니, 그 말과 행동이 형편없는 불량품이기 때문이다. 말이 대개 나의 진정을 실어나르지 못하기 때문이고 행동이 자주 나의 통제를 벗어나기 때문이다. 가장 친숙하고 유용해야 할 수단들이 가장 치명적으로 나를 곤경에 빠뜨린다. 왜 우리는 이 모양인가. 개별자의 내면에 '세계의 밤'(헤겔)이, 혹은 '죽음충동'(프로이트)이 있기 때문이다. 부분 안에 그 부분보다 더 큰 전체가 있다는 역설, 살고자 하는 것 안에 죽고자 하는 의지가 내재하고 있다는 역설 때문이다. (내가 부정해야만 하는 혹은 나를 부정하려 드는 '그것'을 독일관념론과 정신분석학에 기대어 자기-관계적 부정성self-relating negativity이라 부를 수 있다.) 덕분에 말은 미끄러지고 행동은 엇나간다. 과연 나는 내가 아닌 곳에서 생각하고, 내가 생각하지 않는 곳에서 존재하는 것인지도 모른다(라캉). 그러니 내 안의 이 심연을 어찌할 것인가. 그것의 존재를 부인하는 일(신경증)은 쉬운 일이고 그것에 삼켜지는 것(분열증)은 참혹한 일이다. 어렵고도 용기 있는 일은 그것과 대면하는 일이다. 그 심연에서 나의, 시스템의, 세계의 '진실'을 발굴해내는 일이다. 내가 심연을 들여다보면 심연도 나를 바라보겠지만(니체), 그 대치(對峙) 없이는 돌파도 없다. 그것이 시인과 소설가의 일이다.

  말은 미끄러지고 행동은 엇나간다. 말에 배반당하기 때문에 다른 말들을 찾아헤매는 것이 시인이다. 시인들은 말들이 실패하는 지점에서 그 실패를 한없이 곱씹는다. 그 치열함이 시인의 시적 발화를 독려한다. 한편 행동이 통제 불능이라 그 밑바닥을 들여다보려는 자들이 소설가다. 소설가들은 법과 금기의 틀을 위협하는 선택과 결단의 순간을 창조하고 그 순간이 요구하는 진실을 오래 되새긴다. 그것이 소설가의 서사 구성을 추동한다. 요컨대 문학의 근원적 물음은 이것이다. "나는 과연 무엇을 말할 수 있고/없고, 무엇을 행할 수 있는가/없는가?" 말하자면 나의 진실에 부합하게 말하고 행동하는 것이 관건이다. 그날그날의 효율을 위해 이 질문을 건너뛸 때 우리의 정치, 행정, 사법은 개살구가 되고 만다. 문학이 불가피한 것은 저 질문이 불가피하기 때문이다. 문학이라는 제도와 거기서 생산되는 문학 상품들이 불가피한 것이 아니다. 저 질문을 둘러싸고 벌어지는 갖가지 모험들이 불가피한 것이다. 시적인 발화의 실험과 소설적인 행동의 감행이 불가피한 것이다. 다르게 말할 수 있는 가능성을 개시하는 그 모든 발화들에서 시적인 것이 발생하고, 다르게 행동할 수 있는 가능성을 개시하는 그 모든 행위들에서 소설적인 것이 발생한다.

2

 '시적인 것'이란 이런 것이다. 시적 발화는 '빈말'(하이데거)들을 뚫고 나와 격발한다. 그것은 일상적 발화의 문법들과 냉전하면서 미래를 향해 말의 다리를 놓는다. 예컨대 10여 년 전에 강정이 "나의 아름다운 음악을 위해 너는 죽어야 한다"(「아름다운 적」, 『처형극장』, 문학과지성사, 1996)로 시작되는 시를 썼을 때, 그리고 최근에 김경주가 "황혼에 대한 안목(眼目)은 내 눈의 무늬로 이야기하겠다 당신이 가진 사이와 당신을 가진 사이의 무늬라고 이야기하겠다"(「기미幾微」, 『나는 이 세상에 없는 계절이다』, 랜덤하우스코리아, 2005)로 시작되는 시를 썼을 때, 그들의 발화는 놀랍도록 분방했지만 그것은 어딘가 제 안의 심연을 대면하고 돌아온 오르페우스의 목소리처럼 들렸던 것이다. 뛰어난 시인들은 대개 그렇다. 이미지가 울리기 전에, 이야기가 설득하기 전에, 메시지가 가르치기 전에, 이미 그들의 발성 자체가 독자적인 힘을 갖게 되곤 하는 것이다. 이런 시인들은 "시를 삶에 대한 가벼운 복수로 여기는 사람들"(토마스 만, 「토니오 크뢰거」)에게 충고한다. 시란 복수가 아니라 창조라고, 제 안의 심연에서 솟아나오는 한 줄의 발화로 하나의 세계를 창조하는 '기념비'(들뢰즈·가타리)가 시라고 말이다. 이런 난공불락의 발화도 가능하다, 라고 '시적인 것'은 말한다.
 '소설적인 것'이란 이런 것이다. 소설적 행위는 타산적인 행위들을 뚫고 나와 작렬한다. 그것은 쾌락원칙의 기율 안에 엎드려 있는 우리를 가격하면서 '쾌락원칙의 피안'을 넘나드는 실존의 심연을 열어젖힌다. 여기, 이오카스테가 울부짖는다. "오오 불행하신 분이여, 그대가 누구인지 결코 알게 되지 않기를!"(『오이디푸스 왕』 1068행) 이 절규는 모든 '소설적인 것'들이 작렬하기 직전에 깔리는 무시무시한 전조(前兆)다. 그러나 오이디푸스는 자신이 누구인지 알기를 선택하고 끝내 파멸을 향해 간다. 때로 인간은 이렇게 진실이 저 자신을 증명하기 위해 선택하는 제물이 될 수도 있는 것이다. 오이디푸스는 제 눈을 찔렀다. 그로써 '자기 자신'이기를 선택했다. 이것이야말로 '주체화'의 본래 뜻이다. 이것은 고대의 사례지만 뛰어난 근대소설의 경우도 크게 다르지 않다. 뛰어난 소설 속의 인물들은 어떤 식으로든 제 눈을 찌르면서 자기 자신이 '된다'. 그것이 '낭만적 아이러니'(루카치)로 이어지건 '수직적 초월'(지라르)로 이어지건, 그보다 먼저 세계에 맞서 기꺼이 몰락하기를 선택하는 인물 없이는 '소설적인 것'이 발생할 수 없다. 이런 전대미문의 행위도 가능하다, 라고 '소설적인 것'은 말한다.

시와 소설은 그렇게 어떤 '불가피성'을 겨냥한다. 이를 '애매성'(밀란 쿤데라)이라 해도 좋고 '역설'(서영채)이라 해도 좋다. 이렇게 말할 수밖에 없다는 불가피를, 이렇게 행위할 수밖에 없다는 불가피를 정초한다. 일견 요령부득이지만 기어이 독자를 설복하여 마침내 이 세상에 단 하나뿐인 어떤 절대성이 되고 기원이 된다. 이를테면 랭보라는 절대성이 되고 햄릿이라는 기원이 된다. 철학과 정신분석학은 그 불가피성을 해명하려 애쓰는 와중에 자신의 체계를 재정비할 것이다. 그 불가피성은 물론 인간과 시스템의 오작동이지만, 진실은 바로 그 오작동 안에 있을 것이기 때문이다. 이 모두를 일러 '문학적인 것'이라 부를 수 있다. 비평가는 시집과 소설책을 읽는 사람이 아니라 '문학적인 것'을 발견해내고 그것을 질문으로 전환해내는 사람이다. 그러니 설사 시집과 소설책이 더이상 제작되지 않고 팔리지 않는 22세기가 온다 해도 비평가는 실업을 염려할 필요가 없다. 그는 기어코 어디서든 '시적인 것'과 '소설적인 것'을 찾아낼 것이고 그것을 비평할 것이다. 그러므로 '근대문학의 종언'(가라타니 고진, 『근대문학의 종언』, 조영일 옮김, 도서출판b, 2006)을 믿지 않는 비평가가 있다면 그것은 확실히 실업의 불안 때문이 아닐 것이다.

3

 가라타니가 전하는 바대로라면 한국의 비평가 김종철은 "문학이 정치적 문제에서 개인적 문제까지 온갖 것을 떠맡는다"고 믿었기 때문에 문학을 했고, "언제부터인가 문학이 협소한 범위로 한정되어"버렸기 때문에 문학을 그만두었다. 그가 '온갖 것'이라고 말할 때, 그 말은 거대한 두 팔을 벌려 모든 것을 끌어안는 어떤 거인을 연상하게 만든다. 아마도 그것은 '총체성'이라는 거인일 것이다. 그러나 거인으로서의 문학이 죽었다고 해도 상관없다고 생각한다. 문학은 본래부터 그런 것이 아니었을지도 모른다. 본래 난쟁이였고, 더 작게는 '짱돌'이었으며, 더욱더 작게는 바이러스일지도 모른다. 가장 '협소한' 영역 안에서 가장 '깊게' 침투해들어가는 것이 문학이라 하면 어떨까. 이것은 체념도 합리화도 아니다. 총체성이라는 거인이 연상케 하는 '수평적 포괄'의 뉘앙스 대신 바이러스로서의 문학이 관여하는 '수직적 예리(銳利)'가 또 다른 총체성에 가 닿을 수는 없는 것일까를 묻고 있는 것이다. 넓은 총체성이 아니라 깊은 총체성 말이다. 그러나 그 총체성은 이제 망원경이 아니라 내시경에 가까울 것이다. 전망이 아니라 심연을 보여줄 것이다.
 가라타니는 또 이렇게 말한다. "문학의 지위가 높아지는 것과 문학이 도덕적 과제를 짊어지는 것은 같은 것"이다. 그래서 "그 과제로부터 해방되어 자유롭게 된다면, 문학은 그저 오락이 되는 것"이다. 가라타니는 마치 1950년대의 미국에서, 1980년대의 일본에서, 1990년대의 한국에서, 갑자기 모든 문학이 일제히 윤리와 무관해지기로 결심하기라도 한 듯 말한다. 윤리가 정치의 하위 범주라면 그럴 수도 있을 것이다. 실상 그가 말하는 윤리(도덕)는 대문자 정치에 복속된 윤리에 가깝다. 이 경우 윤리는 국가론과 계급론과 혁명론이라는 거시 전장(戰場)에서 작동할 것이고, (그것이 지배의 정치건 대항의 정치건 여하튼) 특정 정치를 보족하는 윤리가 될 것이다. 그 윤리적 과제를 감당하는 문학은 과연 '지위가 높을' 수도 있을 것이다. 그런 시대는 확실히 종언을 고했는지도 모른다. 그러나 미시 층위에서 문학이 윤리와 무관했던 적이 있었던가. 적어도 그것이 진정한 문학이라면 "지푸라기 하나에서도 큰 싸움을 찾아내는"(『햄릿』 4막 4장) 일을 늘 해왔다. 문학이 본래 그런 것이 아닌가. 정치를 보족하는 윤리가 아니라 정치를 창안하는 윤리를 말해야 한다. 거시 전장에서 '대문자 정치'와 제휴하는 윤리는 더이상 문학의 몫이 아닌지도 모르지만, 미시 전장에서 '마이너리티의 욕망'과 암약하는 문학은 여전히 윤리적일 수 있지 않을까.

다른 총체성이 있고 다른 윤리가 있다고 말하려는 것이다. 근대문학이 종언을 고한 것이 아니라 우리가 근대문학의 '전부'라 믿었던 어떤 '부분'이 괴사(壞死)한 것이다. 괴사한 부분을 절제하면서 한 유기체의 종언을 고하는 일은 쉬운 일이다. 그러나 그 유기체는 기형의 형태로 더러 살아남는다. 실로 오늘날의 문학이 그렇다. 엽기적이고 그로테스크한 내용이 그러하고, 분열증적이고 무정부적인 형식이 또한 그러하다. "초대받은 적도 없고 초대할 생각도 없는 나의 창(窓). 사람들아, 이것은 기형(畸形)에 관한 얘기다."(김경주, 「시인의 말」, 앞의 책) 그러나 이 기형은 총체성의 파편이 아니라 파편으로서의 총체성일 것이다. 혹은 '억압된 총체성'이라 해도 좋다. 문학은 구축하는 초자아의 총체성이 아니라 배제되는 무의식의 총체성이기 때문이다. 그곳에 치명적인 진실이 있으니, 이 기형을 대면하고 돌파하는 일은 윤리적이다. 정신분석이 우리에게 가르쳐주는 것이 있다면 그것은 윤리가 문제되는 자리는 '선(善)'이 아니라 '진실'이라는 것이다. 선의 윤리학과 진실의 윤리학이 있다. 선의 윤리는 시스템을 유지하기 위해 필요한 방호벽이다. 그것은 치명적인 진실의 바이러스를 선의 이름으로 퇴치한다. 반면 진실의 윤리는 시스템을 다시 부팅하는 리셋 버튼이다. 그것은 때로 선이라는 이름의 하드디스크가 말소될 것을 각오한 채 감행되는 벼랑 끝에서의 한 걸음이다. 억압된 총체성이 이 진실의 윤리학과 더불어 작동할 때 어쩌면 종언의 종언은 선언될 것이다.

4

그 진실의 윤리학을 위해 문학은 있다. 혹은 문학 안에서 그 진실이 솟아오른다. 물론 시와 소설의 역할이 같지 않다. 시는 발화들이 모였다가 흩어지는 틈에서 출몰하는 진실을 겨냥하고, 소설은 행위가 감행되고 철회되는 틈에서 발생하는 진실을 조준한다. 그것이 마침내 격발할 때 진실이 분출하고, 문학의 공간은 '사건'(바디우)의 현장이 된다. 본래 모든 사건은 수많은 단서들이 착종되어 있는 거대한 질문이다. 이 진실을 어찌할 것인가, 이제 다시는 진실 이전으로 돌아갈 수 없는데, 이것으로 무엇을 해야 하겠는가. 이 난감한 질문들 속에서 사건현장에는 폴리스라인이 쳐지고 비평은 현장검증을 시작할 것이다. 그러니 문학은 이제 대답하지 말고 질문하라. 문제는 정치(의 윤리)를 위한 대답이 아니라 윤리(의 정치)를 위한 질문이다. 대답하면서 장(場)에 참여하는 것이 아니라 질문하면서 장 자체를 개시(開始)한다. 윤리의 영역에서 모든 질문은 첫번째 질문이고, 모든 첫번째 질문은 이미 하나의 창조다. 발화의 종말과 행위의 파국에서 시와 소설은 시작된다. 그대 자신의 말을, 그대 자신의 행위를 하라. 이를 무로부터의 창조(creation ex nihilo)라 부를 것이다. 문학은 몰락 이후의 첫번째 표정이다. 몰락의 에티카(Ethica)다.

제1부

만유인력의 서사학

소설은 현실을 반영하는 것이 아니라 현실을 먹는다. 이를테면 거울이 아니라 위장이다. 이 점을 간과할 때 오해가 발생한다. 어떤 음식을 먹었는지 충실히 보여주는 위장이 좋은 위장이 아닌 것처럼, 당대적 현실의 세목들을 충실히 반영하고 있는 소설이 꼭 좋은 소설인 것은 아니다. 거울로서의 소설이라는 관념은 끈질기다. 이 관념을 반성하지 않는 비평들은 흔히 소재주의라고 해야 할 어떤 편향에 몸을 싣곤 한다. 그 소재가 무엇이건, 도대체가 미학적으로 태만한 작품은 옹호할 수가 없다.

만유인력의 소설학
—김영하, 강영숙, 박민규의 장편을 통해 본 '소설과 현실'

1. 현실성의 세 층위 — 세계, 문제, 해결

소설은 현실을 반영하는 것이 아니라 현실을 먹는다. 이를테면 거울이 아니라 위장(胃腸)이다. 이 점을 간과할 때 오해가 발생한다. 어떤 음식을 먹었는지 충실히 보여주는 위장이 좋은 위장이 아닌 것처럼, 당대적 현실의 세목들을 충실히 반영하고 있는 소설이 꼭 좋은 소설인 것은 아니다. 거울로서의 소설이라는 관념은 끈질기다. 이 관념을 반성하지 않는 비평들은 흔히 소재주의라고 해야 할 어떤 편향에 몸을 싣곤 한다. 그 소재가 무엇이건, 도대체가 미학적으로 태만한 작품은 옹호할 수가 없다. 소수자 혹은 약소자를 스테레오타입으로 재현하고 감상적인 해결책을 반복하는 작품들은 그것이 리얼리즘이냐 모더니즘이냐를 따지기 이전에 그저 '나쁜 소설'일 뿐이다. 좋은 소설은 늘 현실보다 더 과잉이거나 결핍이고 더 느리거나 빠르다. 좋은 소설에는 '현실 자체'가 있는 것이 아니라 '현실과의 긴장'이 있다. 그래서 현실을 설명하는 (정치학적·사회학적) 2차 담론으로 완전히 환원되어 탕진되지 않는다. 그것이 소설의 길이고, 그것이 소설의 '현실성'을 구성한다.

소설과 현실의 관계를 온당하게 살피기 위해서는 소설의 '현실성'을 적어도 세 가지 층위에서 검토해야 한다. 소설이란 무엇인가. 특정한 '세계'에서 특정한 '문제'를 설정하고 특정한 '해결'을 도모하는 서사 전략이다. 그러니 세계의 현실성, 문제의 현실성, 해결의 현실성을 구별해야 한다. 우리가 살고 있는 이 입체적인 시공간에서 특히 의미 있는 한 부분을 도려내어 서사의 무대로 삼을 경우 '세계의 현실성'이 확보되고, 그 세계 안의 인간이 자신을 둘러싼 세계와 고투하면서 당대의 공론장에서 기꺼이 논의해볼 만한 의제를 산출해낼 때 '문제의 현실성'이 확보되며, 한 사회가 완강하게 구조화하고 있는 '가능한 것'과 '불가능한 것'의 좌표를 흔들면서 '문제의 현실성'을 심화·확장시키는 특정한 선택지를 제출할 때 '해결의 현실성'이 확보된다. 소설의 현실성은 위의 세 단계에서 따로 또 같이 관철되거나 기각될 수 있다.

예컨대 최인훈의 『광장』은 어떤가. 『광장』은 당시의 남한과 북한을 소설적 '세계'로 선택하면서 동서 냉전시대의 보편성과 한반도 분단체제의 특수성을 동시에 포괄할 수 있는 요령(要領)을 점령했고(세계의 현실성), '남(밀실)이냐 북(광장)이냐'라는 민감한 '문제'를 설정하여 당대의 공론장에 뜨거운 의제를 던졌으며(문제의 현실성), 남과 북 모두를 거부하고 자살을 택하는 이명준의 '선택'을 옹호함으로써 매카시즘의 광풍을 뚫고 당대의 이데올로기 좌표를 근저에서 흔들었다(해결의 현실성). 의미 있는 세계, 민감한 문제, 전대미문의 해결이라는 세 요소가 이 작품 안에 공존한다. 이것이 『광장』의 당대적 '현실성'이었다. 오늘날 한국소설에서 이 세 요소는 어떻게 작동하고 있는가.[1]

---

1) 이 글은 2006년에 출간된 세 권의 장편소설을 대상으로 한다. 김영하의 『빛의 제국』(문학동네, 2006), 강영숙의 『리나』(랜덤하우스코리아, 2006), 박민규의 『핑퐁』(창비, 2006)이 그것이다. 인용할 경우 괄호 안에 해당 책의 쪽수만 표시한다.

2. '문어단지' 안에서, 떠날 것인가 남을 것인가 : 김영하의 『빛의 제국』

　이것은 간첩의 이야기다. 20년 전에 남파되었으나 10년 전에 북쪽과의 끈이 떨어져버린 고정간첩 김기영이 있다. 그는 이를테면 필사적으로 가면을 쓰다가 어느덧 그 가면이 맨얼굴이 되어버린 사내다. 그는 사유하지 않는 곳에서만 존재할 수 있고 존재하지 않는 곳에서만 사유할 수 있다. 사유와 존재를 일치시키려 하면 파멸한다. 이런 맥락에서 그는 '비극적 인물'이라 할 만하다.[2] 그런 그에게 어느 날 '북으로의 귀환'을 명하는 '4번 지령' — "문어단지여 / 허무한 꿈을 꾸네 / 하늘엔 여름 달"(38쪽) — 이 마치 비극에서의 신탁처럼 도착한다. 이것은 바쇼의 하이쿠다. "어부들은 구멍을 좋아하는 문어의 습성을 이용하여 밤이면 질그릇 단지를 바다 속에 넣어놓는다. 그리고 아침에 단지를 끌어올려 문어를 잡는다. 문어들은 그 안에서 생애 마지막 꿈을 꾸는 것이다." (39쪽) 사실 이 한 줄의 하이쿠 안에 이 소설 전체가 들어 있다고 해도 과언이 아니다. 갑작스러운 귀환 명령을 받고 김기영은 그 명령의 진의를 알기 위해 필사적인 하루를 보내는 것이지만, 작품 말미에 밝혀지듯, 그것은 단지 문어단지 안에서의 하루였을 뿐이다. 그러나 이 소설이 비극적 보편성의 차원만을 갖고 있는 것은 아니다.
　실상 이 소설에서 가장 매력적인 페이지들은 따로 있다. 6~70년대의 사회주의 북한과 8~90년대의 자본주의 남한을 날렵하게 스케치하는 대목들 말이다. 우리는 내국인의 시선으로 남한을 보고 이방인의 시선으로 북한을 본다. 그러나 이 소설은 내국인의 시선으로 북한을, 이방인의 시선으로 남한을 본다. 이것이 그 페이지들의 단순 명쾌한 힘이자, 이 소설이 '세계의 현실성'을 여하간 확보하고 있다고 평가할 수 있는 근거다.

---

2) 이 소설을 희랍 비극과 비교하여 읽은 사례로는 신수정의 「하루 동안의 고독 — 그리스 비극에 비추어 본 『빛의 제국』」(『문학동네』 2006년 겨울호)을 보라.

남북의 근(近)과거를 요령 있게 스케치하면서 작가가 작성한 대차대조표의 결론은 그러나 선배의 그것과 다르다. 그에게 분단체제 하의 남한과 북한은 이명준의 고뇌를 필요로 할 만큼 상이한 별개의 두 체제라기보다는 오히려 '왕자와 거지'처럼 닮은 것이었다. "'수령'과 '당'이 들어가야 할 자리에 '국가'와 '민족'만 넣으면 되었다."(188~189쪽) 후배는 더 나아가 이 동일성 이면의 또다른 동일성을 포착한다. 그것은 이를테면 인간은 이념이나 풍요를 '추구하는' 존재라고 스스로 믿고 있지만 기실 충동에 의해 '추구되는' 존재일 뿐이라는 도스토옙스키적 전언과 흡사한 종류의 것이다. 이념이 인민을 무균실의 존재로 사육하는 데 성공했다고 믿는 바로 그 순간, 혹은 자본이 대중의 결핍을 완벽히 제거했다고 믿는 바로 그 순간, 인간은 참을 수 없는 결핍에 몸부림치면서 과잉으로 치닫는다. 이는 일찍이 『지하생활자의 수기』가 선취한 '수정궁의 세계와 병리적 인간'이라는 테마의 변주다.

구체적으로는 이렇다. '지상낙원'이어야 할 6~70년대의 북에서도 인간은 때로 "천천히, 아주 천천히 미쳐갔다"(110쪽). 김기영의 어머니는 편집증에 시달리다 자살을 택하고, 그의 아비는 자식에게 주체사상을 아냐고 묻고는 이렇게 반문한다. "……정말 인간이 그렇게 대단한 것 같으냐?"(114쪽) 한때 운동권이었고 지금은 고등학교 교사로 근무하고 있는 소지현은 운동권이었던 시절 도착적 성행위에 협조하는 대가로 경찰 간부의 특별한 배려를 받아 구속을 면하게 되거니와 "세상은 힘과 힘이 부딪치는 곳인 동시에 연기와 연기가 교환되는 곳"(62쪽)이라는 진실을 깨닫는다. 오래전에 남파되어 동사무소에서 오랜 시간을 보낸 김기영의 동료 간첩은 환멸과 권태에 찌들어 '휴거'를 선동하는 종교적 편집증자로 변신한다. 도대체 "권태에 찌들어 있던 고정간첩은 어떻게 종말론자가 되었을까"?(81쪽) 386세대이자 김기영의 아내인 장마리는 오늘날 성공한 커리어우먼이다. 그녀는 연하 애인의 스리섬(threesome)

제안에 고민하다가 그것이 마치 "세상을 향한 통렬한 복수"(178쪽)라도 되는 양 이를 수락한다. 그뿐인가. 김기영의 딸 현미는 제 안의 욕망에 굴복하여 친구를 배신하고 진국의 집에 간다. 진국의 부모는 종교에 빠져 있고, 진국은 존재하지도 않는 친구와 한방에 살고 있다는 망상의 소유자다.

이런 식이다. 모두가 조금씩은 편집증적이고 조금씩은 도착증적이다. 근과거의 북한과 남한이 얼마간 그랬고, 지금 여기 21세기의 남한이 실로 그렇다. 혁명이라는 대타자가 사라진 탈냉전·탈이념시대가 되면 안정과 풍요가 앞문으로 들어오는 동시에 권태와 환멸이 옆문으로 들어오고 급기야 편집과 도착까지 뒷문으로 들어온다. 이런 세계상이 이 소설을 압도한다. 남이건 북이건 혹은 과거건 현재건, 이 세계에는 더 우월한 것도 덜 우월한 것도 없고, 특별한 순결도 특별한 타락도 없다. 결핍인가 하면 과잉이고, 진실인가 하면 허상이다. 이 모든 것들이 뒤섞인 채 끓는 용광로가 2006년의 남한, 이 소설의 세계다. 그러니 무엇을 할 것인가. 이 세계에서의 어느 하루에 네 주인공들은 동시에 제 몫의 선택을 요구받는다. 이것이 이 소설의 '문제의 현실성'을 구성한다. 김기영에게는 '북으로 돌아갈 것인가 남한에 남을 것인가'라는 문제가, 김기영의 아내인 장마리에게는 '스리섬에 응할 것인가 말 것인가'라는 문제가, 딸인 김현미에게는 '진국의 생일잔치에 갈 것인가 말 것인가'라는 문제가, 김기영의 친구인 소지현에게는 '북에 함께 갈 수도 있겠느냐는 김기영의 제안에 응할 것인가 말 것인가'라는 문제가 던져진다.

그 층위와 열도(熱度)가 제각각이긴 하지만, 네 사람이 당면하고 있는 이 문제들은 모두 그들에게 이 세계를 향해 모종의 윤리적 의견 표명을 강제하는 질문들이다. 그들은 무엇을 선택하는가. 그들의 선택이 지금 여기에서 가능한 것과 불가능한 것의 경계를 교란하면서 전대미문의 선택지를 제시할 때 이 소설은 '해결의 현실성'이라는 측면에서 최상의 효과를 거둘 수 있게 될 것이다. 그러나 김기영을 제외한 나머지 세 사람의 선택은 모두 시스템에 저항하는 듯하다가 결국 그 저항의 자기기만을 깨닫고 현실과 타협하는 것으로 귀결되고 만다. 그럴 만하다. 김기영의 본류(本流) 서사와는 별개로 그들의 지류(支流) 서사는 이 소설이 장편의 꼴을 갖추는 데 기여하면서 결국에는 김기영의 선택을 돋보이게 하거나 빛바래게 하는 보조적 선택에 불과한 것일 수밖에 없기 때문이다. 관건은 김기영의 선택이다. 그러나 어떤가. 김기영을 기다리고 있는 것은 강요된 선택이다. 그는 체포되고, 거래를 제안받고, 하릴없이 그 거래를 수락한다. 남한에 남되, 남한 정보기관의 손아귀에서 놀아나는 스파이로 남은 인생을 살기로 한다. 이것을 두고 탈냉전시대 자본의 지상낙원을 사는 스파이의 초라한 운명이라고 말할 수 있을 것이다. 김기영은 그 운명을 받아들인다.

걸어가는 기영을 서치라이트 하나가 포착했다. 그는 강렬한 빛에 갇힌 채 그 자리에 멈춰 섰다. 의외로 편안하고 부드러운, 비로소 자기 운명을 긍정하게 된 인간의 얼굴을 하고 있었다. 그러나 어찌 보면 눈물이 코주름을 따라 천천히 흘러내리고 있는 것도 같았다. 너무 강한 조명 때문에 얼굴의 음영이 지워져 마치 유령처럼 보이기도 했다.(385쪽)

이 소설의 대미를 장식하는 이미지다. "강렬한 빛" 속에 갇힌 채 "눈물"을 흘리는 이 사내는 마치 "운명을 긍정하게 된" 것처럼 보이지만 실상 그 긍정은 자의가 아니라 타의였기 때문에 사내는 "유령"과 다를 바 없다. 바로 이 장면을 위해 이 소설은 384쪽을 달려왔다. 그리고 여기서 이 소설은 비로소 마그리트의 그림 〈빛의 제국〉과 만난다. 마그리트의 그림이 주는 놀라움은 대낮 같은 환한 하늘과 밤인 듯 캄캄한 집을

'초현실적으로' 병치한 데서 생겨나는 놀라움이다. 마그리트의 이미지를 정치적 메타포로 변환하면 저 인용문의 이미지, 즉 '빛'의 제국 안에서 역설적이게도 '암흑'인 채로 서 있는 사내의 이미지가 된다. 실상 그는 스스로 자유롭다 생각한 지난 10년 동안 이미 자유롭지 않았고, 그에게 선택권이 주어져 있다고 믿었기 때문에 고뇌했던 마지막 하루 동안에도 전혀 자유롭지 않았으며, 강요된 선택 이후의 삶에서도 여전히 자유롭지 않을 것이다. 그는 제국의 부품이었고, 부품이며, 부품일 것이다. 예나 지금이나 '문어단지 속의 문어'일 뿐이다. 김기영뿐이겠는가. 김기영이 상징하고 있는 것은 이미 소(小)제국이 된 남한에서 더 이상 어떤 이념적·체제적 대안도 없이 살아가는 무력한 인간 군상들(더 구체적으로는 386세대) 일반이라고 해도 좋을 것이다. 오늘날 우리는 누구나 자본의 지령에 따라 움직이는 고정간첩들이 아닌가. 이 소설은 21세기 한국의 착잡한 초상화다.

이 비관주의를 어떻게 받아들일 것인가. 이것은 과연 '해결의 현실성'이라는 측면에서 우리의 기대를 충분히 충족시키는가. 비관주의라는 국면에서 이 소설은 『검은 꽃』을 계승하는 바가 있다. '빛의 제국'이라는 이미지 역시 '검은 꽃'이라는 이미지의 불가해함과 불길함을 그대로 이어받고 있는 터다. 단 『빛의 제국』이 『검은 꽃』에서 달라진 점이 있다면 그것은 김영하의 인물들이 이제 '몰락할 자유'마저 빼앗기고 말았다는 사실이다. 『검은 꽃』의 '이정'은 근대적인 국민국가 건설이라는 꿈을 향해 투신하기를 선택하고 마침내 장렬히 몰락한다. 자발적으로 선택하고 목숨을 던져 책임진다. 여기에는 몰락의 윤리가 있다. 반면 『빛의 제국』의 김기영은 북에 가려 했지만 그것은 아직도 혁명을 믿기 때문이 아니었고 남에 남았지만 그 역시 자발적 선택에 의한 것이 아니었다. 그는 몰락하기를 선택한 것이 아니라 몰락에 흡수된 것이다. 이것은 지극히 현실적인 해결이되 우리의 이데올로기적 좌표를 뒤흔드는 해결이라고 하긴 어렵다. 이 소설의 후반부가 기대했던 것만큼의 에너지를 폭발시키지 못하는 것은 그 때문이다. 불가능한 것에 기꺼이 내기를 거는 선택, 그 선택의 윤리적 숭고함이 들어설 여지가 없기 때문이다. 이런 맥락에서 이 소설은 희랍 비극과 다르고『광장』과도 다르며『검은 꽃』과도 다르다. 이를 김영하 식 현실주의라 해도 좋을 것이다. 그러나 우리가 '해결의 현실성'이라는 이름으로 기대한 것은 그 이상의 어떤 것이었다.

3. 국경에서, 갈 것인가 말 것인가 : 강영숙의『리나』

이것은 탈북자의 이야기다. 여러 통계조사를 종합해보면 현재 중국, 러시아, 동남아시아, 몽골 등지에 머무르고 있는 탈북자의 수는 적게는 10만에서 많게는 30만에 이른다. 그들은 왜 거기 있는가. 그곳은 남한으로 들어오기 위해 잠시 거치는 경유지가 되었어야 할 곳이 아닌가. 오늘날 그들은 3중의 압박 속에 있다. 북한이 보기에 그들은 조국을 배신한 '도망자'이고, 그들이 머물고 있는 제3국에서는 '불법체류자'일 뿐이며, 운 좋게 남한에 들어온다 해도 그들은 "자본주의 사회에 방치된 약소자"[3]가 될 가능성이 높다. 도망자와 약소자의 길 사이에서 국가 없는 난민이 되어버린 그들의 현황은 참혹하다. 이제 뉴스거리도 되지 않는 어떤 참혹이 우리의 가시권 바깥에 있다.『리나』가 포착하고 있는 것이 바로 그 세계다. 이것으로 이 소설의 '세계의 현실성'은 충분한 동의를 얻어낼 것이고, 이 작품은 아마도 탈북난민의 실상을 본격적으로 서사화한 최초의 작품으로 기록될 것이다. 이 작품을 둘러싸고 있는 이

---

3) 류신,「대동강과 한강을 잇는 시적 상상력의 가교」,『실천문학』2006년 가을호, 461쪽.

콘텍스트는 충분히 강조되어 마땅하다. 그러나 이것은 출발점일 뿐이다. 『리나』가 독자를 데리고 가는 곳은 의외로 낯선 곳이다. 이 작품은 '핍진하고 여실하다'는 표현보다는 차라리 '기묘하고 아름답다'는 표현이 더 어울리는 텍스트가 아닌가.

이 작품을 '기묘하다'고 할 수 있다면 그것은 이 작품을 관류하고 있는 어떤 미학적인 욕망 때문이다. 이 작품은 자신의 출생지를 자꾸만 부인하려고 한다. 탈북난민의 실상이 이 작품의 본적(本籍)이지만 이 작품은 그 본적을 가능한 한 흐릿하게 지우면서 앞으로 나아간다. 우선 탈북소녀 '리나'의 이름부터가 그렇다. 일상적인 한국어 감각의 소유자라면 이 이름에서 모국어의 뉘앙스를 찾기는 어렵다. 작가는 첫 페이지에서 '리나'가 '俐娜'라 밝히고 있지만, 이 명명은 '리나'에서 애초 떠올리게 되는 'Rina'의 뉘앙스를 지우기보다는 오히려 이 소녀를 '俐娜'와 'Rina' 사이에서 덜컹거리게 만든다. 그 때문에 이 이름은 하나의 국가에 정착하지 못한다. 이 이름 자체가 난민이다. 리나 일행이 간절히 꿈꾸는 곳 'P국'은 또 어떤가. 콘텍스트를 참조한다면 이 P국이 가리키는 곳은 남한이지만, 알파벳 P에서 남한과 관련된 어떤 것을 떠올리기는 어렵다. 이 P국은 그저 '彼國'이 아닌가. '이 나라'가 아닌 '저 나라'일 뿐이다. 리나의 국적을 불투명하게 처리한 작가는 이제 리나가 가는 곳은 그냥 '저 나라'일 뿐이라고 연막을 친다. '스타일의 히스테리'라 해도 좋을 이런 전략으로 이 작가는 '리나는 어디에서 와서 어디로 가는가'라는 문제를 불확정 상태로 만들고 싶어한다.

리나의 캐릭터에 대해서도 비슷한 이야기를 할 수 있다. 리나는 어린애도 아니고 어른도 아니다. 일차적으로는 희생자이지만 이차적으로는 가해자이기도 하다. 슬픈가 하면 씩씩하고 어리석은가 하면 영리하다. 한 평자는 이를 두고 "리나는 국경 넘기를 거듭하면서 다른 존재들을 자기 안에 쌓아간다. 그리하여 리나는 어떤 단일한 범주에도 귀속되지 않는 재현하기 어려운 복수성을 지닌 존재가 된다"[4]라고 명석하게 주석했다. 작가는 리나의 캐릭터가 탈북여성의 스테레오타입(상투형)이 되는 것을 경계한 것처럼 보인다. 리나의 내면을 전지적 서술자의 위치에서 자유자재로 서술하기를 주저한다. 리나에게서 강조되고 있는 것은 그녀의 내면이 아니라 그녀의 행동들이다. 그래서 그녀는 스테레오타입이 되지 않을 수 있었고 차라리 아키타입(원형)에 가까워지는 양상을 보인다. 아닌 게 아니라 리나는 '달'의 소녀다. "리나는 두 개의 달을 갖고 있습니다. 한 개의 달은 비록 피를 흘리지만 또다른 한 개의 달은 워낙 스펙트럼이 다양해 도무지 속을 알 수가 없습니다."(7쪽) '한 개의 달'이 상징하는 것은 리나의 전형성이고, '다른 한 개의 달'이 상징하는 것은 리나의 비전형성이다. 이 소설은 이 두 개의 달 중 어느 쪽도 포기하지 않는다.

이 논리를 더 확장할 수 있다면, 이 소설 역시 두 개의 달(욕망)을 갖고 있다고 해도 좋다. 자명하고자 하는 욕망과 불투명하고자 하는 욕망, 현실성에 근거하고자 하는 욕망과 불확실성을 껴안고자 하는 욕망, 보편적이고자 하는 욕망과 특수하고자 하는 욕망이 함께 간다. 근대 리얼리즘 소설의 문법이라는 '한 개의 달'이 떠 있는 소설이지만, 그 문법에서 이탈하려고 하는 어떤 미학적 기질이 '다른 한 개의 달'로 떠 있는 소설이기도 하다. 그 덕분에 '리나는 누구이며('두 개의 달') 어디에서 와서(俐娜/Rina) 어디로 가는가(P국/彼國)'라는 가장 자명해야 할 사실이 오히려 이중성, 양가성, 불투명성, 불확정성 따위를 머금게 되면서 이 소설은 '탈북난민의 실상'이라는 '세계'를 뛰어넘어 더 폭넓은 현실성을 개시(開始)한다. 더불어 '문제의 현실성'과 '해결의 현실성'의 층위에서도 독자적인 층위를 갖게 된다.

---

4) 심진경, 「새로운 거짓말과 진부한 거짓말」, 『실천문학』 2006년 겨울호, 150쪽.

이와 관련해서 흥미로운 것은 이 소설에서 가장 빈번하게 등장하는 핵심 어휘 중 하나인 '국경'이라는 말이다. 이는 어휘라기보다는 기표에 가깝다. 텅 빈 말이기 때문이다. 텅 빈 말이란 무의미한 말이 아니라 차라리 텅 비어 있기 때문에 욕망을 추동하는 헛것이 될 자격이 있는 말이다. 그런 의미에서 이 기표는 강력한 '무의미의 의미'를 내장하고 있다. "아버지로부터 이 나라를 탈출하기로 했다는 얘기를 들었을 때 리나는 밤마다 국경을 꿈꿨다."(11쪽) 소설의 도입부다. 가만히 보면 이 문장은 어딘가 이상하다. 제 나라를 탈출하는 이들에게 욕망의 대상이 되어야 하는 것은 당연히 목적지가 될 '다른 나라'여야 한다. 국경은 단지 '이 나라'와 '다른 나라' 사이의 경계일 뿐이니까 말이다. 그러나 리나가 욕망하는 것은 '다른 나라'가 아니라 마치 '국경' 그 자체인 것처럼 보이질 않는가. 리나가 끝내 P국을 택하지 않고 또다른 국경을 향해 걸어가는 결말이 사실 이미 여기에서부터 준비되고 있다.

리나는 운동화 끈을 단단히 맸다. 사람들은 긴장하지도 않고 두려워하지도 않았다. 그저 조용히, 일어나 가라고 할 때까지 기다렸다. 군인이 나와 신호를 보냈다. 뒤에 선 초소 불빛이 보이지 않을 때까지 모두들 부지런히 걸어야 했다. "또 허벅지만 굵어지겠군. 내가 가진 건 튼튼한 다리뿐이지." 리나는 중얼거렸고 드디어 저 멀리 어둠을 지나 파도처럼 몰려오고 있는 듯한 드넓은 국경이 보였다. 다시 국경에 서자 오히려 모든 것이 분명해졌다.(347쪽, 강조는 인용자)

소설의 종결부다. 다시 국경에 서자 새삼 분명해진 것이란 무엇이겠는가. 어디에도 P국은 없다는 것, 거꾸로 말하면 어디나 P국일 수 있다는 것이다. 이 소설은 'P국으로 갈 것인가 말 것인가'라는 '문제'를 던져놓고 두 번의 의외의 선택을 보여준다. 소설 초반부에서 리나는 이별했다가 재회한 가족에 합류하기를 거부한다. "리나는 가족들에게 돌아가고 싶었다. 그러나 리나는 사회에 대한 불만이 너무 많았다."(85쪽) '사회에 대한 불만'이라는 모호한 표현이 암시하듯 이 첫번째 선택은 얼마간 국경에 대한 소녀적 환상의 소산일 것이다. 소설의 후반부에서 리나는 가족들이 P국에 도착했다는 소식을 듣지만 가족들에게 합류하기를 다시 한번 거부한다. 대신 "국경을 넘어 자기들만의 나라를 만들러 떠나겠다"(342쪽)는 이들의 대열에 합류한다. 여기서 리나의 선택에는 어떠한 소녀적 환상도 개입되어 있지 않다. 이미 리나는 자본의 흐름에 따라 동아시아 이곳저곳을 폭력적으로 떠밀려 다니면서 자본의 바깥은 없다는 사실을 체험적으로 깨달은 터다. 국경 없는 자본주의가 세계를 제패한 오늘날 도대체 어떤 나라가 리나에게 유토피아가 될 수 있겠는가.[5] 리나의 두번째 선택은 그 깨달음 이후의 선택이다. 그래서 인용한 부분에서 국경이 다시 그녀의 욕망의 대상이 될 때, 여기에는 국경에 대한 소녀적 환상이 아니라 '국(國)' 일반에 대한 총체적 환멸이 개입하고 있다고 해야 한다.

리나의 선택은 인상적이다. 이 소설의 결말에서 리나가 "또 허벅지만 굵어지겠군. 내가 가진 건 튼튼한 다리뿐이지"라고 말할 때, 우리는 냉정한 현실 '인정'이 역설적이게도 따뜻한 현실 '긍정'에 이를 수도 있다는 것을 어리둥절하게 깨닫는다. 그러나 그게 다가 아니다. 『리나』는 특유의 미학적 불확정성 덕분에 더욱 풍요로워질 수 있었거니와, 그 덕분에 세계, 문제, 해결의 층위에서 독자의 기대를 조금씩 배반할 수

---

5) 물론 이 일반론이 다음과 같은 사실을 잊고 있는 것은 아니다. "『리나』는 세계 공동체의 허상을 까발리면서 포스트식민 시대 전 지구의 압박 아래 놓인 지역의 문제성을 가장 첨예한 방식으로 형상화한다. (…) 착취의 대상은 남녀노소를 가리지 않지만, 소설이 특히 공들여 보여주고 있는 대상은 이 구도의 한복판에 놓여 있는 제3세계 여성이다."(차미령,「국경의 바깥—전성태와 강영숙의 근작들」,『문예중앙』2006년 겨울호, 40~41쪽. 강조는 인용자) 다만『리나』에서 발견되는 의도된 불확정성은 또 그것대로 새겨두자는 것이다.

있었고, 더불어 우리 시대의 이데올로기적 좌표를 여하간 재고할 수 있게 만들었다. 우리는 흔히 탈북난민들이 원하는 바를 우리가 정확히 알고 있다고 믿고, 그들을 '자유남한'으로 인도해야 한다는 인도주의적 입장만이 유일하게 가능한 것이라고 생각한다. 그러나 이런 자동화된 인식은 '우리'와 '그들'의 차이를 자명한 것으로 간주하는 무분별의 소산이다. 리나는 탈북소녀가 아니라 바로 우리 자신이 아닌가. 리나의 고통스러운 이동이 재현(이라기보다는 상징)하는 것은 바로 오늘날 자본의 이해관계에 따라 삶의 방향이 이리저리 꺾이고 헝클어지면서도 이를 묵묵히 감내해나가는 우리 모두의 삶 그 자체가 아닌가. 이런 맥락에서 『리나』의 '해결'은 겉으로 드러나는 모습과는 달리 매우 비관적이고, 그 비관은 매우 급진적인 '현실성'을 갖는 비관이다. 이 소설은 가나안 없는 시대의 『출애굽기』이고 모세 없는 시대의 엑소더스(Exodus)다.

4. 탁구계에서, 삭제할 것인가 유지할 것인가 : 박민규의 『핑퐁』

이것은 왕따의 이야기다. '치수' 패거리들에게 얻어맞고 급우들에게 '왕따'를 당하는 두 명의 중학생 '못'과 '모아이'가 있다. 이지메 혹은 왕따 문제가 가해학생과 피해학생의 문제일 뿐만 아니라 사회 전체의 문제인 것은 말할 나위도 없다. 그것은 다수적인 것이 소수적인 것을 폭력적으로 지배하는 시스템의 메커니즘이 그것의 가장 순수한 형태로, 즉 맥락도 이유도 없는 무조건적인 폭력으로 드러나는 사례이기 때문이다. 당연한 얘기지만, 다수적인 것과 소수적인 것은 본래 양(量)의 층위에서 결정되는 것이 아니다. 치수 패거리는 본래 소수인 것이다. 그러나 '공정'과 '정의'의 원리가 빈곤한 곳에서는 '힘'의 원리가 횡행하게 되고 이것은 인간을 민주주의 이전으로 퇴화시킨다. '공정한 것'

과 '정의로운 것' 속에 포함되기보다는 '다수적인 것' 속에 포함되기를 원하는 우중(愚衆)의 무의식이 작동하기 시작한다. 대다수의 급우들이 치수 패거리의 행위를 방관하고 못과 모아이의 고난을 방조한다. 다수적인 것이 양적으로도 다수가 되는 순간이다. 폭력적인 것이 다수적인 것이 되고 마침내 다수가 되는 동안, 소수적인 것은 점점 열등한 것이 되고 마침내 소수가 된다. 이것이 박민규가 이 세계를 바라보는 기본적인 시각이다. "세계는 다수결(多數決)이다"(28쪽)라고 박민규는 말한다.

> 따를 당하는 것도 다수결이다. 어느 순간 그 사실을 알 수 있었다. 처음엔 치수가 원인의 전부라 믿었는데, 그게 아니었다. 둘러싼 마흔한 명이, 그것을 원하고 있었다. (…)
> 인간은 누구나 다수인 척하면서 평생을 살아간다.(29쪽)

세계를 바라보는 시각치고는 너무 단순하지 않은가? 그럴지도 모른다. 그러나 박민규가 포착하고 있는 세계상에 독자들은 호응한다. "다수인 척하면서" 살아가는 자기 자신을, 그러나 실제로는 '못'과 '모아이'에 더 가까운 자기 자신을 박민규의 세계에서 발견하기 때문이다. 왜 이 나라 사람들은 본인들이 '소수적인 것'에 소속되어 있으면서도 소수적인 것의 권리를 부르짖기보다는 자신의 소수성을 필사적으로 은폐하면서 '다수적인 것' 속에 편입되려 안간힘을 쓰는가. 시스템의 불안정성과 불공정성 때문이다. 자본주의적 무한경쟁 외에는 다른 대안이 없다는 체념과 개인의 생존은 개인 스스로가 도모해야 한다는 절박이 오늘날 만연해 있다. 시스템은 안정적이지 않으며 공정하지도 않다. 최근 한국사회는 에누리 없이 게임장이다. '인생은 한판 게임이다, 거기엔 오로지 승자와 패자만 있을 뿐 중간은 없다'라는 식의 관념들이 유통되고 있다. 예컨대 인생의 성공은 근면과 성실의 결실이 아니라 투기와 행운의 결실이다, 집값이 오른 사람은 승자요 답보 상태인 사람은 패자다, 라는 식이다.『삼미 슈퍼스타즈의 마지막 팬클럽』에 이어『핑퐁』에서도 박민규 소설의 코드는 '게임(야구, 탁구)'이고 그의 소설의 주체는 그 게임에서 패배한 '루저'들이다. 이것이 박민규 소설의 힘이고 그의 '세계의 현실성'이다.

그러나 '게임'과 '루저'로 요약되는 그의 '세계의 현실성'은 '문제의 현실성'과 '해결의 현실성'이라는 층위로 잘 확산되고 있는가. 그렇지는 않은 것 같다. 그는 (문제의 현실성이라는 측면에서는) 절박하지만 얼마간 단순하고 (해결의 현실성이라는 측면에서는) 진실하지만 충분히 진지하지 않다. 예컨대『핑퐁』에서 '문제'를 설정하는 방식을 보라. 그는 세계를 묘사할 때 도입했던 '탁구'라는 코드를 은유가 아니라 진리라고 우기는 방식으로 문제를 설정한다. '세계는 탁구 같은 것이다'에서 '세계는 탁구다'로 비약하는 것이 그의 문제 설정방식이다. "역사란 건 스코어보드에 지나지 않아, 즉 탁구의 거대한 기록물이지."(124쪽) 이런 방식을 '단일 코드화'라고 부를 수 있을지도 모르겠다. 말하자면 탁구라는 하나의 코드로 역사의 발생, 진행, 현황 모두를 일이관지해버리는 것이다. 탁구는 "원시우주(原始宇宙)의 생성원리"(118쪽)라는 식으로 역사의 '발생'을 설명하고, "역사의 명승부와 혹은 전쟁으로 위장한 진짜 탁구의 비사(秘史)"(123쪽)로 역사의 '진행'을 설명하고, "세계는 언제나 듀스포인트"(117쪽)라는 식으로 역사의 '현황'을 규정하는 식이다.

이 은유적 단일 코드화와 연결되어 있는 것이 그간 수차례 지적되어 온 바 있는 편집증(망상증)적 이원론이다.[6] 세계의 불가해성과 마주 설

---

6) 김영찬의「개복치 우주(소설)론과 일인용 너구리 소설 사용법 — 박민규론」(『비평극장의 유령들』, 창비, 2006)과 김형중의「진정할 수 없는 시대, 소설의 진정성」(『변장한 유토피아』, 랜덤하우스코리아, 2006) 참조.

때 주체는 불안해지고, 그 세계로부터 외상(外傷)을 입을 때 주체는 공포에 떨게 된다. 그를 불안하고 두렵게 만드는 것은 인과(因果)의 부조리함이다. '도대체 왜?' 혹은 '왜 하필 나에게?'가 그들의 질문이다. 그리고 그에 대한 그럴듯한 답을 만들어냄으로써 불안과 공포로부터 탈출한다. 인과관계를 스스로 수립하고 그것을 필사적으로 신봉한다. 이를 편집증(paranoia)이라 한다. 그런데 문제는 이와 같은 편집증이 세계의 실상을 파헤치는 인식론적 전략이라기보다는 두려운 실재로부터 도망치기 위한 방책에 가깝다는 점이다. 그래서 세계가 얼마간 편집증적이라는 '진단'은 가능하지만, 세계를 편집증적으로 '처리'하는 일은 위험할 수 있다. 한 시대의 징후로서 '재현의 대상'이 되는 편집증과 문제 설정 혹은 해결책으로서 '재현의 원리'가 되는 편집증은 엄밀히 구분되어야 한다는 말이다. 이 소설에서 '헬리 혜성을 기다리는 사람들의 모임'을 소개하는 흥미로운 페이지들이 전자에 해당된다면 '탁구'라는 단일 코드로 문제를 설정하고 또 해결하는 방식은 후자에 해당된다. 해결책으로서의 편집증이란 무엇인가. 두 개의 세계가 있다, 한 세계가 다른 한 세계를 결정한다, 그렇기 때문에 이 세계의 문제는 저 세계에서 해결할 수 있다, 는 식의 발상이 그것이다. 예컨대 이런 식이다.

  이것은 하나의 프로그램이란다. 세끄라탱이 입을 열었다. 프로그램이라뇨? 말하자면 생태계의 폼에 관한 관리라고 할 수 있지. 지금의 폼을 유지할 것인가, 아니면 언인스톨할 것인가 그걸 결정짓는 거란다. 결정이라니, 어떻게요? 물론 탁구를 통해서지. 좋든 싫든 이제 너희 둘은 인류의 대표와 시합을 벌여야 해. 인류의 대표라… 그럼 인류와 관련된 건가요? 바로 인류, 때문이지. 인류라는 인스톨을 유지할 것인가, 언인스톨할 것인가. 결정은 승자의 몫이란다.(207쪽)

이 소설이 내걸고 있는 '문제'는 '인류를 유지할 것인가 삭제할 것인가'다. 과연 한국소설에서 전례를 찾기 어려운 기념비적인 문제 설정이라고 해야 할지도 모른다. 물론 이것은 기존 한국소설이 문제를 설정하고 해결을 시도하는 방식이 갖는 관습성에 대한 미학적 히스테리의 산물일 것이다. 이것은 실로 『카스테라』의 작가 박민규만의 것이다. 그런데 『핑퐁』에서는 이 작가의 이전 소설에서 쉽게 감지하기 어려웠던 어떤 요소, 예컨대 종교성이 더 분명해졌다는 느낌이다. 인류의 무리에서 배제되고 핍박받는 자들이 신('세끄라탱')의 간택을 받아 인류를 구원하기 위해 인류의 대표와 한판 대결을 벌인다는 이 고난의 서사는 어딘가 신약(新約)의 내러티브를 연상케 하질 않는가. 다만 신약의 서사가 고난받는 자(예수)의 희생과 대속으로 인류의 구원과 영생을 도모하는 (유예된) 해피엔딩의 서사라면, 『핑퐁』의 경우는 고난받는 자들(왕따들)이 각성하지 못한 인류 전체와 한판 아마겟돈을 치르고 마침내 인류를 심판하여 신생을 도모하는 묵시록적 서사라는 차이를 지적할 수는 있을 것이다. 본래 SF소설은 첨단과학 시대의 창세기 혹은 묵시록이라 할 수 있거니와 이 소설 역시 SF적 요소가 증대되면서 종교적 성격 또한 증대된 것이라 할 수도 있고(영화 〈매트릭스〉가 어떻게 신약을 전유(專有)했는지 우리는 알고 있다), '탈근대 고유의 병리 현상'(프레드릭 제임슨)인 편집증이 정치적 비관주의와 결합하면서 종교적(묵시록적) 텍스트로 나아가게 된 것이라고 할 수도 있겠다. 말하자면 『핑퐁』은 386세대의 SF이고 포스트모더니즘 시대의 역(逆)신약이다. 그렇다면 이제, 이렇게 거대하게(혹은 과도하게) 설정된 문제를 어떻게 해결할 것인가.

어떻게 할까? 나는 모아이에게 물었다. 아마도

고등학생 정도로 부패한다면

　지금과 같은 생각은 못 할 것 같아. 내 생각도 그래. 그리고 우리는 나란히 세끄라탱 앞에 섰다. 물끄러미 우리를 들여다보던 세끄라탱이 고개를 기울이며 물어보았다. 언인스톨?

　우리는 고개를 끄덕였다.(249~250쪽)

　이 작가는 그 '문제의 현실성'이라는 층위에서도 우리를 더러 놀라게 하지만 '해결의 현실성'이라는 측면에서는 더하다. 그는 인류의 '삭제'를 선택한다. 이 결론을 두고 종교적 근본주의의 폭력성까지를 연상할 필요는 없을 것이다. 다만 이 결론에 이르는 과정의 설득력이 충분했는가를 묻고 싶은 것이다. 문제는 지구에 탁구계(卓球界)가 '착상'되는 지점에서부터 이미 발생하기 시작한 것으로 보인다. 이렇게 두 개의 세계가 독립적 실체로 설정되고 '이곳'이 아닌 '그곳'에서 모든 것이 결정되는 식이 되면, 그때의 '해결'은 현실의 논리를 쉽게 초월하고 만다. 현실의 논리는 그것을 인식하고 대결하려 하는 사람에게는 아주 거추장스러운 어떤 것이다. 무책임한 낙관론을 부정적으로 견제하고 무책임한 비관론을 긍정적으로 견제하는 것이 현실이다. '해결의 현실성'은 현실에 남아 있는 무한한 부정성과 한 줌의 긍정성의 압력을 충분히 견뎌낼 때 확보된다. 그러나 『핑퐁』의 경우 이런 측면에서는 너무 날렵했다고 해야 한다. 인류의 대표가 '과로사'(!)하여 인류가 "깜빡"한 못과 모아이가 승리한다. '과로사'의 심오한 의미를 찾아내는 일은 물론 가능하겠지만, 그러기 전에 이미 독자의 맥은 다소 풀리고 만다. 역시 탁구는 단지 게임일 뿐 아마겟돈이 될 수는 없는 것이다. 단지 싸움의 '은유'가 될 수 있을 뿐 싸움 그 자체가 될 수는 없는 것이다.

못과 모아이의 '언인스톨'은 그래서 의외로 슬프지도 착잡하지도 않다. 이는 달리 말하면 이 소설이 제시하는 '해결의 현실성'이 만족스럽지 않다는 뜻이기도 하다. 다시 말하거니와, 우리가 '해결의 현실성'을 말할 때 그것은 실현 가능하냐 아니냐를 문제 삼는 것이 아니다(SF든 신약이든 다 괜찮다). 이 선택이 과연 우리 시대의 정치적 지평에서 래디컬한 상상력으로 작동할 수 있는가를 묻는 것이다. 박민규는 자본주의가 말 그대로 '지구'적으로 관철되고 있는 우리 시대의 정당한 관찰자다(세계의 현실성). 그래서 그가 '인류'를 단위로 사유하고 전(全) 인류를 대상으로 질문을 던질 때 그의 입담은 호소력을 갖는다(문제의 현실성). 그러나 『핑퐁』과 같은 식의 파국적 해결은 어딘가 편리한 방식이라고 하지 않을 수 없다. 오늘날 사유는 전지구적 차원에서 이루어져야 하지만 그 해결은 우주적으로가 아니라 국지적으로 시도되어야 한다. 그가 선택한 몰락은 더이상 혁명이 불가능한 시대를 향한 농담처럼 보이거니와, 이것은 심각한 의제를 던지는 몰락이기보다는 소비되는 몰락에 가깝다. 『빛의 제국』의 해결이 '가능한 것' 안으로 흡수되어버린 경우라면 『핑퐁』의 해결은 '불가능한 것' 속으로 너무 쉽게 투신해버린 경우라고 할 수 없을까. 전자가 김영하 식 현실주의라면 후자는 박민규 식 허무주의일 것이다. '핑'과 '퐁'은 그 허무주의의 음향이다.

5. 현실과 실재의 간극

오늘날 소설과 현실의 관계는 단선적인 반영관계가 아니라 섭취, 흡수, 소화의 관계인 탓에 확실히 소설에서 현실의 인력을 투명하게 찾아보기 어려워졌다. 자본의 활동이 초국가적·전지구적 층위에서 이루어지고 있는 탓에 그것의 운신과 패악도 점점 미시적인 것이 되어가고 있다. 현실을 인식하고 재현하는 것 자체가 금지되었던 시대에 소설은 그 금지와 싸우는 것만으로도 제 소명을 감당할 수 있었다. 그러나 이제 현실이 곧 실재인 시대는 끝난 것 같다. 이제는 현실과 실재의 간극을 인식하는 것이 성숙한 소설의 덕목이 된 것처럼 보인다. "현실(reality)은 상호작용과 생산과정에 연루된 현실적 사람들의 사회적 현실인 반면, 실재(the real)는 사회적 현실 속에서 진행되는 것을 결정하는 자본의 냉혹하고 '추상적인' 유령적 논리이다."[7] 재현의 구성적 요소이지만 그 자체 재현될 수 없는 어떤 것을 '실재(實在)'라 명명한다면, 오늘날 초국적 자본의 전방위적 인력이야말로 실재의 심급을 차지한다. 그것이 재현될 수 없다는 이유 때문에, 우리는 현실의 인력으로부터 자유로워 보이는 '무중력공간'[8]이 존재한다고 간주하고 싶은 유혹에 빠지게 된다. 그러나 "장벽이 무너지자 모든 것이 장벽이었다"[9]라는 한 시인의 인상적인 에피그램을 기억해야 한다. 중력이 사라지자 모든 것이 중력이 되었다. 무중력의 공간처럼 보이는 그곳이야말로 실제로는 자본의 만유인력이 가장 빼어나게 '작동하는' 곳이기 십상인 것이다.

물론 예외처럼 보이는 작품들이 있다. 텍스트에서 텍스트를 뽑아내는 포스트모던한 글쓰기도 가능하다. 그러나 그것은 '가능'하지만 '작

---

7) 슬라보예 지젝, 『까다로운 주체』, 이성민 옮김, 도서출판b, 2005, 447쪽.
8) 이 용어는 이광호의 「혼종적 글쓰기, 혹은 무중력공간의 탄생 — 2000년대 문학의 다른 이름들」(『이토록 사소한 정치성』, 문학과지성사, 2006)에서 가져왔다. 이 글은 '포스트 386세대'들의 작품에서 재현되는 현실이 마치 '무중력공간'처럼 보인다고 말한다. 이것은 중요한 미학적 통찰이다. 다만, 우리가 논의의 대상으로 삼은 김영하(1968년생), 강영숙(1966년생), 박민규(1968년생) 등은 이광호가 대상으로 삼은 소위 '포스트 386세대'가 아니라는 점은 차치하고라도, "역사적 현실의 중력"이 작용하느냐 하지 않느냐의 문제를 역사적 '현실'의 재현 여부로만 판단할 경우, 재현되지 않지만 분명히 작동하는 '실재'의 인력을 놓치기 쉽다는 점은 덧붙여두려고 한다. 이에 대해서는 다른 자리에서 더 본격적으로 논의할 기회가 있을 것이다.
9) 이문재, 「제국호텔 — 더이상 빌어올 미래가 없다」, 『제국호텔』, 문학동네, 2004.

동' 하지는 않는다. 소설의 주식(主食)은 여전히 현실이다. 주식을 거부하고 간식만으로 버티는 다이어트와 흡사한 글쓰기는 결국 영양실조와 아사(餓死)의 운명을 면치 못할 것이다. 소설이 한 시대의 공론장에서 작동하기 위해서는 현실을 먹고 실재를 토해낼 수밖에 없다.[10] 이 기율의 실효성은 특히 성공적인 장편소설의 경우 거의라고 해도 좋을 만큼 예외가 없다. 우리가 검토한 세 편의 문제적 소설이 그것을 실증한다. 그 성과야 평자에 따라 천차만별로 평가되겠지만, 여하튼 『빛의 제국』이 한반도 분단체제의 현실을, 『리나』가 한반도 주변 동아시아의 현실을, 『핑퐁』이 전지구적·전인류적 현실을 무대화하여 오늘날 우리 삶을 근저에서 좌우하는 실재가 무엇인지를 인식하고 환기하려 애썼다는 점만큼은 부인하기 어려울 것이다. 혹은 이 세 작가는 적어도 오늘날 작가들이 반드시 대면해야 할 21세기의 스핑크스 앞으로 기꺼이 나아갔고 갱신된 수수께끼를 힘껏 풀었다고 인정해도 좋아 보인다. 스핑크스가 묻는다. 아침에는 전근대이고 오후에는 근대이며 저녁에는 탈근대인 것은 무엇인가? 정답은 한국이다. 본질적으로 근대적 국민국가 만들기에 실패한 분단체제 하의 땅이다. 현상적으로 근대적 일상의 난마 속에서 허덕인다. 편집증적으로 탈근대의 정신적 우주를 유영한다. 이렇게 세 겹의 시간대가 착종되어 있는 곳이 우리의 현실이다. 우리는 괴물이다. 그런데 이상하다. 모두 아픈데, 왜 아무도 병들지 않았는가.

---

10) 주의해야 할 것이 있다. 실재는 현실의 찢김 속에서만 제 모습을 드러낸다. 현실을 괄호치고 실재를 곧바로 겨냥할 때 소설은 '실재적' 이기는커녕 '상징적' 이지도 못한 '상상적' 인 알레고리로 떨어질 수 있다. 이 논점에 대해서도 다른 글에서 상론하려 한다.

속지 않는 자가 방황한다
― 김훈 소설에 대한 단상

때로 가장 뜨거운 질문이 가장 차가운 소설을 만들어낸다. 김훈의 소설이 그렇게 씌어지는 것 같다. 우리에게 그의 소설은 넓은 의미의 유물론에 대한 철저한 인식과 집요한 옹호처럼 보인다. 그 차가운 유물론은 인간과 삶과 세계와 역사를 말하는 그의 목소리를 차갑게 만든다. 그러나 그 차가움이 그의 언어학, 윤리학, 역사철학 등과 결합하면 당대의 모든 소설들을 압도할 만큼 뜨거운 질문을 분만해낸다. 그 차가움과 뜨거움의 역학을 더듬어보려고 한다. 때로 가장 차가운 소설이 가장 뜨거운 질문을 품는다.[1]

---

1) 이 글에서 다루는 텍스트는 다음과 같다. 『빗살무늬토기의 추억』(문학동네, 1995), 『칼의 노래』(생각의나무, 2001), 『현의 노래』(생각의나무, 2004), 「화장火葬」, 「언니의 폐경」(『강산무진』, 문학동네, 2006), 『남한산성』(학고재, 2007). 이하 장편들은 『토기』, 『칼』, 『현』, 『산성』 등으로 약칭하고 인용할 때에는 본문에 작품명과 쪽수만 표시한다.

말할 수 없다

　김훈은 장편 역사소설 세 권으로 당대를 사로잡았다. 김훈이 처음부터 역사소설을 썼던 것은 아니다. 그의 첫 소설은 서울 시가지 한복판에서 고투하는 소방관의 이야기였다. 이 경장편소설 안에 김훈 소설의 유전자 정보가 다 들어 있다. 이후 씌어진 세 권의 역사소설을 정확히 읽어내기 위해서는 첫 소설로 되돌아가야 한다. 20년을 기자로 살았던 이가 40대 중반의 나이에 문득 소설을 쓰게 되는 일은 어떻게 가능한 것일까. 그 책의 자서(自序)에 김훈은 이렇게 적었다. "애초에 내가 도모했던 것은 언어와 삶 사이의 전면전(全面戰)이었다." 당시 김훈을 사로잡고 있었던 욕망의 정체가 이 문장 안에 들어 있을 것이다. 그에게 소설쓰기는 애초부터 일종의 싸움이었던 것 같다. 그런데 몇 문장 뒤에 그는 이렇게도 썼다. "나는 참패하였다." 언어와 삶 사이의 전면전이란 무엇인가. 왜 그는 참패했다고 말하는가.

　　살아갈수록 모호한 것들과 명석한 것들, 몽롱한 것들과 확실한 것들, 희뿌연 것들과 뚜렷한 것들은 뒤섞인다.
　　'살아갈수록'이라든지 '뒤섞인다' 같은 말들은 사실 무책임하고 부정확하다. 모호한 것들과 명석한 것들은 '살아갈수록' 뒤섞이는 것이 아니라 애초부터 뒤섞여 있는 것이며, '뒤섞이는' 것이 아니라 애초부터 그것들을 분별해서 말할 수는 없는 것이 아니었을까.(『토기』, 79쪽)

　이 말들은 어쩔 수 없이 비트겐슈타인을 떠올리게 한다. "도대체 말해질 수 있는 것은 명료하게 말해질 수 있다. 그리고 말할 수 없는 것에 관해서 우리들은 침묵해야 한다."[2] 『논리-철학 논고』는 오랫동안 논리실증주의의 성서로 간주되어왔다. 단 후반부(6절 4항 이후)에 갑자기 등장하는, 논리학이나 언어철학과는 무관해 보이는 윤리학과 미학에 대한 몇 개의 불친절한 명제를 무시할 때만 그렇다. 그러나 훗날 공개된 편지에서 비트겐슈타인은 "그 책의 요점은 윤리적인 것"이라고 썼다. "내 책은 윤리적인 것의 영역에 대하여, 말하자면 그 내부로부터 한계를 긋는 것이며, 나는 이것이 그런 한계를 긋는 단 하나의 엄격한 방법이라고 확신한다." 내부로부터 한계를 긋는다는 것은 무엇일까. 윤리와 비(非)윤리의 경계를 구획하고 이를 언표함으로써 윤리의 한계를 설정하는 것이 아니라, 윤리적인 것을 언표하는 일이 어째서 불가능한 것인지를 밝힘으로써 윤리에 대한 모든 언설들을 무위로 돌리는 것이다. "오늘날 많은 사람들이 허튼소리만을 하고 있는 상황에서 나는 내 책에서 그런 문제에 관해 침묵함으로써 모든 것이 확고하게 제자리를 찾게 하는 일을 수행했다."[3] 바로 이것이다.

 김훈의 말들이 그러하다. 그의 첫 소설 여기저기에 흩어져 있는 그의 고단한 사변들은 결국 다음과 같은 명제로 수렴되는 것처럼 보인다. 말할 수 있는 것들은 말할 수 있다, 그러나 말할 수 없는 것들은 말할 수 없다. 이 동어반복만이 유일하게 가당한 말이라고, 언어와 세계의 관계에 대한 가장 정직한 입장이라고 그는 믿었던 것 같다. 죽은 동료 소방수 장철민에게 '나'는 말한다. "철민아 본래 대답할 수 없는 것들에 대해서는 결국 대답할 수 없다."(『토기』, 120쪽) 혹여나 말할 수 없는 것들에 대해서 말하려 하면 말들은 다음과 같이 뒤틀리고 만다. "그렇다고 말할 수는 없었지만, 그렇지 않다고도 말할 수 없었다."(『토기』, 144~145쪽) 이런 문장들이 겨냥하는 것이 허무주의이거나 불가지론이지는 않을 것이다. 그가 알 수 없다고, 분별되지 않는다고, 식별되지 않았다고,

---

 2) 루트비히 비트겐슈타인, 「머리말」, 『논리-철학 논고』, 이영철 옮김, 책세상, 2006.
 3) 이상 세 문장은 앨런 재닉·스티븐 툴민, 『빈, 비트겐슈타인, 그 세기말의 풍경』, 석기용 옮김, 이제이북스, 2005, 317쪽에서 재인용.

이해할 수 없었다고 그토록 숱하게 언어의 무능을 고백할 때, 그것은 알 수 있는 것, 분별되고 식별되는 것, 이해할 수 있는 것들만을 수습해내기 위한 것이었다.

비트겐슈타인은 말해질 수 없는 것들에 대해서는 쓰지 않았다. 자신의 책에는 씌어지지 않은 나머지 절반이 있다고, 그 절반이 더 중요하다고 덧붙였을 뿐이다. 비트겐슈타인은 불가능한 싸움을 시작하지 않았기 때문에 패배하지 않을 수 있었다. 그러나 김훈은 '언어와 삶이 모두 무장해제된 시원(始原)의 평화'(「자서」, 『토기』, 5쪽)를 도모하는 불가능한 싸움을 시작했다. 20년을 기자로 살았던 사람이 품어봄 직한, 기자의 말로 세상의 언어를 가지런히 하고 싶다는 욕망 때문이었을 것이다. 말할 수 없는 것들에 대해 함부로 말하는 조급과 허영이 세상을 불행에 빠뜨린다고 믿었던 그에게 그것은 시도해볼 만한 싸움이었을 것이다. 그리고 그것은 마침내 언어의 윤리, 윤리의 언어를 만들어보겠다는 희망이었을 것이다. 그러나 그는 불가능을 확인하는 문장들만을 무수히 만들어내야 했다. 그것이 그의 패배였다. 그러나 그는 말할 수 없는 것들에 대해 '말할 수 없다'고 말함으로써 세상의 부박한 말들에 맞서는 길 하나를 인상적으로 보여주었다. 그것은 그의 승리였다. 그렇기 때문에 그의 문장들은 제 무능을 고백할 때 가장 당당해 보인다. 비트겐슈타인의 첫 책이 그러했던 것처럼, 김훈의 첫 소설은 우선 언어에 대한 소설이지만 은밀하게는 윤리에 관한 책이었다. 그렇다면 우리가 '윤리적으로' 말할 수 있는 가장 확실한 것은 무엇인가.

유물론의 유물론

똥과 오줌일 것이다. 똥과 오줌은 슬프다. 그것들은 어떻게 할 수가 없다. 어떻게 할 수 있는 것들에 몰두할 때 어떻게 할 수 없는 것들은 더러 망각된다. 똥과 오줌이 억압되면 인간은 추상화되거나 이상화될 것이다. 한국문학사는 그때마다 똥과 오줌으로 되돌아가서 균형을 잡곤 하였다. 멀게는 김남천의 「물」(『대중』 1933년 6월호)이 있었고 가깝게는 김영현의 「벌레」(『창작과비평』 1989년 봄호)가 있었다. 경향문학의 시대에 김남천은 「물」을 썼다. 화씨 90도를 오르내리는 두평칠합(二坪七合)의 협착한 공간에서 열세 명이 부대낄 때, 이념은 관념이고 육체는 현실이다. 갈증이 모든 것을 압도하고 사내는 헤겔의 『법철학』 서문을 집어던진다. "이 견딜 수 없는 욕망, 그리고 지극히 정당하고 자연스러운 이 요구"를 위해서라면 바위에 몸을 찧을 수도 있다고 생각한다. 마침내 냉수 한 사발을 얻어 마시고 사내는 이내 설사를 한다. 어쩌면 「물」은 그 똥에 관한 소설이다. 민중문학의 시대에 김영현은 「벌레」를 썼다. 「벌레」의 사내는 옥중에서도 민주주의를 외친다. 입에는 방성구(防聲具)가, 손에는 수정(手錠)이 채워진다. 견디다 못해 오줌을 싼다. "그때 나는 놀랍게도 내가 한 마리의 벌레로 변해가는 것을 알았다." 어쩌면 「벌레」는 그 오줌에 관한 소설이다.

「물」의 주인공은 똥이고 「벌레」의 주인공은 오줌이다. 그것들은 주체의 의사와 무관하게 기어어 밀려나온다. 똥과 오줌이 슬프기 때문에 이 소설들은 슬프다. 한 시대의 전위들이 이 슬픔을 인정하기는 어려웠다. 「물」을 두고 소위 '물 논쟁'이 벌어졌다. 임화는 「물」을 받아들일 수 없었다. 경험에 매몰된 작가가 사회적 인간을 포기하고 생물학적 인간만을 내세우고 있다고 비판했다. 「벌레」를 두고 '김영현 논쟁'이 벌어졌다. 작가는 자유주의에도 동의하지 않지만 속류 유물론에도 동의하지 않는다고 해명해야 했다. 경향문학과 민중문학에서 이탈하기 위해서가 아니라, 깊은 곳에서 그것들을 다시 사유하기 위한 소설이었다. 그러기 위해서 선택한 방책이 똥과 오줌의 복권이었고, 의식의 뒷전으로 밀려난 육체의 재발견이었다. 그 소설들은 당대의 유물론을 불편하게 했다. 그러나 똥 싸고 오줌 누는 몸과 대면하지 않는 유물론이란 도대체 무엇인가. 설사하는 몸과 오줌 싸는 몸은 인간의 조건이다. 그 조건을 잊는 순간 유물론은 타락할 것이다. 돌이켜보면 그 소설들이 내장하고 있는 똥과 오줌의 유물론은 '유물론의 유물론'이었다. 김훈의 소설이 그와 같은 계보에 있다고 생각한다. 그의 소설 곳곳에서 우리는 똥과 오줌에 대한 강박적 집착을 본다. 그리고 그 유물론은 '타자의 유물론'으로 나아간다.

타자의 고통

그는 똥과 오줌으로 상징되는 육체의 타자성을 어떤 경우에도 놓지 않는다. 그리고 그 앞에서 다시 말할 수 있는 것과 말할 수 없는 것을 분별한다. 앞에서 말한 대로, 말할 수 없는 것에 대해서는 말할 수 없다고 말하는 일이 논리학의 소관이 아니라 윤리학의 소관이라면, 김훈의 타자론(他者論) 또한 그 윤리학의 그늘 안에 있을 것이다. 그에게 타자는 무엇인가. 그의 첫 단편 「화장」은 이 질문에 대한 전력투구의 응답이다. 김훈은 늙은 아내의 죽음과 젊은 부하직원 추은주의 출산에 대해 말한다. 그의 말은 차갑도록 객관적인데, 실상 이 소설의 시선은 기자의 그것과 다르지 않다. 기자의 윤리는 팩트와 육하원칙에 근거하는 데에 있다. 인간의 팩트는 몸이고 그 몸의 육하원칙은 생로병사일 것이다. 그래서 김훈은 몸과 그 생로병사를 기록하는 데 몰두한다. 그런 맥락에서 아내의 죽음과 추은주의 생명(출산)은 그것이 모두 '몸의 일'이라는 측면에서는 원리적으로 다르지 않다. 그렇다면 이 타자들 앞에서 또다시 말할 수 있는 것과 말할 수 없는 것을 분별한다는 것은 무엇인가. 말할 수 있는 것은 도대체가 인간에게는 몸이 있다는 바로 그 '사실'일 것이다. 말할 수 없는 것은 그 몸의 일들이 갖는 '의미'이다. 사실과 의미 사이에는 아득한 거리가 있다.

"내 두 눈을 찌를 듯이, 그렇게 확실하게 살아서 머리타래를 흔들며 밥을 먹고 있는 당신의 모습은 매몰된 지층 밑의 유적이나 풍문처럼 아득하고 모호했습니다. 그 **확실함**과 **모호함** 사이에서 저는 아둔하게도 저 자신의 빗장뼈와 목 밑 살을 더듬고 있었지요."(「화장」, 57~58쪽, 강조는 인용자, 이하 동일)

타자는 존재론적으로 확실하고 인식론적으로 모호하다. 그래서 너라는 타자는 바로 그곳에 확실하게 있지만 나의 부름은 너의 이름, 혹은 너라는 존재의 의미들에 닿지 못한다. "어째서, 닿을 수 없는 것들이 그토록 확실히 존재하는 것인지요."(「화장」, 79쪽) 이것은 한 남성이 다른 여성을 향해 발설하는 탄식이지만 이를 남녀의 문제라고 한정할 수는 없다. 「언니의 폐경」에서 자매들은 생리의 체험을 공유하지 못한다. "나는 내 몸의 느낌을 언니에게 설명할 수가 없었고 불덩이 같은 것이 왈칵 쏟아져나온다는 언니의 느낌에 닿을 수 없었다."(「언니의 폐경」, 234쪽) 여성이 남성에게 타자라면, 여성은 여성에게도 타자일 것이다. 몸이라는 확실하고도 모호한 것이 그들 사이에 있기 때문이다. 이것은 난감하고도 근본적인 어떤 문제이다. 존재와 의미의 이 간극은 타자의 몸을 둘러싸고 벌어지는 일련의 사태들, 예컨대 병이 생겨나고 고통을 느끼는 일들과도 관련된다. "종양의 발생과 팽창은 생명현상이다. (…) 종양과 생명을 분리시킬 수는 없다."(「화장」, 38쪽) 아내의 종양을 존재론적으로 승인할 수밖에 없지만 그러나 도대체 그것의 의미를 나는 이해할 수가 없다. "나는 의사의 설명을 알아들을 수가 없었다. 그의 말은 비어 있었다."(「화장」, 38쪽) 타인의 고통 앞에서도 나는 무력하다. 고통 역시 존재론적으로 확실하지만 인식론적으로는 모호하다. 아내의 고통이 존재한다는 것을 알지만 그 고통으로 건너갈 수 없고 닿을 수 없다. "나는 아내의 고통을 알 수 없었다. 나는 다만 아내의 고통을 바라보는 나 자신의 고통만을 확인할 수 있었다."(「화장」, 46쪽)

이런 식의 세계관은 정말이지 고통스러운 것이다. 그러나 타인의 고통을 이해할 수 없다고 말하는 자의 고통은 윤리적이다. 그래서 그가 추은주에게서 "지층 밑에 묻혀버린 먼 고대국가"(「화장」, 54쪽)를 떠올릴 때 그런 문장들에서 '여성=자연, 남성=문명'의 도식을 읽어낸다면 그것은 난감한 일이다. '고대국가'는 존재론적으로 확실하지만 인식론적으로 모호한 타자성의 은유 외에 다른 것이 아니다. 우리가 주목해야 할 것은, 말할 수 있는 것에 대해서는 가히 해부학적이라고 해야 할 시선으로 파고들지만 말할 수 없는 것에 대해서는 말할 수 없다고 말하거나 아예 말하지 않는 그의 태도이다. 이것이 기왕의 한국소설에서 접하기 어려웠던 김훈의 유물론이고 유물론적 타자론이다. 이를 두고 냉혹하다고 말하는 것은 동어반복이 아닐까. 아마도 냉혹한 것은 주체와 타자 사이의 그 간극일 것이지, 그 간극을 기록하는 자의 시선이 아닐 것이다. 이를 두고 '여성의 대상화'를 운위하는 것 역시 동어반복이 될 것이다. 김훈이 주로 여성을 '대상화'한다면 그것은 남성에게 가장 아득한 타자가 바로 여성이기 때문이다. 나쁜 것은 동일화이지 대상화가 아닐 것이다. 대상화는 불가피하다. 예컨대 "수많은 질들의 개별성을 극복하기가 어렵다"(「화장」, 51쪽)와 같은 문장이 쓰여질 수밖에 없었던 것은 타자의 대상화에 관한 한 그의 태도가 그토록 완강하기 때문이다.

그의 이러한 태도는 실로 우리의 인간주의적 통념을 불편하게 한다. 만약 인간주의(휴머니즘)라는 말이 '만물의 척도인 인간은 세계를 형성하고 개선할 자유와 책임을 갖는다'는 것을 뜻한다면, 김훈은 확실히 그런 의미에서의 휴머니스트는 아니다. 그리고 김훈의 이런 반(反)인간주의는 현대의 여러 이론들이 서로 다른 방식으로 천명해온 반인간주의적 입장과 만난다. 알려진 대로 알튀세르는 '이론적 반인간주의'를 천명했다. "우리는 인간에 대한 철학적 신화들을 잿더미로 만들면서만 인간의 어떤 것에 대해 '인식'할 수 있다."(「마르크스주의와 인간주의」) 그에게 인간주의란 인간에 대한 과학적 '인식'을 방해하는 이데올로기에 불과한 것이다. 라캉의 반인간주의는 정신분석학적 윤리학의 구상과 관련이 있다는 점에서 일종의 '실천적 반인간주의'(슬라보예 지젝, 『How to read 라캉』, 박정수 옮김, 웅진지식하우스, 2007, 3장)라고 할 만하다. 인간적인 것의 한가운데에는 지극히 비인간적인 어떤 것이 있다, 그것과 고통스럽게 대면하지 않는 모든 윤리학은 허위다, 라는 것이 정신분석학적 윤리학의 공리다.

이런 논점들은 김훈의 반인간주의도 얼마간 공유하는 것들이다. 그는 "한국문학의 거의 대부분은 인간에 대한 연민의 바탕 위에서 놓여진 것"[4]이라고 말한다. 이 말이 사실인지는 알 수 없으나, 그가 연민의 문학을 거절하는 까닭은 이해할 수 있을 것 같다. 인간을 명철하게 인식하기 위해서는 인간에 대한 아름다운 통념들을 과감히 포기해야 한다, 인간을 믿지 않고 연민하지 않을 때 역설적이게도 인간에 대한 사랑이 가능해진다, 라고 그는 말한다. 그렇기 때문에 그의 반인간주의는 역설적인 인간주의가 된다.[5] 그가 『토기』 이후 『칼』을 쓰게 된 데에는 개인

---

[4] 신수정·김훈 대담, 「아수라 지옥을 건너가는 잔혹한 리얼리스트」, 『문학동네』 2004년 여름호, 318쪽.
[5] 김영찬은 '인간은 동물이다'라는 김훈의 반휴머니즘적 명제가 궁극적으로 의도하는 것이 "불가피한 인간의 동물성에 대한, 그리고 그럼에도 불구하고 아니 바로 그렇기 때문에 그 동물성이 갖는 역설적인 존엄에 대한 긍정"이라고 적었다.(「김훈 소설이 묻는 것과 묻지 않는 것」, 『창작과비평』 2007년 가을호, 398쪽)

적인 연유가 있을 것이나, 논리적으로 보자면 그 선택은 매우 자연스럽다. 반인간주의적 인간주의가 효과적으로 작동할 수 있는 공간이 그에게는 필요했을 것이다. 몸, 타자, 그리고 세계. 이 완강한 유물론의 삼각형을 구현할 수 있는 최상의 시공간을 찾아 그는 떠났다. 우리가 흔히 '역사'라고 부르는 곳이다.

몰락의 윤리

소재로서의 '역사'란 무엇인가. 시작과 끝이 정해져 있는 시공간이다. 어떤 경우에도 우륵은 551년에 신라에 투항하여 신라 관원 세 사람에게 가야금을 전수한 후 숨을 거둘 것이고, 이순신은 1598년에 노량 앞바다에서 전사할 것이며, 인조는 1637년 1월 30일 칸에게 세 번 절하고 아홉 번 머리를 조아릴 것이다. 역사의 시공간은 완결되어 있고, 누구도 그 사실을 바꿀 수는 없다. 그래서 그는 더이상 말을 많이 할 필요가 없게 되었다. 『토기』에서 소방관은 소방관답지 않게 말이 많았으나 『칼』의 무인은 말이 없다. 당대는 열려 있다. 열려 있기 때문에 끊임없이 그 열려 있음과 싸워야 한다. 『토기』에 그토록 많은 사변적 언설들이 필요했던 것은 그 때문일 것이다. 그러나 역사는 닫혀 있다. 그래서 어떤 특정한 역사적 시공간을 도려내는 것만으로 특정한 세계관은 전달될 수 있다. 이제 그가 왜 역사소설을 쓰게 되었는지 헤아릴 수 있다. 그는 역사의 진실을 복원한다거나 과거에서 미래의 길을 읽어낸다거나 하는 취지와는 무관한 곳에서 쓴다. 그에게 역사는 우리의 현재가 이미 '역사'라는 형식으로 과거에 존재했다는 것을 확인하는 수단에 가깝다. 그에게 역사는 '닫힌 당대'다.

세 편의 장편소설에서 인물들이 처해 있는 상황이 근본적으로 동일한 것은 그 때문이다. "그들은 헛것을 쫓고 있었다. 나는 그들의 언어가 가엾었다. 그들은 헛것을 정밀하게 짜맞추어 충(忠)과 의(義)의 구조물을 만들어가고 있었다. 그들은 바다의 사실에 입각해 있지 않았다."(『칼』, 18쪽) 말하자면 팩트에 입각하지 않은 채, 말할 수 없는 것들에 대해서 기를 쓰고 말하는 자들의 세계에 그들은 있다. 이것은 이순신의 독백이지만 우륵의 독백이기도 하고 인조의 독백이기도 할 것이다. 그들의 바깥에서, 모두가 헛것을 쫓고 있다. 중요한 것은 이와 같은 판단이 그들 당대의 판단이 아니라 지금 여기에 있는 이의 판단이라는 것이다. "이 끝없는 전쟁은 결국은 무의미한 장난이며, 이 세계도 마침내 무의미한 곳인가."(『칼』, 21쪽) 이미 결말을 알고 있는 자의 시선에서 보면 당대의 그 모든 칼부림과 말부림들은 헛것과의 투쟁, "난폭한 무의미"(『토기』, 128쪽)일 뿐이다. 그러니 무사와 악사와 임금은 '선택 가능성'이라는 차원에서는 모두 등가(等價)다. "어쩔 수 없는 일은 결국 어쩔 수 없다."(『칼』, 65쪽) 이들의 태도는 역사의 진행방향에 개입하여 그것을 진보로 이끄는 영웅적 태도와는 거리가 멀다. 그것은 그들의 소관이 아니다. 어쩔 수 없는 일은 결국 어쩔 수 없는 것이다.

그렇다면 이 닫힌 공간에서는 도대체 무엇이 가능한가. 아수라의 현장에서 유일하게 얻을 수 있는 인간의 존엄은 자신의 몰락을 스스로 선택하고 그것에 대해 책임을 지는 것뿐이다. 그들에게 자신의 죽음을 죽을 수 있는 권리를 부여하는 것, 이것이 김훈이 역사에 경의를 표하는 유일한 방법이다. 다만 그 양상이 조금씩 다를 뿐이다. "나는 다만 임금의 칼에 죽기는 싫었다. 나는 임금의 칼에 죽는 죽음의 무의미를 감당해낼 수 없었다."(『칼』, 65쪽) 김훈의 이순신은 전쟁터에서 죽기를 선택한다. "소리는 살아 있는 동안의 일"(『현』, 60쪽)이기 때문에, 설령 한 지옥에서 다른 지옥으로 가는 길이 될지라도(『현』, 226쪽), 우륵은 신라에 투항해 소리를 지키고 자연사한다. "임금의 몸이 치욕을 감당하는 날에, 신하는 임금을 막아선 채 죽고 임금은 종묘의 위패를 끌어안고 죽어도, 들에는 백성들이 살아남아서 사직을 회복할 것"(『산성』, 9쪽)이어서 또한 인조는 치욕을 무릅쓰고 백성을 지키기를 선택한다. 이것이 그들의 선택이다. 본래 소설의 결말은 가능한 것의 장(場) 안에서 불가능한 것이 솟아오르게 하여 '가능한 것'과 '불가능한 것'의 좌표를 뒤흔드는 것이어야 할 것이다.[6] 이것이 결말의 정치학이고 몰락의 윤리학이다. 그러나 이런 논리는 역사소설에서는 작동하지 않는다. 이미 결말이 정해져 있는 엄격한 사실의 세계이기 때문이다. 늘 그래왔듯 김훈의 소설은 가능한 것(말할 수 있는 것)과 불가능한 것(말할 수 없는 것)의 냉정한 분별 위에 서 있다. 좌표는 흔들리지 않는다. 그래서 김훈의 소설은 역사소설이어야 했고, 그래서 성공할 수 있었다.

여기에는 이념도 없고 민족도 없고 진보도 없다. 다만 한 내면의 구원이 있을 뿐이다. 이는 항간의 우려와는 달리 김훈의 소설이 결코 영웅주의를 받아들일 수 없다는 것을 뜻한다. 특정한 이념의 뒷받침 아래 민족의 욕망을 재현하면서 진보를 견인하는 인물이 영웅이다. 그러나 김훈의 인물들은 영웅이 되기보다는 다만 자신의 삶의 구체성들에 충실함으로써 인간으로서의 존엄을 지키려 할 뿐이다. 이순신은 바다의 사실에 입각할 뿐이고, 우륵은 소리의 본질에 충실할 뿐이며, 인조는 임금의 도리를 다할 뿐이다. 그들의 내면 바깥에서 이루어지는 모든 담론은 그야말로 고담준론이다. 이는 김훈의 소설이 정치를 부정하고 있다는 것을 의미한다고 해도 좋다. 그의 소설들은 근본적으로 반정치적 소설이다. 그러나 바로 그 이유 때문에 그의 소설은 역설적이게도 정치적인 소설로 읽히고 있다. 오늘날 한국사회의 의미심장한 경향 중의 하나는 정치에 대한 거부다. 마치 정치 같은 것은 본래 없었다는 식이다.

---

[6] 졸고, 「만유인력의 소설학」, 『작가와비평』 2006년 하반기호 참조.

2007년의 한국인들이 자기 삶을 규정하는 근원적 요인으로 간주하는 것은 정치(담론)가 아니라 경제(생존)다. 김훈의 주인공들은 정치에 자신의 운명을 의탁하지 않는다. 그들은 단독자로서 스스로 입법한 윤리적 기율을 따를 뿐이고, 고담준론하는 정치 속에서 자신의 생을 존엄하게 도모하는 길을 찾는다. 이와 같은 반정치성이 이 시대의 어떤 기류와 공명하고 있다는 점은 부정할 수 없을 것이다. 이 반정치성은 반역사성으로 이어진다. 이제 우리는 김훈 소설의 핵심부로 진입하려고 한다.

자연사(自然史)의 이념

자연 속에서 인간들은 역사를 만들지만 역사 안에서 자연은 죽어 없어지지 않는다. 김훈의 소설에서 공들여 묘사되는 자연은 여느 역사소설에서처럼 인간의 배경으로 물러나 있지가 않다. 늘 이미 그 자리에 있는 자연의 어느 한 시공간에서, 인간의 생멸이 부질없이 밀려왔다 밀려가고, 자연은 다시 늘 이미 그 자리에 있다. 그러니 이것은 역사이되 역사일 수가 없다. 그가 다루는 과거의 한 시대는 이전 시대와 단절하는 계기가 되거나 이후의 미래를 예비하는 출발점으로 기록되지 않는다. 이순신의 죽음도, 우륵의 죽음도, 남한산성의 굴욕도 결국에는 자연에서 나와 자연으로 되돌아가는 거대하고 공허한 시간의 한 마디가 되어버리고 만다.

그 저녁에도 나는 적에 의해 규정되는 나의 위치를 무의미라고 여기지는 않았다. 힘든 일이었으나 어쩔 수 없었다. 어쩔 수 없는 일은 결국 어쩔 수 없다. 그러므로 내가 지는 어느 날, 내 몸이 적의 창검에 베어지더라도 나의 죽음은 결국 자연사일 것이었다. 비가 내리고 바람이 불어 나뭇

잎이 지는 풍경처럼, 애도될 일이 아닐 것이었다.(『칼』, 65쪽)

바람이 방향을 바꾸어, 가야를 태우는 연기가 강 건너로 밀려왔다. 연기에 덮여 건너편 산맥이 흐려졌다. 이사부를 태우는 연기가 가야를 태우는 연기와 섞이면서 넓게 퍼졌다. 강에 안개가 걷히고 바람은 하류 쪽으로 불어갔다. 연기가 강을 따라 길게 흐르면서 물굽이를 돌아갔다.(『현』, 275쪽)

이순신의 죽음은 비 내리고 바람 부는 일 속에서 가뭇없고, 죽인 자와 죽은 자의 연기는 결국 뒤섞여 하류 쪽으로 흘러간다. 이 인용문들을 한 문장으로 축약하면 그 문장의 구조는 "우륵은 가을에 죽었다"(『현』, 286쪽)와 같은 형식이 될 것이다. 이것은 이를테면 '가을에 우륵은 죽었다'와는 전혀 다르다. 인용한 문장에서 '가을에'는 주어('우륵은')와 술어('죽었다') 모두를 가운데에서 장악해버린다. 문법상의 주어는 우륵이지만 실제상의 주어는 가을이라는 말이다. 가을이 오듯 한 생명은 죽는다. 바로 이것이 김훈의 소설을 막막하게 만든다. 역사와 자연의 우열이 전도되어 있다는 것 말이다. 이런 식으로 김훈의 역사소설은 역사소설이되 역사의 목적과 진보를 승인하는 '역사주의'와는 무관한 곳으로 간다. 그는 이미 첫번째 소설에서부터 "인간으로부터 역사를 밀쳐내버릴 것을 도모"(「자서」,『토기』, 5쪽)하였다. 이 반(反)역사주의가 내장하고 있는 사관은 차라리 '자연사(自然史, Naturgeschichte)'의 그것에 가깝다. 굳이 명명해야 한다면, 그의 소설은 '역사소설'이 아니라 '자연사소설'이다. 역사는 진보하는 것이 아니라 본질적으로 무상(無常)한 것이라는 인식이 소위 '자연사의 이념'이다. 역사는 몰락의 과정일 뿐이고, 역사가 남긴 것은 잔해와 파편일 뿐이라는 인식이 그 이념 안에 있다. 그렇다면 이것은 특정 시기의 국면을 인류 역사 전체로 확대해서 일반화하는 무지의 소치이며, 역사의 진행을 무위로 돌리는 반동적인 입장인가. 이 물음을 던지기 위해 여기까지 왔다. 그의 소설이 품고 있는 자연사의 이념을 어떻게 평가해야 할 것인가.

역사와 자연은 대립적인 것이 아니다. 마르크스는 역사를 '자연의 역사'와 '인간의 역사'로 구분하고 자연의 역사와 인간의 역사는 서로를 조건짓는다고 적었다.(『독일 이데올로기』) 마르크스는 자연과 역사의 대립을 지양하는 변증법을 사유해야 한다고 말하고 있다. 우리는 자연을 제압하면서 찬란한 문명을 구축해온 것으로 간주되는 인간의 역사에서 거꾸로 변함없이 뙈리를 틀고 앉아 있는 자연의 항구성을 인식해야 한다. 그와 동시에 우리는 수천수만 년 동안 변함없이 인간을 규제해온 것으로 간주되는 자연의 거대한 힘 속에서 거꾸로 역동적으로 진보해온 역사의 과정을 인식해야 한다. 이 두 인식은 정확히 동시에 이루어져야 한다. 아도르노는 이렇게 적었다. "사상의 과제는 모든 자연과 자연으로서 설정되는 모든 것을 역사로 파악하고, 또한 모든 역사를 자연으로서 파악하는 일일 것이다."[7] 달리 말하면 자연과 역사는 '항상적인 자연'이라는 신화와 '항상적인 진보'라는 신화를 깨는 상호비판적인 규제이념이어야 한다는 것이다.[8] 이 변증법의 한 축을 가장 강력하게 감당하고 있는 것이 김훈의 소설이다. 우리는 그의 소설에서 역사를 관통하면서 울려퍼지는 자연의 거대한 울음소리를 듣는다. 그리고 그 고통스러운 울음 속에서 인간의 역사를 향해 제기되는 강력한 항의의 목소리를 듣는다. 그의 소설이 품고 있는 그 막막한 무상함(Vergänglichkeit) 속에서 자연과 역사는 변증법적으로 교섭한다. 다시 아도르노의 말이다. "무상함을 통하지 않고는 초월성에 대한 어떤 기억도 불가능하다. 영원성

---

7) 테오도르 아도르노, 『부정변증법』, 홍승용 옮김, 한길사, 1999, 465쪽.
8) 설헌영, 「아도르노의 역사철학 연구」, 『철학연구』 49집, 2000.

은 그 자체로서 나타나는 것이 아니라 가장 덧없는 것을 통해 파손된 상태로 나타난다."[9] 초월성의 기억과 파손된 영원성이 그 안에 있지 않다면, 김훈의 소설이 우리에게 감동적일 리가 없다.

    김훈의 소설이 지향하고 있는 탈정신성과 무매개성이 멀게나마 파시즘적인 것과 연결되어 있는 것이 아닌가 하는 세간의 지적에 대해 김훈은 이렇게 대답한다. 그 말은 옳다, 그러나 정신주의가 공허하다는 견해도 마찬가지로 옳다.[10] 동일한 논법이 다음과 같이 성립될 수 있다. 김훈의 소설이 터하고 있는 '자연사의 이념'이 지나치게 허무주의적인 것이 아닌가 하고 누가 말한다면, 그 말은 옳다. 그러나 역사에는 목적이 있고 진보가 있다는 '역사주의'가 공허하다는 말도 마찬가지로 옳다. 그는 인류의 역사가 약육강식의 질서로 움직여왔다는 것을 '긍정'할 수는 없지만 '인정'하지 않을 수는 없다고 말한다. 인정하되 긍정하지 않는 길이 어려운 길이다. 그리고 아마도 이 긍정과 인정 사이에 그의 역사철학이 존재할 것이다. 그러나 문제가 남지 않는 것은 아니다. 그의 역사철학이 갖고 있는 단호함은 말할 수 없는 것에 대해서는 말할 수 없다는 그 윤리학의 단호함이다. 그 단호함이 그의 매력이지만 동시에 그의 벽이 될 수도 있지 않을까. 데리다는 어떠한 법칙도 없는 곳에서만 윤리학이 존재한다고 말한다. "내가 무엇을 해야 할지 모를 때 책임이 시작됩니다."[11] 그러나 이런 모험은, 말할 수 없는 것에 대해 침묵하는 세계 안에서는 일어날 수 없을 것만 같다. 기자의 윤리 혹은 사관(史官)의 윤리는 모험을 알지 못한다. 그가 당대를 다룬 소설로 다시 돌아온다면, 결말이 정해져 있지 않은 당대의 그 막막한 열려 있음 앞에

---

  9) 테오도르 아도르노, 같은 책, 466쪽.
  10) 서영채·김훈 대담, 「허명과 거품을 피해 내 자신의 작은 자리를 만드는 것이 내 앞길이에요」, 『문학동네』 2006년 여름호, 102쪽.
  11) 자크 데리다 외, 『이론·이후·삶』, 강우성 옮김, 민음사, 2007, 47쪽.

서, 그는 이 모험의 불가피성에 대해 숙고하게 되지 않을까. 기자 혹은 사관은 모험하는 '마성적 주인공'(게오르크 루카치, 『소설의 이론』)의 자리로 옮겨갈 수 있을까. 그가 앞으로 쓰게 될 소설들이 이 질문에 대한 답이 되어줄 것이다.

속지 않는 자가 방황한다

알튀세르는 자서전에서 '자기변명을 늘어놓지 않는 것'이야말로 "유물론에 대한 유일한 정의(定義)"라고 적었다.[12] 우리에게는 이 말이 마치 '김훈 소설에 대한 유일한 정의'처럼 보인다. 그의 소설은 자기변명을 늘어놓지 않기 위해 고투하는 유물론자의 고백이다. 그 유물론은 좌파와 우파를 모른다. 좌파와 우파에게는 언제나 되돌아가 기댈 수 있는 이념이 있다. 그 이념에 책임을 떠넘기고 자신을 부정해버릴 수도 있다. 그러나 김훈에게 이념이 있다면 그것은 '삶의 구체성을 존중한다는 것'[13]뿐이다. 그 구체성은 자신만의 것이고 그에게는 자기변명이 불가능하다. 이것이 김훈의 유물론이다. 일견 그가 이 구체성이라는 덫에 발목이 잡혀 있는 것처럼 보일 수도 있을 것이다. 그러나 인간의 보편적 조건들을 넘어서기 위해서는 우선 그것들을 인정하지 않을 도리가 없다. 혹여 그것들이 우리를 속이고 있을지라도 우선 그것들에 속아주지 않고서는 그것들을 넘어설 수도 없다. 라캉은 "속지 않는 자가 방황한다(Les non dupes errent)"라고 말한다.(*Seminar XXI*) 맥락을 달리해도 이 말은 의미심장하다. 속지 않았다고 믿는 자는 길을 잃는다. 속

---

12) 루이 알튀세르, 『미래는 오래 지속된다』, 권은미 옮김, 돌베개, 1994, 250쪽.
13) 신수정·김훈, 앞의 대담, 108쪽.

아주는 자만이 넘어설 수 있다. 벤야민이 희망이 없는 자에게만 희망이 있다는 요지의 말을 했을 때 그 말이 뜻하는 바도 이와 다르지 않을 것이다.

 이것이 우리에게 그가 필요한 이유다. 우리에게는 얼마나 많은 인간주의와 얼마나 많은 역사주의가 있는 것인가. 김훈은 그런 것들이 세상의 고통을 치유할 수 있다는 신념에 회의적이다. 그래서 인간을 긍정하지 못하면서 인간을 말하고, 역사를 믿지 못하면서 역사소설을 쓴다. 이 역설이 김훈 소설의 힘이다. 그 역설이 해결되지 않기 때문에 그는 치열하게 동어반복한다. 역설이 아닌 것은 세계가 고통 속에 있다는 사실 뿐이다. "고통의 절대성만이 오늘날까지 계속되어온 유일한 것이다."(아도르노) 고통은 보수와 진보의 너머에 있고 어쩌면 그 고통에 가 닿는 길도 보수와 진보의 너머에 있을 것이다. 그래서 우리에게 여전히 유물론이 필요하다면 그것은 고통의 유물론이어야 한다. "나는 아무 편도 아니다. 나는 다만 고통 받는 자들의 편이다."(「서문」, 『남한산성』, 5쪽) 김훈의 소설은 끝나지 않는 고통 앞에서 우는 울음이다. 이 울음이 인간과 역사에 대한 필사적인 진정성의 표현이자 순도 높은 예의가 될 수 있다고 우리는 믿는다.

오이디푸스 누아르
― 영화 〈올드보이〉를 위한 10개의 주석

하나인 두 이름

　영화가 시작되면 어둠 속에 나타나는 정체불명의 한 사내. 그는 누군가의 넥타이를 움켜쥐고 다짜고짜 "이야기를 하고 싶다고 했다"고 말한다. 넥타이는 묻는다. "당신 도대체 누구야?" 정체불명의 사내가 "내 이름은……"이라고 말하는 순간 화면은 전환되고 이제 밝은 경찰서에 와 있는 이 정체불명의 사내는 이전과는 전혀 다른 모습으로 말한다. "오. 대. 수." 영화의 서론은 단도직입적이고 경제적이다. 이 영화가 다름 아니라 저 '넥타이'의 질문에 대한 두 시간짜리 대답임을 우회하지 않고 명시한다는 점에서 단도직입적이고, 우리가 조사해야 할 그 사내의 정체가 어둠과 밝음으로 상징되는 전혀 다른 분위기의 두 얼굴로 요약될 것임을 효율적으로 암시한다는 점에서 경제적이다.
　그러나 더 중요한 것은 그의 성격과 이름이다. 어두운 데서나 밝은 데서나, 그 상대가 넥타이든 경찰이든, 이 사내는 도대체가 남의 말을 들을 줄을 모른다. 그는 그저 자기 이야기가 하고 싶을 뿐이다. 이 말 많은 사내의 이름은, 만약 그가 거짓말쟁이가 아니라면(물론 그는 거짓말을 하지 않는다. 그리고 그것이 그의 화근이다), '오대수'다. 다시 한번 그의 말을 믿어준다면, 그의 이름은 '오늘만 대충 수습하자'는 뜻을 갖고 있다. 그러나 이토록 친절한 설명은 왠지 이상하다. 무언가를 은폐하기 위한 것처럼 보이기 때문이다. 게다가 그는 대충이 아니라 실로 '필사적으로' 수습하는 인물인 것이다. 그는 그 자신의 이름을 모르고 있다. 그렇다면 그 이름의 의미는 무엇인가?

실로 필사적으로 수습하는 인물의 계보에서 맏형의 자리에는 오이디푸스가 있다. 부친 살해와 근친상간을 저지른, '발이 부은' 사내 말이다. 스핑크스의 수수께끼를 푼 덕택에 낯선 이웃나라로 들어와 왕이 된 이 사내의 근본을 아는 사람은, 예언자 테이레시아스 정도를 제외한다면, 테베에는 아무도 없었다. 아무도 풀지 못한 수수께끼를 풀 만큼 명민한 이 사내도 정작 중요한 것에 대해서는 모르고 있었다. '발이 부은'이라는 이름의 내력을 모를 뿐 아니라, 뒤에서 살펴보겠지만, 실은 그 자신이 푼 수수께끼가 무슨 뜻인지조차도 모르고 있었던 것. 그는 명민함 때문에 왕이 된 것이 아니라 그 '무지' 덕분에 왕이 될 수 있었고 곧이어 이 모든 것들을 필사적으로 수습하기 시작할 것이었다. 지금부터 '오대수'는 곧 '오(이)디(푸)스'라는 이야기를 해보려고 한다.

유폐 혹은 감금

소포클레스의 비극 『오이디푸스 왕』에서 오이디푸스는 신탁과 더불어 태어난다. 테베의 왕 라이오스와 그의 왕비 이오카스테가 낳을 아이는 제 아비를 죽이고 제 어미와 결혼할 것이라는 신탁이다. 왕과 왕비는 그 아이의 두 발목에 구멍을 뚫어 두 다리를 묶고 목자(牧者)에게 아이를 죽이라고 명한다. 목자는 차마 아이를 죽이지 못했고 아이는 이웃 나라 코린토스로 보내진다. 장성하여 청년이 될 동안 코린토스의 왕 폴리보스와 그의 왕비 메로페를 친부모로 알았다. 그러던 어느 날 그에게 내려진 신탁의 내용을 알게 되고, 그 예언이 그의 (친부모가 아닌) 부모들에게 실현될까 두려워 고향을 떠난다. 문제는 바로 여기에 있다. 그의 운명은 테베에서 이미 시작되었지만 그가 그것을 알게 된 것은 코린토스에서였다는 것 말이다. 부친 살해의 신탁을 피하기 위해 서로 떨어져야 했던 두 부자는 바로 그 헤어짐 때문에 다시 만나 살해/죽음에 이르고, 근친상간을 피하기 위해 서로 떨어져야 했던 모자는 바로 그 헤어짐 때문에 상간/죽음에 이른다. 오이디푸스는 신탁의 실현을 막기 위해 코린토스를 떠났지만 오히려 신탁을 실현하러 떠났던 셈. 코린토스에서 머문 그 기간은 결과적으로는 운명의 실현을 위해 필수적인 유폐였다.[1]

   자신의 이름이 '오대수' 라는 사실을, 그리고 자기에겐 소중한 딸이 있다는 사실을 힘주어 강조하던 오대수는 마침내 경찰서에서의 취중난동 사건을 '오늘도 대충 수습' 하는 데 성공하고 비 오는 거리로 나선다. 그리고 알 수 없는 어떤 이에 의해 감금된다. 이 15년 동안의 감금은 오이디푸스의 코린토스 체류와 구조적으로 동일한 기능을 한다. 그리고 단지 부모와 자식을 뒤집기만 한다면, 그 이후의 사건 역시 동일하다. 어머니를 알아보지 못하는 오이디푸스처럼 오대수 역시 딸을 알아보지 못한다. 오이디푸스가 아버지를 살해한 것처럼, 오대수 역시 아내를 살해하(는 것으로 되)고 만다. 고대의 아들은 아버지를 죽여 어머니를 얻었고, 현재의 남편은 아내를 죽여 딸을 얻는다. 운명을 피하기 위

---

[1] 슬라보예 지젝, 『이데올로기라는 숭고한 대상』, 이수련 옮김, 인간사랑, 2002, 109쪽. "우리는 자신의 운명을 미리 알게 되고 그것을 피하려고 한다. 그런데 예정된 운명이 실행되는 것은 바로 그러한 도망침을 통해서다."

한 노력 덕분에 오이디푸스가 기어이 운명을 실현시키듯, 복수에 대한 필사적인 열정의 절정에서 오대수는 스스로 복수당한다. 테베를 저주받게 한 부친 살해범을 집요하게 추적하던 오이디푸스는 자신이 찾던 범인이 자기 자신임을 발견하고, 집요한 추적 끝에 이우진의 근친상간을 밝혀낸 오대수가 그 사실을 공표하는 순간 그것은 곧 자기 자신의 근친상간에 대한 폭로가 되고 만다.

오이디푸스 서사와 오대수 서사의 이와 같은 동일성을 요약할 수 있는 개념 중의 하나는 '누아르'일 것이다. 오이디푸스 서사의 플롯은 누아르의 세계에 근접해 있는데, 왜냐하면 주인공이 어떤 범죄의 내막을 추적해들어가다가 저 자신이 사건의 핵심부로 휩쓸려들어간다는 식의 플롯을 공유하고 있기 때문이다.[2] 그러나 고전적 누아르에서 주인공은 사건의 핵심부에서 무사히 빠져나와 자신의 정체성을 상징적 질서 속으로 재통합한다. 고전적 누아르는 오이디푸스 서사에서 자기 정체성의 전면적 붕괴라는 결정적 요소와는 일정한 거리를 둔다는 말이다. 그렇기 때문에 지젝을 따라 고전적 누아르와 80년대의 뉴웨이브 누아르를 구분해본다면,[3] 오이디푸스 서사에 더욱 본질적으로 근접해 있는 것은 후자라고 해야 한다. '잃어버린 기억-기억의 회복-정체성의 붕괴'라는 내러티브 라인을 정확히 공유하고 있기 때문이다. 〈올드보이〉의 내러티브도 이 라인을 엇비슷하게 따른다. 그러니 우리는 오대수에게 '뉴웨이브 누아르 오이디푸스'라는 명칭을 붙여주기로 하자.

---

2) Alenka Zupančič, *Ethics of the Real*, Verso, 2001, pp. 245~246, n. 16.
3) Slavoj Žižek, *Tarrying with the Negative*, Duke UP, 1993, pp. 9~12 참조. 지젝은 누아르적인 세계에 오컬트(occult)적인 요소를 도입한 〈앤젤 하트 *Angel Heart*〉와 SF적 요소를 도입한 〈블레이드 러너 *Blade Runner*〉를 뉴웨이브 누아르의 대표적인 사례로 거명한다.

스핑크스의 해석학

누아르의 세계를 구성하는 핵심 요소 중의 하나가 '팜므 파탈(femme fatale)'이라는 것은 잘 알려져 있다. 그녀는 남성 주인공을 어둠 속으로 인도하고 그의 정체성을 붕괴시키는 세이렌(Seiren)이다. 오디세우스와의 대결에서 결국 패배하는 세이렌의 운명 그대로, 누아르 영화의 팜므 파탈은 대개 파멸한다. 오이디푸스 서사에서 팜므 파탈의 기능을 담당하고 있는 것은 물론 스핑크스일 것이다.[4] 오이디푸스가 테베의 왕이 되고 결국 근친상간에 이르게 되기까지 스핑크스라는 팜므 파탈의 기여는 적지 않다. 이 괴물이 얼굴은 여자이고 몸은 사자이며 거기에 날개까지 달린 새이기도 한 잡종이라는 것, 그리고 테베의 서쪽 산에 앉아서 행인에게 수수께끼를 내고 풀지 못하면 잡아먹었다는 것, 오이디푸스가 그 수수께끼를 풀고 테베를 구원하여 왕위에까지 올랐다는 것, 그리고 팜므 파탈의 운명 그대로, 스핑크스 역시 오이디푸스로 인해 (일반적인 입사식 신화에서처럼 칼에 베어지는 것은 아니라 할지라도) 무대에서 사라지게 된다는 것 등을 모르는 사람은 없다. 그러나 오이디푸스가 수수께끼를 풀었으되 사실은 풀지 못했다는 것을 아는 사람은 많지 않다.

스핑크스의 수수께끼는 "아침에는 네 발로, 낮에는 두 발로, 저녁에는 세 발로 걷는 것은 무엇인가?"였고 오이디푸스는 "인간"이라고 답했다. 문제는 오이디푸스가 답은 알았으되 그 의미를 알지 못했다는 데에 있다. 베르낭(Jean-Pierre Vernant)에 따르면, 오이디푸스의 대답은 자기-지칭적(self-referential)이다. 그 수수께끼의 정답은 추상적인 인간 일반이 아니라 특정한 인간, 즉 '오이디푸스' 그 자신이었다. '네 발→두 발

---
4) Alenka Zupančič, 앞의 책, p. 189.

→세 발'로 이어지는 이 연쇄가 '자식(네 발)→나(두 발)→부모(세 발)'라는 세 세대의 응축을 의미하는 것으로 읽을 수 있다면, 오이디푸스 자신이야말로 세 세대를 뒤섞어버린 인물, 세 세대를 자기 한 몸에 다 가져버린 인물이다. 그는 무엇보다 일단 '자기 자신'이지만, 어머니와 결혼함으로써 스스로 자신의 '아버지'가 되었으며, 어머니로부터 그 자신의 자식을 얻음으로써 자신의 '자식들'과 형제지간이 되어버렸다. 그는 나(두 발)이고 나의 아버지(세 발)이면서 동시에 나의 자식들(네 발)이다. 그렇다면 스핑크스의 수수께끼는 아폴론의 신탁이 담고 있는 전언의 개정판이었던 셈이다.[5] 코린토스에서 장성한 뒤에야 뒤늦게 신탁을 알게 된 오이디푸스는 여기서 그 신탁의 개정판("너는 네가 누구인지 아느냐?")을 읽어내는 데에도 실패하고 있다.

이를 좀더 밀고 나가면 우리는 '스핑크스의 해석학'("너는 곧 나다")[6]에 도달한다. 세 세대를 한 몸에 응축한, 그래서 '나'이자 나의 '아버지'이며 나의 '자식'이기도 한 삼종 혼합인간 오이디푸스는 결국 인간의 얼굴, 새의 날개, 사자의 몸통을 한 몸에 가진 삼종 혼합괴물 스핑크스이기도 하다. 스핑크스가 오이디푸스의 대답을 정답으로 인정한 까닭은 오이디푸스의 대답이 스핑크스에게는 "그것은 인간(이며, 특히 나 오이디푸스이고, 나는 결국 스핑크스와 똑같은 괴물)이다"라는 의미를 모두 포괄하는 것처럼 보였기 때문이다. 그러나 오이디푸스에게는 저 괄호가 없었다. 오이디푸스의 비극은 스핑크스의 수수께끼 속에 숨은 뜻을 읽어내지 못했다는 것, 그 자신의 대답이 무엇을 의미하는지 스스로도 알지 못했다는 데에 있다. 이런 맥락에서 라캉은 "진리는 절반만 말해진 것이다"라고 말한다. 그리고 말해진 절반이 나머지

---

5) 베르낭의 독해에 대해서는 Alenka Zupančič, 같은 책, p. 200을 보라.
6) 이는 도정일의 표현이고, 스핑크스의 수수께끼가 "너는 나다"를 의미한다는 통찰도 그의 것이다.(도정일, 「20세기의 오이디푸스」, 『문학동네』 1999년 여름호 참조)

절반을 가동시킨다. 그리고 오이디푸스는 그 자신의 일련의 행동으로 나머지 절반을 완성하고 진리를 현실화할 것이었다. 그렇다면 '뉴웨이브 누아르 오이디푸스'인 오대수에게도 스핑크스가 있는가? 물론 그것은 이우진이다.

세 개의 신탁

스핑크스가 절반은 여자 절반은 사자인 괴물이라면, 이우진은 절반은 소년(boy) 절반은 어른(old)인 괴물(old boy)이다.[7] (그럼 스핑크스의 '날개'는? 이우진에겐 자본주의의 '날개', 엄청난 '돈'이 있다.) 스핑크스-이우진은 오이디푸스-오대수에게 간헐적으로 신탁을 내린다.

첫번째 신탁. 감금방 벽에 걸려 있는 제임스 엔소르(James Ensor)의 그림 〈슬퍼하는 남자〉(1892)와 그 아래 쓰여져 있는 엘라 윌콕스(Ella Wheeler Wilcox)의 시 「고독」의 첫 2행, "웃어라, 온 세상이 너와 함께 웃을 것이다. 울어라, 너 혼자 울게 될 것이다(Laugh, and the world laughs with you. Weep, and you weep alone)". 윌콕스는 웃으라고 말하지만, 엔소르의 그림 속 사내는 입으로 웃고 있으되 눈으로는 울고 있다. 그림은 글귀를 배반하고 미끄러져나간다. 이는 오대수의 미래를 예언하고 있지만 오대수 자신은 그것을 알지 못한다는 점에서 하나의 수수께끼라고 해야 한다. 그는 글귀가 시키는 대로 '세상과 함께' 웃으려고 하지만 그의 얼굴은 자꾸만 그림 속 사내를 닮고 만다. 기억을 삭제하길 원한 오대수가 최면을 끝낸 뒤 설원 속에서 미도를 만나 포옹할 때조차

---

7) 따라서 이우진과 오대수가 동창생(old boy)으로 설정되어 있음에도 최민식보다 훨씬 어려 보이는 유지태를 이우진 역에 캐스팅한 것은 당연해 보인다.

도 그는 세상과 함께 활짝 웃지 못한다. 그는 여전히 입으로 웃고 있으되 눈으로 울고 있는, 그림 속 그 사내다.[8]

두번째 신탁.[9] "노루가 사냥꾼의 손에서 벗어나는 것같이, 새가 그물 치는 자의 손에서 벗어나는 것같이, 스스로 구원하라."(개역성경, 「잠언」 6장 5절)[10] 이 구절에서 "스스로 구원하라(deliver thyself)"는 "스스로를 구원하라"(킹제임스 성경)로도 옮겨질 수 있다. 그렇게 옮기면 주체적인 해결을 도모하라는 뜻이 아니라 구원해야 할 대상이 다름 아닌 자기 자신이라는 뜻이 된다. 그러나 오대수는 이런 의미를 숙고하지 않는다. 그의 관심은 자기 자신의 구원이 아니라 오로지 이우진에 대한 복수다. 그 때문에 그는 '사냥꾼의 손'으로, '그물 치는 자'의 손으로 점차 들어간다. 오이디푸스가 스핑크스의 문제를 풀(었다고 믿)고 테베로 입성하듯, 오대수는 이우진의 신탁을 풀었다고 믿고('「잠언Maxim」 6장 4절'이 '맥심' 빌딩의 펜트하우스로 들어가는 비밀번호라는 것만을 알아낸 채로) 펜트하우스로 간다.

세번째 신탁. '감금방'에서 방출된 오대수가 일식집에서 처음으로 이우진의 전화를 받았을 때 이우진은 말한다. "명심해요. 모래알이든

---

8) 오대수가 웃는 듯 우는 표정으로 특징화되어 있다면 이우진은 우는 듯 웃는 표정으로 특징화되어 있다. 오대수가 이우진의 신발을 핥을 때 손수건으로 입을 막고 있는 이우진은 사실 웃고 있는 것이지만 영화는 잠깐 동안 고의적으로 그가 울고 있는 것처럼 보이게 만든다. 그 효과는 강렬하다. 여기서도 역시 두 인물은 서로를 반대로 비추는 거울이다.
9) 영화에 등장하는 순서대로라면 두번째와 세번째의 순서가 바뀌어야 한다. 그러나 그 순서에 논리적 필연성이 있는 것은 아니기 때문에 편의상 순서를 바꿨다.
10) 흥미롭게도 「잠언」 6장은 '말'로 인해 겪는 곤란에 관해 충고한다. 그 내용을 쉽게 옮기면 이렇다. "아들아, 네 이웃의 담보를 서거나 남의 보증을 서지 마라. 네가 한 말에 네가 걸려들고 네가 한 약속에 네가 얽매이리라. 아들아, 그렇게 하면 네 이웃의 손아귀에 든 것이니, 어서 그 이웃에게 가서 간청하여 거기에서 벗어나도록 하여라. 잠잘 궁리도 말고 눈 붙일 생각도 말아라. 산양이 사냥꾼 손에서 달아나듯, 새가 그물에서 빠져나가듯 벗어나거라."

바윗덩어리든 물에 가라앉기는 마찬가지예요." 이 말은 일차적으로는 당신은 당신이 의도했건 의도하지 않았건 당신의 말이 초래한 그 결과에 책임을 져야 한다는 뜻으로 읽힌다. 그러나 이차적으로는 이우진이든 오대수든 결국 동일한 결과에 도달하게 될 것이라는 뜻으로도 읽힌다. 그렇다면 이우진의 메시지는 '스핑크스의 해석학'과 동일한 전언을 내포한다. 그것은 '너는 나다'이다. 실상 오대수 역시 '올드+보이'이며 '대수(大獸)'라는 것이다. 물론 오대수는 오이디푸스보다는 시기적으로 더 빨리 자신을 '괴물'이라고 지칭하기는 하지만(오대수의 아이디ID는 '몬스터'다), 오이디푸스가 자기 답의 진짜 의미를 모르고 있듯 오대수 역시 자신이 반은 소년이고 반은 어른인 이우진과 정확히 동일한 괴물, 근친상간의 괴물이 되리라는 점은 모르고 있다.[11] 오대수와 이우진은 짝패다. 이 이야기를 하자.

분신들

이우진과 오대수는 서로를 되비추는 거울이다. 영화 후반부 펜트하우스에서 이우진이 오대수에게 자초지종을 순서대로 설명할 때, "누구냐, 너……"라는 오대수의 질문이 반복되고, 이우진과 오대수의 얼굴은 분할화면으로 반씩 합쳐져서 한 사람의 얼굴이 된다. 이우진과 오대수는 여러 번 포개지면서 이중화(doubling)된다. 먼저 영화의 도입부와 결말부를 보라. 영화 도입부, 옥상에서 뛰어내려 자살하려는 남자를 오대수가 아슬아슬하게 붙잡고 있다. 영화 결말부, 소양댐 난간에서 떨어

---

11) 이우진은 한번 더 힌트를 준다. 오대수가 친구 주환의 도움으로 알아낸 아이디 '에버그린'의 사용자의 이름은 '수대오'다. 자기는 뒤집힌 오대수라는 사실을 혹은 오대수는 뒤집힌 이우진이라는 사실을 다시 한번 알려준다.

지려는 이수아를 이우진이 아슬아슬하게 붙잡고 있다. 오대수가 자살남의 말을 들어주지 않음으로써 결국 자살남의 손을 놓아버린 것과 마찬가지인 결과에 이르는 것처럼, 이우진은 그 자신 괴로워하며 울부짖지만 결국 누나의 손을 놓아버린다. 영화 도입부의 옥상과 영화 후반부의 댐은 가운데가 접히는 책처럼 영화를 열고 닫는다.

　이번에는 펜트하우스. 이우진은 오대수에게 "재미있지 않아요? 말 한 마디로 임신하고, 말 한 마디로 사랑에 빠지고……"라고 말한다. 이우진은 자신과 누나의 상간 장면을 오대수가 발설했기 때문에 누나가 죽은 것이라고 생각한다. 오대수로부터 비롯된 말이 소문의 엄청난 위력을 통해 결국 이수아를 상상임신으로까지 몰아갔고 임신을 믿어버린 이우진과 이수아는 비극으로 치닫는다. 결국 이수아를 임신시키고 죽인 것은 오대수의 '말'이다. 이우진은 동일한 방식으로, 즉 최면술사의 '말'의 힘으로 오대수와 미도를 근친상간하게 만드는 데 성공한다. 오대수의 말이 이우진-이수아에게 최면(상상임신)을 걸었고, 이우진-최면술사의 말이 오대수와 미도에게 최면("사랑에 빠져라!")을 걸었다. 여기서도 두 케이스는 거의 비슷하게 포개진다.

　이번엔 '상록고등학교' 과학실. 이곳은 두 사람의 욕망-환상이 무대화되는 곳이다. 오대수가 목격하는 바로 그 근친상간의 장면에서 이우진은 이수아에게 연신 카메라 셔터를 눌러댄다. 그들에게 카메라는 매우 소중한 도구처럼 보인다. 카메라를 통해 이수아를 바라보던 이우진은 문득 카메라를 내버려둔 채 피사체를 향해 다가간다. 이우진에게 카메라는 다름 아니라 이수아를 바라보는 환상의 창이다. 이수아가 그 창 속으로 들어올 때 이우진은 이수아를 욕망한다. 아울러 이수아는 이우진이 자신을 애무할 때 작은 손거울을 꺼내 그 속에 비치는 자기 모습을 바라보면서 이우진의 창 속에서 욕망의 대상이 되어 있는 그 자신의 모습을 나르시시즘적으로 즐긴다.[12] 그리고 그 광경을 오대수가, 다름 아닌 교실 '창'을 통해 응시한다. 우리는 어쩌면 이 창을 매개로 오대수 또한 이수아를 욕망했다고 말할 수 있을지 모른다. 이 장면에서 카메라의 눈은 바로 오대수의 눈이니까 말이다. 이우진의 카메라와 오대수의 창은 동일한 기능을 한다. 그 둘은 바로 '환상의 창'(라캉)이다. (오대수가 이 과학실에서의 훔쳐보기를 전혀 기억하지 못한다는 점은 의미심장한데, 이는 뒤에서 다시 다룰 것이다.)

이우진에게 카메라의 프레임이 환상의 창으로 기능한다면, 오대수의 창은 텔레비전 브라운관으로 이어진다. 감금방에 갇혀 있는 동안 오대수는 브라운관 속 가수 '민해경'을, 〈보고 싶은 얼굴〉을 부르는 민해경을 보며 자위를 한다. 감금방에서 나온 뒤 오대수와 미도가 관계를 맺게 될 때 이 장면은 다시 반복된다. 미도가 〈보고 싶은 얼굴〉을 부르며 브라운관 속 민해경의 자리로 갈 때 두 사람은 정사를 나눈다. 이 정사

---

12) 이 장면은 스탠리 큐브릭(Stanley Kubrick)의 〈아이즈 와이드 셧Eyes Wide Shut〉의 한 장면(영화의 포스터로 사용된)을 떠올리게 한다. 파티가 끝난 뒤, 각자가 모종의 유혹을 뿌리치고 돌아온 빌(톰 크루즈)과 앨리스(니콜 키드먼)는 마치 하마터면 그들을 집어삼켰을 수도 있었을 그 성적 유혹/환상으로부터 빨리 벗어나야만 하겠다는 듯이 정사를 나눈다. 거울 앞에서 빌이 앨리스를 애무할 때, 앨리스는 빌의 애무를 받고 있는 자기 자신의 몸을 찬미하듯이 바라본다. 물론 이 장면은 남근적 질서 외부에 있는 '여성적 향유'의 차원을 개시(開示)한다. 이어지는 대화에서 노골화되듯 이 '여성적 향유'의 차원은 빌에게 엄청난 충격을 주게 될 것이다(이에 대한 보다 상세한 언급은 Mark Pizzato, "Beauty's Eye : Erotic Masques of the Death Drive in *Eyes Wide Shut*", eds. Todd Mcgowan and Sheila Kunkle, *Lacan and Contemporary Film*, Other Press, 2004를 보라). 그리고 그것은 〈올드보이〉에서 이수아의 그 기묘한 제스처가 (남성) 관객들에게 주는 낯선 느낌과도 다르지 않다. 여기에 한 가지를 보태자. 그 충격 혹은 낯섦은 또한 어떤 매혹을 동반한다는 사실 말이다. 앨리스와 이수아의 거울 보기가 (남성) 관객에게 매혹적인 이유 중의 하나는 그녀들이 어떤 '응시'를 요구하고 있다는 사실 때문이다. 그녀들은 자신을 애무하는 그녀의 남편/남동생이 아닌, 애무의 대상이 되고 있는 자기 자신을 봐줄 또다른 제3자의 응시를 필요로 하는 것처럼 보인다. 그리고 이런 장면은 (남성) 관객에게 마치 그 장면 어느 곳에 바로 '당신을 위한' 자리가 있을지도 모른다는 느낌을 준다. 오대수는 그 장면에서 바로 그 '제3의 응시'의 자리에 놓여 있었다.

는 과학실 창으로부터 시작된 오대수의 무의식적 환상이 마침내 섬뜩하게(근친상간이라는 동일한 방식으로) 실현되는 장면이다. '이수아를 바라보는 이우진, 그런 두 사람을 바라보는 오대수'라는 구도는 역전되고, 오대수와 미도의 정사를 응시하는 것은 이제 이우진이 된다. 정사 이후 잠들어 있는 두 사람의 방으로 몰래 들어간 이우진은, 오대수가 이수아를 응시하듯, 천천히 미도의 몸을 응시하면서 과거 과학실 창밖에 서 있었던 오대수를 반복한다.

그러나 이 모든 것의 궁극적 귀결이자 가장 중요한 사실은 '괴물의 복제'라고 할 만한 것이다. 이우진은 치밀한 계획 속에서 오대수를 그 자신의 복제물로 만든다. 근친상간을 '대충 수습하던' 이우진은 오대수의 '말'로 인해 누나를 잃고 복수의 여신 네메시스에게 영혼을 판다. 세월이 흐른 뒤, '오늘만 대충 수습하던' 오대수는 이우진의 개입 때문에 아내를 잃고 "복수심이 아예 성격이 되어버"린 괴물이 된다. 두 사람 다 한 여자를 잃고 괴물이 된다. 이우진이 오대수에게 "아무튼 당신은 자기 여자를 잘 못 지키기로 유명한 남자잖아요"라고 조소할 때, 물론 이 조소는 누나를 지키지 못한 자기 자신을 향한 이우진의 억압된 자조일 것이다. 이리하여 괴물은 또하나의 괴물을 만들고, 퇴장한다. 스핑크스가 오이디푸스에게서 자기의 모습을 확인한 뒤("너는 나다") 바다에 몸을 던졌던 것처럼 말이다. 그들은 이제야말로 진정한 동창생(old boy)이 된다.

향유와 앎

이우진과 오대수가 서로를 비추는 일그러진 거울이라고 혹은 그 둘이 한 인간의 두 분신이라고 볼 수 있다면, 이 둘의 관계는 보다 일반적인 차원에서 검토될 수도 있을 것이다. "누나하고 나는 다 알면서도 사랑했어요. 너희도 그럴 수 있을까?"라고 이우진은 말한다. 이것은 이미 세 개의 신탁-수수께끼를 던진 이우진의 최종적인 질문이다. 그런데 '안다'는 것은 대체 무엇일까? 라캉은 앎(knowledge, 지식)을 두 가지로 구분한다. '스스로를 알고 있는 앎'과 '스스로를 알지 못하는 앎'이 그것이다. 우리가 알고 있다는 것을 스스로 '알고 있는' 앎과 우리가 알고 있다는 것을 스스로 '모르고 있는' 앎이 있다. 우리의 향유(jouissance)와 우리의 진실(truth)이 존재하는 곳은 후자 쪽이다. 나는 나의 진리를 모른다. 그리고 내가 모르는 그곳에서 나는 '즐긴다'.[13]

오대수는 이우진과 이수아의 과학실에서의 근친상간을 기억하지 못한다. 그것은 그의 '스스로를 알지 못하는 앎'이다. 그 기억은 상실되는 한에서 그의 진리와 향유의 장소가 된다. 오대수가 기억을 되찾는 장면에서, 현재의 오대수는 과거의 이우진을 따라 마치 쫓고 쫓기듯 초현실적인 계단을 오른다. 감독은 의도적으로 두 인물을 어지럽게 교차시킨다. 그리고 오대수는 마침내 과학실 창에까지 이끌려간다. 여기서 이우진과 오대수는 앎의 두 유형을 표상하고 있는 것이 아닌가. '알면서' 사랑한 이우진과 '모르면서' 사랑한 오대수는 각기 '스스로를 알고 있는 앎'과 '스스로를 알지 못하는 앎'의 표상이 아닌가. 그 계단은 진리로 가는 계단이고 그 창은 향유의 장소를 열어주는 창이다. 오대수는 이우진을 뒤따라가서 잃어버린 과거를, 즉 그 자신의 진리와 향유의 장소를 발견하고 있는 셈이다. 그렇다면 우리는 오대수의 진실은 이우진이라고, 오대수의 향유는 과학실에서의 그 근친상간적 향유라고 말할 수 있다.

이런 진술은 얼핏 과장처럼 보일 수 있다. 오대수가 과학실에서의 근

---

13) 주판치치는 이렇게 요약한다. "스스로를 알지 못하는(알려지지 않은 상태로 남아 있는), 하지만 여전히 노동을 하고 있는 이 앎은, 그것이 상실되는 한에서, 우리가 향유와 진리에 접근하는 지점을 구성한다."(Alenka Zupančič, 앞의 책, p. 201)

친상간을 기억하지 못한다는 것과 그가 단지 최면에 의해 근친상간으로 내몰리게 된 비극이 무슨 상관이 있느냐는 반문도 가능할 것이다. 그러나 상관이 있다. 우리는 이 영화에서 흥미로운 누락(漏落)을 발견한다. 누락이라니? 이우진은 오대수에게 말한다. "재미있지 않아요? (…) 말 한 마디로 사랑에 빠지고……" 이우진은 이죽거리고 있지만, 그러나 이건 확실히 이죽거릴 일이 아니다. 미도와 오대수의 관계를 관찰하던 이우진은 미도를 지키기 위해 물불을 가리지 않는 오대수를 보면서 어딘가 쓸쓸한 말투로 말한 적이 있다. "실장님, 미도는 진짜로 오대수를 사랑하게 된 걸까요? ……벌써?" 이우진의 이 당혹감은 어디에서 기원하는 것일까? 단지 예상보다 너무 빠르다는 이유 때문에? 이상하지 않은가, 최면을 통해 이 모든 것을 기획한 것은 이우진 자신인데 말이다. 최면을 거는 이우진은 수수께끼를 던지는 스핑크스인 정도가 아니라 거의 운명을 설계하는 신(神) 그 자체처럼 보이는데 그가 미처 예상하지 못한 일이 있다니.

사랑 기계

물론 이우진은 최면술사 '형자'를 통해 오대수와 미도에게 '최면 후 암시'를 걸었다. 그런데 중요한 것은 그 암시의 효력이 미치는 범위가 과연 어디까지인가 하는 점이다. 오대수를 앞에 두고 하나하나 암시의 내용과 그 결과를 복기해나가던 이우진은 일식집에서 쓰러지(기로 되어 있)는 오대수를 미도가 집으로 데려가(도록 되어 있)는 장면까지를 더듬다가 돌연 멈춘다. 그는 왜 거기서 중단하는가? 그 이후에 발생한 '사랑'까지가 철저하게 프로그램된 것이라고 왜 말하지 않는가? 해명이 누락된 이 지점은 우리를 헷갈리게 한다. 오대수의 기억상실이 최면 때문이 아니라는 점을 힐난할 때의 이우진의 말투를 빌려 말하자면, 정답은 이렇다. "아니, 여태까지 최면 때문에 당신 둘이 사랑에 빠진 거라고 생각한 거예요? 당신들이 사랑에 빠진 진짜 이유가 뭔지 알아? 그건 말야, 그냥 빠진 거야."

믈라덴 돌라르(Mladen Dolar)는 정신분석 상담과정에서 분석가(analysist)와 분석주체(analysand) 사이에서 거의 필연적으로 발생하는 '전이 사랑(transference love)'에 대해 논하면서 이렇게 말한다. "그것은 인위적으로 만들어진 사랑이다. 단지 분석 상황의 한 기능이자 그것의 불가피한 결과일 뿐이다. 하지만 그럼에도 불구하고 그것은 진정한 사랑이다. (…) 만약 그것이 병리적인 것으로 보인다면, 우리는 사랑 그 자체가 고도로 병리적인 상태라는 사실을 명심해야 한다."[14] 증거는 수두룩하다. 모차르트의 오페라 〈여자는 다 그래〉에서부터 호프만의 『모래인간』과 헨리 제임스의 일련의 단편들에 이르기까지. "사랑에 빠지는 일 속에는 자동적이다 못해 거의 기계적인 무언가가 존재한다. 그것은 이용될 수 있고, 또 남용될 수 있다."[15] 만약 오대수와 미도의 사랑이 병리적인 것으로 보인다면, 우리는 사랑 그 자체가 고도로 병리적인 상태라는 것을 명심해야 한다. 우리는 오대수와 미도가 '최면 후 암시' 상태 속에 있다는 것을 모르는 채로 상당 시간 동안 영화를 보지만 거기서 '병리적인' 그 어떤 것도 알아보지 못한다. 그 둘의 사랑은 당신과 나의 사랑과 다를 바 없기 때문이다.

그러므로 우리는 오대수와 미도의 사랑이 단지 최면의 산물이기 때문에 더이상의 논의는 불필요하다고 단정할 수가 없다. 둘의 사랑이 과연 '최면 후 암시'의 산물인지를 영화는 충분히 설명하지 않는다. 그래

---

14) Mladen Dolar, "At First Sight", ed. Renata Salecl and Slavoj Žižek, *Gaze And Voice As Love Object*, Duke UP, 1996, p. 146.
15) Ibid.

서 오대수와 미도는 서로에게 단지 "그냥 빠진" 것이라고 의심해볼 수 있다. 사랑은 그것이 가장 자연스럽게 발생하는 듯 보일 때 가장 기계적인 메커니즘에 의해 발생하는 것일 수 있기 때문이다. 뒤집어 말하면 도대체가 모든 사랑은 최면 상태에서 발생하는 것이 아닌가. 이 영화에서 최면이라는 설정은 오히려 사랑의 기계적 성격을 그것의 가장 순수한 상태로 보여주는 것이라고 해야 한다. 다시 이 절 처음의 질문으로 돌아가자. 오대수가 과학실에서의 근친상간을 기억하지 못한다는 것과 그가 '순전히' 최면에 의해 근친상간으로 내몰리게 된 비극은 무슨 상관이 있는가?

물론 두 사람이 사랑에 빠진 것이 단지 최면 때문만은 아니라는 점을 지적한다고 해서 오대수가 '알고서' 미도를 사랑했다고 상상하는 것은 불가능하다. 그렇게 된다면 오대수와 이우진은 완전히 하나로 겹쳐진다. 그러나 반대로 그가 아무것도 모르고 있었다고 말할 수도 없다는 것이 요점이다. 오대수에겐 '스스로를 알지 못하는 앎'이 있었다는 말이다. 그리고 이것은 그가 '아무것도 몰랐다'고 말하는 것과 같지 않다. 오대수 그 자신의 '스스로를 알지 못하는 앎'을 둘러싼 모든 것은 과학실에서 펜트하우스로 옮겨오면서 비로소 그 실재(the Real)를, 오대수 자신의 근친상간적 욕망을 드러낸다. 이렇게 본다면 암시의 효력이 어디까지 미쳤는가가 애매하게 처리되어 있는 것은 이 영화에서 의미심장한 부분이다. 영화에서 스쳐가듯 나오는, 오대수와 미도가 특별히 최면 감수성이 높아서 일이 순조로웠다는 식의 대답은 타협적이다. 그 둘의 '기계적이지만 진정한' 사랑을 불편해할 건강한 관객과의 타협. 요컨대 오대수는 '스스로를 알지 못하는 앎'이다. 그리고 그 앎이 '스스로를 알고 있는 앎'이 되는 순간에, 오대수는 이우진이 된다. 이우진은 오대수의 진실이다. 그리고 여기에서부터 비로소 오대수의 '(무)죄'에 대해 논할 수 있는 길이 열린다.

말과 비극

오이디푸스에게 죄를 물을 수 있을까? 우리는 오대수에 대해 이야기하면서 '몰랐다'는 것에 대해 손쉬운 판단을 내려선 안 된다는 점을 말했다. '몰랐다'는 것과 '알고 있다는 것을 몰랐다'는 것은 많이 다르다. 나는 몰라도 나의 욕망은 알고 있는 그 무언가가 있다. 우리에겐 "인생을 통째로 복습"해도 알 수 없는, '스스로를 알지 못하는 앎'이 있으며, 거기에 나의 진실과 향유가 걸려 있다는 점을 상기해야 한다. 그리고 우리가 '죄'에 대해 말할 수 있는 것은 오로지 그 욕망의 차원에서이다. 그렇다면 오이디푸스는? 주판치치는 오이디푸스가 "처음부터 자신의 욕망을 강탈당했기 때문에" 무죄라고 말한다. 그는 욕망을 도둑맞았다는 것이다. 욕망이 없는 곳에 (정신분석학적인 의미에서의) 죄는 없다. 위에서 우리는 오대수의 '몰랐다'에 대해 주의를 요청했었다. 적어도 오대수의 경우엔 욕망의 흔적이 있다고, 오대수의 일그러진 거울이자 분신인 이우진이 있다고 말이다. 그래서 오대수의 경우에는 '욕망을 강탈당했기 때문에 무죄'라고 말할 수만은 없어 보인다. 그런데 여기에는 또하나의 차원이 있다. 그것은 오대수가 어쨌거나 무언가를 '말했다'는 점이다.

"오대수는요…… 말이 너무 많아요"라는 것이 오대수의 기소 이유다. 그것은 죄가 될 수 있는가?[16] 어린 오대수는 이우진과 이수아의 근친상간을 친구 주환에게 말한다. 그 말은 주환을 거치면서 엄청난 위력

---

16) 사실상 이것은 죄라기보다는 하나의 성격적 결함이 아닌가? 그것이 전혀 죄로 보이지 않는다는 바로 그 이유 때문에 이 설정은 '비극적인' 설정이다. 고대 그리스 비극에서 주인공들은 바로 이 사소한 결함 때문에 파멸한다. 아리스토텔레스는 이 '하마르티아(hamartia, 사소한 결함 혹은 비의도적 과오)'가 비극에서 '공포와 연민'을 유발하는 핵심적 요소라고 말한다.(『시학』 13장 참조)

을 갖게 된다. 그 말이 이수아를 상상임신시키고, 죽인다. 정말 물어보고 싶을 지경이다. 도대체 '왜' 말했는가? 라캉은 "사랑에 관해 말하는 것은 그 자체가 향유다"[17)]라고 말한다. 그렇다면 말을 바꿔서 "비밀에 관해 말하는 것은 그 자체가 향유다"라고 할 수는 없을까. 나의 내밀한 비밀을 털어놓는 것이 노출증적 쾌락을 동반한다면, 반대로 타인의 내밀한 비밀을 또다른 타인에게 폭로하는 것은 관음증적 시선의 연장선상에 있다. 그것은 관음의 대상이 된 그 현장에 내가 있었더라면…… 이라는 좌절된 욕망을 일정하게 보상한다. "완전히 걸레였다 아이가, 걸레. 이게 겉으로는 새침한 요조숙녀인데, 이게 속으로는 완전 걸레인기라. 개나 소나 안 따먹은 놈이 없다고, 소문이 파다했지 아마. (…) 아, 난 그때 뭐 했나 몰라." 주환의 이 대사가 투명하게 보여주듯, 소문을 퍼뜨리는 행위는 그 주체에게 '그때 그곳'에 없었던 것에 대한 안타까움을 보충하는 향유를 제공한다. 어린 오대수가 어린 주환에게 자기가 본 '그것'을 털어놓은 다음, "니 말하면 죽는데이"라고 말하는 것은 바로 그와 같은 향유가 그 자신에게 부과해올지도 모를 책임을 미리 타자에게 떠넘기는 제스처라고 해야 한다. 우리는 늘 그렇게 말한다. "이건 너한테만 이야기하는 거야, 다른 사람한테는 절대로 말하지 마." 내 말을 들은 그는 또다른 그에게 말한다. "이건 너한테만……" 욕망과 향유가 있었던 곳에 죄가 있다면, 오대수에겐 '최소한의 죄'가 있다.

설령 그렇다고 한들 그 향유의 대가는 너무 과도했다. 그러나 이우진의 입장에서는 모든 것이 공평한 계산의 결과일 뿐이다. '사랑하는 누나'를 잃은 슬픔을 오대수에게 정확히 되돌려주려면 그에게 일단 '사랑하는 딸'을 만들어주어야 하고 그 뒤에 죽여야 하기 때문이다(아마도 이우진의 본래 계획은 근친상간 사실을 미도에게 알려서 미도가 이수아의 자

---

17) Jacques Lacan, *Seminar XX*, trans. Bruce Fink, Norton, 1998, p. 83.

살을 반복하게끔 만드는 것이었으리라). 그러나 오대수는 사랑하는 누나를 잃는 슬픔까지를 이우진에게 줄 생각이 없었다. '말' 그 자체가 생물처럼 살아 움직여서 이수아를 죽였을 뿐이다. 이우진으로부터 비롯된 말(최면 후 암시)이 예상한 효력 이상으로 그토록 빨리 오대수와 미도를 사랑에 빠뜨려버린 것처럼 말이다. 말의 수행적(performative) 위력은 강력하다. 그리고 그 위력이야말로 이 작품을 비극으로 만드는 핵심적인 요소라고 해야 한다. 가라타니 고진은 '비극적 인식'이란 구조의 밖에 있는 사건에 대한 인식, 혹은 구조에 회수될 수 없는 것에 대한 인식이라고, 그리고 그 어찌할 수 없는 '사건성'의 핵심에는 '커뮤니케이션의 착오'가 존재한다고 말한다. 이것은 인간의 근본적인 조건이고 이 근본적 조건에 대한 강렬한 인식의 결과가 바로 비극이라는 것이다.[18]

실로 이 작품의 비극성의 핵심에 바로 오대수의 '말'이 놓여 있다는 것은 분명해 보인다. 내 운명을 결정하는 것은 내가 아니다라는 인식이 비극의 중추라면, 그와 유사한 맥락에서, 내 말의 의미/효과를 결정하는 것은 내가 아니다라는 인식 또한 '비극적'이다. 이 점에서도 오이디푸스와 오대수의 사례는 상호공명한다. 오이디푸스에게 내려진 신탁이 일종의 자기 실현적 예언이 되어서 그로 하여금 우리가 알고 있는 바로 그 오이디푸스가 '되도록' 만든 것처럼, '임신했다 임신했다'라는 주술적인 반복이 이수아가 (상상적으로) 임신하게 '되도록' 만든 것처럼, 이우진의 신탁과 최면은 오대수를 오대수가 '되도록' 만든다. 특히 최면이라는 '은유'는 말의 수행적 위력(최면적 효과)의 비극성을 그 순수한 형태로 보여준다. 이제 이 비극의 끝으로 가보자. 고대 그리스 극장에서 그러했듯 '기계장치의 신(Deus ex machina)'이 이 모든 피투성이 난장을 어떻게든 해결해줄 것인가.

---

18) 가라타니 고진, 『언어와 비극』, 조영일 옮김, 도서출판 b, 2004, 3장 참조.

숭고와 괴물

복수가 끝나고 이우진은 자살한다. "상처 받은 자한테 복수심만큼 잘 듣는 처방은 없어요. (…) 하지만…… 복수가 다 이루어지고 나면 어떨까? 아마…… 잊고 있던 고통이 다시 찾아올걸?"이라는 그 자신의 말을 증명하기라도 하듯이 말이다. 그러나 이우진의 일그러진 거울 오대수는 죽지 않는다. 그는 대신 혀를 자른다. 그가 여기서 결정적으로 오이디푸스를 반복하고 있다는 것은 두말할 필요도 없다. 이우진과 오대수를 분별하는 한 가지 방법은 그 둘의 결말이 초래하는 효과를 대비해 보는 것이다. 주판치치는 "오이디푸스가 죽었더라면, 그의 부친 살해와 근친상간은 중심적인 사물(the Thing)로 남아 있었을 것이며, 그 주위로 그의 이미지와 운명은 우리의 욕망을 억류하고 사로잡을 막을 세워 놓았을 것이다"[19]라고 말한다. 이 모호한 진술이 설명하고 있는 것은 바로 카타르시스 작용이다. 그것은 우리를 강하게 끌어당기고 거기에다 붙들어맨다. 그리고 '그래, 볼 만큼 봤고, 이젠 충분해'라고 하는 안온한 느낌을 유발한다. 여기에는 어떤 윤리적인 집요함이 끼어들 자리가 없어 보인다. 이우진의 죽음이 바로 이 층위에 놓여 있다. 이우진으로부터 그 자신의 진실을 전해듣기 전에 오대수는 이우진에게 이우진의 몫으로 할당된 진실을 전달한다. "너는 누나와 잤다"를 뒤따라나오는, '그래서 넌 누나를 죽였다'라는 진실 말이다. 오대수의 말대로 이우진은 누나의 손을 자발적으로 놓았다. 복수에 몰두하면서 겨우 은폐될 수 있었던 그 자신의 진실이 비로소 선명하게 다가온 셈이다. 그리고 오대수에게서 넘겨받은 그 자신의 진실 속에서 이우진은 비로소 '죄'를 본다. 그는 그것과 대면하여 죽음을 택한다. 그의 죽음은 우리를 얼

---

19) Alenka Zupančič, 앞의 책, p. 179.

마간 울게 한다. 그리고 이우진은 우리가 끔찍한 그것(the Thing, 사물)을 보긴 하되 너무 많이 보지는 않게 해주는 막으로 기능한다.

그러나 오이디푸스는 죽지 않았고 오대수도 죽지 않는다. 눈먼 오이디푸스와 혀 잘린 오대수는 그 모습으로 살아남기를 선택함으로써 치명적인(근친상간적인) 향유를 가시화하는 끔찍한 그것 그 자체가 되어버린다. 오대수가 혀를 자르는 장면은 과연 말로 형언하기 힘든 느낌을 불러일으킨다. 물론 이것은 오대수가 죽었더라면 발생할 수 없는 효과일 것이다. 실상 오대수는 이미 한 번 죽은 셈이다. 15년 동안의 감금기간 동안 그는 살인범이 되었고 상징적 질서 내에서 그의 자리를 완전히 말소당했다. 상징적으로는 이미 죽어 있는 상태였고 단지 실제적으로 죽지 않았을 따름이었다. 이와 같은 '두 죽음 사이'의 공간 속에서[20] 그는 그 자신의 욕망과 향유가 결과적으로는 근친상간이었다는 끔찍한 실재와 대면한다. 근친상간이란 본래 상징적 질서 그 자체를 폭파시킬 수 있는, 상징화될 수 없는 '불가능성'의 가장 급진적인 표상이 아닌가. 오대수는 실재와의 거리가 제로 상태가 되어버리는 상황에 처하고 거기서 그 자신이 바로 실재적 사물(the Thing) 그 자체, 혹은 'the Thing'의 흔한 의역어 그대로 '괴물(怪物)'이 되어버린 것을 발견한다.

미친 사랑의 노래

눈먼 오이디푸스는 『콜로누스의 오이디푸스』에서 딸 안티고네의 부축을 받으며 테베를 떠나 떠돈다. 영화의 마지막 장면에서 (이국적인)

---

20) 이를 가장 잘 보여주는 장면은 오대수가 7.5층 감금방을 다시 찾아가서 소위 '장도리 액션'을 치르고 난 뒤 피를 흘리면서 거리를 걸어가는 그 장면일 것이다. 그리고 바로 그때 오대수는 말한다. "나는 이제 괴물이 되어버렸다"라고 말이다.

눈 덮인 설원을 미도에 의지해 서 있는 오대수처럼 말이다. 콜로누스의 사람들은 제 나라로 들어온 괴물 오이디푸스를 어찌해야 좋을지 난감해한다. 그때 오이디푸스는 숭고한 죽음 속으로 기적처럼 걸어들어감으로써 모든 이들의 난감함을 덜어준다. 이 난감함은 영화의 마지막 장면에서 입을 다문 채 힘없이 고개를 끄덕이는 오대수를 볼 때 우리가 맞닥뜨리게 되는 고통스러운 난감함과 다르지 않다. 저 괴물 오대수를 어찌해야 할 것인가. 관객은 이 골치 아픈 윤리적 질문 앞에서 난감하다. 오이디푸스가 콜로누스인들에게 자신에겐 죄가 없음을 주장하면서 그곳에서의 체류를 허락해달라고 호소할 때 이스메네는 신의 새로운 신탁을 가지고 온다. 오이디푸스에게 신의 구원이 있을 것이라고 말이다. 오대수 역시 최면술사를 만나고 오이디푸스의 애원을 반복한다. "아무리 짐승만도 못한 놈이어도 살 권리는 있는 거 아니겠습니까?" 신이 오이디푸스를 구원하였듯, 최면술사 형자는 "바로 그 말에 마음이 움직였어요"라고 말하면서 오대수에게 다시 최면을 걸어 망각이라는 구원을 허락한다.

그러나 오이디푸스와는 달리 오대수에겐 그 어떤 숭고한 결말도 준비되어 있지 않다. 괴물을 죽이고 오대수로 돌아가기 위한 최면은 실패한 것처럼 보이기 때문이다. 미도를 안은 채 클로즈업되어 있는 오대수의 얼굴은 여전히 감금방 그림 속 남자의 표정 바로 그것이다. 감독이 진지했건 진지하지 않았건, 이 결말은 집요하다. 우리는 오대수를 설명할 수 있는 그 어떤 말도, 오대수를 받아들일 수 있는 그 어떤 상징적 질서도 갖고 있지 않다. 그리고 그 공백은 메워질 수 없다. 오대수는 바로 그 난감한 공백 속에 다시 한번 서기를 '반복'한다. 〈공동경비구역 JSA〉가 이수혁(이병헌) 병장의 급작스러운 자살을 통해 끝내 '적대(antagonism)'의 간극을 '다시' 고지하듯이, 〈복수는 나의 것〉이 마지막 장면에서 기습적으로 동진(송강호)의 가슴에 칼을 꽂아 복수의 악무한을 '다시' 가

동시키듯이, 이미 괴물인 오대수는 (최면의 실패로) '다시' 한번 괴물이 되고 미도는 기어이 "사랑해요...... 아저씨"라고 말한다.

그들은 그들의 비극을 '선택' 하지 않았다. 그들은 단지 '겪는' 주체였을 뿐 '행한' 주체가 아니다. 그리고 진정으로 윤리적인 행위는 그 순간, '다시' 라고 말할 때 발생한다. 불가능한 것 앞에서 '다시' 라고 말할 때, 그것은 이 사회가 모든 것을 처음부터 다시 시작해야 한다고 말하는 것과 같다. 영화가 "반복을 통해 윤리적·혁명적 행위가 되기를 기다리는 일련의 실패한 행위들"로 규정될 수 있다면[21] 이 영화는 과연 "외상을 그 자체로, 그 불가능성 속에서, 그 통합될 수 없는 공포 속에서, 어떤 '텅 빈' 상징적 몸짓을 통해 반복해서 표지하는"[22] 영화라고, 그래서 우리에게 어떤 식으로든 이 영화를 윤리적 행위로 '반복' 해야 한다는 의무를 부과하는 영화라고 해야 한다. 무엇을 반복할 것인가? 오대수와 미도, 이우진과 이수아의 서사는 결국 실패한 사랑, 불가능한 사랑의 이야기이다. 이 '미친 사랑의 노래'를 계속 불러야 한다. 이것이 이 영화의 (혹은 박찬욱의 모든 영화의) 결론이고 그의 급진적인 윤리학이다. 미친 사랑의 노래, 이 세상에 불가능한 사랑은 있을지라도 해서는 안 될 사랑 따윈 없다고 말하는, 저 미친 사랑의 노래.

부기 소포클레스는 오이디푸스 가문의 비극을 세 번에 걸쳐서 썼다. 그 세 편은 '오이디푸스 3부작' 이라고 불린다. 『오이디푸스 왕』 『콜로누스의 오이디푸스』 『안티고네』가 그 세 편이다. 우리가 본 바대로

---

21) 이 규정과, 앞에서 거론한 〈공동경비구역 JSA〉의 결말에 대한 독법은 박제철의 것이다. 이 단락에서 우리는 박제철의 논의를 전반적으로 참고하고 있다. 박제철, 「영화-감각을 윤리적 행위로 '반복하기' : 체화된 관람성의 실재의 윤리학으로의 재정식화」, 『영화언어』 2003년 가을호 참조.
22) 슬라보예 지젝, 『그들은 자기가 하는 일을 알지 못하나이다』, 박정수 옮김, 인간사랑, 2004, 513쪽.

〈올드보이〉를 찍을 때의 박찬욱은 『오이디푸스 왕』을 다 읽고 『콜로누스의 오이디푸스』의 도입부 어디쯤에서 책을 내려놓은 것 같다. 이 영화에서 이수아와 미도의 목소리를 많이 듣기 어려운 것은 그 때문이다. 박찬욱은 현재 〈친절한 금자씨〉의 시나리오를 집필중이라고 한다. 우리에겐 '금자'라는 이름이 흥미롭다. 금자는 '금자(禁者)'가 아닐까? 그렇다면 이것은 마치 안티고네(Antigone)의 이야기처럼 들린다. 적국의 군대를 이끌고 조국을 침공한 오빠의 시체를 테베 시의 국법을 어기면서까지 매장했기 때문에 테베의 왕 크레온에 의해 동굴에 갇혀 죽은 '금지된 여자'이자 '인류의 화신(化神)'인 안티고네야말로 '친절한 금자(禁者)'씨가 아닌가. '이우진'의 표현을 빌리자면 그녀야말로 '알면서도 하는' 인물의 대명사가 아닌가. 우리는 어쩌면 우리가 미처 다 듣지 못한 '미도'의 이야기를 조만간 듣게 될지도 모른다. 아마도 '안티고네 누아르'를.

수음하는 오디세우스, 노래하는 세이렌
—「무진기행」의 한 읽기

1.「무진기행」과 해석의 잉여들

1964년에 발표된 「무진기행霧津紀行」에 대해서 작가 자신은 "특히 「무진기행」은 맘에 들지 않아요. 쓸 때부터 그랬지요. 좀 진부했거든요"[1]라고 말한다. 그러나 작가 자신 스스로 탐탁잖아한 이 작품은 대단한 성공을 거두었고 3년 뒤에는 영화화되어(《안개》, 김수용 감독, 태창흥업, 1967), 2주 만에 10만 관객을 동원하는 성공을 거둔다.[2] 당시 신문광고의 카피는 "안개 낀 그 갯가에서 벌어진 이 아픈 24시간의 정사(情事)여!"였다. 진부했기 때문에 그가 '특히' 좋아하지 않았던 이 작품이 그를 유명하게 만들고 급기야 그의 대표작이 되고야 만 이 사태의 책임은 물론 독자와 관객들에게 있다. 독자들은 어쩌다가 이 '진부한' 작품과 사랑에 빠져버리고 만 것일까. 관객들은 어쩌자고 (소설 속의 문

---

[1] 주인석,「그를 만나게 되다니」,『김승옥 소설전집 4』(개정판), 문학동네, 2004, 399~400쪽.
[2] 이정숙,「김승옥 소설의 소통 양상 연구」, 서울대 석사논문, 2004, 39쪽.

장들이 주연배우 신성일의 보이스 오버 내레이션으로 시종일관 읊어지고 있는) 저 영화를 사랑하게 된 것일까. 해명되어야 할 필요가 있는 것은 바로 이 '진부함'에 대한 사랑이 아닐까.

김현이 '시골과 서울의 변증법적 대립'[3]이야말로 김승옥 소설의 근본 구조라고 지적한 이래 이 관점은 표준적인 해석틀의 지위를 누려왔다. 대립항은 '역사와 생활'(한형구), '개인과 사회'(한상규), '환상적 기준과 현실원칙'(진정석), '현실의 세계와 꿈의 세계'(최혜실), '감성과 이성'(김보우), '남성적 세계와 여성적 세계'(김정란, 황도경) 등등으로 이어져왔고 이 준거들은 김승옥의 텍스트가 갖는 내포들을 확장시켜나갔다. 그러나 본질적으로는 김현의 틀과 완전히 단절한 것은 아니었다. 대립항을 구성하는 항들은 다양하게 교체되어왔지만 '대립'이라는 구조만큼은 분석틀의 핵심을 구성해왔다. 그 분석들은 저 다채로운 대립항들 사이에서 '출세한 촌놈'이 느끼는 '의식의 균열'이라는 테마를 중심으로 회전한다.

그러나 '균열'에 근거하고 있는 이들 논의는 적어도 「무진기행」의 경우에는 무언가 맞아떨어지지 않는 측면이 있는 듯 보인다. 첫째, 윤희중은 서울과 고향의 경계에 서 있는 자라기보다는 이미 완전히 도시화된 인물에 가깝다. 윤희중은 도시인의 눈으로 무진을 바라본다.[4] 그는 "어둡던 세월이 일단 지나가버린 지금은 나는 거의 항상 무진을 잊고 있었던 편이다"(163쪽)[5]라고 말하는 인물이다. 그런 인물이 무진을 향

---

[3] 김현, 「구원의 문학과 개인주의」, 『현대 한국문학의 이론/사회와 윤리』, 문학과지성사, 1991, 383쪽.
[4] 유종호의 다음 언급은 바로 이 점을 지적하고 있다. "이 작품은 지방을 무대로 하고 있으나 근본적으로는 도시인의 문학이다. 주인공이 현재 도시생활을 영위하고 있다는 사실 이상을 위의 진술은 포용하고 있다."(유종호, 「감수성의 혁명」, 『비순수의 선언』, 민음사, 1995, 428쪽)
[5] 이 글에서 사용하고 있는 텍스트는 『김승옥 소설전집 1』(개정판), 문학동네, 2004이다.

해 떠났다가 돌아온다. 그것은 '귀향'이라기보다는 제목 그대로 차라리 '기행'에 가깝다. 둘째, 서울과 짝을 이루고 있는 무진이라는 공간 역시 당대의 전형적인 고향 혹은 시골의 이미지를 갖고 있다고 보기 어렵다.[6] 물론 소설 속에서 무진은 '읍'으로 설정되어 있고 대다수의 논자들 역시 무진을 곧바로 '시골'이라고 지칭하고 있지만[7] 얼마간 초현실적인 분위기마저 풍기는 무진을 단지 저개발된 지방이라는 그 특성만을 부각시켜 곧바로 서울의 대립공간으로 설정하는 일은 다소 부주의해 보인다. 무진이 서울과 대립되는 공간일 수 있다면 그것은 도시와 시골이라는 경제적 틀 바깥에 있는 어떤 것 때문일 수 있다는 것이다. 셋째, 여주인공 '하인숙'의 성격이 갖고 있는 모호한 특질 역시 여타 김승옥 소설의 여성 인물들의 그것과는 적잖이 달라 보인다. 김승옥 소설의 여성 인물들은 대체로 '훼손된 여성'들로 범주화될 수 있다. 그러나 적어도 하인숙에 대해서라면 '훼손된 여성'이라는 표현은 지나쳐 보인다. 오히려 "하인숙은 자신의 욕망과 느낌에 솔직하게 반응하는 사람"[8]

이하 인용문은 괄호 안에 쪽수만 표시한다.

6) 작품 초반부에 제시되는, 버스 안에서 '시골 사람들'이 나누는 대화는 이런 면에서 흥미롭다. 그들에 따르면 무진은 이렇다 할 명산물도 없지만 많은 사람들이 살고 있는 '이상스러운' 곳이며, 바다가 가까이 있지만 항구로 발전할 수 있는 가능성도 없고, 농촌이라고 보기에는 이렇다 할 평야가 있는 것도 아닌, 그런 곳이다. 이들의 대화에서 '무진'은 이런저런 규정을 계속 빠져나가면서 미끄러지는 장소이다.

7) 예외가 있다면 그것은 무진을 꼬박꼬박 '도시'라고 부르고 있는 김훈이다. " '무진'은 사람들의 일상성의 배후, 안개에 휩싸인 채 도사리고 있는 음험한 상상의 공간이며, 일상에 빠져듦으로써 상처를 잊으려는 사람들에게 '상처를 강요하는 이 삶이란 도대체 무엇인가'를 끊임없이 묻고 있는 괴로운 도시이다. 무진은 지도 위의 어느 곳도 아니면서 도처에 널려 있는 도시이고, 일상에 밀려 변방으로 쫓겨난 아득한 도시이면서도, 문득문득 삶의 한복판을 점령해들어오는 신기루의 도시이다."(김훈, 「무진을 찾아가다」, 김승옥, 『무진기행』, 나남, 2001, 673쪽)

8) 차미령, 「김승옥 소설의 탈식민주의적 연구」, 서울대 석사논문, 2002 참조. 차미령은 '훼손당한 여성'이라는 범주를 설정해 김승옥 소설의 여성 인물들을 검토하면서도 다른 여성들과는 구별되는 하인숙의 상대적 독특함을 지적하고 있다.

이라는 지적에 더 공감하게 된다.

이 세 가지 측면(윤희중의 여행, 무진이라는 장소, 하인숙이라는 인물이 갖는 상대적으로 독특한 성격) 때문에 「무진기행」은 여타 김승옥 소설들 중에서 얼마간 이질적인 위치를 점하고 있고 김승옥 소설을 설명하는 일반적인 틀을 빠져나가는 잉여를 그 안에 포함하고 있다고 할 수 있다. 이 잉여들을 이해할 수 있는 단서를 제공하는 다음 언급들은 그래서 주목될 필요가 있어 보인다.

1) 김승옥이 거둔 압도적인 공감—특히 도시 청년 사이에서의—이면에는 모더니스트들이 이루지 못한 도회의 서정과 우수와 신경의 시를 조성하는 데 그가 성공했다는 사실도 크게 작용했을 것이다.'[9]

2) 무진과 같은 수면 상태 속에서 오히려 인간은 생명의 본래적 시간을 만나게 되고, 죽은 욕망이 일어서게 되는 것이다. (…) 무진은 바로 나날이 퇴화해가는 생의 실상을 만날 수 있는 역(逆)유토피아이기 때문이다.[10]

3) 의미 있는 것은 오히려 하인숙이라는 여인의 성, 즉 다시 말해 그녀의 성씨가 냇가를 뜻하는 하(河)씨라는 것이다. 왜 술집 작부는 하필이면 냇가까지 나와 자살을 했을까라는 의문에 답을 제공할 뿐만 아니라, 하인숙의 성씨인 하(河)씨는 나아가 그녀가 세이렌이었음을 입증해주기 때문이다.[11]

---

9) 유종호, 앞의 글, 429쪽. 강조는 인용자, 이하 동일.
10) 이어령, 「죽은 욕망 일으켜세우는 역(逆)유토피아」, 김승옥, 『무진기행』, 나남, 2001, 616쪽.
11) 정장진, 「「무진기행」을 위하여, 혹은 무의식의 여행을 위하여」, 『작가세계』 1996년 겨울호, 393쪽.

앞서 우리는 윤희중이 서울(도시)과 고향(시골) 사이에서 의식의 균열을 느끼고 있는 인간이라기보다는 차라리 도시인 그 자체에 가까운 인물이라고 지적한 바 있다. 이는 윤희중이 현재 거주하고 있는 '공간'이 도시라는 단순한 의미가 아니라 그가 무진을 바라보는 '시각' 자체가 도시인의 그것이라는 점을 의미하는 것이다. 이런 맥락에서 1) 유종호는 김승옥에 '공감'할 수 있었던 이들이 주로 '도시 청년'이라고 특별히 부기한다. 이는 이 글의 서두에서 제기한 질문, 즉 「무진기행」에 대한 독자들(관객들)의 '사랑'을 떠받치는 환상이 무엇인가를 이해하게 해주는 힌트가 된다. 「무진기행」은 무엇보다도 '~로 떠나는 (남)자의 욕망'에 관한 소설이라는 말이다. '균열'을 중시할 경우 '~로부터 떠나온 자의 내면'이 그 못지않게 중요할 수 있겠지만 이 소설의 핵심을 이루는 것은 전자에 가까워 보인다. 그래서 「무진기행」은 '귀향' 소설이라기보다는 차라리 '여행' 소설이라고 해야 한다.

이 여행을 떠받치고 있는 환상-욕망은 2) 이어령의 말대로 "죽은 욕망이 일어서게 되"리라는 환상-욕망이다. 무진은 어촌도 아니고 농촌도 아닌 규정 불가능한 공간, 안개에 둘러싸인 상상적·관념적 공간이다. 죽어버린 욕망이 다시 일어서게 되리라는 희망을 주는 그곳은 그러나 유토피아가 아니라 '역(逆)유토피아'다. 반(反)유토피아가 아니라 역유토피아이기 때문에, 이 개념은 유토피아의 내포를 포기하지 않으면서 그 존재를 완전히 승인하지도 않는다. '유토피아(utopia)'라고 표기할 수 있을 어떤 공간에 대한 이와 같은 관념은 무진이라는 공간이 갖는 특질의 중요한 일부분을 건드리고 있다.

무진이 유토피아(utopia)일 수 있는 것은 물론 하인숙의 존재 때문이다. 이 하인숙을 '훼손된 여성'으로 읽지 않는 한 가지 방법을 알려주는 것은 3) 정장진의 글이다. 그러나 하인숙을 호메로스의 『오디세이아』에 등장하는 세이렌(Seiren)과 연결시킨 이 통찰은 더 세공될 필요가 있어 보인다. 하인숙을 세이렌이라고 규정하는 일은 그녀의 욕망에 대해 우리가 좀더 알고 난 뒤에나 필요한 것일 테니까 말이다. 비유적 규정이 그녀를 이해해야 한다는 책임을 면제해주는 것으로 귀결된다면 이는 또하나의 훼손일 수밖에 없다. 『오디세이아』에 등장하는 세이렌은 오디세우스에게 패배한 세이렌이라는 사실을 기억한다면 더욱 그러하다.

우리는 이 글에서 「무진기행」을 (경계인이 아니라) '도시인' 윤희중이 무진이라는 (고향이나 시골이 아닌) '역유토피아'로, (귀향이 아닌) '여행'을 떠나 하인숙이라는 한 여자를 만나는 (혹은 만나지 않는) 이야기로 읽어보려고 한다. 우선 도시인 윤희중이 여행을 떠나는 맥락과 그 의미를 살피고(2절), 그가 늘 되풀이해 가곤 하는 '무진'의 공간적 특질을 해명한 뒤(3절), 그곳에서 윤희중(4절)과 하인숙(5절)이 만나고 헤어지는 과정의 논리를 욕망(desire), 충동(drive), 환상(fantasy)이라는 개념틀을 통해 읽을 것이다.[12]

2. 여행의 무의식, 증상으로서의 여행

24살의 김승옥은 "왜 나는 서울에서 실패하면 꼭 고향을 찾는가?"[13]라는 질문을 붙들고 「무진기행」을 썼다. 이 질문은 두 개로 나눠질 수

---

12) 간단하게 말해서 욕망의 논리는 "이것을 하는 것은 금지되어 있다. 하지만 그럼에도 불구하고 나는 그것을 할 것이다"로 규정될 수 있다. 반면 충동의 논리는 "난 이것을 하고 싶지 않다. 하지만 그럼에도 불구하고 나는 그것을 하고 있다"가 될 것이다.(레나타 살레클, 『사랑과 증오의 도착들』, 이성민 옮김, 도서출판b, 2003, 84쪽) 한편 환상의 논리는 다음과 같다. "난 타자가 원하는 것을 알고 있다. 그리고 난 그것을 제공해줄 수 있다." (Richard Feldstein·Bruce Fink·Maire Jaanus(ed.), *Reading Seminar XI: Lacan's Four Fundamental Concepts of Psychoanalysis*, State University of New York Press, 1995, p. 254) 이 개념들에 대한 보다 상세한 설명은 본문에서 제시될 것이다.
13) 김승옥, 『뜬 세상에 살기에 — 김승옥 산문집』, 지식산업사, 1977.

있다. 서울에서의 '실패'란 과연 무엇이고 '고향'이라는 공간은 그에게 어떤 의미를 갖는가. 김승옥의 질문에 윤희중은 다음과 같이 대답한다.

> 내가 나이가 좀 든 뒤로 무진에 간 것은 몇 차례 되지 않았지만 그 몇 차례 되지 않은 무진행이 그러나 그때마다 내게는 서울에서의 실패로부터 도망해야 할 때거나 하여튼 무언가 새 출발이 필요할 때였었다. 새 출발이 필요할 때 무진으로 간다는 그것은 우연이 결코 아니었고 그렇다고 무진에 가면 내게 새로운 용기라든가 새로운 계획이 술술 나오기 때문도 아니었었다.(162쪽)

윤희중의 대답은 실상 아무것도 말해주는 바가 없으며 오히려 문제를 더욱 복잡하게 만들고 있다. "서울에서의 실패로부터 도망해야 할 때"가 언제인가에 대해 말해야 할 순간에 윤희중은 "하여튼 무언가"라고 말하면서 물러선다. 윤희중은 말하지 않기를 선택하고 있다.[14] 그의 대답은 우리에게 오히려 '그는 왜 명확히 말하지 않는가/못하는가'라는 또다른 문제를 제기하고 있을 뿐이다. 그리고 두번째 질문에 대해

---

14) 사실상 윤희중은 실패라기보다는 오히려 더 큰 '성공'을 앞두고 있기 때문에 상황은 더 역설적이다. 윤희중은 '돈 많은 과부'와 결혼한 뒤 제약회사의 간사로 일하고 있으며 조만간 장인과 아내의 권력에 힘입어 전무로 승진할 예정이니까 말이다. 물론 우리는 윤희중이 처해 있는 서울에서의 이 상황이 윤희중을 자기 상실감에 빠뜨려 그를 괴롭게 했을 것이므로 이 성공이 역설적이게도 그에겐 실패일 수 있다고 추측할 수 있다. 그러나 윤희중에게 무진행을 권유하는 아내의 모습이 묘사된 뒤 나오는 다음 문장은 우리의 추측이 정확하지만은 않다는 것을 알려준다. "아내가 나의 파자마 깃을 손가락으로 만지작거리며 나에게 진심에서 나온 권유를 했을 때 가기 싫은 심부름을 억지로 갈 때 아이들이 불평을 하듯이 내가 몇 마디 입안엣소리로 투덜댄 것도 무진에서는 항상 자신을 상실하지 않을 수 없었던 과거의 경험에 의한 조건반사였었다."(161~162쪽) 이 문장에 의하면 정작 자기 상실감에 빠지게 하는 곳은 서울이 아니라 무진이다. 그가 '서울에서의 실패'라고 부른 것이 과연 무엇인지, '실패'했음에도 불구하고 "자신을 상실하지 않을 수 없"는 무진으로 내려가는 까닭이 과연 무엇인지는 여전히 분명치 않다.

서, 즉 김승옥에게 '고향'은 어떤 의미를 갖는 공간인가라는 질문에 대해서도 우리는 윤희중으로부터 불명료한 대답밖에 얻지 못한다. 그가 새 출발이 필요할 때 무진으로 가는 것은 "우연이 결코 아니"지만 무진으로 간다고 해서 '실패'에 대한 해결책, 즉 "새로운 용기"나 "새로운 계획"이 나오는 것도 아니기 때문이다. 윤희중은 "오히려 무진에서의 나는 항상 처박혀 있는 상태였었다. (⋯) 무진이라고 하면 그것에의 연상은 아무래도 어둡던 나의 청년이었다"(162~163쪽)라고 말한다. 왜 그는 어떠한 해결책도 제시해주지 않는 곳으로 필연적으로("우연이 결코 아니었고") 가게 되는 것인가. 이 질문에 대답하기 위해서 여행지로 떠나는 여행자의 내면을 분석가를 찾아가는 분석주체(analysand, 피분석자)의 그것과 유비해보면 어떨까.

일반적으로 분석주체가 분석가를 찾아오는 경우는 그들의 삶에 위기(윤희중의 '실패')가 닥쳤을 때이다. 그 위기 혹은 실패를 돌파하고 새 출발하기 위해서 분석주체가 문제의 원인을 알고 싶어할 것이라는 점 혹은 자기 자신에 대해 잘 알기를 원할 것이라는 점은 짐작하기 어렵지 않다. 그러나 역설적이게도, 분석이 시작된 뒤 그들이 자기 삶에 무엇이 잘못되었는지를 알고 싶다고 말할 때 그들의 무의식을 점유하고 있는 것은 오히려 그것을 '알고 싶지 않다'는 욕망이다.[15] 윤희중이 "하여튼 무언가"라고 말할 때 그의 마음은 자기 자신에 대해 '너무 많이 알고 싶지는 않다'는 욕망에 이끌리고 있는 것처럼 보인다.

그렇다면 알고 싶어하지 않는 주체(윤희중)는 왜 분석가(무진)를 찾는가? 여기에 또하나의 역설이 있다. 그들은 그들 자신에 대해서 알기를 원치 않을 뿐만 아니라 그들의 증상을 치료하는 것 역시도 원하지 않는다. 분석주체가 증상 때문에 고통을 겪고 있다고 호소할 때에도 실상

---

15) 브루스 핑크, 『라캉과 정신의학』, 맹정현 옮김, 민음사, 2002, 24쪽.

그들은 자신의 증상으로부터 어떤 만족을 얻고 있다. 그들은 증상을 향유(jouissance)한다. 그들이 분석가를 찾아오는 것은 그 만족 혹은 향유에 문제가 생겼을 경우이고, 그들이 무의식적으로 원하는 것은 단지 증상이 그들에게 다시 예전의 만족을 제공해줄 수 있게 되는 것일 뿐이다. 김승옥이 애초에 던졌던 질문인 "왜 나는 서울에서 실패하면 꼭 고향을 찾는가?"라는 질문에 대해 정신분석학이 해줄 수 있는 일차적인 대답은 "당신은 서울에서 증상의 향유에 문제가 생겼을 때 무진으로 가는 것이고, 당신이 무진에 가는 것을 통해 원하는 것은 증상의 치료가 아니라 증상이 다시 원활하게 작동하게 되는 것입니다"가 될 것이다.

그렇다면 문제는 하나로 좁혀진다. 윤희중의 증상은 무엇인가? 이 질문에 대해 섣불리 대답하기는 어렵다. 다만 그 증상 X가 또다른 증상을 파생시키고 있다는 점만은 지적될 수 있다. 또다른 증상이란 '무진행'이다. '무진'을 증상이라고 할 수 있는 이유는 서울에서의 실패(증상 1)가 '필연적으로' 무진행(증상 2)을 촉발하기 때문이다. 말을 바꾸면, 서울에서의 향유에 문제가 생길 때마다 그는 무진으로 가기를 '향유한다'. "아이들이 불평을 하듯이"(161~162쪽) 투덜거리면서, 과거의 기억을 떠올리는 것이 고통스럽다는 듯한 제스처를 취하지만 그는 또 다시 버스에 몸을 싣는다. 문제가 생겼을 때마다 분석가를 찾아가기를 무의식적으로 즐기는 분석주체를 상상해볼 수 있을 것이다. 무진을 윤희중이 지향하는 순수의 공간으로만 혹은 정반대로 그가 부정하기를 원하는 고통스러운 공간으로만 이해하는 것은 따라서 사태의 일면만을 지적하는 것이 된다. "난 이것을 하고 싶지 않다. 하지만 그럼에도 불구하고 나는 그것을 하고 있다"는 것이 충동의 논리다. "난 무진에 가고 싶지 않다. 하지만 그럼에도 불구하고 나는 무진에 가고 있다"라고 윤희중은 말하고 있는 셈이다. 즉 무진과 관련해서 분명한 것이 있다면 그것은 그곳이 '충동'과 관련된 공간이라는 점이다. 이와 같은 여행을 우리는 '증상으로서의 여행'이라고 부를 수 있을 것이다.

3. 무진, 안개 속의 여자들과 금지하는 어머니

무진으로 가는 길에 윤희중이 맨 처음 만나는 사람은 '미친 여자'다. 그 여자 때문에 윤희중은 무진에 가까이 왔음을 비로소 실감한다. '미친 여자'는 무진의 이정비(里程碑)인 셈이다.

> 나의 어둡던 세월이 일단 지나가버린 지금은 나는 거의 항상 무진을 잊고 있었던 편이다. (…) 그런데 오늘 이른 아침, 광주에서 기차를 내려서 역 구내를 빠져나올 때 내가 본 한 미친 여자가 그 어두운 기억들을 홱 잡아 끌어당겨서 내 앞에 던져주었다.(163쪽)

이 여자는 윤희중이 무진과 관련해 만나는 세 여자 중의 한 여자다. 그녀는 소설 중반에 등장하는 '자살한 술집 여자'와 연계되어 있고 이 두 여자는 〈목포의 눈물〉에 대한 윤희중의 감상('광녀의 냄소'와 '시체의 냄새')을 매개로 결국 하인숙과 연계된다. '미친 여자'와 '술집 여자'의 공통점은 무엇인가. 그들이 왜 미쳤고 어찌하여 죽었는지 아무도 알지 못한다는 점이다. 미친 여자는 "무표정한 얼굴로 비명만 지르고 있"(164쪽)고, "초여름이 되면 반드시 몇 명씩"(182쪽) 술집 여자들이 죽어나가지만 그 이유는 아무도 알지 못한다. 그들의 광기와 죽음은 상징화되지 않는다. 그녀들은 말하지 못하는 존재들이기 때문이다. 한 사람은 '비명'[16]을 지르고 있고, 한 사람은 이미 죽어서 '침묵'[17]하고 있

---

16) 비명과 여성성의 관련에 대해서는 신수정, 「비명과 언어 — 여성을 말한다는 것」, 『푸줏간에 걸린 고기』, 문학동네, 2003을 참조.

다. 하인숙의 특별한 점은 그녀가 정확히 그 둘 사이에 놓여 있다는 것이다. 그녀는 '비명'과 '침묵' 사이에서 '노래'하고 있다. '비명-노래-침묵'이라는 계열로 이루어진 안개 속의 여자들이 무진을 구성한다. 그렇다면 그녀들을 둘러싸고 있는 안개란 무엇인가?

무진에 명산물이 없는 게 아니다. 나는 그것이 무엇인지 알고 있다. 그것은 안개다. 아침에 잠자리에서 일어나서 밖으로 나오면, 밤사이에 진주해온 적군들처럼 안개가 무진을 뺑 둘러싸고 있는 것이었다. 무진을 둘러싸고 있던 산들도 안개에 의하여 보이지 않는 먼 곳으로 유배당해버리고 없었다. 안개는 마치 이승에 한이 있어서 매일 밤 찾아오는 여귀(女鬼)가 뿜어내놓은 입김과 같았다. 해가 떠오르고, 바람이 바다 쪽에서 방향을 바꾸어 불어오기 전에는 사람들의 힘으로써는 그것을 헤쳐버릴 수가 없었다. 손으로 잡을 수 없으면서도 그것은 뚜렷이 존재했고 사람들을 둘러쌌고 먼 곳에 있는 것으로부터 사람들을 떼어놓았다.(159~160쪽)

위 인용문에서 묘사되고 있는 안개의 속성은 이렇다. 1) 안개는 사람들이 잠든 사이에 무진을 둘러싸고 사람들의 힘으로는 그것을 어찌할 수 없다. 안개에 대해 사람들은 무지하고 또 무력하다. 2) 그것은 또한 무진이라는 도시의 외곽 경계를 무너뜨린다. 무진을 둘러싸고 있는 산을 삼켜버리는 안개는 무진이라는 장소를 경계가 없는 무정형의 공간으로 만들어버린다. 3) 또한 안개는 적군(敵軍)이며 여귀(女鬼)이다. 그것은 적대적인 것이지만, 여귀가 그렇듯이, 두려운 것이면서 동시에 매혹적인(아이들은 미친 여자의 "젖가슴을 손가락으로 집적거"리고 윤희중은 자살한 술집 여자의 시체에서 "이상스레 정욕이 끓어오름을 느"낀다)

---

17) 침묵과 여성성에 대해서는 레나타 살레클, 「여성적 향유의 침묵」(앞의 책)을 참조.

여성성을 표상하는 것처럼 보인다.[18]

김승옥이 묘사하고 있는 안개는 라캉의 '실재(the Real)'에 관한 다소 통속적인 정의에 완전히 부합한다. 즉 그것은 1) 우리가 알 수 없는, 2) 때로 상징적 질서(the symbolic order)의 경계를 침범해들어오는, 3) 위협적이면서도 동시에 매혹적인, 혹은 여성적인 그 무엇이다. 그중 특히 안개의 세번째 속성에 대한 묘사, 즉 '여귀'의 비유가 결정적인 것은 그 비유를 통해 안개와 세 '여자'가 연결되기 때문이다. 라캉의 '실재'가 모성적인 '사물(the Thing, 그것)', 즉 주체가 거세를 통해 상징적 질서 속으로 진입하면서 잃어버린, 언어 이전의 충동의 향유를 육화하고 있는 '사물'과 관계하고 있듯이, '여귀' 같은 안개는 모성적, 전(前)언어적 향유와 관계한다. 안개 속의 세 여자가 모두 '비명(미친 여자)-노래(하인숙)-침묵(술집 여자)' 등으로, 즉 비(非)언어적 특질로 계열화되면서 무진을 둘러싸고 있는 것은 그 때문이다. 요컨대 안개는 '실재(the Real)-사물(the Thing)-충동(drive)'의 계열을 표상하고 있는 셈이다.

'안개'와 '세 여자'가 윤희중을 맞는 무진에는 또다른 한 여자가 존재한다. 이제는 살아 있지 않지만 여전히 무덤의 형태로 무진에 남아 있는 어머니에 대해 윤희중은 다음과 같이 쓴다.

> 6·25사변으로 대학의 강의가 중단되었기 때문에 서울을 떠나는 마지막 기차를 놓친 나는 서울에서 무진까지의 천여 리 길을 발가락이 몇 번

---

18) 이런 맥락에서 "김승옥 소설의 시골은 타자와의 경계가 흐려지거나 주체로서의 '자기'의 존립을 위협하는 미분화된 공간으로서 불안을 야기하는 공간이지만, 또다른 한편으로 그 불안의 장소는 주체의 은밀한 욕망이 향하고 있는 곳이기도 한 것이다"라는 김영찬의 지적에 동의할 수 있다.(김영찬, 「김승옥 소설의 심상지리와 병리적 개인의식의 현상학」, 『비평극장의 유령들』, 창비, 2006, 247쪽)

이고 불어터지도록 걸어서 내려왔고 어머니에 의해서 골방에 처박혀졌고 의용군의 징발도 그후의 국군의 징병도 모두 기피해버리고 있었다. (…) 모두가 나의 홀어머님 때문이었다. 모두가 전쟁터로 몰려갈 때 나는 내 어머니에게 몰려서 골방 속에 숨어서 수음을 하고 있었다.(164쪽)

윤희중은 서울에서 대학을 다니다가 6·25사변으로 대학 강의가 중단되어 무진에 한 차례 내려온 적이 있다. 그때 윤희중은 "어머니에 의해서 골방에 처박혀졌고" 모두가 전쟁터로 몰려나갈 때 "어머니에게 몰려서 골방 속에 숨어서 수음을 하고 있었다". 이미 여러 논자들이 이 작품에서 (뿐만 아니라 김승옥 소설 전반에서) 아버지가 부재한다는 사실을 지적한 바 있다.[19] 그러나 부재하는 아버지의 의미만큼이나 중요한 것은 현존하는 어머니의 의미일 것이다. 주목해야 할 점은 윤희중이 '미친' 여자를 보고 떠올리는 것이 '미칠 뻔한' 과거의 자기 자신이라는 것, 그를 미칠 뻔하게 만든 현실의 배후에 어머니가 있다는 것, 그리고 위 인용문에서 나타나듯 그의 수음과 어머니의 금지('~에 의해서' '~에게 몰려서') 사이에 이상한 인접성이 보인다는 것 등이다.

안개에 둘러싸여 있는 세 여자와는 별개로 무진이라는 공간의 주조음을 형성하는 이 어머니는 모성적 초자아(maternal superego)의 심급으로 존재하고 있는 것처럼 보인다. 아버지에 대해서는 단 한 번도 언급되지 않고 있다는 점, 어머니에 대한 회상이 곧장 장인의 목소리와 오버랩되고 있다는 점 등이 이를 뒷받침한다. 아버지[20]가 부재하고 부성적 기

---

19) 대표적으로 황도경, 「김승옥 소설에 나타난 남(男)-성(性)의 부재」, 『이화어문논집』 17집, 1999가 있다.
20) 물론 여기서의 아버지는 단지 한 인간으로서의 실제 아버지를 뜻하는 것만은 아니다. 그를 포함하여, 상징적 '기능'으로서의 아버지를 가리킨다. 아버지가 살아 있든 죽어 있든, 아버지의 상징적 기능은 존재할 수도 존재하지 않을 수도 있다.

능(법, 즉 '아버지의 이름the Name-of-the Father')이 일시 정지될 경우 그 빈자리는 모성적 초자아에 의해 점유될 수 있다.[21] 여기서 중요한 것은 '모성적 초자아'가 자녀의 '성적 관계(sexual relationship)'를 방해하는 기능을 한다는 점이다. 어머니 때문에 집 밖으로 나가지 못하고 있는 윤희중, '어머니에게 몰려서' 골방에서 '수음'하는 윤희중은 넓은 의미에서의 성적 관계를 방해 받고 있는 윤희중이다. 윤희중은 "골방보다는 전선을 택하고 싶어해가는"(165쪽) 중이지만 그는 그의 욕망대로 하지 못한다.

서울에서의 윤희중 역시 다르지 않아 보인다. 서울에서 '모성적 초자아' 역할을 담당하고 있는 사람은 물론 '아내'이다. 윤희중이 아내로부터 무진에 다녀오라는 권유를 받았을 때 "가기 싫은 심부름을 억지로 갈 때 아이들이 불평을 하듯이" 투덜댄 것은 우연이 아닐 것이다. 모성적 초자아에 의한 '성적 관계의 불가능'은 아내의 편지로 인해 하인숙과의 관계를 포기하고 상경하는 소설의 마지막 장면에까지 관철된다.[22] 과거 무진에서의 윤희중을 서울로 내모는 것이 그의 어머니였듯, 지금 윤희중을 무진으로부터 다시 서울로 불러들이는 것은 그의 아내다.

요컨대 무진을 여성적인 공간이라고 할 수 있다면, 그것은 안개로 표상되는 전언어적 향유를 구현하는 여자(the Woman)의 공간이면서 동시에 모성적 초자아의 형상으로 무진의 배후를 감싸고 있는 (아버지 없는) 어머니의 공간이기 때문이다. 윤희중을 무진으로 불러들이는 것이 세 여자로 상징되는 충동의 세계라면, 그를 다시 서울로 내모는 것은 모성적 초자아의 형상인 어머니(아내)라고 할 수 있다. 전자는 무한한 향유를 약속하고 후자는 그 향유가 불가능하다고 말한다. 무진에 대한 그

---

21) 슬라보예 지젝, 『삐딱하게 보기』, 김소연·유재희 옮김, 시각과언어, 1995, 200쪽.
22) 이런 맥락에서 윤희중이 현재의 아내를 만나기 전에 동거했던 '동거녀 희'와 헤어지게 된 이유가 명확히 제시되지 않고 있다는 점도 기억해둘 만하다.

의 불명확한 태도의 배후에 놓여 있는 것은 바로 이와 같은 무의식의 메커니즘인 것으로 보인다. 이제 '성적 관계의 (불)가능성'이라는 관점에서 윤희중과 하인숙의 '사랑'에 대해 살펴보려고 한다.

4. 윤희중, 혹은 욕망과 사랑의 발생학

안개와 여자들의 공간인 무진에서 윤희중은 하인숙을 만난다. 그리고 사랑이 '발생'한다. 그러나 도대체 무슨 근거로 사랑이 발생했다고 말할 수 있는가? 충동의 공간에서 사랑은 어떻게 발생하는가? 우리는 그 발생의 시점을 적시할 수 있다. 윤희중이 하인숙과 처음 만난 조의 집에서 하인숙이 좌중을 상대로 불렀던 한 곡의 노래는 결정적이다. 하인숙의 〈목포의 눈물〉을 들으며 윤희중은 다음과 같은 생각을 한다.

그 여자가 부르는 〈목포의 눈물〉에는 작부들이 부르는 그것에서 들을 수 있는 것과 같은 꺾임이 없었고, 대체로 유행가를 살려주는 목소리의 갈라짐이 없었고 흔히 유행가가 내용으로 하는 청승맞음이 없었다. 그 여자의 〈목포의 눈물〉은 이미 유행가가 아니었다. 그렇다고 〈나비부인〉 중의 아리아는 더욱 아니었다. 그것은 이전에는 없었던 어떤 새로운 양식의 노래였다. 그 양식은 유행가가 내용으로 하는 청승맞음과는 다른, 좀더 무자비한 청승맞음을 포함하고 있었고 〈어떤 개인 날〉의 그 절규보다도 훨씬 높은 옥타브의 절규를 포함하고 있었고, 그 양식에는 머리를 풀어헤친 광녀의 냉소가 스며 있었고 무엇보다도 시체가 썩어가는 듯한 무진의 그 냄새가 스며 있었다.(173~174쪽)

앞에서 지적한 대로 이 대목은 미친 여자('광녀')와 술집 여자('시체')

가 하인숙과 같은 계열을 이루고 있다는 사실을 보여준다. 우리는 그것을 '비명-노래-침묵'으로 계열화했다. 여기서 던져야 할 질문은 다음 두 가지일 것이다. 하인숙이 두 곡의 노래와 관련을 맺고 있기 때문이다. 첫째, 왜 하인숙은 〈목포의 눈물〉을 부르는가(혹은 더 근본적으로, 윤희중이 다름 아닌 '노래'를 통해 하인숙과 조우한다는 설정은 도대체 왜 필요했던 것일까)? 둘째, 하인숙이 대학 졸업연주회 때 불렀던 노래는 어째서 〈어떤 개인 날〉이어야만 하는가?

윤희중은 하인숙의 노래(〈목포의 눈물〉)를 들으면서 그녀의 목소리에 대해 꼼꼼히 평가한다. 윤희중에 따르면 하인숙의 목소리에는 '꺾임'과 '갈라짐'과 '청승맞음'이 없다. 그 대신 거기에는 뭔가 특별한 다른 어떤 것이 있다. 윤희중은 하인숙의 목소리에서 '대상 안에 있는 대상 이상의 것(what is in the object more than the object itself)'을 발견한다.[23] 그가 발견하고 있는 '그 이상의 것'이란 "무자비한 청승맞음"과 "훨씬 높은 옥타브의 절규"이다. 그것은 '광녀의 냉소'와 '시체의 냄새'로 환유된다. 말하자면 하인숙은 자신의 목소리를 통해 미친 여자와 자살한 술집 여자의 계열로 진입하고 있다. 충동의 공간인 무진에서 매혹이 발생하는 첫 장면은 하인숙이 그녀의 노래와 함께 광녀와 시체 사이의 빈칸으로 점유해들어오는 순간이다.

윤희중은 하인숙의 목소리에 매혹된다. 그가 하인숙의 노래가 끝나자 "의식적으로 바보 같은 웃음을 띠고 박수를 쳤"(174쪽)던 것은 그 매혹에 대한 반작용일지도 모른다. 주의해야 할 것은 지금 현재 윤희중이

---

[23] 정신분석은 우리에게 사랑이란 대상(object)에 대한 사랑이 아니라 '대상 안에 있는 대상 이상의 어떤 것(object a)'에 대한 사랑이라는 것을 알려준다. 그 '대상 안에 있는 대상 이상의 어떤 것'이 우리의 환상을 붙들어매고 우리로 하여금 '바로 그' 대상을 욕망하게 한다. 사랑에 관한 모든 담론은 그 '대상 a'를 순화하고 길들여서 상징화하려는 시도이다.(Renata Salecl and Slavoj Žižek(ed.), *Gaze and Voice as Love Objects*, Duke UP, 1996, p. 3)

매혹당한 것은 하인숙이라는 한 인간 전체가 아니라 하인숙의 '목소리'라는 것이다.[24] 여기서 충동(drive)과 욕망(desire)의 구별은 중요하다. 윤희중은 하인숙을 '욕망'할 수 있거나 하인숙의 목소리에 '충동'을 느낄 수 있다. 여기서 윤희중이 놓여 있는 층위는 후자이다. 다음 대목 역시 이런 맥락 속에서 읽혀야 한다. 윤희중이 하인숙의 노래를 듣고 난 뒤 그녀를 바래다주는 장면이다.

"조금만 바래다주세요. 이 길은 너무 조용해서 무서워요." 여자가 조금 떨리는 목소리로 말했다. 나는 다시 여자와 나란히 서서 걸었다. 나는 갑자기 이 여자와 친해진 것 같았다. 다리가 끝나는 바로 거기에서부터, 그 여자가 정말 무서워서 떠는 듯한 목소리로 내게 바래다주기를 청했던 바로 그때부터 나는 그 여자가 내 생애 속에 끼어든 것을 느꼈다.(176쪽)

위 대목에서도 역시 하인숙은 그 자신의 '목소리'로 윤희중의 "생애 속에 끼어든"다. 이런 경우의 '목소리', 즉 충동의 대상이 되는 대상을 프로이트는 '부분대상(partial object)'이라고 불렀다. 위에서 살핀 대로 윤희중은 하인숙의 '목소리'라는 부분대상에 충동을 느끼고 있다고, 그 목소리라는 대상 안에서 '대상 안에 있는 대상 이상의 어떤 것'을 발견하고 있다고 말할 수 있을 것이다. 이 '대상 안에 있는 대상 이상의 것'을 라캉은 '대상 a(l'objet petit a)'라고 명명한다. 하인숙의 '목소리-노래'에서 윤희중은 광녀의 비명과 시체의 침묵, 즉 거세된 치명적인 향유의 잔여물인 대상 a를 보고 있는 것이다.

그런데 하인숙이 과거에 불렀던 노래, 그녀의 '본래' 모습을 표상하

---

[24] 반대로 "전체로서의 개인을 우리의 리비도적 대상으로 취할 때 우리는 충동의 층위에 있는 것이 아니라 사랑의 층위에 있는 것이다."(레나타 살레클, 앞의 책, 87쪽)

는 듯 설정되어 있는 노래는 왜 〈어떤 개인 날〉인가? 윤희중은 하인숙의 〈목포의 눈물〉을 듣기 전에 이미 그녀가 대학 졸업연주회 때 〈어떤 개인 날〉을 부른 적이 있다는 사실을 잘 알고 있다. 그는 〈목포의 눈물〉을 듣고 나서 하인숙에게 왜 〈어떤 개인 날〉과 같은 노래를 부르지 않고 〈목포의 눈물〉 따위를 부르냐고 질문한다. 윤희중은 〈목포의 눈물〉 이전과 이후에 〈어떤 개인 날〉을 생각한다. 〈어떤 개인 날〉은 〈목포의 눈물〉을 감싸고 있다. 여기서 주목할 필요가 있는 것은 〈어떤 개인 날〉이 오페라 〈나비부인〉에 나오는 아리아라는 점이다. 〈어떤 개인 날〉을 매개로 윤희중과 하인숙 사이에는 〈나비부인〉이라는 텍스트가 끼어든다. 혹은 하나의 창(frame, 틀)으로 삽입된다고 해도 좋다. 〈목포의 눈물〉, 그리고 하인숙의 목소리 안에 있는 그 목소리 이상의 어떤 것이 윤희중의 충동과 결부되어 있다면, 이 〈목포의 눈물〉을 앞뒤로 감싸고 있는 〈어떤 개인 날〉과 텍스트 〈나비부인〉은 윤희중에게 무엇인가? 여기서 작동하고 있는 것이 바로 환상의 논리이다.

라캉 정신분석에서 환상(fantasy)은 고전적인 의미의 환상, 즉 '욕망이 실현된 상태를 상연해주는 상상의 시나리오'가 아니다. 환상은 오히려 우리로 하여금 무엇인가를 욕망할 수 있도록 해주는, 혹은 욕망하는 방법을 가르쳐주는 하나의 틀로서 기능한다.[25] 남자는 여자가 그의 환상의 틀로 들어가는 한에서만 여자와 관계를 맺는다고 라캉은 지적한다.[26] '나비부인'의 환상은 윤희중에게 하인숙을 욕망할 수 있도록 해주는, 혹은 하인숙을 욕망하는 방법을 가르쳐주는 틀이다. 다음 대목은 따라서 결정적이다.

"〈어떤 개인 날〉 불러드릴게요." "그렇지만 오늘은 흐린걸." 나는 〈어

---

25) 슬라보예 지젝, 앞의 책, 206쪽.
26) Jacques Lacan, *Seminar XX*, trans. Bruce Fink, Norton, 1998, p. 80.

떤 개인 날〉의 그 이별을 생각하며 말했다. 흐린 날엔 사람들은 헤어지지 말기로 하자. 손을 내밀고 그 손을 잡는 사람이 있으면 그 사람을 가까이 가까이 좀더 가까이 끌어당겨주기로 하자. 나는 그 여자에게 '사랑한다' 고 말하고 싶었다. 그러나 '사랑한다' 라는 그 국어의 어색함이 그렇게 말하고 싶은 나의 충동을 쫓아버렸다.(191쪽)

표면적으로 볼 때 윤희중은 〈어떤 개인 날〉(즉, 〈나비부인〉)처럼 되어서는 안 된다고 생각하는 것처럼 보인다. 자신이 게이샤인 '나비부인'을 버리고 미국으로 떠난 핑커튼이 되어서는 안 된다고 생각하는 것이고 하인숙이 핑커튼이 돌아오기만을 간절히 기다리며 〈어떤 개인 날〉을 부르는 '나비부인'이 되어서는 안 될 것이라고 믿는 것이다. 그러나 늘 그렇듯 진실은 반대쪽에 있다. 윤희중은 스스로를 핑커튼의 자리에 옮겨놓지 않고서는 하인숙을 사랑할 수가 없는 것이다. 텍스트 〈나비부인〉은 지금 나가사키(長崎)에서 무진으로 자리를 옮겨왔다. 윤희중이 자기 자신을 핑커튼의 위치에 갖다놓는 순간, 즉 하인숙이 윤희중의 환상의 틀에 '나비부인'으로 들어오는 순간, 윤희중은 "'사랑한다'고 말하고 싶"어진다.

〈목포의 눈물〉이라고 하는 충동의 차원으로부터 '나비부인'이라는 환상의 매개를 거쳐 윤희중은 욕망의 차원으로 이동한다. 그리하여 마침내 무진이라는 충동의 공간에서 '사랑'이 발생한다. 윤희중은 충동의 층위에서 욕망의 층위로 이동한 것이다. 왜 이동해야 하는가? 이에 대한 일반론적인 대답은 충동은 위험하고 최종 심급에서는 언제나 죽음충동(death drive)으로 이어지기 때문이라는 것이다. 그래서 주체는 자신의 충동으로부터 자기 자신을 방어해야 한다. 이때 충동을 방어하

---

27) 레나타 살레클, 앞의 책, 85쪽.

는 역할을 하는 것이 욕망이다.[27] 그리고 충동이 욕망에 의해 방어될 때 (혹은 〈목포의 눈물〉이 〈어떤 개인 날〉에 의해 감싸질 때) 사랑이 발생하는 것이다. 혹은 충동이 욕망으로 수준을 낮출 수 있도록 해주는 것이 사랑이라고 말해도 좋다.[28] 사랑은 우리가 실제로는 타자의 대상 a에 매혹됐다는 사실을 은폐한다. 이는 주체가 자신의 (충동의 만족인) 향유를 방어하는 메커니즘이다.

그런데 또 환상은 주체가 타자의 충동(향유)으로부터 주체 자신을 방어할 수 있게 해주는 것이기도 하다. 환상을 통해 우리는 타자의 충동이 아니라 타자의 욕망에 대해 질문할 수 있게 되고 이때 환상은 그 질문에 대한 답을 제공한다. 즉 환상은 하나의 수수께끼처럼 보이는 타자의 욕망에 대해 그에 걸맞은 해답을 주체에게 제공해준다는 것이다.[29] 하인숙은 무엇을 원하는가? 그녀는 '나비부인'이다, 라고 윤희중은 자신에게 대답한다. 그리고 나는 그것을 그녀에게 줄 수 있다, 라고 윤희중은 믿는다. '나비부인' 환상은 하인숙에 대한 윤희중의 욕망을 지탱한다.[30] 그러나 주체의 환상이 타자의 충동(향유)에 대한 방어라면, 그 방어는 왜 필요한 것인가? 그러니까 왜 윤희중은 하인숙으로부터 자기 자신을 보호해야 하는가?

---

28) "오직 사랑만이 (충동의) 향유를 욕망의 수준으로 낮출 수 있다."(Jacques Lacan, *Seminar X*, 1963. 3. 13. Suzanne Barnard and Bruce Fink(ed.), *Reading Seminar XX*, State University of New York Press, 2002, p. 8에서 재인용 ; 레나타 살레클, 앞의 책, 87쪽)
29) 이에 대해서는 슬라보예 지젝, 『이데올로기라는 숭고한 대상』, 이수련 옮김, 인간사랑, 2002, 206~207쪽 ; Slavoj Žižek, "The Seven Veils of Fantasy", *The Plague of Fantasies*, Verso, 1997 참조.
30) "욕망은 충동의 향유를 가면 씌우는 환상 시나리오에 의해 지탱된다."(레나타 살레클, 앞의 책, 86쪽)

5. 하인숙, '나비부인'과 '세이렌' 사이에서

하인숙의 충동을 하인숙의 욕망과 혼동해서는 안 될 것이다. 욕망의 수준에서 하인숙은 분명 '나비부인'처럼 보인다. 그녀는 핑커튼을 간절히 기다리는 나비부인처럼 '서울 냄새'가 나는 윤희중과의 엑소더스를 꿈꾼다. 그래서 그녀는 자신을 윤희중의 욕망의 대상으로 정립한다. 스스로를 대상화하는 자는 그 자신이 누구인지를 늘 타자에게 묻는다. 윤희중이 그녀에게서 인지하는 '그녀 안에 있는 그녀 이상의 것'이 무엇인지를 정확히 알지 못하기 때문에 하인숙은 재삼재사 질문—"앞으로 오빠라고 부를 테니까 절 서울로 데려가주시겠어요?"(179쪽)—을 반복할 수밖에 없다.[31] 그러나 충동의 수준에서 하인숙이 나비부인이 아닐 수 있다면, 그녀는 누구일까? 하인숙에게서 '나는 이것을 원하지 않는다. 그럼에도 불구하고 나는 그것을 하고 있다'의 논리를 따르는 그 어떤 것은 무엇인가?

충동의 존재로서의 하인숙에 대해서 생각하기 위해서는 윤희중을 통해 우회해야 한다. 윤희중이 방어하려 했지만 완전히 방어되지 못했기 때문에 솟아오른 어떤 '불안'들을 텍스트가 알려주고 있기 때문에 그를 통해 거꾸로 하인숙이라는 존재의 의미를 이해할 수 있다. 하인숙을 바래다주고 다음날 만날 약속까지를 정하고 돌아온 날 밤에 윤희중은 이불 속에서 사이렌 소리를 듣는다. 그런데 기묘한 것은 얼핏 지엽적인 것처럼 보이는 그 장면을 김승옥이 공들여 묘사하고 있다는 점이다.

---

31) "여자는 남자가 그녀에게서 보는 그 대상을 자신이 소유하고 있지 않다는 것을 염려하기 때문에 늘 그녀 안에 있는 그녀 이상의 것을 궁금해한다. 이 불확실성 때문에 그녀는 끊임없이 타자(the Other)의 욕망에 대해 질문한다."(Renata Salecl, "Love Anxieties", ed. Suzanne Barnard and Bruce Fink, 앞의 책, p. 94)

내가 이불 속으로 들어갔을 때 통금 사이렌이 불었다. 그것은 갑작스럽게 요란한 소리였다. 그 소리는 길었다. 모든 사물이 모든 사고(思考)가 그 사이렌에 흡수되어갔다. 마침내 이 세상엔 아무것도 없어져버렸다. 사이렌만이 세상에 남아 있었다. 그 소리는 마침내 느껴지지 않을 만큼 오랫동안 계속할 것 같았다. 그때 소리가 갑자기 힘을 잃으면서 꺾였고 길게 신음하며 사라져갔다.(180쪽)

위 장면 직후 윤희중은 하인숙과 나눈 대화들을 되새겨본다. 그러고는 그 대화들이 무의미하다는 것을, 하인숙과의 만남이 사소한 것에 불과하다는 것을 스스로에게 납득시키려 한다. 사이렌 소리와 하인숙의 다가옴은 관계가 있어 보인다. 더욱 기묘한 것은 위에서 인용한 대목이 몇 줄 뒤에 완벽하게 똑같이 반복된다는 것이다.(181쪽) 한 문장 한 문장을 완전히 동일하게 다시 쓰고 있는 이 반복 서술은 그 자체로 강박증적이다. 그 반복 뒤에 윤희중은 동일한 제스처를 반복한다. "어디선가 부부들은 교합하리라. 아니다. 부부가 아니라 창부와 그 여자의 손님이리라. 나는 왜 그런 엉뚱한 생각을 하고 있는지 알 수 없었다."(181쪽) 물론 이는 전혀 엉뚱한 생각이 아니다. 윤희중은 여전히 하인숙이라는 존재와 그녀와의 만남을 가치 절하하기 위해 애쓰고 있는 것이다. 하인숙과 자신의 만남을 '창부(하인숙)와 그 여자의 손님(윤희중)'의 관계로 간주하려는 강박적 시도는 하인숙과의 만남이 가져올지 모를 외상(trauma)을 방어하려는 시도이다. 이 강박적 의례를 열고 닫는 것이 바로 사이렌 소리이다. 하인숙과 사이렌 사이에 심상치 않은 관련이 있어 보인다면, 다음 질문은 도대체 왜 사이렌인가 하는 것이다.

호메로스의 『오디세이아』에 등장하는 세이렌 자매들은 반은 새이고 반은 인간인 존재들이다. 그들은 섬에 살면서 지나가는 선원들을 달콤한 노래로 유혹한다. 세이렌에 유혹당한 선원들은 모두 죽는다. 살레클의 보고에 따르면 많은 그리스 신화 이론가들은 이 세이렌을 인간(men, 남자)의 삶을 위태롭게 하면서 가족구조 혹은 사회질서에 도전하는 존재들로 해석한다.[32] 귀향하는 오디세우스 역시 세이렌 자매를 만나지 않을 수 없었다. 그러나 그는 지략을 발휘해서 세이렌의 노래를 듣지 않을 수 있었고 무사히 세이렌을 통과하여 고향으로 돌아갈 수 있었다.

살레클은 독특하게도 세이렌의 입장에서 이 신화를 재해석한다. 그녀의 질문은 "세이렌은 오디세우스에게 들리길 원했는가, 즉 그들은 청중으로서 그를 필요로 했는가?"라는 것이다. 이는 여자들이 향유를 경험하기 위해서는 반드시 남자가 필요한가라는 질문과 같다. 후기 라캉에 기대어 그녀는 아니라고 대답한다. 여성[33]에게는 남성들의 '남근적 향유(phallic jouissance)'와 구별되는 '여성적 향유(feminine jouissance)'가 존재한다. 여자는 여성적 향유 속에서 자기 충족적일 수 있기 때문에 향유를 경험하기 위해서 반드시 남성을 필요로 하는 것은 아니라는 것이 후기 라캉의 결론이다. 이에 의거하여 살레클은 세이렌들의 노래를 자기 충족적인 여성적 (충동의) 향유를 보여주는 것으로 읽어낸다.

다시 하인숙에게로 되돌아오자. 앞에서, 하인숙은 욕망의 수준에서

---

32) 키르케는 오디세우스에게 경고한다. "그대는 먼저 세이렌 자매에게 가게 될 것인데 그들은 자기들에게 다가오는 인간들은 누구나 다 호리지요. 누구든지 영문도 모르고 가까이 다가갔다가 세이렌 자매의 목소리를 듣게 되면 그의 아내와 어린 자식들은 더이상 집에 돌아온 그의 옆에 서지 못할 것이며 그의 귀향을 반기지 못할 거예요."(호메로스, 『오디세이아 *Odysseia*』(개정판), 천병희 옮김, 단국대학교 출판부, 2002, 206쪽)
33) 라캉의 성 구분(sexuation) 이론에서 '남성' 혹은 '여성' 이라는 범주는 생물학적인 성과는 아무런 상관이 없다. 남성과 여성은 말을 하는 주체가 상징적 질서 내에서 선택해야 하는 두 가지 위치다. 혹은 성 구분공식을 '향유'에 관한 함수로 읽을 수 있다면(Bruce Fink, "Knowledge and Jouissance", Suzanne Barnard and Bruce Fink(ed.), 앞의 책), 남성과 여성이라는 성별은 주체가 '어떤 향유를 선택하느냐'에 따라 결정된다(맹정현, 「탈오이디푸스로서의 정신분석」, 『문학동네』 2004년 여름호 참조). 따라서 남자도 여성적 향유를 누릴 수 있고 여성도 남근적 향유를 누릴 수 있다.

는 '나비부인'이지만 충동의 수준에서는 그렇지 않을 수 있다고 지적한 바 있다. 과연 하인숙의 노래는 반드시 남자를 필요로 하는가? 이 질문은 충동의 수준에서 하인숙은 진정으로 서울에 가기를 원하는 것인가라는 질문과 동일한 것이다. 우리가 윤희중의 시선으로만 하인숙을 바라보기를 기꺼이 포기한다면, 그리고 하인숙의 충동(의 향유)과 대면하기를 회피하지 않는다면, 이 질문에 대한 대답은 통상적인 대답과는 달라질 수 있을 것이다.

1) "아니 유행가는 왜 부르십니까? 성악 공부한 사람들은 될 수 있는 대로 유행가를 멀리하지 않았던가요?" "그 사람들은 항상 유행가만 부르라고 하거든요." 대답하고 나서 여자는 부끄러운 듯이 나지막하게 소리내어 웃었다. "유행가를 부르지 않으려면 거기에 가지 않는 게 좋다고 얘기하면 내정간섭이 될까요?" "정말 앞으론 가지 않을 작정이에요. 정말 보잘것없는 사람들이에요." "그럼 왜 여태까진 거기에 놀러 다녔습니까?" "심심해서요." (176쪽)

2) "속도 모르는 박군은 그 여자를 좋아한대." 그가 말하면서 빙긋 웃었다. "박군이?" 나는 놀란 체했다. "그 여자에게 편지를 보내어 호소를 하는데 그 여자가 모두 내게 보여주거든. 박군은 내게 연애편지를 쓰는 셈이지." (186쪽)

3) "서울에 가고 싶어요. 단지 그거뿐예요." 한참 후에 여자가 말했다. (…) "자기 자신이 싫어지는 것을 경험하신 적이 있으세요?" 여자가 꾸민 명랑한 목소리로 물었다. (…) "선생님, 저 서울에 가고 싶지 않아요." (…) "거짓말이 아니에요." 여자는 빙긋 웃으면서 말했다. "〈어떤 개인 날〉 불러드릴게요." (191쪽)

4) "전 선생님께서 여기 계시는 일주일 동안만 멋있는 연애를 할 계획이니까 그렇게 알고 계세요." 헤어지면서 여자가 말했다.(191쪽)

적어도 위 인용문들에서만큼은, 하인숙은 더이상 '나비부인'이 아닌 것처럼 보인다. 하인숙은 '무진의 속물들' 틈에서 그들의 요구에 따라 〈목포의 눈물〉을 반복해서 부르고 '박'은 그런 하인숙을 '딱하다'고 여긴다. 얼핏 타자들의 요구 혹은 욕망에 얽매여 있어서 스스로의 욕망을 '타자의 욕망'과 혼동하는 히스테리적 인물처럼 보이는 하인숙은 1) "심심해서요"라는 말과 더불어 순간적으로 '히스테리 너머'로 이동한다. 2) 박이 보내는 연애편지를 조에게 보여주는 하인숙의 모습은 그녀가 '박-조-하인숙'의 삼각관계를 즐기고 있다는 인상을 준다.

이쯤 되면 3) "서울에 가고 싶지 않아요"라고 말한 뒤 '빙긋 웃으며' 노래를 부르는 하인숙에게서, 자기 충족적이라고까지 할 수는 없을지라도, 최소한 어떤 결핍을 느끼기는 어려워 보인다. 그녀는 어쩌면 그녀 자신이 윤희중의 욕망의 대상-원인일 수 있는 것은 오직 그녀가 무진에 있을 때뿐이라는 것을, 혹은 반대로 윤희중이 그녀에게 욕망의 대상-원인일 수 있는 것은 '서울'의 제약회사 간사 윤희중이 '무진'에 있을 때뿐이라는 것을 알고 있는 것처럼 보인다. 팔루스(Φ)로 표상되는 절대적이고도 완벽한 향유가 가능하다고 믿는 남성적 향유(남근적 향유)는 환상의 틀 안에서만 작동하는 '바보의 향유(jouissance of idiot)'다.[34] 그래서 남자는 남근적 질서를 넘어설 수가 없다. 반면에 여성적 향유는 팔루스로 표상되는 절대적 향유가 존재하지 않는다는 것을, 상징적 질서는 정합적이지 않다($S(\cancel{A})$)는 것을 꿰뚫어보는 데서 시작한다. 서울에 대한 환상을 통과한 듯한 제스처 뒤에 하인숙은 곧바로 '노

---

34) Jacques Lacan, 앞의 책, p. 81.

래'를 부르겠다고 말한다. 마치 남자 청중 따위는 필요 없다는 듯 노래를 부르는 (살레클의) 세이렌처럼 말이다. '서울'에서 '노래'로의 이 이동을 '욕망에서 충동으로'라고 명명할 수는 없을까.

환상-욕망의 수준에서 '서울'을 동경하는 나비부인-하인숙에 대해서만 말하는 것은 하인숙에 대해 '너무 적게' 말하는 것이지만, 반대로 충동-향유의 수준에서 노래하는 세이렌-하인숙에 대해서 말하는 것은 그녀에 대해 '너무 많이' 말하는 것이 될 수도 있다. 그녀의 향유가 '자기 충족적인' 여성적 향유인가를 단정짓기는 어렵기 때문이다. 그러나 분명한 것은 하인숙이라는 캐릭터가 모호성을 뿜어내고 있다는 것이 이미 그 자체로 절반의 성공일 수 있다는 것이다. 텍스트가 하인숙에 대한 윤희중의 회피와 자기 억압의 흔적을 보존하고 있기 때문에 남자의 남근적 향유와 구별되는 여성적 향유의 반향이 느껴진다는 것이다. 그 반향은 예컨대 이 소설의 마지막 대화에서도 확인된다. 하인숙이 이 소설 전체를 통해 마지막으로 하는 말은, 4) 자신은 일주일 동안만 멋있는 연애를 할 테니까 그리 알라는 선언이다. 물론 윤희중은 이에 대해 "그렇지만 내 힘이 더 세니까 별수 없이 내게 끌려서 서울까지 가게 될 걸"(192쪽)이라고 대답한다. 이 대화를 끝으로 하인숙은 텍스트에서 자취를 감추지만 이 닫힘은 오히려 텍스트를 열어놓는다. 하인숙은 무엇을 원하는가? 언제나 한 발씩 앞서가는 것은 하인숙이고 윤희중은 그런 하인숙을 뒤따라갈 뿐이다. 혹은 다가오는 것은 늘 하인숙이고 그녀로부터 조금씩 도망치는 것은 늘 윤희중이다.

자, 이리 오세요. 칭찬을 많이 듣는 오디세우스여, 아카이아인들의 위대한 영광이여. 이곳에 배를 세우고 우리 둘의 목소리를 듣도록 하세요. 우리 입에서 나오는 감미롭게 울리는 목소리를 듣도록 하세요. 우리 입에서 나오는 감미롭게 울리는 목소리를 듣기 전에 검은 배를 타고 이 옆을 지나간 사람은 아직 아무도 없어요. 천만에, 그 사람은 즐기고 나서 더 많은 것을 알아가지고 돌아가지요.[35]

세이렌들이 그들 자신의 충동을 향유하는 와중에 오디세우스에게 제공한다고 가정되는 것은 오디세우스 자신의 '향유'와 '앎'이다. 호메로스는 꾀 많은 오디세우스가 어떻게 세이렌의 치명적인 유혹을 현명하게 피해갈 수 있었는지를 알려준다. 즉 오디세우스와 세이렌의 만남이 실패하게 된 것을 오디세우스의 승리로 이해하고 있는 것이다. 오디세우스가 세이렌의 유혹을 피할 수 있었던 것은 그가 강박증적이었기 때문이다. 강박증자가 스스로에게 던지는 질문은 "나는 죽어 있는가, 살았는가?"이다. 강박증자는 그 자신의 충동과 향유의 대상에 직면하면 스스로가 소멸될 것이라고 생각한다. 그래서 그는 필사적으로 자신의 향유를 통제하려고 한다. 그는 자신의 향유와 타자(세이렌)의 향유를 피하기 위해 스스로에게 부과한 강박적 의례를 충실히 이행한다.[36] 그래서 그는 그녀들의 노래를 듣지 않을 수 있었고 그로써 세이렌의 향유와 직면하는 것을 피할 수 있었으며 그 자신의 향유로부터도 거리를 둘 수 있었다. 물론 이 과정에서 세이렌들이 제공하겠다고 유혹했던 '앎'까지도 포기했다. 그 '앎'이란 물론 그 자신에 관한 앎일 것이다. 주체는 자신에 대해 너무 많이 알게 되기를 원하지 않는 것이다.

이런 측면에서 오디세우스는 윤희중과 닮았다. 더 일반화한다면, 이는 남성 주체의 전형적 특질이다. 그는 그녀의 향유를 회피한다. 오디세우스가 세이렌의 노래를 듣지 않아야 고향으로 돌아갈 수 있듯이, 윤

---

35) 호메로스, 앞의 책, 211쪽.
36) 오디세우스는 그의 부하 선원들을 시켜 자신을 갑판 위에 있는 나무기둥에 묶게 한다. 그리고 세이렌 자매를 지나쳐갈 때 그가 세이렌의 노랫소리를 듣고 그에 굴복하여 그들에게 가게 해달라고 애원하면 할수록 그를 더 단단히 묶어달라고 말한다.

희중 역시 하인숙의 노래를 (너무 깊이) 듣지 않아야 서울로 돌아갈 수 있다. 혹은 자기 방식대로 들어야 한다. 그래서 윤희중은 하인숙의 노래를 다스린다. 환상을 통해 그 노래를 〈어떤 개인 날〉로 들어야 하고 자신을 핑커튼으로 하인숙을 '나비부인'으로 간주해야만 한다. 그래야만 하인숙의 충동(향유)은 통제될 수 있고, 윤희중은 하인숙에 대해서 너무 많이 알지 않음으로써 그 자신에 대해서도 너무 많이 알지 않을 수 있게 되고, 위험하지 않은 방식으로 하인숙을 욕망할 수 있다. 하인숙의 충동이 윤희중에게 '향유'와 '앎'을 약속하면서 세이렌처럼 다가올 때, 윤희중에게 사이렌(경고) 소리가 들려왔던 것은 그 때문이다.

윤희중은 서울에서 온 아내의 전보를 받고 아내가 요구해온 날짜보다 이틀 먼저 무진을 떠난다. 윤희중의 포기와 상경에 대한 표준적인 해석은 상경의 순간을 그가 하인숙(무진)을 배반하기를 선택함으로써 그 자신의 내적 균열을 극복하고 통합된 남성 주체로 재탄생하는 순간으로 읽는 것이다. 이 결론을 받아들이되 그 이유를 달리 설명해보자. 윤희중에게 하인숙이 욕망의 대상이 될 수 있는 것은 그녀가 무진에 있는 한에서, 그녀가 '나비부인'인 한에서인 것이다. 욕망의 대상(object)과 욕망의 원인(cause)을 구별할 수 있다면,[37] 윤희중에게 욕망의 대상은 물론 하인숙이지만, 욕망의 원인은 하인숙 안에 있는 하인숙 이상의 것이고 그것은 이를테면 하인숙의 노래(목소리) 속에 담겨 있는 '무자비한 청승맞음'과 '훨씬 높은 옥타브의 절규'다. 그 욕망의 '원인'은 하인숙이 충동의 공간인 무진에 있는 한에서만 존재할 수 있다. 하인숙이 서울로 오면 그 욕망의 '원인'은 사라져버릴 것이다. 서울에는 무수한 하인숙들이 있을 테니까 말이다.

---

37) Slavoj Žižek, *Conversation with Žižek*, Polity, 2003, pp. 112~113 ; "When the Party Commits Suicide", *Did Somebody Say Totalitarianism?*, Verso, 2001 참조.

이런 맥락에서 보면 윤희중이 하인숙을 포기하는 것은 바로 우울증적(melancholic) 주체의 전략과 유사해 보인다. 지젝에 의하면 "우리가 가져본 적이 없는, 애초부터 잃어버린 것인 대상을 소유하는 유일한 방법은 우리가 아직 충분히 소유하고 있는 것을 마치 잃어버린 것처럼 다루는 것이다".[38] 하인숙을 포기함으로써, 즉 모성적 초자아와 타협함으로써 그는 멜랑콜리적 상태에 빠지지만, 그것은 실상 한 번도 가져본 적이 없는 하인숙을 영원히 갖기 위한 제스처, 혹은 '나비부인' 환상을 그후로도 오랫동안 지속하기 위한 것일 수 있다는 것이다. 이런 관점에서 본다면 윤희중이 마지막에 느끼는 '부끄러움'은 '죄의식'이기보다는 멜랑콜리적 우울의 변형이라고 해야 한다. 그렇기 때문에 그는, 또 다시, 무진을 향하여, 잃어버린 향유를 찾아서, '증상으로서의 여행'을 혹은 강박증적인 오디세우스의 여행을 떠날 것이다. 물론 이 여행은 그가 그 자신에 대해서 '너무 많이' 알지 않는 한에서, 하인숙이 그에게 '너무 가까이' 다가오지 않는 한에서만 계속될 것이다. 그렇기 때문에 이 여행은 여성을 여행하(지 않)는 여행이다.

---

38) Slavoj Žižek, *Did Somebody Say Totalitarianism?*, p. 146. 지젝은 정상적인 슬픔(애도)과 우울증을 다음과 같이 간명하게 구별한다. "요컨대 애도자는 잃어버린 대상을 애도하고 그 상실을 상징화함으로써 대상을 '두 번 죽인다'. 반면에 우울증자는 단지 대상을 단념할 수 없는 사람인 것이 아니다. 차라리 그는 그 대상을 실제로 잃어버리기 전에 그것을 두 번 죽인다(마치 잃어버린 것처럼 다룬다)." (p. 147)

아포리아의 제국
—박성원의 소설

1. 이상한 나라의 데카르트

1640년 무렵의 어느 날 난롯가에 앉아 망중한을 즐기던 데카르트는 그가 지금껏 믿어왔던 모든 것을 더이상 믿지 않기로 결심했다. 그는 우선 감각을 통해 받아들인 모든 정보를 의심하기 시작했다. 그러나 감각이 알려주는 것들 중에서는 도저히 믿지 않을 수 없는 것들도 있었다. 내가 지금 여기에 이렇게 '있다' 는 것조차 어찌 부정할 수 있겠는가. "검은 담즙에서 올라오는 나쁜 증기 때문에 뇌가 뒤집힌"[1] 미치광이가 아니라면 말이다. 나는 광인이 아니라 이성을 사용하는 인간이다. 그렇다면 혹시 나는 장자의 호접몽을 꾸고 있는 것은 아닐까? 그러나 꿈속의 풍경은 엄연히 존재하는 실재의 모사가 아닌가. 그러니 현실의 실재성까지를 의심할 수는 없을 것이다. 백번 양보해서 그것마저 의심해본다 해도 "2 더하기 3은 5라는 것이나 사각형의 변이 네 개라는 것"

---

[1] 데카르트, 『성찰』, 최명관 옮김, 서광사, 1983, 78쪽.

까지를 의심할 수야 있겠는가. 아니다. '심술궂은 악령(Malin Gènie)'이 있어서 사실은 그렇지 않은데 그렇다고 믿게끔 조종하고 있다면 어찌할 것인가. 설사 그렇다 한들, 이렇게 의심하는 내가 '있다'는 것은 분명하다. 내가 의심한다는 것을 의심할 때, 이 의심은 내가 의심한 그 대상('의심하는 나')을 오히려 증명하니까. 그러니 내가 존재하기 위해서 나는 멈추지 않고 사유해야 한다. 이것은 다음 질문들에 대한 데카르트의 대답이다. 나는 누구인가? 나는 무엇을 아는가? 나는 무엇을 할 수 있는가?

1930년대 경성, 별볼일 없는 폐병쟁이 김해경은 마침내 김해경이기를 그만두기로 결심했다. '박제가 되어버린 천재'라는 알리바이와 더불어 이상으로 살기 시작했다. '이상'이라는 가면을 쓰고 '이상'이라는 텍스트를 썼다. 과연 "자신을 위조하는 것도 할 만한 일"(「날개」)이었다. 거리에서도 이상은 아이러니와 패러독스와 위트로 무장한 채로 분분했다. "제일 싫어하는 음식을 탐식하는"(「날개」) 아이러니를 실천했고, "기실 뚫린 골목이요 기실은 막다른 골목이로소이다"(「최저낙원」) 운운하며 패러독스를 유포했고, 연민 혹은 경멸의 눈으로 자신을 바라보는 사람들에게 피학적이거나 혹은 가학적인 위트로 응수했다. 그러나 '굿바이'한 김해경은 무시로 되돌아왔다. 거울을 보면 딱한 김해경이 나타났고(「거울」), 권총을 쏘았지만 김해경은 죽지 않았다(「오감도 시 제15호」). 나는 누구인가? 나는 무엇을 아는가? 나는 무엇을 할 수 있는가? 13명의 아이가 식민지의 도로를 질주하는 풍경을 까마귀의 눈으로 내려다보며 기록한 묵시록(「오감도 시 제1호」)에서 그는 이 질문들에 대답했다. 아이들에게는 이름이 없다고(나는 누구인가?), 도로가 막혀 있는지 뚫려 있는지, 아이들이 과연 달리기나 한 것인지조차 알 수 없다고(나는 무엇을 아는가?), 아이들은 서로가 서로에게 '무서운 아해'이거나 '무서워하는 아해'일 뿐이라서 이곳은 만유공포의 세계이자 윤리적 카오스의 공간일 뿐이라고(나는 무엇을 할 수 있는가?) 말이다.

그리고 데카르트와 김해경이 만났다. 혹은 이성(理性)과 이상(李箱)이 만났다. 데카르트가 퇴치했다고 믿은 저 '광기'와 '악마'는 이상이라는 형식으로 되돌아왔다. 1994년 이래로 두 사람의 만남을 주선한 것은 소설가 박성원이었다. 박성원 식으로 말하자면 이상(李箱)의 이상(異常)한 나라에서 이성(理性)이라는 이상(理想)이 흔들리는 악몽을 목격한 데카르트는 이상과 더불어 다시 '회의'해야만 했다. 첫째, 나는 누구인가? 나는 제1의 아해이고 제2의 아해이고 (…) 제13의 아해이다. 나는 나이면서 또한 타자이다. 둘째, 그렇다면 나는 무엇을 아는가? 막힌 골목으로 아이들이 질주하는 줄 알았으나 길은 뚫려 있기도 했고 아이들이 과연 달린 것인지조차 알 수 없다. 내가 알고 있는 것은 진실이면서 또한 허위다. 셋째, 과연 나는 무엇을 할 수 있는가? 나는 달리면서 타자에게 '무서운 아해'가 되었고 어느덧 타자를 '무서워하는 아해'가 되었다. 나는 피해자이면서 가해자이다. 아무도 원하지 않았지만 모두가 괴물이 되었다. 그래서 데카르트는 탄식하였다. 결국 모든 것이 아포리아(aporia)가 아닌가. 'aporia'는 'a(~이 없는)'와 'poros(길)'의 합성어다. '길 없음', 즉 논리적 궁지를 뜻한다. 플라톤의 대화편들이 여실히 보여주듯 이성(logos)의 사용은 불가피하게 아포리아를 산출한다. 이 아포리아를 '게임의 법칙'에 따라 섬뜩하게 재구성한 것이 바로 박성원의 소설이다. 그의 소설은 이상에 대한 집요한 오마주이고 데카르트의 포스트모던한 복습이다. 그는 세 권의 소설집을 통해 이상한 나라의 데카르트가 맞닥뜨린 세 가지 아포리아를 순서대로 답파해 나간다.[2]

---

[2] 이 글에서 다루는 텍스트는 다음과 같다. 『이상李箱, 이상異常, 이상理想』(문학과지성사, 1996), 『나를 훔쳐라』(문학과지성사, 2000), 『우리는 달려간다』(문학과지성사, 2005). 이하 각각 『이상』, 『나』, 『우리』 등으로 약칭하고, 인용할 경우 본문에 작품명과 쪽수만 표시한다.

2. 오이디푸스의 두 아들 — 나는 누구인가?

十三人의兒孩가道路로疾走하오

(길은막달은골목이適當하오)

유사 이래 자기가 누구인지 몰랐던 사람이 어디 오이디푸스뿐이었겠는가. 그러나 예나 지금이나 그의 무지는 가장 치명적이고 그의 몰락은 가장 극적이다. 그런데 이 무지와 몰락이 합리성에 대한 지나친 신뢰의 대가라는 사실은 덜 알려져 있다. 실로 오이디푸스 이야기는 수학적 혼란을 둘러싸고 벌어지는 이야기라 해도 틀리지 않다. 선왕의 살해범이 누구인가를 따지는 와중에 테베 사람들은 혼란에 빠진다. 그들은 '범인'이냐 '범인들'이냐를 두고 오락가락한다. 오이디푸스는 언젠가 자신이 살해했던 한 노인이 못내 마음에 걸렸던 터라 범인이 혼자가 아니라 여럿이었다는 증언을 믿기로 한다. "하나는 하나이지 다수가 아니다"라는 사실을 의심할 수는 없다. 고로 나는 죄가 없다. 그러나 이 '합리적인' 믿음은 곧 붕괴되고 만다. 실상 오이디푸스 그 자신이 하나이자 다수인 존재가 아니었던가. 그는 '코린토스의 왕자 오이디푸스'이기도 했지만 '테베의 왕자 오이디푸스'이기도 했다. 게다가 근친결혼 덕분에 그는 이오카스테의 남편이자 아들, 그의 자녀들의 아비이자 형제가 되질 않았던가. '하나이면서 다수인' 존재의 아포리아가 오이디푸스 비극의 진앙(震央)이다.[3] 박성원의 데뷔작 「유서」(1994)는 이 오이디푸스의 아들들이 벌이는 전쟁담이다.

9분 차이로 태어난 일란성쌍둥이 형제가 있다. 둘은 푸른 반점을 함께 갖고 태어났는데 형의 것은 왼쪽 발목에 동생의 것은 오른쪽 발목에

---

3) 이상 한 단락의 내용은 도정일, 「20세기의 오이디푸스」, 『문학동네』 1999년 여름호를 참조한 것이다.

있다. 실로 "이것은 거울의 이치와 너무도 흡사하다".(「유서」, 『이상』, 9~10쪽) 이 설정은 이 소설이 정체성의 혼란이라는 고전적 테마를 '분신(double)' 모티프를 활용하여 서사화할 것이라는 점을 예고한다. 분신 모티프란 무엇인가? 정체성의 혼란을 겪는 주체는 흔히 자신의 자아가 분열되어 있다고 느끼기 마련이다. 그 혼란과 분열의 정도에 따라 '또다른 나'는 다양한 양상으로 내 앞에 나타날 수 있다. 거울 속 내 모습이 살아 움직이는 일 정도는 이 계보의 소설에서 그다지 놀랄 일도 아니다(물론 한국문학에서 그 원조는 이상(李箱)일 것이다). 혼란과 분열의 정도가 심각해질 경우 또다른 자아는 급기야 살아 움직이는 실체가 되어 내방한다. 나의 그림자가 나로부터 독립하여 나의 유일무이함을 위협하는 경우도 있고, 불현듯 나와 완벽하게 동일한 어떤 사람(도플갱어)이 나타나기도 한다. '다른 자아(alter ego)'가 분신으로 전이된 사례들은 이 밖에도 얼마든지 (상상될 수) 있다. 이 경우들에서 분신은 프로이트의 '2차 위상학'의 세 심급(자아, 초자아, 이드) 중 하나를 표상한다. 그것은 나의 이상적 자아(ego)일 수도 있고 나를 감시·억압하는 초자아(super-ego)일 수도 있으며 나의 끔찍한 욕망을 거침없이 실천해나가는 이드(Id)일 수도 있다.[4]

「유서」의 일란성쌍둥이 모티프는 이 분신 모티프의 변종이다. 그들이야 애초 동일한 외모를 갖고 태어났으니 새삼스레 분신의 출현 운운할 필요조차 없다. 일반적으로 쌍둥이 모티프가 분신 모티프로 전환되려면 두 가지 필수적인 계기가 필요하다. '욕망의 위기'라는 국면과 '경계의 소멸'이라는 사태가 그것이다. '나'의 욕망 충족에 위기가 찾아올 경우 나는 나와 흡사한 '너'의 욕망 실현 앞에서 정상적인 수준

---

[4] 분신 모티프의 서사문법과 그 함의에 대해서는 Mladen Dolar, "At first sight", ed. Renata Salecl and Slavoj Žižek, *Gaze and Voice as Love Objects*, Duke UP, 1996을 참조하라.

이상의 열패감을 맛보게 된다. 그 열패감이 심화될수록 나는 이와 같은 차이를 견딜 수가 없게 되고 서서히 나와 너의 위치를 바꿔서 생각하게 된다. 극단적인 경우 나의 것을 네가 박탈한 것이라고 믿게 되며 종국에는 전도된 상황을 원상복구해야 한다는 망상에까지 이른다. 이런 수준으로까지 존재의 경계가 흐려지면 쌍둥이들의 운명은 비극으로 치닫게 된다. 완벽하게 동일한 두 사람이 함께 존재할 수는 없으니 둘 중 하나는 죽어야만 하기 때문이다. 「유서」의 드라마도 정확히 동일한 방식으로 전개된다. '나'는 시인이 되고 싶지만 재능이 없다. '나'는 동생의 시를 자신의 이름으로 발표하여 마침내 시인이 된다. 그러나 '나'는 동생의 "기생충"일 뿐이라는 자각에서 자유롭지 못했고 마침내 이 "저주"를 끝내야만 한다고 결심한다. 동생을 죽인 뒤 죽은 것은 형이라고 하면 그만이다. '나'는 완벽하게 '나'의 동생이 된다. '나'는 "미필적 고의"로 동생을 죽인다. 그리고 49일 만에 유서를 쓰고 자살한다. 서로에게 칼을 겨누었던 오이디푸스의 두 아들 에테오클레스와 폴리네이케스가 됨으로써 쌍둥이는 예정된 비극을 완성한다.

지구가 한 시간가량 움직이는 동안 나는 가만히 모니터를 주시하고 있었다. 전야제, 동이 터온다. 언젠가 과거에도 한 번 이런 적이 있었던 것 같다. 은색 갑옷을 입고 막사에 있었지. 그러곤 마지막 전투가 있었어. 살인을 계획하던 날의 못다 한 기억들이 이제야 주마등같이 지나간다. 그래, 나와 동생은 서로의 칼에 찔린 채 죽어갔지. 자기 자신을 못 찾은 채 우리는 서로의 칼에 찔려 죽어갔지. 그렇다면 진정 이제 내가 죽을 차례인가?(32쪽)

여기서 이 소설은 일반적인 분신 모티프의 궤도에서 벗어난다. 흔히 분신 드라마의 결말은 동반자살이거나 상호타살일 경우가 많다. 애초 분신의 존재 자체가 자아분열의 산물이었다는 점을 염두에 둔다면 이는 '심리학적 인과성'의 관철이라고 할 것이다. 그런데 「유서」의 경우 애초 일란성쌍둥이였고 독립된 개체였으니 한 죽음이 다른 한 죽음을 논리적인 수준에서 필연적으로 요구하지 않는다. 그럼에도 '나'는 자살을 택한다. 왜? 작가는 24년을 단역배우로 살았던 한 남자에 관한 에피소드를 소개하는 것으로 설명을 대신한다. 수많은 배역을 최선을 다해 연기하던 그 배우는 어느 날 저 자신의 목소리를 잃어버리고 만다. 뿐만 아니라 자신이 누구인지조차 잊어먹는다. 이 배우의 비극은 무엇을 의미하는가? 여기서 문제가 되는 것은 자아의 이중분열이 아니라 다중분열이다. 이상(李箱)의 발상을 빌리자면 '거울 속의 나'가 '외로된 사업'에 골몰하는 정도의 문제인 것이 아니라 13명의 '나'들이 막다른 골목을 향해 광란의 질주를 벌이다 자폭하는 수준의 사태다. 욕망의 억압과 실현 사이의 긴장이 문제인 것이 아니라 본연의 욕망 자체가 망실되는 사태가 문제인 것이다. 죽기 직전에 동생이 형에게 말한다. "형, 결코 어느 누구도 자기 자신이 될 수는 없는 거야."(25쪽)

요컨대 '나'는 동생을 죽이고 스스로 동생이 되었음에도 불구하고 여전히 '자기 자신'이 되지 못했던 셈이다. 왜 우리는 '자기 자신'이 될 수 없는가? 이 질문과 더불어 박성원의 소설은 정신분석학적 보편성에 근거한 분신 모티프의 한 사례이기를 그치고 당대의 현실적 조건을 반영하는 사회심리학적 탐구로 넘어간다. 이런 맥락에서 그의 초기 소설을 "포스트모던한 상황에서 자기 정체성의 상실에 관한 임상학적 보고서"[5]라고 요약하는 것은 적절해 보인다. 다만 '포스트모던한 상황'이 무엇인가가 문제가 되겠다. 초기 박성원은 그것을 '과잉억압'의 상황이라고 판단한 것처럼 보인다. 이후 그의 소설들이 라이히-마르쿠제의

---

5) 우찬제, 「연기하는 '이상한 가역반응' — 박성원론」, 『문학과사회』 2000년 겨울호, 179쪽.

사유 라인을 따라갔던 것은 그래서일 것이다. 박성원은 특이하게도 이 지점에서 이상(李箱)의 소설들을 라이히-마르쿠제의 사유 라인을 따라 재독해/재창조한다. '김해경'이 주인공으로 등장하는 세 편의 소설이 다루고 있는 테마들, 예컨대 성 불능의 사회학(「라이히 보고서」), 유아기로의 퇴행(「해 뜨는 집」), 텍스트와 현실의 상호침범 혹은 '위조'의 문제(「이상, 이상, 이상」)[6] 등에서 이상의 자취, 구체적으로는 「날개」의 주요 모티프들을 발견하는 것은 쉽다. 그리고 이상의 문제의식들이 라이히-마르쿠제적인 전망과 직간접적으로 결합되고 있음을 확인하는 일도 어렵지 않다.[7]

그때나 지금이나 라이히-마르쿠제의 사유 노선은 많은 논란의 여지를 안고 있다. 그들 이론의 내적 정합성 문제야 차치하고라도 오늘날의 포스트모던한 상황이 그들의 통찰로 온당하게 해명될 수 있는가가 문제일 것이다. 명시적으로 '라이히 보고서'(「라이히 보고서」)이기를 자임했던 박성원의 초기 소설도 같은 맥락에서 논란의 대상일 수 있다. 과연 문제는 억압일까? 주체가 '자기 자신'일 수 없게 된 것은 오히려 푸코의 말대로 권력이 이제는 억압하는 일에 흥미를 잃었기 때문에, 혹은 지젝의 말대로 전통적인 권위의 심급들 혹은 금지와 법의 작인(作因)들이 오늘날 무력해졌기 때문이 아닐까? 포스트모던한 시공간에서 주체들은 그동안 '나'의 상징적 정체성을 보증해주던 권위적 작인, 대타자, 부권(父權)의 힘이 약화된 것에 불안을 느낀다고 정신분석학은 지적한다. 부권이 퇴조하면 자유가 오는가? 아니다. 겉으로는 자유롭

---

6) 특히 이 작품은 권태, 거울, 단발(斷髮), 절름발이 부부, 자화상 등과 같은 이상 풍 소재들을 변용하는 데서 그치지 않고 이상의 텍스트들을 직접 차용한다. '김해경'과 '연심'이라는 작중인물의 이름이 그러할 뿐만 아니라 「오감도 시 제1호」「종생기」「날개」「실화」로부터 인용된 여러 구절들이 텍스트에 흩어져 있다.
7) 이 문제에 관해서는 김형중, 「변전하는 이항대립, 혹은 이상한 가역반응 — 김연수, 박성원, 정영문의 소설들에 대하여」, 『켄타우로스의 비평』, 문학동네, 2003을 참조하라.

게 정체성의 유희를 즐기는 듯 보이는 주체는 오히려 자신의 상징적 정체성을 보증해줄 만한 그 무엇(법, 금지, 규칙)을 필사적으로 찾아헤매거나 그것들을 만들어낸다. 그 결과 두 가지 경향이 부상한다. 보이지 않는 곳에서 이 세계를 규율하는 초월적 심급(소위 '타자의 타자')이 있다고 가정하거나 음모 이론에 빠져드는 편집증적 흐름이 있고, 금지와 법을 필사적으로 설정하는 행위들, 예컨대 사도마조히즘("나는 때리고, 너는 맞는다, 이것이 지금 우리의 법이다")적 성향을 드러내는 도착증적 흐름이 그것이다.[8]

이런 맥락에서 보면 '초자아 마르크스주의'(김형중)가 퇴조하고 소위 '문화의 시대'가 도래한 90년대 초중반은 확실히 결정적인 분기점이라 할 만하다. '아버지 마르크스'의 몰락과 더불어 때늦은 '포스트모던'이 도래했다. 사람들은 얼마간 편집증적이었고 얼마간 도착증적이었다. 급진적인 무신론자들이 더러 뉴에이지의 전도사로 변신했다. 이제 신은 없는 것이 아니라 자연과 사람 속에 편재하게 되었다. 어제의 투사들은 더러 오늘의 댄디가 되었다. 타도해야 할 대상의 목록들로 스스로를 증명하기를 그만두고 페티시즘적으로 애호하는 대상의 목록들로 정체성을 디자인했다.[9] 문화주의 시대의 이 모든 산물들은 '상징적 아버지'의 몰락이 가져온 공허를 덮는 거품들로 작동했다. 요컨대 '포스

---

8) 이상의 내용에 대해서는 슬라보예 지젝, 『까다로운 주체』, 이성민 옮김, 도서출판b, 2005, 6장을 참조하라.
9) 밀란 쿤데라의 흥미로운 분류에 따르면 "자아의 단일성을 가꾸는 데에는 두 가지 방법이 있다 : 덧셈법과 뺄셈법".(『불멸』, 김병욱 옮김, 청년사, 1992, 131쪽) 자아의 순수한 본질로 다가가기 위해 자신의 자아에서 외적인 것 혹은 차용된 것을 추려내는 방식이 뺄셈법이라면, 끊임없이 새로운 부가물을 도입하여 스스로를 거기에 동화시키는 것이 덧셈법이다. 자아가 무(無)로 돌아갈 수 있다는 것이 뺄셈법의 위험이고, 자신의 유니크함이 주도적인 고급 취향으로 인정받게 되면 결국 타자와의 차별성이 소멸될 수 있다는 것이 덧셈법의 위험이다. 돌이켜보면 90년대 중반 이후의 댄디들은 덧셈법의 실천자이자 그 희생자가 아니었던가.

트모던한 상황에서 발생하는 정체성의 위기'라는 초기 박성원의 테마는 10여 년이 지난 지금까지도 매력적이되(「유서」나 「크로키, 달리와 갈라」 같은 작품들의 매혹은 여전하다), 그의 처방과 전망은 시간의 압력에 얼마간 취약해졌다는 말이다. 다음 질문으로 넘어가자. 문화주의 시대의 거품 속에서 솟아오른 질문이 '나는 누구인가?'라면, 거품이 거품으로 '인식'되는 지점에서 떠오르는 물음은 바로 이것이다 — 나는 무엇을 아는가?

3. 댈러웨이 증후군 — 나는 무엇을 아는가?

(길은뚫닌골목이라도適當하오)
十三人의兒孩가道路로疾走하지아니하야도좃소

선현들의 가르침에 따르면 "나는 무엇을 아는가?"라는 질문에 대한 최고의 대답은 "나는 내가 모른다는 것을 안다"이다. 이 대답을 효과적으로 변형해서 써먹은 한 사내가 있다. 그는 보이지 않는 것을 보이지 않는다고 말함으로써 승리한다. 이야기는 이렇다. 「중심성맥락망막염」(『나』)의 그 사내는 '중심성맥락망막염'이라는 희귀한 병에 걸린다. 예컨대 볼펜을 들고 있는 손에서 손만 보일 뿐 볼펜은 보이지 않는 것과 같은 식의 해괴한 증상이 나타난다. 요행히 전문의를 만나 치료를 받기 시작하는데 병의 증세만큼이나 치료법도 특이하다. 유리상자 내부에 있다고 간주되는, 그러나 아직 보이지 않는 그림을 식별하는 훈련을 지속적으로 반복해야 했다. 각고의 노력 끝에 마침내 유리상자 안의 그림이 확연히 보이는 경이로운 체험을 하면서 그 환자의 치료는 완료된다. 사실인지 허구인지 가늠하기 어려운 이 이야기를 소개한 뒤 작가는 준비해둔 반전의 카드를 꺼내든다. 유리상자 내부에는 애초에 그 어떤 그림도 없었다는 것, 소위 치료란 눈의 기능을 재생시키기 위한 훈련이었던 것이 아니라 보이지 않는 것을 보인다고 '믿게' 만드는 세뇌였다는 것이다. 이 사람의 말을 줄곧 듣고 있었던 '나'와 정신과 의사인 친구가 그 사내의 이야기를 광인의 헛소리로 치부하려는 찰나, 그들이야말로 중심성맥락망막염 환자였다는 것이 밝혀진다. 이 두 번의 반전과 함께 이야기는 끝난다.

『이상』에서도 병리학과 질병에 대한 이 작가의 관심은 유별난 데가 있거니와 이 작품은 숫제 제목 자체가 병명이다. 그것이 '눈'의 질병이라는 점은 예사롭지 않은데, '본다'는 행위와 관련되어 있는 여타의 작품(「댈러웨이의 창」「이상한 가역반응」,『나』)을 아울러 염두에 두면 이 무렵 박성원이 인식론적인 문제에 각별한 관심을 갖고 있었다는 점이 드러난다. 이 소설에서부터 박성원 소설 특유의 흥미로운 반전이 빛을 발하기 시작한다는 사실은 이와 관련이 있다. 단편소설에서 반전은 자칫 예상을 깨는 답을 제출하는 데 봉사하는 수수께끼 놀이의 차원에 그칠 수 있다는 점에서 위험한 기술이다. 그러나 이 소설의 경우 그것은 인식론적 층위에서 모종의 역전 효과를 성공적으로 산출한다. 보지 못하는 환자를 보인다고 믿게 만드는 세뇌과정이 치료의 실상이었음을 폭로하는 반전은 의학에 관한 일반적 상식을 역전시키고 있고, 광인이라고 간주된 환자의 말이 사실로 드러나는 반전에서는 광기와 이성의 관계가 또한 역전된다. 요컨대 무엇이 진실(실재)이고 무엇인 허위(가상)인가라는 중심 테마가 의학(과학)이 전제하고 있는 이분대당(광기/이성, 질병/건강)을 전도시키고 있는 셈이다.

이 작품은 자연과 초자연의 경계를 결정 불가능 상태로 열어두고 있다는 점에서 '환상적'이다.[10] 그런데 존재 가능성 자체가 의심되는 희귀질병을 소재로 택하고 있는 탓에 서사 내부에서 발생하는 인식론적 아포리아가 서사 외부로까지 확장되어 일상인들의 현실감각에 균열을 일으키는 데까지 나아가지는 못한다. 역전 효과의 충격이 얼마간 이야기의 내부로 흡수되고 만다는 것이다(같은 계열의 소설이라고 할 수 있는 「이상한 가역반응」이나 「실마리」 같은 작품들 역시 그렇다). 문제 설정 자체가 관념적인 방식으로 작동하고 있기 때문이다. 작가가 지나가는 길에 문득 노자(老子)의 "세상 사람 모두가 아름다운 것이 아름답다고 알고 있다. 그런데 사실 그것은 추한 것이다(天下皆知美之爲美 斯惡已)"(「중심성맥락망막염」, 51쪽)를 인용하고 있는 것은 이런 맥락에서 징후적이다. 실상 노자의 저 말은 미(美)의 기준이란 지극히 상대적인 것일 뿐이니 세간의 시비 다툼에 관여하지 말라는 지혜로운 설법 이상도 이하도 아니다. 이런 상대주의적 인식론은 (탈)근대적 인식론의 아포리아와 대면하는 수준에까지 육박해들어가지 못한다. 평판작 「댈러웨이의 창」이 보다 진화한 작품이라고 말할 수 있는 것은 이런 한계를 돌파하면서 사태의 핵심으로 들어가고 있기 때문이다.

 구식기계로 작업하는 아마추어 사진작가 '나'의 집에 컴퓨터로 사진작업을 하는 한 사내가 세를 얻어 들어온다. 사내로부터 댈러웨이라는 유명한 사진작가의 독특한 사진세계를 소개 받은 '나'의 호기심이 발동한다. "창은 진실을 엿볼 수 있는 기회다. 만일 창이 없다면 사각의 벽 속에 갇혀 있는 진실을 어찌 구해낼 수 있단 말인가."(21쪽) 댈러웨이의 말에 감화 받은 '나'는 '진실'에 대한 열망에 들떠 댈러웨이의 흔적을 찾아헤맨다. '나'는 몰랐을 뿐 댈러웨이는 이미 사진예술계의 신화였다. 사진집도 없고 전시회도 열지 않았으며 유작들의 행방은 오리무중인 미스터리의 인물이기도 하다. 댈러웨이의 신화는 인구에 회자되면서 점점 거대해진다. 급기야 댈러웨이의 이름을 새긴 티셔츠가 나

---

10) 츠베탕 토도로프, 『환상문학서설』, 이기우 옮김, 한국문화사, 1996.

올 지경이다. 그러나 한 가지 이상한 점이 있는데, 그것은 사람들이 알고 있는 댈러웨이에 관한 지식이 거의 동일한 차원에서 맴돈다는 것이었다.(22쪽) 그러던 중 '나'는 드디어 댈러웨이의 비밀을 알게 된다. 댈러웨이라는 인물은 실체 없는 가상의 인물이었다는 것, 그의 것이라고 알려져 있는 그 신비로운 사진들은 2층 사내가 컴퓨터로 합성해 만든 조작품이었다는 것이다.

이 작품이 「중심성맥락망막염」에서 제기된 실재(진실)와 가상(허위)의 문제를 더 깊이 탐구했다고 말할 수 있는 이유는 가상이 '생산'되는 메커니즘을 사유하고 있기 때문이다. 가상은 어떻게 생산되는가? 이 작품의 주제와 직접적인 관련이 없어 보일 뿐 아니라 텍스트 내부에서 맥거핀(MacGuffin)처럼 부유하는 한 여자를 주목할 필요가 있다. 2층 사내가 '나'의 집에 들어온 직후 묘령의 여인이 사내를 방문한다. 그녀가 차를 타고 처음 온 날 '나'는 우연히 그녀를 만나게 되는데 "강렬한 하이빔 때문에 눈앞에는 형체를 알 수 없는 빛들이 둥둥 떠다녔던"(13쪽) 터라 '나'는 그녀의 얼굴을 정확히 보지 못한다. 사내의 집들이에서도 '나'는 세 명의 여자 중에서 누가 사내의 여자인지를 알아내지 못한다. 사내가 기거하는 2층에 창이 하나 있는데 그날부터 '나'에게는 창에 어른대는 두 사람의 그림자를 훔쳐보는 버릇까지 생긴다. 댈러웨이에 대한 '나'의 근거 없는 열망이 절정에 이를 무렵 '나'는 "다만 그 여인이, 이층에 달린 창으로 비친 그 여인이, 댈러웨이에 대해서 아무것도 몰랐으면 좋겠다고 생각할 뿐이었다. 그래서 내가 생각하는 댈러웨이를 그녀에게 들려주고, 그녀로부터 위안을 받고 싶을 뿐이었다"(25쪽)라고 다소 뜬금없는 욕망을 토로하기까지 한다. 그러나 댈러웨이가 가상의 인물임이 밝혀진 이후 '나'는 과연 그녀가 존재하기나 했었는지 의혹에 빠진다. 그녀는 과연 누구인가?

이 여자의 역할이 중요한 것은 그녀라는 대상이 '댈러웨이'라는 기표와 거의 동일한 층위에서 작동하고 있기 때문이다. '나'에게서 댈러웨이의 예술적 '창'과 그녀를 엿보는 관음증적 '창'은 은밀히 교섭한다. 이것은 무엇을 의미하는가? 이 소설이 진실과 허위의 전도라는 인식론적 문제를 욕망의 차원과 포개어놓고 있다는 뜻이다. '나'의 저 뜬금없는 고백을 보노라면 문제는 댈러웨이가 아니라 오히려 그녀처럼 보이질 않는가. 요컨대 2층 사내의 방은 소위 '환상의 창(frame of fantasy)'으로 기능하고 있다. 욕망이 실현된 상황을 가상적으로 보여주는 시나리오로서의 환상이 아니라 그 환상 덕분에 비로소 욕망이 작동하기 시작한다는 의미에서 버팀목으로서의 환상 말이다. 사내의 방에 '창'이 있었기 때문에 모든 욕망이 가능했다. 그녀가 환상의 창으로 들어오는 순간 정체조차 모르는 그녀에 대한 욕망이 발생했고, 그 때문에 '나'는 그녀의 연인인 2층 사내의 위치를 욕망하게 되었을 뿐만 아니라, 그 욕망이 궁극적으로는 댈러웨이에 대한 욕망으로까지 이어진 것이다. 이를 정식화해보면 '환상=그녀→사내=댈러웨이'가 될 것이다. 그러니 댈러웨이가 실제로는 2층 사내였다는 사실이 밝혀지면서 그녀의 존재가 증발해버리는 것은 욕망의 논리로 보건대 지극히 자연스러운 귀결이다. 댈러웨이라는 가상의 인물을 만들어낸 것은 그러므로 2층 사내가 아니다. '나는 누구인가?'를 물으면서 '자기 자신'이 되지 못한 채로 부유했던 '나'(우리)였다. 가상은 이렇게 '생산'된다. 그러므로 (돌이켜보면) 도입부에 무심히 등장하는 다음 대목이 이 소설에서 가장 결정적인 장면이라고 해도 과언이 아니다.

    사내가 가계약을 하고 간 그날 나는 사내를 배웅하면서 야경을 다시 보았다. 하지만 사내가 감탄하는 야경을 찾을 수 없었다. (…) 많은 사람들이 발광을 찬양하며 아치랑거리고 돌아다니고 있었다. 하지만 빛에 반사되어 허옇게 들뜬 얼굴 때문에 그들은 사람이 아니라 꼭 유령 같았다.

뭉청뭉청 잘려나간 게시판의 광고지처럼 해진 옷을 입고, 어둠을 탈색시킨 강렬한 빛에 부유물처럼 떠다니는 그들의 모습은 반사물 이상 아무것도 아니었다.(10쪽)

지젝 식으로 말하면 '나'는 사내가 전염시킨 '환상이라는 돌림병'에 걸리기 전에 이미 '실재라는 사막'을 보았던 터다. 도시의 야경은 아름답지 않다. 노자의 말처럼 아름다움이 상대적인 것이어서가 아닐 것이다. 실재는 아름답지 않다. 그것은 "유령"과 같은 것이다. 그러나 누구도 실재라는 사막을 보려고 하지 않기 때문에 야경은 아름다워질 필요가 있다. 그 필요에 부응하여 시스템은 환상을 생산해내고 주체에게 욕망하는 법을 가르친다. 기 드보르(Guy Debord)가 '스펙터클(Spectacle)'이라 명명한 것은 이것과 다른 것이 아니다. 이제는 고전적인 설명이 되었지만 "현대적 생산조건들이 지배하는 모든 사회들에서 삶 전체는 스펙터클의 거대한 축적물로 나타난다. 직접적으로 삶에 속했던 모든 것은 표상으로 물러난다"는 그의 지적은 여전히 호소력이 있거니와, 스펙터클은 "현실사회의 비현실성의 심장"이라는 그의 단언은 여전히 매력적이다.[11] 댈러웨이라는 '유령작가'는 시스템이 생산해내는 스펙터클 일반의 은유처럼 보인다. 그러니 2층 사내가 나서지 않았더라도 결국은 그 누군가가 댈러웨이를 '발명' 했을 것이다. 그것은 시스템과 신민(臣民)들의 합작품이다. 작가가 이 모든 현상을 "댈러웨이 증후군"(30쪽)이라 명명한 것은 꽤나 그럴듯하지 않은가.

댈러웨이 증후군에 빠진 포스트모던 신민들의 모습은 데카르트의 『성찰』을 다시 떠올리게 만든다. 댈러웨이 증후군이란 기실 "꿈속에서 공상적인 자유를 즐기고 있는 죄수가 자기가 꿈을 꾸고 있는 것이 아닌

---

11) 기 드보르, 『스펙터클의 사회』, 이경숙 옮김, 현실문화연구, 1996, 1장.

가고 의심하기 시작할 때 잠을 깨게 되는 것을 두려워하여 달콤한 환상을 그대로 즐겨가기를 갈망하는 것"(『성찰』)과 다르지 않아 보인다. 그렇게 본다면 데카르트가 전쟁을 선포했던 저 '심술궂은 악마'는 오늘날 자본 그 자체일 것이고 온갖 재주로 우리를 속이는 저 악마의 농간은 오늘날의 스펙터클로 현실화된 것이 아니겠는가.[12] 자, 댈러웨이는 없다. 이제 어떤 질문이 가능할 것인가? 세번째 소설집에서 박성원은 다시 한번 도약한다. 그는 댈러웨이가 없는 '유령' 같은 도시, 혹은 환상이라는 돌림병이 지나간 이후에 재발견될 '실재라는 사막'으로 접근해간다. 거기서는 어떤 일이 벌어지고 있는가. 대타자가 붕괴하고 환상마저 사라진 곳에서 주체는 목하 '선택'이라는 불지옥에 던져져 있다— 나는 무엇을 할 수 있는가?

4. 무서운 아해와 무서워하는 아해 — 나는 무엇을 할 수 있는가?

十三人의兒孩는무서운兒孩와무서워하는兒孩와그러케뿐이모혓소

(다른事情은없는것이차라리나앗소)

『이상』과 『나』의 테마를 연장·심화하고 있는 작품들을 제외한다면

---

12) 오늘날 자본이라는 '심술궂은 악마'는 한국사회의 고질병인 '묻지마 민족주의'를 스펙터클화하는 데 몰두하고 있는 듯 보인다. 민족주의의 스펙터클은 2002년 월드컵 이후 돈이 되는 곳이라면 어디에서건 지겹도록 다시 상연되고 있다. 한편, 언론의 지원사격을 받을 경우 스포츠가 아닌 과학에서도 민족주의의 스펙터클화 현상이 발생할 수 있다는 것을 알게 된 것은 최근 한국인들의 소중한 배움이었다. 우리는 '댈러웨이 증후군'이라는 명칭에서 '댈러웨이'의 이름을 어느 스타 과학자의 이름으로 대체할 수 있게 되었다. 댈러웨이는 없다. 그러나 '환상의 돌림병'이 지나간 자리에서 아직도 적지 않은 이들이 '한 번도 가저본 적이 없는 것을 잃어버렸다고 믿는' 우울증에 시달리고 있다.

세번째 작품집에서 이루어진 가장 주목할 만한 진전은 '우리는 달려간다 이상한 나라로' 연작 중 두 편인 「긴급피난」과 「인타라망」(『우리』)일 것이다. 이 연작의 타이틀은 그 자체가 지독한 아이러니다. 30대 이상의 세대라면 '이상한 나라의 폴'이라는 제목으로 방영되었던 TV 만화영화를 기억할 것이다. "우리는 달려간다 이상한 나라로, 미나가 잡혀 있는 마왕의 소굴로, 어른들은 모르는 4차원 세계, 날쌔고 용감한 폴이 여기 있다." 만화의 내용인즉슨 주제가가 제공하고 있는 정보 그대로다. '4차원의 세계'인 '이상한 나라'에서 '마왕'에 의해 비상사태가 벌어지면 폴이 정의의 힘으로 4차원 세계의 악몽을 바로잡는다. 흥미로운 것은 매회 비상사태가 발생하고 정상 상태로 복귀하는 구조가 반복된다는 것이다. 이것은 마치 현실(상징적 질서) 이면의 어떤 영역이 오작동하면서 자신의 존재를 드러내는 순간 재빨리 이를 봉합하여 현실(상징적 질서)의 정합성을 유지하기 위해 애쓰는 주체의 강박적 행위처럼 보이질 않는가. 박성원이 그의 소설에서 보여주고 있는 세계, 그 세계에서 주체가 실연하는 행위는 정확히 이와 반대다. 그에게 '이상한 나라'는 4차원의 세계가 아니라 지금 여기의 현실이다. 지금 여기의 상황은 예외적 비상사태의 상황이 아니라 상시적 비상사태의 그것이다. 그 비상사태는 '정의의 힘'으로 정상화되지 않는다. 오히려 비상사태 그 자체가 시스템의 본질이다. 주체가 사고하고 행위하면 할수록 그는 괴물이 되고 상황은 악화된다. 그렇다면 여기에서는 잠을 깨는 것이 곧 악몽의 시작일 것이다. "내가 눈을 떴을 때 처음 눈에 들어온 것은……"이라는 동일한 문장이 두 소설 도입부에 포진해 있는 것은 그 때문이다.

폭설이 내린 길에서 교통사고를 당한 '나'는 다행히 어떤 남자에 의해 구조되어 인근 집으로 옮겨진다. 의심스러운 구석이 없지 않으나 여하튼 생명의 은인이니 고맙기 이를 데 없다. 문득 그가 사라진다. 사내를 찾아 집 안을 둘러보던 중 '나'는 경악한다. 방 안에 일가족이 처참하게 짓밟혀 있다. 아버지로 보이는 남자는 이미 죽어 있고 딸로 보이는 여고생은 거품을 문 채로 혼절해 있다. 어머니로 보이는 한 여자만이 온몸이 묶인 채로 '나'에게 피맺힌 절규를 퍼붓는다. 이 살인마, 내 너를 죽어도 잊지 않으리라. 사태의 맥락이 비로소 이해되기 시작한다. 사내는 살인강도범이었다. 그가 '나'를 구해서 이 집으로 데려온 까닭은 자신의 죄를 '나'에게 덮어씌우기 위해서였다. 사내가 한 말의 의미도 그제야 뚜렷해진다. 그 사내는 벼랑에 두 사람이 줄 하나에 매달려 있을 때 만약 그 줄이 한 사람의 무게밖에 견디질 못한다면 위에 있는 사람이 밑에 있는 사람을 떨어뜨려 목숨을 건진다 해도 죄를 묻지 않는다는 '긴급피난' 조항에 대해 말했었다. 그 사내는 긴급피난을 실천한 것이다. 절망적인 상황에 빠진 '나'는 고심 끝에 집에 불을 질러 사내가 인위적으로 남긴 '나'의 증거를 없애기로 결심한다. 이제는 내가 긴급피난을 실천해야 할 때다.

당했다는 생각뿐이었다. 긴급피난이라는 이상한 법을 읊조리던 사내를 잡아야 한다는 생각뿐이었다. 나를 구해준 것이 아니라 오히려 수렁에 빠뜨리고 사라져버린 사내를 우선 잡아야 한다는 생각뿐이었다. 자신의 알리바이를 위해, 자신이 살기 위해 나를 구해준 사내를 생각하니 도저히 분을 삭일 수 없다. 긴급피난이라니. 자신이 살기 위해 나를 이용하다니.(「긴급피난」, 22쪽)

긴급피난. 그래, 어쩌면 이런 상황은 긴급피난에 해당할지 모른다. 사내가 나를 구해준 것도 결국 자신이 살기 위해 나를 이 수렁으로 대신 밀어넣은 것이다. 이것은 명백한 긴급피난이다. 이것이 법이다. 내가 살기 위해서는 다른 사람의 희생은 절대적이다.(25쪽)

이 소설은 그야말로 '긴급피난'이라는 조항이 자극한 상상력의 산물처럼 보인다. 상상력을 자극하는 법률 조항이라니, 이것은 희극인가 비극인가. 형법 제22조, 별칭 '긴급피난' 조항은 이렇다. "자기 또는 타인의 법익(法益)에 대한 현재의 위난(危難)을 피하기 위한 행위는 상당한 이유가 있을 때에는 벌하지 아니한다." 그런데 문제는 '사내'의 처사뿐만 아니라 '나'의 처사까지도 결코 '긴급피난'이 될 수 없다는 것이다. 소설에는 제시되어 있지 않지만 '긴급피난'에는 세 가지 세부원칙이 있다. 보충성의 원칙, 적합성의 원칙, 균형성의 원칙이 그것이다. 위급 상황에서 긴급피난이 '유일한' 수단이어야 하며(보충성의 원칙) 사회윤리나 법정신에 비추어 '적합한' 수단이어야 한다(적합성의 원칙)는 원칙을 지켰는가의 문제는 그렇다 치더라도 소위 균형성의 원칙, 즉 보호되는 이익이 침해되는 이익보다 본질적으로 우월해야 한다는 원칙에 비추어본다면 자신의 살인죄를 면하기 위해 '나'에게 살인죄를 덮어씌운 사내의 행위는 물론이려니와 자신의 목숨을 지키기 위해 타인의 목숨을 뺏는 '나'의 선택은 긴급피난에 해당될 수 없다. 어떤 목숨도 다른 목숨에 비해 '우월'할 수는 없으니까 말이다. 물론 작가가 이를 몰랐을 리 없다. 작가의 의도는 무엇인가. 그것은 바로 첫번째 인용문과 두번째 인용문 '사이'에 있다. "긴급피난이라는 이상한 법"에 분노하던 '나'는 어찌하여 "이것이 법이다"라고 부르짖게 되는 것인가.

첫째, 이 모든 것은 윤리적 '선택'의 순간에 소위 '실천이성'이 얼마나 무력한가를 보여주기 위해 고안된 것처럼 보인다. 무력할 뿐만 아니라 저 고매한 이성은 비윤리적 행위를 법의 이름으로 '합리화'하는 데 유감없는 능력을 발휘한다. '나'는 아비규환의 상황에서 이성을 잃은 여자를 '짐승'으로 매도하면서 "지금 이 순간에 가장 이성적이고도 인간다운 사람은 나밖에 없"으므로 나의 이성적 판단이 곧 법이라는 식의 오류추리를 서슴지 않는다. 소설 전반에 걸쳐서 여러 번 되풀이되는 '이성'이라는 말은 악마의 주문처럼 떠돈다. 여기서 데카르트의 이성은 다시 한번 모욕당하고 '네 자신의 지성을 사용할 용기를 가져라'(칸트,「계몽이란 무엇인가에 대한 답변」)라는 계몽주의의 테제는 희화화된다. 이에 비한다면 근대적 이성의 간계를 상징하는 오디세우스의 세이렌 퇴치 무용담(테오도르 아도르노·막스 호르크하이머,『계몽의 변증법』, 김유동 옮김, 문학과지성사, 2001)은 차라리 순진해 보인다. 그러나 문제는 '나'의 이와 같은 처신이 어떤 예외적인 인간의 이례적인 악행이 아니라는 점에 있다. 이것은 동일한 상황에 처했을 때 고매한 이성의 소유자인 우리가 범할 가능성이 농후한 오판의 사례가 아닌가. 이성이 없어서가 아니라 이성이 있기 때문에, 혹은 비합리적인 짐승의 상태이기 때문이 아니라 가장 합리적인 판단을 내릴 수 있을 때 현실화될 수 있는 이성의 잠재적 광기가 아닌가. 이런 맥락에서 "합리적인 괴수"(28쪽)라는 표현은 이 소설에서 제자리를 잘 찾은 것처럼 보인다.

둘째, 소설의 후반부에서 작가는 "이런 기록적인 폭설에 모두들 긴급피난을 떠난 것인지 세상은 오직 침묵 속에 잠겨 있었다"(28쪽)라고 쓴다. 이 문장에서 일상용어 '긴급피난'과 법률용어 '긴급피난'은 서로 간섭하면서 경계를 지워버린다. 덕분에 법률용어로서의 '긴급피난'은 폭설이 내릴 때 대피하듯 누구나 하고 있고 또 할 수 있는 일상적인 행위를 가리키는 말로 오염되고 만다. 예외 조항으로서의 '긴급피난'이 제아무리 세부적인 규칙을 설정하여 그 오작동 가능성을 단속한다 할지라도 그것이 어떤 식으로든 악용될 수 있는 가능성을 완전히 배제할 수는 없다는 이야기를 하려는 것이 아니다. 핵심은 긴급피난이 법의 예외가 아니라 법의 본질 그 자체라는 역설에 있다. 실상 우리는 법이 얼마나 비합리적이고 무기력한 것인지를 이미 잘 알고 있다. 누구나 긴급피난의 실천자('무서운 아해')일 수 있고 희생자('무서워하는 아해')일 수 있다. 권력의 유무에 따라 실천자와 희생자의 위치를 배정 받게 되는 시스템의 불평등이 원통할 뿐이다. 이렇게 법 조항의 차가운 추상성 이면에는 들끓는 부조리가 숨어 있거니와 박성원의 절묘한 상황 설정 덕분에 그 부조리는 섬뜩하게 극화된다. 아이러니하게도 '예외적' 조항으로서의 '긴급피난'이 대문자 법의 '근원적' 중핵을 폭로하는 불명예를 떠안게 된 것이다.

이제 우리는 소설이 제공하는 위의 두 가지 전언으로부터 다음과 같은 일반 명제를 도출할 수 있게 되었다—법이란 '합리적인 괴수들'의 '보편화된 긴급피난'이다. 만약 이 명제가 사실이라면 세상살이란 도대체 무엇인가?

> 당신이 몰라서 그렇지, 세상살이란 게 어망과 같아서 촘촘하게 엮여 있어요. 그것도 질기고 질긴 나일론줄로 말입니다. 한 사람이 행복하면 다른 한 사람은 반드시 불행한 게 세상살이입니다. 자신의 행복이 다른 사람의 불행과 무슨 관련이 있나, 다들 이렇게 생각하지만 어디 두고 보시오. 내 말이 틀리나. 한 사람의 입에서 웃음이 가득하면 다른 사람의 눈에서는 피눈물이 흐르는 법이지요.(16쪽)

「긴급피난」에서 제시된 강도살인범의 저 예언은 이어지는 작품 「인타라망」에서 다시 한번 실현된다. "인타라망은 무한히 큰 그물인데, (…) 세상살이가 그물처럼 서로 촘촘히 엮여 있다는 것을 말하고 있어요."(178쪽) 보편화된 긴급피난이 직조하는 세계상이 인타라망인 셈이다. 누군가의 '긴급피난'이 인풋(in-put)의 역할을 하면 시스템은 인타라망 프로그램에 의해 다른 누군가의 눈에서 피눈물이 흐르게끔 아웃풋(out-put)한다는 것이다. 그리고 이것은 소설 「인타라망」의 내용이기도 하다.

'나'는 어떤 병실에서 69일 만에 깨어난다. 부상이 심해 꼼짝달싹할 수 없는 상태인 '나'는 어찌하여 이 병실에 누워 있게 되었는지조차 전혀 기억하지 못한다. 혼수상태에 빠져 있는 어머니를 간호하던 한 남자가 마찬가지로 혼수상태에 빠져 있다가 깨어난 '나'에게 관심을 보이고 '나'는 그의 헌신적인 도움을 받아 조금씩 기억을 회복해나간다. 그리고 교통사고를 당했다는 것, 한 사내가 자신을 구해주었다는 것, 그러나 그 사내가 나를 구해주었던 것은 자신이 저지른 강도살인을 나에게 고스란히 덮어씌우기 위한 것이었다는 것, 누명을 쓸 수밖에 없는 상황에서 강도살인의 현장이었던 집에 스스로 불을 지르고 도주했었다는 것 등을 떠올린다. 끔찍한 기억을 회복하고 몸서리치는 '나'에게 실은 더 끔찍한 사태가 기다리고 있다. 69일 동안 잠들어 있다가 눈을 뜬 곳이 병원이 아니라 방화로 타고 남은 그 집이라는 것, 그리고 '나'를 간호해주면서 기억을 되찾을 수 있게 독려한 사내가 '나'의 방화로 혼수상태에 빠진 여자의 아들이었다는 것 말이다. 다음은 아들의 피맺힌 절규다. "나는 그 사람이 깨어나길 기다리며 이 집에서 69일 동안 기다렸습니다. 오직 깨어나길 기다리며."(193쪽)

「긴급피난」에서 '긴급피난' 조항을 효과적으로 남용한 전례가 있는 작가는 여기에서 인타라망의 본래 의미를 기발하게 오용한다. 『화엄경』의 설명대로라면 '인타라망(因陀羅網)'은 '인드라(Indra, 제석천의 왕)의 그물'이다. 이 그물에는 보배로운 구슬이 서로 연결되어 있어서 구슬과 구슬이 서로 빛을 발하면 마치 거대한 샹들리에처럼 우주를 장엄하게 만든다. 그래서 이것은 '만유의 제법이 중중무진하게 상즉상입하는 경계'를 표현하는 화엄세상의 한 상징이요, 보살행의 상호연쇄로 도래할 윤리적 유토피아의 세계상이다. 그러나 박상원의 '악마의 사전'에 따르면 인타라망은 악행의 상호연쇄가 만들어내는 최악의 비윤리적 지옥이다. 현실이 보편화된 긴급피난의 아수라이고 그 긴급피난이 인타라망의 그물을 작동시키고 있는 것이 오늘날의 악무한적 시스템이라면 이것은 물론 도래할 지옥이 아니라 이미 도래한 지옥이다. 그리고 이 광기의 지옥은 그 무슨 악마적 초월자에 의해서가 아니라 이성의 (오)작동으로 가동된다. "내가 한 일이라곤 가장 합리적이고 이성적인 선택이었는데, 왜 나는 다시 이곳에 있어야 하는 걸까?"(194쪽)

그렇다면 그 무엇이 있어 이 아포리아의 지옥에서 우리를 구해줄 것인가? 「인타라망」의 마지막 대목에서 '나'는 기도한다. "신은 있으라. 신은 있으라. 제발 신은 있으라."(194쪽) 「인타라망」의 저 마지막 절규는 법을 포함한 대부분의 모든 권위적 작인이 무력해진 채로 냉소되는 포스트모던 사회에서 곤경에 빠진 주체들이 어째서 신(대타자)을 다시 '발명'하지 않을 수밖에 없는가에 관한 한 사례를 제공한다. 그러나 앞에서 언급했듯 신을 다시 발명하는 그 순간 우리는 편집증이라는 늪에 빠져버리고 말 것이다. 그때 주체는 한없이 무기력해질 것이고 최악의 경우 온갖 사이비 운명론과 광적인 음모 이론에 삼켜지게 될 것이다. 물론 저 '나'의 절규가 작가 박성원의 그것일 리는 없다. 그는 아이러니한 거리를 두고 지켜보고 있을 터다. 그렇지만 「긴급피난」의 도입부에서 "육식을 하는 사자에게 부처의 도를 가르쳐 살육을 그만두게 한다면 결국 초식동물을 살리려고 사자를 굶겨 죽이는 게 아닌가. 아무리 이성적으로 생각해도 나로서는 모를 일이다"(7쪽)라고 말하고 있는 대목을 작정하고 의심해본다면, 그 역시 인타라망의 법칙을 당대의 핵심을 도려내는 알레고리로서가 아니라 초월적이고 우주적인 아포리아로 받아들이고 있는 것은 아닌가 하는 의혹이 생기기도 한다. 물론 그를 숙명론자라고 단정할 필요는 없을 것이다. '우리는 달려간다 이상한 나라로' 연작이 아직 끝난 것이 아니라면 말이다. 그렇다면 무엇을 할 수 있는가? 혹자는 '무서운 아해'와 '무서워하는 아해'들이 윤리적 카오스의 공간에서 질주하기를 그만두는 길뿐이라고 말할 것이다. 그러니까 인타라망을 끊어내고 그물 자체를 다시 짜기 위한 주체의 자기 파괴적 결단, 즉 정신분석학적 의미에서의 행위(act)만이 대안이라고 주장할 것이다. 혹자는 그것이야말로 시스템 자체의 전복과 다르지 않다고 말할 것이다. 그러나 이것은 또 얼마나 아득하고 어려운 이야기들인가. 누가 어떻게 저 그물을 끊을 것인가?

5. 질문하는 자는 항상 이긴다

끊지 못해 고생한 사람들의 이야기는 여기에도 있다. 박찬욱의 그다지 주목 받지 못한 단편영화 〈CUT〉은 박성원의 소설이 던진 세 가지 질문을 복습하게 만드는 텍스트다. 성공한 젊은 영화감독 류지호는 방금 여자 뱀파이어가 '유통기한이 다 된' 피를 빨다가 죄다 토해버리고 마는 장면을 촬영했다. 집에 도착한 류지호는 낯모를 괴한의 가격을 받고 혼절한다. 알고 보니 괴한은 그의 영화에 엑스트라로 무수하게 출현했던 사내였다. 그는 자신의 아들, 류지호, 류지호의 아내를 끈으로 결박한다. 가난이 인간을 악한으로 만든다고 믿는 그는 부자인 류지호가 착하기까지 하다는 것을 참을 수가 없었다. 류지호는 자신이 전혀 착하지 않다고 필사적으로 주장하면서 이러저러한 악행들을 고백한다. 사내는 류지호의 고백이 불충분하다고 말하면서 더욱 끔찍한 악행을 저지를 필요가 있다고 충고한다. 그리고 끔찍한 선택을 요구한다. 당신이 저 아이를 지금 이 자리에서 죽이지 않으면 당신 아내의 손가락을 자르겠다. 자, 선택하라.

이 영화는 한 주체를 극단적인 상황 속에 던져넣고 인위적인 방식으로 현실의 실재를 대면하게 할 때 어떤 일이 벌어질 수 있는지를 보여준다. 첫째, 나는 누구인가? 사내의 요구대로 자신의 악행을 고백할 때 애초 류지호는 잠시 동안만 나쁜 인간의 가면을 쓰기로 작정한 듯 보인다. 그러나 서서히 가면이 본질이 되는 전도가 일어난다. 류지호가 아내에게 저주를 퍼부을 때와 결말부에서 광기에 휩싸일 때 영화는 그것이 류지호의 가면인지 실상인지를 고의적으로 모호하게 처리한다. 류지호는 자기 자신이 되지 않기 위해 필사적으로 노력하다가 오히려 자기 자신이 된다. 둘째, 나는 무엇을 아는가? 이 영화는 의도적으로 영화와 현실의 경계를 흩뜨린다. 중반부 이후의 배경이 되는 류지호의 집은 초반부에 등장했던 세트장과 구별되지 않으며 류지호가 연출한 뱀파이어의 흡혈 장면은 그의 아내가 사내의 목을 물어뜯는 장면을 통해 정확히 동일하게 반복된다. 셋째, 나는 무엇을 할 수 있는가? 이곳은 윤리의 카오스 그 자체인 공간이다. 계급 갈등을 배면에 깔고 있기 때문에 선과 악은 명쾌하게 분별되지 않는다. 류지호의 적수는 순수악이 아니며 류지호의 어떤 선택도 순수선이 되지 못한다. 인물들을 묶고 있는 끈은 그들의 육체적 무기력이 아니라 실천이성의 무기력을 상징하는 것처럼 보인다. 이 세 가지 국면은 각각 박성원의 세 질문을 차례로 반향한다. 그리고 영화의 제목인 '컷(cut)'은 이 교란과 전도를 끝장낼 수 있는 유일한 외침처럼 보인다. 박성원은 어떻게 '컷!'을 외칠 것인가?

그는 최근에 장편 『그림자 인간』의 연재를 끝냈다.[13] 이 소설에서 '나'는 어느 날 문득 '나'와 '나의 그림자'로 분열된다. 그림자가 나에게 말한다. "이제 나는 네가 될 것이고 너는 내가 될 것이다." 그림자는 점점 나의 자리를 위협하고 나는 점점 그림자로 전락해간다. 물론 이것은 저 불행한 한 남자만의 이야기가 아니다. "그림자야말로 이 세상에 존재하는 것 중에 가장 완벽하게 아무런 가치도 없는 존재"이거니와, 문제는 사람들이 "자신이 그림자로 바뀌고 있다는 걸 모르고 있"(『그림

---

13) 『문학·판』 2004년 겨울호~2005년 겨울호.

자 인간』 2회)을 뿐 아니라, "그림자가 자기 자신 행세를 하는데도, 따라하는 멍청한 그림자라며 그림자를 밟고 다닌다"(『그림자 인간』 4회)는 데에 있다. 이 작품에서 박성원은 작정한 듯이 그 자신의 장기인 '분신 모티프'의 각종 문법들을 능란하게 활용한다. '들뢰즈'로부터 '김두수'에 이르는 다채로운 레퍼런스들을 전방위로 동원하면서 "인간들의 그 잘난 이성"(『그림자 인간』 3회)을 집요하게 조롱한다.

> 언젠가 네가 나에게 물었지. 그림자를 도대체 어떻게 죽일 수 있느냐고. 그것은 의외로 간단하다. 바로 빛을 없애면 된다. 빛이 있는 한 그림자는 있다. 이렇게 늦게 대답해줘서 미안하다. 그러나 그 누가 있어 빛을 없앨 것인가? 빛이 없으면 한 치 앞도 볼 수 없는, 이미 모든 시력을 잃어버린 인간들이, 빛의 노예들이 과연 빛을 없애려고 할까? 자신이 선택한 주인을 죽이는 노예를 본 적이 있는가? 빛을 찬양하는 모든 인간들이여, 그대의 발아래 있는 그림자를 조심하라.(『그림자 인간』 5회)

그는 지금 '빛'을 '컷!' 하라고 말하고 있다. 이것은 이성, 합리성, 문명 일반에 대한 전면적 부정처럼 보인다. 그러나 그것은 가능한 일일까? 아포리아의 제국에서 빛이 사라지면 아포리아도 사라지는 것일까? 분신의 논리가 본래 그러하듯 그림자를 죽이면 우리도 죽는 것이 아닐까? 그것은 아포리아와 맞서는 것이 아니라 그것을 회피하는 일이 아닐까? 돌이켜보면 당신은 이상한 나라에 떨어졌을지언정 끝까지 사유하기를 멈추지 않았던 포스트모던 데카르트였고, 이성으로 이성을 회의하면서 포스트모던 신민들을 계몽의 게임에 초대하기를 멈추지 않았던 산파가 아니었던가. 이것은 그동안 그가 던진 질문들 속에서 허둥거렸던 우리가 그에게 되돌려주는 질문이다. 그동안 흥미진진한 게임에 초대해준 작가에게 감사의 인사를. 이제는 우리가 그를 게임에 초대할 차례다. "질문하는 자는 항상 이긴다. 이제 패배를 무릅쓰고 당신이 대답할 차례다."

당신의 X, 그것은 에티카
— 김영하의 90년대와 배수아의 2000년대

1. 당신의 X ……

"작가는 '가지고 있는가 가지고 있지 않은가'로 결정된다." 소설가 쓰지 히토나리의 매력적인 단언이다. 비어 있는 목적어의 자리에 '윤리'를 넣고 싶다. 윤리란 무엇인가. 윤리는 우선 도덕이 아닌 그 어떤 것이다. 윤리에 대해 사유하기 위해서는 먼저 윤리를 도덕이라는 오염된 문제틀로부터 빼내와야 한다. 도덕은 사회가 나를 공동체의 구성원으로 호명하면서 강제하는 습속에 가깝고, 윤리는 내가 나에게 스스로 부과하는 자유와 책임에 대한 명령이라고 칸트에 기대어 말한 것은 가라타니 고진이었다. 선과 악이라는 초월적 규준에 근거하는 강제적 규율이 도덕이고, 좋음과 나쁨이라는 내재적 규준에 근거하는 임의적 규율이 윤리라고 스피노자에 기대어 말한 것은 들뢰즈였다. 어떤 식으로 말하든 우리에게 자유, 선택, 책임의 세계를 열어놓는 것은 (도덕이 아니라) 윤리라는 층위다. 그리고 그것들 없이 주체는 성립될 수 없다. 윤리의 장(場)에서 우리는 비로소 주체일 수 있다. 어쩌면 주체의 수만큼이나 많은 윤리학이 존재한다고 말할 수 있을지도 모른다. 그렇다면 이렇게 말해도 좋다. 작가는 '에티카(ethica)를 가지고 있는가, 가지고 있지 않은가'로 결정된다.

한국문학이 이와 같은 의미의 '윤리'를 사유하기 시작한 시점을 묻는 일은 가능할까? 가능한 한 근(近)과거로 당겨잡는다면 90년대 초반의 지형을 주목해야 한다. 우리에게 선택과 행위의 준거를 제공해주는 이념이 있었던 시대는 차라리 '좋았던 옛 시절'이었다. 그러나 90년대가 되면서 이념이라는 좌표는 희미해졌다. 좌표가 사라지면 자유가 오는 것이 아니라 좌표를 만들어야 하는 책임이 온다. 폐허에서부터 다시 시작하기 위해 '자기 입법'의 자유와 책임을 떠맡아야 했다. 비로소 도덕이 아니라 윤리를 사유해야 하는 시기가 왔다고 작가들은 생각했을 것이다. 윤대녕은 '나'라는 개별적 주체의 기원을 탐문하면서 주체란 외상(外傷)적 기억의 상실을 통해서만 성립될 수 있는 구멍난 존재라는 사실을 '후기자본주의 시대의 목가'[1]라는 형식을 통해 보여주었다. 신경숙은 '타자의 얼굴'(레비나스)과 대면하고 타자를 용납하는 일의 지난한 종교성을 언어화하면서 '레비나스의 시대'(바디우)와 공명했다. 장정일은 풍속/법의 불안정한 위선을 천진난만한 외설로 폭로하면서 바스티유의 사드(Sade)를 반복했다.

이 세 작가는 지금도 여전히 유효한 어떤 윤리의 장을 개시(開始)했다. 정신분석학의 용어를 사용하자면, 이 세 작가는 각기 '주체' '타자' '큰 타자'에 대해 탐구하면서 윤리학의 삼각형을 구성했다. 우리가 '가지고 있는가 가지고 있지 않은가'를 물어야 했을 때 그들은 절실히 응답했고 격변시대의 가교가 되었다. 그 가교를 건너와서, 그리고 그들의 선배들과는 조금은 다른 방식으로 그들의 '가지고 있음'을 증명한 작가

---

1) 남진우, 「달의 어두운 저편 — 윤대녕, 후기자본주의 시대의 목가」, 『숲으로 된 성벽』, 문학동네, 1999.

들의 고투는 다채롭다. 그 작업들을 총체적으로 조감하여 윤리학의 지형도를 그리는 일은 역부족이다. 이 글에서는 90년대 후반과 2000년대 초반 한국문학이 사유한 윤리를 가장 급진적으로 보여준 두 작가만을 거론해보기로 한다. 이 둘의 작업은 도덕이라는 외부의 명령에 순종하는 것과는 아무 상관이 없다. 주체 내부에 존재하는 어떤 미지(X)의 심연을 고집스레 답파하고 거기에서부터 우리가 다시 시작할 근거가 되는 진실을 찾아낸다. 아름답지만 위선적인 도덕이 아니라 참혹하지만 진실한 윤리가 문학의 몫이라고 우리는 믿는다.

2. 김영하의 경영학, 혹은 욕망과 충동

> 누구도 신에 대해서 너무 많이 알 수는 없는 법이다.
> ―김영하, 『나는 나를 파괴할 권리가 있다』, 16쪽[2]

욕망의 법정에 한 쌍의 남녀가 출두한다. 여자의 말에 따르면 남자는 마녀이고 그녀 자신은 그 마녀의 독사과를 먹은 백설공주다.(268~269쪽) 한편 남자는 그녀의 말은 부당하며 그녀야말로 호세를 배반한 카르멘이라고 주장한다.(272쪽) 김영하의 데뷔작 「거울에 대한 명상」(1995, 이하 「거울」)은 이 살인적 나르시시스트와 치명적 팜므파탈의 분쟁의 근원으로 거슬러올라가는 현장 검증이다. 그들 사이에 또하나의 여자가 끼어 있다. "나는 아내와 가희를 만나고, 가희는 나와 아내를 만나고, 아내는 가희와 나를 만난"(275쪽) 것이 화근이었다. '나'는 정부인

---

[2] 이 장에서 다루는 김영하의 텍스트는 「거울에 대한 명상」(『호출』, 문학동네, 1997)과 『나는 나를 파괴할 권리가 있다』(문학동네, 1996)이다. 인용할 경우 본문에 쪽수만 표시한다.

가희와 함께 버려진 자동차 트렁크로 들어간다. 정부 가희는 문득 그 트렁크 문을 안에서 닫아버림으로써 동반 죽음을 자초한다. 섹슈얼한 공간인 트렁크는 순식간에 죽음의 공간이 되어버리고 '나'는 죽음을 기다리면서 가희의 입을 통해 흘러나오는 세 사람의 관계 이면의 진실을 듣게 된다. '나'는 아내 성현을 사랑하고 성현은 친구 가희를 사랑하며 가희는 '나'를 사랑한다는 진실 말이다.

이 이야기가 흔해빠진 삼각관계 이야기와 구별되는 까닭은 일차적으로 세 주체가 각각 이성애자, 양성애자, 동성애자로서 이 삼각형을 구성하고 있기 때문이다. 그러나 더 중요한 물음은 이 삼각형이 어떤 방식으로 구성되었나에 걸려 있다. 물론 이는 운명적 비극 따위와는 아무 관계가 없는 것으로 밝혀진다. 그것이 엄밀한 '계약'의 산물이기 때문이다. 그/녀들은 바로 그 삼중 계약의 주체들이다. 김영하의 초기 소설에서 우리는 흔히 이와 같은 '계약'을 만난다. 실로 김영하의 세계는 엄격한 자본주의적 교환논리의 외양 속에서 욕망이 거래되는 시장이다. 이를 배경으로 이 소설은 안정적인 것처럼 보이는 이 시스템이 실상 치명적으로 허약하다는 것, 그것은 붕괴 혹은 공황의 위험을 내포하고 있다는 것을 말한다. 이때 김영하는 『정치경제학비판』의 저자를 뒤따라 '욕망경제학비판'의 저자가 된다. 이 시스템은 왜 붕괴되었는가?

얼핏 그 책임은 '나'에게 있는 것처럼 보이고 또 그렇게 읽혀온 듯 보인다. 문제는 '나'의 나르시시즘이고 무책임함이라는 식으로 말이다. 물론 '나'는, 계약의 주재자는 오직 자기 자신일 뿐이고 자신이 바라는 대로 욕망의 경영이 이루어지고 있다고 믿었다는 점에서, 충분히 어리석다. '나'는 자신의 상상적 계약 속에서 자만했고 그 계약의 '실재'를 알지 못했다. 그 계약의 실제적인 주재자가 다른 두 여자였음이 밝혀질 때 '나'의 상상적 '거울'이 깨어지고 '나'의 존재가 (트렁크의 암흑 속으로) 상징적으로 말소되는 것은 당연한 수순이다. 그렇다고 하더라도, '나'의 나르시시즘이 문제의 핵심은 아닌 듯 보인다. 비록 가희는 "마녀는 스스로 파멸하죠"라는 말로 파국의 책임을 '나'에게 전가하고 있고 "나르시시즘은 파멸의 길로 간다"(268쪽)는 명제가 발견되기도 하지만 이는 오도적이다. 왜인가?

그 계약은 셋 모두의 공동 참여로 구성된 시스템이다. '나'의 이중계약은 가희와 성현의 승인이 없었더라면 이행될 수 없었을 테니까. 이 욕망의 시스템은 '나'에게로만 귀속되지 않는다. 게다가 계약의 실질적 주재자는 두 여자들이 아니었던가. 양성애자 가희의 욕망이 충족되면서(가희에게 한 남자가 주어지면서) 동시에 동성애자인 성현의 욕망이 충족되려면(가희를 영원히 잃지는 않으려면) 그녀들에게는 타자(두 여자)의 욕망에 무관심한 채 오로지 자신의 욕망에만 몰두하는 어리석은 남자 하나가 필요했을 것이다. "우리에겐 형 같은 나르시시스트가 필요했던지도 몰라."(274쪽) 이 시스템이 계약에 기반하고 있다면 그것을 파국으로 이끌 수 있는 유일한 방법은 오로지 계약의 '위반'일밖엔 없다. 결국 그렇게 되었다. 이를테면, 이 욕망의 거래에서, 누군가가 욕망이 아니라 충동을 유통시킴으로써 계약을 위반했다.

트렁크 안에서 트렁크의 문을 닫음으로써 계약을 파기한 것은 물론 '가희'다. 그녀는 저 타협적인 '욕망의 거래'의 한 주체였지만, 스스로 자신의 욕망을 끝까지 밀고 나감으로써 계약을 파국으로 말 그대로 몰아간다(drive). 김영하의 '욕망경제학비판'에서 한 주체가 자신의 욕망을 끝까지 고집할 경우 그것은 때로 자살적인 죽음충동(drive)으로 변전될 수 있고 합의된 상징적 질서를 붕괴시킬 수 있다. 이 경우 주체는 완전히 다시 태어나거나 혹은 (이 소설의 경우처럼) 영원히 다시 태어나지 못한다. 이런 맥락에서 보면, 트렁크 문을 스스로 닫아버림으로써 상징적 질서를 일시 정지시켜버린 가희의 섬뜩한 행동은 '자신의 욕망에 대해 타협하지 않는'(라캉) 자세에서 비롯된 '행위(act)'에 가깝다.[3]

이것은 선인가 악인가, 혹은 쾌락인가 고통인가?

본래 진정한 행위의 섬뜩함은 저 양자택일을 무력화시키는 곳에서, 그래서 우리가 손쉽게 상징화하기 어려운 '한 걸음'을 내디디는 데서 생겨난다. 가희의 행위는 '선악을 넘어서'(니체, 『선악을 넘어서』) 있을 뿐만 아니라 '쾌락원칙을 넘어서'(프로이트, 『쾌락원칙을 넘어서』) 있다는 말이다. 이런 행위는 '윤리적 행위'라 불려 마땅하다. 내 안의 진실과 대면하기 위해 어떤 것도 포기하지 않았고 그 무엇과도 타협하지 않았기 때문이다. 돌이킬 수 없는 한 걸음이었고, 그 행위 뒤에는 더이상 "아무것도 똑같이 남아 있지 않게 될 어떤 파열"[4]을 향한 투신이었기 때문이다. 이 행위의 배후에 있는 것은 고만고만한 '욕망'들이 아니라 거의 자살적인 '충동'이다. 우리가 가장 두려워하는 것이 있다면 이처럼 내 욕망의 결과가 타자의 끔찍한 충동으로 되돌아오는 사태일 것이다. 물론 이 두려움은 비윤리적이다.

이런 식으로 '나'의 자유주의적인 욕망의 시장은 가희의 자살적인 충동의 공습으로 붕괴하고 만다. 이와 같은 서사의 모체(matrix)는 『나는 나를 파괴할 권리가 있다』(이하 『파괴』)에서도 여전하다. 남자들은 여전히 나르시시스트이고 여자들은 또 자살한다. 그러나 시장은 공황을 겪으면서 단련되는 것인가. '거울'이 깨어진 후 이 욕망 경제의 시스템에도 얼마간 변화가 일어난다. 주인공 C는 여전히 나르시시스트이고 그는 「거울」의 '나'를 반복하고 있다. 변화는 다른 곳에서 일어난다. 『파괴』에는 그와는 적잖이 다른 또하나의 남자가 있다. 작가는 그를 '자살가이드'라고 부른다. 이 특별한 한 남자의 등장 덕분에 여자들의 모습도 적잖이 달라졌다. '가희'라는 고유명을 갖고 있는 치명적인 한

---

3) '행위' 개념에 대해서는 슬라보예 지젝, 『당신의 징후를 즐겨라! ─ 할리우드의 정신분석』, 주은우 옮김, 한나래, 1997, 2장 참조.

4) 같은 책, 100쪽.

여자 대신, 클림트의 '유디트'를 닮았다는 이유로 모두 '유디트'의 범주로 묶이는 여자들이 등장한다. 그리고 그와 더불어 「거울」에서와는 다른 새로운 방식의 거래가 시작된다. 어떤 거래인가?

　이 소설은 결국 자살가이드인 '나'의 고객이 된 두 여자에 대한 기록이다. 클림트의 '유디트'를 닮은 가출소녀 '세연', 그리고 행위예술가 '유미미'. 그녀들의 특징은 욕망의 영도(零度) 상태를 체현하고 있다는 점에 있다. 여성으로서의 삶이 욕망의 지속적인 좌절로 점철되었기 때문에 혹은 자신의 욕망에 대해 늘 타협해왔기 때문에 초래된 근원적 우울의 상태이다. 예컨대 세연은 기계적으로 섹스를 하고 습관적으로 '추파춥스'를 빤다. 욕망이 고갈된 삶이 고통이라서 앞으로 다가올 죽음은 휴식이 된다. 어렸을 적에 관 속에 들어가봤을 때 느낀 그 편안함이 그녀를 지금껏 매혹하고 있기 때문에 그녀의 목표는 북극에 가는 것이다("북극에 가고 싶어. 한없이 지루해졌음 좋겠어"(50쪽)). 북극은 그녀에게 욕망의 영도 상태로부터의 영원한 탈출 혹은 휴식의 장소이다. '나'를 만나 자살을 결정한 그녀는 꿈꾸던 북극행을 앞두고 이제 이렇게 말한다. "갑자기 신이 나는 거 있죠. 내게 인생이란 제멋대로인 그런 거였어요. 언제나 내 뜻과는 상관없는 곳에 내가 가 있곤 했거든요. 그런데 지금은 달라요."(75~76쪽) 미미 역시 자살가이드인 '나'를 만나기 전에는 그녀 자신의 결핍을 인지하지 못했다. 그리고 이제 그녀가 "한 번도 나를 들여다본 적이 없다는 생각"을 하게 되고 "어디론가 계속 도망치는 기분으로" "평생을 살아왔던 느낌"(131쪽)을 받게 되면서 모든 것은 달라진다. 그녀 역시 욕조에 몸을 담그고 동맥을 긋기로 결심한다. 그녀들은 모두 자살가이드에게 감사의 인사를 전하며 죽음을 향해 간다.

　주의하지 않는다면, 가희의 자살과 유디트들(세연과 미미)의 자살이 놓여 있는 층위가 전혀 다르다는 것을 놓치게 될지 모른다. 전자의 죽음이 죽음충동에 의해 촉발되어 상징적 질서를 붕괴시키는 섬뜩한 윤리적 '행위'의 차원으로 나아가는 것이었다면, 후자의 죽음은 상징적 질서에 아무런 영향도 미치지 못하는 죽음이며, 죽음이야말로 죽음충동에 대항하는 최선의 피난처라는 사실을 실증하는 듯한 죽음이다. 그녀들은 이제 더이상 위험하지 않다. '나'를 트렁크 속으로 이끌지도 않는다. 클림트의 그림처럼 '나'의 응시의 대상으로서 존재하는, 적당히 위험하고 적당히 매혹적인 '유디트'일 뿐이다. 비록 세연이 "누군가를 죽일 수 없는 사람들은 아무도 진심으로 사랑하지 못해"(52쪽)라고 말할 때처럼 불현듯 가희를 떠올리게 할 때가 없지는 않지만, 이는 차라리 예외적인 경우다. 이런 맥락에서 『파괴』의 독자들이 이 소설에서 '미학적 자살'을 발견한 것은 정당하지만, 그것은 이 자살이 더이상 '윤리적 자살'이 아니라는 의미에서 그러할 뿐이다. 그녀들에게 무슨 일이 일어난 것인가?

여기서 우리는 이 자살가이드의 지위에 대해서 심문해야만 한다. 자살 그 자체보다도 자살에 이르는 그 과정이 특별하다. 이 소설의 '유디트'들은 그녀들이 자살하고 싶은 이유를 털어놓은 뒤 누구나 알 수 있는 몇 가지 자살방법을 안내 받고는 그에게 돈을 지불하고, 자살한다. 이는 자본주의적 교환논리의 차원에서는 터무니없는 거래로 보인다. 그들이 가이드에게서 거래의 대가로 얻어내는 것이 고작 그런 것이라면, 가이드는 왜 필요하고 그에게 돈을 지불해야 할 이유란 대체 무엇인가? 주체는 자살자들 자신이고 가이드란 단지 유령에 불과하지 않은가? 이를 이해하기 위해서는 자본주의의 교환논리에 의거할 때 부조리하기 짝이 없는 또하나의 다른 계약을 참조해보는 것이다. 정신분석에서 분석주체(analysand, 피분석자)와 정신분석가(analysist)가 맺는 계약 말이다.

'분석주체'라는 명칭은 정신분석 임상에서 분석의 '주체'가 피분석자 자신임을 강조한다. 분석가의 안내가 있긴 하지만 스스로 분석을 수행하는 것은 분석주체 자신이다. 그런데 왜 분석가에게 돈을 지불하는가? 그것은 분석가의 노동에 대한 대가라기보다는 차라리 분석의 효율을 위한 것이다. 분석가가 분석주체의 정념의 난맥 속으로 연루되는 것을 막고 그와 적절한 거리를 유지하기 위한 조처다. 매춘부가 고객과 정서적으로 연루되지 않고 섹스를 하기 위해서는 반드시 돈을 받아야만 하듯이, 그리고 고전적 탐정소설에서 탐정이 범죄자들의 커넥션에 정념적으로 연루되지 않기 위해 반드시 보수를 받아야 하듯이 말이다. 이런 맥락에서 지젝은 분석가를 '마음의 매춘부'에 비유한다.[5]『파괴』의 가이드는 이런 차원에서 움직이는 존재다. 그는 타자의 충동에 연루되지 않으려 한다. 그것은 무엇보다도 「거울」의 '나'를 반복하지 않기 위한 방편이다. 김영하의 주인공은 이렇게 이상한 방식으로 진화했다.

> 그들은 나에 대해서 아무것도 알지 못한다. 내 이름도 고향도 출신 학교도 심지어 취미도 알지 못한다. 나는 너무 많은 이야기를 함으로써 내 취향을 은폐한다. 그들은 자신들이 상정한 인간 유형에서 자꾸만 벗어나는 나를 보고 당혹해할 따름이다. 하기사 당연한 일이다. 누구도 신에 대해서 너무 많이 알 수는 없는 법이다.(15~16쪽)

「거울」에서의 비대칭적 거래가 남성에 대한 여성의 우위라는 형식으로 나타난다면,『파괴』에서 욕망의 경영학은 여성에 대한 남성의 우위로 나타난다. 「거울」의 가희가 그 자신의 욕망을 고집함으로써 거래를 내파했다면, 이제『파괴』에서의 가이드는 교환관계의 내부에서 미끄러지며 부유한다. "건조하고 냉정할 것"(8쪽)이라는 철칙을 그는 '예술가의 지상 덕목'이라고 주장하지만 이것은 평범한 이야기다. 그러나 이것

---

5) Slavoj Žižek, *On Belief*, Routledge, 2001, p. 17.

이 욕망의 계약 속에서 타자의 욕망과 충동으로부터 철저하게 탈(脫)연루된 채로 움직이는 유령적 존재의 철칙이 될 때 상황은 기묘해진다. 미소를 띠며 타자에게 죽음을 선물하는 존재, 이는 악마의 얼굴을 한 분석가라고 할 수 있지 않을까. 주체가 스스로 자신의 욕망의 실재와 대면하게 함으로써 환상 너머의 순수한 욕망, 혹은 타자로부터 분리된 그 자신의 욕망에 이르도록 안내하는 것이 아니라, '휴식'이라는 이름으로 욕망의 소외 상태를 단지 끝장내주는 존재. 그런데도 여전히 보수를 받고 있으니 참으로 냉혹한 경영학이다. 이 욕망 경영자가 자신을 '신'이라고 주장하는 것은 납득할 만한 일이다.

그러나 나는 살인을 사주하거나 하는 일은 하지 않는다. 그런 도발은 그저 내가 찾는 취향의 사람인가를 판별하는 리트머스 용지에 불과한 것이다. 나는 누군가가 다른 사람을 살해하도록 하는 일에는 관심이 없다. 나는 사람들이 무의식 깊은 곳에 감금해두었던 욕망을 끄집어내고 싶을 뿐이다. 일단 풀려난 욕망은 자가증식하기 시작한다. 그들의 상상력은 비약하기 시작하고 궁극엔 내 의뢰인이 될 소질을 발견하게 되는 것이다.(15쪽)

이상한 욕망 경영자의 독특한 직업윤리다. 그는 이제 '나는 나를 파괴할 권리가 있다'고 주장하는 위협적인 '가희'들과 일정한 거리를 유지할 것이다. 『파괴』의 세계 역시 욕망의 거래가 이루어지는 교환논리의 세계인 것은 여전하지만, 그는 이제 그 거래관계 속으로 너무 깊이 들어가지 않거나 혹은 그 거래를 초월할 것이다. '너는 너를 파괴할 권리가 있다'라고 말하는 그는 '그러나 나에 대해서는 아니다'라고 덧붙이기를 잊지 않는다. 스스로 욕망의 주체이길 고집하다가 붕괴되지 않기 위해(자신의 거울이 깨지지 않도록 하기 위해) 그는 자신의 욕망을 철저하게 비우고 오직 타자의 욕망을 되비추는 존재가 되길 원한다(스스로 거울이 된다). 『파괴』의 '나'는 이처럼 「거울」의 '나'와 결별하면서 탄생한 것이라고 볼 수 있을 것이다. 이를 '마라'에서 '사르다나팔루스'로의 전환이라고 부를 수 있겠다.[6] 이 사르다나팔루스의 형상은 분석가의 형상을 반향하면서 남성 입법자로서 삶을 도모하는 한 가지 방식을 보여준다. 마라처럼 파멸하지 않기 위해 이 세상 모든 유디트들의 충동으로부터 스스로를 보호하면서 끝내 사르다나팔루스의 위치를 고수하는 것 말이다. 김영하 소설의 '쿨'함의 근원에는 이런 경영학이 있다.

여성 인물들의 자살적 행위가 보여주는 섬뜩한 윤리가 있고, 이에 대한 반작용으로 생겨난 남성 인물들의 악마적 초연함이 있다. 김영하는 이 두 층위를 발견하여 욕망과 충동의 영역에서 그 남성적 양태와 여성적 양태를 매우 매혹적인 극단까지 밀고 나갔다. 그러니 김영하의 이 모든 이야기들을 '판타지'라고 부르는 것은 적절한 진단이 아니다. 오히려 현실이야말로 어떤 의미에서는 판타지이기 때문이다. '현실'이라는 판타지에 의존함으로써 우리는 우리의 욕망과 충동의 섬뜩한 '실재'(the Real)를 간신히 외면한 채 그럭저럭 살아간다. 살아가기 위해서는 반드시 몰라야 할 어떤 진실이 있고, 현실이 유지되기 위해서는 말해지지 않은 채로 남아 있어야 할 어떤 말들이 있는 것이다. "내가 원하는 것으로부터 나를 보호하라"고 제니 홀저는 말했지만(이것은 '현실'의 편에서 하는 말이다), "나는 나를 파괴할 권리가 있다"고 프랑수아즈 사

---

[6] 『파괴』의 내러티브는 서술자인 자살가이드가 클림트의 '마라(Marat)'를 응시함으로써 시작되고 스스로를 들라크루아의 '사르다나팔루스(Sardanapalus)'와 동일시함으로써 종결된다. 샬롯 코데이의 칼에 찔려 욕조 속에서 죽어가는 마라는 가희에 의해 트렁크 속에서 타살된 「거울」의 '나'이고 자신의 여자들이 죽어가는 모습을 냉정하게 관조한 바빌로니아의 왕 사르다나팔루스는 곧 『파괴』의 '나'다.

강은 말했다(이것은 실재의 편에서 하는 말이다). 윤리가 발생하는 지점은 후자다.

3. 배수아의 언어학, 혹은 욕망과 사랑

> 사랑은 욕망이나, 그것은
> 욕망에서 벗어나고자 하는 욕망인 것이다.
> ─배수아, 『독학자』, 139쪽[7]

김영하의 세계는 욕망의 시장에서 벌어지는 숨 막히는 거래로 이루어진다. 1990년대 문학의 상당 부분이 이 욕망경제학비판에 바쳐졌고 김영하는 그중 가장 명민한 욕망의 경제학자였다. 배수아가 그 1990년대를 김영하와 함께 통과했다. 그녀에게 본래 심드렁한 데가 있기는 했지만 그녀가 2000년대에 들어와서 이 욕망의 시장을 등지고 이 세상에 없는 도시를 향해 떠날 것이라고 예상한 사람은 거의 없었을 것이다. "나는 새로운 장소에서 삶을 완전히 다시 시작하는 것을 꿈꾸게 되었다. 나는 마음속에 그 새로운 도시를 그리고 또 그렸다."(『독학자』, 129쪽) 그 도시의 한 이름은 '음악'이다. 『에세이스트의 책상』은 "더 많은 음악, 하고 목소리는 말했다"(5쪽)라는 말로 시작된다. '더 많은'이라는 말은 이 소설이 영원히 점근선적으로 접근해갈 수밖에 없는 어떤 무한의 세계를 추구하고 있음을 잘 보여준다.

'음악'이라고 불러도 좋을 그 어떤 무한한 정신의 영역을 향해 가는

---

7) 이 장에서 다루는 배수아의 텍스트는 『에세이스트의 책상』(문학동네, 2003)과 『독학자』(열림원, 2004)이다. 전자로부터 인용할 경우 쪽수만 밝히고, 후자로부터 인용할 경우 제목과 쪽수를 함께 밝힌다.

길에서 '나'를 인도하는 것은 M이다. "책과 언어가 M에게 절대적인 세상의 징표였다면, 음악은 접근할 수 없는 정신이고 종교이자 영혼 그자체였다."(6쪽) '나' 역시 그런 M과 다르지 않아서, "음악은 절대적인 것이고 죽음도 마찬가지다"(7쪽)라고 생각하며 M을 따른다. 그러나 음악으로 가는 길은 멀다. 먼저 해결해야 할 일이 있다. 언어학을 전공한 M과 작가인 '나'는 둘 다 언어의 세계에서 온, 언어를 살아야만 하는 인물들이다. 내가 M을 처음 만나게 된 것도 M에게서 독일어를 배우기 위해서였다. M의 특이한 교습법 앞에서 '나'는 당황한다. '나'는 문장을 읽을 때마다 그것을 듣고 있는 "M의 표정이 변화하는 것"(83쪽)을 보며 그의 욕망을 짐작해보지만, 그것을 알지 못해 "분노와 갈망 때문에 벌벌 떨면서"(83쪽) 전이(transference)의 관계 속으로 빠져든다. '나'가 M과 마침내 사랑에 빠지는 것은 자연스럽다. 그는 '나'의 욕망을 알고 있지만 '나'는 그의 욕망을 모르는 그런 관계로부터 흔히 사랑은 발생한다. 사랑은 타자의 '앎'에 대한 매혹이기 때문이다. '나'는 M의 앎에 매혹된다. 그는 자국어의 경계를 넘는, 언어의 "절대 보편적인 개념"(86쪽)을 꿈꾸면서 그 세계를 음악에서 찾을 수 있으리라 믿는다. 그러나

> M의 생각은 환영이었다. M은 자국어가 단지 의지만 있으면 얼마든지 넘어설 수 있는 경계에 지나지 않는 것이 아니라, 설사 외국어에 능통하다 하더라도 역시 의식의 감옥이라는 것을 말하지 않았으나, 나는 알고 있었다. 그리하여 마침내는, 내가 M과 서로 다른 자국어를 가지고 있다는 것이 견딜 수 없을 정도로 고통스러워졌다.(87쪽)

라고 '나'는 말하고 있다. 언어는 '의식의 감옥'이다. 우리는 누구나 "설사 외국어에 능통하다 하더라도" 자국어의 한계를 벗어날 수 없다.

그러니 문제는 추상적인 언어가 아니라 구체적인 '자국어'일 것이다. '자국어'란 무엇인가? 우리는 그것을 개별성이라고도 하고 혹은 욕망이라고도 한다. "서로 다른 자국어를 가지고 있다는 것이 견딜 수 없을 정도로 고통스러워"질 때, 누군들 언어 '너머'의 세계를 동경하지 않겠는가. 그것은 달리 말하면 개별성과 욕망 너머의 세계일 것이다. 그러니 그들이 꿈꾸는 그 언어 너머의 세계(음악의 세계)는 개별성과 욕망 '너머'의 세계일 것이고 "각자 다른 언어를 가진"(8쪽) 빗방울들이 "빗방울이 빗방울 위에 겹쳐지는 화음"(9쪽)을 만들어내는 세계일 것이다. 그 세계를 우리는 '사랑'이라고 부른다. 그렇다면 '언어에서 음악으로'로 요약될 이 소설의 의식은 '욕망에서 사랑으로'로 요약될 무의식 위에 서 있다고 말해야 한다. "음악에 관한 짧고 단조로운 에세이"(「작가의 말」, 197쪽)가 사랑에 관한 소설로 발전한 것이 아니라, 거꾸로 사랑을 말하고 싶은 마음의 움직임이 음악의 세계에 가 닿게 된 것이 아니었을까.

물론 이 사랑은 조금 특별한 사랑이다. 배수아가 문제 삼고 있는 것은 사랑 그 자체가 아니라, 필사적으로 사랑을 지향하는 내면의 움직임인 것처럼 보이니까 말이다. 이 사랑은 욕망과 단절하는 사랑이다. 욕망과 사랑의 간극은 언어와 음악 사이에 존재하는 간극만큼이나 넓다. 이 소설을 지배하는 공식이 있다면 그것은 '욕망 : 사랑 = 언어 : 음악'이 될 것이다. 욕망과 사랑을 분별하면서 우리는 '승화'의 메커니즘을 염두에 두고 있다. 범박하게 욕망의 승화가 사랑이라고 할 수 있다면, 이 소설은 실로 강렬한 승화(sublimation, 숭고화)에의 지향을 배면에 깔고 있는 것처럼 보인다. 승화의 작용은 이중적이라는 사실을 확인해두자. 그것은 주체의 측면에서는 억압된 충동의 특별한 만족을 가져오며(프로이트), 대상의 측면에서는 그 대상을 소위 '숭고한 사물(the Thing)'의 지위로 격상시킨다(라캉).

이 소설에서 M의 존재가 그 실체적 속성에 의해서가 아니라 음악으로 상징되는 추상적 관념에 의해 형상화되어 있다면, 혹은 성화(sexualized) 된 존재가 아니라 탈(脫)성화된(desexualized) 존재처럼 보인다면, 그것은 '나'의 사랑의 메커니즘이 승화의 그것과 나란한 과정이기 때문이다. 혹은 M의 형상이 그 사실 여부와 무관하게 '나'의 내면에서 고귀한 존재로 격상되어 있는 것은(M은 흔히 흐릿한 어둠 속에서, 마치 그림자인 듯 '나'의 눈에 띈다) 그것이 숭고화의 메커니즘을 따르기 때문이다. 말하자면 소설의 도입부에 걸려 있는 "더 많은 음악"이라는 요청의 본의는 '더 많은 승화'이고 뒤집어 말하면 '더 적은 욕망'이 될 것이다. 이것이 이 소설의 소위 '정신주의'의 한 면모다.

이 '정신주의'에서 생물학적 성별이 중요하지 않다는 것은 사실이다.[8] 중요하지 않은 것은 M의 성별일 뿐만 아니라 실상 '나'의 성별이기도 하다. 그러나 그것이 전부는 아닐 것이다. 생물학적 성별과는 무관한 욕망과 충동의 성별, 혹은 주체가 향유(jouissance)하는 방식의 성별은 여전히 문제가 될 수 있을 것이기 때문이다. 이런 맥락에서 상징적 질서 내에서 우리는 생물학적 성별에 의해서가 아니라 '향유를 획득하는 방식'에 의해 남성적/여성적 주체로 성 구분(sexuation)된다고 말한 것은 라캉이었다. '남성적' 주체는 '대상'으로서의 여성을 '환상'의 틀 속에서 욕망하며 기관적·자위적 향유를 누린다(소위 '남근적 향유'). 혹은 이런 방식의 향유를 누리는 존재만이 (생물학적 성별과는 무관하게) '남성적'이다. 반면 '여성적' 주체에게는 남근적 향유가 허락

---

8) 예컨대 배수아의 "무성적 글쓰기"가 "문장에 각인된 성차의 관습"을 유린함으로써 "소재나 주제 수준에서 주로 진행되었던 성별 간 대립, '남/여'의 이분대당, 제3, 제4의 성을 용인하지 않는 그 이분대당"을 문장 수준에서도 해소해버리기 위한 급진적 전략이라고 보는 견해는 흥미롭다.(김형중, 「민족문학의 결여, 리얼리즘의 결여」, 『창작과비평』 2004년 겨울호 참조)

되어 있으면서 동시에 다른 가능성이 또한 잠재되어 있다. 승화의 메커니즘을 통해 다른 방식의 향유를 누리면서(소위 '타자적 향유') 기존 상징적 질서(A) 내에는 결핍되어 있는(A̸) 어떤 것과 직접 교통하는 길 말이다. 이를 비(非)성적인 향유, 기관화되지 않는 전(全)육체적 향유라고 할 수 있을 것이다. 이 향유의 대상을 가리키는 기표(S(A̸))로 "신, 예수, 마리아, 성처녀, 미술, 음악"[9] 등을 거론해도 좋겠지만 다음과 같은 장면이 환기하는 어떤 만족감을 염두에 두어도 좋다.

> 나는 M의 맨발을 다 닦은 다음 바닥에 앉아 M의 젖가슴 위에 머리를 기울이고 M의 심장의 고동 소리를 들었다. 내 머리칼은 빗물과 습기 때문에 축축했는데 M은 그것을 가슴에 꼭 안고 있었다. (…) 나는 손가락으로 M의 젖가슴과 사슴처럼 고집스러우면서도 우아한 늑골과 매끈거리면서 열이 있는 배와 소름이 돋아 있는 팔 위를 미끄러져갔다. (122~123쪽)

이런 세계로부터 발원하는 향유는 다만 '존재'할 뿐 쉽사리 언어화되거나 재현될 수는 없는 것이다. 그것은 '나'가 그토록 갈망하는 음악의 세계이거나 혹은 "신과의 절대적 교감을 위해서 뜨겁고 황량한 사막 한가운데를 향해 홀로 걸어들어간 최초의 사막 은둔수사 성(聖) 안토니우스"(『독학자』, 240쪽)의 세계이며 바로 그런 세계와 관여하는 향유다. '나'는 바로 그런 측면에서 라캉이 '타자적 향유'라고 부른 여성적 향유에 가까이 간다. M과 '나'의 성별을 따지는 것이 그다지 중요한 일이 아니라고 말할 수 있는 근거가 여기에 있다. 그들이 추구하고 있는 음악의 세계, 즉 '승화'를 통한 '타자적 향유'의 세계가 소위 '여성적' 세계라 지칭될 수는 있겠지만, 이 여성적 주체성의 세계가 애초 생물학적

---

9) Bruce Fink, *The Lacanian Subject*, Princeton UP, 1996, p. 115.

성별과는 규정적 관계를 맺고 있지 않다는 점에서 그렇다. 예컨대『독학자』에서 배수아는 이 '타자적 향유'의 세계를 수도사적 금욕주의자에 가까운 '나'와 'S'라는 커플을 통해 다시 탐구하고 있지만 그들은 생물학적으로 남자인 것이다.

그러나 거꾸로 M과 '나'가 '생물학적으로' 동일한 성으로서 레즈비언 커플을 구성하고 있다는 사실을 굳이 적시하는 일은 우리가 믿고 있는 것 이상으로 중요할 수도 있다. 성차(性差)의 문제가 제기될 이유가 없어 보이는 레즈비언 커플의 파국을 가져오는 것이 바로 역설적이게도 '성적 차이', 즉 욕망과 충동의 성별, 혹은 향유의 성별일 수 있음을 드러냄으로써 '성차'라는 실재(the Real)가 '동성애냐 이성애냐'라는 양자택일을 초과하는 어떤 암초라는 점을 더 선명하게 강조하는 효과가 있는 것처럼 보이기 때문이다.[10] 그 암초는 예컨대 이런 식으로 발목을 잡는다.

전차 안은 난방이 들어오지 않아 몹시 추웠기 때문에 M은 울스카프로 턱과 입을 가리고 있었다. 그래서 마지막으로 M이, 단지 순수한 육체적인

[10) 임옥희는 (우리와는 다소 다른 맥락에서) M과 '나'가 다름 아닌 '레즈비언 커플'이라는 사실이 내포하는 논점을 정당하게 환기하고 있지만, 이 둘의 '생물학적' 성별이 중요하지 않을 수 있다는 비평가들의 지적에 대해 "이것은 마치 근친상간/동성애 금기를 벗어나기 위해 라캉이 안티고네의 오빠에 대한 사랑을 외면하는 것과 흡사하다"고 응수할 때는 다소 뜬금없다는 느낌을 준다. 백낙청이나 김영찬 같은 비평가들이 "우리 사회가 금기시하는 것을 끌어들여 구태여 독자들을 불편하게 만들고 싶지 않다는 욕망"에 이끌리고 있다는 식의 주장은, 지금으로부터 10년 전이라면 모르겠으되, 오늘날 비평 담론의 현황과 수준을 생각해본다면 그들에 대한 지나친 과소평가가 아닌가 싶다. 어느 편이냐 하면, 적어도 담론의 수준에서는 동성애가 더이상 '금기'도 뭣도 아닐뿐더러, 동성애의 전복적 측면을 즉자적으로 강조하는 것이 오히려 비평적 클리셰가 되었다고 해도 될 만한 시대가 아닌가. 물론 동성애에 대한 지식인 담론의 수준과 그것에 대한 대중적 관용의 수준이 반드시 일치하지는 않는다는 것을 전제하는 한에서 말이다.(임옥희,「'영미' 페미니즘 문학의 흐름들」,『문학동네』2004년 가을호)

호기심 때문에, 더 이상의 다른 의미는 전혀 없이, 에리히와 잠자리를 같이 한 적이 있다는 말을 했을 때, 그 목소리는 분명히 들리지 않았다.(128쪽)

차라리 M이 에리히를 사랑했었더라면 좋았을 것이다. 그것이 단지 또 하나의 사랑이거나 지나간 사랑이었더라면 '나'에게 세계가 붕괴하는 고통이 찾아오지는 않았을 것이다. 그러나 M의 고백은 M에게도 사랑과 무관한 '순수한' 욕망이 또한 존재한다는 사실을 '나'에게 알려 준다. "M에게 침실에서의 에리히는 속삭이는 바이브레이터와 다르지 않았을 것이라고 확신"(136쪽)하면서도 오히려 그 때문에 '나'는 더욱 집요한 고뇌에 사로잡힌다. 탈성화(脫性化)된 사랑의 세계를 향유해야만 할 M이 "페니스를 가진 남자"(135쪽)를 단지 호기심으로나마 욕망할 수도 있다는 사실이 누설되는 순간은 '성차'라는 실재가 분출하는 순간과 다른 것이 아니다. 비(非)성적 사랑의 세계에서 숭고한 대상의 지위를 점유하던 M은 이제 성차라는 암초에 의해 가로질러져 있는 욕망의 세계로 추락하고, '나'에게 그런 M은 급기야 "호객 행위를 하는 거리의 여자들처럼"(134쪽) 보일 뿐 아니라, 두 사람이 함께 공유한 "수많은 아름답고 숭고한 의미들"(134쪽)을 송두리째 날려버린다. 주체 편에서의 승화와 대상 편에서의 숭고화가 동시에 무너진 것이다. 이것은 세계의 붕괴와 다르지 않다.

이것이 단지 M만의 문제가 아님은 분명하다. M의 고백을 통해 '나'는 바로 '나' 자신의 내면에 잠복해 있었던 욕망의 차원과 대면하지 않을 수 없게 된다. '나'는 "육체적인 행위를 통해 더 가까워지거나 더 멀어지는 관계를 알지 못한다"(136쪽)는 믿음을 M의 고백에 대해서도 공평하게 적용하지 못하는 자신의 분열과 직면하는 것이다. '나'는 이를 '소유욕'(132쪽)의 차원에서 고민하지만 실상 사태는 그보다 더 근본적이다. '나'는 M의 타자성을 통해 '내 안의 타자'를 발견하고 있으니까.

이제 '나'는 언어(욕망)의 세계가 갖고 있는 본연의 위태로움을 다시 한번 실감하지 않을 수 없다. "나는 M에게서 언어를 배우는 대신에 음악을 배워야만 했었다"(144쪽)는 회한이 그래서 생겨난다.

> 나는 M에게서 언어를 배우는 대신에 음악을 배워야만 했었다. (…) 우리가 언어에 의존했기 때문에 그런 식으로 우리의 관계에서 나는 점점 내가 아니었고 M은 점점 M에게서 멀어져갔다. 우리가 음악으로만 대화했다면 일은 다르게 진행되었을지도 몰랐다. (…) 나를 사로잡을 무렵, M이 나에게 말한 대로, '음악은 인간이 만들어낸 것 중에 유일하게 인간에게 속하지 않은 어떤 것이다'. (144~145쪽)

이렇게 바꿔 말해도 좋다면, '욕망은 인간이 만들어내지 않은 것 중에서 유일하게 인간에게 속하는 어떤 것이다'라고 해야 할지도 모른다. 그렇다면 이 소설이 특별한 것은 단지 음악/사랑(정신주의)에 대한 치열한 추구 때문만은 아니다. 오히려 역설적이게도 음악과 사랑을 좌절케 하는 삶의 얼룩에 대한 어떤 냉연한 응시가 있기 때문에 특별한 소설이 되었다. 음악을 지향하지만 늘 언어로 얼룩지는 삶, 사랑을 지향하지만 늘 욕망으로 균열되고 마는 삶에 대한 통찰 말이다. 그리고 바로 이 지점에서 우리는 이 소설의 윤리를 말해야만 한다. "마음속의 긴 여정의 사색에서 얻은 모든 윤리적 질문들을 침을 뱉고 조롱하는"(132쪽) 그 얼룩들에 대한 탐구가 거꾸로 이 소설의 윤리적 열도를 증명한다. 이 소설에서 가장 아프고 아름다운 대목들은 저 언어라는 오점에 대한, 욕망이라는 얼룩에 대한 '나'의 고뇌가 표명돼 있는 대목들이다. 언어와 욕망이라는 얼룩들은 대상의 차원에서 다가오기도 하지만 주체의 차원에서 분출하는 것이기도 하다. '나'의 진실을 실어나르지 못하는 언어, 내가 모르는 곳에서 내가 모르는 곳으로 '나'를 이끌고 가는 욕망, 이것들은 실로 '내 안의 타자'인 것이니까.

　새로운 곳에서 새롭게 시작하고 싶어하는 그들은 단지 둘이면 충분하다고 말하는 것처럼 보인다. '나'와 'M'(『에세이스트의 책상』), 그리고 '나'와 'S'(『독학자』)는 분신(double)처럼 서로가 서로를 비춘다. 그들이 추구하는 '타자적 향유'는 필연적으로 기존의 상징적 질서 바깥으로 내몰릴 수밖에 없고 "그 어떤 일체의 시스템들에 대해서도 '바깥'"[11]일 수밖에 없다는 것을 그들은 기꺼이 감당하려고 한다. 그리고 남근적 향유 혹은 남근적 권력의 세계를 벗어나서 '탈남근적 사회'[12]를 꿈꾸는 그들은 그들만의 게토를 '백색의 대학'(『독학자』, 130쪽)이라고 부른다. 불완전한 "구술언어가 없는 세상"(『독학자』, 172쪽)이면 좋을 곳에서, 혹은 음악과 사랑으로 표상되는 그들만의 국가에서, 단지 두 명의 시민이길 원하는 배수아의 주인공들은 그러나 끝내 자신이 꿈꾸는 이인국(二人國)이 실상 이인국(異人國)이라는 사실을 아프게 깨닫는다. 바로 그 순간, '성적 관계는 존재하지 않는다'는 라캉의 통찰을 배수아는 좀처럼 잊기 힘든 언어로 다음과 같이 변주한다. "연약하고도 연약한 M. 나는 견디나 너는 견디지 못하리라, 그리하여서 마침내는 너는 견디나 나는 견디지 못하게 되리라."(123쪽) 이 깨달음 위에서만 윤리가 성립될 수 있다는 것을 굳이 덧붙일 필요가 있을까.

4. ······그것은 에티카

　김영하의 자살가이드는 미술에 조예가 깊다. 그는 그림을 보듯, 삶들

---

11) Bruce Fink, 앞의 책, p. 120.
12) 이종영, 『욕망에서 연대성으로』, 백의, 1998, 2장 참조.

을 본다. 너무 가까이 다가가면 오히려 보이지 않지만 적당히 거리를 두면 비로소 무언가가 보인다는 진리를 그는 믿는다. 분석가에게 분석주체가 그러하고, 자살가이드에게는 그의 고객들이 그러하듯 말이다. 그리고 어느 순간 갑자기 그림, 분석주체, 고객들 내부에 감춰져 있는 욕망과 충동 들이 분출한다. 도덕이 해결할 수 없는 것들, 윤리의 창안을 강제하는 것들 말이다. 그 파국을 음미하면서 김영하는 쓴다. 배수아의 인물들은 음악 감상중이다. 그들에게 음악은 시간이기도 하지만 공간이기도 하다. 시스템이라는 클리셰 바깥의 세상, 음악이라는 나라의 백성이 되는 것은 그들의 오랜 희망이다. 그것은 사랑의 세계이고 남근적 세계에서와는 다른 방식의 향유가 가능한 곳이며 평온한 승화의 세계다. 그러나 언제고 타자는 귀환할 것이고 내가 너이고 네가 나인 세계는 분열되기 마련이니 그들은 그후로도 오랫동안 언어와 음악 사이에서 버거울 것이다. 그 버거움을 아파하면서 배수아는 쓴다. 이것이 김영하의 회화-경영학이고 배수아의 음악-언어학이다. 우리 시대 소설 윤리학의 가장 매력적인 각론들.

| 보유 |

우리가 '소설의 윤리'를 말할 때
너무 많이 한 말과 거의 안 한 말
―세 편의 평론에 대한 노트

1. 윤리의 세 층위

　우리는 왜 문학의 위기에 대해 근심하기를 멈추고 윤리에 대해 말하기 시작했는가. '근대문학의 종언'이 선언되자 어떤 이들은 마치 싫증난 연인과 헤어질 적절한 이유를 찾지 못하다가 마침내 그 이유를 찾은 사람처럼 굴기 시작했다. 우리는 왜 그러지 않았던가. 헤어지는 사람과 헤어지지 않는 사람의 차이는 대상의 차이가 아니다. 90%의 부정성에 베팅을 하느냐, 10%의 가능성에 베팅을 하느냐의 차이다. 이별을 결심한 이들은 그 10%를 마저 없애고 미련 없이 떠나려 하지만, 남기로 마음먹은 이들은 그 10%의 가능성을 사랑하려 한다. 문학은 윤리적인 의제를 제기하고 독자적인 방식으로 답변할 수 있지 않은가, 문학이 그러한 기능을 적절히 발휘하여 (독자에게 재미와 위안을 제공하는 따뜻한 동반자의 위치에 만족하고 말 것이 아니라) 우리 시대의 든든한 비판자의 위치에 여전히 설 수 있다면 문학의 공공성은 다른 방식으로 계속 유지될 수 있지 않겠는가, 하는 것이 우리의 바람이었다. 문학과 윤리에 관한 많은 담론들이 그래서 생겨났을 것이다. 우리 시대의 윤리 담론이 주로 의지하는 세 개의 원천이 있는 것 같다.

먼저 스피노자의 윤리학이 있다. "나는 정서를 신체의 활동 능력(역량)을 증대시키거나 감소시키고 촉진하거나 저해하는 신체의 변용인 동시에 그러한 변용의 관념으로 이해한다."[1] 정서(affectus)란 무엇인가. 그것은 신체의 변용이거나 그 변용에 대한 관념이다. 그렇다면 '어떤 변용인가'가 '어떤 정서인가'를 결정할 것이다. "만일 우리가 그러한 변용의 어떤 적합한 원인이 될 수 있다면 그 경우 나는 정서를 능동으로 이해하며 그렇지 않을 경우 수동으로 이해한다."[2] 능동적인 변용이 있고 수동적인 변용이 있다. 나 자신이 원인이 될 때 신체는 능동적인 것으로 변용되며 외부에 원인이 있을 때("외부 원인의 관념을 동반할 때") 신체는 수동적인 것으로 변용된다. 수동적 변용이 낳는 정서를 따로 구별하여 정념(passio)이라고 부른다. 정념으로부터 자유로워지는 것, 내가 내 변용의 원인이 되는 것이 좋은(윤리적인) 삶이다. 그래서 "(스피노자의) 『윤리학』은 필연적으로 기쁨의 윤리학이 될 수밖에 없다."[3]

그리고 레비나스의 윤리학이 있다. 내가 나 자신의 변용의 "적합한 원인"이 되는 것은 물론 좋은 일이지만 그것으로 모든 게 해결되지는 않는다. 이 세계에는 타자들이 있기 때문이다. '기쁨의 윤리학'은 세상의 눈물을 닦지 못한다. 눈물이 있는 곳을 향해, '나(동일자)'라는 좁은 세계에서 탈출해야 한다. 그러나 그 빠져나옴을 가능하게 하는 것은 주체의 자발성이 아니다. "동일자를 질문에 부치는 일은 타자에 의해 발생한다."[4] 어떻게? 고통 받고 있는 타자의 '얼굴'이 나에게 무언가를

---

1) 스피노자, 『에티카』, 강영계 옮김, 서광사, 1990, 131쪽.
2) 같은 곳.
3) 질 들뢰즈, 『스피노자의 철학』, 박기순 옮김, 민음사, 2001, 46쪽, 강조는 인용자, 이하 동일.

호소할 때 거기에 응답(response)하는 방식으로, 당신에 대한 책임 (responsibility)을 내가 떠맡는 방식으로 그 일은 가능해진다. 그럴 때 나는 더이상 이전의 내가 아니다. '나'라는 존재가 질문에 부쳐지는 순간, 그와 더불어 '나'는 비로소 '주체'가 된다. 뒤집어 말하면 자기 안에 갇혀 있는 이는 주체라고 부를 수조차 없다는 얘기다. 주체 이전에 먼저 타자가 있고, 존재론 이전에 우선 윤리학이 있다. "타자의 현존에 의해 나의 자발성이 질문에 부쳐지는 일을 우리는 윤리라고 부른다."[5] 그래서 레비나스의 윤리학은 타자의 윤리학이다.

마지막으로 라캉의 윤리학이 있다. 일반적으로 윤리학이 추구한다고 간주되는 것은 '이상(ideal)' 혹은 '선(good)'이다. 그러나 그런 윤리학들은 속임수가 아닐까 하고 라캉은 묻는다. 우리는 도대체 '언제' 그 이상에 도달할 수 있는 것인가, 혹은 선한 것들은 과연 '누구에게' 선한 것인가 말이다.[6] 라캉은 이상의 윤리학과 선의 윤리학이 유토피아적이고 이데올로기적인 것이라고 생각한다. 그것은 잘못된 믿음(상상적 윤리)이거나 혹은 기만적인 규칙(상징적 윤리)이 아닐까. 그러므로 "윤리에 대한 질문은 (상상계나 상징계가 아니라) 실재와 관련하여 인간이 점유하고 있는 위치라는 관점에서 제기되어야 한다."[7] 혹은 이렇게 말할 수도 있을 것이다. "실재와의 조우에 의해 우리에게 강제된 물음 속에서 윤리가 작동하기 시작한다."[8] 실재와의 조우, 강제된 물음, 그때 우리의 위치, 이런 것들이 핵심이다. 불가능하다고 믿었던 일이 문득 일

---

4) Emmanuel Levinas, *Totality and Infinity: An Essay on Exteriority*, trans. Alphonso Lingi, Springer, 1980, p. 43.
5) Ibid.
6) 이종영, 『욕망에서 연대성으로』, 백의, 1998 참조.
7) Jacques Lacan, *Seminar VII: The Ethics of Psychoanalysis*, trans. Dennis Porter, w. w. Norton & Company, 1997, p. 11.
8) 알렌카 주판치치, 『실재의 윤리』, 이성민 옮김, 도서출판b, 2004, 359쪽.

어난다.("실재와의 조우") 그와 더불어 '나'의 삶이 고장나고 '세계'라는 현실이 붕괴한다. 그러나 그 고장과 붕괴 속에 진실이 있다면?("강제된 물음") 그 진실을 포기하지 않고 붙드는 일("우리의 위치")이 윤리적인 것이다. 그래서 라캉의 윤리학은 진실의 윤리학이다.

지도에 세 갈래의 큰 길이 있어서 적잖은 사람들이 그 지도에 의지해 길을 떠났다. 그러나 길 떠나는 자들 중에는 관광객도 있고 모험가도 있는 법이다. 후자들만이 지도에 없는 샛길들을 만든다. 우리는 여러 갈래의 샛길들 중에서 특히 세 갈래의 길이 매력적이라고 판단했다. 아마도 비슷한 시기에 함께 길 떠난 이들이어서 더욱 그럴 것이다. 복도훈, 강유정, 허윤진의 글을 차례로 읽는다.

2. 경계선에 선 소설의 윤리 — 복도훈의 경우

복도훈의 「하나이면서 여럿인: (포스트)문학의 윤리와 정치 — 소포클레스의 『오이디푸스 왕』 『콜로노스의 오이디푸스』를 경유하여」(『너머』 2007년 여름호. 이하 쪽수만 표시한다)를 먼저 읽는다. 그는 "2000년대 한국문학(비평)이 모색하는 윤리와 정치라는 물음에 대한 우회적 응답을 이끌어내기 위해" 장-피에르 베르낭, 알렌카 주판치치, 도정일 등의 도움을 받아 소포클레스의 『오이디푸스 왕』과 『콜로노스의 오이디푸스』를 읽어나간다. 필자의 표현 그대로 이 글은 "우회적 응답"인데, 어느 편이냐 하면, 응답에 이르기까지의 우회가 이 글의 진짜 목적이 아닌가 싶을 정도로 그 우회는 상세하고 열정적이다. 우회와 응답의 비중이 역전되어서는 안 될 것이다. 비유컨대 허들경기에서 허들은 안내자이기도 하지만(장애물이 놓인 길을 따라 달려야 하니까) 방해물이기도

하다(그 장애물을 넘어가며 달려야 하니까). 우회는 안내자를 따르는 일이면서 동시에 방해물을 넘는 일이기도 해야 한다는 말이다. 이 글의 저 상세하고 열정적인 우회에서 나는 그가 안내자를 따라가는 대목과 장애물을 넘어가는 대목을 분별하기 어려웠다. 그래서 그가 내디딘 궁극적인 한 걸음이 어디에 있는가를 찾는 일이 관건이었다. 그는 먼저 『오이디푸스 왕』에서 스핑크스의 수수께끼를 가장 핵심적인 요소로 간주하고 그에 대한 기존의 분석들을 정리한 뒤에 이렇게 말한다.

> 오이디푸스, 그는 법을 집행하는 도심의 주권자이자 법을 위반한 무법자다. 오이디푸스, 그는 법의 언표이자 위법의 언표 행위다. 오이디푸스, 그는 수사관이자 범인이다. 오이디푸스, 그는 금기와 문화를 중시하는 인간이자 금기와 문화를 파괴한 자연이다. 오이디푸스, 그는 두 눈을 찌르기 전에는 자신의 운명에 대해 맹목(blindness)이었고 두 눈을 찌르고 나서야 운명에 대한 통찰(insight)을 가지게 된다. 오이디푸스, 그는 그 자신이고 그 자신이 아니다. 오이디푸스, 그는 인간이자 비(非)인간이다…… (278쪽)

이 유려한 논평을 요약하면 오이디푸스는 결국 모순의 체현자다. 여기까지는 우리가 익히 알고 있는 그대로다. 그의 전진은 『콜로노스의 오이디푸스』와 더불어 이루어진다. 눈먼 오이디푸스가 안티고네의 손을 잡고 도착하는 곳은 테베와 아테네의 국경지역에 있는 어떤 숲이다. 그는 바로 거기에 주목한다. "『콜로노스의 오이디푸스』는 국경에 관한, 국경에서 일어난, 국경 위의 추방당한 자에 대한 이야기다."(279쪽) 그렇다면 국경이 중요한 이유는 무엇인가. "국경은 국가와 국가, 법과 법, 이방인과 시민의 경계나 너머가 아니라 차라리 그것들의 막다른 골목, 한계다."(280쪽) 그는 경계와 한계를 분별한 뒤 국경은 경계가 아니라 한계에 가깝다고 지적한다. 인용한 문장에서 추론해 이해하건대 '경계'는 "너머"로 가기 위해 통과하는 곳이고, '한계'는 그 너머가 없는 "막다른 골목"으로 이해할 수 있을 것 같다. 더 구체적으로는 "삶이 그 자신의 한계에 다다르는 영역이면서 동시에 국가, 법이 그 자신의 한계에 이르는 영역"이 '한계'다. 이 구분은 매력적이다. 자, 모순의 체현자인 오이디푸스가 한계의 공간인 국경에 도착했다. 그리고 그 다음에는?

필자는 국경에 대한 논의를 법과 언어에 대한 논의로 변주·확장한다. "『콜로노스의 오이디푸스』는 이처럼 시종일관 추방된 자인 오이디푸스의 포착 불가능한 지위를 둘러싸고 벌어지는 국가와 국가의, 법과 법의, 언어와 언어의 시소게임과 비슷하다."(283쪽) 이 시소게임 속에서 오이디푸스는 무엇을 했는가? "그는 국가와 국가 사이인 국경, 국민과 국민 사이인 이방인, 법과 법 사이인 무법, 모국어와 모국어 사이인 불경하면서도 오염된 언어라는 좁은 골짜기로 홀로 걸어들어갔던 것이다."(284쪽) 오이디푸스가 걸어들어간 '골짜기' 중에서 필자가 특별히 주목하는 것은 "오염된 언어"의 골짜기인 것 같다. 그럴 수밖에. 우리는 지금 문학에 대해 이야기하고 있으니까. 그럼 오이디푸스는 오염된 언어로 무엇을 말했던가? "오이디푸스의 항변은 국적과 이름, 체류 이유에 대해 시종일관 저항하는 언어로 이루어져 있다. 그런데 그 언어는 근친상간과 부친 살해를 저지른 비인간의 바로 그 언어, 오염된 언어였다."(289쪽) 자, 모순의 체현자인 오이디푸스가 한계의 공간인 국경에 도착해서 오염된 언어를 발설했다. 이제 마지막 물음을 묻자. 이 모든 것이 우리 시대의 문학과 무슨 상관이 있는 것일까? 두 단계의 설명이 제시된다.

오이디푸스의 항변이 지금의 문학적 현실에 대해 알려주는 진실이 있다면 그것은 무엇일까. 오이디푸스의 언어 그것은 국가, 법, 이름, 애도 와 장례 등 고정된 상징의 언어와 의미를 그 한계까지 밀고 나가는 오염 의 언어, 국경 위의 이방인의 언어, 비-언어가 아닐까. (…) 예언처럼(아 폴론의 예언이 불가피하듯 — 인용자) 모국어는, 법은, 국민국가는 불가 피하다. 그러나 문학의 언어는 자신의 모국어, 국가와 법의 언어를 그 한 계에 이르기까지 사고하는 것을 잊어서는 안 된다.(289~290쪽)

『오이디푸스 왕』은 예언의 실현이다. 그렇지만 예언은 오이디푸스의 의지와 노력에 따른 진실의 발견, 이오카스테의 자살, 오이디푸스의 실 명과 추방, 『콜로노스의 오이디푸스』에서 보여주었던 오이디푸스의 기 나긴 유랑과 죽음 등등 그 모두를 예언했던가? (…) 이것들은 예언이 의 도하지는 않았지만 그 때문에 발생한, 본질적으로 부산물이다. (…) 이 부산물이 예언을 완성하면서도 동시에 그것을 거스르는, 반(反)예언의 문학을 만들어낸 것은 아니었을까.(291쪽)

문학의 언어는 "오염된 언어"여야 한다. "이방인의 언어" "비-언어" 라고 해도 좋다. 그것은 국가, 법, 모국어를 "그 한계에 이르기까지" 사 고하는 언어다. 그러나 이것은 일반론이 아닌가. "지금의 문학적 현실" 과 무관하게, 문학의 언어는 본래 그런 언어가 아닌가. 아직 필자는 그 만의 한 걸음을 내딛지 않았다. 두번째 인용문에서 그는 "지금의 문학 적 현실"과 관련해 "예언"에 대해 말한다. 이 글에서 가장 흥미로운 대 목이 여기다. 오이디푸스는 아폴론의 예언을 완벽하게 실현했는가? 얼 핏 그렇게 생각하기 쉽지만 필자는 많은 것들이 "부산물"에 가깝다고 지적한다. 같은 질문을 문학의 영역에서 묻자. 문학은 예언을 완벽하게 실현하는가? '종언' 이전의 문학에 주어진 예언이 있었다면 "혁명, 인 간 해방, 통일 등이 아마도 그런 예언이었을 것"(290쪽)이다. 그때 문학은 그 예언을 실현하기 위해 애썼지만 적잖은 부산물들을 낳았다. 필자의 표현대로 하자면 "선험적 윤리"라는 것이 있는데, 문학은 그 선험적 윤리가 실현되는 곳이면서 동시에 반박되는 공간이기 때문이다. 지금은? 이제는 '근대문학의 종언'이라는 예언이 떠돈다. 마찬가지로 그 예언은 완벽히 실현되지 않고 부산물들을 낳을 것이다. "예언을 완성하면서도 동시에 그것을 거스르는 반(反)예언의 문학" 말이다. 이것은 충분히 상세하지 않은 낙관론인 것 같다. 그래서 그의 믿음을 존중할 수는 있지만 더불어 믿기는 어렵다. 이 글에는 총론은 있으되 현장 검증이 없기 때문이다. 그래서 다음 글을 읽는다.

3. 제 눈을 찌르는 소설의 윤리 — 강유정의 경우

강유정의 첫번째 평론집 『오이디푸스의 숲』(문학과지성사, 2007. 이하 쪽수만 표시한다)에서 '소설의 윤리'라는 주제와 관련해 가장 주목할 만한 글은 「콜로노스의 숲에서의 글쓰기, 눈먼 오이디푸스의 소설」인 것 같다. 제목 그대로 이 글은 복도훈의 글과 유사한 세팅 위에서 움직인다. 시기적으로는 복도훈의 글보다 먼저 작성된 글이지만 논점은 오히려 더 구체적인 데가 있다. 복도훈의 글이 소포클레스를 읽는다면 강유정은 소포클레스를 이용한다. 복도훈의 오이디푸스가 '경계선에 선 자'라면 강유정의 오이디푸스는 '제 눈을 찌른 자'다. 요컨대 강유정은 오이디푸스의 '눈'에서 출발한다. 그 눈에 이성(더 크게는 근대성)이라는 내포를 부여해서 저 까마득한 고대 그리스 시대의 비극을 '근대에서 탈근대로의 이행'에 대한 알레고리로 만든다. 이것은 소포클레스를 탈역사화해서 하나의 은유로 소비하는 일인가? 그럴 수도 있겠지만 그보다 더 중요한 물음은 그 탈역사화의 결과가 우리 시대에 어떤 빛을 던져주는가라는 물음일 것이다. 그는 오이디푸스의 실명이라는 모티프를 과감하게도 근대소설에서 탈근대소설로의 이행이라는 사태에 곧장 대입한다. 우리 시대의 오이디푸스(소설가)들은 무슨 일을 하고 있는가.

최근의 소설들은 마치 공모라도 한 듯이 소설의 원리에서 근대성을 지우고 있다. 중요한 것은 그 지움이 바로 소설이라는 근대적 축조물을 내파하고 있는 방식이라는 점이다. 마치 이성의 권능을 과신했던 오이디푸스가 자신의 눈을 멀게 한 후 콜로노스의 숲으로 들어갔듯이 소설은 소설을 죽임으로써 소설의 이데올로기를 전복하고 있다.(20쪽)

그에 따르면 우리 시대의 소설가들은 제 눈을 찔러 근대성을 폐기하고 있다. 그 결과 어떤 일이 벌어졌는가? 이 질문에 답변하기가 쉽지 않다. 강조한 문장에 미묘한 혼란이 있기 때문이다. 저 문장은 '오이디푸스는 자신의 눈을 찔렀다, 그리고 콜로노스의 숲으로 들어갔다'(A)와 '소설은 자기의 눈을 찔렀다, 그리고 소설의 이데올로기를 전복했다'(B)를 대응시켜놓고 있다. 이 유비는 과연 성립될 수 있는 것일까. (A)에서 오이디푸스가 제 눈을 찌른 행위는 자발적인 것이지만 그가 숲으로 들어간 것은 (복도훈의 글에서 지적된 대로) 타율적인 행위였다. 그는 추방당한 것이니까 말이다. 그러나 (B)에서는 우리 시대의 소설가들이 소설을 죽인 것도, 그 결과 소설의 이데올로기를 전복한 것도 모두 자발적인 행위가 되고 있다. 말하자면 (A)와 (B)의 앞부분은 구조적으로 동일한 층위에 있는 사건이지만 두 문장의 뒷부분은 그렇지가 않다. 둘 다 제 눈을 찔렀으되 그 이후 일어난 일이 한쪽은 추방이고 다른 한쪽은 전복이다. 그는 우리 시대의 소설이 '근대성을 폐기하고 추방당했다'고 말해야 논리적으로 자연스러운 대목에서 우리 시대의 소설은 '근대성을 폐기했기 때문에 전복을 성취했다'고 말한다. 그러므로 (A)와

(B) 사이에 존재하는 것은 대응관계가 아니다. (A)와 (B) 사이에는 어떤 도약이 있다.

이 도약은 "수백여 년에 걸쳐 이룩한 소설이라는 발명품이 최근 소설들에 의해 놀라운 속도로 전복되었다"(30쪽)라는 단언으로 이어진다. 그에 따르면 최근의 소설들은 "근대적 이성성과 합리성을 위반"하고 있다. 만약 그것이 사실이라면 이는 실로 엄청난 전복이 아닐 수 없다. 근대성을 위반하는 소설들은 어떤 소설일까. "달라진 삶의 방식들을 '시선'이라는 단일한 감관이 아닌 다른 감각을 통해 재현"하는 소설이다. "유독 최근 소설에서 의도적인 눈감기의 행위가 자주 출몰하는 맥락"이 여기에 있고, 우리가 "주목해야 할 것은 눈을 감는다는 것이 곧 다른 감각을 여는 것으로 연계될 수밖에 없다는 사실이다. 문자적 상상력을 자극하는 시각이 아닌 유독 다른 감각에 의존하고자 하는 최근 소설의 변화는 여기서 시작된다".(23쪽) 저 '다른 감각'의 소유자들은 이렇게 유형화된다. 한유주에게 소설은 '듣는 것'이고, 편혜영에게 그것은 '냄새 맡는 것'이며, 김중혁, 이기호, 김애란 등에게 그것은 '상상하는 것'이다. 자, 이 대목은 이 글에서 가장 매력적인 대목이라고 해도 좋다. 그런데 곧바로 다음과 같은 질문들이 꼬리를 문다. '근대성'이라는 거대한 시스템이 '시선'이라는 감각으로 환원될 수 있을까? 그렇다 하더라도 과연 '근대적인' 소설들이 '시선'이라는 감각에 의존했다고 할 수 있을까? 우리가 최근의 소설들에서 찾은 미덕은 과연 저 '다른 감각'의 미덕인 것일까? 필자가 분석하고 있는 김애란과 김중혁의 소설이 우리에게 인상적인 것은 오히려 그 소설들이 잘 쓰인 근대소설이어서가 아닌가? 더 읽어보자.

문제는 삶의 양상이 달라지는 속도가 지나치게 빨라 동일한 경험의 추체험을 통해 공감대를 형성할 수 있는 시기가 이제 지났다는 사실이다.

소통 가능한 상처, 동일한 기억으로 남을 역사적 상흔이 이제 더이상 없기에 지극히 사적인 환경은 교환되지 않는다. 상처의 내용은 같을지언정 상처를 입는 방식이 달라졌기에 다르다는 사실 자체가 중요한 가늠점으로 대두되는 것이다. 이는 최근의 소설들이 위대한 사소성을 승인하는 윤리이기도 하다. 새로운 작가들은 사소성을 부끄러워하거나 힐난하지 않는다. 대신 그들은 그 사소성을 비평함으로써 위기를 관통하고자 한다.(31쪽)

강조한 대목들을 무심코 지나칠 수가 없다. 필자는 계속 단절을 선언한다. 그 시기는 지났다, 그것은 더이상 없다, ~되지 않는다, ~가 달라졌다. 이 부정어들은 어딘가 억압적이지 않은가. 필자의 진단과는 달리 우리는 김중혁과 김애란의 소설을 통해 "공감대"를 형성하고 "상처"를 소통하고 있는 것 같은데 말이다. 그 둘의 소설에서 우리는 제 눈을 찌르는 과감한 도약이 아니라 다른 빛깔의 눈뜸이 주는 따뜻한 위로와 격려를 보지 않는가. 이 과감한 단절의 선언들이 우리가 앞서 지적한 저 도약의 동력이 되고 있다는 점은 분명해 보인다. 아니, 더 정확히 말하면 도약이 승인되기 위해서 이러한 단절의 선언들이 필요했다고 보는 편이 옳을 것이다. 이제 결정적인 질문을 던져야 할 때다. 이와 같은 급격한 단절의 선언으로 우리가 얻을 수 있는 것은 과연 무엇인가? 필자에 따르면 그것은 "위대한 사소성"이고, 그 '위대한 사소성'을 승인하는 "윤리"다. 우리는 근대성(근대소설)과 작별하고 '위대한 사소성'을 얻었다. 좀 경박하게 말하면 이것은 손해 보는 장사가 아닐까.

우리는 이것이 가라타니의 논법이 갖고 있는 유혹이라고 생각한다. '근대문학의 종언과 그 이후의 문학'이라는 프레임 속으로 일단 들어가면 우리는 근대문학과 탈근대문학은 다르다는 것을 전제하고 탈근대문학만의 미덕을 혼신의 힘을 다해 찾아야만 한다. 그러나 그것보다 훨씬 더 쉬운 일은 탈근대문학에도 여전히 근대문학의 미덕이 존재한다고 말하는 일이 아닌가. 김중혁과 김애란의 소설에서 좋은 근대소설의 미덕들을 찾는 일이 더 쉽지 않은가. 그러고 보면 가라타니의 프레임 안에서 벌어지는 싸움은 애초에 질 수밖에 없는 싸움일지도 모른다. 그 싸움에서 이긴다 해도 우리에게 남는 것은 "위대한 사소성"에 불과하다. 이런 결과가 생겨난 것은 동시대 소설이 부실해서도 아니고 필자의 감식안이 느슨해서도 아닐 것이다. '근대문학'이 '문학'의 세계에서 자신의 지분을 회수하고 철수할 때 우리는 '문학' 본래의 지분까지 '근대문학'이 가져가도록 내버려둘 필요가 없다. 달리 말하면 최근의 소설들은 과거의 소설들과 다른 눈을 뜬 것이거나 다른 곳을 보고 있는 것이지 실명(失明)한 것은 아니라는 말이다. 그러므로 우리는 '위대한 사소성'보다 더 위대한 그 무엇을 찾아야 하지 않을까. 강유정에게 오늘날의 소설이 놓여 있는 자리가 '콜로노스의 숲'이라면 허윤진에게 그것은 '우울증의 세계'인 것 같다. 그곳으로 가보자.

4. 우울증을 앓는 소설의 윤리 — 허윤진의 경우

허윤진의 첫번째 평론집 『5시 57분』(문학과지성사, 2007. 이하 쪽수만 표시한다)에서 '소설의 윤리'에 관해 이야기하고 있는 글은 「춤추는 우울증」이다. 그는 오늘날의 한국사회가 조증(躁症)에 걸려 있는 것이 아닌가 묻는다. 그 병은 "행복을 노출하려는 과장된 제스처"(128쪽), "사소한 갈등조차 두려워하는 집단적 결벽증"(129쪽) 등의 증상으로 나타나고 있다. 이런 진단을 바탕으로 그는 문제를 제기한다. "윤리적 주체가 되기 위해서 물음이 필요하다고 할 때, 우리는 어떻게, 무엇을 물어야 하는가? (…) 이제 우리는 시대와 불화하기 위해 행복이 아닌 고통에 대해 물어야 하리라."(130쪽) 요약하면, 조증에 걸린 사회가 설파하는 가짜 행복에 맞서서 고통에 대해 질문하는 주체는 윤리적이라는 것이다. 고통(에 대한 물음)은 어째서 윤리적인가?

물론 고통은 피하고 싶은 대상이다. 그러나 자기 반성적 고민으로 인한 갈등과 고통은 인간을 가장 윤리적인 상태에 놓아둔다. '내가 아닌' 존재들이 나의 자족적 세계를 파괴할 수 있는 극단적 수동성의 상태야말로 인간이 타인과 상호주관적인 관계를 맺은 채 살아가는 윤리적 존재임을 입증해주기 때문이다.(130쪽)

필자는 고통이 인간을 "가장 윤리적인 상태"로 데려간다고 말한다. 고통을 겪으면서 인간은 "나의 자족적 세계"가 파괴되는 사태를 경험하게 되고, 이는 인간이 본래 "타인과 상호주관적인 관계" 속에서 살 수밖에 없다는 사실을 인식하게 해주기 때문이라는 것이다. 이런 논리로 필자는 고통의 한 양태인 '우울증'이야말로 윤리적인 것이라는 언명으로 나아간다. 필자는 김애란의 「침이 고인다」를 분석하면서 이 논리에 살을 입힌다. 이 소설은 "존재론적 갈등을 생리적 차원에서"(142쪽) 보여준다는 점에서 특별한데, 중요한 것은 이 인물이 "일상에서 우리가 경험할 수 있는 최대의 사건이란 타인의 존재로 인한 피로감"(142쪽)이라는 것을 깨닫는 과정이고, 더 중요한 것은 "자신의 의지로 잠에서 깨어나는 능동성에서 출발하여, 타인의 존재로 인해 잠들지 못하는 수동성으로 종결"(142쪽)되는 소설의 진행이다. 요컨대 이 소설의 인물은 '고통'을 통해 "윤리적인 상태"에 도달하게 된다. 그리고 핵심적인 단언이 이어진다. "이제, 소설은 우울증적 주체에 관한 서사가 되어야 한다."(144쪽)

움직이지 않는 입술을 움직여 무언가를 말하고자 하는 우울증적 주체와, 그/녀의 서사를 심리적 구조 안으로 내합하려 하는 또다른 우울증적 주체가 상호주관적으로 존재하는 상황이야말로, 우리가 구현할 수 있는 최상의 윤리적 상황일 것이다.(146쪽)

필자는 "최상의"라는 수식어를 마다하지 않았다. 자, 그렇다면 이것으로 충분한가? 만약 충분하지 않다면, 그것은 필자의 논리 속에 있는 어떤 매혹적인 혼란 때문이다. '윤리적인'이라는 말을 두 가지 용도로 사용할 수 있다. '윤리를 논의할 만한'이라는 뜻(이 경우 더 걸맞은 말은 '윤리학적인'이 되겠지만)과 '윤리적이라고 평가할 만한'이라는 뜻으로 말이다. 필자의 표현대로 우울증은 '윤리를 논의할 만한' 하나의 "상태"이기는 하다. 그러나 특정한 상태를 곧바로 윤리적이라고 평가해도 좋은 것일까. 우리가 '윤리적이라고 평가할 만한' 어떤 것은 그 상태 자체가 아니라 그로부터 감행되는 어떤 '응답' '선택' 혹은 '행위'여야 하지 않을까. 조증이건 울증이건 조울증이건, 그 상태로부터 어떤 응답과 선택과 행위가 발생하느냐에 따라서 그것은 '윤리적이라고 평가할 만한' 어떤 것이 될 수도 있고 아니 될 수도 있을 것이다. 만약 우울증이 그 자체로 '윤리적으로 평가할 만한' 어떤 것이라면 우리가 윤리적인 주체가 될 수 있는 가장 빠른 길은 그저 우울증이라는 "상태"로 걸어 들어가는 길이 되고 만다. 예컨대 이런 단호한 문장에는 그런 유혹이 있지 않은가. "그대여 세상 밖으로 나가지 말라. (…) 그대는 우울증의 상태로 삶과 죽음의 경계에서 줄 타며 살아가야만 한다."(147쪽) 다른 가능성들을 모두 포기할 때 단호해질 수 있다. 그러나 단호해지기 위해서 다른 가능성들을 포기할 필요는 없지 않은가.

나는 필자의 입장에 반대하고 있지 않다. 나는 가짜 행복을 찬미하는 조증의 사회에 대한 불신을 허윤진과 공유한다. 그래서 슬픔, 우울, 고통의 가치를 사유하는 그녀의 작업이 매우 매력적이라고 생각한다. 그녀의 작업이 매력적인 보다 더 중요한 이유는 그의 여느 글이 대개 그렇듯이 그가 문학의 특수성을 잊지 않는다는 점이다. 문학이기 때문에 더 잘할 수 있는 일, 더 나아가서는 문학만이 할 수 있는 일이 무엇인가라는 질문에 매력적인 답변을 내놓고야 말겠다는 집요한 고집이 그녀에게는 있다. 그래서 그는 김애란의 「침이 고인다」처럼 겸손한 음성으로 삶을 말하는 소설에서도 윤리적 계기를 찾아낼 수 있었다. 그러나 한 걸음 더 나아가야 한다고 생각한다. '우울증'이라는 '상태'가 갖는 윤리적 의의를 부정하지 않지만 "그대여 세상 밖으로 나가지 말라"가 '정언명령'의 자리로까지 승격되는 것은 어쩐지 네거티브하다는 느낌이다. 스피노자를 읽는다고 다 해결되지는 않겠지만(졸고, 「소녀는 스피노자를 읽는다—김애란의 소설」, 『문학동네』 2006년 겨울호), "스피노자의 견해는 재고되어야 한다"(130쪽)고 말하는 것으로도 충분하지 않다. 우리는 더 나아가자. 윤리학은 투쟁의 형식이기를 그만두는 순간 투쟁하지 않기 위한 변명이 되고 만다.

5. '윤리-시학'을 위하여

세 편의 글을 읽었다. 두 가지를 말하려고 한다. 첫째, 이 윤리들은 충분히 힘 있어 보이지 않는다. 좀더 적극적이어도 좋지 않을까. 우리는 이 글에다 '우리가 '소설의 윤리'를 말할 때 너무 많이 한 말과 거의 안 한 말'이라는 제목을 달았다. 너무 많은 것은 긍정과 승인의 윤리이고 너무 부족한 것은 부정과 거절의 윤리다. 확실히 우리 시대의 소설들은 경계선에 서 있기도 하고 제 눈을 찌르기도 했으며 우울증에 걸려 있기도 하다. 그것들을 긍정하고 승인하면서 우리가 얻는 것은 무엇인가.

그것이 반(反)예언의 소설, 위대한 사소설의 소설, 세상 밖으로 나가지 않는 소설들이라면 우리는 부모와 연을 끊기보다는 정당한 상속권을 주장할 필요가 있지 않을까. 둘째, 이제 우리는 '소설의 윤리'를 주제로 한 일반론에서 더 나아가야 할 것 같다. 우리 시대 소설의 자리를 재확인하고 그 자리 자체가 어떤 윤리적 가능성을 담지하고 있다고 말하는 일은 이제 충분해 보인다. '정치적 비평'이 가능한 것처럼 '윤리학적 비평'이 가능하다면 그 방법론을, 그러니까 윤리-시학(ethics-poetics)을 구축해야 할 때가 됐다. 이 둘에 대해서는 다른 글에서 좀더 자세히 말할 수 있을 것 같다. 이 결론은 서론이다.

제2부

전복을
전복하는
전복

진 정 한 　 전 　 복 은 　 ,
수구적이고 퇴행적인 것이라고 누구나 알고 있는 그것을
전복하는 것이 아니라, 다수가 전복적이라고 믿고 있는
그　 전 복 의 　 관 념 　 자 체 를 　 혼 란 에
빠뜨리는 것이라고 생각합니다. 그때 비평은 허둥대면서
질문합니다. 그들의 시에는 뭔가가 있다,
그 런 데 　 그 것 은 　 과 연 　 전 복 적 인 가 ?
우리의 이 질문이 계속되는 동안, 뉴웨이브들은 전복적일
수 있습니다. 전복을 전복하는 전복입니다.

문제는 서정이 아니다
─웰컴, 뉴웨이브

1. 서정적인 것과 시적인 것

　최근의 시 비평들은 거의 한목소리로 서정시의 위기를 말하고 있다. 그 비평들은 소위 90년대 이래의 '신서정'이 80년대의 시정신을 '구이념'으로 만들면서 분출하게 된 맥락을 지적하고, 새로운 시대의 시인들이 '일상'이라는 터전, '내면'이라는 수단, '자연'이라는 이상을 꼭짓점으로 하는 삼각형의 프레임 속으로 안착하게 된 경위를 상술하면서 그 필연성과 당위성을 인정한 뒤에, 그 신서정의 에너지가 이제 소진되었다고 결론짓는다. 일상이라는 터전은 새로운 주체성을 구축하기 위한 바탕으로 존재하기보다는 나이브한 자기 성찰의 범박한 재료가 되었고, 자연은 실재성을 상실한 '매트릭스'(김수이)가 되어 미학적인 자기도취와 현실 망각을 위한 알리바이가 되었으며, 내면은 '마음의 도원(桃園)'(이장욱)을 이루는 데 몰두하면서 자기 동일성을 구축하기 위해 '서정적 권위'를 행사하고 있다는 것이다.
　이런 삼각형의 진단에 근거하여 다음과 같은 삼각형의 처방이 제시된다. 첫째, '일상'이라는 터전의 상식화와 사적인 일상성의 과잉에 대한 반성. 예컨대 유성호는 한국시가 그간 "현실 연관의 기율이 극심하게 결핍하게 된 것에 대해 발본적으로 반성"하고 "관계론적 사유"를 다시 시작해야 하며 "사적 기억과 감각만으로 다가갈 수 없는 우주적 스케일과 신화적 상상력"에 기초한 "초월의 상상력"을 가동시켜야 한다고 말한다.[1] 그의 말을 조금 바꾸면 현시대의 서정성은 어정쩡한 높이의 어딘가에서 부유하고 있는 셈이다. 그것은 지상의 인간성과 더불어 진흙밭에서 구르지 않으며 초월적인 곳까지 솟구쳐오르지도 않는다. '관계론적 사유'는 서정성을 지상에 밀착시킬 것이고 '초월의 상상력'은 서정성을 신성으로 끌어올릴 것이라는 그의 처방은 경청할 만하다. 물론 이 양방향의 처방이 공존 가능한가를 따져물을 수 있다. "현실과 초월의 변증법"이 필요하다는 원론적 처방이 그 질문에 대한 그의 잠정적 대답이다. 서정성의 부분적 갱신을 주장하는 입장에서 제안된 의견이고 현재 산출되고 있는 서정성들이 제 결핍을 보완함으로써 서정성의 본래 위의를 되찾을 수 있을 것이라는 견해다.

둘째, '자연'이라는 가상의 이상화에 대한 반성. 김수이는 자연을 아름답게 노래함으로써 현실을 망각하는 태도, 시의 미학이 낭만적인 자기 동일성의 미학으로 단순화되는 현상, 이로부터 발원하는 철학적 물음의 빈곤화 경향 등을 거스르면서 시인들이 스스로에게 다음과 같은 질문을 던져야 한다고 말한다. "자연을 노래할 때 시인들은 어느 시간 어느 장소에 있는가? 그곳에는 시인의 현실도 함께 있는가? 무엇보다 '그 아름다운 곳'은 자연의 매트릭스가 아닌, 현실의 온갖 문제와 욕망이 교차하는 실제의 자연인가?"[2] 지극히 당연하면서도 절실한 물음이

---

1) 유성호, 「한국시의 과잉과 결핍」, 『문학수첩』 2005년 봄호.
2) 김수이, 「자연의 매트릭스에 갇힌 서정시」, 『파라21』 2004년 겨울호.

다. 현실을 고현학적으로 탐색하여 유토피아의 어떤 징후를 캐내는 일은 참으로 어려운 일이지만 그것은 그토록 지난한 일이기 때문에 시인들의 직관을 필요로 하는 일이기도 하다. 바로 이곳에 시인들의 고난이 있고 영광이 있다. 그 고현학이 자연이라는 유토피아를 경유할 수 있지만 그것은 궁극적으로 인간이라는 심연을 다시 통과해서 오물이 묻고 악취가 배어나오기를 각오해야 한다. 순간적인 도취와 망각 속에서 현존했다 사라지는 유토피아는 위안을 주지만 이 위안은 유통기한이 짧을 뿐만 아니라 궁극적으로는 무력할 테니까 말이다.

셋째, '내면'이라는 수단 혹은 목적에 대한 반성. 이런 문맥에서 경청하면 좋을 이장욱의 견해는 가장 급진적이면서 발본적이다. 그는 현재 서정시의 문제가 서정 자체에 있다기보다는 서정성이 행사하는 '권위'에 있다고 지적한다. 그리고 그가 관찰한 바에 따르면 이 권위는 새로운 세대에 의해 이미 해체되어가고 있다. 그들은 "서정의 인공정원"의 해체 '이후'를 살고 있고 서정적 권위의 작인이 되는 1인칭의 '바깥'을 살고 있다. 그는 이 흐름을 '다른 서정'이라 명명하면서 이에 근거하여 서정성의 혁신을 위한 처방을 제안한다. 그에 따르면 "사물과 의미에 대해 소실점과 위계질서를 설정하려는 시적 무의식을 피하는 것이 중요"하다. 그리고 "서정시가 마음의 '도원'을 버리고 '진리'를 버리고 결국 '시인'을 버린다는 것, 여기에 새로운 서정의 미래가 있는지 모른다".[3] 이장욱의 처방이 매력적인 이유는 서정시의 궁극적 근거가 되는 소위 '서정적 자아'의 권위와 미련 없이 결별한다는 점이다. 기왕의 서정적 자아는 "자살"해야 한다고, 그래야 다른 서정이 자리를 잡을 수 있다고 그는 말한다.

물론 이 세 견해가 보여주는 태도는 서로 미묘한 편차를 갖는다. 과

---

[3] 이장욱, 「꽃들은 세상을 버리고—다른 서정들」, 『창작과비평』 2005년 여름호.

잉의 제거와 결핍의 보완을 말하는 유성호가 가장 조심스럽다면, 비판적 자기 성찰과 방향 전환을 요청하는 김수이는 보다 단호하며, 기왕의 서정성 개념을 해체-구축하면서 패러다임 자체의 교체를 은연중 주장하는 듯 보이는 이장욱은 급진적이다. 그러나 이 세 입장이 많건 적건 공유하는 것이 있다면 '서정'이라는 개념의 권력을 얼마간 승인하는 태도다. 물론 서정성은 시의 가장 유력한 자원이었고 앞으로도 그럴 가능성이 높다. 그러나 우리 시사에서 한 시대의 미의식을 혁신하며 등장한 많은 시인들이 대체로 서정성의 광휘에 의지하지 않았다는 것을 우리는 기억한다. 과연 문제는 서정일까? 그 처방의 내용이 서정의 보완이건 전환이건 혹은 혁신이건, 그것이 서정의 지배적 지위를 문제 삼지 않는 한에서 제출되는 것이라면 과연 근원적 효력을 가질 수 있을까 하는 의문을 피하기 어렵다. 앞서 언급한 세 가지 문제점들은 우리 시대 서정시의 특수한 문제라기보다는 서정성이 그 자신의 혼종성을 잃어버리고 순수화될 때면 언제나 나타나는 문제인 것은 아닐까? 말하자면 그것은 서정성의 원리 그 자체에 내재하는 것이어서 끊임없이 되돌아오는 어떤 증상 같은 것은 아닐까?

소위 '서정성'이 스타일이 아니라 메커니즘이라는 것은 두말할 필요가 없다. 고전적인 정의대로 서정성의 원리를 '세계의 자아화'라고 할 때 이 메커니즘은 '자아와 세계의 동일성'을 확인하고 '자아와 세계의 일체감'을 향유하는 것으로 귀결된다. 그러나 이와 같은 메커니즘이 자아와 세계가 격절되어버린 현재에도 무리 없이 가동될 수 있는 것은 아니다. 그것이 무리라는 자각으로부터 현대시는 출발한다. 말하자면 "부재하는 실재성의 표상을 인유하는 시적 방법론"[4]에 대한 집요한 탐색

---

[4] 김진수, 「부재하는 실재의 표상과 인유의 방법들 — 우리 시의 언어적 탐색과 실험의 측면」, 『파라21』 2004년 겨울호.

이 현대시의 자기 증명이다. 그렇기 때문에 "지금은 서정의 시대가 아니다".[5] 오늘날에도 서정성의 메커니즘을 충실히 따르는 서정시가 씌어질 수 있고 또 씌어지고 있지만 그것들은 도덕적으로 선하거나 미적으로 아름답기는 쉬워도(그것만으로도 시의 위의가 확보될 수 있음은 물론이지만) 우리 시대의 진리 혹은 실재에 접근하기는 어려워 보인다. 시인들은 감탄부호를 아끼지 않으면서 어떤 깨달음을 전달하고 있지만 그것은 선하거나 아름다운 깨달음에 그치는 경우가 많다. 진정한 진리는 착하거나 아름답지 않다. 진리는 언제나 위협적인 것이다. 그리고 자아는 진리를 알고 싶어하지 않는다.

만약 그것이 사실이라면 설사 '관계론적 사유'나 '초월적 상상력'을 회복한다 해도 '자아'의 주도 하에 이루어지는 시적 사유는 많은 경우 불가피한 나르시시즘을 어쩌지 못할 것이다. 대상을 자기화하는 괴력의 나르시시즘은 타인의 타자성과 자연의 타자성까지 동일화하려는 관성을 갖는다. 그 관성은 서정성의 어떤 본질적 관성이다. 현재 서정성이 "이성적 사유를 매개로 한 계몽, 타자의 시선을 통한 자기 검색, 감각의 갱신을 통한 세계의 재해석"[6]이라는 과업을 성취하지 못하고 있는 이유는 거기에 어떤 것이 '결핍' 되어 있거나 '과잉' 되어 있기 때문이 아닐지도 모른다. 오히려 그 과업은 순수한 서정성에서 어떤 것이 '과잉' 되거나 '결핍' 될 때에만 성취될 수 있는 것은 아닐까. 자아의 나르시시즘을 견제하고 제어하는 혼종성이 저 순혈성을 혼혈화하지 않는다면 자아의 권력은 끊임없이 권좌를 탐할 것이다. 이는 궁극적으로 상상적인 행복을 가져올 수밖에 없다. 자아가 설사 적극적으로 존재의 균열과 불행을 노래한다 하더라도 그 균열과 불행은 상상적인 수준에서

---

5) 이장욱, 앞의 글, 70쪽.
6) 유성호, 앞의 글, 51쪽.

멈추게 될 것이다. 자아의 상상적 피학은 특별하고 은밀한 쾌락을 창출할 것이고 자아는 그 쾌락을 흡수하여 다시 비대해질 것이다. 이는 시인과 독자 모두의 난경(難境)이다. 시인은 서정적 자아의 상상적 변신술 속에서 안온할 것이고 독자는 그 상상적 게임에 자신의 자아를 투사하여 대리만족할 것이다.

그러니 문제는 자아의 이 자기 회귀를 막는 일이다. 그리고 현실적으로 존재할 뿐만 아니라 위력적이고도 성공적으로 존재하는 비서정적 혹은 반서정적 시들이 펼쳐 보이는 새로운 진경을 적절히 맥락화하는 일이다. 비록 그것이 착하지 않고 아름답지 않다 하더라도 말이다. 그러기 위해서는 서정성의 보완이나 갱신을 말하는 층위와 결별하고 '서정적인 것'을 보다 포괄적인 개념인 '시적인 것' 속으로 해소시켜야 한다고 생각한다. '서정성'이라는 개념을 '시' 그 자체와 호환 가능한 개념으로 사용하기를 중단해야 한다. 그렇게 된다면 비서정 혹은 반서정 등으로 규정되는 부정성(negativity)들이 그 자체의 독자적인 '시적인 것'을 통해 실정성(positivity)을 부여 받게 될 것이다. 자아의 권력을 포기하고 서정성의 순혈성을 혼혈화하여 궁극적으로는 서정성 자체를 보다 포괄적인 개념으로 대체해야 한다. 우리가 보기에 그 작업은 세 가지 길을 따로 또 같이 밟아나갈 수 있다. 자아를 주체화하고 타인을 타자화하고 풍경을 상처화하는 세 가지 길 말이다. 90년대 중반 이후 서정시가 10여 년의 안정기를 구가하는 동안 세 영역에서 모종의 조짐들이 발아했다. 2005년 현재, 징후들은 이미 나타나고 있다.

2. 자아에서 주체로

세계를 주유하면서 그것들을 동일화하고 내면화하는 능력은 자아의 것이다. 대상은 비유의 그물에 걸려들고 그것은 이미지화되어 자아의 일용할 양식이 된다. 동일화 혹은 내면화는 궁극적으로 자아 그 자신에 대한 배려와 양육으로 귀결된다. 대상들 속에서 자기 자신을 재확인하고 그를 통해 자기를 보존한다. 자아는 본질적으로 방어적이며 자아의 주유는 '자기'의 배려와 양육이라는 예의 목적을 훼손하지 않는 한에서만 이루어진다. 그래서 자아의 외출은 신데렐라의 그것처럼 언제나 자정이 되면 끝난다. 그래서 세계의 자아화는 '충만한 현재' 혹은 '영원한 현재'를 도래시키기도 하지만 그것은 '가상적 현재'이자 '일시적 현재'임을 면치 못한다. 진리는 시계가 자정에 도달할 때 더불어 도착한다. 자정 이전에 이루어지는 어떤 종류의 발화도 자신의 무대복을 완전히 벗기지는 못한다. 오히려 왕자(독자)에게는 신데렐라(서정적 자아)의 그 조심스러움과 소박함이 그녀의 또다른 매력으로 다가올 것이다. 신데렐라가 스스로 그 자신의 무대복을 벗어던지기는 어렵다. 그것은 자아의 본래적 속성이기 때문이다. 지배 권력이 자아에게 있는 한 자아가 도달할 수 있는 최대한의 시간은 자정 직전이다. 서정시의 시간은 대개 11시 59분 59초에서 멈춘다. 그러나 그 시각에 도달하는 경우조차도 드물다. 그 시간을 사는 서정시들은 아슬아슬하게 아름답다.

> 내 가슴속엔 언제나 부우옇게 이동하는 사막 신전 ;
> 바람의 기둥이 세운 내실에까지 모래가 몰려와 있고
> 뿌리째 굴러가고 있는 갈퀴나무, 그리고
> 말라가는 죽은 짐승 귀에 모래 서걱거린다
>
> 어떤 연애로도 어떤 광기로도
> 이 무시무시한 곳에까지 함께 들어오지는
> 못했다, 내 꿈틀거리는 사막이,

끝내 자아를 버리지 못하는 그 고열의
神像이 벌겋게 달아올라 신음했으므로
내 사랑의 자리는 모두 폐허가 되어 있다

아무도 사랑해본 적이 없다는 거;
언제 다시 올지 모를 이 세상을 지나가면서
내 뼈아픈 후회는 바로 그거다
그 누구를 위해 그 누구를
한 번도 사랑하지 않았다는 거
— 황지우, 「뼈아픈 후회」(『어느 날 나는 흐린 주점에 앉아 있을 거다』, 문학과지성사, 1998) 중에서

황지우의 이 시는 이미 오래전에 80년대적 정신의 황혼을 위해 바쳐진 공식적 만가(輓歌)의 자리를 획득했다. 소박한 언술을 걸친 자기반성의 전언들이 제 본의와 무관하게 패션의 수준에 머물고 말았던 많은 사례들과 달리 황지우의 그것은 자기 학대에 가까운 열도를 동반하였기 때문에 가능한 일이었다. 이것은 서정시가 도달할 수 있는 시간의 한 끝을 보여주기 때문에 격동의 체험을 안겨주지만, 기실 그 마지막 한순간은 자아가 가장 화려하게 자기 자신을 드러내는 시각이기도 하다. 11시 59분 59초는 자아가 종말하기 직전 가장 탁월하게 자기를 보존하는 시각이다. 위 시에서 자아는 자신이 통치한 국가의 시스템이 철저한 절대왕정이었음을 뒤늦게 자책하고 있지만, 이 폐허의 공간은 신성성을 거느리는 비유들을 동반하면서 성스럽다. 사라진 왕국들이 그 유물과 더불어 영원히 그 영광을 잃지 않듯이, 이 시적 공간에서 자아는 스스로 멸망함으로써 자기의 영광을 보존한다. 이 멸망과 영광의 동시다발적 화음이 예로부터 황지우 시의 집요한 매력을 만들어왔다.

황지우의 다른 시에서도 자아가 집요하게 스스로를 학대하는 풍경은 역설적이게도 자아의 나르시시즘에 기여할 때가 있다. 예컨대 그 자아가 "거울 보는 것을 두려워하면서도/거울에 자주 나타난다,/내가/(…)/턱 밑 털을 밀기 위해 추어올린 내 얼굴;/비누거품을 허옇게 쓴 나의 헛것,/이것, 아무것도 아닌데!"(「우울한 거울 1」, 같은 책)라고 말할 때 자아는 스스로를 '아무것도 아닌 것'으로 지각하지만 동시에 '아무것도 아닌 것'이 되면서 그 '어떤 것'이 된다. 좀더 단호하게 말해보자면, 이것은 거울을 통해 불현듯 타자와 대면하게 되는 곤혹스러운 분열적 체험이기보다는 거울에서 '나'를 발견할 준비가 되어 있는 자아의 준비된 체험에 가깝다. 그렇기 때문에 이 거울은 순환적인 자기 회귀를 가능케 하는 튼튼한 격자에 둘러싸여 있는 거울이다. 시계가 자정을 칠 때, 혹은 거울이 격자를 벗어던질 때 다음과 같은 시가 씌어진다.

하늘의 뜨거운 꼭짓점이 불을 뿜는 정오

도마뱀은 쓴다
찢고 또 쓴다

(악수하고 싶은데 그댈 만지고 싶은데 내 손은 숲 속에 있어)

양산을 팽개치며 쓰러지는 저 늙은 여인에게도
쇠줄을 끌며 불 속으로 달아나는 개에게도

쓴다 꼬리 잘린 도마뱀은
찢고 또 쓴다

(…)

열두 살, 그때 이미 나는 남성을 찢고 나온 위대한 여성
미래를 점치기 위해 쥐의 습성을 지닌 또래의 사내아이들에게
날마다 보내던 연애편지들

(다시 꼬리가 자라고 그대의 머리칼을 만질 수 있을 때까지 나는 약속하지 않으련다 진실을 말하려고 할수록 나의 거짓은 점점 더 강렬해지고)
— 황병승,「여장남자 시코쿠」(『여장남자 시코쿠』, 랜덤하우스코리아, 2005) 중에서

최근 출간된 황병승의 시집은 경이롭다. 표제작을 인용한 것은 다만 편의적인 선택일 뿐이다. 이 경이는 그의 시들을 읽어갈수록 약화되지 않고 오히려 강화된다. 그가 매번 새로운 곳에서 새롭게 출발하고 있기 때문이다. 서정적 자아의 동일성 따위는 애초에 발붙일 곳이 없을 뿐 아니라 자아의 해체를 생경하게 선언할 필요조차 없는 세계다. 이런 세계가 주는 매혹을 어떻게 설명할 수 있을까? 그가 "무의식을 시의 무대로" 삼아 "기표의 놀이를 통해서, 우리가 잃어버렸던 세계의 원형을 복원하려는, 거의 불가능에 가까운 작업을 해내고 있다"는 설명에 우리는 동의할 수 있다.[7] 그가 "자궁의 상상력으로 세계를 재창조"하는 남성이며 "이성애적 가부장제가 설명할 수 없는 퀴어(queer)적인 정체성을 구성하"고 있다는 보다 구체화된 지적에도 수긍할 수 있고, 그가 "다중인격의 위상"을 구현하고 있으며 그의 일련의 시편들이 "인형놀이의 무

---

7) 권혁웅,「미래파 — 2005년, 젊은 시인들」,『문예중앙』 2005년 봄호.

수한 반복"이라는 지적 또한 결정적이라고 생각한다.[8] 여기에 몇 마디 더 보태자.

확실히 황병승의 시에는 황병승이 없다. 그는 그 자신의 주치의가 되기도 하며, 뒤통수와 항문이 되기도 하고, 자궁 달린 남자, 도마뱀……등등이 되기도 한다. 고유명을 부여 받아 캐릭터화된 존재들도 산발적으로 출현한다. 이 캐릭터들을 통어하는 중심은 없다. 그렇다면 황병승은 '이 무수한 존재들은 모두 나다'라고 말하고 있는 것일까? 그렇다면 그의 시는 어린아이의 역할 바꾸기 놀이 같은 것에 가까워질 것이다. 그러나 그의 시는 어딘가 절박하다. 변신의 쾌락이 아니라 탐색의 고통으로 밀고 나가는 시처럼 보인다. 그는 마치 거식증 환자처럼 갖가지 정체성들을 폭식하고는 온전히 게워내는 방식으로 시를 쓰고 있는 것도 같다. "도마뱀은 쓴다/찢고 또 쓴다". 역설적이게도 실험이 거듭될수록 황병승이라 불릴 어떤 '자아'의 모습은 점점 희미해진다. "어쩔 텐가 진짜 장면은 어디에도 존재하지 않는걸".(「니노셋게르미타바샤 제르니고코티카」, 앞의 책) 그렇다면 그는 '그 어느 것도 내가 아니다'라고 말하고 있는 것이 아닌가. '나'는 누구인가, 왜 '나'는 내가 될 수 없는가.

이것은 데카르트의 회의를 닮아 있다. 코기토를 외치며 의기양양해하는 데카르트가 아니라, 고뇌하는 표정으로 이것도 내가 아니고 저것도 내가 아니라고 말하면서 하나씩 비워나가는 데카르트 말이다. 상상적 자아를 모두 소거하여 남는 텅 빈 장소, 그곳에서 비로소 무의식이 점멸한다. 정신분석은 그 점멸 속에 진실이 있다고, 그 점멸만이 '주체'라고 말한다.[9] 지젝 식으로 말하면 스스로를 인간이라 믿어 의심치 않

---

8) 허윤진, 「나의 분홍종이 연인들, 언어로 가득 찬 자궁이 있는 남성들」, 『문예중앙』 2005년 여름호.
9) [우리는 여기서 자아와 주체를 구별하는 라캉의 논의를 참조하고 있다. 내가 '알고 있는' 나의 이미지와 내가 '모르고 있는' 나의 진실은 구별돼야 한다. 전자를 '자아'라고 부

는 데커드가 아니라 우리는 인간이 아니야라고 비통하게 읊조리는 리플리컨트들이 주체다.(영화 〈블레이드 러너〉 참조) 황병승의 시에 온갖 캐릭터들이 우글거리고 있는 것은 그가 "진실을 말하려고 할수록 나의 거짓은 점점 더 강렬해지고" 만다는 사실을 자각한 채로 근원적인 한 장소, 근원적인 한 문장을 향해 나아가고 있다는 것을 의미한다. '나는 나'라는 '자아의 논리'가 아니라 '나는 X'라는 '주체의 논리'로 시를 밀고 나간다는 뜻이다. 이런 맥락에서 우리는 황병승의 시를 '자아의 시'와 구분되는 '주체의 시'라고 명명할 수 있을 것이다. 이곳에 동일화의 귀재인 상상적 자아의 지루한 변신술은 없다. 이것은 서정시가 넘어가지 못하는 자정 이후의 세계이며 격자가 풀린 거울의 세계다. 그 때문에 그의 언술은 이례적인 자유를 구가한다.

3. 타인에서 타자로

자아의 위력이 놀라운 것은 여하한 종류의 타인들에게서도 자신의 거울상을 찾아내는 능력 때문이다. 언제나 자아는 보고 싶은 것만을 본다. 이 경우 타인과의 만남을 규정하는 공식은 $1+1=2$가 아니라 $1+1=1$이 된다. 이것은 사랑의 메커니즘에 대한 가장 쓸쓸한 설명 중의 하나일 것이다. 소위 연애시의 성패는 자아가 거울에서 궁극적으로 그 자신을 보는가($1+1=1$), 아니면 타인의 타자성을 인지하는가 ($1+1=2$)에 달려 있다고 해도 좋다.[10] 우리 시대의 많은 서정시들이 타

르고 후자가 거주하는 장소를 '주체'라고 부르자. 서정시가 자신의 관습을 타개하려면 우선 '자아'의 세계에서 탈피해보겠다는 야심을 가져봄 직하다는 것이 우리의 요점이다.]
10) 〔우리는 여기서 타인과 타자를 구별하고 있다. '나'에 의해 서정적으로 동일화된 '너'를 '타인'으로, 동일화되지 않은 채로 타자성을 발산하는 '너'를 '타자'로 명명한다. 이

인과의 만남을 노래하고 있지만 그것은 실상 자기 자신과의 재회인 것처럼 보인다. 타인과의 거리는 궁극적으로 좁혀지기 위해서만 인지되고 타인의 타자성은 종국에 '나' 자신의 자아의 확장을 조력하기 위해서만 등장한다. 흉측한 개구리(타자)가 공주(자아)의 입맞춤 덕택에 멋진 왕자로 변하는 민담처럼 말이다. 힘 있는 자아가 순진한 타인을 초대하고, 순진한 타인이 순진한 사랑을 만든다. 자아의 권력을 승인하는 한에서 그런 시들이 도달할 수 있는 최대치는 타인이 타자임을 '인정' 하는 것, 즉 공주에게 개구리는 역시 개구리일 뿐이라는 최종적 '승인' 의 몸짓이다. 이런 시들은 11시 59분 59초에 타인의 타자성을 정색하고 승인한다. 이 시간에 도달한 서정시들 역시 드물고, 그것들은 서늘하다.

나는 너를 사랑한다 내가 알지 못하는 모든 여인들을 위하여
나는 너를 사랑한다 내가 체험하지 못한 모든 시간들을 위하여
— 폴 엘뤼아르, 「나는 너를 사랑한다」

사랑은 자기 반영과 자기 복제. 입은 비뚤어져도 바로 말하자. 내가 너를 통해 사랑하는 건 내가 이미 알았고, 사랑했던 것들이다. 내가 너를 사랑한다 해서, 시든 꽃과 딱딱한 빵과 더럽혀진 눈(雪)을 사랑할 수 없다. 내가 너를 사랑한다 해서, 썩어가는 생선 비린내와 섬뜩한 청거북의 모가지를 사랑할 수는 없다. 사랑은 사랑스러운 것을 사랑할 뿐, 사랑은 사랑만을 사랑할 뿐, 아장거리는 애기 청거북의 모가지가 제 어미에게 얼마나 예쁜지를 너는 알지 못한다.
— 이성복, 「사랑은 사랑만을 사랑할 뿐」(『달의 이마에는 물결무늬 자

구별은 앞에서 이루어진 자아와 주체의 구별과 구조적으로 포개진다. 말하자면 타자는 주체로서의 타인이다.]

국』, 열림원, 2003) 전문

　이 시가 충격적인 이유는 아무도 모르고 있었던 사실을 말하고 있기 때문이 아니라 누구나 알고 있었던 사실을 '대놓고' 말한다는 데에 있다. 이 시의 전언을 다시 복기할 필요가 있을까. '사랑은 사랑만을 사랑할 뿐'이라는 잠언은 자아의 권역 속에서 이루어지는 사랑이 대개 자아의 자기 회귀적 원환운동이기 쉬움을 단호하게 선언한다. 그것은 타인의 타자성 혹은 타자로서의 타인('시든 꽃' '딱딱한 빵' '더럽혀진 눈' '썩어가는 생선 비린내' '섬뜩한 청거북의 모가지')을 보지 않을 때에만 가능한 운동이다. '나는 너를 사랑한다'고 말함으로써 '나'는 '너'의 타자성을 지운다. '너'를 사랑한다는 것은 "내가 이미 알았고, 사랑했던 것들"을 네게서 다시 확인하는 일이다. 이 시는 공주에게 개구리는 결국 개구리일 뿐이라는 '실재'를 회피하지 않았다. 더 나아가 '상상'적인 층위에서 개구리를 왕자로 변용하길 즐겼던 모든 서정시들의 안이함을 공박한다.

　이 시가 사랑이란 본래 나르시시즘적인 자기 배려에 지나지 않는다는 세속의 지혜를 되풀이하고 있는 것은 아니다. 타인의 타자성을 인식하여 그로부터 타자를 배제하는 일을 정당화·합리화하고 있지도 않다. 이 시는, 이런 표현이 가능하다면, '서정적 사랑'이 상대방을 속이면서 스스로 속는 메커니즘이라는 사실을 적시한다. 서정적 사랑은 이중의 기만이다. 그것은 타인에게서 타자성을 거세할 뿐만 아니라 자아의 허구성을 살찌운다. 뿐만 아니라 서정적 사랑은 늘 어떤 방어적 선택이며 회피의 몸짓이기 쉽다. 그것은 '나'의 근원적인 욕망과 충동을 순화시키는 세련된 방식이자 타인의 치명적인 욕망과 충동을 외면하는 편안한 방식일 수 있다. 역설적인 말이지만 그 어떤 것을 사랑해버리는 것처럼 쉬운 일은 없다. 이 사실의 준엄함을 인정하지 않는 한 '진정한 사랑'(이라는 것이 있다면)의 기적은 일어날 수 없다고 위의 시는 말한다. 그렇다면 타인의 타자성을 승인하는 태도는 '나' 자신의 폭력적 이면을 동시에 드러내는 작업이 될 수밖에 없다. 내가 바라보는 타인이 사라지면서 타자가 드러나고, 타자가 드러나면서 내가 바라보는 '나'가 해체된다. 이 지점에 도달할 때, 시는 잔혹해지거나 우스꽝스러워진다.

한밤중에 목이 말라 냉장고를 열어보니 밤의 푸른 냉장고는 고장이 났고 나는 거기 머무를 수밖에 없었다. 어둠으로 불 밝히는 캄캄한 대낮, 갈퀴 달린 내 손톱은 빙산처럼 희게 빛나는 검은 저 삼각주를 박박 긁어대는데 내 음부가 철철 피 흘렸다. 달콤 씁싸래한 시럽, 붉은 고 촛농에 젖어 살빛 카스텔라는 곰팡난 매트리스로 푹 번져가는데 그 위로 삐걱, 삐걱 소리를 내며 꿈틀, 꿈틀거리는 이봐요 고등어 부인 씨…… 그녀는 한창 자위중이었다.

대지의 손을 빌려 뜨거운 혀와 같이 현란한 손놀림으로 그녀의 속속곳 속곳 속에 물살을 일으키는 그녀, 출렁출렁 밀려갔다 밀려오는 파도를 이불처럼 덮어쓰고도 푸들푸들 살 떨어대는 그녀, 그녀가 내게 윙크하는데 새까만 그녀의 눈동자가 데굴데굴 굴러오더니 가속도가 붙은 볼링공처럼 삽시간에 날 쓰러뜨리며 말했다. 너 하고 싶지? 네? 에이 하고 싶으면서 뭘. 아뇨, 나는 아냣. 순간 나는 하이힐 벗어 그녀의 양쪽 뺨을 후려찍고 말았다. 거짓말! 분명 넌 하고 싶은 거야! 이런 씨발, 아니, 아니라잖아. 참다 못한 내가 그녀의 알주머니를 싹둑싹둑 가위질하자 김말이 속 당면처럼 빼곡히 들어찬 그녀들이 잘린 입 밖으로 일제히 폭소를 터뜨렸다. 이봐 고등어 부인 씨, 난 단지 갑갑증이 나서 살짝 따고플 뿐이라고!

— 김민정, 「고등어 부인의 윙크」(『날으는 고슴도치 아가씨』, 열림원,

문제는 서정이 아니다 195

2005) 중에서

　김민정의 시들은 도덕적으로 선하지 않을 뿐만 아니라 관습적인 의미에서의 아름다움과도 무관하다. 그녀의 시는 전혀 다른 곳에서 다른 목적지를 향해 나아간다. 다른 시들에서는 만나기 어려운 시어들과 낯선 상황들이 당연하다는 듯 이어지는 이곳에는 넘치는 에너지가 있다. 그녀의 시에는 무수한 동물들(거북이, 고등어 부인, 두꺼비 왕자, 문어, 젖소 아줌마, 지렁이, 집게벌레, 고슴도치 아가씨……)이 의인화되어 등장한다. 그리고 그 동물들이 '나'와 관계 맺는 순간(거북이가 사라지면서, 자위하는 고등어 부인과 마주치면서, 베개 밑에 짜부라진 두꺼비 왕자를 발견하면서……) 이야기는 시작된다. 단지 자기 자신에 대해서만 말하고 있는 듯 보이는 시들에서도 늘 미묘하게도 타인의 존재가 드러날 듯 드러나지 않을 듯 어른거린다. 이 상황들이 미묘한 까닭은 '나'와 타인 사이의 물리적·정서적 거리가 불분명하기 때문이다. 그녀의 시에 등장하는 무수히 많은 동물들은 '나'의 분신이기만 한 것도 아니고 적대적 타자이기만 한 것도 아니다. 서정적 동일화의 세계와 무관한 것은 말할 것도 없고 '타자는 타자다'라는 단호한 선언이 머쓱해질 만큼 자유로워 보이는 세계이기도 하다. 그들은 "나는 안 닮고 나를 닮은" 복합적 존재들이다. 사랑이나 증오의 감정이 단선적으로 나타나지 않는 것도 같은 맥락이다. 인용된 시에서 '고등어 부인'과 '나'의 관계가 또한 그렇다. 이 존재들과 '나'의 아웅다웅이 그녀의 시를 이끌어간다. 그런데 무엇을 위한 아웅다웅인가?

　'나'와 타자의 물리적·정서적 거리가 애매모호한 것은 어떤 권위적 중심이 제거되어 있는 탓이다. 자아의 전횡이 금지된 곳에서 타인의 타자성이 분출하며 그 타자성이 내 안의 타자성을 또한 호출한다. 고등어 부인이 내 의지와 무관하게 불쑥 나타나서 공모자의 미소를 지으며 '윙크' 하고, 당황하는 '나'에게 '폭소'를 터뜨리는 식이다. '나'와 타자는 동일하지 않지만 권위적 중심이 없기 때문에 서로 평등하게 아웅다웅 할 수 있다. 평등한 가운데 타자의 욕망과 충동이 순화되지 않고 드러 나면서 '나'의 욕망과 충동이 또한 드러난다. 이 평등함이라는 모체가 김민정 시의 잔혹함을 유머러스하게 만든다. 수평적이고 유머러스한 공간에서 위계적이고 허위적인 사랑의 관계는 성립될 수 없다(그녀의 시집에는 소위 연애시라고 할 만한 시가 없다). 그 서정적 환상을 넘어선 곳에서 욕망은 서로 얽히고설켜, 잔혹하거나 유머러스하게(때로 이 잔 혹과 유머는 상처로부터 스스로를 방어해야만 하는 사람 특유의 어떤 몸짓 처럼 보이기도 한다), 어떤 만남의 가능성을 타진한다. '나'와 타자의 잔혹하고 끔찍한 욕망의 핵심부에 있는 어떤 미지(未知)를 외면할 때 '너'와 '나'의 상호이해는 상호오해이기 쉽다고 그녀의 시는 말한다. 연애시의 외관과 가장 멀리 떨어져 있는 그녀의 시들이 오히려 진정한 사랑의 성립 가능성을 질문하는 시라고 말할 수 있는 것은 그 때문이 다. 이것은 서정적이기를 사양하는 세대의 사랑법이다.

4. 풍경에서 상처로

우리 시대 서정시의 가장 유력한 장(場)이었던 자연이 '매트릭스'가 되어 소비되고 있는 것은 많은 것이 가상화되고 있는 우리 시대의 징후 를 반영하는 현상이지만 동시에 그것은 서정성의 본래적 위험이기도 하다. 자연은 늘 '재발견' 된다. 돌이켜보면 서정시에서 자연이 삶의 치 열한 격전지였던 경우는 많지 않았다. 그것은 대체로 격전 이전이나 이 후, 자아의 나르시시즘적 욕망의 변형된 지평으로 재발견되어 호출되 곤 했다. 비유컨대 '저만치' 피어 있는 '산유화'는 일제강점기 당시, 혹은 한국전쟁 이후, 혹은 90년대 초 거대 담론의 퇴조 이후, 매번 서로 다른 욕망의 필터를 거쳐 반복 인화되었다. 부당한 권력의 강압, 피폐한 현실의 압력, 이념의 하중 등이 약화되어 시가 마음 놓고 서정적이 되어도 좋을 때, 그러니까 서정성의 순혈성이 증가할 때, 자연의 가상화는 더불어 증가하고 자연성은 인간성으로부터 점점 유리되어 하나의 '풍경'이 된다. 풍경은 책임을 묻지 않는다. 풍경 앞에서 우리는 누구나 한마디쯤은 할 용기가 있고 그만큼 무책임하다. 자아가 자연을 소비하는 것은 서정적 자아가 타자를 타인으로 소화하는 메커니즘의 확장으로 이해할 수 있다. 나르시시즘적인 자아의 시적 권력이 완고하게 유지되는 한 타자의 타인화, 자연의 가상화는 연쇄적으로 발생할 것이다. 개구리를 왕자로 변용시킨 바로 그 메커니즘이 자연이라는 숲 속에서 잠자는 미녀를 깨운다. 따라서 새로운 가능성은 자연을 자아의 권역으로부터 해방하는 작업에서 나올 것이다. 자아와 자연의 관계가 11시 59분 59초의 시간에 도달할 때 다음과 같은 시가 가까스로 씌어진다. 적어도 이 순간 자연은 자아의 자기 동일성을 보충하는 소비재이기를 그만두고 세계의 상처를 드러내는 생산재가 된다.

그대가 나의 오라비일 때, 혹은 그대가 나의 누이일 때 그때 우리 함께 닭다리가 든 도시락을 들고 소풍을 갑시다, 아직 우리는 소풍을 가는 나날을 이 지상에서 가질 수가 있어요, 우리는 그 권리가 있어요, 소풍을 가는 날, 가만히 옷장을 보면 아직 개키지 않은 옷들이 들어 있어도 그냥 둡시다, 갈잎 듣는 그 천변에서 우리는 다시 돌아올 것이므로, 돌아올 것이므로, 그날 그 소풍에 가지고 갈 닭다리를 잘 싸고 포도주 두어 병도 준비하고, 그대가 내 오라비로만 이 지상에서 그대가 나의 누이로만 이 지상에서 살아갈 것을 서약은 할 수 없을지라도 오래 뒤에 내가 그대를 발굴할 때, 그대의 뼈들이 있을 자리에 다 붙어 있었으면 합니다, 그 이름 없는 집단무덤에서 우리는 얼마나 머리 없는 뼈들을 보았던가요 울지 맙시다, 작은 소녀가 웅크린 그 부엌 안에 작은 불을 켜며 라디오를 켜며 서약한 많은 나날들이 연빛 웃음처럼, 소녀 또한 연등빛 웃음처럼 저 폭약 많은 오후에 사라져갈지라도 우리들이 먹은 닭다리가 저 천변에 햇빛에서 아득해질지라도 오 오 소풍을 갑시다, 울지 맙시다
— 허수경, 「소풍 갑시다」(『문학동네』 2004년 겨울호) 전문[11]

이 시를 두고 허수경 특유의 처연한 발성과 유장한 리듬을 지적하는 일은 새삼스럽다. 『내 영혼은 오래되었으나』(창비, 2001)에 수록된 시들이 다소 관념적이라는 느낌을 받았던 독자들이라면 최근 발표되고 있는 허수경의 시들에서 『혼자 가는 먼 집』(문학과지성사, 1992)의 파토스와 『내 영혼은 오래되었으나』의 로고스가 절묘하게 지양되고 있다는 사실을 확인하면서 즐거웠을 것이다. 이 시가 서정시의 아름다움을 높은 수준에서 보여주고 있다 해도 이 시에서의 '나'를 부정적인 의미에서 '서정적 자아'라 부르는 것은 분명 부당한 일이다. 단지 '나'가 '오라비'의 여동생이기도 하고 '누이'의 오라비이기도 한 무성적이고 추상적인 화자라서가 아니다. 자연을 풍경으로 만들어 내면의 반향으로 환원하려는 욕망이 보이지 않는 대신 자연의 존재 그 자체가 인간적 세계의 상처를 더 선연하게 부조하고 있기 때문이다.

예컨대 소풍의 장소인 "갈잎 듣는 그 천변"은 실재하는 현실의 오욕과 혼탁을 치유하는 상상적 공간으로 소비되고 있는 것이 아니라 "폭약 많은 오후"들이 낳은 그 수많은 "이름 없는 집단무덤"의 존재를 대비적으로 양각하며, "소풍 갑시다"라는 애틋한 청유는 '나비야 청산 가자'

---

11) [이 시는 이후 시집 『청동의 시간 감자의 시간』(문학과지성사, 2005)에 '연등빛 웃음'으로 제목이 바뀌어 수록되면서 시의 형태가 수정되었다.]

식의 상상적 도피를 권유하는 것이 아니라 상존하는 죽음의 위협 속에서 "내가 그대를 발굴할 때"를 염두에 둔 희구의 청원이고야 만다. "오래 뒤에 내가 그대를 발굴할 때, 그대의 뼈들이 있을 자리에 다 붙어 있었으면 합니다"가 갖는 무방비의 호소력은 여전히 허수경만의 것이다. 이 모든 것들은 세계를 불태우고 있는 전화(戰火)의 추상성을 개별화한다. 상처를 전시하고 자연을 통해 그 치유를 예감하는 서정이 개별자들의 상처를 보편화('우리는 모두 아프다')하는 '상처의 자연화'로 귀결된다면, 세계의 상처가 특정한 자연의 살갗을 찢고 나올 때 보편적 상처는 개별화('아픈 것은 우리다')되어 '자연의 상처화'를 이룩하게 된다. 자연이 상상적 유토피아가 되거나 착하기만 한 어떤 깨달음의 매개체로 호출되는 것이 아니라 자연이라는 것이 존재한다는 그 사실만으로 윤리적 죄책감을 떠맡게 만드는 지경은 서정시가 도달할 수 있는 한 경지다. 자연을 통해 상처를 서정적으로 치유하는 일은 쉽지 않을 뿐만 아니라 허위적이다. 치유되지 않는 상처의 덧남으로서 존재할 때, 즉 존재의 상처를 보편적인 것으로 일반화하지 않고 끊임없이 되돌아오는 외상(外傷)적 기억으로 특수화하는 데 기여할 때 자연은 윤리적일 수 있다.

> 내가 세상을 욕하고 엿 먹이고
> 내 안의 에이즈균을 다 퍼주어도
> 밤새도록 깨어 있는 저 예릿한
> 달맞이 노란 꽃은 어쩔 수가 없다
>
> 내가 세상에 침 뱉고 누런 가래
> 억지로 끌어올려 마구 퍼부어도
> 밤 오는 숲 속으로 마저 들어가지 못한

저 산길의 한 자락은 어쩔 수가 없다
— 이성복, 「125 밤 오는 숲 속으로」(『아, 입이 없는 것들』, 문학과지성사, 2003) 전문

전통적 서정시에서 자연을 서정적으로 사유화하지 않으면서 자연을 인간적 상처의 흉터로 이해하는 감각, 그 감각을 생태주의적인 방식으로 협소화하지 않는 태도는 매우 드물다(생태주의가 협소하다는 것이 아니라 생태주의적 서정이 협소하다는 말이다). 최근 젊은 시인들의 시에서 나타나고 있는 경향도 썩 미덥지는 않다. 자연을 '사물화'하여 여느 물상들과 다름없이 다루면서 자연과 인간을 동시에 해체해버리는 방식은 얻는 것보다 잃는 것이 더 많아 보인다. 너무 많은 자연이 문제라면 너무 적은 자연도 문제일 것이다. 자연은 새로운 방식으로 여전히 '시적인 것'에 기여할 수 있다. 그것을 현실이 확장된 사실주의적 공간이나 초월적 상상력을 자극하는 신성의 영역으로 동원하자는 것이 아니다. 주체라는 미지의 장소를 환기하고 타자성의 심연을 가시화하는 어떤 영역, 그래서 자아의 자기 동일성과 타인과의 허위적인 소통을 추문으로 만드는 어떤 영역, 진정한 윤리가 발생할 수 있는 어떤 상처의 영역으로 남겨두자는 것이다. 말하자면, "어쩔 수가 없"는 영역으로 말이다.

5. 포에티카 혹은 포-에티카

한국시의 서정성은 확실히 정체되어 있다. 동시에 그 반대편에서 '2000년대의 시'라고 할 만한 새로운 흐름이 점차 윤곽을 갖춰가고 있다. 전자를 일반화해서 비판하고 후자를 무조건적으로 추인하려는 것이 아니다. 90년대 이래의 '신서정'은 여전히 빼어난 시들을 산출해내고

있을 뿐 아니라 2000년대의 새로운 흐름들이 아직 명확한 비전과 정제된 미학을 제시하지 못하고 있는 것도 사실이다. 그러나 일련의 완미한 움직임들 속에서 문학사적 필연이라고 해야 할 어떤 계기들이 나타나고 있다는 것은 분명하다. 그 새로운 흐름들에서 우리는 재래의 서정이 주던 감흥과는 확실히 다른 어떤 '시적인 것'을 느낀다. 그 흐름들을 적극적으로 맥락화하고 담론화하기 시작한 일련의 움직임들은 최근 시 비평의 가장 주목할 만한 동향이라고 할 만하다. 한국의 '미래파'(권혁웅)라고 호칭하건 '다른 서정들'(이장욱)이라고 명명하건 간에 비평이 그들에게서 새로운 시적 활력을 기대하는 것은 필연적이면서 정당하다.

우리 역시 이 글에서 서정 중심주의에 대한 의구심을 숨기지 않고 드러냈다. 새로운 흐름들에서 나타나는 어떤 특질들을 반서정이나 비서정으로 범주화하지 않고 긍정적으로 범주화할 수 있는 관점과 개념들을 제시하려고 했다. 새로운 세대의 많은 시들에는 '나'가 없다. 그들은 자명한 '나'를 지우면서 미지의 '나'를 찾아간다. 자아의 나르시시즘을 넘어 점멸하듯 출현하는 주체성의 영역을 탐험한다. 더불어 타인의 타자성을 동일화하는 서정적 메커니즘을 거부하면서 타자와의 진정한 만남을 위해 방법적 갈등을 격렬하게 실험하고 있다. 자연을 풍경으로 만들어 상상적 낙원을 건설하려는 욕망과 그 찰나적 위안 역시 이들의 흥미를 끌지 못한다. 그것은 점차 가상화되어가는 세계 속에서 기껏해야 '가상의 가상'을 구축하는 일이 될 수 있다는 위험을 꿰뚫고 있다. 그들의 시에 현실(reality)이 없어 보이는가? 그들은 '나'와 타자와 자연의 어떤 '실재(the Real)'를 향해 나아간다.

80년대의 올바른 시들이 집단적 정치학에 복무했고 90년대의 착한 시들이 자아의 상상적 도덕률에 근거했다고 말한다면 이는 분명 지나친 단순화이다. 그렇다 하더라도 최근의 젊은 시인들이 폐쇄적이고 자폐적이라는 비판을 무릅쓰고 탐색하고 있는 것은 집단적 정치학과 상상적 도덕률이 무의식중에 회피한 어떤 세계라고 할 수 있을 것이다. 그 미지의 영역은 아직 불완전해 보인다. 그러나 우리는 그 미지의 영역에서 새로운 시대의 미학이 탄생할 것이라고 믿는다. 우리의 비평은 그 믿음과 더불어 씌어질 것이다. 그리고 그 새로운 시학(poetica)에서 시학-윤리학(po-ethica)까지를 읽어낼 것이다. 그 모색의 도정이 혼란스럽고 거칠고 아름답지 않을 수 있겠지만 좋은 옛것이 아니라 나쁜 새로운 것에서 출발하라는 브레히트의 충고는 여기에서도 유효하다. 그러니 도래한, 도래하고 있는, 도래할 시인들이여, 웰컴.

진실은 앓는 자들의 편에
— 2005년, 뉴웨이브 진단 소견

증상 1 — 도착(倒錯)

저널리즘 일각에서 70년대 산(産) 2000년대 발(發) 뉴웨이브들의 작품을 '엽기시(詩)'라고 명명한 일이 충분히 사려 깊은 것이었다고 할 수는 없지만 완전히 틀렸다고 할 수도 없다. 확실히 현상적으로 그들의 시는 엽기적이다. 예컨대 '성냥팔이 소녀'가 '눈알팔이 소년'으로 변신해서 '눈알 사세요'를 외치고 다닌다면(김민정,「눈 내리는 거리에 눈알 파는 소년들이 들끓었다」,『날으는 고슴도치 아가씨』, 열림원, 2005), '이소룡 청년'이 차력사 아비를 때려눕힌 뒤 '아비요' 외치면서 늙은 아비의 항문에 쌍절곤을 쑤셔박는다면(황병승,「에로틱파괴어린빌리지의 겨울」,『여장남자 시코쿠』, 랜덤하우스코리아, 2005), 어떤 모자(母子)가 있어 그 어미가 아이의 배꼽에 호스를 끼우고 다 자란 아이가 제 어미의 배꼽에 다시 호스를 끼운다면(이민하,「배꼽-관계에 대한 고집」,『환상수족』, 열림원, 2005), 이 이야기들은 확실히 엽기적이다. 엽기적일 뿐만 아니라 거기에는 하위문화적 요소들, 캠프(camp)적 감수성, 무국적적 혼종성

등이 가세되어 있기도 하다. 그런데, 어째서 이런 것들이 도래하게 된 것일까, 혹은 무엇이 이런 것들을 가능하게 한 것일까?

세간에서 '엽기적'이라 불리는 이런 식의 이야기들에는 공통점이 있다. 첫째, 그 엽기적 시공간에는 법이 없다. 해도 되는 일과 해서는 안 되는 일이 분별되지 않는다. 가학과 피학이 난무하고 신체 훼손과 기관 절단이 다반사다. 이 무법천지는 정서적으로 끔찍하다기보다는 이성적으로 불가해하다. 그들의 시를 독특하게 만드는 첫번째 요소는 이 인식론적 불가해함이다. 둘째, 그 공간 속에서 주체는 무언가를 '즐기고' 있다. '정상적인' 주체라면 불편해하거나 끔찍해할 만한 것들 앞에서 그들은 태연자약하다. 배려 없이 묘사하고 집요하게 반복한다. 일반적인 의미에서 그들은 '변태'다. 그들의 시를 독특하게 만드는 두번째 요소는 '어떻게 그런 것을 즐길 수 있는가'를 묻게 만드는 이 미학적 당혹스러움이다. 셋째, 이 모든 엽색(獵色)과 기행(奇行)에는 어떤 연극성이 있는데, 이 연극은 왠지 모를 비감을 자아낸다. 무법천지의 공간에서 주체들은 자유롭게 즐기는 것이 아니라 그 자유로움에 짓눌려 신음하고 있기라도 한 것인가. 그들의 시를 독특하게 만드는 세번째 요소는 이 정체 모를 상실감이다.

이런 식이다. 엽기의 출발지는 불편한 끔찍함이되 그것은 슬그머니 뒤틀린 쾌락의 냄새를 풍기다가 종국에는 텁텁한 슬픔을 내려놓게 만든다. 이 세 가지 요소들이 배합 비율을 달리하면서 뉴웨이브들의 시를 구성한다. 이 모든 요소들은 임상적 의미에서 '도착적'이라고 해야 할 어떤 특질과 겹쳐진다. 도착증자는 일반인들과 달리 상징적 금기(법)를 자유롭게 위반하면서 향유를 얻는 것으로 흔히 간주된다. '변태'나 '엽기' 따위를 유의어로 사용하면서 그들을 혐오할 때 우리에게 은밀하게 잠복되어 있는 것은 '너무 많이 즐기는' 그들에 대한 어떤 질투다. 우리는 도착적인 것들을 뒷문으로 들여와야만 하기 때문이다. 그러나 그들은 위반의 쾌락을 누리고 있는 이들이 아니다. 법이 완전히 부재하는 경우가 정신증이고 법이 설치된 경우가 신경증이라면, 법이 아직 설정되지 않아서 주체가 법을 설정해야만 하는 경우가 도착증이다. 그들은 법을 자유롭게 위반하는 자가 아니라 법을 설정하기 위해 애쓰는 자들이다. 도착적인 것들에서 어떤 연극적인 분위기, 혹은 어떤 비애감이 발생하는 것은 그 때문이다. 오늘날의 시들은 왜 도착적인가? 대표적인 사례 하나를 소개한다.

1
나는 선언의 천재/사계절을 저지르며 거듭 태어난 포 스타(four star)/침묵과 비명의 일인자인 철문이여/얼음으로 만들어진 찬 변기여/그리고 너 속 검은 의자여/나의 실패담이 그렇게 듣고 싶은가

(…)

2
뜨거운 세상이 소년을 달구었는지/소년이 세상을 뜨겁게 달구려 했던 건지 어쨌든/세상을 조금 알 것만 같던, 솜털수염이 막 나기 시작하는/한 소년이 야구를 합니다/소년의 아버지의 머리통이 담장을 넘어가고/소년은 배트를 던지며 퍼스트 베이스를 향해 달려갑니다/땀이 비 오듯 쏟아집니다 이리저리 둘러보지만/그러나 퍼스트 베이스는 어디에

나는 두번째 죄의 계절을 맞았습니다/더이상 태어나기 싫어 집 밖으로 나가지 않았지만/(주근깨 여자는 어디로 간 걸까 지난밤 태내의 쌍둥이처럼 친밀했던)/나는 사방에서 자꾸만 태어났습니다

내부가 훤히 들여다보이는, 차창의 불빛 환한 밤 기차처럼/이렇듯 나는 너무 빤하고 선언은 늘 부끄러운 것입니다/그러나 나는 선언의 천재/모든 것을 선언한 뒤 알 수 없는 사람이 되고 말겠습니다

……결국 빛이 빛을 찾아헤매는 슬픈 시간입니다

주근깨 여자의 행방을 물으며 H에게 피 묻은 야구공을 선물하던 밤/술에 취한 H는 머리 뒤에 깍지를 끼고/거만한 말투로 내게 말했습니다

아직도 오늘 밤이군.

……결국 빛이 빛을 모른 체하는 슬픈 시간입니다

소년은 여전히 퍼스트 베이스를 찾아 달려가고/몇 개의 담장을 넘고 넘어 늙은 남자의 머리통이/보건소 쓰레기통에 처박히자,/소년의 어머니는 달리는 소년의 뒤통수를 향해 소리칩니다

빠울 빠울

나는 노래를 잊었습니다 댄스를 잊고 비행기/접는 법 잊었습니다 팔 걷지 않습니다 뜀뛰지 않습니다/그러나 땀이 비 오듯 쏟아지는 잠들 수 없는 시간
　— 황병승, 「사성장군협주곡四星將軍協奏曲」(『여장남자 시코쿠』, 강조는 인용자) 중에서

전문을 인용하지 못한 것이 유감스러울 만큼 이 시는 그의 모든 시 중

에서도 단연 압도적이다. 긴 시의 내용을 순차적으로 정리하면 이렇다. 1) H는 UFO를 세 번 본 사내다. H에게 UFO가 신호를 보낸 것은 딱 한 번이다. 3년 전 갈래머리 여자가 죽었을 때다. 그러나 H는 울지 않는다. 2) 소년이 야구를 한다. 아버지의 머리통을 쳐서 담장을 넘긴다. 그러나 퍼스트 베이스가 보이지 않는다. '나'는 H에게 피 묻은 공을 선물하고 소년은 여전히 보이지 않는 퍼스트 베이스를 향해 달린다. 소년의 어머니는 소년을 향해 "빠울 빠울"이라고 외친다. 3) 아버지의 머리통을 배트로 쳐서 넘긴 그 소년이 '나'를 찾아온다. 홈런이 자신의 꿈이라고 들뜬 목소리로 말한다. 그리고 다음날 H를 찾아간다. 소년이 H에게 "우리 아버지 살려내"라고 울부짖는다. 4) '나'에게는 여동생 '으나'가 있다. 으나는 "인사의 천재"다. 갈래머리 으나는 하수처리장에서 숨진 채 발견된다. 죽은 H의 갈래머리 여자친구는 바로 '나'의 여동생 으나다. '나'는 소년과 찍은 사진을 모두 불태운다. 으나가 죽은 날 H는 마침내 UFO를 따라갔다. H가 보낸 엽서에 따르면 그곳(외계)에 으나와 소년도 와 있다. H는 '나'에게, '나'를 용서할 수 없는 자신을 용서하라고 말한다. H의 엽서를 찢고 창밖을 보니 소년의 머리통이 날아가고 있다. 홈런이었다.

이 이야기를 어떻게 읽어야 할까. H와 소년과 으나의 "실패담"으로, (어쩌면 또다른 '나'들일지도 모르는) 그들을 관찰한 '나'의 보고서로 읽을 수 있다. 그들이 실패한 것은 '정체성의 확인(identification)' 작업이다. 그 실패는 캐릭터에 따라 서로 다른 계열을 그린다. 세 인물의 실패담을 따라가보면 이렇다. UFO를 "종교"적으로 신봉하는 망상증자 H는 애인을 잃고 결국 UFO를 따라간다. 이것은 망상증적 실패의 계열이다. 소년은 아버지의 머리통을 쳐 넘기는 도착적 행위를 감행하지만 영원히 퍼스트 베이스에 도달하지 못한다. 아버지가 살해된 곳에서 그는 정처 없다. 이것은 도착증적 실패의 계열이다. 으나는 "안녕하세요 으나랍니다"만을 반복하는 텅 빈 주체다. 은유를 생산하지 못하고 동일 구문을 반복하는 증상은 분열증의 그것이다. 하수처리장에서 죽고 마는 으나는 분열증적 실패의 계열을 형성한다. 큰 타자(아비, 민족, 이념 등등)가 부재하는 곳에서 이 모든 '나'들은 정체화에 실패한다. 영원히 도달할 수 없는 곳을 향해 달리거나 외계로 망명하거나 하수처리장에서 죽는다. 여기는 무법천지의 공간이면서 동시에 불가능성의 공간이다. 아무것도 확신할 수 없고 긍정할 수 없다. "빛이 빛을 찾아헤매는 슬픈 시간"이 가면 "빛이 빛을 모른 체하는 슬픈 시간"이 온다. 늘 "아직도 오늘 밤"인 것이다.

위의 시에는 편집증과 도착증과 분열증이 총동원되어 있지만, 황병승의 여타 시에서 가장 두드러지게 나타나는 상상력은 도착증적 상상력이다. 그의 시는 '나는 누구인가?'를 자문하는 슬픈 도착(변태)의 노래다. 내게 가능한 것은 오직 "선언"뿐이다. 나는 X다, 라고 스스로 선언하고 법을 공표해야 한다. 그러나 그것은 늘 실패를 반복할 뿐이고 남는 것은 자기 자신이 누구인지 증명하지 못하는 자의 "죄"뿐이다. 선언과 죄악의 악순환이 그들의 현황이다. 이 악순환은 멈추지 않을 테니 ("더이상 태어나기 싫어 집 밖으로 나가지 않았지만/(…)/나는 사방에서 자꾸만 태어났습니다"), 우리가 사는 곳은 감옥이요 산다는 것은 죄짓는 것이다("덜컥 나는 다시 태어날 것입니다 다섯번째 계절/더 큰 죄를 짓기 위해……"). 그러니 그가 "모든 것을 선언한 뒤 알 수 없는 사람이 되고 말겠습니다"라고 말할 때 이것은 끝까지 가는 자의 처절함을 전달한다. 내가 누구인지 확인할 수 있을 때까지 선언과 실패를 반복하겠다는 것이다. 그리고 이것은 황병승의 시 대부분을 물들이고 있는 근원적인 우울이다.

그러니 이 "사성장군"을 두고 오늘날의 주체들은 큰 타자가 몰락한 곳에서 자유롭게 정체성의 유희를 즐기고 있다는 식으로 결론짓는 것은 얼마나 순진한가. '정체성의 유희'라는 비평적 상투어는 이론적 허상에 불과하다. 그들은 포스트모던하게 유희하고 있는 것이 아니라 앓고 있다. 설사 그들이 스스로 정체성의 유희를 주장한다 해도 그것을 액면 그대로 믿을 수는 없다. 그것은 정체성의 위기를 감추고 있는 방어기제에 불과할 수도 있기 때문이다. 나의 상상적 자아 정체성이 붕괴하는 (혹은 '선언'이 '실패'로 돌아가 '죄'를 추가하게 되는) 치명적인 순간들 앞에서 내가 무언가를 선택하고 결정해야 할 때 비로소 주체에 대한 물음이 솟아오른다. 그의 시집 전체를 관통하고 있는 퀴어 캐릭터도 그 무슨 새로운 정체성을 도발적으로 단언하고 있기보다는 필사적인 자기 확인의 몸부림으로 그려질 때가 더 많지 않은가. 황병승은 바로 '실패'의 순간과 '탐색'의 여정을 겨냥한다. 그의 시가 비애를 머금고 있는 것은 전자 때문이고 대체로 서사의 형식을 취하는 이유는 후자 때문이다.[1] '나는 나'라는 완강한 자기 동일성이 있는 곳에서 주체에 대한 물음은 없다. 그리고 거기에는 어떤 치명적인 진실도 존재하지 않는다.

왜 그들인가. 큰 타자의 몰락으로 규정되는 포스트모던의 시기를 산 것은 그들만이 아니지 않은가. 큰 타자의 몰락을 직접 체험했던 세대들에게도 긴 방황의 시기가 필요했겠지만 그것은 그들에게 새롭게 다시 출발할 수 있는 계기가 되기도 했을 것이다. 90년대가 산출한 빼어난 서정시들이 증명하고 있거니와 큰 타자의 몰락은 '자기에의 배려'라는 반작용을 호출했고 내성(內省)적 서정시의 시대를 열기도 했을 것이다. 아울러 그들 중 일부는 '자연'이라는 큰 타자를 호출함으로써 주체성의 곤경을 넘어설 수 있었다. 모성적 여성주의, 범신론적 생태주의, 일상적 초월주의 등은 모두 '자연'이라는 큰 타자를 직간접적으로 공유

---

[1] 황병승 시의 '서사'에 대해서는 박상수, 「이제 기억을 버리고 상부구조로 shift할 때다—기억과 정체성의 관계를 통해서 살펴본 김행숙, 조연호, 황병승의 시세계」(『펜문학』 2005년 겨울호)도 참조.

했다. 그러나 90년대 초반 이후 한국사회에서 20대를 보낸 세대들에게 큰 타자의 심급은 아예 없었거나 거의 무력했다. 이 세대들에게 전통적인 가부장적 부권의 압력은 미약했고 상징적 아버지라고 할 수 있을 이데올로기 역시 치명적으로 위력적이지는 못했다. 정치적 억압과 성적 금기는 약화되었지만 너무 많은 자유가 있었기 때문에 무엇을 해야 할지 알 수 없었다. 자아가 힘을 얻었고 '구별짓기'에의 욕망은 커졌지만 미디어의 영향력 때문에 자아들은 균질화되었고 무차별성은 증대되었다. 현실이 전반적으로 가상화(virtualization)되면서 실재(the Real)에 대한 열망은 강해졌고 그것은 도착적이고 폭력적인 방식으로 드러났다. 그들은 사라져가는 '나'를 확인해야 했고 구별되지 않는 '나'를 증명해야만 했을 것이다. 이런 곤경이 얼마간 도착증적 태도를 초래했고 이런 환경이 새로운 시를 촉발했다. '나'를 말할 수 없다는 불가능의 상황이 역설적이게도 '나'를 다르게 말할 수 있는 새로운 가능성을 열었다고 해도 좋다. 그들의 과제는 도착증을 실연(實演)하면서 도착증과 실연(失戀)하는 것이었다.

증상 2 — 독백

어떤 이들에게는 '나'에 대해 말하는 것처럼 따분한 일이 없다. 더 정확히 말하면 그들은 '나'를 말하는 어떤 '형식'에 대해 심드렁하다. 애초에 그 형식은 정념이라는 무정형의 질료에 질서를 부과하는 주형(鑄型) 같은 것이었다. 형식 없이는 말할 수 없다. 그러나 형식적으로만 말할 수 있다. 형식이 반복되면 주형이 하는 일은 결국 정념을 '찍어내는' 일에 가까워진다. 물론 정념은 얼마간 개별적이다. 그 개별성의 매혹이 서정적 자아의 힘의 근원이고 그 힘은 주형을 흘러넘쳐 파격(破

格)을 이끌어내기도 할 것이다. 그러나 문제는 정념의 개별성이 자아가 믿고 있는 것처럼 그리 대단하지 않다는 데에 있다. 정념의 개별성은 형식의 보편성에 서서히 잠식당하고 마침내 그 형식은 제도화된다. 세간에서는 그 제도를 '고백'이라고 부른다. 일단 시스템이 형성되면 본말이 전도될 뿐만 아니라 그 전도 자체가 자동화된다. 정념이 형식을 부르는 것이 아니라 형식이 정념을 산출한다. 혹은 내면이 있어 고백이 있는 것이 아니라 고백이라는 시스템이 있어 내면이 원래부터 '있었던 것이 되는' 현상이 벌어지는 것이다.

이것을 푸코나 가라타니 고진 같은 이들만의 통찰이라고 할 수는 없다. 서정시에서 고백이라는 제도는 유구한 것이어서 그 제도 안으로 들어가면 누구든 제도의 압력을 얼마간 실감하지 않을 수 없게 된다. 고백의 인력(引力)은 강력하다. '나 한때는……'이라고 첫 줄을 쓰면 회한이나 반성의 대상이 될 그 무엇이 자동적으로 도착하고 고백은 시작된다. 그러나 그 고백은 결코 자멸적인 수준으로까지는 나아가지 않으며 오히려 '고백하는 자아' 특유의 매혹을 산출한다. 그리고 이윽고 적절한 서정적 동일화가 이루어져 내 안의 자연(본성)과 큰 타자로서의 자연(당위) 사이의 간극이 일시적으로 메워진다. 최악의 경우 시인은 이렇게 한 편의 시를 통해 또하나의 '상상적 자아'를 창조하면서 진실을 한번 더 회피하는 데 성공하고 만다. 물론 우리가 말하고 있는 것은 극단적인 경우다. 최상의 서정시들은 제도 안에서 제도를 갱신하는 저력을 보여준다. 우리에게 여전히 최상의 시는 바로 그런 시들일 가능성이 높다.

그러나 어떤 시인들은 고백이라는 제도 자체와 싸운다. 자아를 분식(粉飾)하는 데 그치고 마는 고백들에 심드렁할 뿐만 아니라 미적으로 아름답고 윤리적으로도 숭고한 최상의 고백들까지도 의심한다. 그들은 믿는다. 자아의 제국이 몰락하면 고백의 청동시대도 끝이 날 것이고 숱한 고백 복제시대의 예술작품들은 도태되어 '고백기념관'(황병승,「고백기념관」, 이하『여장남자 시코쿠』)으로 들어갈 것이라고. 그래서 그들은 전혀 예상하지 못한 방식으로 고백하면서 고백이 하나의 제도임을 폭로한다. 예컨대 황병승은 고백 대신 '만담'을 하거나(「시코쿠 만자이 漫才」—페르나 편(篇)」), '선언의 천재'가 되거나(「사성장군협주곡」), "서랍의 수만큼 거짓말을 늘어놓"거나(「서랍」), "마지막으로 한번 더 강렬한 거짓을" 말하거나(「여장남자 시코쿠」) 한다. 혹은 "완벽한 거짓말을 위해서 나는 수시로 체위(體位)를 바꾸었으며 까불대는 풀처럼 명랑했다"고 말하는 이도 있다.(김행숙,「거짓말을 위해서」,『사춘기』, 문학과지성사, 2003) 그들이 사랑하는 것은 고백이라는 '제도'가 아니라 거짓말의 '체위'다.

소풍 가서 보여줄게
그냥 건들거려도 좋아
네가 좋아

상쾌하지
미친 듯이 창문들이 열려 있는 건물이야
계단이 공중에서 끊어지지
건물이 웃지
네가 좋아
포르르 새똥이 자주 떨어지지
자주 남자애들이 싸우러 오지
불을 피운 자국이 있지
2층이 없지
자의식이 없지

홀에 우리는 보자기를 깔고

　　음식 냄새를 풍길 거야
　　소풍 가서 보여줄게
　　건물이 웃었어

　　뒷문으로 나가볼래?
　　나랑 함께 없어져볼래?
　　음악처럼
　　　　　　　　　— 김행숙, 「미완성 교향악」(『사춘기』) 전문

　　언니, 나는 비행기를 탈 거야. 나는 아무것도 버리지 않았는데, 갑자기 너무 가벼워졌어. 마리오는 아름다운 남자야.

　　안녕. 나는 보따리장사를 할 거야. 보석가게에서 나는 아름다움을 감정하지. 가짜가 얼마나 아름다울 수 있는지 아는 건 멋진 일이야. 언니, 곧 부자가 될게. 라인 강가에서.

　　한국 남자를 사랑해보지 못했어. 오늘 밤에도 언니는 시를 쓰고 있니? 언젠가는 언니 시를 읽고 감동하고 싶어. 안녕.

　　11월에 나는 마리오를 만나지. 언니는 한국어로 사랑을 고백할 수 있어? 언니, 우리가 어렸을 때 문방구에서 마론인형을 훔치는 언니를 봤어. 눈물이 주르르 모래처럼 흘렀어.

　　언니, 우리가 아주 어렸을 때 모래는 가장 아름다운 흙의 형상이었지.

나는 매일 밤 기도를 해. 언니가 우리 집을 떠나던 날에 나는 왜 쓸쓸해
지지 않았을까? 언니를 위해 기도할게. 안녕.
— 김행숙, 「하이네 보석가게에서」 전문

한 소녀가 소년에게 "네가 좋아"라고 고백한다. 소녀는 둘만의 소풍을 제안한다. 소풍의 장소는 공사장을 연상시키는 낡은 건물이고, "건들"거리는 남자애들의 아지트처럼 보이는 그곳이 소녀에게는 "상쾌"한 일탈의 공간이다. "소풍 가서 보여줄게"라는 문장의 목적어는 시 여기저기에 흩어져 있지만 술어와 목적어들의 관련은 그리 긴밀하지 않다. 그래서 비어 있는 목적어의 자리는 사춘기의 위태롭고 아슬아슬한 에로스를 머금는다. 그러나 화자의 발화에는 별다른 "자의식"이 실려 있지 않아서 이 고백의 전반적인 분위기는 "까불대는 풀처럼 명랑"하다. 아울러 "뒷문으로 나가볼래?/ 나랑 함께 없어져볼래?/ 음악처럼"이라는 매력적인 구절 덕분에 '뒷문'으로 '없어져' 버리는 소년 소녀들의 일탈기록은 '미완성'이어서 아름다운 사춘기 시절의 어떤 풍경화로 상큼하게 전환된다.

이 상큼한 발성(發聲)은 이어지는 시에서도 여전하다. 아마도 어렸을 때 서로 헤어진 자매인 것 같다. "한국어"와 "한국 남자"에 대해 궁금해하고 있고 "우리가 어렸을 때"나 "우리가 아주 어렸을 때" 같은 표현을 반복하고 있는 것을 보면 동생 쪽이 해외로 입양된 것일 터다(이 역시 확실한 것은 아닌데 "언니가 우리 집을 떠나던 날에"라는 구절이 덜미를 잡는 탓이다). 동생이 언니에게 편지를 쓴다. "아무것도 버리지 않았는데 갑자기 너무 가벼워졌어"라고 말하는 이 화자 역시 거추장스러운 '자의식'으로부터 자유로워 보인다. 마리오라는 "아름다운 남자"가 있고 아름다운 "보석가게"의 꿈이 있으니 그것으로 충분하다. 고백은 들쭉날쭉 탄력 있게 계속된다.

그런데 이 탄력은 이 고백의 말들이 어딘가 서투르게 느껴진다는 점에 힘입고 있다. 각 연이 자연스럽게 연결되지 않는 것은 그렇다 쳐도 (독립된 편지들이니까) 같은 연 안에서의 문장들조차 단속(斷續)적이게 어긋나 있다. 얼마간 수줍어 보이기까지 하는 이 서투른 번역투는 매우 효과적인데 바로 그것이 김행숙의 문장들에서 한국어의 때를 묘하게 털어내고 있다. 뒤에서 화자는 "언니는 한국어로 사랑을 고백할 수 있어?"라고 묻고 있거니와 이 순진한 질문이 마치 반문이나 심문처럼 읽힐 수 있다는 것도 흥미롭다. 어쩌면 시인은 화자의 입을 빌려 우리에게 오늘날 고백의 존재 근거를 묻고 있는 것은 아닌가. 한국어로 사랑을 혹은 그 무언가를 고백한다는 것은 가능한가? 이것은 어쩌면 김행숙의 시 전체를 관통하는 질문이라고 할 수 있을지도 모른다. 김행숙의 모든 '그녀들'의 화법은 한국어로 고백하는 일의 제도적 성격을 암묵적으로 힐난한다. 제도화된 고백이 진실을 실어나를 수 있는가, 제도를 수락하기보다는 차라리 그 제도 바깥에서 "가짜가 얼마나 아름다울 수 있는지"를 탐색하는 것이야말로 더 '멋진 일'이 아니겠는가, 라고 그녀들은 말한다.

  우리는 그녀의 시가 아름답게 느껴지는 까닭이 무엇보다도 그녀가 말하는 방식과 관련이 있다고 믿는다. 인용한 시들은 모두 1인칭이 2인칭에게 건네는 말들로 이루어져 있지만 이것을 일반적인 의미의 고백이라고 부를 수는 없다. 1인칭의 발화는 어쩐지 신뢰하기 어렵고 2인칭의 존재감은 희미하다. 과감하게 말하면 주체도 대상도 없는 이 고백은 차라리 어떤 중얼거림에 가깝다. 김행숙의 첫번째 시집 곳곳에서 우리는 이런 식의 중얼거림들과 만난다. 정체성을 구축하(고자 하)는 자아의 목소리가 사라지고 '누군가가 말한다(On Parle)'의 형식을 취하는 '익명적 중얼거림'(들뢰즈)의 아름다운 연쇄가 그 자리를 차지한다. 화자와 청자가 일정한 형식을 전제하고 준수하는 '고백'과는 달리 김행숙의 새로운 고백은 말 그 자체만이 존재한다는 뜻에서 '독백'이라 부를 수 있을 것이다. 그 독백이 "아무것도 버리지 않았는데, 갑자기 너무 가벼워"지는 미학적 효과를 산출한다.

그녀가 '사춘기' 연작과 '귀신 이야기' 연작을 통해 사춘기의 소녀들과 죽은 귀신들을 페르소나로 끌어들인 이유도 이런 맥락에서 이해할 수 있다. 소녀들과 귀신들은 고백이라는 제도 바깥에서 고백하는 존재의 어떤 표상일 것이다. 그리고 그들이 만들어내는 다채로운 '거짓말의 체위'는 이 시집의 가장 강력한 매혹을 견인한다. 그리고 이 매력은 그의 동세대 시인들이 얼마간 공유하고 있는 특질 중의 하나로 보인다. 김행숙의 '떠도는 말들'은 기왕의 고백이 어떤 위기에 봉착했다는 사실을 드러내는 증상이다. 증상은 질문이다. 아름다운 그녀의 독백들은 종래의 서정적 고백의 형식이 어떤 미학적 곤경에 처해 있는 것은 아닌지를 묻고 있다.

증상 3 — 환상

'환상시'라는 명명법이 통용되고 있다. 이해는 되지만 선뜻 동의하기는 어렵다. 대개 명명이란 명명되는 대상의 어떤 특질이 촉발하는 것이기도 하지만 명명하는 자 자신의 곤경을 반영하기도 한다. 이 명칭도 예외는 아니다. 예컨대 '주체도 대상도 없는' 일련의 이미지들로 이루어진 시가 있다고 가정해보자. 주체가 없다는 것은 그 이미지들의 연관을 붙들어매주는 서정적 자아의 통일된 목소리가 존재하지 않는다는 것이고, 대상이 없다는 것은 이미지가 지시하는 지시대상이 불분명하거나 말소되어 있어서 이미지를 다른 그 무엇으로 환원할 수 없다는 것을 의미한다. 이 경우 독자는 '해석'의 곤경에 빠진다. 이럴 때 시는 대체로 독자로 하여금 시인이 시를 만드는 '방법' 자체에 주목하게 만드는 메타시의 형태를 띠게 마련이다. 말하자면 "대상 자체는 좀더 미미하게 지시되거나 아예 괄호에 묶이지만 그것을 응시하는 시인의 태도와 묘사하는 방법 자체는 전면화되는 경우" 혹은 "대상이 시인의 눈을 거쳐 필터링되는 과정 자체"를 주목하게 만드는 경우로 나아간다.[2]

그러나 방법론의 실험인 메타시들은 '시로서' 성공하기 어렵다. 단순하게 말하면 그런 시들은 너무 빤하거나 너무 어렵다. 특히 후자의 경우에 대해서라면 독자는 충분히 불평을 터뜨릴 권리가 있다. 실상 '환상시'라는 명명 자체가 어떤 이들에게는 일종의 불평으로 통용되고 있는 실정이다. 확실히 이민하의 어떤 시들은 그 추상화 정도가 매우 높아서 일종의 메타시로 읽힌다. 그러나 이민하의 시들이 다 그렇지는 않은 것 같다. 오히려 그녀의 좋은 시들은 다른 계열의 작품들에서 더 많이 발견된다. 여전히 재현의 방법론을 문제 삼고 있지만(그래서 환상적이지만) 메타시의 층위로 나아가기보다는 정념의 진실을 드러내기 위해 고투하는 방향으로 나아가는(그래서 실재적인) 시들 말이다. 차가운 방법론으로 뜨거운 정념을 실어나르는 다음 사례들을 보라.

참 아름답군요 딱 한 번 스쳤을 뿐인데 양파 같은 눈이 보기 좋군요 끝없이 즙을 짜는 세월의 물컹한 살점이 도려내기 좋군요 당신은 안경을 벗고 나는 창문을 벗어요 당신은 바지를 끄르고 나는 계단을 끌러요 당신은 가랑이를 벌리고 나는 활주로를 벌려요 당신은 혀를 내밀고 나는 비행기를 내밀어요 당신은 내 몸을 올라타고 나는 구름숲을 올라타요 구름숲에는 녹색 투명한 산들이 거꾸로 매달려 자라고 오렌지를 눈에 낀 태아들이 골짜기마다 우글거리고 오백 년 묵은 짐승들의 비명이 으스러

---

[2] 조강석, 「말하라 그대들이 본 것이 무엇인가를」, 『문예중앙』 2005년 겨울호.

져 보드라운 밀가루처럼 날려요 머리끝에서 발끝까지 천릿길을 온몸의 발굽으로 숨 가쁘게 내달리는 안경을 벗은 당신, 나는 잘게 다져져 물푸레 잎사귀처럼 하늘거려요 구름숲보다 더 멀리 날아다녀요 끝없이 찢어져 날리는 나의 메마른 살점이 당신의 콧잔등을 핥아주기 좋군요 유리알보다 가벼운 나를 쓰고 어디 한번 웃어봐요 안경을 벗은 당신, 양파 같은 눈이 보기 좋군요
  ─ 이민하, 「안경을 벗은 당신,」(『환상수족』) 전문

 애인은 고기를 사고 나는 나풀나풀 스웨터를 벗는다 애인은 고기를 사고 상추를 사고 깻잎을 사고 나는 스웨터를 벗고 원피스를 벗고 피어오르는 솜털들을 벗고 애인은 고기를 사고 나는 닦고 있던 거울에 매달려 낮잠을 잔다 애인은 고기를 사고 나는 검은 페인트로 정원수를 칠하고 애인은 고기를 사고 나는 심이 까만 연필을 밤새 깎는다 애인은 고기를 사고 나는 흑연가루에 목이 메어 눈에서 구름을 뚝뚝 흘린다 애인은 고기를 사고 나는 배꼽을 어루만지고 애인은 고기를 사고 나는 붉은 신호등을 어깨에 매달고 달려간다 애인은 고기를 사고 나는 산부인과에 다녀오고 애인은 고기를 사고 나는 연탄불을 피워 가스에 질식된다 애인은 고기를 사고 나는 구급차에 실려가고 애인은 고기를 사고 나는 의사를 사랑하고 애인은 고기를 사고 나는 자궁을 꿰매고 애인은 월요일 수요일 금요일 고기를 사고 나는 화요일 목요일 토요일 구두를 닦고 애인은 스무 해째 고기를 사고 나는 애인이 있는 정육점을 지나 스무 해째 훨훨훨 공중으로 하관되는 엘리베이터를 오르고 애인은 정육점에 배달된 나의 엘리베이터를 끄르고
  ─ 이민하, 「애인은 고기를 사고」(『문학·판』 2005년 여름호) 전문

 위의 시들이 이민하의 개성을 가장 또렷하게 드러내고 있다고 할 수

는 없다. 그런 시를 찾자면 방법론적인 자의식이 강하게 실려 있는 메타시 계열의 시들을 읽는 편이 나을 것이다. 그러나 위의 시들은 '환상'이 동원되는 내막을 드러내면서 그 환상이 어떻게 현실의 실재를 관통할 수 있는지를 확인할 수 있게 한다. '당신'과 '나'의 일련의 행위들은 명백히 성관계를 암시한다. 그런데 남녀의 행위는 상호대칭적인 형식으로 조화를 이루기는커녕 계속 어긋난다. 이 어긋남이 같은 형식의 구문들을 통해 반복된다. '당신'과 '나'는 모두 동일한 서술어(벗다, 끄르다, 벌리다, 내밀다, 올라타다)를 공유하지만 목적어(안경과 창문, 바지와 계단, 가랑이와 활주로, 혀와 비행기, 몸과 구름숲)는 비대칭적으로 어긋난다. '당신'은 안경을 벗고 바지를 끄르고 가랑이를 벌리고 혀를 내밀고 내 몸을 올라탄다. 한편 '나'는 창문을 벗고 계단을 끄르고 활주로를 벌리고 비행기를 내밀고 구름숲을 올라탄다. '당신'은 '나'의 몸에 점점 근접해들어오는 반면 '나'는 '당신'의 몸으로부터 점점 멀어지고 있는 형국이다. 이 어긋남은 성적 향유의 어긋남으로까지 이어진다. '당신'은 머리끝에서 발끝까지 천릿길을 온몸의 발굽으로 내달린다. 성적 향유의 차원에서 여기에는 어떠한 탈선도 없다. 그러나 '나'는 '당신'이 보지 못하는 어떤 환상적인 풍경 속으로 탈선하고 만다. 그곳에는 뒤집힌 산, 우글거리는 태아들, 짐승들의 비명이 있다. 이 풍경은 어떤 트라우마를 불길하게 환기하고 '나'는 결국 잘게 다져지고 찢어져 날린다. 여기에 이르면 '당신'과 '나'의 어긋남은 거의 회복 불가능한 차원에 도달한다. 그 회복 불가능성은 "끝없이 찢어져 날리는 나의 메마른 살점"과 "끝없이 즙을 짜는 세월의 물컹한 살점"의 대구를 통해 최종적으로 확증된다. 이런 맥락에서 "그는 나를 부르기 위해 종일 좇아다녀요 나는 그를 버리기 위해 종일 좇아다녀요 서로의 앞모습은 볼 수 없어요"(「哀人―관계에 대한 고집」, 『환상수족』)라는 구절은 마치 이 시의 주석처럼 읽힌다.

이어지는 시 역시 유사한 계열에 속한다. 앞의 시가 성관계의 비대칭성과 적대를 다루고 있다면, 뒤의 시는 연애의 비대칭성과 적대를 다룬다. 다만 앞의 시에서는 '당신'과 '나'의 하위 항목들이 제각각 비대칭을 만들면서 긴장을 형성했다면, 뒤의 시에서는 '애인'의 완강한 동일성과 '나'의 끝없는 전락이 대립되면서 긴장을 형성하고 있다는 점이 다르다. '애인'이 20년 동안 변함없이 고기를 사는 동안 '나'는 "피어오르는 솜털"의 어린 나이를 지나 이러저러한 노동(거울 닦기, 정원수 칠하기, 연필 깎기, 구두 닦기 등)을 거치고 '붉은 신호등'으로 암시되는 불길한 임신과 불행한 유산을 겪은 뒤 마침내 죽음("공중으로 하관되는 엘리베이터")에까지 이른다. '나'가 죽어서 고기가 되어 정육점에 배달되고 마침내 '애인'이 '나'라는 고기를 사는 지경에 이르는 결말은 섬뜩하면서 설득력이 있다.

두 편의 시는 라캉이 '성관계는 없다'라는 말로 정식화했던 남녀 관계의 비대칭성을 다루고 있다고 해도 좋다. 그러나 중요한 것은 그녀의 방법론이다. 그녀의 시는 '성관계는 없다'는 테마를 형상화하는 모종의 대상 혹은 사건을 '재현'하지 않는다. 왜곡을 통해 지시대상 자체를 소멸시키고 사건을 추상화해서 이미지의 구조물로 전환시킨다. 바로 그 순간 그녀의 시는 소위 '환상'적인 것이 되며 그녀의 환상은 대개 '과잉'적인 것으로 나타난다. 앞의 시 중반부에서 우글거리는 태아들과 찢어져 날리는 '나'의 살점 따위는 그녀의 시에서 매우 흔하게 나타나는 '과잉'의 한 사례라고 할 만하다. 그리고 그녀의 환상이 '과잉'으로 치달으면서 자주 드러내는 현상 중의 하나는 공격적인 신체 훼손과 기관 분리 현상이다. 이는 흔히 여성적 주체성을 육체의 층위에서 재구성하는 어떤 '프로그램'의 일환으로 읽히는 것 같다. 마치 '기관 없는 신체'(들뢰즈·가타리)를 위한 프로그램처럼 말이다. 그러나 그녀의 모든 시가 메타시는 아니듯 그녀의 모든 시가 주체성의 프로그램을 내장하고 있는 것은 아니다.

이민하의 시에서 '신체 훼손'이 현실의 실재(예컨대 '성관계는 없다')로 단도직입해들어가려는 어떤 시도로 나타날 때, 혹은 '기관 분리'가 상징적 질서 내부에서 타자와의 관계를 통해 조절되는 '욕망'이 아니라 육체적 수준에서 직접적으로 솟구치는 어떤 '충동'의 표상으로 혹은 ('기관 없는 신체'가 아니라) '신체 없는 기관'의 형상으로 돌출할 때 그녀의 차가운 시는 간곡해진다. 방법론적인 시들이 아니라 바로 이런 시들에서, 즉 재현의 방법론을 문제 삼고 있으면서도(환상적이면서도) 관계와 정념의 진실을 드러내기 위해 고투하고 있는(실재적인) 시들에서 그녀의 시들은 뜨거워진다. 소위 '환상'이란 그러므로 언어화·상징화에 저항하는 현실의 '실재'를 직접적으로 현시하기 위한 노력의 일환이면서 동시에 의식의 수준에서 작동하는 '욕망'이 아니라 신체의 층위에서 작동하는 '충동'의 운동을 포착하기 위한 시도로 이해될 수 있을 것이다. 재현이 현실과 욕망의 층위에 관여한다면 환상은 실재와 충동의 층위에 관여한다.

이민하의 시는 재현이라는 기왕의 관습이 오늘날 시의 영역에서 다시 논의될 필요가 있음을 고지하기 위해 도착한 증상이다. 비유컨대 그녀의 '환상시'들은 '살아 있다'는 느낌을 회복하기 위해 스스로를 면도칼로 자해하는 '커터(cutter)'들을 떠올리게 만든다.[3] 그녀의 시는 관습적인 서정시를 면도칼(환상)로 자해하여 흘리는 붉은 피다. '허구를 현실로 착각하지 말라'고 포스트모더니즘은 충고한다. 이에 대해 정신분석은 '현실을 허구로 착각하지 말라'고 조언한다. 그리고 이민하의 시는 이렇게 말하고 있다. '실재를 환상으로 착각하지 말라.' 이것은 물론 그녀만의 이야기가 아니다. 우리는 신체 훼손과 기관 분리가 다반사로

---

3) 슬라보예 지젝, 「실재의 열망, 가상의 열망」, 『탈이데올로기 시대의 이데올로기』, 김상환 옮김, 철학과현실사, 2005.

일어나는 김민정의 시들(『날으는 고슴도치 아가씨』)에 대해서도 비슷한 주석을 달 수 있을 것이다. 이 '과잉'이라는 방법론과 그것이 기반하고 있는 '실재에의 열망'은 우리 시대 뉴웨이브의 어떤 경향이다.

증상 4 — 음악

전언(傳言)이 시의 최종 심급이라고 말할 수는 없다. 누군가의 말처럼 그것은 차라리 필요악에 가깝다. 최상의 전언과 최량의 음악이 만나는 경지가 시의 낙원이지만, 둘 중 하나를 선택해야 한다면 우리는 최량의 음악을 최상의 전언과 바꿀 생각이 없다. 운과 율로 구성되는 형식주의적 음악을 말하고 있는 것이 아니다. 우리의 '음악'은 발화자나 지시체 없이 그 자체의 물리적 강렬함만으로 존재하는 언어의 세계, 주체도 대상도 없는 '과정으로서의 언어'로 이루어지는 어떤 상태의 다른 이름이다. 이장욱의 최근 시들에서 전언은 희미하게만 존재한다. 대신 그는 구문론의 층위에서 '시적인 것'의 창안을 실험한다. 그때 그의 시는 거의 '무의미'하게 아름답다. 과거의 음악과 오늘의 음악이 다르듯 시가 음악이 되는 경로 역시 달라지게 마련이다. 이 경로를 최근의 뉴웨이브들이 함께 통과하고 있다.

> 19세기의 비가 내리면
> 목요일에 전화할게.
> 목요일,
> 유일한 목요일에는 전화할게.
> 오늘은 순교자들이 싫어져
> 자꾸 고개를 저었네.

어제부터는 모든 게 비대칭이야.
골목 모퉁이를 돌면 또 모든 게 새로워지는,
그런 마법을 아는,
중세의 여자를 만나고 싶네.
사랑과 햇빛을 위해서라면 부디
안락사를 허용해줘요,
밤거리를 걷다가 문득
영원한 음악 따위가 흐르지 않도록.
나는 미친 듯이 변신중이고
나는 사라진 빗방울을 찾아헤매네.
동그라미를 사랑해서
벌써 동그라미가 되어버린
무정한 여자에게는 전화를.
나는 변신을 사랑하는 마법사,
모퉁이를 돌면 마법처럼
목요일은 나타나겠지.
순교자들이 싫어,
아홉시 뉴스의 순교자들이 싫어,
나는 빗속에서 전화를 하겠지.
달콤한 목요일,
유일한 목요일에는 또
19세기의 비가 내리면
  —이장욱, 「19세기의 비」(『문학과사회』 2005년 여름호) 전문

서로 다른 사랑을 하고
서로 다른 가을을 보내고

서로 다른 아프리카를 생각했다
우리는 여러 세계에서

드디어 외로운 노후를 맞고
드디어 이유 없이 가난해지고
드디어 사소한 운명을 수긍했다

우리는 여러 세계에서 모여들었다
그가 결연히 뒤돌아서자
그녀는 우연히 같은 리듬으로 춤을
그리고 당신은 생각나지 않는 음악을 찾아 바다로

우리는 마침내 서로 다른 황혼이 되어
서로 다른 계절에 돌아왔다
무엇이든 생각하지 않으면 물이 돼버려
그는 零下의 자세로 정지하고
그녀는 간절히 기도를 시작하고
당신은 그저 뒤를 돌아보겠지만

성탄절에는 뜨거운 여름이 끝날 거야
우리는 여러 세계에서 모여들어
여전히 사랑을 했다
외롭고 달콤하고 또 긴 사랑을
— 이장욱, 「우리는 여러 세계에서」(『세계의문학』 2005년 가을호) 전문

비평가로서의 이장욱은 어떤 시에서 '시적인 것'이 '발생'하는 장면

에 민감하다. 그가 황병승과 김행숙의 시를 읽을 때 그는 그들의 시가 보기와는 달리 '충분히 읽힌다'는 것, 그리고 그것은 그들의 시가 어떤 미학적 일관성에 근거하고 있기 때문이라는 것을 설명하는 데 주력하지만, 그 와중에 특정한 구절 앞에 문득 멈추어 서서 그 구절이 시의 전체성에서 빠져나와 개별적으로 빛나는 장면들을 응시하고는 한다. 예컨대 황병승의 몇몇 구절들을 나열한 뒤 "미묘하게 서정적인 이 매력적인 구절들을 아무렇지도 않게 쓸 줄 아는 감각이야말로 이 시집을 지탱하는 힘이다"라고 말하거나 "여기저기 널려 있는 저 시구들에서 매력을 느끼지 못한다면 당신은 아직 시코쿠의 세계에 발을 들여놓지 못한 것이다"라고 엄포를 놓는다.[4] 김행숙의 시집을 읽으면서 "(…) 같은 구절이 매력적인 것은, 전체의 의미에 종속되지 않은 채 독립적이면서도 다른 문장들과 미묘하게 만나고 있기 때문이다"[5]라고 말하는 대목도 그렇다. 이 대목들은 흥미롭다. 마치 비평가 이장욱이 시인 이장욱에게 말하고 있는 것처럼 보이기 때문이다. "전체의 의미에 종속되지 않은 채 독립적이면서도 다른 문장들과 미묘하게 만나"는 "미묘하게 서정적인" 구절을 "아무렇지도 않게 쓸 줄 아는 감각"은 사실 시인 이장욱 자신의 것이기도 하니까.

    인용된 시에서 정리할 만한 전언은 거의 없다고 해도 좋다. 실상 이 시는 '나'가 좋아하는 것과 싫어하는 것들의 목록을 나열한 것에 불과하다. 물론 그 목록은 '나'의 실체를 또렷하게 부조하는 일에 기여하기보다는 거꾸로 '나'를 흐릿하게 지우는 일에 기여한다. 그럴 만한데, 왜냐하면 '나'는 "변신을 사랑하는 마법사"이기 때문이다. 그래서 '나'는 '변신'하는 것들에 매혹된다. "골목 모퉁이를 돌면 또 모든 게

---

4) 이장욱, 「체셔 캣의 붉은 웃음과 함께하는 무한전쟁(無限戰爭) 연대기」, 황병승, 『여장남자 시코쿠』 해설.
5) 이장욱, 「아이들, 여자들, 귀신들」, 김행숙, 『사춘기』 해설.

새로워지는" 그런 마법, 혹은 "동그라미를 사랑해서/벌써 동그라미가 되어버린" 그런 여자 같은 것들 말이다. 그러니 그가 "사랑과 햇빛을 위"한 "안락사"를 사랑하는 반면 "아홉시 뉴스의 순교자들"을 싫어하는 것은 자연스럽다. 안락사가 삶에서 죽음으로의 가벼운 변신에 가깝다면, 순교란 '아홉시 뉴스' 풍의 어떤 대의를 죽음을 통해 확증하려는, 혹은 삶을 죽음으로까지 이어가서 영원히 살고자 하는 어떤 질긴 욕망을 떠올리게 만든다.

"영원한 음악"을 경계해야 하는 것은 그 때문이다. 그가 추구하는 것은, 이렇게 말할 수 있다면, '순간의 음악'이다. 그리고 이는 이 시를 규정할 수 있는 썩 그럴듯한 말 중의 하나일 것이다. 이 시는 꾸준히 변신하는 것들의 변신과 변신 '사이', 혹은 변신 직전과 직후의 '순간'을 탐닉한다. 그 '사이'와 '순간'에, 존재는 "유일한" 어떤 것이 된다. 시인 자신은 "헛것이 취할 수 있는 가장 경건한 자세"(「편집증 환자가 앉아 있는 광장」, 『내 잠 속의 모래산』)라고 표현한 바 있는 그것, 혹은 들뢰즈라면 '비인칭적(/비인격적) 개별성'이라고 지칭했을 어떤 존재 양태가 이 시인에게는 매혹적인 주체 모델로 간주되고 있는 듯하다. '더이상 자아를 구성하지 않는 개별화', 예컨대 "오후 다섯시, 바람에 실려온 메뚜기떼, 밤에 나타나는 흡혈귀, 보름달에 나타나는 늑대인간" 같은 것들 말이다.[6] '19세기의 비'나 '유일한 목요일'이 놓여 있는 자리는 바로 거기다. '19세기의'와 '유일한'이라는 수식어는 무능력하다. 그것은 피수식어의 특질을 한정해야 한다는 수식어의 일반적인 임무를 거의 수행하지 못하고 있다. 그래서 '비'와 '목요일'은 폭력적으로 한정되지 않으면서 매력적으로 개별화된다. 전언의 중량과 상관없이 이 시는 '순간의 음악'이 되는 데 성공했고 아울러 '비인칭적 개별성'에 가

---

6) 질 들뢰즈·펠릭스 가타리, 『천 개의 고원』, 김재인 옮김, 새물결, 2001, 10장.

까운 독특한 주체성을 주조해내는 데 성공한다.

"전체의 의미에 종속되지 않은 채 독립적이면서도 다른 문장들과 미묘하게 만나"는 "미묘하게 서정적인" 구절을 "아무렇지도 않게 쓸 줄 아는 감각"에 대해서 그가 말할 때, 우리는 왜 '미묘하게'인가를 물어볼 필요가 있다. 대체로 고전적인 서정시들에서 서정적인 구절들은 자아의 정념과 직간접적으로 연결되어 있는 것이 보통이다. 그때 그 구절들은 자아의 정념을 세련되게 전달한다. 그래서 서정적인 것은 어떤 '구절'이기도 하지만 그 구절과 연동되어 있는 자아의 '정념' 혹은 '시각'이기도 하다. 그러나 여기 이장욱에게서 문제가 되는 '미묘하게' 서정적인 구절들은 자아의 정념으로부터 독립되어 있는 것처럼 보인다. 더 과감하게 말하면 그 구절들은 심리학적으로 서정적인 것이 아니라 언어학적으로 서정적인 문장들이다. 그렇기 때문에 그 구절들은 "전체의 의미에 종속되지 않은" 상태로 서정적일 수 있다. 이런 구절들의 예가 궁금하다면 황병승, 김행숙, 이장욱의 시집을 아무 곳이나 펼쳐보면 된다. 물론 이런 문장들이 가능한 것은 구심적인 '자아'의 자리가 비어 있기 때문이다. 그리고 이런 면모는 시에서 전언의 역할을 축소하는 결과를 가져온다. 이제 밑줄 그을 만한 아름다운 문장이 굳이 심오할 필요까지는 없는 것이다. 이를 '잠언으로부터의 탈피' 현상이라고 부를 수 있을까. 확실히 황병승, 김행숙, 이장욱의 뛰어난 구절들이 잠언으로 유통되기는 어려울 것이다.

이런 현상은 보다 근원적으로는 '계몽주의와의 결별'이라고 할 만한 어떤 사태를 야기한다. 대체로 서정시의 화자는 실재하는 인간으로서의 시인 자신과 허구적으로 창조된 서정적 자아의 사이 어디쯤에서 발화한다. 그 발화는 좋게 말하면 공유재산이 되는 지혜의 말씀이고 나쁘게 말하면 책임 소재가 불분명한 편견이다. 그 발화의 위치 자체가 어떤 권위적 효과를 발휘한다고 해도 좋다. 그래서 서정시는 그것이 명시적으로 계몽적 전언을 드러내건 혹은 정념을 전경화하면서 암묵적으로 어떤 지혜를 전달하건 모종의 계몽적 목소리를 장착하게 된다. 선동과 격문의 형식을 취했던 지난 연대의 민중시는 말할 것도 없고, 그 민중시가 민중이라는 큰 타자 대신 자연이라는 큰 타자를 도입하면서 탄생한 서정시들에서도 계몽적 목소리는 삶의 지혜와 잠언이라는 형태로 엄연히 존재했다. 오늘날의 뉴웨이브의 가장 가까운 선배들이라고 할 수 있는 90년대 초반의 소위 '대중적 전위주의자'들의 시에서도 일견 파편화되어 있는 듯 보이는 그 요설과 장광설 뒤에는 그것들을 통어하면서 전언을 전달하는 계몽의 목소리가 있었다. 유하의 '압구정'과 '하나대'는 둘이 아니라 하나였던 것이다.

그러나 지금 문제가 되고 있는 뉴웨이브들의 시에서 그런 계몽적 목소리를 발견하기는 쉽지 않다. 그것은 "사소한 운명을 수긍"하는 존재들의 '사소주의' 탓일까? "그가 결연히 뒤돌아서자" 고작 같은 리듬으로 춤을 추거나 음악을 찾아 바다로 떠나는 '그'와 '그녀', "외롭고 달콤하고 또 긴 사랑"의 (불)가능성만을 노래하는 저 무기력한 주체들의 문제일까? 그게 아니라면 계몽적 목소리를 불가능하게 만드는 환경의 문제일까? 물론 우리는 후자라고 생각한다. 계몽적 목소리의 퇴조는 계몽 자체의 위기를 반영하는 우리 시대의 증상일 것이다. 그럼에도 시에 계몽의 목소리를 탑재하는 일이 여전히 가능하다고 믿는 이들은 있을 것이다. 그러나 어떤 것이 가능하다는 것과 그것이 작동한다는 것은 별개의 문제라고 생각한다. 그래서 "희미한 빛 속에서 홀로 섀도복싱을 하는 고독한 인파이터들"[7]의 진로를 지켜보기로 한다.

---

7) 이장욱, 「책머리에」, 『나의 우울한 모던보이』, 창비, 2006.

에필로그 ─ 진단 소견

우리는 이들의 시가 좋은 시의 모범이라고 주장할 생각이 없다. 그러나 이들에게 건강한 시민정신과 폭넓은 소통의 언어를 권장하는 그 무슨 주의주의(主意主義)적 훈계에 동의할 생각은 더욱더 없다. 어느 편이냐 하면 우리는 현대시가 건강한 시민성을 함양하고 공적 언어를 정련하는 일에 투신한다 해도 그것이 그 무슨 대단한 결과를 산출할 수 있을 거라고 믿지 않는다. 한 편의 시가 사람을 바꾸고 세상을 바꾸었던 때가 있었다는 식의 의심스러운 노스탤지어는 갑갑할 뿐만 아니라 수상하다. 시는 하찮은 것이다. 시가 위대한 것이라고 생각하는 사람은 시를 사랑할 줄 모르는 사람이다. 시는 하찮은 것이지만 다른 대단한 것들이 하지 못하는 일을 한다. 주체들이 앓고 있는 증상들을 언어라는 가장 기초적 수단을 통해 표현하는 일을 한다는 점에서 시는 가장 근본주의적으로 하찮고 가장 진실하게 사소한 그 무엇이다. 도착적이고 반(反)고백적이며 환상적이고 비(非)계몽적인 이들의 시는 불투명한 우리 시대가 낳은 가장 투명한 증상들이다. 물론 진실은 언제나 건강한 자들이 아니라 앓는 자들의 편에 있다.

스키조와 아나키
— 2000년대 한국시의 정치학

1. 시적 정치학의 두 층위

다시 읽는 김수영의 시론들은 여전히 혼란스럽다. 그가 시학과 정치학과 윤리학을 별다른 배려 없이 넘나들고 있기 때문이다. 예컨대 강연록 「시여, 침을 뱉어라」(1968)에서, '형식'과 '내용'에 관한 시학적 해설은 돌연 '개인적 자유'와 '정치적 자유'에 관한 정치적 논설로 비약하고, 그것은 서로 먼저 침을 뱉지 않고서는 견딜 수 없는 모멸시대의 윤리학으로 도약한다. 그의 저 유명한 '온몸'의 시학은 형식의 '예술성'과 내용의 '현실성' 혹은 개인적 자유와 정치적 자유의 분열을 강요했던 외부의 억압을 돌파하여 저 간극들을 끝내 합치기 위한 모험이었고, 무의식(형식)과 의식(내용)의 일치를 추구하는 윤리적 행위에의 호소였다. 시학, 정치학, 윤리학의 영역에서 끝내 완강했던 모종의 간극을 그는 봉합하지 않았고, 세 영역이 한 몸이라는 진실을 훼손 없이 전달하기 위해 그 진실의 난맥을 정리하지 않았다. 간극이 초래하는 긴장과 난맥이 뿜어내는 에너지가 그대로 그의 전언이었다. 시학과 정치학과 윤리학이 형성하는 삼각형 중에서 특정한 한 면만을 보기로 작정한 독자에게 그의 글은 기꺼이 명료해질 테지만, 아마도 그때의 김수영은 더이상 김수영이 아닐 것이다.

우리는 지금 김수영의 시적 성공이 바로 저 '간극'과 '난맥'에 기반하고 있다는 점을 말하고 있다. 예컨대 그의 후기 걸작들인 「꽃잎 2」와 「풀」을 감싸고 있는 미묘한 긴장은 '꽃잎'과 '풀'이라는 기표가 끝내 안온한 '상징'의 세계로 돌아가지 않는다는 데서 발원한다. 저 기표들은 기의와 만날 듯 만나지 못하면서 떠다니는데, 이 기표와 기의의 간극 속에 개인적 자유와 정치적 자유의 간극이 음화(陰畵)로 새겨진다. 누군가가 부주의하게도 '꽃잎'은 '시(詩)'를 상징하고 '풀'은 '민중'을 상징한다고 공표하는 순간 저 긴장의 세계가 허망하게 붕괴하고 마는 것은 그 때문이다. 그의 난맥은 미학, 정치, 윤리가 동시에 뒤얽히면서 만들어내는 난맥이다. 그 셋을 인위적으로 분리하는 수술은 미숙아를 낳는다. 남는 것은 미학적으로 거칠고 정치적으로 모호하며 윤리적으로 나약한 시일 뿐이다. 말하자면 김수영의 힘은 그의 삼각형이 형성하는 어떤 절합(節合)의 구도에서 나온다. 그래서 그는 예의 강연록의 부제를 '힘으로서의 시의 존재'라고 달아야만 했다. 그의 힘은 표면적인 '전언'의 힘이 아니라, 특정한 구도를 형성하는 그 '존재(있음)'의 힘이기 때문이다.

그러나 오늘날 그와 같은 긴장은 더이상 존재하지 않는다. 그는 강연록에 1년 앞서는 한 글에서 "외부와 내부는 똑같은 것이다. 그리고 그것은 죽음에서 합치되는 것이다"[1]라고 쓰면서 '온몸' 시학을 예고했다. 외부와 내부는 똑같은 것이라는 김수영의 당위명제는 당시에 강력한 윤리적 자극을 내장할 수 있었지만, 오늘날 우리는 동일한 말을 사실명

---

1) 김수영, 「참여시의 정리」, 『김수영 전집 2 ― 산문』(개정판), 민음사, 2003, 390쪽.

제로 바꿔서 반복할 수 있다. 즉 오늘날 외부와 내부는 실제로 똑같다. 억압과 금기가 헐거워진 곳에서 "죽음에서 합치되는" 경지는 실종된다. "당신의, 당신의, 당신의 얼굴에 침을 뱉는"(「시여, 침을 뱉어라」) 모멸의 제스처도 진정성을 갖기 어렵다. 외부와 내부는 같고, 우리에겐 쓰지 못할 이야기가 없다. 그리고 이것은 '온몸'의 역동성을 무력화시키는 상황이다. 모든 것이 가능한 시대는 결국 아무것도 가능하지 않은 시대인 것이다. 이와 더불어 시에서 대문자 정치는 끝났다. 그것이 불가능하다는 것이 아니라 더이상 작동(work)하지 않는다는 뜻이다. 대문자 정치를 직접적으로 말하는 시들은 이상하게도 미학적으로 퇴행하고 만다. 그리고 아마도 그것은 시인의 잘못이 아닐 것이다.

그렇다면 무엇이 가능한가? 오늘날 가능한 것은 금지에 대한 저항이 아니라 유혹에 대한 거절일 것이다. 이제 권력은 '하지 말라'고 말하지 않고 '하라'고 말하기 때문이다. 금지하는 아버지가 폐위된 이후에야 우리는 향유(jouissance)를 권하는 아버지의 심급을 볼 수 있게 되었다. 오늘날 한국사회에서 그 '외설적인 아버지'(지젝)의 가장 확실한 업적으로 보이는 것은 완강한 자기 동일성으로 무장한 집단주의의 늪, 전체주의적 쾌락을 조직하는 시스템의 유혹이다. 강정구, 황우석, 월드컵, 독도 등을 둘러싸고 터져나온 그 자기 확신에 가득 찬 목소리들의 일사불란한 의미작용은 '욕망의 정치학(미시정치학)'이 작동하는 양상을 매우 불쾌한 방식으로 보여주었다. 오늘날 '시의 정치'가 개입할 수 있는 영역이 있다면, 그것은 저 동일성과 전체성의 전장(戰場)일 것이다. 차이의 정치, 정체성의 정치, 생체 정치 등이 운위되고 있고, 과연 차이, 정체성, 몸 등의 주제가 젊은 세대의 시인들에게서 과거와는 다른 감각으로 사유되고 있는 듯 보인다. 그러나 그들은 그런 정치를 말하기보다는 차라리 그 정치를 살고 있다. 무슨 뜻인가.

한 편의 시는 하나의 국가다. 거기에는 권력을 대리하는 '통치'의 심급이 있고 권력이 운용되는 '체제'의 심급이 있다. 이는 각각 '화자'의 심급과 '스타일'의 심급에 상응할 것이다. 한 편의 시를 읽는 일은 특정한 '통치자(화자)'가 국가를 통치하는 특정한 '체제(스타일)'의 양상을 확인하는 일과 다르지 않다. 요컨대 모든 시는 제 나름의 통치론과 체제론을 내장한다. 젊은 세대의 시인들은 자명한 1인칭 통치자가 일사불란하게 의미를 생산해내는 체제에 얼마간 지친 것처럼 보인다. 그래서 그들은 그들에게 거의 체질적인 것으로 내면화되어 있는 어떤 다른 통치와 체제의 메커니즘을 한 편의 시에 투영하면서 간접적으로 '미시정치'에 가담하기 시작했다. 대체로 그들은 통치자의 동일성을 휘발시켜버리고 선형적인 의미 생산체제를 교란하는 방식으로 그들의 국가에 새로운 통치론과 체제론을 도입한다. '나'의 정체성에 대한 격렬한 질문과 전체로서의 형식에 대한 해방적 교란이 '다른 정치'를 향한 상상력을 촉발한다. 권력을 행사하(지 않)고 체제를 구축하(지 않)는 새로운 방식, 혹은 '독재' 없는 통치론과 '전체' 없는 체제론, 이것이 2000년대 시의 시적 정치학의 두 층위다. 2000년대 시인들의 정치학을 말하기 위해 먼 길을 돌아왔지만, 그 새로운 물결을 총체적으로 조감할 수 있는 능력이 우리에게는 없다. 주목할 만한 최근의 사례를 검토하는 것으로 또 한번 숙제를 미룬다.

2. 통치론, 혹은 스키조의 시학 — 강정의 경우

함성호가 "강정의 언어는 여성적이고 강정의 시적 성별은 여성"이라고 쓸 때, 성기완은 강정을 두고 "남근들이 흐물거리는 시대에 보기 드문 빳빳한 남근 이미지를 지닌 시인"이라고 썼다.[2] 강정의 시적 성별은 남성인가 여성인가? '여성적'이면서 '남근적'일 수도 있는 것일까? 말하자면, 이런 질문을 던지게 하는 것이 강정 시의 힘이고, 이 모순이 바로 강정이다. 하지만 이것은 매우 불충분한 문답이다. 남녀 운운하는 질문 자체가 이젠 너무 촌스러워졌다. 우리는 이미 '시코쿠 학습 효과'를 체험했기 때문이다. 1년 전에 출간된 황병승의 시집(『여장남자 시코쿠』, 랜덤하우스코리아, 2005)이 남성과 여성의 경계를 자꾸 '의식' 하게 만드는 방식으로 화자의 성별을 교란했다면, 강정은 남성과 여성이라는 범주 자체를 '망각' 하게 만드는 방식으로 성별의 울타리를 초월한다. 그래서 강정에게 필요한 질문은 '남성인가 여성인가'가 아니다. 인간인가 짐승인가, 이것이 강정의 질문이다. 그는 이를테면 "이제 다른 인간이 태어나야 한다"(「우주괴물」)고 선언하거나 "인간이 아닌, 괴물이어야 한단다"(「불가사리」)라고 충고하는 부류의 인간이다.

그의 난폭하고 아름다운 이종교배의 상상력 앞에서 세간의 안이한 동종교배의 자식들은 문득 왜소해지고 만다. 한국 현대시의 주류적 감각인 서정적 휴머니즘과 지사(志士)적 계몽주의를 이토록 단호하게 거절한 세계가 있었던가. 이렇게 어떤 시는 '종(種)의 기원'을 새롭게 쓰겠다는 불가능한 야심을 장전하기도 하는 것이다. 그 야심과 더불어 시인이 '인간인가 짐승인가'를 물을 때 독자는 세 가지를 반문하게 될 것이다. 첫째, 지금 발화하고 있는 '것'은 무엇인가(누가 말하는가), 둘째, 천상의 우주와 지상의 짐승 사이를 분별 없이 왕래하는 이 상상력을 과연 무엇이라 명명해야 하는가(무엇을 말하는가), 셋째, 이 난폭하면서도 아름다운 문장들의 배후에는 어떤 미학적 준칙이 있는가(어떻게 말하는가). 당겨 답하면 이렇다. 첫째, 지금 발화하고 있는 '것'은 '서정적 화자'라는 안온한 심급이 아니라 어떤 비인간적 에너지의 덩어리다. 둘째, 인간이기를 그만두었으므로 인간적 상상이 아니라 우주적

---

2) 강정, 『들려주려니 말이라 했지만,』, 문학동네, 2006. 함성호의 해설과 성기완의 표지 글 참조. 이하 이 시집에서 인용할 경우 본문에 제목만 표시한다.

망상이 시를 이끌어간다. 셋째, 인간 아닌 어떤 것의 망상적 발화가 아름다운 모국어일 수 없겠거니와, 실상 그의 문장들은 일종의 외국어에 가깝다. 다음 시를 인용할 수밖에 없는 것은 그의 이와 같은 프로그램이 이곳에 집약되어 있기 때문이다.

> 그가 내게 처음 한 말은
> 물이 모자라 거죽이 붉게 부르튼 어느 짐승에 관한 얘기다
> 듣고 보니 말이라 했지만,
> 그 짐승의 존재를 알게 된 건 사람의 입을 통해서가 아니다
> 비이거나 혹은 바람이거나
> 아직도 살 만큼 물이 충분한 내 몸에 파충류의 피류 같은 돌기가 솟았던 걸 보니
> 짐짓 실체가 없는 무슨 진동 같은 거였는지 모른다
> 말이거나 비이거나 바람이거나
> 생각해보니 그것은 내 촉수를 자극해 조금씩 부풀면서
> 존재를 확인하려 하면 사라지고 만다
> 만져지는 대신
> 시간과 시간 사이에서 무성생식한 우주의 굵은 탯줄만 낡은 가구들 틈에 끼여
> 목청껏 다른 말들을 웅얼거리는데
> 이 다른 말이라 하는 것도,
> 듣고 보니 말이라 했지만,
> 책에 쌓인 먼지라거나
> 같이 있다 방금 자리를 뜬 사람의 미진한 온기 따위인지도 모른다
> ─「들려주려니 말이라 했지만,」 중에서

전문을 대상으로 말하건대 이 시의 눌변은 매혹적이다. 이 시를 되풀이해 읽다보면 추상적인 진술처럼 보이는 모든 문장들이 문득 정교하게 계산된 감각적 달변으로 다시 읽히는 순간이 온다. "우리 시사에서 가장 뛰어난 시 중의 하나"(함성호)라는 평가에 동의하지 않을 수는 있어도 이 시가 갖고 있는 은은한 격동의 호소력을 부인하긴 어렵다. '나'는 "물이 모자라 거죽이 붉게 부르튼 어느 짐승"에 관해 들었다. "물이 충분한 내 몸"에도 "파충류의 피륙 같은 돌기"가 솟아나기도 했나본데, 이는 무슨 영문인가? 그런데 누가 '나'에게 그 짐승에 관해 말했던가? 아니, 그것은 도대체 말이기는 한 것인가? 나를 변화시켰던 것은 '비'나 '바람' 혹은 그 무슨 '진동' 같은 것이 아니었을까? "시간과 시간 사이에서 무성생식"하는 우주의 생성 속에 휘말려드는 '나'는 시의 후반부에 이르러 "인간도 아니고 인간 아닌 것도 아닌" 것이 될 것이었다. 그리고 그 사태를 초래한 것은 '말 아닌 말'인데, 그것을 다시 말로 표현하기란 지난한 일이라서 이 시의 화자는 주춤거리는 눌변으로 그 사태를 전달하기 위해 애쓰고 있다. 물론 이 수사학은 비, 바람, 혹은 그 무슨 진동에 가까운 어떤 "다른 말들"에의 열망을 반영하고 있는 것일 터다. 이 독특한 상상력과 수사학을 각각 변종(變種)에의 욕망과 변성(變聲)에의 갈망이라고 정리해도 좋겠다. 이것은 그의 시집 전체를 지배하고 있는 충동이고, 위의 시는 그 세계의 창조자가 정색하고 쓴 서곡처럼 보인다.

　변종의 기획은 들뢰즈가 '생성(becoming, 되기)'이라는 말로 표현하고자 했던 사태에 가까이 간다. 관습적인 서정시들이 대상의 모방, 대상과의 교감, 혹은 대상과의 상상적 동일시 등에 몰두한다는 것은 사실이다. 그러나 강정은 그와 같은 서정적 메커니즘은 진정한 생성의 통로가 아니라고 생각하는 것 같다. 들뢰즈는 진정한 생성이란 주체가 어떤 대상과 함께 '구별 불가능/식별 불가능의 객관적 지대'로 들어서는 것이라고 말한 적이 있는데, 강정이 바로 그 일을 하려는 것처럼 보인다. 강정의 생성은 (자연적이라기보다는) 우주적이고 그의 상상은 (환상적이라기보다는) 망상적이다. 그가 임신·출산의 이미지들을 이끌고 프로이트의 분열증 환자 슈레버처럼 전우주적 생성의 세계에 기꺼이 몸을 맡겼기 때문에, 이곳에는 미증유의 풍경이 도입될 수 있었고 낯선 기운(氣運)이 생동할 수 있었다(다시, 들뢰즈라면 이를 '순수한 percept와 affect의 세계'라고 명명했을 것이다). 그것들은 인간에 의해 발견되고 감지되는 풍경과 기운이라기보다는, (위의 시의 논리가 그렇듯이) 오히려 그것들 스스로가 인간을 발견하고 포섭한다고 해야 맞을 그런 비인칭적인(impersonal) 힘들에 가깝다. 예컨대 "내 몸에서 가장 먼 풍경들을 통하지 않고서는/나는 내 심장박동을 느낄 수 없"(「한밤의 모터사이클」)다고 말하는 '나'는 "명료하지 않은,/더 깊은 세계의 포말"(「알을 품은 시인」)을 보고 있거니와, 그가 "육신의 이형(異形)"(「우주괴물」)으로 터져나갈 때 그의 시에서는 "아이는 사실 아무 말도 않지만/아이의 소리를 옮겨적은 백지 위엔 수시로 광풍이 분다"(「두번째 아이」)고 적었을 때의 그 '광풍'이 분다. 이런 세계에서 '나'라는 발화자는 '식별 불가능'하거나 '구별 불가능'하다. 이 변종의 기획은 시집 후반부에 수록되어 있는 '거미인간' 연작을 통해 집요한 집중력을 얻는다.

  그의 변성의 기획은 예의 변종의 기획과 불가분한 것으로 보인다. 새로운 종(種)이 인간의 말을 사용할 수는 없는 노릇이니 말이다. "듣고 보니 말이라 했지만," '나'를 변화시킨 그 힘을 굳이 '말'이라 할 이유는 없었을 것이다. "들려주려니 말이라 했지만," 말 아닌 그 말을 전달하는 일은 말 자체의 한계와 대면하는 도전이 아닐 수 없었겠다. 실로 이 시집 전체는 바로 이 "다른 말"의 세계로 가기 위해 "인간의 말"(「폭우」)과 벌이는 교전이다. "내 체온을 액면 그대로 종이 위에 처바르는"(「들려주려니 말이라 했지만,」) 이 작업은 불가피하게 상식적인 어휘나 자연스러운 구문과 불화할 수밖에 없었을 것이다. 이곳은 말의 조탁이 아니라 말의 발명이, 말의 미학이 아니라 말의 배치가 문제가 되는 세계다. 그는 우리말 리듬의 자연스러운 유로(流路)를 꺾고 자동화된 의미작용을 경계하는 일에 섬세하다. 그의 '정상적인' 산문들과 대질해보건대 이것은 확실히 의도적인 난폭이다. 그는 옳았다. 우리는 시와 산문을 동일한 강도(強度)의 문장으로 쓰는 시인을 좋은 시인이라고 생각하지 않는다. "위대한 문학은 일종의 외국어로 씌어진다"는 프루스트의 말은 정곡을 찌른다. 사실을 말하자면, 시는 외국어로 쓰는 것이다.

변종과 변성을 향한 이 모든 모험들은 『처형극장』(문학과지성사, 1996) 이래로 강정의 통치론이다. 시가 아름다움에 도달하는 특이한 통로 하나를 개척했던 그의 초기 시들은 『들려주려니 말이라 했지만,』으로 성공적으로 진화해왔다. 저 통치론에 의거하여 강정의 나라를 섭정하는 주체는 우주적인 망상의 세계를 유영하면서 마이너적인 방식으로 발화하는 분열자(schizo)인데, 경박한 테크놀로지의 시대에 출현한 이 낯선 기운생동은 소위 '서정적 자아'의 미학적 곤경을 돌파한 독창적인 시도 중의 하나로 기억될 것이다. 단, 그의 목소리가 그가 두 번의 아름다운 헌사(「새와 물고기를 닮은 남자」「폭우」)를 바친 톰 웨이츠(Tom Waits)의 그것을 닮는 것은 기꺼이 환영할 만한 일이지만, 그가 가끔 초월의 제스처에 다가갈 때 우리는 서먹해진다. 앞에서 인용한 시는 "인간도 아니고 인간 아닌 것도 아닌 만물이 때 되면 허물 벗어 다른 생을 낳는 그곳을/허공이라 한들 어떠리"로 끝나거니와, 여기서 '허공'이라는 시어와 '어떠리' 운운은 어쩐지 저 시의 머리와 몸통을 감당하기에는 허약해 보이지 않는가. 이런 아슬아슬한 구절들이 결국 초월의 제스처로 탈선하는 일만 없다면 우리는 그의 통치론을 기꺼이 지지할 것이다.

3. 체제론, 혹은 아나키의 시학 — 장석원의 경우

장석원의 시어들은 대개 '혁명'과 '사랑' 사이에서 진동한다. 혁명을 사랑에 빗대는 버릇과 사랑을 혁명과 함께 사유하는 버릇은 원래 동전의 양면이다. 혁명을 사랑의 문법으로 찬미 혹은 애도하거나, 사랑을 혁명의 구조에 빗대어 승인 혹은 거부하기, 이것은 혁명이 사랑이 아니라 생존이고 사랑이 사유가 아니라 실천인 그런 계급의 버릇이 아니다. 장석원의 시는, 이제는 오히려 신선해져버린, 개종한 지식인 계급의 비가(悲歌)다. 물론 이 사랑과 혁명의 '이중구속'은 김수영과 황지우의 것이기도 했다. 장석원의 시에서 매혹적인 구절들은 그래서 불가피하게 선배들의 그것을 닮는다. 거기서 그의 시는 혁명의 배반과 사랑의 종말 앞에서 애도를 끝내지 못한 채 허둥대는 변심한 지식인의 멜랑콜리한 목소리를 실어나른다. 그 목소리의 변사가 바로 장석원의 '낙타'다. 그렇기 때문에 "나의 낙타는 어디로 갔을까"(「낙타에게」)[3]라는 물음으로 시작되는 시는 그의 멜랑콜리를 아주 편안하게 실어나를 준비를 이미 마친 셈이다. 이제 "사막 하면 낙타가 걸어가고, 사막 하면 삭막한 도시가 떠오르고, 사막 하면 시가 생산"될 것이었다.

그러나 장석원의 "술 취한 낙타"보다 더 매력적인 것은 그가 부리는 또하나의 짐승인 '늑대'다. "혁명이 아름답던 은유의 날들"(「젊고, 어리석고, 가난했던」)을 되돌아보는 것이 낙타의 몫이라면, 이제는 다른 혁명과 다른 언어를 찾아 어슬렁거리며 불협화음(wolf's note)을 만들어내는 것은 늑대의 몫이다. 물론 이 늑대는 "나는 우울한 남자, 나는 사냥꾼/원초적인 생명본능 때문에/이성주의자의 혓바닥을 먹고 싶었지만 나는 무성의 바위/백 년 동안의 비정한 고독 후에 울부짖을 늑대"

---

3) 장석원, 『아나키스트』, 문학과지성사, 2005. 이하 이 시집에서 인용할 경우 본문에 제목만 표시한다.

(「내 마음의 아나키」)에서 그렇듯, 조증에 걸린 늑대가 아니라 울증에 걸린 낙타의 기질을 또한 나눠 갖고 있다. 그러나 그 정념과는 무관하게 이 시집은 늑대의 생리를 닮아 있다. 무엇이? 그의 시는 고행과 순례라는 전세대적 의미장(場)을 벗어나기 어려운 낙타를 따라가는 "멜랑콜리맨"의 기질과 교전과 횡단을 생리로 하는 늑대의 정동(情動)으로 충만한 "아나키스트"의 기질로 분열되어 있는데, 그는 전언의 층위에서는 낙타고 스타일의 층위에서 늑대다. 그리고 그의 정치학은 이 늑대의 '스타일'과 더불어 작동한다.

> 마르크스와 레닌과 체의 전기가 나란히 놓여 있다. 그들은 모두 수염을 길렀다. 부정의 멋진 상징임에 틀림없다. 그런데 나는 춤출 수 없다. 모든 사람들이 기회를 지녔으나 춤출 수 없었다. 안전한 춤이 아니었기 때문이다.

   But burn

번데기는 우화의 껍질이며 찬란한 전신의 표본이지만 말이 많이 타락했다. 번데기만 한 놈이 되면 인생이 치졸해지고 만다. 혁명과 반혁명은 종이 한 장 차이가 분명하다. 배반은 장미 한 송이 때문에 쉽지 않고, 사랑도 티슈 한 장이면 끝난다. 혁명? 나는 불꽃이 되고 싶었으나, 분신자살하는 베트남의 승려가 무서웠고, 죽어 불꽃이 되는 노승이 부러웠다.

끝난 것은 사랑이 아니라 혁명이고, 여전히 끝나지 않은 것이 혁명이라는 반혁명도 존재하고, 반혁명의 혁명을 꿈꾸기에 아직도 미래를 열어 보이겠다고 호언하는 방사성 동위원소 같은 존재들도 있다. 혁명 너머를 생각하지 않는 나의 후배 혁명이는 그래서 오토바이를 조그만 반역의 불수레라고 생각한다. 그의 이름은 주민등록증에 革命이라고 기재되어 있다. 진실은 저 너머에 있지 않고 행정서류에 기재되어 있다.

시대를 관통하는 사슬과 그 사슬에 묶여 있는 노인의 초상을 본다. 종교적인 긴장이 찾아온다. 갑자기 행성과 항성이 충돌하고, 중성자가 원자핵을 관통하고, 남자가 여자를 지나가고, 그가 나를 돌파한다. 때로 유령이 떠돌기는 했으나 안전했다. 안전한 춤을 추기에 이 집은 적당하다.
—「동방의 서점에는」 중에서

'But' 'burn' '번데기' 등을 나란히 이어놓는 이 말장난이 지나치게 가벼워 보일 수도 있겠지만 이 말장난이 장석원만의 것은 아니다. 많은 젊은 시인들이 기꺼이 가벼운 말장난에 동참하고 있다. 그리고 이 말장난에는 이전 세대의 그것이 거느렸던 '정치권력과의 긴장관계' 같은 알리바이도 없다. 그런데 왜 하는가? 순결한 언어와 타락한 언어가 선명히 분별되던 때가 있었다. 한때 거대 담론과 결합되어 그 자체만으로 숭고한 아우라를 뿜어냈던 그 기표들은 그러나 혁명의 담론이 붕괴하면서 그 숭고한 기의들을 박탈당했다. 시에서 대문자 정치가 작동할 수 있는 한 가지 요건은 언어의 순결한 힘에 대한 믿음일 것인데, 모욕 받은 기표들의 세월은 언어의 순결한 힘을 믿었던 많은 이들을 개종하게 했다. 우화(羽化)의 껍질이며 찬란한 전신(轉身)의 표본인 '번데기'가 '번데기만 한 놈'의 번데기로 타락하고 만 것은 차라리 사소한 일이겠지만, 한 시절의 숭고한 이름들인 마르크스, 레닌, 체 등의 이름이 전기(傳記) 속으로 들어가고 고작 "부정의 멋진 상징"인 '수염'으로 묶이는 일은 사소한 일이 아니다. 그들의 이름은 허명(虛名)이 되었고 '부정(否定)'이라는 말은 공중에 떠버렸다. '혁명'이라는 말의 운명도 이와 다르지 않다.

장석원의 시에서 언어의 의미보다 언어의 용법을 주목해야 하는 것은 그 때문이다. 그의 시가 어떤 정치성을 갖고 있다면 그것은 '희미한 옛 사랑의 그림자'만을 남겨두고 있는 기의들의 전언 때문이 아니다. 모욕당한 기표들을 '사용'하는 그의 방식 때문이다. 언어의 의미보다는 언어의 용법을 더 중요한 것으로 보고 언어의 '배치'에서 '시적인 것'을 발굴한다는 점에서 그는 그의 생물학적 나이와 무관하게 최근의 뉴웨이브들과 가깝다. 어느 편이냐 하면, 그는 한 편의 시를 구성하는 갖가지 줄기들을 하나의 뿌리를 중심으로 통합하는 데 별 관심이 없다. 오히려 그 줄기들에 각각 소제목을 부여하고 기꺼이 방임한다. 방임된 세부를 끌어모으는 의미의 중심축도 존재하지 않는 것처럼 보인다. 이 점에 주목하여 그의 시에 '이미지 연방제'[4]라는 표현을 얹어준 평자가 있었다. 표현의 내용도 내용이지만 우리는 이 정치적 비유 자체가 흥미롭다. 이미 말했거니와, 한 편의 시는 하나의 국가다. 장석원의 국가를 움직이는 통치론과 체제론은 각각 "나는 라이팅머쉰이에요"와 "모든 잡종의 계보가 여기 있다"(「끈—이론게임」)로 요약된다. 그런데 강정의 경우와는 달리 그에게서 더 흥미로운 것은 아직 낙타의 기질을 갖고 있는 그의 통치론이라기보다는 늑대의 무리처럼 서식하는 시편들에 깔려 있는 그의 체제론이다.

그의 체제는 중앙집권이 아니라 지방분권이다.『천 개의 고원』의 저자들을 따라 이를 각각 수목(樹木, tree)형과 근경(根莖, rhizom)형이라 불러도 좋다. 수목형 체제는 재현(再現)과 대의(代議)의 논리에 기초한다. 시학의 차원에서 전자를 극복하는 한 가지 방식이 소위 '환상'이라면 후자를 극복하는 한 가지 방식은 '접속'일 것이다. 환상이 내 안의 다양체(multiplicity)를 찾아가는 방식이라면 접속은 외부와 더불어 다양체를 형성하는 방법이다. 수목형의 일사불란을 극복하기 위해 이 시

---

4) 조강석,「인식의 자동성과 이미지 연방제」,『현대시학』 2006년 3월호.

인은 바로 그 접속의 원리를 도입한다. 장석원의 시에서 여러 종류의 텍스트들은 '다성적으로'[5] 동원되어 서로 접속하면서 다양체를 형성한다. "다양체에는 주체도 객체도 없다."[6] 그래서 탈(脫)의미작용으로 나아간다. 최소 수준에서는 기표를 고립시켜버리는 방식으로, 최대 수준에서는 연과 연, 절과 절, 시와 시 사이의 인력을 제어하는 방법으로 그것은 가능해진다. 들뢰즈의 말대로 스타일이란 곧 '발화 행위의 배치(agencement)'와 다른 것이 아니라면, 장석원의 스타일은 그 다채로운 발화들을 공들여 배치하는 기술에 힘입어 형성된다.

그것이 전부는 아니다. 장석원의 지방분권적 스타일은 다종다양한 발화들이 이합집산하는 와중에 그것들을 어떤 시적인 '절합'의 순간으로 이끌어가는 데 성공한다. 그리고 중요한 것은 바로 그것이다. 뿌리를 제거하고 줄기를 늘어놓아 그저 중구난방의 헛소리가 되도록 만드는 것은 전혀 어려운 일이 아니다. 어려운 것은 발화자의 통치 권력으로부터 자유로운 줄기들이 그 자유를 누리면서도 서로 연대하는 일, 그를 통해 모종의 '시적인 것'에 도달하는 일, 혹은 이질성들이 공존(con-sist)하면서 '무질서의 질서'라고나 해야 할 어떤 일관성(consistence)에 도달하는 일, 바로 그것이다. 그때에만 한 편의 시가 성취한 스타일은 하나의 체제론으로 등재될 수 있을 것이다. 이런 성공 사례는 새로운 정치적 시스템에 대한 상상력을 간접적으로 자극한다. 이 체제론을 과연 아나키즘이라 불러도 좋지만 명칭이야 아무래도 상관없어 보인다. 그는 '혼란'을 '사랑'이라고 부른 김수영의 전례를 따라 이를 '사랑'이라 부르기도 하는데, 물론 그의 아나키즘은 사랑의 내

---

[5] 이에 대해서는 권혁웅의 「시와 다성성(多聲性)」(장석원, 앞의 책, 해설)과 이장욱의 「태양의 언어—장석원의 시들」(『나의 우울한 모던보이』, 창비, 2005)에서 상세히 해명된 바 있다.
[6] 질 들뢰즈·펠릭스 가타리, 『천 개의 고원』, 김재인 옮김, 새물결, 2001, 2장 참조.

용이 아니라 사랑의 형식이다. 그래서 엄밀히 말하면 아나키스트인 것은 발화자도 아니고 시인 자신도 아니다. 아나키스트인 것은 그의 시집 자체다.

4. 영구혁명, 혹은 전위의 온몸

대부분의 전위적인 시들이 그러하듯 강정과 장석원의 시는 어떤 이즘(ism)을 설득하려 들기보다는 그것을 살아버린다. 시의 정치성은 정치를 '말' 할 때 발생하는 것이 아니라 정치적으로 '존재' 할 때 발생하는 것이다. 자명한 1인칭의 세계를 배격하고 유기적인 전체성의 세계를 거부하는 젊은 시인들의 시도는 지금과는 다른 종류의 정체성과 체제를 찾아헤매는 지난한 모색의 산물로 읽힌다. 그러나 우리는 그 모색의 성공이 아니라 실패를 기원하고만 싶다. 모든 전위의 운명이 그렇듯 그들이 마침내 특정한 정체성과 체제에 도달할 때 그들의 정치성은 소멸될 테니까 말이다. 새로운 정체성과 체제를 구축하는 '과정'의 그 격렬함이 앞으로도 그들의 알리바이가 될 것이다. 새로운 세대가 쥐고 있는 것은, 강정의 표현을 빌리자면, "그릴수록 지워지는,/미래의 지도"(「밤의 저편으로부터 그가」) 같은 것일 터다. 말하자면 영구혁명의 상태일 때에만 그것은 혁명이다. 그것이 우리 시대 전위의 '온몸'일 것이다.

한 시인은 시인이 시만 생각하고 시와 정치의 '사이'를 생각하지 않으면 다만 '휴지'가 남을 뿐이라고 썼다.[7] 옳은 말이다. 그리고 시와 정치의 그 '사이'는 아마도 '정치의 시'가 아니라 '시의 정치'의 어디쯤에 있을 것이다. 시의 전언을 재구성하여 정치성을 운위할 때 시와 소

---

7) 김광규, 「생각의 사이」, 『희미한 옛 사랑의 그림자』, 민음사, 1995.

설과 에세이의 경계는 무의미해진다. 시는 오직 시만이 갈 수 있는 길로 정치에 도달할 때 가장 정치적일 수 있다. 한 평론가는 "시가 정말 현실과 치열하게 싸우기 위해서는 시가 정치적 현실과 밀착할 게 아니라 정치적 현실과 비교해 끊임없이 넘치거나 모자라야 한다"[8]고 썼다. 역시 옳은 말이다. 가령 시가 정치적 현실에 밀착하여 대문자 정치에 가담했던 시절을 추억하는 일은 물론 자유다. 그러나 모든 정치는 그 시대의 정치다. 시학적 둔감을 감추기 위해 완강한 정치학 개론을 반복한다면 우리는 '현실보다 넘치거나 모자라는' 오늘날의 소문자 정치들의 힘을 적잖이 놓치게 될 것이다. 영문법에서 정치(politics)는 단수명사이지만 시학에서 그것은 복수명사다.

---

8) 정과리, 「해방 50년, 한국시에 대한 단상」, 『문학이라는 것의 욕망』, 역락, 2005.

시적인 것들의 분광(分光), 코스모스에서 카오스까지
― 2006년 여름의 한국시

상투형

 삶이 상투적이다. 따분한 모범생과 유치한 문제아들이 서로 다른 방향에서 세계의 상투성을 보호하고 육성한다. 세계의 상투성은 사유의 상투성이고 그것은 곧 언어의 상투성이다. 혹은 상투적인 언어들이 상투적인 사유를, 상투적인 사유가 상투적인 세계를 만든다. 시란 무엇인가? 상투형과의 전면전이다. 시는 후기자본주의, 한미 FTA, 양극화 등과 직접 싸우지 못한다. 시는 세계를 인식하고 재현하는 상투적인 방식과 싸운다. 우선 상투적인 언어들을 전복할 것, 그를 통해 사유를 전복하고, 가능하다면 세계를 전복할 것. 이것이 시인 카타콤의 조직 강령이다. 서사를 장착할 필요는 없다, 교훈도 옵션이다, 언어 그 자체를 직접 타격한다. 이것이 시인 카타콤의 행동 강령이다. 상투형을 인식할 능력이 없거나 그것과 타협한 시인들을 시인이라고 부를 수는 없다. 상투적인 것은 시의 극우(極右)이고, 상투형의 전복은 시의 제1윤리다.
 상투형과 싸우는 일은 중구난방과 좌충우돌의 유희가 아닐 것이다.

우연마저도 전략이어야 하고 무의식마저도 전술이어야 한다. 시인들이 상투형과 싸워서 만들어내는 세계의 모습은 물론 단일하지 않다. 스펙트럼을 통과하는 빛들이 제각각의 길을 찾아나가듯, 시적인 것들은 분광한다. 분광된 그것들을 '혼돈'의 정도에 따라 분류할 수 있다. 한쪽 끝에, 혼돈이 정돈되어 유기체를 형성한 코스모스(cosmos)의 세계가 있다. 유토피아의 순간적 현현을 도모하는 서정의 세계다. 다른 쪽 끝에, 생산적인 혼돈으로 충만한 카오스(chaos)의 세계가 있다. '부정의 변증법'을 도모하는 전위의 세계다. 물론 코스모스에도 부정성은 있고 카오스에도 질서는 있다. 이 두 개념은 다만 시적인 것들의 파장을 구획해보기 위해 설정한 가상의 극이다. 이번 계절에 출간된 시집들 중 가장 뛰어난 것들에 속하는 여섯 권의 시집을 저 두 극 사이에 배열해보려 한다. 현 단계 한국시의 지형도가 얼마간 드러날 것이다.

코스모스의 진정성 — 도종환과 손택수

도종환의 시집 『해인으로 가는 길』(문학동네, 2006)을 읽었다. 그는 세간의 틈바구니에서 많이 아팠나보다. '자율신경실조증'이라고 들었다. 상처 입은 몸과 마음을 치유하기 위해 그는 충청북도 보은군 내북면 법주리로 들어가 엎드렸고 저 자신을 "빈 밭처럼 내버려"(「시인의 말」)두었다. 거기서 소로(Thoreau)를 읽고 스콧 니어링(Scott Nearing)을 읽으면서 그들의 삶을 자신의 것으로 받아들이기 시작했다. 시집의 수익금은 '베트남 평화학교 짓기' 사업에 전액 기증하기로 했다던가. 사실을 말하자면, 그의 이 이상한 '정착' 이야말로 '유목'이다. 오늘날 '유목주의'는 해석의 오물을 뒤집어쓴 오욕의 개념이 되었다. 그것은 디지털 장비로 무장한 채 세계를 떠돌아다니는 라이프스타일도 아니고, 국경을 넘나드는 투기자본의 '침략주의'도 아니다.[1] 예컨대 시장을 떠나 시장을 교란하는 이 시인의 아름다운 일탈이야말로 유목의 본의에 부합하는 것이다. 우리는 그의 선택을 존중하고 또 경외한다. 그러나 우리는 때로 시인과 시를 혼동하고, 정치적 올바름과 시적 올바름을 혼동한다. 그래도 되는 것일까? 표제작을 읽는다.

> 지난 몇십 년 화엄의 마당에서 나무들과 함께
> 숲을 이루며 한 세월 벅차고 즐거웠으나
> 심신에 병이 들어 쫓기듯 해인을 찾아간다
> 애초에 해인에서 출발하였으니
> 돌아가는 길이 낯설지는 않다
> 해인에서 거두어주시어 풍랑이 가라앉고
> 경계에 걸리지 않아 무장무애하게 되면
> 다시 화엄의 숲으로 올 것이다
> 그땐 화엄과 해인이 지척일 것이다
> 아니 본래 화엄으로 휘몰아치기 직전이 해인이다
> 가라앉고 가라앉아 거기 미래의 나까지
> 바닷물에 다 비친 다음에야 화엄이다
> ―「해인으로 가는 길」 중에서

서정의 원리를 정갈하게 구현하고 있는 서시 「산경」을 지나면 독자는 이 시와 만나게 된다. 그가 「산경」의 세계를 도모하게 된 정황을 설명하고 있는 시이기 때문에 그 뒤에 놓였을 것이다. 화엄이란 무엇인가? 잡화엄식(雜華嚴飾)의 줄임말이다. 부처의 진리가 꽃처럼 장엄하게 핀 대

---

1) 천규석, 『유목주의는 침략주의다』, 실천문학사, 2006.

동세상을 뜻한다. 해인이란 무엇인가? 해인삼매(海印三昧)의 줄임말이다. 만물을 되비추는 일렁임 없는 바다처럼 번뇌가 사라진 마음 상태를 뜻한다. 시인의 현황을 배경 삼아 위 시를 읽어보니, 이 시인은 화엄을 사회적 참여의 층위에서, 해인을 개인적 수신(修身)의 층위에서 이해하고 있는 듯 보인다. "애초에 해인에서 출발"하였고 "몇십 년 화엄의 마당"에서 보람을 누렸으나 이제 "심신에 병이 들어" 다시 해인으로 돌아가지만 이는 더 넓은 "화엄의 숲"으로 돌아오기 위한 것이라고 하였다. 해인에서 화엄으로(과거), 화엄에서 다시 해인으로(현재), 그리고 언젠가는 다시 화엄으로(미래). 이 출세간과 입세간의 변증법은 궁극적으로는 "화엄과 해인이 지척일" 어떤 경지까지를 예감하고 있다.

그러나 냉정히 말하자. 위 시는 '해인'과 '화엄'을 빼면 아무것도 남지 않는다. 달리 말하면 이곳은 완벽한 추상의 세계다. 우리는 '해인'과 '화엄'이 시어로서의 자격을 갖는다고 생각하지 않는다. 기실 해인과 화엄이란 나쁘게 말하면 그 자체 이미 죽은 은유이고, 좋게 말하면 그 단어가 이미 숭고한 배경을 거느리고 있기 때문에 가외의 성스러움을 동반할 수밖에 없는 단어다. 구체와 감각의 세계에서 추상과 이념의 세계로 힘겹게 상승하는 시 본연의 길을 가기보다는 화엄과 해인의 후광에 힘입어 단번에 형이상의 세계로 도약한다. 그래서 시 자체의 성취와 드높은 경지 자체의 아득함이 혼동된다. 이렇게 생각한다. 화엄과 해인의 세계를 노래하고 싶을 때 할 수 있는 가장 좋은 선택은 화엄과 해인을 직접 말하지 않는 것이고, 가장 나쁜 선택은 화엄과 해인을 직접 말하는 것이다. 그 '단어'를 사용하지 않고 그 '세계'를 개시(開示)해야 한다. 위의 시는 개시하지 않는다. 스스로 믿고 있을 뿐이다.

"그땐 화엄과 해인이 지척일 것이다"라는 미래완료형에는 시적인 호소력이 없다. 여타의 시에서도 시의 언술은 산문의 그것과 거의 구별되지 않을 정도로 풀어져 있다. 우리는 이 미래완료형의 깨달음이 갖고 있는 위험을 지적해야 하고 독자에게 긴장이 아니라 위안을 선사하는 언술의 한계를 지적해야만 한다. 미래완료형의 깨달음과 부드러운 언술은 시인의 본의와는 무관하게 세속도시의 갑남을녀들이 현실을 '견디게' 하는 강장제로 소비될 수 있다. 그의 시가 법주리의 유정물들 '옆'에 서서 '옆의 시학'(이문재, 「그의 귀환, 우리들의 출발」, 『해인으로 가는 길』 해설 참조)을 실천할 때 그의 시는 「산경」이나 「산가」와 같은 따뜻한 구체의 세계와 연대하지만("매화는 매화대로 나는 나대로"의 그 역설적 연대!), 그가 해인과 화엄의 경지를 서정적으로 설법할 때 그의 시는 추상의 세계에서 자족하고 만다. 다시 말하거니와 우리는 시와 시인을 혼동하지 않는다. 시인의 선택 앞에서 우리는 옷깃을 여민다. 그러나 그의 시 앞에서 우리는 '해인으로 가는 길'에 왜 시가 필요한 것인지, 과연 시가 필요하기나 한 것인지를 묻지 않으면 안 된다.

손택수의 『목련 전차』(창비, 2006)를 읽었다. 손택수의 서정시를 좋은 의미에서 모범답안이라 부를 수 있다. 근래 읽은 가장 인상적인 자서를 인용한다. "아버지가 그랬다, 시란 쓸모없는 짓이라고. 어느 날 아버지가 다시 말했다, 기왕이면 시작했으니 최선을 다해보라고. 쓸모없는 짓에 최선을 다하는 것, 이게 나의 슬픔이고 나를 버티게 한 힘이다." '쓸모없는 짓에 최선을 다하는 것'이 시인의 직업윤리인 줄은 원래 알고 있었다. 그런데 그것이 '슬픔'이면서 동시에 '힘'이라니, 이 여리고 독한 긍정에 문득 날숨이 가지런해진다. '슬픔'과 '힘'이 협력하여 서정의 성채 하나를 이룩하였다. 시집의 문패인 '목련 전차'부터가 아슴아슴하다. 송찬호의 '동백 열차'(「동백 열차」, 『붉은 눈, 동백』, 문학과지성사, 2002)가 "길길이 날뛰던 무쇠덩어리"를 식물성으로 단장했다면, 손택수의 「목련 전차」는 거꾸로 식물성의 목련을 "사라지지 않는/생명의 레일을 따라/바퀴를 굴리는 힘"으로 발전(發電)시킨다. 그리고 다음과 같이 의외로운 결말의 자연스러운 따뜻함. "한 량 두 량 목련이 떠나간다/꽃들이 전차 창문을 열고 손을 흔든다/저 꽃전차를 따라가면, 어머니 아버지/신혼 첫밤을 보내신 동래온천이 나온다".(「목련전차」) 이 결말에 이르기까지 이 시에는 인위적으로 기운 자국이 없다. 마음을 선뜩하게 하는 「추석달」 같은 시 역시 그렇다.

스무 살 무렵 나 안마시술소에서 일할 때, 현관 보이로 어서 옵쇼, 손님들 구두닦이로 밥 먹고 살 때

맹인 안마사들도 아가씨들도 다 비번을 내서 고향에 가고, 그날은 나와 새로 온 김양 누나만 가게를 지키고 있었는데

이런 날도 손님이 있겠어 누나 간판불 끄고 탕수육이나 시켜먹자, 그렇게 재차 졸라대고만 있었는데

그 말이 무슨 화근이라도 되었던가 그날따라 웬 손님이 그렇게나 많았는지, 상한 구두코에 광을 내는 동안 퉤, 퉤 신세 한탄을 하며 구두를 닦는 동안

누나는 술 취한 사내들을 혼자서 다 받아내었습니다 전표에 찍힌 스물셋 어디로도 귀향하지 못한 철새들을 하룻밤에 혼자서 다 받아주었습니다

날이 샜을 무렵엔 비틀비틀 분화장 범벅이 된 얼굴로 내 어깨에 기대어 흐느껴 울던 추석달

―「추석달」 전문

스무 살의 '나'는 안마시술소에서 '현관 보이'로 일하고 있다. 추석날 '김양 누나'와 '나'만 가게를 지킨다. 손님이 올까 싶은 명절날이었건만 그날따라 손님이 밀려든다. "누나는 술 취한 사내들을 혼자서 다 받아내었습니다"라고 화자가 회상할 때 이 불편하면서 아픈 정서는 실로 '사실 그대로'가 촉발하는 답답한 안타까움이다. 이어 "날이 샜을 무렵엔 비틀비틀 분화장 범벅이 된 얼굴로 내 어깨에 기대어 흐느껴 울던 추석달"에 이르기까지 이 시에도 역시 기운 자국이라고는 없다. '김양 누나'의 얼굴이 '추석달'로 비약하는 저 순간은 불가피하고 화자의 진정(眞情) 또한 의심하기가 어렵다. 손택수의 좋은 시들은 이렇게 무위의 기교로 지상의 한 순간을 스크랩한다. 깨달음의 발설 이전에 실감이 있고 실감의 감염 이전에 사실이 있다. 사실이 저절로 실감을 낳고 실감이 자연스럽게 깨달음을 낳는 이 순간이야말로 '서정적으로 올바른' 순간이다.

그러나 손택수의 시도 아주 드물게 서정의 함정에 빠질 때가 있다. 예컨대 절집 처마 아래에서 말라가는 메주를 노래한 시「메주佛」을 보자. 서정의 메커니즘이 '작동'한 흔적이 남아 있다. 서정의 메커니즘이란 무엇인가. '자극'과 '반응'과 '판단'이 잇따르는 구조를 말한다. 우선 서정적 '자극'. 염불을 들어야 메주가 잘 뜬다고, 그래야 곰팡이가 알맞게 피어오른다고, 보살님이 메주 아래에서 합장을 한다. 이 자극을 받아 시인의 서정적 '반응'이 이어진다. "겨울 햇살과 바람과 먼지와 눈 내리는 소리까지 // 눈 속에 먹이를 구하러 내려온 산짐승 울음까지 // 몸속에 두루 빨아들여 피워내는 메주 곰팡이". 그리고 다음과 같은 서정적 '판단'에 도달하면서 시는 종결된다. "나무아비타불, 자연 발효시킨 부처님이시다". 메주가 부처님으로 비약하는 이 서정적 판단의 순간은 불편하다. 한 편 더 읽자.「화엄 일박」이라는 시다. 시인은 구례 화엄사에 갔다. 절집 기둥과 처마마다 구멍이 뚫려 있다. 그 안을 들여다보면서 시인은 다음과 같은 서정적 판단에 도달한다. "화엄은 피부호흡을 하는구나/들숨 날숨 온몸이 폐가 되어/환하게 뚫려 있구나". 여기서도 우리는 다시 주춤하게 된다.

　이런 시들은 왜 불편한가. '메주는 자연 발효된 부처님' 혹은 '화엄은 피부호흡을 한다'는 등의 진술에서 우리를 버성기게 하는 것은 일차적으로 '부처'와 '화엄'이다. 더 엄밀히 말하면 부처와 메주가 연결되는 그 순간, 화엄과 사찰 기둥이 연결되는 그 순간이다. 두 개체의 은유적 연결은 개체의 실체에 대한 존재론적 성찰을 동반하지 않으면 안 된다. 그 연결은 마술적 실체 변환 혹은 종교적 창조 행위에 육박하는 도약이다. 그런데 그 도약이 이렇게 경쾌해도 되는 것일까? 여기에서 부처와 화엄은 서정적으로 경쾌하게 포섭되면서 어쩐지 다루기 쉬운 어떤 것이 되고 있지 않은가. 이것은 어쩌면 사색과 고투의 산물이기보다는 서정의 메커니즘이 자가발전으로 움직일 때 나타나는 어떤 양상이 아닌가.

　이런 대목들에서, 이 시인이 능란하게 구사하는 서정적 무위의 기교는 시를 '의식'하는 인위의 기교에 문득 자리를 내주고 만다. 무위의 기교는 독자와 나란히 간다. 그러나 인위의 기교는 추월하거나 뒤처진다. 예컨대 「오줌 뉘는 소리」에는 "쉬ㅡ, 쉬ㅡ, 하고 이어지는 할머니의 오줌 뉘는 소리"를 '시(詩)ㅡ, 시(詩)ㅡ,'로 번역하는 대목이 있다. 이미 준비된 결론이 과정을 인위적으로 만들어냈다는 느낌을 주거니와, 시가 독자를 앞서간 경우다. 한편 「아내의 이름은 천리향」은 "너 서럽고 갸륵한 천리향아"로 마무리된다. 참았어도 좋았을 영탄이거니와, 시인이 독자보다 늦게 목적지에 도착한 경우다. 그러니 그가 「자기라는 말에 종신보험을 들다」나 「거꾸로 박힌 비늘 하나」와 같은 시에서 보여준 세계, 시인이 독자의 손을 잡고 함께 목적지에 도착하는 저 아름다운 세계에 우리의 눈길은 자꾸 머무는 것이다.

덧붙여 말하자. 이 시집의 해설자는 공교롭게도 우리가 앞서 언급한 「메주佛」과 「화엄 일박」을 거론하면서 손택수의 시가 "삼라만상의 우주적 존재원리를 체득하고 구현하는 화엄의 노래"가 되고 있다고, 혹은 「오줌 뉘는 소리」를 거론하면서 "대지적 삶의 원리를 견성하는 경지"에 도달한다고 지적한다.(홍용희, 「대지의 문법과 화엄의 견성」) 이 시인이 '삼라만상의 우주적 존재원리'를 체득하고 구현하는 가객이 아니라고, 그가 '대지적 삶의 원리를 견성하는 경지'에 도달하지 못할 것이라고 어깃장을 놓으려는 것이 아니다. 다만 개별 시편이 힘겹게 도달하는 어떤 경지와 '서정'이라는 메커니즘이 일으키는 착시 효과를 분별해야 한다고 말하고 싶은 것이다. 아울러 우리는 화엄과 견성이라는 아득한 경지로 서정의 자리를 끌어올리기보다는, 이 시인이 정확히 지적한 대로, '쓸모없는 일에 최선을 다하는' 일의 '슬픔'과 '힘'이 서정의 본령이자 위력이라는 쪽에 내기를 걸겠다. 서정이란 실패할 때만 아름다울 수 있는 희귀한 세계의 다른 이름이기 때문이다.

도종환과 손택수의 서정시들은 삶을 '총체적'으로 '진단'하길 원한다. 우선 '총체적'일 수 있는 것은 이들의 세계가 근본적으로 '선형적'이기 때문이다. 서정이라는 메커니즘이 작동하면서 자극, 반응, 판단이 연쇄적으로 이루어진다. 이 과정은 직선이다. 앞의 것이 뒤의 것을 예비하고 뒤의 것이 앞의 것을 되비춘다. 독자에게 현재가 디스토피아임을 간접적으로 설득하고 도래해야 할 유토피아를 순간적으로 도모한다. 한편 '진단'이 가능한 것은 이들의 세계가 어떤 '근원'을 상정하고 있기 때문이다. 근원이란 인간과 문명이 돌아가야 할 '오래된 미래'다. 그것의 이름은 해인이거나 화엄, 혹은 농경사회의 유기체적 질서다. 이와 같은 '총체적 진단'의 태도가 이들의 시를 견인한다. 카오스를 조율해서 코스모스를 구축하는 작업은 이들의 위력의 근거이지만, 그 코스모스가 세계와 내면의 난마(亂麻)를 충분히 앓지 않고 만들어질 때, 정확히 동일한 것이 이들의 한계의 근거가 되고 만다.

카오스모스의 여유―김사인과 최정례

김사인의 두번째 시집 『가만히 좋아하는』(창비, 2006)을 읽었다. 최근 몇 해 동안 발표된 김사인의 시를 읽으면서 그의 두번째 시집을 고대했다. 기대는 멋지게 적중했다. 그가 보듬고 있는 세계의 여린 무늬들 때문만은 아니다. "삶의 큰길에서 조금은 비껴나 있고 조금은 뒤처져 있는 것들을 삶의 중심에 갖다 세우는"(신경림) 윤리가 그의 시를 지극하게 만드는 것은 물론 사실이지만, 이런 언급은 그 어떤 일급의 서정시인에게 바쳐져도 늘 무방한 종류의 것이다. 말하자면 김사인만의 것은 다른 곳에 있다. '가만히 좋아하는'이라는 표제부터가 우리를 사로잡는다. 두 단어의 조합이 이토록 넓은 여운을 거느릴 수도 있다. 김사인의 탁월함은 무엇보다도 그가 말을 부리는 그 솜씨의 탁월함이다. 그는 언어를 긴장되게 조이다가도 문득 놓아버리고, 느슨하게 풀어놓은 언어들을 돌연 강렬하게 얽어맨다.

특히 1부의 시들은 시적 말부림의 한 절정이다. 시집의 첫머리를 장식하는 시 「풍경의 깊이」에서 "저물어간다"에서 "묻어 있는 것이며"로, 다시 "스쳐가기도 할 것인데"를 거쳐 "생각한다"로 이어지는 이 말의 느슨하면서도 유려한 연쇄는 해설자의 지적대로 백석의 그것을 연상케한다. "미안하다/너를 부려 먹이를 얻고/여자를 안아 집을 이루었으나/남은 것은 진땀과 악몽의 길뿐이다"(「노숙」)와 같은 대목에서 "너를 부려 먹이를 얻고/여자를 안아 집을 이루었으나"와 같은 문장이 빚어내는 언어경제의 묘미는 그의 시를 탁월한 노래로 들어올린다. 「예래

바다에 묻다」와 같은 시에서는 "그대 알몸은 그리워 이가 갈리더라 하면 믿어는 줄거냐"와 같은 문장들이 아무렇지도 않다는 듯이 문득 숨을 멈추게 하고, "사랑은/늦가을 스산한 어스름으로/밤나무 밑에 숨어 기다리는 것/술 취한 무리에 섞여 언제나/사내는 비틀비틀 지나가는 것"(「늦가을」)과 같은 대목은 익숙한 서정시의 상투형을 답습해가는 듯하다가 "사랑은 (…) 사내는 비틀비틀 지나가는 것"이 만들어내는 구문의 일탈 덕분에 짜릿해진다. 어찌 말부림만의 문제일까. 서정의 메커니즘 자체를 느긋하게 유린하는 '파격의 품격'을 말하지 않으면 안 된다. 이를테면 다음 시는 어떤가.

영화배우 전지현을 닮은 처녀가 환하게 온다 발랄무쌍 목발을 짚고 (다만 목발을 짚고) 스커트에 하이힐 스카프는 옥빛 하늘도 쾌청 그런데 (뭔지 생소하다 그런데)

오른쪽 하이힐이 없다
오른쪽 스타킹이 없다
오른쪽 종아리가 무릎이 허벅지가 없다

나는 스쳐 지나간다
돌아보지 못한다

묻건대
이러고도 生은 과연 싸가지가 있는 것이냐!
—「치욕의 기억」 전문

이 시의 소재가 특별하다고 생각하지 않는다. 바로 그렇기 때문에 이 시인의 붓질이 얼마나 능란한지 여실히 느끼게 된다. 줄글로 되어 있는 1연과 정교하게 행갈이 되어 있는 2, 3연과 토해내듯 쓰인 마지막 연이 어우러져 만들어낸 이 형식의 무애함을 음미한다. '파격의 품격'이라고 했거니와, 이런 맥락에서 덧붙여 인용하고 싶은 두 편의 시는 「다리를 외롭게 하는 사람」과 「부뚜막에 쪼그려 수제비 뜨는 나어린 처녀의 외간남자가 되어」다. 각각 이성선과 김명인의 시구에서 제목과 운을 빌려온 작품이다. 앞의 시에서 "하느님/가령 이런 시는/다시 한번 공들여 옮겨적는 것만으로/제가 새로 시 한 벌 지은 셈 쳐주실 수 없을까요"와 같은 도입부는 예상을 깨는 부드러운 파격이다. 뒤의 시에서는 대책 없는 남녀의 사랑을 유장하게 풀어놓던 시인이 문득 "이만하면 제법 속절없는 사랑 하나 안 되겠는가/말이 되는지는 모르겠으나"라는 의외의 결구를 부려놓고 있는데, 일반적인 경우라면 영락없는 사족이 되었을 대목이 오히려 이전까지의 긴 서사를 졸지에 사족으로 만들어버리는 의외의 쾌감을 선사한다. 김사인의 시집에서 우리가 주목한 것은 앞서 언급한 말부림의 기교와 더불어 이와 같은 은은한 파격의 해방감이다. 서정시의 진수라 하고 말 일이 아니다. 그가 서정시의 답답한 관습을 어떻게 '가만히' 유린하는지 각별히 주목할 일이다.

네번째 시집 『레바논 감정』(문학과지성사, 2006)에서 최정례는 힘 빼고 노래한다. 시인들이 버릇처럼 얘기하는, 세상의 낮은 곳에 임하겠다는 결의 같은 것이 시를 겸허하게 만드는 것이 아니다. 그런 결의는 역설적이게도 '서정의 권위'(이장욱)에 봉사할 때가 있다. 최정례의 그것들처럼, 힘 뺀 전언과 힘 뺀 언술들이야말로 겸허하다. 시집의 앞부분에서 자주 반복되는 이런 말들이 그래서 예사롭게 보이지 않는다. "어제는 그렇다고 생각했는데/오늘은 아닌 것 같다"거나, "그게 언제인지 무엇인지 모르겠"다거나, "무슨 일인지 알 수가 없"다거나, "그러나 생각 않기로 한다"거나 하는 말들 말이다. 이 시인이 진실을 고백하겠다는 의욕과 진리를 발설하겠다는 욕심을 버리고 있음을 암시하는 대목들이고, 그래서 역설적이게도 시가 진실해지는 대목, 더 나아가 삶의 진리 한 자락을 건드리는 대목들이다. 그녀의 시에는 전면적 진실에 대한 욕망이 없다. 단면적 징후들을 느슨하고 노련하게 배열한다. 서정적 코스모스를 구축하려는 욕망도 없다. 구절들은 유유자적이고 형태는 허허실실이다. 우리 생이 그렇다는 듯이, 적당히 가볍고 적당히 무겁게 써나간다. 우리 생이 또한 그렇다는 듯이, 우연히 시작해서 무연히 끝낸다. 그러나 거기에는 반드시 되풀이해 읽게 만드는 어떤 매력적인 잉여들이 있다.

> 십 분이 지나고 이십 분이 지나도 쇼핑센터를 빠져나가는 차들
> 스피커에선 또 그 노래
> 이런 삶은 낭비야, 이건 죄악이야,
> 날 놓아줘, 부탁해, 제발 다시 사랑할 수 있게 날 놓아줘
>
> 그 나물에 그 밥
> 쟁반만 한 다알리아에 주먹만 한 벚꽃
> 그 노래에 그 타령
> 지난번에도 산 것을 또 사서 실었네
>
> 옆 차가 내 차를 박았단 말이야 소리쳐도
> 은영이는 전화를 끊지를 않네
> 훌쩍이면서
> 여기는 블루베리가 공짜야 공원에 가면
> 바께쓰로 하나 가득 따 담을 수 있어

블루베리 힐에 놀러가서 블루베리 케잌을 만들자구

플리즈 릴리즈 미, 널 더이상 사랑하지 않거든
그녀의 입술은 따스하고 당신의 것은 차거든
그러니 제발, 날 놔줘. 다시 사랑할 수 있게 놓아달란 말이야
　　—「그녀의 입술은 따스하고 당신의 것은 차거든」 중에서

내용을 복기하면 이렇다. 화자는 지금 막 마트에서 물건을 사고 트렁크에 넣었다. 걸려온 전화를 받는 순간, 느닷없이 옆 차가 내 차를 들이받는다. 억울하고 난감한 상황인데, 쇼핑카트를 반환하러 간 동행자는 돌아올 줄 모르고, 타지에 나가 있는 '은영이'는 전화를 끊을 생각은 하지 않고 훌쩍훌쩍 울면서 끝도 없이 이야기를 늘어놓는다. 갑자기 생의 진부함과 비루함이 기다렸다는 듯이 한꺼번에 밀려와서 폭발하는 때가 있다. 지금이 바로 그런 순간이다. 이때를 기다렸다는 듯이 차에서 흘러나오는 노래가 있다. "그러니, 제발 날 놓아줘,/당신을 더이상 사랑하지 않거든, 그러니 제발,/(…)/이런 삶은 낭비야, 이건 죄악이야,/날 놓아줘, 부탁해, 제발 다시 사랑할 수 있게 날 놓아줘". 올드팝 넘버 〈Release Me〉의 한 대목이다. 이 노래에서 가장 아름다운 대목은 이렇다. "그녀의 입술은 따스하고 당신의 것은 차거든/그러니 제발, 날 놔줘." 시인은 이 구절에서 시의 제목을 골라냈다. 왜 하필 이 노래인가.

화자는 지금 자신의 삶을 향해 저 노래를 부르고 있는 것이다. 나의 생은 진부하고 비루하다. 나는 더이상 그것을 사랑하지 않는다. 그러니 나의 생이여, 다른 생을 도모할 수 있게 날 놓아다오. 나의 차를 들이받고는 오히려 큰소리치는 아저씨, 전화를 끊을 생각이 없는 은영아, 동전을 빼러 가서는 돌아오지 않는 당신, 모두들 이제 그만 나를 놓아주길. 그러나 실제로 저 노래는 전혀 비극적이지 않다. 연인에게 결별을

애원하는 노랫말이 어울리지 않게도 경쾌한 멜로디라인을 타고 흐른다. 영화의 한 장면이라 생각해보자. 마트가 있고, 교통사고가 있고, 전화를 끊지 않는 통화 상대자가 있고, 돌아오지 않는 동행자가 있다. 나쁜 일은 늘 한꺼번에 일어나고 우리의 그녀는 울음이 터지기 직전이지만, 부드럽고 경쾌한 연출 덕분에 관객은 엷은 미소까지 지으며 그녀를 본다. 슬픈 상황(노랫말)과 경쾌한 연출(멜로디)의 절묘한 불균형 때문에 웃지도 울지도 못하겠는 그 순간, 우리 삶의 적지 않은 부분이 이런 순간으로 채워진다. 그래서 이 시가 포착하고 있는 이 인생의 한 단면이야말로 진실해 보인다. 절망의 제스처도 희망의 제스처도 없다. 거짓말하지 않기 때문에 사랑스러운 것이다.

위 작품에 대해 길게 얘기한 이유가 있다. 이 시의 정조가 이번 시집 전체의 분위기를 얼마간 대변한다고 생각했다. 「냇물에 철조망」「칼과 칸나꽃」「레바논 감정」「햇살 스튜디오」「스타킹을 신는 동안」 등과 같은 멋진 시들은 모두 많건 적건 저 '슬픈 노랫말과 경쾌한 멜로디의 절묘한 불균형' 상태를 공유한다. 이러지도 저러지도 못하는 생의 한순간, 울지도 웃지도 못하는 그 순간의 감정이 미묘하게 어긋나는 진술과 진술 사이에 고여들면서 서정의 폐쇄성에 숨구멍이 열리고 매력적인 잉여가 산출되었다. 이를 '생산적인 카오스'(김수영)의 도입이라고 하자. 아직 우리는 이 시집이 수습해낸 소중한 존재론적 통찰들에 대해 미처 언급하지 못했다. 그러나 그것은 다른 기회에 천천히 얘기해도 좋다고 생각한다. 시를 시로 만드는 것은 존재론 이전에 미학이고 미학 이전에 언어학이기 때문이다.

김사인과 최정례의 시들은 넓게 보면 서정시로 분류될 수 있겠지만 정작 이들의 시를 매력적으로 만드는 것은 서정적 코스모스의 세계에 은은한 파격(김사인)과 적절한 카오스(최정례)를 도입하는 노련한 솜씨다. 서정의 어떤 틀로부터 벗어나려는 의지가 많건 적건 배어 있다는 말이다. 이 시인들의 성취를 음미하고 있자니 '서정을 옹호한다'는 항간의 선언이 새삼 어리둥절하게 느껴진다. 서정은 새로운 가능성이 아니라 공인된 기율이다. 옹호되어야 하는 것은 충분히 평가되지 못한 새로운 가능성이지 이미 공인된 지 오래인 미학적 기율이 아닐 것이다. 서정을 다만 '옹호'하는 이들은 서정을 갱신할 수 있는 가능성들을 적대시하면서 서정의 유구한 본질을 재삼재사 재확인하고 지루하게 찬미한다. 그 와중에 서정적 상투형을 재생산하는 시들에 때 아닌 조명이 가해지는 경우도 왕왕 보인다. 서정은 옹호되기보다는 갱신되어야 한다. 스스로 갱신하지 않는 것들은 옹호될 수 없다는 것이 근대미학의 불문율이다. 스스로 갱신하는 것들은 그 누가 옹호해주기 전에 스스로 당당하다. 김사인과 최정례의 시집이 그 빼어난 실증이다.

카오스의 미학 — 이장욱과 이근화

이장욱의 두번째 시집 『정오의 희망곡』(문학과지성사, 2006)을 읽었다. 이장욱의 시를 '21세기의 모더니즘'이라 명명하고 싶다. 거대 서사의 몰락이 가져온 허망도 이미 통과했고, 386세대의 회한도 이미 털어버렸고, 포스트모더니즘의 인공낙원이 제공한 실없는 쾌락에도 이미 싫증이 나버린 시대의 모더니즘, 이 모든 것을 다 살아내느라 너무 늙어서 다시 아이가 되어버린 모더니스트의 모더니즘이다. 21세기에도 모더니즘은 가능한가? (1) 탈근대적으로 사물화된 세계 속에서 영혼이 평평해진 이들이("나는 펭귄처럼 무심해졌다"), (2) 파편화된 세계 속에서 서로 엇갈리기만 하는 모습들을("너에게 나는 소문이다"), (3) 기의를 잃고 관절만 남아 삐걱거리는 언어들로 그려낼 때에도("쿠바는 쿠

바, 아바나는 아바나.") 아름다움에 도달할 수 있는가? 있다. 그의 시가 이를 실증한다. 그의 시는 비선형적이고, 무심하게 서로 닮아 있으며, 우연인 듯 무연히 씌어진다. 이를 통틀어 카오스의 미학이라 명명할 수 있을까. 예컨대 이런 시가 있다.

너에게 나는 소문이다.
나는 사라지지 않지.
나는 종로 상공을 떠가는
비닐봉지처럼 유연해.
자동차들이 착지점을 통과한다.
나는 자꾸
몸무게가 제로에 가까워져
밤새 고개를 들고 열심히
너를 떠올렸다.
속도 자체는 아무것도 아니야.
사물과 사물 사이의 거리가 있을 뿐.
나는 아무 때나 정지할 수 있다.
완벽하게 복고적인 정신으로 충만하고 싶어.
가령 부르주아에 대한 고전적인 적의 같은 것.
나를 지배하는
기압골의 이동경로, 혹은
저녁 여덟시 홈드라마의 웃음.
나는 명랑해질 것이다.
교보문고 상공에
순간 정지한 비닐봉지.
비닐의 몸을 통과하는 무한한 확률들.

우리는 유려해지지 말자.

널 사랑해.

—「근하신년―코끼리군의 엽서」전문

이장욱 시의 한 전형이다. 새해를 맞아 코끼리군이 '나'에게 엽서를 보내왔다. '코끼리군'은 이 시인의 다른 시「좀비 산책」의 '좀비'를 떠오르게도 하고 데이비드 린치의 영화 〈엘리펀트맨〉을 생각나게도 한다. 그는 정신적으로 죽어 있거나 사회적으로 배제된 자처럼 보인다. 혹은 우리 식으로 말하면 '탈근대적으로 사물화된 사회 속에서 영혼이 평평해진'(1) 인간이니 21세기 모더니즘의 페르소나가 될 자격이 있다. 좀비이자 엘리펀트맨이고 혹은 코끼리군인 그가 자신의 유령적 특질을 고백한다. 그는 '소문'과 같은 존재여서 사라지지 않고 떠돈다. 비닐봉지처럼 유연하다. 무게는 제로에 가까워지고 있어서 아무 때나 정지할 수 있다. 반면에 자동차들은 무겁다. 정지선을 지키지 못하고 이내 착지점을 통과하기 일쑤다. 관성의 법칙 때문이다. 자동차들은 또한 빠르다. 그러나 '속도(=거리/시간)' 따위가 무슨 소용인가. 우리들 사이를 가르는 이 '거리'는 여전한 걸 말이다. 혹은 우리 식으로 말하면, 제아무리 빠른 자동차를 타고 다닌들 우리가 '파편화된 세계 속에서 서로 엇갈리는'(2) 존재들인 건 변함없으니 말이다. 비닐봉지에 비견되는 '코끼리군'과 자동차가 상징하는 '현실'은 이렇게 대립하면서 불화한다.

그래서 코끼리군은 거꾸로 가려고 한다. "완벽하게 복고적인 정신"으로, "부르주아에 대한 고전적인 적의"로 무장하려 한다. 다름 아닌 21세기의 모더니스트 히어로가, 다름 아닌 '부르주아에 대한 고전적인 적의'를 말하고 있기 때문에 이 물음은 의미심장하다. 그는 날씨("기압골의 이동경로")나 TV("저녁 여덟시 홈드라마") 따위에 '지배' 되는 현대인이지만, 그래서 존재감이 희미한 '비닐봉지' 같은 존재지만, 바로 그렇기 때문에 그의 존재 양상은 거꾸로 "무한한 확률"을 가질 수 있는 것이다. 그러니 그는 명랑해져도 될 것이지만 그러나 부르주아적인 유려함은 사양해야 할 것이다. 혹은 우리 식으로 말하면 '기의를 잃고 관절만 남아 삐걱거리는 언어들'(3)을 포기하지는 말아야 할 것이다. "우리는 유려해지지 말자./널 사랑해." 이것이 코끼리군의 마지막 말이고 이장욱 미학의 은밀한 고집이다.

이렇게 선형적으로 전언을 재구성할 수 없는 것은 아니지만 그의 시가 갖는 매력은 이 순간 사라져버린다. 그의 시는 비선형적인 방식으로 혹은 카오스적인 방식으로 모종의 질서를 구축하고, '체제 아닌 체제'가 '질서 아닌 질서'를 형성하면서 미묘한 매혹을 산출한다. 세부적인 양상들을 지적하면 이렇다. 그는 수식어와 피수식어의 상투적인 연결을 일그러뜨리고('완전한 밤' '19세기의 비' '아프리카 식 인사법' '10년 후의 야구장' 등등의 제목을 보라), 한 편의 시 안에서 어미의 통일성을 의도적으로 깨며(위 시의 첫 세 문장의 종결어미는 각각 "-다" "-지" "-해" 등이고 다른 시에서도 이 어미들은 교대로 출현한다), 문장과 문장 사이의 논리적 접속관계를 꾸준하게 헝클어놓는다("너와 단절되고 싶어/네가 그리워"). 이 스타일은 서정적인 코스모스의 세계가 흔히 빠지곤 하는 상투성의 함정을 요령껏 피해가면서 '유려한' 부르주아의 미학을 냉소한다. 그의 시는 부르주아에 대한 '현대적인' 적의의 산물이다.

이근화의 첫번째 시집 『칸트의 동물원』(민음사, 2006)을 읽었다. 이근화의 시가 뿜어내는 매력도 카오스의 그것이라 할 만하다. 이장욱이 '인식'의 카오스를 도모하는 쪽에 집중한다면, 이근화는 '감각'의 카오스를 도모하는 쪽이라고 할 수 있을지도 모르겠다. 그녀는 "무의식의 자율성은 아름답다"(「뮤직박스」)는 믿음과 더불어 감각의 카오스를 즐기고, 이와 소통할 수 있는 소수의 '감각인'들에게 말을 건다("나는 대화를 시도해"). 그녀의 말투를 흉내내자면 그녀는 '본질적으로 고양이인 시인'("본질적으로 지붕인 고양이",「본 적 있는 영화」)이다. 감각의 카오스적 활성화와 감각들 사이의 카오스적 소통을 추구하고 있기 때문에 그녀의 시는 고양이 특유의 단독자적 생기로 충만하다. 그녀는 "비의 언어를 스크래치하는 자"(「하이웨이 컬렉션」)라 자처한다. 빗줄기의 카오스적 운동과 유사한 방식으로 감지될 수 있도록 감각을 흩뿌린다. 그래서 그녀의 시는 그 어떤 것을 단박에 전달하지 않는다. 이장욱의 표현대로 그녀는 "무언가를 말한다기보다는 무언가를 다르게 느끼는"(시집의 추천사 참조) 부류에 가깝기 때문이다. 이런 감각과의 소통은 대개 더디지만 때로 은밀하게 유쾌하다. 은밀하고 유쾌한 소통은 신속하고 상투적인 소통을 기피한다. 그녀는 죽었다 깨어나도 '서정적으로' 통달하지 않을 것이다. "천천히 깨달아가는 자는 통달한 자의 비늘에 베이지 않는다."(「하이웨이 컬렉션」) 그녀는 이런 시를 쓴다.

스킨헤드 族이었고 샤넬의 새로운 모델이었던 그녀가 로마 가톨릭에 귀의하여 사제의 발걸음을 배울 때, 일요일의 종소리는 열두시와 여섯시에 한 번

나는 이 형식을 벗어나서 휴식을 취할 수 없다

독일 式 화이버를 쓴 남자는 일 초 전이나 일 초 후의 내 자리를 지나고 휘파람을 씨익 불지만 저기 멀리 달아나는 오토바이의 시간

오토바이는 오토바이의 형식으로 달리고
모래는 모래의 날들 위에 반짝인다

> 누군가 목격하였다고 해도 나는 같은 형식으로 잠들고 멀지 않은 곳에서 사제는 사제의 발걸음을 옮긴다 종소리는 열두시와 여섯시에 한 번
> ―「피의 일요일」 전문

 '그녀'는 원래 스킨헤드 족이었으나 샤넬의 모델이 되기도 했다가 이윽고 가톨릭에 귀의했다. 네오파시즘과 자본주의와 가톨릭의 이 돌연한 연결은 생의 우연성이나 삶의 비선형성 따위를 생각하게 한다. '나' 역시 이 형식을 벗어날 수 없다. 우리의 은밀한 내면의 삶은 스킨헤드 족이 샤넬의 모델이 되고 샤넬의 모델이 가톨릭의 사제가 되는 그런 비선형성의 형식으로 이어진다는 뜻일까. 이어지는 대목에서는 독일 식 파이버를 쓴 남자가 오토바이로 '나'를 치고(혹은 위협하고) 달아난다. 그러니까 "피의 일요일"인 거겠지. 이어 '나'는 말한다. 오토바이에는 오토바이의 형식이 있고 모래에는 모래의 형식이 있다고 말이다. 그것들도 저 자신의 형식을 벗어날 수 없다는 말이겠다. 이 세상에서 제각각 작동하는 생의 우연성이나 삶의 비선형성은 거시적인 시각에서 보면 또 그것들끼리 불가피하게 연결되어 있다는 뜻일까. '나'는 '나'의 형식으로 사제는 사제의 형식으로 살아가지만, 종소리가 언제나 열두시에 한 번, 여섯시에 한 번 울리듯이 말이다.
 이 모호하기 이를 데 없는 시는 이근화의 다른 시가 그렇듯이 선형적인 서사로 재편되기 이전에 이미 매혹적이다. 이 매혹은 어디서 오는가. 그녀는 우연을 필연의 목소리로, 필연을 우연의 목소리로 말한다. 위의 시는 우선 생의 우연성을 인식해야 한다고 말하는 듯 보인다. '그녀'의 인생이 세 번 크게 변한 것도, '나'의 일요일이 오토바이 사고로 얼룩진 것도 삶의 신비로운 우연이다. 그래 우리는 우연하게 산다. 한편 위의 시는 고집스럽게도 어떤 '벗어날 수 없는 형식'에 대해, "같은 형식"의 반복에 대해 말한다. 일요일에는 늘 종이 두 번 울린다. 그래

우리는 필연 속에서 산다. 요약하면 이렇다. 무질서한 파편들에서 어렴풋하게 인과를 감지해내는, 그러니까 우연과 필연을 동시에 인식하는 섬세한 감각의 심드렁한 표명이 산출하는 특이한 매력이 이 시에는 있다. 카오스 이론의 용어로 표현하면 '무작위 시스템'과 '결정론적 시스템'이 뒤섞여 있는 카오스의 세계가 그녀의 것이다.

이 시인의 다른 시들에서도 우리는 동일한 이유 때문에 설명하기 어려운 어떤 매혹을 느낀다. 단어들의 연결, 문장의 연결, 연과 연의 연결, 화소(話素)와 화소의 연결 등의 모든 층위에서 이 시인은 거의 일관되게 '우연'한 것들의 '필연'적 연관을 '감각'의 층위에서 감지한다. 그래서 대부분의 시는 선형적으로 재구성되지 않지만 무작위의 말장난으로 추락하지도 않는다. 결정론적인 세계와 무작위의 세계라는 양자택일 너머에 '무질서의 질서'라는 영역이 존재한다고 확신하는 어떤 감각의 고집이 여기에 있다. 이 감각의 도도한 확신 덕분에 "나는 아무 것도 아니다/결코 파괴되지 않을 것이다//나는 낙관적이다, 이건 사랑의 방식"(「수레의 영혼」)과 같은 구절들이, "당신의 삶이 변화하지 않는다면 무슨 소용이에요"(「당신의 삶이 변화하지 않는다면 무슨 소용이에요」)와 같은 문장들이 씌어질 수 있었겠다. 카오스 속에서 카오스를 즐길 줄 아는 세대의 미학은 심드렁한 척 자신만만하다.

시와 과학은 궁극에서 만난다는 아름다운 믿음은 근거가 없지 않다. 적어도 근대과학은 이 우주가 완벽한 코스모스라 믿었다. 마찬가지로 뛰어난 서정시들은 언어의 미묘한 뉘앙스와 리듬의 마술적인 호소력에 힘입어 한 편의 시를 하나의 코스모스로 끌어올렸다. 거기에서 만물은 시적 인과관계의 우주 속에서 예정조화를 실연하고 '겨우 존재하는 것들'은 모두 제 처소를 시적으로 분양 받는다. 이렇게 근대과학과 서정시는 코스모스를 함께 꿈꾸는 동반자였다. 그러나 양자역학과 불확정성의 원리로 대변되는 현대과학은 현실의 실상이 차라리 카오스에 더 가깝다는 것을 알려주었다. 이제 문제는 카오스가 되었다. 선형 방정식이 아니라 비선형 방정식이, '톱니바퀴' 운운의 우주관이 아니라 '주사위 던지기'의 우주관이, 스포츠에 비유하자면 (선형적인) 스키가 아니라 (비선형적인) 스노보드가 관건인 시대다. 한마디로 '선형적 사고의 몰락과 카오스의 부상(浮上)'[2)]이라 할 만한 사태가 도래했다. 이 지각변동의 와중에 카오스의 문화를 반영하는 미디어가 부흥했고 그 미디어의 슬하에서 '카오스의 아이들'이 자라났다. 오늘날 한국시의 뉴웨이브들이 창안한 새로운 미학을 이해하기 위해서는 스키가 아니라 스노보드를 배워야 할지도 모른다. 그들은, 적어도 시를 쓸 때만큼은, 선형적으로 사고하지 않는다. 그래서 그들의 시는 선형적이지 않다. 그들은, 적어도 시를 쓸 때만큼은, 코스모스의 미학을 채택하지 않는다. 그래서 그들 시의 매력은 카오스적이다. 이장욱과 이근화의 시집은 비선형적 카오스 미학의 위력을 인상적으로 증명한다.

코스모스의 자식들과 카오스의 아이들

상상력의 층위에서 어떤 근본적인 지각변동이 일어나고 있다고 생각한다. 어떤 세대에게는 가장 자연적인 풍경이 어떤 세대에게는 가장 인공적인 풍경으로 지각된다. 어떤 세대에게는 가장 현실적인 풍경이 어떤 세대에게는 가장 환상적인 풍경으로 인지된다. 그 지각변동의 근저에는 농경사회의 기억을 소유하고 있는 세대와 그렇지 않은 세대의 차이가 있다. 손택수의 표현을 빌리자면 "흙을 먹어본 기억"이 있는 세대

---

2) 더글러스 러시코프, 『카오스의 아이들』, 김성기·김수정 옮김, 민음사, 1998.

와 없는 세대의 차이라고 해도 좋다. 서정이란 어떤 근원을 되돌아보는 행위이고 존재의 '진정성' 속으로 육박해들어가려는 노력이며 상실된 코스모스를 회복하려는 실천이다. 그것은 농경사회의 이미지들을 불가불 거느리곤 한다. 그러나 근원이 없는 세대, 근대적인 의미의 진정성을 불신하는 세대, 코스모스를 가져본 적이 없을 뿐 아니라 카오스와 더불어 자라온 세대에게 그와 같은 농경적 서정이란 지극히 인위적인 인공의 세계일 수밖에 없다. 이제 우리는 시를 읽을 때 코스모스의 자식들과 카오스의 아이들 사이의 차이를 생각해야 할 것 같다. '현실'을 지각하는 인식의 메커니즘과 '시적인 것'을 감지하는 감각의 메커니즘 자체가 달라진 건 아닌지 자문해야 할 것 같다. 즐거워라, 이제 한국시는 코스모스와 카오스 사이에서 다채롭게 분광한다.

전복을 전복하는 전복
―뉴웨이브 총론

1. 미래파

　모든 명명(命名)은 어떤 실패의 흔적입니다. 예컨대 '미래파'(권혁웅)라는 이름이 또한 그렇습니다. 이 이름은 이탈리아의 미래파(Futurism)와 느슨하게 연결되어 있는 것이기도 하면서 동시에 "이들의 작품이 가까운 미래에 우리 시의 분명한 대안이라는 것을 인정할 날이 올 것"[1]이라는 믿음의 부산물이기도 합니다. 말하자면 학문과 신념의 중간, 혹은 개념어와 수사의 중간에 놓여 있는 잠정적 명명입니다. 그러나 명명의 윤리는 본래 대상 안에 있는 어떤 명명 불가능성, 기존의 이름들로는 포괄할 수 없는 어떤 미지(未知)를 정직하게 가시화하는 데에 있습니다. 뉴웨이브들을 '미래파'라는 이름으로 명명한 것은 최초의 실패였고, 그래서 의미 있는 실패였습니다. '다른 서정'(이장욱)도, '분열증과 아나키즘'(이광호)도 마찬가지입니다. 이 실패들 덕분에 저

---

1) 권혁웅, 「미래파」, 『미래파 ― 새로운 시와 시인을 위하여』, 문학과지성사, 2005.

도 몇 번의 실패를 반복할 수 있었습니다. 뉴웨이브들이 내장하고 있는 그 낯선 매혹들에 이름을 부여하려고 더듬거리며 쓴 몇 편의 글들은 그 흔적들입니다.[2] 죄송하지만 저는 아직 다른 새로운 이야기를 할 준비가 되어 있지 않습니다. 제 실패의 기록들을 다시 정리해보고 여러분들의 가르침을 얻는 자리를 만들어보려고 합니다.

먼저, 있을 수 있는 오해를 미리 방어하겠습니다. 제가 하려는 말은 "새로워서 좋다"가 아니라 "좋은데 새롭다"입니다. 전자를 마케팅의 미학, 후자를 전위의 미학이라 명명하겠습니다. 마케팅의 미학은 '새로움은 욕망을 생산하고, 그 욕망은 이윤을 생산하니, 이것은 아름답도다'로 요약됩니다. 아시다시피 이것은 근대 자본주의의 전진 동력입니다. 비평이 이 흐름에 동참할 이유가 없습니다. 여기에서 '새로움'의 가치는 정확히 '교환가치'일 뿐인데, 오늘날의 문학은 실로 교환가치의 불모지이기 때문입니다. 더군다나 문학이 본래 사용가치의 세계일진대, 진정한 비평가라면 단지 새롭다는 이유만으로 쌍수를 드는 우행을 범할 리 없습니다. 저는 뉴웨이브에 대한 관심을 상업주의나 시류추수 등으로 폄하하는 말들을 공허하다고 생각하는 쪽입니다. 풍차를 괴물이라 우기는 돌진이기 때문입니다. 문제는 전위의 미학입니다.

전위의 미학은 정확히 그 반대를 겨냥합니다. 마케팅의 미학이 새로움의 교환가치를 연구한다면 전위의 미학은 새로움의 사용가치를 고민합니다. 사용가치로서의 새로움은 언어의 혁신, 미의식의 갱신, 더 나

---

2) ①「문제는 서정이 아니다 — 웰컴, 뉴웨이브 포-에티카」(『문학동네』 2005년 가을호, 이 책에는「문제는 서정이 아니다 — 웰컴, 뉴웨이브」로 제목을 바꿔서 수록했다), ②「앓는 세대의 난경(難境)과 난무(亂舞)」(『문예중앙』 2006년 봄호, 이 책에는「진실은 앓는 자들의 편에 — 2005년, 뉴웨이브 진단 소견」으로 제목을 바꿔서 수록했다), ③「스키조와 아나키 — 2000년대 한국시의 정치학을 위한 단상」(『창작과비평』 2006년 여름호), ④「시적인 것들의 분광(分光), 코스모스에서 카오스까지」(『문학동네』 2006년 가을호) 등이 그것입니다. 이 글들에서 인용할 경우 숫자로 출처만 표시한다.

아가 비평의 쇄신을 도모합니다. 전위는 본질적으로 소수여야 할 뿐만 아니라, 실제로 오늘날 우리가 뉴웨이브라 칭하는 흐름들은 소수에 불과합니다. 일반적인 방식으로 '좋음'에 도달하는 다수가 있고 새로운 방식으로 '좋음'에 도달하는 소수가 있을 때, 비평가는 후자에 주목하지 않을 수 없습니다. 일반적 다수는 정답을 재생산합니다. 이때 비평의 언어는 그 정답의 가치를 되새길 수 있습니다. 좋은 의미에서의 보수주의라고 생각합니다. 그것은 존중되어 마땅한 것입니다. 한편 새로운 소수는 질문 자체를 혁신합니다. 그때 비평은 그 혼란과 대면하는 과정에서 비평 언어들을 혁신할 수 있습니다.

이런 맥락에서 보자면 "비평은 늘 작품보다 늦되다"(권혁웅)는 말은 동의할 만합니다. 이 말이 비평은 "새로운 것은 다 좋다"는 시류를 추수해야 한다는 뜻이 아니라면 말입니다. 비평은 "좋은데 새로운" 작품을 통해 스스로를 혁신할 수 있고 또 그래야만 한다는 뜻이라면 말입니다. 비평이 작품을 '견인' 해야 한다고 말할 때 거기에서 간과되는 것은 비평의 '반성' 입니다. 비평이 정답을 쥐고 있다는 식의 성급한 오만이 비평의 책무를 포기하지 않겠다는 책임감과 혼동될 때 우리는 난감해집니다. 그런 식이라면 비평을 할 이유가 없습니다. 이미 정답을 쥐고 있고 그에 부응하는 작품을 기다리는 것이라면 차라리 그 정답을 (작품에 의존해야 하는 비평이 아닌) 다른 형식으로 먼저 공표하는 것이 더 유용할 것입니다. 문학에서 정답은 늘 미지(未知)입니다. 그리고 그 미지에의 기다림이 비평의 행복이라고 생각합니다.

2. 주체—변태와 괴물

내가 없는 곳에서 시작되는 다른 나를 생각한다

— 장석원, 「刺傷, 빗줄기」(『아나키스트』, 문학과지성사, 2006)

저의 소견으로는 뉴웨이브의 핵심은 '나'에 대한 발본적 반성에 있습니다. 시는 1인칭 고백의 장르라고들 합니다. 1인칭 '나'와의 싸움은 시의 존재 근거 자체와의 싸움입니다. 그러니 주목하지 않을 수가 없습니다. 이를 두고 '주체의 분열' 혹은 '주체의 해체'라고들 합니다. 그러나 이런 말들은 쓰기에 빈곤하고 읽기에 지루합니다. 뉴웨이브들의 시가 내장하고 있는 활력을 밋밋하게 만드는 말들이라고 생각합니다. 아니, 그보다 먼저, 도대체 저런 말들이 무슨 뜻인지조차 저는 알 수가 없습니다. 주체란 본래 분열되어 있는 것이고 애초 해체되어 있는 것입니다(우리가 그 많은 '포스트' 담론들을 헛 읽은 것이 아니라면 말입니다). 저는 자아(ego)와 주체(subject)를 구별하는 일이 아주 중요하다고 생각합니다. '있는' 것은 자아일 뿐입니다. 내가 믿고 있는(엄밀히 말하면, '상상하는') 나의 이미지로서의 자아 말입니다. 우리는 누구나 타자가 보증을 서주기 때문에 자아를 대출 받습니다. 자아는 아버지, 동료들, 국가, 민족, 이데올로기…… 등등의 타자에 의해 사후적으로 구성되는 것입니다. 뒤집어 말하면, 그 타자들의 권위가 허물어질 경우 자아 역시 사상누각이 됩니다. 오늘날 뉴웨이브들이 서 있는 위치가 바로 그 사상(沙上)입니다. 그들은 '자아'라는 누각(樓閣)의 허구성을 직관적으로 느끼고 있습니다.

예컨대 '미니홈피'로 상징되는 오늘날의 미디어 환경을 생각해봅시다. '나'를 발산하는 이 풍경은 얼핏 해방적이고 아름다워 보입니다. 그러나 그 첫 느낌은 일시적인 것입니다. 첫번째로 방문한 어느 미니홈피에서 저는 잘 가꾸어진 어떤 '자아'의 유아독존을 봅니다. 그러나 두번째, 세번째, 네번째…… '파도타기' 방문을 하다보면 어느덧 무수한 '자아들'의 대동소이를 목격하게 됩니다. '나'의 단독성을 속삭이는 세계로 들어가서 어느덧 '나'의 일반성을 재확인하게 되는 형국입니다. '넌 특별해'와 '넌 동일해' 사이에서 오늘도 우리는 미니홈피를 폐쇄했다 열었다 우왕좌왕하고 있습니다. 누구 말마따나, 내가 누구인지 말할 수 있는 자 누구입니까. 저는 동일한 사태를 '상투적인' 서정시들에서 봅니다. 허다한 시편들이 '나'의 목소리를 실어나릅니다. 나만의 체험, 나만의 이미지, 나만의 깨달음, 나만의 화법…… 그러나 그 시들은 스스로 믿고 있는 것보다 훨씬 더 비슷합니다. 시인들의 역량 부족 때문이 아닐 것입니다. 그것은 서정적 '자아'라는 메커니즘 자체의 문제입니다. 가장 단독적이고자 하는 몸부림이 외려 시스템을 더 완강하게 고착시키는 악무한이 거기에서 발생합니다.

 이 악무한을 끊고자 하는 부류들이 뉴웨이브들입니다. 그들은 문장의 주어인 '나'와 그 문장을 쓰는 '나' 사이의 간극을 인식하고 그 틈을 힘껏 벌려놓습니다(라캉이라면 언표와 언표 행위 사이의 간극이라고 했을 것입니다). 그 틈에서 무언가가 출현합니다. 또 그들은 '나'의 단독성을 보증해주지 못하는 세계에서 '자아'라는 헛된 정체성(동일성)과 작별합니다. 세계 여기저기에서 '나'를 재확인하는 서정적 여행을 그만두고, '나'의 진실을 찾아 비서정적·탈서정적 여행을 떠납니다. 다시, 그 여행에서 무언가가 출현합니다. 그 '무언가'란 무엇입니까. '자아'라는 화사한 인공정원이 아니라 '주체'라는 끔찍한 폐허입니다. 분열의 세계, 흔적들의 세계, 부조리의 세계인 그곳이 목하 무대화되고 있는 것입니다. 저는 아쉬운 대로 이를 '주체의 시'(①)라고 명명한 적이 있습니다. 그들은 주체의 분열 혹은 해체를 '수행'하고 있는 것이 아닙니다. 자아를 전시하고픈 유혹을 뿌리치고 분열된 혹은 해체된 주체의 세계로 '귀환'한 것입니다. 또한 그들은 그 무슨 분열과 해체를 '유희'하고 있는 것이 아닙니다. 분열과 해체의 언더그라운드에서 진정한(authentic) '나'를 '추구'하고 있는 것입니다.[3] 환경이 그들을 내몰았고, 그들은 기꺼이 수락하였습니다. 거기에도 '시적인 것'이 있을까요? 확신 없는 여행이기 때문에 모험이고 도전이고 전복입니다.

시코쿠가 기차에 오르고
잘 가 나를 잊지 말아라
시코쿠였던 자가 역에 남아 손을 흔든다

죽을 때까지 어떤 이름으로도 불려지지 않으리
속삭이는 두려움이여 나를 풍차의 나라로 혹은 정지
— 황병승, 「시코쿠」(『여장남자 시코쿠』, 랜덤하우스코리아, 2005) 중에서

토끼가 달린다
토끼는 달리면서 자꾸만 토끼 아닌 것이 된다
토끼 아닌 것이 된 토끼가
오래도록 토끼가 되기 위해 달리고 또 달린다
— 강정, 「들판을 달리는 토끼 — 준규에게」(『들려주려니 말이라 했지만,』, 문학동네, 2006) 중에서

이렇게 그들은 어디론가 떠나고 있습니다. '시코쿠'는 여행을 떠나고 '토끼'는 달립니다. 황병승의 '시코쿠'는 이런 식입니다. 지금 시코쿠인 자가 여행을 떠나고 과거 시코쿠였던 자가 그를 배웅하고 있습니

---

3) 〔우리는 여기서 정신분석 임상과정의 논리를 참고하고 있다. '자아'라는 자기-이미지가 붕괴하면 '주체'라는 해체와 분열의 세계가 모습을 드러낸다. 그러나 그 해체와 분열의 세계 속에는 각자에게 고유한 어떤 진실이 잠재돼 있다. 그 진실엔 '진정한 나'가 존재한다. 그러나 그 '진정한 나'는 애초의 그 자아가 아니다.〕

다. 시코쿠라는 이름은 '나'를 버리고 '나'를 찾는 모든 이들의 보통명사이기 때문입니다. 인용한 시의 다른 부분에서 시코쿠는 "외로운 숙녀 시코쿠" "외로운 신사숙녀 시코쿠" "외로운 신사 시코쿠" "외로운 여장남자 시코쿠" 등으로 끊임없이 바뀝니다. 시코쿠라 부르지 않아도 상관없습니다. "리타"면 어떻고 "아홉소"면 어떻습니까. 이 명명들 역시 실패의 기록들입니다. 이들의 존재는 기존(旣存)하는 세계 안에서는 훼손 없이 등록되지 않습니다. "제발 좀 나를 무시하라!"(같은 시)는 절규, "죽을 때까지 어떤 이름으로도 불려지지 않으리"라는 다짐은 그러니까 이 세계를 향한 '트랜스'들의 저주입니다. 강정의 '토끼'는 어떻습니까. 토끼는 달리면서 토끼가 아닌 것이 되지만 그 토끼는 "토끼가 되기 위해" 달리고 있는 것입니다. 토끼라 부르지 않아도 상관없습니다. "거미인간"이면 어떻고 "톰 웨이츠"면 어떻습니까. 이 질주야말로 탈주이고 유목입니다. 세계가 그들을 변경으로 내몰았습니다. 그들은 변경에서 월경하는 자들입니다. 변경에 있기 때문에 월경할 수 있고 월경하기 때문에 변경에 처해집니다. 한마디로 요약하면 부르주아적 일반성이 아니라 언더그라운드적 이반성이고, 시민적 정상성이 아니라 예술가적 비정상성입니다.

저 이반성과 비정상성은 각각 도착증적 양상과 분열증적 양상을 거느립니다(각각 ②와 ③에서 언급했습니다). 황병승과 강정은 각각 '퍼버트(pervert)의 미학'과 '스키조(schizo)의 미학'이라 할 만한 것을 창안했습니다. 변태의 미학과 괴물의 미학이라 해도 상관없습니다. 저 '변태'와 '괴물'이 마이너리티를 뜻하는 말로 이해된다면 말입니다. 그들 덕분에 우리는 남성도 여성도 아닌 그 누군가가 발언하는 시, 사람도 짐승도 아닌 그 무엇이 발화하는 시를 처음으로 읽을 수 있게 된 것입니다. 그리고 저는 '미학'이라고 썼습니다. 그들의 시가 아름답지 않다면 성도착이나 분열증 따위는 '시로서는' 아무런 의미도 없습니다. 그리고 들뢰즈의 다음과 같은 말도 역시 인용할 필요가 없을 것입니다. "자신의 고유한 계(界), 자신의 성(性), 자기의 계급, 자신의 메이저리티를 배반하기 ― 글을 쓰는 데 이외에 다른 이유가 있을까요? (…) 배반이란 창조하는 것이니까요. 배반자가 되려면 우리는 우리의 정체성, 얼굴을 잃어야 합니다. 사라져야 하고 미지의 것이 되어야 하지요."[4)]

3. 세계 ― 실상과 기운

> 쉽게 말하거나 어렵게 말하거나 모두 진실이었으므로
> 똑같이 나의 고백은 아름답다
> ―황병승, 「시코쿠」

'나'를 말하는 일의 진부함과 허망함을 많은 젊은 시인들이 느끼고 있습니다. 그래서 '나'라는 위치에서 이탈하면, '나'가 보는 세계와 '나'의 언술이 동시에 변합니다. 먼저 세계에 대해 말해보겠습니다. 그들의 세계가 자폐(自閉)적이라고들 흔히 말합니다. 그들과 소통하기 어렵다는 불평입니다. '소통'이라는 이 수상쩍은 말은 왜 이리도 당당한 것일까요? 불평하는 이들의 머릿속에 있는 그 '소통'은 아마도 각자가 이미 알고 있는 것을 둘이 함께 확인하는 작업인 것 같습니다. A는 자신이 모르는 것을 B에게 전달할 수 없고 B는 자기가 모르는 것을 A로부터 건네받을 수 없을 것입니다. 서정적 소통이란 이렇게 A와 B 사이에서 이루어지는 감동적 '재' 확인입니다. 그 소통과 확인의 대상이 되는 것은 '풍경+정념'으로 이루어지는 '재현(물)'입니다. 그 재현('풍경+

---

4) 질 들뢰즈·클레르 파르네, 『디알로그』, 허희정·전승화 옮김, 동문선, 2005, 88~89쪽.

정념')이 '서정적 자아'의 지휘 아래 정리되어 있을 때 소통은 용이합니다. 반대로 풍경의 소실점이 되는 '해석하는 자아', 정념의 통일성을 보증하는 '감응하는 자아'가 존재하지 않을 때 독자는 풍경의 의미와 정념의 정체를 이해하기 어렵습니다.

자아가 떨어져나간 풍경과 정념이란 것도 있을 수 있는 것일까요? 주인 없는 풍경, 주인 없는 정념이란 것도 가능한 것일까요? 있습니다. 그것은 '자아'라는 정원이 아니라 '주체'라는 폐허에서 발견되는 풍경＋정념입니다. 모호하고 난폭하고 제멋대로인 그것들이 자아의 도움 없이도(그러니까 자의식의 친절한 개입 없이도) 시의 재료가 될 수 있다는 것을 뉴웨이브들은 보여주었습니다. '보여주었다'는 말에 주목해주시기 바랍니다. 그것은 '있는' 것을 더 분명히 보게 해주는 메타포나 알레고리가 아닙니다. 메타포와 알레고리는 번역 가능합니다. '있는' 것으로 환원될 수 있다는 말입니다. 그러나 뉴웨이브들의 그것은 쉽게 번역되지 않는 것이었습니다. 번역되지 않음에도 거기에는 분명히 어떤 매혹적인 풍경과 둔중한 정념이 있었습니다. 그러니 그것을 보이는 현실(reality)의 '재현'이 아니라 보이지 않는 실재(the Real)의 '현시'라고 말할 수 있을 것입니다. 그것들에 붙여줄 만한 이름이 마땅치 않았던 것은 당연합니다. 이 난관에 정확히 대응하는 말이 바로 '환상'과 '엽기'입니다. 사람들은 주인 없는 풍경을 '환상'이라는 말로 구박했고, 주인 없는 정념을 '엽기'라는 말로 타박했습니다. 그러나 그 비재현적인 풍경＋정념에 이제 다른 이름을 붙여줘야 한다고 생각합니다.

    붉은 빙산을 떠받치고
    마른 성냥을 그어대는 두 개의 분화구
    오른쪽엔 바다로 가는 계단, 왼쪽엔 용암에 타는 나무
    찢어질 듯 양 날개로 헤엄치는

목 잘린 나비 한 마리
—이민하, 「키스」(『환상수족』, 열림원, 2005) 전문

나는 한 그루의 거대한 눈알나무, 밤마다 내 몸에서는 사랑스런 난자 대신 눈알들이 자라났다 개중 뼈가 휘도록 탱탱하게 살찐 녀석들은 고무공처럼 이리 팅 저리 팅 튀겨다니더니 나만 모르게 꼭꼭 숨어버리곤 했다 어디 갔을까, 어디로 사라져버렸을까 어느 날 맞아 죽은 개의 악다문 입 속에서 말똥말똥 눈동자를 굴리고 있는 눈알 한 개를 찾아냈다 하지만 망치로 개의 이빨을 깨부수는 동안 부풀 대로 부푼 눈알은 오히려 죽은 개를 한입에 삼켜버리고 마는 것이었다
—김민정, 「멀리 개 짖는 소리 들리더니」(『날으는 고슴도치 아가씨』, 열림원, 2005) 전문

저는 전통적인 서정시의 메커니즘에 대해 말한 적이 있습니다.(④) 자극을 주는 어떤 '대상'이 있고, 그에 대한 '나'의 '반응(지각과 감응)'이 있고, 어떤 '판단(견해)'이 그 뒤를 잇습니다. 예를 들겠습니다. 새라는 대상이 날아갑니다. 새의 비행이 '나'에게 어떤 자극을 줍니다. 그에 대한 인간적 반응이 제시됩니다. 이제 휴머니즘적으로 따스하거나 생태주의적으로 올바른 판단이 시를 마무리합니다(저는 휴머니즘과 생태주의가 여전히 한국시의 주류라고 판단하고 있습니다). 그러나 인용된 시들은 어떻습니까. 우선 '대상'이 무엇인지 파악할 수 없습니다. 이민하의 대상은 '키스'이고 김민정의 대상은 '개'일까요? 이런 물음 자체가 무의미한 상황이라고 해야 합니다. 그러니 현실적인 풍경을 지각(perception)해낼 수 없고, 익숙한 정념에 감응(affection)할 수 없습니다. "이거 멋진 묘사인걸" 혹은 "정말 안타까워"라고 즉각적으로 반응(지각/감응)할 수 없다는 말입니다. 이민하가 그리고 있는 풍경과 김

민정이 전달하고 있는 정념에는 주인도 대상도 없기 때문입니다. 그렇기 때문에 당연히 여기에는 어떤 '견해'도 발견되지 않습니다. 메시지가 없는 시라고 사람들이 말할 때 그들은 잘 정리된(되는) 견해를 요구하고 있는 것입니다. 그러나 그들의 시에 대상도, 지각과 감응도, 견해도 없다고 한들 어떻습니까. 오히려 왜 우리는 늘 동일한 것을 요구하는 것인지를 자문해야 하는 것 아닐까요?

다른 요구를 하는 사례가 있습니다. "예술은 지각들, 정념들, 견해들로 이루어진 삼중의 조직을 해체하여 거기에 percept, affect, 감각들의 집적들로 구성된 하나의 기념비를 들어앉힌다."[5] 들뢰즈와 가타리의 말입니다. 이들은 지각과 감응이라는 '작용'을 거절하고 있습니다. 그 메커니즘 안에서는 재현과 재확인만이 가능할 것이기 때문입니다. 그들이 요구하고 있는 것은 작용(-ion)을 빠져나가는 percept와 affect 그 자체입니다. 그래야만 우리는 도대체가 다른 그 무엇으로 변할 수 있기 때문입니다. "인간이 부재하는, 인간 이전의 풍경"으로서의 percept, "인간의 비인간적 생성"을 가능케 하는 어떤 힘으로서의 affect, 다시 뭉뚱그려 말하면 하나의 '감각의 집적'을 제공하는 것이 시의 권리이고 의무입니다. 저는 이민하와 김민정이 어떤 서구 이론가들의 요구를 충실히 따르고 있다고 말하는 것이 아닙니다. 휴머니즘과 생태주의의 세계가 아니라 '비인간적인' 세계, 익숙한 것들이 낯설게 재현되는 메타포나 알레고리의 세계가 아니라 낯선 것들이 곧바로 현시되는 '탈(脫)재현'의 세계, 이 세계의 매혹을 어떻게든 개념화해보려고 하는 것입니다. '환상'이나 '엽기' 운운하는 인간주의적이고 재현 중심주의적인 반응으로는 역부족이라는 말을 하려는 것입니다.

서구 이론가들의 개념을 빌려와서 percept와 affect라 해도 좋겠습

---

5) 질 들뢰즈·펠릭스 가타리, 『철학이란 무엇인가』, 이정임 옮김, 현대미학사, 1995.

니다만 우리에게 익숙한 말을 빌려와도 좋을 것입니다. 저는 그 탈재현의 풍경과 정념을 각각 실상(實相)과 기운(氣運)이라는 말로 칭해도 좋다고 생각합니다. 과거의 현자들은 자아의 망집에서 벗어날 때 현시되는 세계를 실상이라 했고, 인간과 사물의 경계를 넘나드는 어떤 비(非)인칭적인(비인간적인) 에너지를 기운이라 했습니다. 이민하는 이를테면 '키스'의 실상을, 김민정은 '원한 없는 분노 혹은 유쾌한 복수'의 기운을 포착하려 애쓰고 있다고 하면 어떻겠습니까. 물론 여전히 모호합니다. 그러나 "문제는 언제나 삶을, 그것을 가두어놓는 곳으로부터 해방시키거나 혹은 그것을 불확실한 투쟁으로 이끌어내는 데 있다"[6)]는 말을 저는 믿고 싶습니다. 저는 "불확실한 투쟁"이라는 말에 밑줄을 칩니다. 우리는 시를 이해하기 좋은 것으로 만들려는 욕망과 싸워야 합니다. 시인은 '이미 존재하는 인간'을 향해 말을 걸기보다는 '장차 도래할 인간'을 향해 말을 걸어야 합니다. 아울러 비평가는 시를 익숙한 것으로 바꾸려 하지 말고, 낯선 것들과 뒤엉키면서 다름 아닌 그 자신을 바꿔야 합니다. 그 낯선 것과 함께 어디로 가게 될지는 알지 못합니다. 존재가 바뀐다는 것이 본래 그런 것이라고 생각합니다.

4. 언술—차이와 긍정

절대 시 쓰진 마. 그냥 아무렇게나 쓰면 돼.
— 김행숙, 「친구들—사춘기 6」(『사춘기』, 문학과지성사, 2003)

'나'의 위상이 흔들리면서 나타난 결과 중의 하나는 화법의 변화입

---

6) 앞의 책, 246쪽.

니다. 저는 그 변화를 세 가지 정도로 정리할 수 있다고 생각합니다. 각각을 탈-고백 화법, 반-계몽 화법, 무-질서 화법이라고 부르겠습니다. 물론 이 세 변화는 연동되어 있습니다. 우선 '나'에 대해 말하는 것의 진부함과 허망함을 인식하게 되면서 고백의 형식을 피하게 됩니다. 고백은 고백을 듣는 청자를 전제하고 고백할 내용을 전제합니다. 청자를 전제하지 않는 고백은 독백이 되고 그것은 고백할 내용을 상정하지 않기 때문에 전언의 해체를 가져옵니다. 전언의 해체는 (좀 거창하게 말하면) 시에서 계몽의 종언을 초래합니다. 고백이라는 메커니즘을 거부하는 발화들, 전언의 전달이라는 목표에 연연하지 않는 발화들은 부유합니다. 그 발화들이 일견 무질서해 보이는 것은 당연합니다. 우려하는 분들이 있다는 것을 알고 있습니다. 많은 사람들이 뉴웨이브의 시가 내용 없고 질서 없는 장광설이라고 말하면서 그것이 시 독자의 이반(離反)을 초래하고 있다고 걱정합니다. 이제 독자는 시를 읽어도 그 무슨 깨달음과 지혜 따위는 얻을 수 없으니까 말입니다. 과연 그럴지도 모릅니다. 그러나 이 세상의 깨달음과 지혜라는 것들이 대개 엇비슷하게 닮아 있다는 사실에 피로를 느끼는 독자들, 전언이 시의 최종 심급은 아니라고 생각하는 독자들도 있습니다. 그런 독자들은 이들의 시에서 어떤 역설적인 가능성을 읽어내기도 합니다.

 탈-고백, 반-계몽, 무-질서의 가능성이란 이런 것입니다. 김행숙의 탈-고백에 대해 다시 말하겠습니다. "정체성을 구축하고자 하는 자아의 목소리가 사라지고 '누군가가 말한다(On Parle)'의 형식을 취하는 '익명적 중얼거림'의 아름다운 연쇄"가 김행숙의 것이고, 그것은 "한국어로 고백하는 일의 제도적 성격을 암묵적으로 힐난"합니다. 그녀가 '고백하는 자아' 대신 내세웠던 "(사춘기의) '소녀'들과 '귀신'들은 고백이라는 제도 바깥에서 독백하는 어떤 존재들의 표상"이라고 저는 이해하고 있습니다.(②) 이장욱의 반-계몽에 대해 다시 말하겠습니다. 이장욱의 시에서 "미묘하게 서정적인 구절들은 자아의 정념으로부터 독립되어 있"고, "그 구절들은 심리학적으로 서정적인 것이 아니라 언어학적으로 서정적"입니다. 이런 문장들은 "명시적으로 계몽적 전언을 드러내건 혹은 암묵적으로 어떤 지혜를 전달하건, 여하튼 모종의 계몽적 목소리를 장착"하곤 했던 고전적인 서정시와 달리, '잠언으로부터의 탈피' 혹은 '계몽주의와의 결별'이라고 할 만한 어떤 사태를 초래합니다.(②) 장석원의 무-질서에 대해 다시 말하겠습니다. 그는 "발화자의 통치 권력으로부터 자유로운 줄기들이 서로 연대하여 모종의 '시적인 것'에 도달하는 일, 혹은 이질성들이 공존(con-sist)하면서 '무질서의 질서'라고나 해야 할 어떤 일관성(consistence)에 도달하는 일"을 시도하고 있습니다. 이것은 정치체제로서의 아나키즘을 시작(詩作)의 층위에서 가동시키는 작업입니다.(③) 그러나 여전히 "깊이가 없다"고 어떤 이들은 말합니다.

오늘은 어제의 거리를 다시 걷는 오후. 현대백화점 너머로 일몰. 이건 거의 중독이야. 하지만 어제는 또 머나먼 일몰의 해변을 거닐었지.

이제 삼차원은 지겨워. 그러니까 깊이가 있다는 거 말야. 나를 잘 펴서 어딘가 책갈피에 꽂아줘. 조용한 평면, 훗날 너는 나를 기준으로 오래된 책의 페이지를 펴고. 또 아무런 깊이가 없는 해변을 거니는 거야.
— 이장욱, 「중독」(『정오의 희망곡』, 문학과지성사, 2006) 중에서

맞습니다. 깊이가 없습니다. 그러나 다시, 바로 그것들이 이들의 역설적인 가능성이라고 저는 말하겠습니다. '깊이가 있다'는 것은 곧 그곳이 3차원의 세계라는 것을 뜻합니다. 수학적으로 말하면, 선이 있고 면이 있고 입체(수학적 공간)가 있습니다. 혹은 정치학적으로 말하면, 중

심이 있고 주변이 있고 그 사이에 지배(정치적 공간)가 있습니다. 혹은 시학적으로 말하면, 자아가 있고 대상이 있고 그 가운데에 지각·감응 및 판단·견해(서정적 공간)가 있습니다. 이 좌표들이 협업하여 하나의 '(권력적) 구도'를 만들고 어떤 '전체'의 상태를 지향합니다. 그러나 어떤 이들은 특정한 위치를 중심으로 구조화되는 구도에 체질적인 거부감을 갖고 있습니다. "이제 삼차원은 지겨워. 그러니까 깊이가 있다는 거 말야." 그렇다면 어떤 대안이 있을까요? 3차원이 지겹다면 2차원으로 돌아가거나 4차원으로 나아갈 수 있습니다. 2차원으로 돌아가면 지배관계가 발생할 수 있는 '공간'이 제거될 것입니다. 4차원으로 나아가서 제4의 축인 '시간'을 도입하면 지배관계가 관철되는 시간의 질서 자체를 흩뜨려버릴 수 있습니다. (다시 들뢰즈의 용어를 빌리면) 이장욱이 부유하는 발화들을 '초월성의 구도(plan de transcendance)' 없이 '평면' 위에 배치할 때, 그는 2차원을 전략적으로 도입하고 있습니다. 혹은 과거와 미래가 현재라는 '내재성의 구도(plan de immanence)' 위에 공존한다는 듯이 "19세기의 비"를 맞고 "10년 후의 야구장"에 놀러 갈 때, 그는 4차원을 살고 있는 것입니다. 여기서 '전체'를 향한 기도는 '지겨운' 것이고, '차이'들의 한판 잼세션은 '마음에 드는' 것이 됩니다.

> 나는 내 인생이 마음에 들어
> 한 계절에 한 번씩 두통이 오고 두 계절에 한 번씩 이를 뽑는 것
> 텅 빈 미소와 다정한 주름이 상관하는 내 인생!
> (…)
> 어깨가 기울어지도록 나는 내 인생이 마음에 들어
> 아직 건너보지 못한 교각들 아직 던져보지 못한 돌멩이들
> 아직도 취해보지 못한 무수히 많은 자세로 새롭게 웃고 싶어
> ─이근화, 「나는 내 인생이 마음에 들어」(『세계의문학』 2006년 가을

호) 중에서

 저는 "어깨가 기울어지도록 나는 내 인생이 마음에 들어"라는 구절이 어깨가 기울어지도록 마음에 듭니다. 이 '깊이 없는' 긍정은 유쾌한 것입니다. 저 역시 3차원은 뭔가 지겹다는 생각을 하기 때문입니다. 혹은 3차원의 구도로는 뭔가 역부족이 아닌가 생각하기 때문입니다. 오늘날의 시인들이 놓여 있는 위치는 과거와 다릅니다. 저는 이 상황을 이렇게 정리한 적이 있습니다. "오늘날 가능한 것은 금지에 대한 저항이 아니라 유혹에 대한 거절일 것이다. 이제 권력은 '하지 말라'고 말하지 않고 '하라'고 말하기 때문이다." 그래서 시인의 적(敵)은 예컨대 "완강한 자기 동일성으로 무장한 집단주의의 늪, 전체주의적 쾌락을 조직하는 시스템의 유혹"입니다.(③) 그러니 시인은 무엇보다도 우선 유일무이한 개별자가 되어야 하는 것이 아닐까요. 본 적도 들은 적도 느껴본 적도 없는 감각과 언술들을 실험해야 하지 않을까요. 이를테면 "알 수 없는 사람"이, 무책임하고 깊이 없는 "선언의 천재"(황병승)가 되어야 하는 것이 아닐까요. 이근화의 '긍정'은 "아직 건너보지 못한 교각들 아직 던져보지 못한 돌멩이들/아직도 취해보지 못한 무수히 많은 자세"를 생각하는 자의 긍정입니다. 이렇게 말할 줄 아는 사람이라면 도대체가 집단주의나 전체주의 혹은 그 밖의 무수한 유혹들에 곁을 내주리라고 생각할 수가 없는 것입니다. 분명히 말해두고 싶습니다만, 차이의 긍정이라는 기획이 궁극의 기획일 수 있으리라고는 생각하지 않습니다. 예컨대 (지젝이나 바디우 같은 이들이 하고 있는 작업인) 또다른 '보편성(universality)'의 구축이 필요하다는 것도 알고 있습니다. 마찬가지로 탈-고백, 반-계몽, 무-질서가 궁극의 미학이라고도 생각하지 않습니다. 그러나 당분간은 이 미학들의 전복성이 소진되지 않을 것이라고 생각합니다. 저는 시가 많은 일을 할 수 있다고 생각하지 않습니다. 그러나 시만이 할 수 있는 일이 분명히 있다고 믿습니다. 뉴웨이브들은 시만이 할 수 있는 그 일을 찾아가고 있는 중입니다. 그래서 이 '깊이 없이' 아름다운 시들이 저는 '마음에 듭니다'.

5. 전복을 전복하는 전복

저는 지금까지 뉴웨이브의 시학을 비교적 네거티브한 방식으로 규정해왔습니다. 그들은 서정적 자아의 발언권을 박탈합니다. 주체의 세계에서 변태와 괴물로 살고 있습니다. 현실적인 것들을 재현하지 않습니다. 실재적인 것들을 현시합니다. 고백하지 않고 계몽하지 않으며 질서를 도모하지 않습니다. 이런 것들로 이루어지는 구도를 해체하고 전혀 다른 방식으로 말합니다. 말하자면 그들의 세계는 반(反), 탈(脫), 무(無)의 세계입니다. 아직 저는 그들의 세계를 포지티브하게 개념화하지 못하고 있습니다. 말할 것도 없이 이는 저의 능력이 부족한 탓입니다. 그러나 저는 이런 생각도 해보고 있습니다. 이들의 세계가 실정적인(positive) 내용들로 규정되는 바로 그 순간 이들의 전복성은 소진되는 것이 아닌가 하고 말입니다. 뒤집어서 말하면 이들이 네거티브하게 읽히는 동안만큼은 이들이 전복적일 수 있다는 말입니다.

비평이 그들을 네거티브한 방식으로 규정할 수밖에 없다는 것은 그들이 비평 언어의 바로 그 '공백'을 겨냥한 시들을 쓰고 있다는 뜻이기도 할 것입니다. 과감하게 말하면 바로 이것이야말로 전복이라고 생각합니다. 시가 전복해야 할 것은 세계이기 이전에 우선 비평입니다. 오늘날 가장 완강하게 보수적인 담론 영역 중의 하나가 바로 비평 담론이라고 저는 생각합니다. '전복적인 것'에 대한 관념 자체가 보수적이라는 뜻입니다. 스스로 전복적이라고 믿고 있는 것들이 시인들과 독자들에게는 얼마나 진부하고 상식적인 것인지를 비평가들은 잘 모릅니다. 혹은 그 전복성이 과연 '작동하는' 전복성인가에 대한 치명적인 질문을 생략하면서 전복과 수구와 퇴행을 손쉽게 규정합니다. 진정한 전복은, 수구적이고 퇴행적인 것이라고 누구나 알고 있는 그것을 전복하는 것이 아니라, 다수가 전복적이라고 믿고 있는 그 전복의 관념 자체를 혼란에 빠뜨리는 것이라고 생각합니다. 그때 비평은 허둥대면서 질문합니다. "그들의 시에는 뭔가가 있다, 그런데 그것은 과연 전복적인가?" 우리의 이 질문이 계속되는 동안, 뉴웨이브들은 전복적일 수 있습니다. 전복을 전복하는 전복입니다.

| 보유 |

미니마 퍼스펙티비아(minima perspectivia)
— 시의 '깊이'에 대한 단상

오늘날 씌어지는 어떤 시들은 얇다. 그러니까 깊이가 없다는 뜻이다. '깊이가 없다'는 말은 시가 도달한 경지가 '얄팍하다'는 뜻일 수도 있고, 시가 다루고 있는 세계가 물리적으로 '평평하다'는 뜻일 수도 있다. 전자는 주관적 평가의 술어이고 후자는 객관적 진단의 술어다. 2000년대에 씌어지기 시작한 어떤 시들 때문에 우리는 이 두 내포를 구별하지 않을 수 없게 되었다. 평평한 시가 얄팍한 시인 것은 아니다.

회화와 소설에서의 원근법

깊이는 어떻게 생겨나는가. 파노프스키는 『상징적 형식으로서의 원근법』(1924~1925)에서 서양회화의 원근법은 일종의 상징적 형식일 뿐이라고 주장했다. 원근법은 자연적인 것이 아니라 인위적인 것이다. 더 구체적으로 말하면 그것은 근대적인 배치의 산물이다. 원근법을 지탱하는 것은 소실점이다. 그 소실점은 그림을 보는 자의 눈과 일치한다.

그와 더불어 신이 아니라 인간이 세계의 척도가 되었다. 이 근대적 원근법 덕분에 회화에서 깊이가 생겨났다. 문제는 이 '깊이의 원근법'이 도입되면서 (가라타니 고진의 화법을 빌리자면) 어떤 전도(顚倒)가 발생한다는 것에 있다. 그러니까 원근법적 공간에 익숙해지면 그것만이 유일한 '현실'이라고 믿게 되어 마치 이전의 회화에는 객관적 현실이 존재하지 않았다는 식으로 생각하게 된다는 것이다. 회화에서 리얼리즘의 규범이 이렇게 탄생한다.

문학의 경우는 어떨까. 회화에서 근대적 원근법이 '현실'을 탄생시켰다면, 문학에서는 무엇이 '여기에 현실이 있다'는 것을 느끼게 하는가. 근대 이전의 문학을 읽을 때 우리는 거기에서 '깊이'를 느끼지 못한다. 그러나 가라타니의 말마따나 근대 이전의 삶에 깊이가 없었던 것은 아닐 것이다. 그렇다면 문학에서도 어떤 배치의 변화가 있었다고 해야 한다. "우리가 깊이를 느끼는 것은 현실·지각·의식에 의해서가 아니라 근대문학의 원근법적 배치에 의한 것이다."[1] 그러니까 근대문학에서 우리가 느끼는 '깊이' 역시 인위적인 것이다. 여기에 익숙해진 채로 근대 이전의 문학을 바라보면 동일한 착시현상이 일어난다. 근대 이전의 문학에는 깊이가 없었다고, 근대문학에 와서야 "생이나 내면의 심화"(『기원』, 강조는 원저자)가 일어났다고 믿게 되는 것이다. 이제 이곳만이 리얼한 세계다. 문학에서 리얼리즘의 규범이 이렇게 탄생한다.

근대회화의 리얼리즘이 원근법에 의해 가능해졌다면, 근대문학의 리얼리즘은 무엇에 의해 가능해졌는가. 앞에서 가라타니는 "근대문학의 원근법적 배치"라고 썼다. 이제는 그것이 도대체 무엇인지를 물어야 한다. 『근대문학의 종언』(조영일 옮김, 도서출판b, 2006. 이하『종언』)에서 그는 이렇게 설명한다. 근대회화의 리얼리즘을 가능케 한 것이 기하학

---

[1] 가라타니 고진, 『일본 근대문학의 기원』, 박유하 옮김, 민음사, 1999, 6장, 강조는 인용자. 이하 『기원』으로 약칭한다.

적인 원근법, 그러니까 "고정된 한 점에서 투시하는 도법에 의해 2차원 공간에 깊이 있는 모양새를 부여하는 고안" 덕분이라면, 근대소설의 리얼리즘을 가능케 한 것은 "3인칭 객관묘사"라는 '고안'이다. 그것은 "화자가 있음에도 불구하고 마치 없는 것처럼 보이게 하는 기술"이다. "화자가 존재하면 (…) 현전성이랄까, '깊이' 같은 것이 없어집니다." 3인칭 객관묘사가 깊이를 도입하였다. 비로소 '현실'이 발견되었고 근대소설의 리얼리즘이 가능해졌다. 그런데 가라타니는 어디까지나 소설에 대해서 말하고 있다. 그가 말하는 근대문학은 곧 근대소설이고, 근대소설은 곧 리얼리즘 소설이다. 그렇다면 이 논의를 시에 적용할 수 있을까?

서정적 원근법

시에서 근대적 원근법에 대해 말하기 위해서는 우선 근대 이전의 시와 근대의 시를 구별할 수 있다는 것이 증명되어야 한다. 그러나 시는 예나 지금이나 유구한 1인칭 화자의 발화가 아닌가? 근대 이전의 소설(에 준하는 담론양식)에서도 3인칭의 서술자는 존재했다. 그러나 3인칭은 근대화되었다. 그것과 동일한 논리로 이렇게 말할 수 있을 것이다. 근대 이전의 시에서도 1인칭의 화자는 존재했지만 어느 때엔가 1인칭은 근대화되었다, 라고. 1인칭의 근대화란 무엇인가? 가라타니는 화자가 존재하면 깊이가 없어진다고 말한다. 그렇다면 1인칭 화자의 발화로 구성되는 시는 본래부터 깊이가 없는 것인가? 그렇지는 않을 것이다. 여기서 우리는 근대적 소설의 1인칭과 근대적 시의 1인칭을 구별해야 한다. 근대적 소설의 1인칭은 볼 수 있는 것만 본다. 그러나 근대적 시의 1인칭은 보지 못하는 것이 없다. 말하자면 근대적 시의 1인칭은 전

지적인 3인칭 화자의 속성을 갖고 있다고 말해야 한다. 이렇게 본다면 서정의 본질이 '세계의 자아화'라는 규정은 헐겁다. 어떤 자아인가를 묻지 않고 있기 때문이다. 이 규정 안에서 전근대적 자아와 근대적 자아는 분별되지 않는다. 근대 이전의 시에서 1인칭은 대개 현실에 의해 강요되는 정념을 토로하거나(민요), 혹은 세계에 대한 판단을 내릴 때도 어떤 초월적인 이념에 의거해서만 그렇게 한다(시조). 그것은 일종의 추상적인 '목소리'이다. 그러나 근대적 시의 1인칭은 그 자신을 중심으로 세계를 '구축'한다. 데카르트적 주체, 혹은 세계의 소실점이다. 이것이 시에 나타난 근대적 배치의 변화다.

그렇다면 근대예술에서 회화의 '기하학적 원근법'과 소설의 '3인칭 객관'에 대응하는 것은 시에서는 '데카르트적인 1인칭'이라고 말할 수 있다. 더불어 근대화된 1인칭이 소실점이 되어 세계를 구성하는 원리를 '서정적 원근법'이라 부를 수 있을 것이다. 이에 대해서는 이미 이장욱의 언급이 있었다.[2] 그에 따르면 서정성은 근본적으로 하나의 소실점을 설정한다. 일점원근법을 통해 가공의 시공간을 구축하면서 서정적 자아의 단일한 시선을 중개한다. 더 나아가 그는 중세적 자아와 근대적 자아를 구별하면서 앞서 말한 원근법이 근대적 배치의 변화임을 명시한다. "중세적 자아의 시선이 역원근법, 즉 신과 만상의 자리를 시선의 출발점으로 삼았다면, 그럼으로써 인간적 시선의 부재를 현현했다면, 근대 서정시들은 일점원근법이 관할하는 '시적 소실점'에 의해 운용된다." 이와 더불어 근대 서정시에서 깊이가 확보될 수 있었다. 그리고 '바로 이곳에 현실이 있다'는 감각이 확립되었다. 거꾸로 말하면 '시적 소실점'이 설정되어 있지 않거나 시점이 고정되어 있지 않아 소실점으로서 기능하지 못하는 시에 현실은 존재하지 않으며 그 세계는 깊이를 확보하지 못한다.

---

2) 이장욱, 「꽃들은 세상을 버리고 — 풍자가 아니라 자살이다」, 『나의 우울한 모던보이』, 창비, 2005.

표면의 시

그렇다면 이렇게 말할 수 있다. 원근법이 깊이를 가져왔다면 원근법 없이는 깊이도 없다. 이를 서정적 원근법이라는 층위로 옮겨올 경우 우리는 '깊이 없는 시'를 상정할 수 있게 된다. 앞에서 언급한 이장욱의 글은 시적 소실점이 제거되어 있는 시의 사례로 박정대의 시를 거론한다. 이 관점은 박정대의 시가 갖고 있는 독특한 매력을 설명하는 데 분명 유용한 관점이다. 그러나 박정대의 시는 소실점을 삭제하여 원근법적 구도를 무너뜨리면서 동시에 모든 세계를 '나'의 내면적 공간으로 대체한다. 이것은 중세적인 역원근법을 단지 뒤집어놓은 것에 불과한 것은 아닐까. 그러니까 '신'의 자리에 '나'를 넣은 것일 뿐이라고 할 수 없을까. 박정대의 시가 로맨틱한 것은 로맨틱한 시어들과 발성들 때문이라기보다는 이 거대한 '나' 때문이다. 이것은 오히려 서정적 원근법의 본질을 노골적으로 드러냄으로써 그것을 해체하는 작업이다. 박정대의 시가 서정적 진부함으로부터 탈출한 이채로운 사례인 것은 분명하지만, 여기에서 구조적인 차원의 근본적인 변화가 일어났다고 하기는 어렵다.

그러나 최근의 어떤 시들은 '근본적으로'라고 해야 할 정도로 다른 것 같다. 우리는 이장욱, 김행숙, 하재연, 이근화 등을 염두에 두고 있다. 그들의 시에서 시적 소실점은 없거나 최소한으로 약화되어 있다. 이와 관련해 자아의 해체, 다성성(多聲性)의 도입, 환상의 분출 등을 이야기하고 있지만, 이것들은 시적 소실점이라는 문제와 관련해 핵심적인 것들이 아니다. 시적 소실점은 근원적으로 진리가 발생하는 장소다. 예컨대 진리를 직접적으로 겨냥하는 잠언 투의 언술이 시에서 더 쉽게 용인되는 것은 시적 소실점의 그와 같은 권위를 우리가 인정하고 있기 때문이다. 그래서 시적 소실점이 흔들리거나 사라질 때 나타나는 가장 중요한 현상은 세계의 진리를 파악하고 전달하겠다는 의지의 소멸이다. 앞서 거론한 시인들의 시에서 우리가 주목해야 하는 것은 한 줌의 권위적 진리조차 사양하는 그 권태롭고 나른하고 이상한 목소리들이다. 그 시들은 '최소한의 원근법(minima perspectivia)'으로 쓰어진다.

가라타니가 '근대문학의 기원'을 사유할 수 있게 된 것은, 그러니까 근대문학의 특성이 '내면성'이고 그것이 어떤 '전도'를 통해서 발생했다는 사실을 깨닫게 된 것은, 70년대 후반 일본에서 내면성을 부정하는 작품들이 나오면서였다. 유사한 논법으로 말하자면, 우리가 서정시의 원근법에 대해 생각하게 된 것은 최소한의 원근법을 시험하고 있는 시들이 나오면서부터였다. 이 사소하기 짝이 없는 시들은 도대체 왜 쓰어지고 있는 것일까. 흔히 사소설은 근대소설의 일탈이거나 미달이라고들 한다. 3인칭 객관 리얼리즘이 아니라는 것이다. 그러나 어쩌면 반대로 말할 수도 있지 않을까. 사소설이야말로 리얼리즘일 수 있다. "사소설은 리얼리즘에 철저하고자 합니다. 그렇다면 3인칭 객관이라는 허구를 허용할 수 없습니다."(『종언』) 3인칭 객관이라는 원근법을 사용하지 않기 때문에 근대 리얼리즘에 미달한 것이 아니라, 근대 리얼리즘을 넘어서고자 했기 때문에 3인칭 객관이라는 원근법을 버린 것이다. 우리는 동일한 논리를 반복하고 싶다. 일련의 젊은 시인들은 오히려 '나'에게 충실하고자 했기 때문에 '서정적 원근법'이라는 '상징적 형식'을 허용하지 않았다고 말이다. 그렇다면 '나'에게 충실하다는 것은 무엇을 뜻하는가?

일반적으로 그것은 '나'의 '본질'이 존재한다고 가정되는 '깊은' 곳으로 들어가는 것을 의미할 것이다. 그리고 그런 시들이 있다. '실재의 시'라고 명명할 수 있을 일련의 시들이 2000년대 시의 한 흐름을 이룬다. 그러나 깊이가 제거된 '표면의 시'를 쓰는 이들은 그것이 일종의 통념일 수 있다고 생각한다. 예컨대 프로이트는 '심층'을 사유한 '깊이'

의 이론가인가? 그가 최면요법 대신에 자유연상을 택한 것은 그가 심층이 아니라 표면에 주목했기 때문이다. "프로이트는 심층 대신 자유연상 또는 꿈에서 표층적으로 나타나는 정보의 연합과 통합의 배치에 주목한 것이다."(『기원』, 강조는 원저자) 말하자면 본질은 표면에 있다고 그들은 말하고 싶은 것인지도 모른다. 그러나 이것은 소극적인 규정이다. 그들에게 진정 중요한 것은 '본질'이 아니라 '가능성'이기 때문이다. 심층으로부터 해방되었을 때 새로운 세계와 새로운 '나'를 창조할 수 있다고 그들은 믿는다. 그리고 이것은 들뢰즈가 "이제 모든 것이 표면으로 올라온다"[3]는 말로 도모하고자 했던 '생성'의 기획의 취지와 크게 다르지 않을 것이다. 깊이의 세계(플라톤의 세계)와 결별한 표면의 세계(앨리스의 세계)에서 지금 무슨 일인가가 벌어지고 있다.

플라톤과 앨리스

우리는 지금껏 가라타니의 논의에 적잖이 의지했지만 그의 결론과는 무관한 곳에 도달하길 원한다. 우리는 종언이 아니라 또다른 시작에만 흥미를 느낀다. 그래서 우리는 어떤 식으로든, 적어도 당분간은, 이 표면의 시들에 주목하려고 한다. 플라톤의 세계와 무관한 곳에서 심드렁하게 아름다운 이 앨리스의 세계는 달콤하게 혼란스럽다. 그리고 이 달콤한 혼란 속에 한국시의 또다른 미학 하나가 잠재해 있다고 생각한다. 들뢰즈는 앨리스 같은 소녀들만이 표면을 이해할 수 있다고 말한 적이 있다. "나를 내버려두란 말이에요. 나는 깊이가 없어요." 어떤 완강한 할아버지도 제멋대로인 손녀를 이길 수는 없는 것이다.

---

3) 질 들뢰즈, 『의미의 논리』, 이정우 옮김, 한길사, 2000, 55쪽.

감각이여, 다시 한번
— 김경주의 시에 대한 단상

1. 시인들의 시대

내가 그를 미워하고 있을 때 나는 아직도 그를 사랑하고 있는 것이다. 플라톤이 시인을 추방하고자 했을 때 그는 여전히 시를 사랑하고 있었을 것이다. "밤마다 몰래 자신의 화장을 지우던 플라톤은 자신이 시인이었다는 것을 왜 몰랐을까?"[1) 청년 플라톤은 시의 매혹을 잘 알고 있었고 그래서 그것을 증오했다. 한편, 1619년 겨울 어느 날, 데카르트는 세 번의 꿈을 꾸었는데, 그중 한 꿈에 두 권의 책이 등장한다. 한 권은 백과사전, 다른 한 권은 시집이었다. 꿈에서 깨어난 데카르트는 노트에다 이렇게 쓴다. "마치 부싯돌 안에 불의 씨앗들이 있는 것처럼, 우리들 안에는 학문의 씨앗들이 들어 있다. 철학자들은 그것들을 이성을 통하여 추출한다. 시인은 그것들을 상상을 통해 끄집어내고 그래서

---

1) 김경주, 「오르페우스에게서 온 한 통의 엽서」, 『나는 이 세상에 없는 계절이다』, 랜덤하우스코리아, 2006, 53쪽. 이하 이 시집에 실려 있는 시를 인용할 경우 괄호 안에 제목만 밝힌다.

그 불의 씨앗들은 더욱더 찬연히 빛난다."[2] 청년 데카르트는 시에 매우 호의적이었지만 훗날의 합리주의자 데카르트의 생각은 그와 달랐다. 예술은 이성적 진리를 감성적 체험의 층위에서 재현하는 것일 뿐이라서 예술적 상상력은 단지 이성의 진리에 부합할 때만 의미를 갖는다는 것, 이것이 데카르트의 결론이었다. 비슷한 방식으로 헤겔은 시를 '이념의 감각적 현현(顯現)'이라고 규정하면서 일보 전진했다가, 개념적으로 사유할 수 있는 내용을 담고 있는 한에서만 시를 인정할 수 있다고 말하면서 일보 후퇴한다.

내가 그를 의식하고 있을 때 나는 아직도 그보다 약자인 것이다. 시와 철학의 복잡 미묘한 애증관계에 민감한 것은 시인들이 아니라 철학자다. 시인들은 철학자를 경멸하지 않지만 철학자는 때로 시인들을 경멸하기도 하는 것이다. 그것이 철학의 무의식이다. 그런데 비평가들은 그런 철학자들의 눈치를 본다. 시가 철학의 무의식이라면 철학은 비평의 초자아다. 비평가는 호메로스와 횔덜린과 랭보를 염두에 두지 않고 플라톤과 데카르트와 헤겔을 염두에 둔다. 연인이 부모의 인정을 받지 못할 때 느끼는 불안은 비평가들의 고질이다. 그래서 비평가들은 시를 사랑하지만 철학을 등지지 못한다. 아니, 차라리 철학은 그들의 콤플렉스다. 그래서 하이데거가 파르메니데스와 헤라클레이토스 같은 철학자들이 시인과 다르지 않았음을 강조할 때, 횔덜린을 '시인 중의 시인'이라 찬미하면서 오로지 시만이 구원의 장소라고 말할 때, 비평가들은 기꺼이 감동하지만 하이데거를 진심으로 믿지는 못한다. 위대한 것은 횔덜린이 아니라 차라리 하이데거가 아닌가를 의심한다.

시가 철학보다 우월했던 때가 있기는 했다. 횔덜린에서 첼란에 이르

---

[2] R. Descartes, *Cogitationes Privatae*. 김상환, 「철학과 시의 관계」, 『예술가를 위한 형이상학』, 민음사, 1999, 133쪽에서 재인용.

는 그 시기를 알랭 바디우는 "시인들의 시대"라 부른다. 철학이 시에 '봉합(縫合, suture)' 되었던 때, "시대의 수수께끼가 시적 은유의 수수께끼에 걸려 있었던 시대"3)가 있었다고 인정한다. 철학자는 그 시기를 철학이 무능했던 시절로 기억하겠지만, 시인들은 그 시기를 '좋았던 옛 시절'로 기억할 것이다. 그러나 첼란 이후부터는 시인들의 시대가 아니다. 그래서 비평가들은 복사물이 아니라 원본을(플라톤), 상상이 아니라 이성을(데카르트), 감각이 아니라 이념을(헤겔) 끝내 염두에 둔다. 복사물을, 상상을, 감각을 그 자체로 긍정할 수는 없을까.

2. 감각으로 사유하는 종

시학에서만큼 감각이 중시되어야 할 영역도 달리 없을 것이다. 그런데 불행히도 우리 시학은 여전히 데카르트적이다.4)

시를 몸으로 쓰는 것이라고 했을 때, 이 말은 비유적인 표현일 수 없다. 시인의 몸은 세상의 여러 자극과 정보를 받아들이는 수용기이거나 공명통이다. 시에서의 관념은 그런 여러 감각에 대한 상위 개념으로서만 제 역할을 할 수 있다. 관념을 우선해선 안 된다. (⋯) 비평은 무엇보다도 먼저 이 감각의 기술론이 되어야 한다.5)

듣고 보면 상식적인 것처럼 느껴지지만 누구도 먼저 말하기는 어려운 종류의 발언이다. 이것이 시작(詩作)을 겸하는 비평가의 발언이라는

---

3) 알랭 바디우, 『철학을 위한 선언』, 이종영 옮김, 백의, 1995, 87쪽.
4) 권혁웅, 「책머리에」, 『미래파 — 새로운 시와 시인을 위하여』, 문학과지성사, 2005, 8쪽.
5) 권혁웅, 「감각의 논리」, 같은 책, 17쪽.

점을 기억해둘 필요가 있다. 그래서 이것은 시인들의 반격이기도 하다. 시인들이 비평가를 의식하는 것은 사실이겠지만, 비평가들이 의식하는 철학을 시인들이 의식하지는 않는다. 시인들에게는 철학에 대한 콤플렉스가 없다. 철학의 눈치를 보는 비평가들이 여전히 시의 전언에 집착하면서 그것을 철학의 거울에 비추는 동안, 그 자체가 독자적인 하나의 거울들인 감각들이 권리 주장에 나선 것이라 해도 좋다. 이것은 감각의 해방이라고 할 만한 상황이다. '무엇을 사유하는가' 보다는 '어떻게 감각하는가' 가 더 중요해졌다. 이제는 감각이 당대의 의제다. "감각으로 사유하는 종"(유형진)이라는 구절이 젊은 시인들을 규정하는 유용한 레테르가 되었고, 그들의 "감각의 논리"(권혁웅)를 해명하는 작업이 비평의 중요한 임무 중 하나가 되었다. 바디우의 표현을 빌리자면, 어떤 의미에서 한국시는 이제야 '시인들의 시대'를 맞이한 것처럼 보인다. 우리는 흔히 80년대를 '시의 시대'였다고 회상하지만 그것은 시가 얼마간 정치에 '봉합'되는 사태를 감수한 것이었다. 오늘날 감각은 그 무엇에도 봉합되지 않으며 어떠한 타자의 시선도 괘념치 않는다. 대도시 하위문화의 감각이든, '모니터 킨트'의 감각이든, 20대 초반에 90년대 중반 대학 여성운동의 세례를 받은 세대의 감각이든, 마니아와 오타쿠의 감각이든 말이다.

일단은 긍정적인 사태가 되겠지만 이것이 궁극적인 목표일 수는 없을 것이다. 하나의 해방은 또다른 억압의 시작이다. 그래서 한 비평가는 "감각에도 이념이 있어야 한다"고 말한다. 감각이 어디에서 왔는가도 중요하지만 어디에 도달할 것인가도 중요하다는 뜻이다. "시는 당연히 개별적 감각의 수준에서 창조된다. 이것이 시적 무의식이라면, 그 무의식을 구성하는 타자들의 영역을 고려하는 것은 시적 의식의 차원에서 가능할 것이다."[6) '죽은 감각'과 '살아 있는 감각'을 분별해야 한다는 지적도 있다. "살아 있는 인간의 육체에 죽은 감각을 새겨넣는 현대사회에 대한 저항과 변혁의 의지"[7)]가 필요하다.

  모두 옳은 말들이지만, 시인들은 이런 말들에 마음을 주지 않을 것이다. 이성과 이념의 편에서 다시 감각을 다스리려 하는 지루한 시도라고 생각할지도 모른다. 감각의 '자발적' 착란만이 시적이라고, 아마도 감각이라는 것은 장기판의 말처럼 배치하고 조절할 수 있는 것이 아닐 거라고 말이다. 그러나 비평은 저런 지적들을 염두에 두지 않을 수 없다. 감각의 기술론을 건너뛰고 사유의 비판론으로 나아가는 시 비평의 불감증도 문제이지만, 사유의 비판론에 도달하지 못하고 감각의 기술론에 그치는 시 비평의 왜소증도 문제일 수 있다. 『미래파』의 저자가 "비평은 무엇보다도 먼저 이 감각의 기술론이 되어야 한다"고 말했을 때 그 역시 그것을 잘 알고 있었다. "무엇보다도 먼저"가 가리키는 것은 필요조건이지 충분조건이 아니니까. 더러 반대로 읽히기도 했지만, 다음 시를 쓴 시인도 그것을 알고 있었을 것이다. 단지 감각만으로는 역부족이라는 것을 말이다.

  희귀종 생태 표본실의 나비들이 유리관을 깨고 모두 나왔다 그들이 탈출한 것은 십이월, 어느 정전된 밤이었다

  (…)

  장미가 가득 핀 정원에는 아직도 악취가 몰려다니고 있을까? 붉게 달아오른 그것들은 허튼 발길질에도 안달이 나 있곤 했는데 말야…… 이젠 장미의 악취라도 참을 수 있을 것 같아 포르말린 묻힌 핀에 꽂혀 나프

---

  6) 박수연, 「감각의 이념」, 『말할 수 없는 것과 말해야만 하는 것』, 랜덤하우스코리아, 2006, 78, 81쪽.
  7) 김수이, 「감각의 노래를 들어라」, 『서정은 진화한다』, 창비, 2006, 87쪽.

탈렌 냄새만 맡는 것보다야 낫잖아?

멧노랑나비의 아랫날개에 검은 점이 돋보인다 아무하고도 말을 하지 않는 그녀는 휘어진 창틀에다 대고 날개를 비비고 있다 창가에 놓인 배추흰나비의 실크모자 위로 노란 지분(脂粉)이 떨어진다 쳇 베이커의 노래가 흐느적거리며 테이블 밑으로 쏟아진다 배추흰나비가 멧노랑나비에게 다가간다

감각으로 사유하는 종(種)들이 잠들지 못하는 밤이네요 이곳엔 이제 어둠이란 것은 없어요 그럼 여긴 신약성서에서 약속하는 천국인가요? 실례지만 당신 날개 아래에 있는 것은 제 모자입니다 빛은 어둠을 볼 수 없잖아요 빛은 환해질수록 짙어지는 어둠을……
— 유형진, 「표본실의 나비들」(『피터래빗 저격사건』, 랜덤하우스코리아, 2005) 중에서

희귀종 나비들이 정전의 밤에 유리관을 깨고 나온다. 그들은 자유를 얻었고 파티를 연다. 이 나비들은 과연 희귀종인 것이 분명하다. "장미가 가득 핀 정원"에서 향기를 맡지 못하고 오히려 "악취"를 느끼고 있으니까. 이 파티의 현장에서, 휘어진 창틀에 날개를 비비면서 지분을 떨어뜨리는 멧노랑나비의 모습은 고독해 보인다. 배추흰나비가 멧노랑나비에게 다가가 말을 건다. 앞의 것은 남성이고 뒤의 것은 여성이다. "감각으로 사유하는 종들이 잠들지 못하는 밤이네요." 정전의 밤임에도 불구하고 이제 이곳에 어둠 따위는 없다고 남자가 말한다. 화려한 나비들의 감각의 축제가 어둠을 잊게 했을 것이다. 이것은 감각의 매혹을 믿는 자의 발화처럼 보인다. 감각은 해방적이지만 그러나 모종의 상실감은 해갈되지 않는다. "그럼 여긴 신약성서에서 약속하는 천국인가

요?" 여자가 권태롭게 읊조린다. 그리고 역설적으로 덧붙인다. 빛은 어둠을 볼 수 없다고, "환해질수록 짙어지는 어둠"을 어떻게 할 것이냐. 이 대목이 포인트다. 감각의 해방이 천국을 약속하지는 못한다. 이것은 물론 나비에 관한 시이지만, 나비처럼 아름답고 나비처럼 위태로운 동세대 청춘들의 상실감을 노래한 시이기도 하고, 2000년대 시인들이 겪는 어떤 곤혹에 관한 시이기도 할 것이다. 이를테면 2005년이라는 해는 "희귀종 생태 표본실의 나비" 같은 시인들이 유리관을 깨고 나온 해로 기억될 수 있다. 이런 맥락에서 읽으면 이 시는 2005년의 알레고리가 될 수 있다. 그러나 이 시가 "감각으로 사유하는 종"들을 바라보는 시선은 뿌듯한 자부심 같은 것이라기보다는 안쓰러운 연민에 가깝다. 너무 밝으면 어둠이 안 보인다. 무엇으로 그 어둠을 직시할 것인가.

그러니 이제는 감각에 대해서가 아니라 사유에 대해서도 말해야 한다. '감각으로 사유하기'라는 모토에서 방점이 찍혀 있는 것은 물론 '감각' 쪽이었다. 2005년 이래로 2년간 특히 그러했다. 너무나 오랫동안 사유 쪽에 방점이 찍혀 있었으니, 얼마간 불가피한 시간들이었다고 믿는다. 이 와중에 사유하는 감각과 사유하지 않는 감각들이 섬세하게 분별되지 못했다. 시의 경우, 새로운 감각은 낡은 사유보다 언제나 우월하기 때문이다. 그러나 '감각으로 사유하기'라는 모토가 '감각은 사유에 비해 열등한 것이 아니다'라는 소극적 주장을 위한 수사(修辭)에 머물러서는 안 된다. 감각만이 우리를 구원할 것이라는 독단도 경계해야 한다. 감각으로만 도달할 수 있는 사유의 실체를 탐색하지 않으면 우리는 시로 사유하는 방법을 영영 잊어버리게 될지도 모른다. 새로운 감각이 과연 사유를 할 수 있기는 한가, 한다면 어떻게 하는가를 이제 물어야 한다. 이 질문은 동세대 젊은 시인들 모두를 용의자로 만들 수 있는 불편한 질문이다. 우리는 그 질문을 자제해왔다. 새로운 감각의 맥락과 의의를 이해하지 못하거나 이해할 생각이 없는 이들의 손에 그 질문이 쥐여져서는 곤란하다고 생각했기 때문이다. 그 질문을 이제는 던질 때가 된 것 같다. '아킬레스의 건'이 언제까지 파리스의 화살을 피할 수 있겠는가.

3. 투쟁하는 관념론

모두 다 김경주의 시를 읽으면서 한 생각들이다. 김경주의 시는 별로 낯설지 않지만 충분히 낯익지도 않다는 이상한 인상을 남긴다. 그의 시가 낯설지 않다면 그것은 그의 시가 대부분 '1인칭 화자의 고백'이라는 서정시의 메커니즘을 수용하고 있기 때문일 것이다. 예컨대 "나는 붓다의 수행 중 방랑을 가장 사랑했다"(「내 워크맨 속 갠지스」)와 같은 형식의 문장을 쓰는 일은 위험부담이 적지 않은 일이다. 이 문장구조는 문청(文靑)의 것이다. "나는 ~사랑했다"에서 목적어를 무엇으로 채우건, 저 주술구조의 '제도성'을 뛰어넘는 일은 만만치 않다. 제도 안에서 제도를 이겨낸 「목련 木蓮」과 같은 가편(佳篇)이 없지 않지만, 「어머니는 아직도 꽃무늬팬티를 입는다」나 「아버지의 귀두」 같은 시들은 (시인 자신에게는 각별한 작품들일 것으로 짐작되지만 우리에게는) 아슬아슬하다. 분명한 것은 이런 제도성이 그의 시를 여하튼 읽히게 만드는 어떤 요인으로 작동하고 있다는 사실이다.

한편 그의 시가 충분히 낯익지 않다는 느낌을 준다면 그것은 그의 시가 (몇몇 예외가 있기는 하겠지만) 관습적인 지각작용(perception)이나 상투적인 감응작용(affection)에 굴복하는 경우가 거의 없기 때문일 것이다. '인간적인 것'의 익숙함을 넘어서는 도발적 풍경과 '감정적인 것'의 협소함을 경계하는 역동적 정서가 그의 시에는 있다. 말하자면 그의 시는 감각이야말로 예술의 본질이라는 기율에 충실하다. "외로운 날엔 살을 만진다"(「내 워크맨 속 갠지스」)라고 그는 쓰고 있거니와, 그의 시를 떠받치고 있는 힘은 바로 이 '살'의 직접성과 확실성이다. '사유의 논리'가 아니라 '감각의 논리'에 기반하고 있기 때문에 그의 시는 고집스럽게 당당하고 시종일관 읽는 이를 긴장하게 만든다. 그의 시를 몇 편 이상 연이어 읽어내려가는 일이 쉽지 않은 것은 그의 시가 길어서가 아니라 그 감각의 과잉 때문일 것이다. 이 감각의 과잉 때문에, 누구든 그에게서 자신의 모습을 찾아낼 수 있겠지만, 누구도 김경주를 너무 많이 알 수는 없다. 누구든 김경주를 사랑할 만한 이유를 한두 개쯤 갖고 있겠지만, 누구도 김경주를 너무 많이 사랑할 수는 없다.

요컨대 그의 시에는 이렇게 안정적인 서정적 틀과 불안정한 과잉의 감각이 뒤섞여 있다. 서정적인 구절들에 밑줄을 치는 버릇이 있는 독자들에게 호소력을 가질 시편들이 수두룩하지만, 그런 독자들에게 아무래도 부담스럽고 불친절하거나 고집스러워 보일 감각의 향연들도 허다하다. 김경주 시의 매력은 후자에 있다. 그리고 그 매력이 문제적이다. 그 부담스럽고 불친절하고 고집스러워 보이는 대목들이 이상하게도 우리의 사유를 강제한다. 그 자신 명료한 사유를 제시하고 있지 않지만, 사유가 되려다 만, 사유가 되려고 하는, 혹은 사유의 형식을 이미 초과한 어떤 에너지들이 흘러넘친다. 우리에게 흥미로운 것은 바로 그 지점이다. 그가 여하간 사유하려고 애쓰는 시인이라는 점, 우리가 사유하지 않을 수 없게 만드는 어떤 압력을 그의 시가 갖고 있다는 점 말이다. 대표적인 사례 하나를 검토한다.

이름 없는 바다 속 동굴의 벽에 붙어 사는 미물(微物)들은 아무도 모르게 눈이 조금씩 퇴화해간다는데 그곳엔 정말 눈 없는 물고기가 살고 있을지 모른다 대신 눈이나 날개기관 따위는 다 소실돼버리고 팔다리만 조금씩 가늘게 길어진다는데 가늘어진다는 말의 소요들.

이것은 5~6억 년 전부터 살아남은 캄브리아기 생물들의 절대음감에 관한 얘기다 젖을 먹고 자란 새들이 날개를 펼쳐놓고 고공에서 알 수 없는 바다 속을 내려다보고 있다 새들의 눈은 그런 해저의 동굴 안을 바라보고 있는 것은 아닐까 몇백만 킬로의 바람을 날아와 새들은 물 안의 시간들만 바라보고 있다 새들은 아무도 모르게 말라간다 사람들은 아무도 새들이 마르는 것에 참여할 수 없다 바람에 가까워지기 위해 어미로부터 눈을 버렸고 너희들이 날개라고 부르는 것들이 내게는 점점 가늘어지는 일일 뿐이어서 마르고 있다는 건 점점 세계 밖으로 희미해지는 일이란다 아무도 모르게 바다 속 이름 없는 동굴의 벽에 거꾸로 매달려 있다가 다시 우리가 모르는 이국(異國)으로 돌아가는 것이다 가령, 심해에서 긴 혀를 꺼내 바다을 훑고 있던 물고기들이 그물에 건져올려질 때 눈을 뜨지 못하고 내는 가는 신음 같은 건 사라진 새들을 부르고 있는 것이 아닐까

눈이 없는 물고기들을 어부들이 다시 심해로 돌려보내준다 처음 그물질을 배울 때 그들은 물고기들이 바다 속에 사는 음악들이라는 것을 익혔다 해저에서 백 년에 한 번쯤 눈을 치켜뜨고 물을 떠나 날아가는 새를 바라보는 물고기나 물 밖에서 백 년은 새의 눈을 따라 항해하는 어부들은 고요의 바다에서 눈을 감는 일이 적요로운 일임을 안다 그들의 몸이 점점 가늘어지는 것은 자신의 눈들이 조금씩 인성(人性)의 밖으로 퇴화하고 있다는 것을 알기 때문이다 나에겐 돌에게 잠시 번진 물고기의 무릎도 없고 물고기의 보일 듯 말 듯한 슬픈 귀들도 없지만 조금씩 가늘어지는 몸이 있으니 아무도 모르게 말라가는 것이 점점 너에게 가까워지는 것인지 모르겠다

몇 달가량 집을 비우고 돌아와보니 욕조에 말 한 마리가 배를 깔고 앉아 있다 그 말은 또 다리를 어디다 둔 것일까 이것은 기형(畸形)에 관한

또다른 얘기다

　—「파이돈 — 가늘어진다는 것에 대해서」 전문(원문은 전체가 한 연으로 되어 있으나 독서의 편의를 위해 끊어 옮겼다)

　이것은 기형적으로 가늘어진 것들에 관한 이야기다. 처음 등장하는 것은 심해의 물고기다. 심해의 물고기들은 더러 눈이 퇴화된다. 그래서 시인은 '눈 없는 물고기'를 상상하고 있다(우리가 확인해본 바에 따르면 실제로 존재한다). 눈이 퇴화되는 대신 몸이 점차 가늘어진다고 한다. "가늘어진다는 말"이 시인의 내부에 "소요"를 일으켰고, 막막한 심해 바다에 대한 상상은 생명체가 출현한 원시바다 속으로 뻗는다. 여기에 시인은 마침표를 찍어두었다. 그러니 이제 다른 이야기, "5~6억 년 전부터 살아남은 캄브리아기 생물들"에 관한 이야기가 시작된다. 5~6억 년 전은 소위 '생물학적 빅뱅'의 시기다. 신체기관을 갖춘 다세포생물들이 일제히 출현하였다. 조류들의 성분이 심해바다 속으로 쓸려내려 갔기 때문이라는 추측이 있다. 그렇다면 애초 시인의 머릿속에 그려진 기본 풍경은 이런 것이 아니었을까. 바다 바깥에 새들이 있다, 그 새들이 바다 위를 난다, 바다로 들어간 새들이 있었다, 덕분에 바다 속에서는 새로운 생물체들이 탄생한다. 그것들은 곧 바다 바깥으로 나올 것이었다⋯⋯ 그래서 이렇게 쓸 수 있었다.

　젖을 먹고 자란 새들이 날개를 펼쳐놓고 고공에서 알 수 없는 바다 속을 내려다보고 있다 새들의 눈은 그런 해저의 동굴 안을 바라보고 있는 것은 아닐까

　바다 위를 날면서 바다 속을 들여다보는 새들은 "아무도 모르게" 말라간다. 눈을 버리고 마침내 날개를 버린다. 바다 속으로 들어가 물고

기가 되기 위한 준비라도 하듯. 이것은 고독한 일이다. "사람들은 아무도 새들이 마르는 것에 참여할 수 없다." 새들은 시나브로 물고기의 형상을 닮아갈 것이고 심해의 동굴 속으로 고독하게 급전직하할 것이다. 여기에 한 가지 상상이 추가된다. 이 시인은 자신이 동원한 '물고기'와 '새'를 위해 다음과 같은 주석을 달았다. "북명(北冥)에 물고기가 있으니, 그 이름이 곤(鯤)이라. 곤의 크기는 몇천 리나 되는지 알 수가 없다. 이것이 새로 변하게 되면, 그 이름을 붕(鵬)이라 하니, 붕의 등은 몇천 리나 되는지 알 수가 없다."(『장자』) 물고기가 새가 되어 날아오른다. 장자 특유의 호방한 상상력이다. 이 신화적 상상력이 앞의 고생물학적 상상력과 결합하면 어떻게 되나. 바다 속 고생물의 기원은 바다 속으로 쓸려들어간 새들의 잔해에 있을지도 모른다(고생물학적 상상력), 그렇게 생겨난 심해의 물고기는 다시 거대한 새가 되어 날아오를지도 모른다(신화적 상상력). '새(하늘)-물고기(바다)-새(하늘)'의 순환적 구도가 이렇게 완성된다. 그래서 시인은

    (새들은) 아무도 모르게 바다 속 이름 없는 동굴의 벽에 거꾸로 매달려 있다가 다시 우리가 모르는 이국(異國)으로 돌아가는 것이다

라고 쓸 수 있었다. 눈과 날개를 버리고 물고기가 되는 유전(流轉)의 시간들 속에서 새들은 제 고향을 잃는다. 그리고 다시 새가 되어서는 미지의 이국으로 돌아간다. 고향을 떠나왔다가 이국으로 돌아가는 일, 이것은 무릇 생명 있는 모든 것들이 겪어야 하는 고독한 삶의 행정일 것이다. 우리 역시 어미의 자궁에서 이 세상으로 나와 한생을 살다가, 죽으면 "우리가 모르는 이국으로" 돌아갈밖엔 없다. 물론 어떤 것들은 떠나고 어떤 것들은 남는다. 그렇다면 오늘날 그물에 걸려 올라오는 물고기들은 어쩌면 아직도 새가 되어 날아오르지 못한, "5~6억 년 전부터 살

아남은 캄브리아기 생물"일지도 모를 일이다. 새가 되지 못한 그것들은 어쩌면 5~6억 년 전에 새가 되어 날아올랐던 물고기들을 아직도 기억하고 있는 것인지도 모른다. "가령, 심해에서 긴 혀를 꺼내 바닥을 훑고 있던 물고기들이 그물에 건져올려질 때 눈을 뜨지 못하고 내는 가는 신음 같은 건 사라진 새들을 부르고 있는 것이 아닐까". 그렇다면 물고기들은, 한때 꾸었던 꿈을 영원히 기억하는 사람처럼, 한때 들었던 심해 바다 속의 음(音)을 영원히 기억하고 있는 것이다. 그래서 이것은 "5~6억 년 전부터 살아남은 캄브리아기 생물들의 절대음감에 관한 얘기"다. 그렇다면 그것들의 '절대음감'에 대해 말하고 있는 당신은 누구인가.

눈이 없는 물고기들을 어부들이 다시 심해로 돌려보내준다 처음 그물질을 배울 때 그들은 물고기들이 바다 속에 사는 음악들이라는 것을 익혔다

상상 속에서 캄브리아기의 물고기를 낚아올리는 당신은 아마도 "어부"일 것이다. 이 세상에 똑같은 음악은 없다. 똑같은 생명이 없듯이. 그래서 하나의 생명은 하나의 음악이다. 당신은 그 '물고기-새'를 낚아올리면서(상상하면서) 한 생명이 연주하는 고독한 음악을 듣는다. "물고기들이 바다 속에 사는 음악들이라는 것"을 누구나 쉽게 알 수 있는 것은 아니다. "새의 눈을 따라 항해하는" 일이 당신의 일이기 때문에, 당신은 5~6억 년 전의 물고기들과 새들의 운명을 제 운명처럼 받아들일 수 있었다. 당신에게는 "돌에게 잠시 번진 물고기의 무릎"(아마 캄브리아기의 물고기 화석을 염두에 둔 것이리라)도 없고, "보일 듯 말 듯 한 슬픈 귀들"도 없지만, 그러나 당신 역시 "고요의 바닥에서 눈을 감는 일이 적요로운 일임"을 알고 있기 때문이다. 그래서 당신의 몸도 점점

가늘어진다. "아무도 모르게 말라가는 것"은 그 모든 "너에게 가까워지는 것"이다. 살아서 고독한 것들, 고독하게 살아남은 것들의 몸은 그 고독 때문에 가늘어지고 그렇게 기형이 되어간다. 이 일은 뭇 생명들의 일이고 뭇 시간의 일이다. 그래서 시인은 "기형에 관한 또다른 얘기"를 시작하면서 이렇게 끝을 열어놓는다.

몇 달가량 집을 비우고 돌아와보니 욕조에 말 한 마리가 배를 깔고 앉아 있다 그 말은 또 다리를 어디다 둔 것일까 이것은 기형(畸形)에 관한 또다른 얘기다

이 아름다운 시가 왜 '파이돈'이라는 제목을 달고 있는지 물을 차례다. 『파이돈』은 중기 플라톤의 출발점과도 같다. 이 책이 중요한 이유는 두 가지다. 첫째는 소위 '이데아'론이 비교적 정리된 형태로 드러나는 최초의 책이라는 점 때문, 둘째는 이데아론을 뒷받침하기 위해 반드시 논증되어야 할 '영혼의 불멸'에 관한 긴 논변이 담겨 있다는 점 때문이다. 이데아란 무엇인가. 그것은 원형(原形)적 형상(eidos)이고 본(本, paradeigma)이다. 이 시는 '원형의 전설'이 아니라 '기형의 전설'에 대해서 말한다. 여기서 이 시는 『파이돈』의 이데아(형상)론을 비스듬히 스쳐간다. 이 기형의 존재론을 유물론의 방향으로 밀고 나가면 그의 시는 강정의 괴물(변신)의 존재론, 다이안 아버스의 사진, 프랜시스 베이컨의 회화, 혹은 들뢰즈의 철학에 가까워질 것이다. 그러나 『파이돈』의 영혼불멸설을 받아들이는 그는 본질적으로 관념론자에 가깝다. 몸의 역량보다는 혼의 형식을 사유하는 일에 더 골몰한다. 그러니까 몸으로 영혼을 구원하는 길이 아니라 영혼으로 몸을 구원하는 길을 택한다. 이것이 김경주 시의 총론이다. 기형의 몸을 입은 것들의 영혼은 때로 '음악'의 형식으로, 때로는 '바람'의 형식으로, 때로는 '기미(幾微)'의 형

식으로 불멸 유전하면서 김경주 시의 각론들을 펼쳐낸다.

외로운 날엔 살을 만진다

내 몸의 내륙을 다 돌아다녀본 음악이 피부 속에 아직 살고 있는지 궁금한 것이다
—「내 워크맨 속 갠지스」 중에서

양팔이 없이 태어난 그는 바람만을 그리는 화가(畫家)였다
입에 붓을 물고 아무도 모르는 바람들을
그는 종이에 그려넣었다
(…)
그는, 자궁 안에 두고 온
자신의 두 손을 그리고 있었던 것이다
—「외계 外界」 중에서

황혼에 대한 안목(眼目)은 내 눈의 무늬로 이야기하겠다 당신이 가진 사이와 당신을 가진 사이의 무늬라고 이야기하겠다

죽은 나무 속에 사는 방(房)과 죽은 새 속에 사는 골목 사이에 바람의 인연이 있다 내가 당신을 만나 놓친 고요라고 하겠다 거리를 저녁의 냄새로 물들이는 바람과 사람을 시간의 기면으로 물들이는 서러움. 여기서 바람은 고아(孤兒)라는 말을 쓰겠다
—「기미 幾微 — 리안에게」 중에서

첫번째 시에서 그가 "내 몸의 내륙을 다 돌아다녀본 음악이 피부 속

에 아직 살고 있는지 궁금한 것이다"라고 말할 때 저 '음악'은 '영혼'의 다른 이름이다. 시인은 지금 제 영혼의 현황을 엿보고 있는 것이다. 그는 "나는 전생에 사람이 아니라 음악이었다"(「비정성시悲情城市 — 그대들과 나란한 무덤일 수 없으므로 여기 내 죽음의 규범을 기록해둔다」)라고 쓴 적도 있고 아예 "음악이면서 동시에 사람인 존재" "전생에 음악이었지만 현세에 사람으로 다시 환생"한 사람, "자아가 음악으로 이루어진 사람"들을 등장시켜 이야기를 꾸민 적도 있다(「테레민을 위한 하나의 시놉시스(실체와 속성의 관점으로)」). 두번째 시에서 "양팔이 없이 태어난 그"는 예의 저 기형의 존재론의 변주인데, 그가 "바람만을 그리는 화가"인 까닭은 이 '바람'이 또한 '영혼'의 다른 이름이기 때문이다. 그는 바람을 그리면서 영혼을 구원하고 마침내 두 팔을 되찾아 제 기형을 넘어서려 한다. 여기서도 역시 시인은 몸으로 영혼을 구원하는 길이 아니라 영혼으로 몸을 구원하는 길을 택한다. 영혼의 '기미'를 포착하고 그것을 바람 혹은 음악의 형식으로 사로잡는 그의 능력은 「기미幾微」라는 빼어난 시에서 한 절정에 도달한다. 어느 편이냐 하면, 이 시는 시 이외의 언어로는 번역 불가능한 기미들의 완강한 결합체다. 시인의 편에서 감각의 속도가 사유의 속도를 앞지르면 독자의 편에서 사유의 자유는 이렇게 더 커진다.

요약하자. 그에게 생의 실상은 기형으로서의 몸이고 생의 목적은 영혼의 구원이다. 앞의 것이 있어서 뒤의 것이 가능해졌다. 오늘날 많은 젊은 시인들은 '서정적인 것'을 가능케 했던 '자아'라는 심급이 매우 의심스럽거나 위태로운 것이라고 느낀다. 그들이 '나는'이라고 쓸 때 그것은 그저 문법적 범주 이상의 것이 아닌 때가 많다. 나의 관념, 나의 사유, 나의 이념이 (이런 표현이 가능하다면) '서정적 이데올로기'에 불과한 것이 아닌가를 회의한다. 서정적 이데올로기는 비유컨대 부드러운 관념론이다. 그래서 서정적 이데올로기를 거부하는 이들은 부드러운 관념론을 찢어버리고 냉정한 유물론을 산다. 나를 찢고 나의 내장기관 속으로 들어가거나, 나와 세계가 만나고 엇갈리는 '표면'에서 시적인 것을 수습하거나, '나'라는 심급이 하나의 분자로 흩어져버리는 우주로 나아간다. 그들에게 '나'는 신체기관의 결합체이거나, 세계와 접촉하고 있는 하나의 막이거나, 심지어는 흩어졌다 모이기를 반복하는 분자들의 덩어리처럼 보인다. 그들이 추구하는 것은 이런 종류의 유물론이다. 그런데 김경주는 '영혼'에 대해서 말한다. 그는 플라톤을 읽고(「파이돈」), 칸트를 읽고(「테레민을 위한 하나의 시놉시스」), 헤겔을 읽는다(「정신현상학에 부쳐 ― 횔덜린이 헤겔에게 보내는 마지막 편지」). 그리고 그 영혼의 영원불멸과 만물유전을 믿는다. 그는 때 아닌 혹은 때늦은 관념론자처럼 보인다. 그러나 그의 관념론은 살(바람)과 음악(음향)과 우주(기미)라는 물질적 실체들과의 감각적 격전 속에서 솟아나는, 투쟁하는 관념론이다. 그래서 그가 더러 쓰는 잠언들은 쉽게 소화되어 소모되지 않고 자꾸 어딘가에 얹힌다. 그것이 지혜의 설파가 아니라 어떤 싸움의 선포에 가깝기 때문이다. '감각으로 사유하기'의 한 사례를 김경주의 시에서 확인한다.

4. 랭보 컬트

감각은 야생동물이다. 길들이는 순간 죽는다. 감각으로 사유한다는 것은 감각이 쓴 문장과 사유가 쓴 문장을 반반씩 뒤섞는 절충이 아니며, 이성이 감각이라는 기관원을 고용하는 일이 아니다. 감각은 세계를 염탐하고 자연의 암호를 번역하는 재현의 에이전트가 아니다. 감각의 본능은 배반이다. 감각은 이중 스파이다. 감각은 이성을 배반하면서 동시에 세계를 배반한다. 그것은 이성의 타자이고 세계의 역모자다. 감각이 믿는 것은 그 자신뿐이다. 감각이 끝까지 달려나갈 때 그것은 자신을 잊고 사유가 된다. 김수영 풍으로 말하자면, 감각은 끝내 저 자신을 반성하지 않고 사유는 예기치 않은 곳에서 온다. 우리는 이런 사태를 랭보의 시들에서 본 적이 있다. 엄밀히 말하면 한국어로 번역된 랭보다. 우리는 랭보의 번역시집이 전하는 말들을 신뢰하지 않는다. 의미는 요령부득이고 전언은 대부분 실패한다. 오히려 그렇기 때문에, 랭보의 시들은 절차탁마된 한국시에서 느끼기 어려운 희귀한 감각들의 합주를 시연한다. 번역된 랭보를 읽는 일은 날뛰는 감각들 사이에서 문득 돌발적 심오함을 만나게 되는 일이다. 그것은 아마도 랭보의 착각이거나 독자의 착시일 것이다. 그러나 그게 어쨌단 말인가. 10대 소년의 미친 감각이 오늘날까지 살아남을 수 있었던 것은 그 무수한 착각과 착시들의 협력 덕분이다.

　바로 그런 것과 유사한 것이 1992년 이래로 강정의 시에도 있었고 2003년 이래 김경주의 시에도 있다. 강정이 감각을 '짐승의 진동'으로 감지하는 유물론자라면 김경주는 감각을 '영혼의 음악'으로 느끼는 관념론자다. 재미있자고 하는 이야기지만, 전자를 랭보 좌파, 후자를 랭보 우파라고 부를 수 있다. 그들의 시는 매끄럽지 않고 명징하지 않으며 순수하지 않다. 그들의 시는 협곡이고 '취한 배'이고 '나쁜 피'다. 강정은 어디선가 시는 작문이 아니라고 썼다. 아마도 그건 사실일 것이다. 시는 시적인 것의 감각적 포획이다. 감각을 적절하게 컨트롤해서 그것이 산뜻하게 소통될 수 있게 조율하는 장인(匠人)들의 목록도 우리는 갖고 있다. 그러나 그런 시들에서 감각은 읽는 이를 집어삼키지 못한다. 그런 것들을 감각이라 부를 수 없다. 그것은 그냥 수사학일 뿐이다.

　우리는 앞에서 이제 감각에 대해서만이 아니라 사유에 대해서도 말해야 한다고 썼다. 감각만으로는 역부족이라고도 썼다. 그러나 사유에 대해서 말한다는 것은 감각에 대해서 더이상 말하지 않는 것이 아니라 감각에 대해서 더 치열하게 말한다는 것이다. 어느 편이냐 하면, 여전히 문제는 감각의 과잉이 아니라 그것의 빈곤이다. 해방된 감각은 그 해방으로부터도 다시 해방되어야 한다. 그러니까, 모든 혁명은 두 번 연이어 일어나야 한다. 사드는 이렇게 말했다. "프랑스인들이여, 공화국의 시민이 되려면 한번 더 노력을(Français, encore un effort pour être revolutionnaires)!"(『규방철학』) 그러니 시인들이여, 감각으로 사유하는 종이 되려면 한번 더 노력을!

| 보유 |

시인들이 거기에 있을 때
우리는 무엇을 해야 하는가
─ 필연성과 가능성에 대한 두 개의 단상

차이에 대한 감각

　최근에 이와 같이 들었다. "몇 년 전에는 '미래파 논쟁'이 시끄럽게 벌어지기도 했다. 권혁웅이 내세웠던 '미래파'라는 용어가 적절치 않다고 해서 신형철은 이를 '뉴웨이브'라고 명명하기도 하였다. 그러한 경향을 보이는 일군의 시인들이 '파천황의 감각'과 '미증유의 언술'을 보여준다는 것이 근거였다."[1] 성급하게 공통점을 추출하여 단일한 집단으로 만들기보다는 새로운 징후가 나타나고 있으니 편견 없이 주목해보자는 취지에서 일단 '뉴웨이브'라 했다. 문학사에서는 (비)주기적으로 새로운 세계관과 스타일의 파도가 밀려왔다 밀려간다. 2005년을 전후해서 새로운 파도가 하나 밀려왔다고 판단했다. 아무려나, 앞의 비평가는 "성급하게 새로움을 강조하는" 필자의 태도에 동의하지 않는다고 말하면서 이런 이유를 덧붙였다. "문학사에서 이미 진행되었던 측면

---

6) 홍기돈, 「경계해야 할 문학평론의 자아도취 현상」, 『작가세계』 2008년 여름호.

이 반복되는 양상임에도 불구하고 '파천황의 감각'이니 '미증유의 언술'이니 호들갑을 떠는 것은 부화뇌동의 혐의가 짙기 때문이다."

오해가 있는 것 같다. 새로움을 강조한 것은 사실이다. 비평가라면 그럴 수 있고 또 그래야 한다고 생각한다. 예술사의 (진보가 아니라) 전진은 아주 작은 '차이'에서 시작된다. 이미 검증된 과거의 성취를 기준으로 현재의 작업들을 꾸짖으면서 훈장 노릇을 하기보다는 지금 생겨나고 있는 작은 차이(새로움)와 함께 나아가야 한다고 생각한다. 상찬을 하건 비판을 하건 그것은 나중의 일이다. 그 이전에 우선 필요한 것은 차이에 대한 감각이다. 차이에 대한 감각 없이 이뤄지는 맹목적인 칭찬 혹은 판에 박은 비판에 귀 기울인 적 없다. 필자 역시 어두운 눈으로나마 그 차이를 읽어보려고 했고 그 차이를 긍정적으로 읽어내는 독법을 제시하려고 했다. 그렇다고는 해도, 어찌 '파천황'이니 '미증유'니 하는 수사들을 지금 활동하고 있는 시인들에게 바쳤겠는가.

문맥은 이렇다. "오늘날의 시인들이 놓여 있는 위치는 과거와 다릅니다."[2] 권력과 맺는 관계의 구도가 다르다. "이제 권력은 '하지 말라'고 말하지 않고 '하라'고 말하기 때문이다." 오늘날 권력이 '하라'고 말하는 욕망의 사업, 혹은 '걸려라'라고 말하는 한국사회의 고질병 중에서 가장 심각한 것은 (성숙한 개인주의가 발아하지 못한 공간에서 창궐한) 국가주의, 민족주의, 지역주의 등등 온갖 종류의 집단주의라고 생각했다. 그렇다면 오늘날의 시인이 시를 잘 쓰는 기능인(技能人)의 일 이상의 무엇을 할 수 있다면 그것은, 무엇보다도 우선은, 끝까지 그 집단주의 바깥에 존재하는 일이라고 생각했다. 집단의 공통감각(common sense, 상식)으로 포섭되지 않는 이상한 감각들, 지배 이데올로기에 문법의 차원에서 시비를 거는 특이한 언술들이 시만의 무기라고 생각했

---

2) 졸고, 「전복을 전복하는 전복」, 『실천문학』 2006년 겨울호.

다. 그래서 이렇게 적었다. "시인은 일단 유일무이한 개별자가 되어야 하는 것이 아닐까요. 무엇보다도 파천황의 감각과 미증유의 언술들을 탑재해야 하는 것이 아닐까요."[3]

지금 충분히 그렇다는 뜻이 아니라 그래야 마땅하지 않겠느냐는 뜻이다. 현실을 '무조건적으로' 긍정하자는 것이 아니라 '이상하고 특이한' 현실에서 어떤 의미 있는 가능성을 찾아보자는 것이다. 이런 문맥이 환하게 밝혀져 있지 않았다면 필자의 잘못이다. 파천황이니 미증유니 하는 수사 자체가 거슬린다면 바꾸면 그만이다. 저 가능성이라는 것이 지나치게 소박하다고 비판한다면 그 역시 수긍할 수 있다. 그러나 현실을 수리(受理)하기 위해 호들갑을 떨면서 부화뇌동한 것은 아니었다. 어떤 시에다 파천황이니 미증유니 하는 말을 사용하는 일은 그 시가 시 장르가 꿈꿀 수 있는 최대치에 도달했다고 선언하는 일과 다르지 않을 텐데, 당대의 시를 그렇게 긍정해버리고 나면 미래의 시에 대해 무슨 말을 하겠는가. 어째서 그런 시인들이 나타날 수밖에 없었는지를 정확히 이해하고(필연성) 그들이 어떤 세계를 열어갈 것인지 너그럽게 주목하자(가능성)는 취지였을 뿐이다.

필연성

앞의 비평가는 김수영의 글 「난해의 장막」에서 "시인의 양심이 문제다"라는 말을 중심으로 한 대목을 인용하고 이렇게 덧붙였다. "나 또한 김수영과 같이 생각한다. 환상시도 좋고, 추상시도 좋고, 환상적 시론도 좋고, 기술시론도 좋다. 그렇지만 그것이 단순히 기술에만 머무르고

---

3) [불필요한 오해를 피하기 위해 이 구절은 해당 글을 이 책에 수록하면서 수정했다. 이 책 286쪽 참조.]

그 이상이 되지 못할 경우 맨발로 뛰어나가 그렇게까지 긍정할 필요는 없다고 본다. 그래서 먼저 일군의 시인들을 '미래파'니 '뉴웨이브'라는 하나의 단위로 묶는 데 동의할 수 없다. 세대의 단절을 이용한 사건 만들기에는 유효할지 모르나, 난해의 여부와 양심의 문제를 한데 엮어 각각의 시인들을 개별적으로 가늠하는 데에는 걸림돌로 작용하기 때문이다." 기술에 머무르지 않는 "그 이상(以上)"이 과연 무엇인지, 한 시대의 어떤 징후들에 이름을 부여하고 지도를 그리는 일을 "세대의 단절을 이용한 사건 만들기"라고 격하할 필요가 있는 것인지에 대해서는 이견이 있다. 그러나 비평가가 인용한 김수영의 말은 더불어 숙고할 가치가 있어 보인다. 김수영의 원문을 옮긴다.

    기성시인이란 사람들이 허술하게 책임 없는 시론을 쓰고, 또 그런 시를 쓰는 신진들의 산파역을 하는 한 우리 시단의 장래는 암담하다. 나는 미숙한 것을 탓하지 않는다. 또한 환상시도 좋고 추상시도 좋고 환상적 시론도 좋고 기술시론도 좋다. 몇 번이고 말하는 것이지만 기술의 우열이나 경향 여하가 문제가 아니라 시인의 양심이 문제다. 시의 기술은 양심을 통한 기술인데 작금의 시나 시론에는 양심은 보이지 않고 기술만이 보인다. 아니 그들은 양심이 없는 기술만을 구사하는 시를 주지적이고 현대적인 시라고 생각하고 있는 모양이다. 사기를 세련된 현대성이라고 오해하고 있는 모양이다.[4]

김수영은 대개 말의 뉘앙스를 세심하게 단속하지 않았고 그런 상태에서 단호한 단언을 서슴지 않았다. 그것이 그의 글을 풍성하게 만들었

---

[4] 김수영, 「난해의 장막―1964년의 시」, 『김수영 전집 2―산문』(개정판), 민음사, 2003, 272~273쪽. 이하 이 책에서 인용할 경우 괄호 안에 쪽수만 표시한다.

고 또 많은 오해를 자초했다. "양심"이라는 말도 그렇다. 윤리적인 개념인 '양심'을 미학적인 의미의 '기술'이라는 개념과 맞세웠다. "양심이 없는 기술"이라는 표현은 묘하다. 졸작을 발표한 시인에게 양심도 없는 시인이라 비판한다면 일단은 어리둥절할 수밖에 없다. 그래서 위 인용문은 시인들에게 어설프게 기술에 연연하지 말고 우선은 사회현실에 눈을 돌려 시민으로서의 양심에 충실하라는 취지로 이해될 소지가 있다. 앞의 평론가도 잘 알고 있겠지만 물론 그런 취지가 아니다. 김수영이 말한 것은 어떤 '내적 필연성', "모든 내용에 결부되어 있는 어떤 필연성"(270쪽)이다. "시의 기술은 양심을 통한 기술"이라는 말의 의미는 시에서 기술(기교 혹은 스타일 등으로 바꿀 수 있을 것이다)이란 어떤 내적 필연성과 결부되어 있는 것이지 손끝에서 생겨나는 잔재주 같은 것이 아니라는 뜻이다. 내적 필연성이 없는 잔재주를 김수영은 '사기'라 불렀다. 아마도 전봉건은 오해한 것 같다. 반박 글에서 그는 김수영에게, '현실의 직시'를 강조한 시인이라면 으레 참여시를 써야 할 터인데 정작 김수영 자신은 「거대한 뿌리」 같은 "반(反)참여적인 작품"을 썼다고 비난했다. 김수영은 다시 「문맥을 모르는 시인들」(1965. 3)을 썼고 "양심"에 대해 부연설명을 해야 했다. 김수영은 자신의 "현실" 개념이 단순한 "외적 현실"만을 뜻하는 것이 아니라고 교정한다. "그(전봉건—인용자)는 뒤떨어진 사회의 실업자 수가 많은 것만 알았지, 뒤떨어진 사회에 서식하고 있는 시인들의 머릿속의 판타지나 이미지나 잠재의식이 뒤떨어져 있는 것은 인정하지 않는 모양이다."(331쪽) 그리고 이렇게 덧붙인다. "시인은 자기의 현실(즉 이미지)에 충실하고 그것을 정직하게 작품 위에 살릴 줄 알 때, 시인의 양심을 갖게 된다는 말이다. 좀더 솔직하게 되란 말이다."(같은 곳) 다시 적자. 양심이 있는 시인이란 누구인가. 자기의 현실(그것이 무엇이건)에 충실하고 그것을 정직하게 작품 위에 살려내는 시인이다.

이렇게 김수영의 양심 개념은 그의 폭넓고 유연한 현실 개념과 함께 놓고 따져야 정확히 이해된다. 자명한 현실과 보편적인 양심이 있는 것이 아니라, 개별자의 현실들과 그에 준하는 양심들이 있을 뿐이다. 자기의 현실에 충실하기 위해 만들어진 기술은 "양심을 통한 기술"이지만 자기의 것이 아닌 현실을 자기의 것인 양 노래할 때 그 시는 일종의 "사기"다. 그렇다면 양심과 사기를 분별하기 위해서는 무엇보다도 먼저 시인들이 개별적으로 처해 있는 현실("시인들의 머릿속의 판타지나 이미지나 잠재의식")에 대한 섬세한 통찰, 넓은 의미에서 '차이에 대한 감각'으로 포괄될 수 있는 그 능력이 필요할 것이다. 양심의 시와 사기의 시를 판정하는 것은 그 이후에나 가능한 일이다. 김수영은 매우 복잡하고 어려운 문제를 제기했다. 어떤 작품을 놓고, 이 작품이 과연 내적 필연성과 자기 진실성에 충실한 작품인지 아닌지를 판단하는 것은 쉬운 일이 아닐 것이다. 그는 동시대를 사는 동종업계 종사자의 직관으로 사기냐 아니냐를 판단했고 그것이 당사자들의 반발을 불러일으켰다.

김수영의 질문은 여전히 유효한가? 말하자면 오늘날 뉴웨이브들은 사기를 치고 있는가, 라고 묻는 것은 가능한가? 당시에 그 질문은 위험한 질문이었고 불편하게도 정곡을 찌른 바가 있었을 것이다. 그러나 오늘날 같은 질문 앞에서 젊은 시인들은 심드렁할 것이다. 우선은 사회적 맥락부터가 달라졌다. 사기를 쳐서라도 모던한 척해야 했던 선배들과 비슷한 길을 갈 이유가 없다. 그런 의미에서의 '새것 콤플렉스'는 이제 없다고 해야 한다. 자신의 '현실'에 충실하기 위해 각자의 길을 간다. 이 각개약진이 오늘날 한국시의 활력의 배후다. 김수영의 물음을 생산적인 방식으로 수용하기 위해서는 '현실' 쪽에 방점을 찍어야 한다. 우리 시대 젊은 시인들 각자가 붙들고 있는 현실("판타지나 이미지나 잠재의식")을 이해하려 노력하는 비평가가 드물다. 그 현실을 통찰하지 않은 채 양심을 문제 삼는 것은 투박한 억측이나 따분한 훈계 이상이 되기 어렵다. 이미 언젠가부터 시인들은 비평가들의 억측과 훈계에 귀 기울이지 않는다. 비평가들이 해야 할 일은 김수영을 전가의 보도처럼 인용하면서 '철부지들'을 훈계하는 일이 아니라, 김수영을 재구성하여 우리 시대 김수영의 모습을 상상하는 일이다. 김수영이 살아 있다면 지금의 그는 더이상 우리가 아는 그 김수영이 아닐 것이다.

가능성

최근에 또 이와 같이 들었다. "서브(sub-)문화 속에서 서브포에트(sub-poet)들이 난무하는 가운데, 문태준은 홀연히 등장한 메인이며, 메이저다."[5] 우리는 "서브포에트"라는 낯선 용어에 당황했다. "서브문화" 속에서 "난무"하는 시인들이라고 규정되어 있으니 필경 서브문화로부터 이해의 실마리를 얻을 수밖에 없겠다. 서브문화(앞의 비평가는 대개 '하위문화'라고 번역되는 서브컬처(subculture)를 절반만 번역했다)란 무엇인가. 잘 알려진 대로, 1950년대 초반부터 연구되기 시작했고 1964년 이래로는 버밍엄 대학 현대문화연구소(BCCCS) 멤버들에 의해 적극적으로 연구되었던 범주다. 펑크 족, 모드 족, 스킨헤드 족 등으로 대표되는 소수집단의 하위문화가 주로 좌파 비평가들에 의해 연구되기는 했지만 그들이 하위문화(sub-culture)를 곧바로 대항문화(counter-culture)로 평가한 것은 아니다. 하위문화를 일의적으로 이해하는 것은 불가능하다. 그것들은 지배문화에서 일탈하여 자율성을 갖지만 지배문화의 부정적 측면들을 고스란히 반복하기도 하고, 지배문화와 상징적인 (즉, '길거리'에서가 아니라 '의미작용의 장'에서) 싸움을 벌이기도

---

5) 김주연, 「의뭉스러운, 느린 걸음의 노래」, 문태준, 『그늘의 발달』해설, 문학과지성사, 2008, 115쪽.

하지만 아이러니하게도 지배문화의 새로운 이윤창출 원료로 흡수되기도 한다. 요컨대 일탈과 흡수, 전복과 퇴행의 두 얼굴을 동시에 갖고 있기 때문에 섣부른 이상화도 성마른 폄하도 적절하지 않다.

어쩌면 앞의 비평가는 그저 서정시가 '주류'이고 또 마땅히 그래야 한다고, 그 외의 비(非)서정적이고 탈(脫)서정적인 시들은 (비평가의 표현을 가져오자면) "잡류(雜類)"들일 뿐이라고 말하고 싶었던 것이겠다. 그런데 여기에, 만만찮은 역사와 체계를 갖춘 문화 연구(cultural studies)와 관련하여 서브포엠, 서브포에트 등의 용어가 등장하면서 상황이 복잡해졌다. 2005년을 전후해서 등장하기 시작한 뉴웨이브들의 작품세계를 서브컬처라는 범주로 이해해보는 작업은 충분히 흥미로울 수 있다. 그러나 이것은 견적이 꽤 크게 나오는 작업이다. 그들의 세계가 과연 독자적인 서브컬처를 형성하고 있는지, 그 문화가 지배문화와 어떻게 대결 혹은 타협하고 있는지, 그들의 세계에서 전복과 퇴행의 두 얼굴이 어떻게 나타나는지를 연달아 물어야 한다. 뿐인가. 뉴웨이브들의 시의 전복성과 퇴행성을 명쾌하게 단정하기 어려운 것과 동일하게, 앞의 비평가가 "메인(컬처)" 혹은 "메이저(컬처)"라고 지칭한 (그러므로 주류문화에 속할) 서정시들이 '지배문화'와 맺고 있는 관계 역시 단순하지 않을 것이다. 말하자면 지배문화, 주류문화, 하위문화의 관계는 난마처럼 얽혀 있다. 앞의 비평가는 이 여러 겹의 문제들을 숙고하지 않는다. 메인컬처는 올바른 것이고 서브컬처는 나쁜 것이라는 (무)의식적 판단이 이미 완강하다. 서브컬처를 논하는 이들은 대개 지배문화의 문제점을 극복하기 위해서 서브컬처를 참조한다. 지배문화의 정통성과 우수성을 재확인하기 위해 서브컬처를 제물로 삼는 경우는 거의 없다는 얘기다. 하위문화를 무조건적으로 옹호하는 경박한 태도를 경계해야 하는 것은 맞지만, 이렇게 주류문화를 거의 무조건적으로 승인하는 태도는 당혹스럽다. 그 근거를 보자.

오늘의 우리 시가 지나치게 난해한 구문으로 얽혀 있는 것은, 전통적인 문법에 대한 이해의 능력이 결여되어 있기 때문이 아닐까 생각된다. 폭력과 섹스로 범벅이 된 서브포엠이 우스꽝스러운 까닭은, 그것이 폭력과 섹스에 의해 장악되었기 때문이라기보다, 그것에 의해 올바른 문법의 이해 여부가 은폐되어 있기 때문이다. 비슷한 행로를 밟았음에도 불구하고 전세기 초 고트프리트 벤이나 트라클, 혹은 이상의 세계와 그들이 구별될 수밖에 없는 이유이다.[6]

이런 발언들이 펑크록 밴드 섹스 피스톨스(Sex Pistols)의 활동에 역겨움을 토로했던 1970년대 중반 영국의 보수 정치인들 및 문화 관료들의 그것을 연상케 한다는 사실은 30여 년의 세월을 무색하게 만드는 바가 있다. 저 밴드만큼 격렬하게 불온하거나 그만큼의 문화 현상을 불러 일으키지도 못한 형편인 뉴웨이브들의 시를 놓고 '폭력과 섹스'라는 소재 차원에서 비판론을 펼치는 것부터가 어쩐지 맥 빠지는 느낌을 주거니와(다른 분야의 예술에서 폭력과 섹스라는 소재가 과연 어떤 수준에까지 활용되고 있는가를 참조해보라, 그 전복성을 따지는 것은 둘째 문제라 치더라도 말이다), 이들을 꾸짖기 위해 가져온 전거가 고트프리트 벤이나 트라클이라는 점은 한국시의 논의 수준이 동시대 문화 담론의 지형에서 얼마나 낙후되어 있는가를 보여주는 대목이다. 우리는 뉴웨이브들의 시가 과연 "폭력과 섹스로 범벅이" 되어 있는지를 팩트의 수준에서도 더 따져볼 일이라고 생각하지만, 황병승과 김민정의 어떤 시들에서 등장하는 폭력과 섹스가 과연 "난해한 구문으로 얽혀 있는"지, 혹은 그 결과가 '우스꽝스러운' 것인지도 의심스럽다. 김수영 식으로 말하면 그 '필연성'을 따져보는 일이 훨씬 더 생산적이고, 그 폭력과 섹스

---

6) 앞의 글, 116쪽.

가 우리 시대 권력의 역학 및 성(性)정치학과 어떤 관련을 맺고 있는지를 따지는 일이 비평의 일차적인 역할이다.

더 당혹스러운 대목은 "문법"과 관련된 논의다. 이 문법이 좁은 의미의 한국어 문법인지 아니면 넓은 의미의 시작법(詩作法) 일반인지 모호한 가운데, 앞의 비평가는 뉴웨이브들의 시가 "난해한 구문"으로 얽혀 있는 것을 보건대 그들이 "전통적인 문법에 대한 이해의 능력이 결여되어" 있을 것이라고 의심한다. "지나치게 난해한 구문"을 사용한다는 평가를 그대로 받아들인다 해도, 거기서 "전통적인 문법에 대한 이해"가 부족하다는 결론을 끌어내는 것은 비약이다. 오히려 문법을 잘 알기 때문에 구문을 난해하게 '조작'하는 경우는 아닌지 따져보는 일이 더 흥미롭지 않은가. 더 심각한 대목은 여기에 있다. 필자는 "전통적인 문법"을 몇 줄 아래에서 "올바른 문법"으로 살짝 바꾼다. 전통적인 문법이 곧 올바른 문법인가. 이것은 '전통'을 알고 있는 '재능'만이 문학사를 재구성할 수 있다고 한 엘리엇의 수긍할 만한 보수주의조차 뛰어넘는 단언이다. 이런 입장에 선다면, 진정한 작가란 곧 "더듬거리는 자"라고, 작가의 임무는 '다수어'가 지배하는 공간 속에서 '소수어'를 창궐하게 하는 것이라고, 시인이 사용하는 언어는 본질적으로 '외국어'라고 한 들뢰즈의 언명은 서브철학자의 무책임한 말이 되고 만다.

우리는 뉴웨이브들의 시가 과연 하위문화로 분류될 만한 것인지에 대해서 쉽게 단정하기 어렵다고 생각하며 그들이 문법을 파괴하고 있는 것이 아니라 그저 다른 문법으로 시를 쓰고 있을 뿐이라고 생각하는 편이다. 만약 앞의 비평가의 진단대로 뉴웨이브들의 시가 하위문화로 분류될 만한 것이라면, 그들의 '문법 일탈'은 당연한 것이다. 하위문화의 본질이 바로 (좁은 의미에서건 넓은 의미에서건) 문법에 대한 냉소와 저항에 있기 때문이다. "지배적인 언어적·이데올로기적 범주들을 생략하고 전달하거나 수렴시키는 것은 방향감각을 극도로 혼란시키는 효과들을 야기할 수 있다. 이 일탈들은 간단하게 모든 담론 형태들을 지탱하고 형성하는 코드들의 자의적인 성격을 폭로한다."[7] 문법에 관해서라면, 우리는 이렇게 생각한다. 시는 "올바른 문법"을 박살내도 좋다는 라이선스가 부여돼 있는 거의 유일한 장소다. 아니다, 문제는 문법 그 자체가 아니다. 문법 안에서건 밖에서건 '시적인 것'에 도달하는 일이다. 만약 필요하다면, 메피스토펠레스에게 문법도 팔아야 한다.

시인들이여, 당분간은

결론 삼아 만들어본 두 개의 질문. 첫째, 김수영은 동시대의 시인들을 신랄하게 꾸짖었지만 그가 꾸짖은 것은 시의 무한한 가능성에 맹목인 채로 20세기 초의 모더니즘을 여전히 첨단의 것이라 착각하는 시인들의 시대착오였다. 그 시인들의 난해시는 필연적이지 않았다. 김수영이 2005년 이래의 젊은 시인들의 시를 읽는다면 그는 사기 운운하기보다는 우리 시대 시의 어떤 내밀한 필연성을 먼저 정확히 파악하지 않았을까? 둘째, 문태준의 시를 옹호하기 위해서 동시대의 다른 시인들을 '서브포에트'로 격하할 필요가 있을까? 없다. 문태준이니까. 문태준에 대해 잘 말하기 위해서는 그를 그와 다른 경향의 시인들과 대조하기보다는 유사한 경향의 시인들과 비교하는 편이 낫다. 그는 탁월한 시인이다. 그저 서정시의 문법을 유려하게 반복하기 때문이 아니라, 얼핏 유사해 보이는 수많은 서정시들 중에서 그만이 갖고 있는 작은 차이 때문이다. 왜 그 차이를 '서브포에트'들에게서 읽어내서는 안 된단 말인가.

누군가 거기에 있다. 여하튼 있을 만한 이유가 있으리라고 생각하는

---

7) 딕 헵디지, 『하위문화』, 이동연 옮김, 현실문화연구, 1998, 6장.

사람과 저런 부류는 도대체 있어서는 안 된다고 생각하는 사람이 있을 것이다. 그 존재의 '필연성'을 이해하는 이만이 그의 '가능성'에 대해서도 마음을 열 것이다. '당위성'을 먼저 내세우는 이에게 그 존재는 한낱 '우연성'의 얼룩으로만 보일 것이다. 두 편의 글을 읽고, 필연성과 가능성에 대해, 당위성과 우연성에 대해 생각했다. 시인들이 거기에 있을 때, 비평은 무엇을 해야 하는가. 필연성을 인식하고 가능성을 예감하는 시야를 확보하지 못한다면 우리는 어쩌면 이미 도착했을지도 모를 미래를 알아차리지 못하게 될 것이다. 한국시의 다채로운 미래를 위해, 우리는 한국시의 권리장전 첫 페이지에 이런 위악적인 문장을 적어두려 한다. 당분간은 시인들이여, 비평가들이 하지 말라는 일, 바로 그 일을 하라.

제3부

열세번째 사도들

그의 시는 문득 성을 계시하면서 우리를 세속도시의 이방인으로 만든다. 이윽고 나 자신을 들여다보게 하고, 나를 날카롭게 반으로 쪼개버리고, 나를 나 자신의 타자로 만든다. 한때 우리는 심장을 꺼내 줄 수도 있다는 마음으로 한 사람을 사랑했던 적이 있다. 그러나 그 사랑, 부질없었다. 제 안의 심연을 메우려는 자의 슬픈 열망, 그것이 성을 찾게 만든다.

열세번째 사도의 슬픈 헛것들
─남진우, 『새벽 세시의 사자 한 마리』(문학과지성사, 2006)

 남진우는 해찰하지 않는다. 그는 성(聖)을 향해 전력으로 진력한다. 지난 25년간 그의 모든 시는 단 한 편의 시였다. 이 사태는 시가 운명이 되어버린 자들의 표징(標徵)이다. 이런 부류들은 대개 대상들을 주유하지 못하고 화법들을 소요하지 못한다. 애오라지 한 대상만을, 필생(畢生)의 한목소리로 노래할 뿐이다. 이 '일물일어'의 결벽증에는 어떤 종교성이 있다. 종교적인 모든 세계에서 주체를 장악하는 대상의 힘은 불가항력적이고 주체와 대상의 관계는 비가역적이다. 주체는 대상을 선택할 수 없고 대상 앞에서 무력하다. 다만 사제나 샤먼이 될 수 있을 뿐이다. 그래서 그의 노래는 그의 선택이 아니라 그의 운명이다.
 게다가 이곳은 '성스러운 반복'의 세계여서 변칙적이기 쉬운 개인의 사사로운 언어를 허락하지 않는다. 이곳에서 아름다운 개별성의 언어는 불순하고 성스러운 보편성의 언어만이 진실하다. 벤야민이 꿈꾸었던 소위 '비명체(碑銘體)'는 남진우의 것이기도 하다. 그의 시편들은 한 편 한 편이 그의 에피타프(epitaph)다. 살을 발라내고 뼈만 남은 문장들, 샤먼의 목에 걸려 있는 짐승의 흰 뼈 같은 그 언어만이 이곳에 봉헌될 수 있다. 그의 시에는 그래서 파격이 아니라 품격이, 파행이 아니라 고행이 있다. 다만 성스러운 것들을 추구했고, 그것들에 헌신했으며, 한 줌의 언어를 봉헌했다. 그는 문학과 종교의 거리가 그리 멀지 않다고 믿는, 오늘날 극히 드문 유형의 시인이다.

그러나 그의 대상과 언어가 함유하고 있는 넓은 의미의 종교성은 문학을 초과하고 궁극에는 문학을 삼켜버리는 그 대문자 종교들의 그늘에 있지 않다. 그곳은 대개 언어도단(言語道斷)의 세계이자 생활이 박멸된 세계이다. 우리가 흔히 부정적인 의미에서 '신비주의'라고 부르는 저 살균된 공간에서도 시는 발아하지 못한다. 그러나 남진우는 설교하는 자가 아니라 몸부림치는 자이고 그의 언어는 깨달은 자의 언어가 아니라 꿈꾸는 자의 언어라서, 그는 끝내 시인의 자리에서 겸허했고 성(聖)과 속(俗)의 변증법을 놓지 않았다. 스스로 성스럽지 못한 세상에서 스스로 성스럽지 못한 자의 회한과 동경이 그의 시를 낳았다.

그는 한결같았지만 물론 멈춰 있지는 않았다. 속(俗)의 세계에서 성(聖)의 편린들을 찾아헤맨 역정의 시간들은 그가 어느 시기 들려 있었던 몇 개의 형용사들로 구획된다. 강철 같은 이념의 시기에 그는 '깊은' 것들을 향해 그물을 던지는 베드로였다.(『깊은 곳에 그물을 드리우라』, 민음사, 1990) 이념이 스러진 시장의 낙원에서 그는 '죽은' 자들과 교신하였고 그들을 위해 기도했다.(『죽은 자를 위한 기도』, 문학과지성사, 1996) 저 이교도의 내면에 불던 폭풍은 불혹을 바라보며 어느덧 잠잠해져서 '타오르는' 것들을 위한 저음(低音)의 노래가 시작되었다.(『타오르는 책』, 문학과지성사, 2000) 깊은, 죽은, 타오르는 것들에 바쳐진 성스러운 노래들이 내내 그의 것이었다. 그리고 네번째 시집이다.

히에로파니와 크라토파니

우선 서시(序詩)를 읽자. 이 시가 유독 아름다워서가 아니다. 여기에 그의 기왕의 내력과 목하의 현황이 요약되어 있기 때문이다.

> 내 낡은 모자 속에서
> 아무도 산토끼를 끄집어낼 수는 없다
> 내 낡은 모자 속에 담긴 것은
> 끝없는 사막 위에 떠 있는 한 점 구름일 뿐
> 내 낡은 모자 속에서 사람들은
> 파도 소리도 바람 소리도 들을 수 없다
> 그러나 깊은 밤 내 낡은 모자에 귀를 갖다 대면
> 기적 소리와 함께 시커먼 화물열차가 달려나오기도 한다
> 내 낡은 모자를 안고 오늘 나는 시장에 갔다
> 하지만 해 저물도록 아무도 사는 이 없어
> 나는 구름과 놀다가 기차를 타고 훌쩍
> 머나먼 사막으로 떠났다
>
> 누군지 모르는 그대여
> 내 낡은 모자를 사다오
> 달리는 화물열차 끝에 매달려 오늘도 나는
> 내 모자를 쓸 그대를 찾아헤맨다
> ―「모자 이야기」 전문

가령 시를 "모자"라고 해보자. 마술사가 모자에서 "산토끼"를 끄집어 내듯 독자에게 신기함과 놀라움을 안겨주는 시들이 있을 것이다. 그러

나 남진우의 "모자"에는 산토끼가 없다. 일회적인 쇼크는 그의 관심사가 아니다. 대신 그의 모자에는 "끝없는 사막 위에 떠 있는 한 점 구름"이 있다. "끝없는"과 "한 점"의 협력에 유의하길 바란다. 그가 늘 찾아온 것은 영원성("끝없는")의 한 편린("한 점")이다. 첫번째 시집 『깊은 곳에 그물을 드리우라』 이래로 동서고금의 신화·종교 전적들을 종횡으로 인유(引喩)하면서 그가 천착해온 것이 바로 그것들이다. 성(聖)은 본래 영원하고 또 영원해서 위력적인 것이지만, 그래서 그의 초기 시는 경배하는 자의 숭고한 열광으로 가득 찰 수 있었지만, 그러나 오늘날 그 성을 육화하고 있는 것들의 편린들은 대체로 가녀리고 애틋한 얼굴을 하고 있다. "끝없는 사막 위에 떠 있는 한 점 구름일 뿐"이라는 심상한 표현 안에는 그 가녀리고 애틋한 것들의 운명을 제 것으로 받아들이는 자의 진심이 담겨 있다. 엘리아데라면 히에로파니(hierophany, 聖顯)라고 불렀을 저 '한 점 구름'의 신성한 힘은 한낱 '산토끼'의 일회적 즐거움에 비할 바가 아니다. 마술의 즐거움은 만인의 것이다. 그러나 히에로파니를 알아보는 자들만의 컬트제국은 시의 민주주의를 배격한다. 남진우는 좋은 의미에서 시의 귀족주의자다.

  그렇지만 서정시는 본래 찰나에서 영원을 보아내는 것이 아니었던가. 그러나 더러 저 자신이 장악한 영원을 과대평가하는 서정시들이 있어서 문제다. 예컨대 "파도 소리"나 "바람 소리"의 영원성은 시간에 결박되어 있는 인간들에게 위안이 되지만, 그 위안이 "산토끼"의 마술만큼이나 일회적인 소모품일 수 있다는 역설은 아직 충분히 자각되고 있지 않다. 남진우의 시 역시 서정적이지만, 거기에서 우리는 "파도 소리도 바람 소리도 들을 수 없다". 오히려 "기적 소리와 함께 시커먼 화물열차가 달려나오기" 십상이다. 가녀리고 애틋한 히에로파니가 남진우 시의 한 축이라면, "시커먼 화물열차"처럼 역류하는 타자성의 크라토파니(kratophany, 力顯)가 그의 다른 한 축이다. 그가 크라토파니의 발견자가 될 때 그의 시는 역동적이고 위협적인 것이 된다. 파도 소리와 바람 소리의 정태성은 '달려나오는' 화물열차의 역동성 앞에서 무력해지고, 파도 소리와 바람 소리의 위안은 '기적 소리'의 계고(戒告) 효과 앞에서 민망해진다. 두번째 시집 『죽은 자를 위한 기도』에서 집요하게 탐구된 이래로 저 타자성의 크라토파니는 남진우 시의 한 인장(印章)이 되었다.

히에로파니와 크라토파니의 성스러움을 편애하는 이 시인이 세속도시의 인공낙원과 어울리기는 어렵다. '지금-여기'에 없는 것들을 환기하면서 세속도시의 얄팍함을 힐난하고, '지금-여기'가 은폐한 것들을 불러들이면서 인공낙원의 비전에 오점을 남기기 때문이다. 그러니 그가 모자를 들고 "시장"에 간다 한들 그의 모자를 사는 이 있을 리 없다. 현실과 불화하는 그가 꿈꾸는 곳은 성소(聖所)다. 그의 성소는 이를테면 "머나먼 사막" 같은 곳이다. 여기서 '머나먼'이 뜻하는 것은 물론 물리적 거리가 아니라 정신적 거리일 것이다. 그래서 그의 시는 종종 시장을 떠나 사막으로 가는 망명객의 몽상이 되고, "구름(히에로파니)과 놀다가 기차(크라토파니)를 타고 훌쩍/머나먼 사막으로 떠"나는 순례자의 노래가 된다. 이렇게 요약될 수 있는 그의 기왕의 내력이 앞서 인용한 시의 1연에 갈무리되어 있다. 네번째 『낡은 모자』를 세상에 내보내는 그의 현황은 달라진 것이 없다. 그는 여전히 "내 모자를 쓸 그대를 찾아헤맨다".

세속도시의 방주

1부의 부제를 '동물시편'이라 해도 좋다. 거의 대부분의 시들이 동물들의 내방 덕분에 씌어졌다. 여우(「여우 이야기」), 개(「저수지의 개들」),

사자(「새벽 세시의 사자 한 마리」), 반달곰(「겨울잠」), 호랑이(「먼 산 먼 길」), 꽃게(「종일토록」), 악어(「열대야」 「계단 오르기」), 들소(「들소떼와 춤을」), (동물성을 강하게 갖고 있어서 동물이나 다름없는) 버섯(「버섯들」), 말벌(「소음」) 등이 시를 끌고 간다. 이 동물지가 특별히 이례적인 것은 아니다. 이를테면 남진우는 본래 '일각수'를 노래하는 시인이었다. "그 아득한 전설의 호수 달빛 푸르름에 뿔을 담그고 일각수는 알몸으로 멱을 감는 여인에게 다가간다"로 시작되는 「일각수—角獸」(『깊은 곳에 그물을 드리우라』)가 있었고, "단 하나의 뿔로/너는 내 가슴을 들이박고/안개 자욱한 새벽거리 저편으로 사라졌다"로 시작되는 「일각수」(『죽은 자를 위한 기도』)가 있었다. 이 두 편의 시에서 일각수는 각각 그 시가 수록되어 있는 시집의 서로 다른 분위기를 얼마간 반영하고 있거니와, 전자가 히에로파니의 자장 안에 있다면 후자는 크라토파니의 자장 안에 있다. 각각 동일성의 일각수와 타자성의 일각수라 해도 좋다. 세부적인 차이를 덮어두고 말한다면, 이 두 계열은 이번 시집에서도 여일하게 존재한다고 말할 수 있다.

비 내리는 밤
저수지 밑에서 개들이 짖는다
흙탕물 위로 부글부글 끓어오르는 울음소리

(…)

우리가 버린 말
우리가 욕하고 더럽히고 깨뜨린 말들이
폭풍우 치는 밤
저렇게 어두운 물 밑에서 하염없이 짖어대고 있다

──「저수지의 개들」 중에서

아득히 먼 사막의 길을 걸어 사자 한 마리
내 방 문 앞까지 왔다
내 가슴의 샘에 머리를 처박고
긴 밤 물을 마시기 위해

(…)

문을 열고 나가보면 어두운 복도 저편
막 사라지는 사자의 꼬리가 보인다
──「새벽 세시의 사자 한 마리」 중에서

  동물시편들의 가장 전형적인 형태를 보여주고 있는 두 편을 골랐다. 앞의 시는 남진우가 지난 세기 말엽에 천착했던 주제인 '죽은 자들의 귀환' 계열로 우선 읽힌다. 모더니티가 방류한 폐수들 밑에서 "부글부글 끓어오르는" 타자들의 말, 그것은 기실 "일찍이 지상에서 쓸려나가/저 어두운 물 속에 갇힌" 소리들과 "우리가 욕하고 더럽히고 깨뜨린 말"의 역류다. 그의 시가 늘 그렇듯, 구체적인 시공간의 지표들이 삭제되어 있는 탓에 저 풍경은 세속의 개별적 폭로가 아니라 문명 일반의 음화가 될 수 있었다.
  그러나 저 "흙탕물"과 "어두운 물"에 대해서라면, 예나 지금이나 남진우만의 것인 크라토파니를 말하기는 어려워 보인다. 남진우가 호출했던 타자들은 거개가 두려움(tremendum)과 매혹(fascinosum)을 동시에 촉발하는 '어두운 성'의 편린들이었다. 그러나 저 '저수지의 개'에는 일말의 성스러움도 없다. 그는 어쩌면 역류하는 온갖 비언(飛言)과

췌언(贅言)들에, 성스러움의 반대편에서 "긴 혀를 늘어뜨리고/두 눈에 푸른 불을 켠" 채로 "발톱으로 서로의 목줄기를 찢으며 짖어"대는 저 말들의 아비규환에 그만 지쳐버린 것은 아닌가. 그래서 그가 "밧줄을 내려주어도 저들은 올라오지 못한다"고 단호히 쓸 때, 우리는 성스러운 언어를 추구하는 시인이 '짖어대는 개'들의 말 앞에서 느낀 피로를, 우리 시대가 무단 방류한 폐어(廢語)들의 저수지를 목도하고 있는 시인의 절망을 읽어야 한다. 이 피로와 절망은 '말벌'을 '말(言)'과 '벌(罰)'로 분리하여 '찔러대고' '다그치는' 말들의 습격을 노래하고 있는 시(「소음」)에서 직접적으로 반복되고, "마음 놓고 꿈에 빠져들라고 속삭이는" 일상성의 늪을 '악어떼'에 빗댄 시(「열대야」)에서, 혹은 "여기저기 종기를 퍼뜨리고/축축한 진물을 흘리"는 버섯들의 침공을 노래한 시(「버섯들」)에서 간접적으로 재발견된다.

　상황이 이럴수록 세계의 공허와 마음의 허방은 더 크게 입을 벌렸을 것이다. 바로 그때 시인에게는 또다른 종류의 동물들이 찾아온다. 찾아와서, 이 세계에는 무언가가 결핍되어 있다고, 네 마음속에 무언가가 결락되어 있다고 말한다. 예컨대 "새벽 세시"에 "내 방 문 앞"에 도착한 "사자"란 무엇이겠는가. 우선 그것은 세계의 공허를 증거하기 위해 미지의 신성이 보낸 사자(使者)일 터여서 "타오르는 사자"로 나타나 나를 뒤흔든다. 한편 그것은 언젠가 '나'를 떠나서 내 마음을 허방으로 만들어버렸던 '나'의 진정(眞情)이 짐승의 몸을 입어 되돌아온 사자(獅子)이기도 할 터여서 "목마른 사자"로 나타나 "내 가슴의 샘에 머리를 처박고/긴 밤 물을 마시"길 원하고 있는 것이다. 세계의 공허와 마음의 허방을 육화하고 있는 이 사자는 "아주 먼 곳에서 아주 먼 곳으로 불어가는/바람 소리"에 귀 기울이는 반달곰으로(「겨울잠」), "한 세월 아득한 꽃 소식 기다리며/갯벌을 건너가는" 꽃게로(「종일토록」) 더러 변신하기도 한다.

그러나 공허와 허방은 채워지지 않는다. 공허와 허방이 존재한다는 사실조차 자각하지 못하는 세속도시의 밤에 사자는 잠시 왔다가 이내 떠나고 만다. 첫번째 계열의 동물들이 촉발하는 피로와 절망 위에 두번째 계열의 동물들은 공허와 허방을 더 크게 입 벌려놓고 떠나간다. "막 사라지는 사자의 꼬리"가 시의 결미를 장식할 수밖에 없는 까닭이 여기에 있다. 혹은 동물들의 내방으로 어수선한 1부에 "제발 이 삶 바깥으로 나를 데려가줘/내가 꾸는 꿈이 더이상 나를 속이지 않는 곳으로/(…)/호리병은 사라지고/어부 홀로 텅 빈 그물을 들여다보고 있다"(「어부의 꿈」)나, "한때 내 속에 살던 노래는/어디론가 다 사라져버리고/나는 텅 빈 우물로 고요하다"(「저 석양」)와 같은 고백이 토로되어 있는 연유도 이와 다르지 않다. 저 구절들에서 '깊은 곳'에 '그물'을 던지던 베드로의 모습은 더이상 찾기 어렵다. 깊은 곳은 '텅 빈 우물'이 되었고, 그물은 '텅 빈 그물'이 되었다. 우리는 성을 탕진했다. 이곳은 세속도시다.

환멸의 묵시록

2부의 시들은 동물들이 남기고 간 흔적 위에서 세속도시의 삶과 죽음, 사랑과 이별에 관해 성찰한다. 삶과 죽음이라고 썼지만, 여기에서 세속도시가 찬미하는 좋은 삶(well-being)의 양상은 찾을 길이 없다. 그가 삶을 말할 때 그것은 늘 죽음을 예감하는 삶이고 그 예감 앞에서 무력한 삶이다. 이미 살핀 대로 1부의 동물들이 두 종류로 분별될 수 있다면, 이와 더불어 그의 죽음도 두 계열을 형성한다. 세속도시의 이면에 은폐되어 있다가 역류하는 죽음들이 있고, 세속도시의 타락을 일소할 파국으로서의 죽음이 있다. 더러 판타지의 형식을 취하는 두 종류의 죽음은 가령 이런 식으로 묘사된다.

나는 아주 낡고 더러운 소문의 도시에 살았다
장마가 지나가면 태풍이 다가왔고
잠시의 맑은 날 끝엔 눈사태가 기다리고 있었다
즐비한 술집 앞엔 매일 얼어 죽은 시체가 발견되곤 했다
―「문밖에서」중에서

누구나 하고 싶은 일만 하며
죽기를 기다릴 수는 없는 일 푸른
정맥을 드러낸 하늘에 주사를 놓고 싶은 날이면
흑사병이 도는 폐허의 도시를 꿈꾸고
거기 바닷가에서 나른한 햇살에 취해
홀로 죽는 꿈을 꾸고
―「베니스에서 죽다」중에서

"낡고 더러운 소문의 도시"와 "흑사병이 도는 폐허의 도시"는 모두 죽음을 동반한 도시이고 현실의 재현이 아니라는 점에서 판타지의 공간이지만, 그것에 적재되어 있는 죽음의 가치는 전혀 다르다. 전자가 세속도시의 타락상을 드러내기 위한 판타지라면 후자는 타락한 세속도시의 파국을 꿈꾸는 판타지다. 전자는 "발견"되는 죽음이고 후자는 "꿈"꾸는 죽음이다. 그리고 우리가 남진우만의 것이라고 자신 있게 말할 수 있는 것은 후자다. 묵시록을 시화한 사람들은 많았지만 그들은 대체로 묵시록의 '독자'의 자리에서 두려움과 더불어 그것을 표현했다 (최승호가 그러했고 기형도가 그러했다). 그것은 궁극적으로 계몽의 목소리였다.

그러나 남진우의 묵시록은 더러 독자를 위해서가 아니라 자기 자신을 위해서 씌어진다. 그의 목소리는 묵시록의 '저자'의 목소리다. 묵시

록의 저자들은 현세의 파국을 두려워하지 않는다. 차라리 그들은 그것을 기다린다! 그리고 남진우의 시에서 저 검은 판타지가 수다하게 반복되는 이유도 그의 묵시록이 '계몽'의 도구라기보다는 차라리 '향유'의 대상이기 때문일 것이다. 저 묵시록적 이미지들은 집요하고 도저하게 시인의 욕망을 견인한다. 우리는 이를 '이미지 페티시즘'이라고 부르고 싶다. 물론 이것은 계몽의 묵시록보다 한결 더 지독한 환멸의 묵시록이다.

이 환멸의 도시에서 남진우는 세속도시의 사랑과 이별을 노래한다. 물론 그가 사랑과 이별에 관해 말해도 거기에서 에로티시즘을 느끼기는 어렵다. 대신 거기에는 '획득되는 성'과 '좌절되는 성'의 슬픈 드라마가 있다. 그가 그리는 사랑은 미묘하게 양가적이어서, 그것은 신성에 육박하기 위해서 불가불 극복하고 돌파해야 하는 어떤 불완전한 인간성의 한 일각처럼 보이기도 하지만, 신성의 회복을 가능케 하는 숭고한 제의의 형식처럼 보이기도 한다. 초기 시들에는 앞의 경향이, 이후의 시들에서는 뒤의 경향이 승하다. 예컨대 『깊은 곳에 그물을 드리우라』의 '그녀'들은 현실감이 거의 없는 일종의 추상이다. 초월에의 열망에 강하게 결박되어 있는 '나'에게 그녀들은 그 자체로 숭고한 성의 표상이거나 완전한 '나'를 위해 내가 끌어안아야 할 아니무스(animus)였다. 이 숭고한 동일성의 세계에는 세속도시의 사랑이 들어설 자리가 없었다. 그러나 두번째, 세번째 시집에서 우리는 타자성과 세속성이 조금씩 개입해들어오는 장면을 목격한다.

예컨대 「어느 사랑의 기록」(『죽은 자를 위한 기도』)이나 「달은 계속 둥글어지고」(『타오르는 책』)와 같은 시를 우리는 잊지 못한다. "사랑하고 싶을 때/내 몸엔 가시가 돋아난다"로 시작되는 앞의 시에서, 세속도시에서의 사랑은 비루한 세속의 난장을 뛰어넘어 성에 도달하고자 하는 이들의 가학적이고 피학적인 몸부림처럼 보인다. "사랑이 끝나갈 무렵/가시는 조금씩 시들어"가고 그제야 비로소 "어둠에 잠긴 사원"으로 '나'는 떠난다. 그는 어쩌면 세속도시의 사랑이란 결국 마음의 사원으로 떠나기 위한 통과제의일 수밖에 없다고 믿었던 것일까. 여하튼 여기에서 사랑하는 이들은 "다만 죽이며 죽어간다". '가시'로 상징되는 이 불가능한 사랑은 두번째 시집에서 유력하게 나타났던 크라토파니의 자장 안에 있다.

한편 뒤의 시에서 '나'는 수박을 먹고 있는 '그대'의 곁을 지킨다. "그대는 수박을 먹고 있었네/그대가 베어문 자리가 아프도록 너무 아름다워/나는 잠시 먼 하늘만 바라보았네"라는 구절과 더불어 이 아름다운 시가 끝날 때, 우리는 '달은 계속 둥글어지고'라는 제목을 다시 한 번 음미한 다음, 사랑의 감정이 어떻게 범속한 일상의 한순간을 히에로파니의 시간으로 끌어올릴 수 있는지, 어떻게 사랑하는 사람들이 그들의 응시만으로 하나의 성소를 이룩해낼 수 있는지를 새삼 납득하게 된다. 엘리아데는 "인간이 다루고 느끼고 접촉하고 사랑했던 것은 어느 것이나 히에로파니로 변할 수 있다"[1]는 말로 성과 속의 변증법을 설명한다. 저 "달"과 "수박"과 "그대의 가지런한 이"와 "그대가 베어문 자리"가 이룩해내는 이 순정하고 지극한 풍경과 더불어 그는 세번째 시집에 와서야 진정한 의미의 '성과 속의 변증법'을 보여줄 수 있었다. 이렇게 그는 성과 속의 경계에 서서, 성과 속의 변증법을 사랑의 문법으로 노래하고, 그때 그의 시는 대부분 성스러운 아름다움에 도달한다. 이번 시집에서는 예컨대 이런 식이다.

  선인장 가시를 입에 물고
  여인은 반지하방 창문을 노려본다

---

1) 미르치아 엘리아데, 『종교형태론』, 이은봉 옮김, 한길사, 1996.

창밖 수평으로 펼쳐진 마당에 어느덧 봄빛이 번져가고 있다
두 손으로 부풀어오른 배를 쓰다듬으며
여인은 낮게 웅얼거린다

그 새낀 죽었어, 하지만
나는 너를 꽃피우고 말 거야

— 「선인장」 중에서

  그의 대부분의 시를 끌고 가는 것이 남성적인 봉헌의 상상력이라면, 위의 시를 끌고 가는 것은 여성적인 회임의 상상력이다. 실연의 아픔 속에서 한 여인이 시들어간다. 그녀의 마음이 사막이라서, 그녀의 육신은 선인장이다. 그녀를 떠난 그가 그녀의 꿈속에서 불에 타 죽고, 이 상징적 화형 덕분에 그녀는 버려진 존재이기를 그만둘 수 있게 된다. 비로소 "만삭의 달"이 구름 사이로 얼굴을 내밀고, 겨울은 저물고 봄이 온다. 이윽고 여인은 최승자의 어떤 화자들처럼 뱃속의 아이에게 말한다. "그 새낀 죽었어, 하지만/나는 너를 꽃피우고 말 거야." 세속도시의 사막에서 그녀들은 이렇게 선인장의 생명력과 더불어 성과 속의 경계를 교란한다. 이것은 얼마간 고전적인 상상력이지만, 저 여인의 단호한 목소리는 남진우의 시에서 적잖이 이채로운 것이다. 세속도시의 사막에서 그녀는 구원될 수 있을까? 사랑이라는 흑사병의 행성에서 우리는 구원될 수 있을까? 이 질문과 더불어 그는 성소를 향해 떠난다.

신성의 지리학

  삶과 죽음, 사랑과 이별의 시들에 깔려 있는 자멸적 비애와 공감하는

일이 실로 남진우의 시를 읽는 일의 관건이다. 그 비애가 '신성의 지리학'이라 불러도 좋을 3부의 시들을 낳는데, 여기서 그의 비애는 성소(聖所)를 잃어버린 자의 비애다. 3부는 폐허가 된 성소(사원)를 순례하는 자의 기록이다. 앙코르와트 사원(「앙코르」), 몽생미셸 수도원(「몽생미셸」), 반얀나무가 드리워져 있는 인도의 사원(「반얀나무 아래」), 카타콤(「카타콤」), 인도의 두르가 사원(「멍키 템플」) 등이 그 폐허가 된 성소의 목록을 형성한다. 퇴색한 성소들을 거니는 자의 비애는 그 성소를 자신과 동일시하는 순례자의 상상력을 촉발하기도 한다. 거명한 시들에서 '시적인 것'이 발화(發火)하는 지점들은 예컨대 그가 그 공간과 자신을 동일시하는 순간, 혹은 그 공간을 지키는 이에게서 전생의 '나'를 발견하는 순간들과 겹쳐진다.

> 저녁이 머뭇대며 내 주위를 에워싸기까지
> 기다리는 이는 오지 않고
> 조용히 물살을 가르며 내게 다가오는 숲 그림자
> 나는 어느덧 온몸을 휘감아오르는 나뭇가지 푸르름에 휩싸여
> 아무도 찾지 못하는 사원이 된다
> ―「오래된 사원」 중에서

> 그늘진 사원 한 켠
> 목이 달아난 불상 앞에 향을 피우고 기도하는 사람들
> 그 앞에 잠시 고개 숙이고 몇 번째인지 모를 생을 헤아리다
> 어스름에 잠긴 돌의 도시를 빠져나온다
> ―「앙코르」 중에서

앞의 시에서 '나'는 강가에 앉아 "강 건너 숲 저편/낡은 사원"을 본

다. '나'는 강물만 적막하게 들여다보고 있을 뿐 강 건너 성소로 건너갈 수 없다. 강물을 들여다보는 행위는 강 이편(차안)과 강 저편(피안)의 절망적 단절을 몽상의 힘으로 극복하기 위한 것이겠거니와, 초기 남진우였다면 "순간, 저 아래에서/(…) 빛나는 눈 하나가/나를 향해 다가왔다"(「깊고 둥글고 어두운」, 『깊은 곳에 그물을 드리우라』)라고 썼을 테지만, 오늘날 '나'는 "저 물 속으로 깊이 자맥질해 들어가면/거기 나를 기다리는 누가 있을까" 회의한다. 바로 그때, 강 건너 숲 그림자가 강 이편의 나에게로 밀려오고 나는 푸르름에 휩싸여 어느덧 사원이 된다. 이 결말은 아름답다. 그러나 이 아름다움은 신성과의 합일이 초래하는 숭고한 아름다움이 아니라, 퇴락한 성소의 운명을 제 것으로 받아들이는 자의 비애가 초래하는 아름다움이다. '나'를 기다리는 이는 없고, 내가 기다리는 이는 오지 않는 이 진퇴양난의 상황이 '나'를 퇴락한 성소로 만든다. '나'는 "아무도 찾지 못하는 사원"이다.

뒤의 시에서 '나'는 "돌의 도시"를 거닐면서 "부서지고 무너지고 금이 간" 도시의 역사를 더듬고, "홀로 이 돌의 도시에 남겨진" 자신의 운명을 반추한다. 그리고 '나'는 성소를 지키고 있는 일군의 사람들에게서 불현듯 '나'의 전생을, 혹은 전생의 전생을 본다. "몇 번째인지 모를 생"을 거듭하면서 '나'는 신성을 위해 헌신했고 내 존재를 봉헌했다. 그러나 비슈누의 신성은 몰락했고, 앙코르 왕조의 옛 영광은 가뭇없다. "전생의 꿈"을 남겨두고 돌의 도시를 빠져나오는 '나'의 모습은 못내 쓸쓸하고, 자신을 '오래된 사원'이라고 생각하는 자의 현재는 이렇듯 참혹하다. 이 참혹은 앞의 시에서는 공간의 층위에서, 뒤의 시에서는 시간의 층위에서 산출된다. 나는, 폐허가 된 성소처럼, 시장의 천국인 현재의 공간과 불화하는 '과거의 공간'이다. 그리고 나는, 폐허가 된 성소처럼, 성과 합일할 수 있었던 과거의 시간들과 불화하는 '현재의 시간'이다. 3부에서 가장 아름다운 두 편의 시는 저 두 층위의 상실을 몽상의 힘으로 이렇게 넘어서고 있어서 인상적이다.

> 하루의 소란이 다 저물고 난 뒤
> 깊은 밤이 찾아오면 조가비는 비로소 입을 열어
> 밤하늘 가득 맺힌 물방울 같은 별들을
> 제 속으로 빨아들인다
> ―「몽생미셸」중에서

> 더이상 돌지 않고
> 무슨 얼룩처럼 사진에 붙박인 갈매기 한 마리
> 눈길을 주는 순간 물결을 일으키며
> 사진을 들여다보고 있는 내 눈동자 속으로 뛰어들어와
> 다시 돌기 시작한다
> ―「오후 세시의 추억」중에서

이 시들의 결미가 아름다운 것은 '그럼에도 불구하고'의 몸부림이 빼어난 이미지들을 창조해내고 있기 때문이다. 앞의 시에서 "조가비"는 "순례자 대신 장사치와 관광객들로 붐비는" 수도원의 낮이 저물고 나면 온몸으로 신성을 흡입한다. "조가비처럼 누워 있는 수도원"은 "값싼 지폐와 신성을 교환하"는 타락한 성소이기를 그치고 본래적인 성소로 거듭난다. 이 이미지는 성소를 되살리고 신성을 회복하기 위한 필사적인 몽상의 소산이다. 이렇게 어떤 몽상은 '공간'의 성속을 뛰어넘는다.

뒤의 시에서는 동일한 사태가 시간의 층위에서 발생한다. 완벽한 기승전결 패턴을 밟아나가는 이 시에서 흑백의 풍경("흑백사진")을 푸르른 풍경("물결을 일으키며")으로, 정태적 풍경("붙박인 갈매기")을 역동적 풍경("다시 돌기 시작한다")으로 전변시키는 이 힘은 밤이 되면 별들

을 빨아들이는 조가비의 저 흡입력과 다른 것이 아니다. 몽상의 힘으로 수도원이 본래적인 성소로 거듭난 것처럼, "돌고 돌다가 점이 되어 허공 속으로" 사라져버린 "내 젊음"이 몽상의 힘으로 "다시 돌기 시작한다". 이렇게 어떤 몽상은 '시간'의 성속을 뛰어넘는다.

남진우의 시에서 '시적인 것'이 작열하는 순간은 바로 이런 순간이다. 신성을 향한 열망이 몽상을 촉발하고, 이윽고 그 몽상이 수일(秀逸)한 이미지들을 창조해내고, 마침내 그 이미지들이 대상의 완강한 현실성을 뛰어넘어 신성을 탈환하는 순간 말이다. 이 탈환의 순간을 시인은 대개 무심한 현재형으로 처리한다. 그의 시에는 '~하고 싶다'의 층위가 거의 존재하지 않는다. 그는 곧장 '~이다'의 세계로 넘어간다. "깊은 밤이 찾아오면" 혹은 "눈길을 주는 순간", 조가비는 입을 열고 갈매기는 뛰어들어, 마침내 "빨아들인다" 혹은 "돌기 시작한다". 정념을 설득하려 들지 않고 성속의 속성 변화를 단번에 도모하는 저 현재형들을 일종의 기도의 형식이라 간주해도 좋다. 이제 순례는 끝났다.

*

아도르노는 "절망에 직면해 있는 철학이 아직도 책임져야 할 것이 있다면 그것은 오직 사물들을 구원의 관점에서 관찰하고 서술하려는 노력이 아닐까"[2]라고 쓴 적이 있다. 이 말은 오늘날 더욱 절실하게 들린다. 세계는 풍요롭고 인생은 아름답다, 무엇이 문제인가, 라고 말하는 순간 우리가 잃어버리는 것은 '구원에 대한 감각'이다. 구원 그 자체가 아니라 구원에 대한 감각이 망실되어가는 상황이 더 치명적이다. 오늘날 한국문학이 빠른 속도로 잃어가고 있는 것도 바로 '이 세계는 구원

---

2) 테오도르 아도르노, 『미니마 모랄리아』, 김유동 옮김, 길, 2005, 325쪽.

되어야 한다'는 위기의식과 '나 자신을 구원해야 한다'는 문제의식이다. 지금은 "세상의 종말을 알리는 선지자조차 지쳐 떨어진 밤"(「겨울 일기」)이다.

그런 맥락에서 남진우의 시는 소중하다. '절망을 연습하던' 로트레아몽 백작은 이제 "눈먼 탁발승"(「전갈에 물리다」)이 되어버렸지만, 그래도 그는 구원에 대한 감각을 잃어버리지 않았다. 비록 그가 "얼어붙은 내 입은 녹지 않"(「겨울 일기」)는다고, "혀끝에 남은 몇 마디 말"(「저녁 산책」)조차 허망하다고, 그래서 "혀를 말아 입 깊숙이 처넣"(「겨울 일기」)고 싶다고 말할 때, 그러니까 메마른 지상에서 메마른 말들을 말해야 하는 인간의 허망을 거듭 말할 때, 그의 체념이 너무 짙어 보여 우리는 염려하게 되지만, 그가 구원에 대한 감각을 완전히 놓아버리는 일은 없을 것이다. 그것은 그의 유일한 주제이기 때문이다.

이렇게 그의 시는 문득 성을 계시하면서 우리를 세속도시의 이방인으로 만든다. 이윽고 나 자신을 들여다보게 하고, 나를 날카롭게 반으로 쪼개버리고, 나를 나 자신의 타자로 만든다. 한때 우리는 심장을 꺼내줄 수도 있다는 마음으로 한 사람을 사랑했던 적이 있다. 그러나 그 사랑, 부질없었다. 제 안의 심연을 메우려는 자의 슬픈 열망, 그것이 성을 찾게 만든다. 히말라야 설산(雪山) 앞에서 그는 말한다. "자신의 내면에 깊은 심연만이 아니라 그처럼 높은 설산이 자리하고 있다는 사실을 사람들은 너무 오래 잊고 지낸 것은 아닐까?"[3] 왜 아니겠는가, 바로 당신의 시가 그 사실을 되새기게 한다. 그러니 독자여, 열세번째 사도의 노래를 들어라. 설산은 있다. 그곳으로 오라. 설산은 없다. 그래도 오라.

---

3) 남진우,「나는 왜 문학을 하는가」, 한국일보 2003년 7월 9일자.

시뮬라크르를 사랑해
― 김행숙, 『이별의 능력』(문학과지성사, 2007)

느낌의 공동체

> 느낌은 어떻게 오는가
> ― 이성복, 「느낌」

나는 너를 사랑한다. 네가 즐겨 마시는 커피의 종류를 알고, 네가 하루에 몇 시간을 자야 개운함을 느끼는지 알고, 네가 좋아하는 가수와 그의 디스코그래피를 안다. 그러나 그것은 사랑인가? 나는 네가 커피 향을 맡을 때 너를 천천히 물들이는 그 느낌이 무엇인지를 모르고, 네가 일곱 시간을 자고 눈을 떴을 때 네 몸을 감싸는 그 느낌이 어떤 것인지를 모르고, 네가 좋아하는 가수의 목소리가 너를 어떤 느낌으로 적시는지를 모른다. 너를 관통하는 그 모든 느낌들을 나는 장악하지 못한다. 일시적이고 희미한, 그러나 어쩌면 너의 전부일지 모를 그 느낌을 내가 모른다면 나는 너의 무엇을 사랑하고 있는 것인가.

느낌이라는 층위에서 나와 너는 타자다. 나는 그저 '나'라는 느낌,

너는 그냥 '너'라는 느낌이다. 그렇다면 사랑이란 무엇인가. 아마도 그것은 느낌의 세계 안에서 드물게 발생하는 사건, 분명히 존재하지만 명확히 표명될 수 없는 느낌들의 기적적인 교류, 어떤 느낌 안에서 두 존재가 만나는 짧은 순간일 것이다. 나는 너를 사랑하기 때문에 지금 너를 사로잡고 있는 느낌을 알 수 있고 그 느낌의 세계로 들어갈 수 있다. 너를 사랑하기 때문에 지금 너에게 필요한 느낌이 무엇인지를 이해할 수 있고 그 느낌을 너에게 제공할 수 있다. 그렇게 느낌의 세계 안에서 우리는 만난다. 서로 사랑하는 이들만이 느낌의 공동체를 구성할 수 있다. 그러니까 사랑은 능력이다. 김행숙의 시를 읽으면서 알게 되었다. 이 시집의 제목은 '이별의 능력'이지만 '사랑의 능력'이었다 해도 좋았을 것이다.

 이 시인은 '사랑'이라는 말을 극히 아끼는 편이지만 그것은 '사랑'이라는 말에 자주 실망했기 때문이지 사랑을 부정해서가 아닐 것이다. 이 시인에게는 사랑의 능력이 있다. 어떤 특정한 느낌의 세계에 입장할 수 있는 능력, 그리고 그 느낌의 세계로 독자를 초대할 수 있는 능력은 어여쁘다. 예컨대 그녀가 "나랑 함께 없어져볼래?/음악처럼"(「미완성 교향악」, 『사춘기』)이라고 말할 때 이것은 매우 특별한 느낌의 세계에서 날아오는 매혹적인 초대장이다. 사랑이 발생하는 순간이 이와 다르지 않다. 초대를 수락하는 순간 시인과 독자는 같은 세계에 거주하게 된다. 반면 그 느낌의 세계에 입장하지 않는 사람에게 그녀의 시는 열리지 않는다. "당신은 그녀의 시를 좋아하는가? 그렇다면 우리는 친구가 될 수 있다." 이런 것이 김행숙의 시다.

 이곳에서 발이 녹는다
 무릎이 없어지고, 나는 이곳에서 영원히 일어나고 싶지 않다

괜찮아요, 작은 목소리는 더 작은 목소리가 되어
우리는 함께 희미해진다

고마워요, 그 둥근 입술과 함께
작별인사를 위해 무늬를 만들었던 몇 가지의 손짓과
안녕, 하고 말하는 순간부터 투명해지는 한쪽 귀와

수평선처럼 누워 있는 세계에서
검은 돌고래가 솟구쳐오를 때

무릎이 반짝일 때
우리는 양팔을 벌리고 한없이 다가간다
—「다정함의 세계」 전문

 제목 그대로 이 시는 '다정함'이라는 느낌의 세계로 우리를 초대한다. '나'는 다정한 사람들의 다정한 모임에 와 있다. 이 자리를 떠나고 싶지 않다. 그래서 '발이 녹고 무릎이 없어지는' 것 같다. 먼저 일어나서 미안해요, 라고 말했을 것이다. "괜찮아요". 이 "작은 목소리"의 응대는 다정하다. 그 다정함 속에서 "우리는 함께 희미해진다". 그래서 "고마워요"라고 '나'는 대답했을 것이다. "둥근 입술" "몇 가지의 손·짓" "투명해지는 한쪽 귀"가 이 세계의 기호들이다. 그리고 결심했다는 듯 일어서야만 하는 순간이 있었을 것이다. "수평선처럼 누워 있는 세계에서/검은 돌고래가 솟구쳐오를 때"처럼 말이다. '없어진 무릎'이 다시 반짝이고, 두 사람은 "양팔을 벌리고 한없이 다가간다". '한없이'라고 써야만 할 것 같은 시간, 아쉬운 작별의 포옹을 향해 가는 그 시간은 정말이지 그랬을 것이다.

이것은 소품이지만 전형적인 김행숙의 시다. 어떤 의미에서? 그녀의 첫 시집 초판본 날개의 소개글에는 흥미로운 오타가 있다. "(그녀의 시가 가져오는 충격은—인용자) 우리가 몸담고 있는 현실을 객환화시키며(…)" 물론 여기서 '객환화'는 '객관화'의 오기(誤記)일 것이다. 그러나 이것을 '객환화(客幻化)'라고 읽을 수 없을까. 이 모순적인 단어는 절묘한 데가 있다. 실로 위의 시를 만들고 있는 것은 '객관적인 환상'들이다. 말로 표현하기 어렵지만 현실적으로 엄연히 존재하는 어떤 느낌이어서 그것은 객관적이고, 구체적인 행동들을 '재현'하겠다는 강박의 산물이 아니기 때문에 환상적이다. 이를 '객환화'의 기법이라고 불러도 좋지 않겠는가. "다정한 몸짓은 이렇게 말한다 : 네 육체를 잠들게 할 수 있는 것이라면 뭐든지 청하렴."[1] 롤랑 바르트의 이 '번역'도 아름답지만 김행숙의 '객환화'는 시만이 해낼 수 있는 한결 더 감각적인 작업이다.

이렇게 말할 수 있다. 김행숙은 '세계'를 느낌의 조각들로 분해하고 '나'를 개별적인 느낌들의 도체(導體)로 개방하는 시인이다. 자유자재로 환상적이지만 자기도취 없이 객관적이다. 이 시학이 그녀의 시를 낯설고 매혹적인 것으로 만든다. 유사한 경향을 보여주는 시인들이 이후에 없지 않았으나 1999년 등단 이래로 이 스타일은 그녀의 독창(獨創)이다. 무자각적 기질의 즉흥적 분출이 아니다. 그간 한국시에서 통용되어온 '시적인 것'의 범주를 주밀하게 탐사하고 창조적으로 이탈한 결과다. 느낌으로 세계를 쪼개는 작업은 두 가지 전제를 전복한다. 각각을 '이데아(Idea)의 전제'와 '코기토(cogito)의 전제'라 부를 수 있다. 이곳에서는 진리의 일부를 떠맡아야 한다는 강박이 없는 헛것들이 창궐하고, 더이상 '주체'라고 부를 수도 없는 어떤 '나'가 감각의 에이전트

---

1) 롤랑 바르트, 『사랑의 단상』, 김희영 옮김, 동문선, 2004, 319쪽.

로 암약한다. 세계도 분해되고 '나'도 해체된다. 없는 존재가 없는 세계를 노래하는 것, 그것이 김행숙의 시다. 그것은 가능한가? 느낌의 공동체에서는 가능하다.

시뮬라크르의 세계

> 가장 깊은 것은 피부다.
> ─폴 발레리

이데아의 전제를 전복한다는 것은 무엇인가. 한 편의 시가 다루는 세계는 무릇 어떤 본원적인 진리의 흔적을 포함해야 한다, 는 강박을 떨쳐버리는 일이다. 플라톤은 만상을 두 종류로 나누고, 각각을 이지적인 것(the intelligible)과 감각적인 것(the sensible)이라고 명명했다. 그렇다면 이데아의 전제를 전복한다는 것은 감각적인 것들의 세계를 충실히 다룬다는 뜻일까? 그것은 소박한 이야기다. 도대체가 세상에 존재하는 것들이 그렇게 상쾌하게 이분될 리 없는 것이다. 이지적인 것과 감각적인 것은 늘 섞여있게 마련이다. 시가 또한 그러하다. 이지적인 것들을 노래할 때에도 감각적인 것들을 동원하여 실감을 도모하고, 감각인 것들은 이지적인 것들의 협력으로 나름의 질서를 얻는다.

어떤 이는 우리가 플라톤의 이원론이라 알고 있는 것 이면에는 더 심오하고 비밀스러운 이원론이 있다고 말한다.[2] 그에 따르면 플라톤에게서 '감각적인 것'들은 다시 두 그룹으로 나눠져서 또다른 이원론을 구성한다. 이데아의 작용을 받아들이는 것과 피해가는 것. 앞의 것은 이

---
[2] 질 들뢰즈, 『의미의 논리』, 이정우 옮김, 한길사, 2000, 1장.

데아의 짝퉁(copy)이고 뒤의 것은 계통 없는 헛것들(simulacre)이다. 그렇다면 시란 무엇인가? 시는 본래 이데아의 카피(의 카피)이지만 이데아를 향해 깃발을 흔드는 조난자다. 계통 없는 헛것이기를 긍정하지 못하기 때문에 이데아의 전제를 전복하지 못한다. 그러나 카피의 지위조차 포기하고 한낱 시뮬라크르가 되려 하는 시들이 있다. 한없이 사소해지기를 원하는 시, 정말이지 순수한 헛것들에게만 헌신하는 시가 있다. "플라톤주의의 타파는 다음을 의미한다. 시뮬라크르들을 기어오르게 하라."[3] 이런 시들은 플라톤의 이원론을 무구하게 비켜간다.

> 착한 개 한 마리처럼
> 나는 네 개의 발을 가진다
>
> 흰 돌 다음에 언제나 검은 돌을 놓는 사람
> 검은 돌 다음에 흰 돌을 놓는 사람
> 그들의 고독한 손가락
>
> 나는 네 개의 발을 모두 들고 싶다, 헬리콥터처럼
> 공중에
>
> 그들이 눈빛 없이 서로에게 목례하고
> 서서히 일어선다
>
> 마침내 한 사람과 그리고 한 사람
>
> ―「착한 개」 전문

---

3) 질 들뢰즈, 「플라톤과 시뮬라크르」, 앞의 책, 417쪽.

어떤 근원적인 진리의 흔적을 '감각적으로' 재현해 이데아를 향해 '이지적으로' 손을 뻗는 시가 아니다. 바둑을 두는 두 사람이 있고 그들을 지켜보는 '나'가 있다. 그런데 '나'는 그 순간 왜 "착한 개 한 마리"가 되는가. 이 난감한 사태의 뒷면에는 '바둑'과 '바둑이(개)'의 연상 작용이 숨어 있는 것 같다. 그러나 중요한 것은 그것이 아니다. 바둑판에 흰 돌과 검은 돌을 차례로 놓아가는 일이 '나'에게는 이를테면 고독해 보인다는 것, 그것이 '하강'의 느낌을 산출한다는 것이고, 그 광경을 바라보는 '나'는 그 순간 문득 "헬리콥터처럼/공중에" 뜨고 싶다는 느낌을 받았다는 것, 말하자면 '상승'에의 욕망에 사로잡혔다는 것이 중요하다. 이 하강과 상승의 상호충돌로 빚어지는 묘한 느낌의 전달, 그것이 이 시의 겸허한 목표다. 근원적인 진리에 대한 여하한 욕망도 이 시에는 없다.

이런 시들은 우리에게 '깊이'가 없다는 느낌을 불러일으킨다. 이와 같은 시적 공간들은 근원적인 진리를 소실점으로 삼아 원근법적으로 구축된 공간, 즉 물리적인 의미에서의 '깊이'를 갖고 있는 공간이 아니기 때문이다. 이런 시들은 평평하다. 근원(아래)도 배후(뒤)도 초월(위)도 없다. 개와 바둑은 그 무엇의 '상징'이 아니며, "착한"과 "고독한"이라는 형용사는 실존적인 뉘앙스를 거느리지 않는다. 어떤 시공간과 그와 결부되어 있는 특정한 느낌이 있을 뿐이고 그것은 온전히 시뮬라크르다. 시뮬라크르로서의 대상을 포착하는 섬세한 감각, 혹은 대상을 시뮬라크르화하는 방법론적 가벼움이 그녀의 시를 특별하게 만든다. 근원(아래)을 탐사하지 않고 배후(뒤)를 캐지 않으며 초월(위)을 도모하지 않는 시는 어디를 보는가. 이렇게 '옆'을 본다.

어느 날 아침 내가 침대에서 본 남자는 죽어 있었다. 더이상 회사에 출근하지 않아도 되니, 그림자가 사라질 때까지 실컷 자고 오후엔 우리 소풍을 가요. 나는 남자 옆에서 그림자가 사라질 때까지 잤다.

해변은 휘어져 있었다. 그런 옆에 대하여, 노을에 대하여, 화염에 대하여,

그네에 대하여, 손을 흔들며 뛰어갔다.
—「옆에 대하여 1」 중에서

이제 말 울음소리는 뚝 그치고, 양호실에 가서 좀 누워 있으렴. 커튼을 치고, 갈기와 바람에 대해 떠들렴. 나도 언젠가 그런 소리를 들은 적이 있는 것 같애.

옆엔 어떤 아이가 누워 있을까요? 왜 모두들 내게 잠을 권할까요? 내 무릎에 알코올을 발라준 여자도 그랬어요. 그녀는 날아갈 것처럼 청결해요. 그리고 나는 앞발을 들고 서 있었어요.

양호실은 쓰러지기 위해 오는 곳이야. 저 아이처럼.
—「옆에 대하여 2」 중에서

옆을 소재로 한 네 편의 연작시 중 두 편이다. 잠에서 깨어 눈을 뜨고 옆을 본다. 한 남자가 죽어 있다. '나'는 하릴없이 계속 잔다. 그때 '옆'이라는 공간은 실로 특별한 의미를 머금게 될 것이다. 이 세상의 무수한 '옆'들 중에서 그 특별한 하나의 '옆'. 이 시는 바로 "그런 옆에 대하여" 무언가를 말하고 있다. 더불어 "더이상 회사에 출근하지 않아도 되니, 그림자가 사라질 때까지 실컷 자고 오후엔 우리 소풍을 가요"라는 경쾌한 문장은 이미 죽은 자에게 건네지는 말이기 때문에 미묘한 애틋

함과 긴장감을 동시에 연출한다. 한편 두번째 시는 한결 더 친근하다. 누구나 경험한 바 있거니와 양호실에 누워 있을 때 '옆'이라는 공간은 새삼 특별한 뉘앙스를 품게 된다. "옆엔 어떤 아이가 누워 있을까요?" 이런 질문을 던지는 화자의 몸을 지금 스쳐가고 있을 법한 미묘한 호기심과 긴장감, 바로 그런 느낌의 '옆'을 이 시는 복원한다.

이 시들이 가까스로 포착하고 있는 '옆'의 위와 아래와 뒤에는 아무것도 없다. 얼핏 어딘가 비어 있는 듯하지만 그 자체로 완전한 시라고 생각한다. 투명한 순간들, 그 순간들에 충실한 감각의 반응, 그 감각에 대한 무구한 긍정으로 이 시들은 팽팽하다. 여기에는 그 무슨 콤플렉스도 없고 알리바이도 없다. 온갖 시적 곡예가 시를 낯설게 만드는 것이 아니다. 투명하고 충실하고 무구한 시, 그러니까 세계라는 사건의 공간을 위와 아래와 뒤의 도움 없이 '있는 그대로' 감각하는 시라서 역설적이게도 이렇게 낯선 것이다. "예술은 있었던 경험을 재현하는 것이 아니라 새로운 경험을 창조하는 것"(들뢰즈)이라는 언명에 이렇게 충실히 부합하는 시인도 달리 없을 것이다. 예컨대 (시집 1부에서 가장 중요한 소재 중의 하나인) '얼굴'이라는 대상을 어떠한 형이상학적 근원, 배후, 초월의 도움 없이 하나의 현상(표면)으로만 다루면 다음과 같은 시가 씌어질 수 있다.

어둠이 몰려서 온다. 녀석들. 녀석들

검은 비닐봉지 같은 얼굴을 하고 걸어오면서 찢어지는 얼굴을. 툭, 하고 떨어지는 물체. 죽은 건 줄 알았는데 개의 죽음은 또 아주 멀었다는 듯이 발을 모아 높이 뛰어오르고. 착지와 비약으로 이루어지는 선상에서 음표처럼

빵, 하고 택시가 지나가고 빵, 하고 택시가 지나가고 빵, 하고 택시 아
닌 바퀴들이 지나가고

(…)

툭, 다른 곳에 떨어지는 물체처럼 죽은 건 줄 알았는데. 녀석들 어둠
속에서 얼굴을. 얼굴을. 나라고 부를 수 없을 때까지
—「얼굴의 탄생」 중에서

전우처럼 함께했던 얼굴은 또 한 명의 전우처럼 도망쳤다. 끝을 모르
는 고요한 밤의 살갗 속으로

그리고 다시 얼굴이 달라붙을 때의 코는 한없이 옆으로 퍼져 있었다.
귀는 늘어져 늘어져서 이어지는 꿈과 같았다. 비누칠을 해서 꿈을 씻어
내도 얼굴의 높이는 돌아오지 않았다

콧구멍은 파묻혔다. 냄새가 나지 않는 세계에서 아침식사를 했다. 나
는 맑아지고 의심이 없어진다
—「얼굴의 몰락」 중에서

상당히 모호한 앞의 시는 전반부와 후반부에서 각각 개의 죽음과 돼
지의 죽음을 이야기한다. 한밤의 도로에서 개가 차에 치여 죽는다. 툭
하고 떨어져서는 다시 튀어오르는 것은 개의 시체다. 그 개의 시체 위
로 무수한 차들이 지나가고 '나' 역시 그 장소에서 멀어진다. "검은 비
닐봉지 같은 얼굴을 하고 걸어오면서 찢어지는 얼굴"이 어둠의 얼굴인
지 개의 얼굴인지 단정하기 어렵지만 여기에서 얼굴이 한낱 '비닐봉

지'로 전락하고 있는 사태는 의미심장하다. 후반부는 밤의 잔칫집 풍경을 그린다. "돼지가 돼지라고 부를 수 없을 때까지 분할되고", 그 돼지를 사람들이 씹고, 고기는 "고기라고 부를 수 없을 때까지" 분할된다. 이 와중에 '나'는 '나의 얼굴'이라는 표면이 '나의 정체성'이라는 심층과 맺고 있는 관계에 대한 어떤 불가해한 상념에 사로잡힌다. 문득 '나에게는 얼굴이 있다'라는 자각이 엄습할 때가 있는 것이다. '얼굴의 탄생'이다. 얼굴을 통해 "나는 나에 한정 없이 가까워"지기도 하고, "나라고 부를 수 없을 때까지" 멀어지기도 하는 것이다. 뒤의 시는 잠에서 깨어났을 때 더러 느끼게 되는 얼굴의 이물감에 대해 이야기한다. 얼굴이 돌연 '나'의 타자가 되는 순간이 있다. '얼굴의 몰락'이다. 어쩌면 얼굴은 잠이 들 때 '나'에게서 도망치고, 깨어났을 때 다시 되돌아오는 것인지도 모른다.

그렇다면 얼굴이란 대체 무엇인가. 흔한 말로 그것은 '내면의 창'인가? 아니, 얼굴(face)은 차라리 하나의 표면(sur-face)이다. 자크 오몽은 서구영화에서 얼굴의 의미작용이 어떻게 변화해왔는지를 추적한 뒤 이렇게 결론을 내린다. "얼굴의 해체는 근대 말기의 이미지들에서 갑자기 발생했다."[4] 서구 휴머니즘의 맥락에서 얼굴은 단순히 몸의 일부가 아니라 인간성의 보루로 기능했다. 얼굴의 해체는 곧 '인간성'이라고 하는 오래된 신화에 대한 현대예술의 반격이다. 이것은 부정적인 사태인가? 자크 오몽은 동의하지 않겠지만 들뢰즈는 이것이 긍정적인 사태라고 반겨 마지않는다. "인간이 운명을 조종할 수 있다는 것은 얼굴로부터 도망칠 수 있다는 것을 의미한다."[5] 그래서 그는 권유한다. "얼굴을 잃어버리세요."[6] 얼굴의 몰락과 탄생을 말하는 이 시인이 그와 같은

---

4) 자크 오몽, 『영화 속의 얼굴』, 김호영 옮김, 마음산책, 2006, 300쪽.
5) 질 들뢰즈·펠릭스 가타리, 『천 개의 고원』. 자크 오몽, 같은 책, 307쪽에서 재인용.
6) 질 들뢰즈, 『디알로그』, 허희정 옮김, 동문선, 2005, 94쪽.

권유에 전적으로 동의할지는 알 수 없다. 그러나 주체성이라는 근원으로부터 자유로운, 시뮬라크르에 가까운 존재들의 세계에 이 시인이 호감을 갖고 있다는 것은 분명해 보인다. 그들에 대해 이야기하자.

4인칭 단수의 노래

> 사람들은 자신들의 자아를 운송하는 데 만족하지요.
> ─ 질 들뢰즈

이데아의 전제와 코기토의 전제가 밀접한 관련이 있다는 사실을 본격적으로 지적한 것은 니체였다. 이 세계에 근원적인 실체가 있다는 믿음과 존재의 내부에 사유라는 실체가 있다는 믿음은 한통속이다. 앞의 믿음이 시뮬라크르들의 생성을 탄핵했듯이 뒤의 믿음은 감각적 신체가 갖는 지분을 박탈한다. 그러나 "행위자란 행위에 덧붙여진 단순한 상상적 허구일 뿐이다. 행위가 전부인 것이다".(『도덕의 계보학』 I-13) 행위가 전부다. 코기토는 없다. 근원적인 실체에 대해 심드렁한 시인답게 김행숙은 코기토가 우리를 행복하게 해줄 것이라고 믿지 않는다. 그래서 그녀는 코기토라는 이름으로 채 수습되지 않는 어떤 미세한 것들을 노래한다. 분명히 내 몸을 관통하고 지나갔지만 그것이 무엇인지를 설명하기는 어려운 느낌들이 있다. 얼마나 많은 느낌들이 하루 동안 우리를 스쳐가는가. 이 느낌들의 쇄도를 긍정하면 자아는 증발하고 만다. 김행숙의 시에서 코기토의 전제는 그렇게 허물어진다. 자아가 없는 노래는 가능한가? 호르몬의 노래를 소개한다.

호르몬이여, 저를 아침처럼 환하게 밝혀주세요. 분노가 치밀어오릅니다. 태풍의 눈같이 표현하고 싶습니다. 저자가 제게 사기를 쳤습니다. 저자를 끝까지 쫓겠습니다.

당신에게 젖줄을 대고 흘러온 저는 소양강 낙동강입니다. 노 없는 뱃사공입니다. 어느 곳에 닿아도 당신이 남자로서 부르면 저는 남자로서

당신이 여자로서 부르면 저는 여자로서 몰입하겠습니다. (…)

제 꿈을 휘저으세요. 당신의 영화관이 되겠습니다. 검은 스크린이 될 때까지 호르몬이여, 저 높은 파도로 표정과 풍경을 섞으세요. 전쟁같이 무의미에 도달하도록

　　　　　　　　　　　—「호르몬그래피」중에서

　만해와 소월이 '임'에게 바친 노래들에서 '임'의 자리에 발칙하게도 '호르몬'을 넣으면 이런 시가 된다. 이 시는 호르몬을 향한 간구의 시다. 그러나 이 시는 애절하지 않고 씩씩하다. 호르몬이여, 내게 사기 친 자를 내가 끝까지 쫓게 해주소서. 남성호르몬이 부르신다면 남성이 되고, 여성호르몬이 부르신다면 여성이 되겠습니다. 간구의 어조, 호르몬이라는 비시(非詩)적인 대상, 어딘가 장난스러운 결의. 어느 것 하나 어울릴 것 같지 않은 세 요소들이 연합하여 이 시의 역동적인 매력을 분만한다. 그러나 이 시가 인상적인 것은 '나'라는 존재의 근원적인 실체를 한낱(!) 호르몬에서 찾는 그 과감한 유물론 때문이다. '나'를 지배하는 것은 '나'의 호르몬이다. "제 꿈을 휘저으세요. 당신의 영화관이 되겠습니다." 그렇다면 '나'는 무엇인가. 호르몬이 그리는 그림 혹은 호르몬이 쓰는 글씨, 즉 '호르몬그래피'에 불과하다. 이 시는 코기토의 전제를 이렇게 전복한다. "호르몬이 휘젓는다, 고로 나는 존재한다." 이제 고리타

분한 '나' 따위는 이 세상에 없다. 어디에서 무엇이건 될 수 있다. 이것은 인간의 퇴행도 아니고 시의 왜소화도 아니다. 인간이라는 존재의 주름을 다채롭게 펼쳐내는 일이고 시가 생성의 그래피티(graffiti)가 되는 길이다. 그러니 '나'가 어느 날 고양이가 된다 한들 별로 놀라울 것도 없다.

> 이제 아주 멀리 고양이의 길을 가요. 고요한 새벽마다 울음소리를 연습했답니다. 그건 고양이의 것이죠. 달빛처럼 바람 소리처럼 나는 내가 무슨 말을 하는지 영영 모를 거예요.
> ─「고양이군의 수업시대」 중에서

> 고양이로서 실천할 수 있는 선행은 악행만큼 다양하고 모호하고 고요하고 날카롭고 격렬하고 아아아 황홀하고, 야아옹.
> ─「소녀 고양이군을 만나다」 중에서

> 나는 고양이를 초월하여 고양이, 다시 한번 고양이를 초월하여……
>
> 불가사의에 흡수되는 시간,
> 거대한 고양이가 이 세계의 이름입니다.
> ─「고양이군의 25시」 중에서

이것들을 은유적인 변신 이야기로 받아들이는 것은 적절하지 않다. 애초 그 무슨 실체가 있어 변신이 있겠는가. 우리는 본래 '호르몬그래피'가 아닌가. 고양이 호르몬이 부르시면 고양이가 되는 것이다. 그래서 이 시들은 고양이를 노래하는 시가 아니라 고양이로서 노래하는 시들이다. 그러고 보면 다양하고 모호하고 고요하고 날카롭고 격렬하고 황홀한 고양이는 세계와 '나'를 느낌의 조각들로 분해하는 이 시인의 감각과 썩 잘 어울리는 동물로 보인다. 이 시인에게는 세계가 "거대한 고양이"이고, 그 세계에서 나는 "고양이의 길"을 간다. 분연한 결의라기보다는 은밀한 초대다. 고양이가 싫다면 만두가 되어도 좋다는 식이다. "우리는 아픔 없이 잘게 부서질 수 있습니다. 우리는 잘 섞일 수 있습니다. 만두의 세계는 무궁무진합니다."(「초대장」) 코기토의 전제를 비켜가는 세계는 그렇게 "무궁무진"하다. 그렇다면 '나'는 무궁무진 그 자체인가? 우리는 주체화 없이 개별화될 수는 없는 것일까?

그가 혁대를 풀었다는 소문이 돌았다. 그리고 벌렁 드러누웠다는 것이다. 근거가 없는 것은 아니었지만 그에 대해서 정확한 건 없었다. 그는 한 사람이기 때문이다.

—「한 사람 1」 중에서

그애는 학교 같았습니다. 그애의 뒷문에서 우린 도망치는 걸 배웠어요. 오로지 도망치기 위해 용감해져야 했어요. 그애는 칠이 벗겨진 뒷문 같았다가

(…)

그애는 주차장 같았습니다. 그애는 기둥 같았습니다. 그애는 아파트먼트를 떠받치고, 우리는 그애가 떨어뜨린 그림자 위에서 휘파람을 배우고 춤을 배웠어요. 또 싸움도 잘하게 됐어요. 먼지와 리듬에 섞여 있었습니다.

—「한 사람 2」 중에서

우리들은 어디에 모여서 한 사람이 되었나. 우리는 이곳까지 달려오면서 많은 이름들을 붙였다. 뗐다, 붙였다, 투명테이프처럼. 안녕. 안녕. 금방 버려진 이름들과 함께하였던 우리의 유머와 블랙. 사랑과 블랙. 우리들은 사랑스럽고 드디어 모호해진다.

—「한 사람 3」 중에서

애벌레가 앨리스에게 묻는다. "너는 누구냐?" 이상한 나라에서 몸의 크기가 커졌다 작아지기를 반복한 앨리스는 선뜻 대답하지 못한다. "난, 난 현재로서는 잘 모르겠어요. 적어도 오늘 아침 잠자리에서 일어났을 때는 내가 누군지 알았지만, 그 이후로 내가 여러 번 바뀐 것 같아요."(『이상한 나라의 앨리스』 5장) 본래 이런 발화는 분열증자의 그것이지만 앨리스 월드에서 이것은 소위 '비인칭적 개별성'(들뢰즈)의 선언 같은 것이다. 자아에 대한 어떤 규범에 지배되지 않는 삶, 유동중이고 생성중인 자아가 어느 순간 취하게 되는 어떤 개별성은 '너는 누구냐?'라는 물음에 대해 이를테면 "나는 오후 다섯시의 바람이다"(『천 개의 고원』)라고 대답한다. 김행숙 시의 자아들은 너무도 자연스럽게 비인칭적 개별성을 산다. 그들은 '그 사람'이 아니라 그냥 '한 사람'이다. 그래서 "그에 대해서 정확한 건 없었다". '학교'가 되었다가 '뒷문'이 되었다가 '주차장'이 되었다가 '기둥'이 된다. 그래서 그들에게 이름 따위는 무의미하다. 그것은 고작 "붙였다, 뗐다, 붙였다"하는 "투명테이프" 같은 것이어서 금방 버려지고 만다.

이런 존재들은 당당하게 말한다. "우리는 사랑스럽고 드디어 모호해진다." '없는' 존재들이 그들의 '있음'을 말한다. 그래서 김행숙의 고백은 독특하다. 그녀의 고백은 자아를 재확인하는 어떤 '심층'의 발화가 아니다. 끊임없이 생성중인 존재가 단속적으로 내뱉는 듯한 말, 들쑥날쑥 탄력적인 그 '표면'의 고백들에 대해 우리는 이렇게 말한 적이 있다.

"우리는 그녀의 시가 아름답게 느껴지는 까닭이 무엇보다도 그녀가 말하는 방식과 관련이 있다고 믿는다. 그녀의 시에서 1인칭의 발화는 어쩐지 신뢰하기 어렵고 2인칭의 존재감은 희미하다. 과감하게 말하면 주체도 대상도 없는 이 고백은 차라리 어떤 중얼거림에 가깝다. 정체성을 구축하(고자 하)는 자아의 목소리가 사라지고 '누군가가 말한다(On Parle)'의 형식을 취하는 '익명적 중얼거림'(들뢰즈)의 아름다운 연쇄가 그 자리를 차지한다. 그 고백이 "아무것도 버리지 않았는데, 갑자기 너무 가벼워"(「하이네 보석가게에서」, 『사춘기』)지는 미학적 효과를 산출한다."[7) 우리는 페를랭게티의 용어를 빌려 이를 '4인칭 단수의 노래'라 부르고만 싶다. 비인칭적 개별성과 4인칭 단수의 목소리가 연합하여 만들어낸 아름다운 시 한 편이 여기 있다.

    나는 2시간 이상씩 노래를 부르고
    3시간 이상씩 빨래를 하고
    2시간 이상씩 낮잠을 자고
    3시간 이상씩 명상을 하고, 헛것들을 보지. 매우 아름다워.
    2시간 이상씩 당신을 사랑해.

    (…)

    그렇군. 하염없이 노래를 부르다가
    하염없이 낮잠을 자다가

---

7) 졸고, 「앓는 세대의 난경(難境)과 난무(亂舞)」, 『문예중앙』 2006년 봄호. 〔이 책에는 「진실은 앓는 자들의 편에 — 2005년, 뉴웨이브 진단 소견」으로 제목을 바꿔서 수록했다.〕

눈을 뜰 때가 있었어.

눈과 귀가 깨끗해지는데

이별의 능력이 최대치에 이르는데

털이 빠지는데, 나는 2분간 담배연기. 3분간 수증기. 2분간 냄새가 사라지는데

나는 옷을 벗지. 저 멀리 흩어지는 옷에 대해

이웃들에 대해

손을 흔들지.

—「이별의 능력」 중에서

  이별의 아픔이라는 진부한 소재도 김행숙의 시학과 결합되면 이렇게 전혀 다른 양상을 띤다. 이 시의 출발점은 이별이 하나의 능력이라는 착상에 있다. 그 능력이 늘 일정하지는 않을 것이다. 사실 그렇지 않은가. 이별한 자가 그 이별을 늘 의식하지는 않는다. 이별을 절실하게 아파하다가도 어느 순간 '노래'를 부르고 '빨래'를 하고 '낮잠'을 자고 '명상'을 한다. 이별을 이겨낼 수 있는 능력도 시시때때로 달라진다. 이제는 그를 잊을 수 있을 것 같다고 느껴질 때, 그때 "이별의 능력이 최대치에 이르는" 것이다. 이별을 슬퍼하며 원한과 신파의 악순환에서 헤어나오지 못할 때, 그때 이별의 능력은 최저치에 도달한다. 그런 것이다. '나'는 호르몬그래피이다. 잠재적인 고양이이고 잠재적인 만두다. 때로는 이별의 강자이지만 때로는 이별의 약자다. 매순간 '나'는 무수하고 하염없으며 희미하다. 그렇다는 것을 우리는 최근에야 알게 되었다. 우리에게 시의 매혹은 곧 단호하거나 섬세한 자아의 목소리가 주는 매혹이 아니었던가. 최근 젊은 시인들의 시에서 우리는 4인칭 단수의 노래를 듣는다. 그 노래들은 말한다. 문학은 '나'를 운송하는 나룻배 따위가 아니라 무수한 '나'들을 발명하는 기계다. 김행숙의 시-기계는 폭죽기계

같다. 때론 발랄하게 때론 우아하게, 그녀의 시들은 펑펑 터진다.

투명인간의 달리기

> 심층과 표면이 동등하게 파악된다면
> 사랑과 같은 감정은 더 잘 이해될 것이다.
> ―미셸 투르니에

'서정적인 것'들의 우주가 있다. 세계와 자아의 어떤 협업이 그 세계를 만든다. 흔히 '세계의 자아화'라 부르는 원리가 그 우주를 조율한다. 그러나 세계와 자아가 관습적인 형상으로 실체화되거나 근대적 주객 관계를 자동화된 방식으로 되풀이할 때 서정적인 것은 상투적인 것이 되고 만다. 이 시인의 시가 낯설고 매혹적인 효과를 산출하는 것은 이 시인이 다루고 있는 세계, 그 세계와 조우하고 있는 (비)자아의 모습이 낯설고 매혹적이기 때문이다. 그녀의 시에는 우리가 알고 있는 '그' 세계가 없고 우리가 믿고 있는 '그' 자아가 없다. 그 둘은 분해된 채로, 뒤섞였다가 나눠지고 모였다가 흩어지면서 우리가 알지 못했던 세계, 우리가 살아보지 못한 삶의 층위를 희미하게 개시(開始)한다. 이런 얘기를 우리는 지금까지 해왔다. 다음 시는 그 시학을 그녀 자신이 매력적인 설정으로 요약하고 있는 시편이다.

> 마차에서 말들이 분리되는 순간
> 마차는 스톱! 하지 않았다
> 마차는
> 서서 생각하지 않았다

나는 생각하지 않는다
나는 쓴다, 나로부터 멀어지는 말발굽들처럼

(…)

왕의 주먹이 만들어지고
쾅, 원탁의 한가운데를 내리치고 솟구치는
나의 날개
세계에 떨어지는 주사위들

―「손」 중에서

마차가 달린다. 말과 마차는 격렬한 한 몸이다. 그러다가 말과 마차가 분리되는 때가 있다. 우리가 영화에서 자주 본 장면이다. 김행숙다운 질문은 그 다음에 있다. 말이 마차에서 분리되었을 때 마차는 멈추고 생각하는가? 아니다. 마차는 멈추지 않는다. 멈추어 서서 생각하지 않는다. 그녀의 시가 그렇다. 그녀의 시에서 '나(마차)'와 세계(말)는 함께 달린다. '나'와 더불어 세계가 달리고 세계와 더불어 내가 달린다. 그래서 하나가 다른 하나를 제 쪽으로 끌어당겨서 고정시킬 수가 없다. 탁자를 내리치면 솟구쳤다가 떨어지는 주사위들, 그 주사위들이 만들어내는 우연의 무늬, 그 우연을 긍정하는 손, 그 손이 쓰는 시. 그래서 이곳은 서정적이지 않지만 다른 방식으로 눈부시다. 말하자면 서정적인 것과 시적인 것이 같은 크기의 범주가 아니라는 것을 실증하는 것이 그녀의 시다. 시적인 것은 서정적인 것보다 크다. 서정적인 것의 여집합에서 새로운 것이 솟아오른다. 2000년대 시의 발상지가 그 어디쯤에 있다.

2000년대 시의 유형학이 필요하다. 한쪽에 '실재의 시'가 있다. 더욱 더 리얼한 것을 찾아서, 가 그들의 모토다. 정상성의 세계가 가상이고 허위라고 믿기 때문에 그들은 그 세계를 재현하는 데 관심이 없다. 왜상(歪像)과 환상의 세계를 통해 리얼한 것을 직접적으로 현시하려는 욕망이 그들의 것이다. 이 욕망이 그들의 시를 과도하고 격렬하고 잔혹하게 만든다. 그들의 세계는 현실보다 더 깊은 곳에 있다. 정신분석(라캉)과 친연성을 갖는다. 다른 한쪽에는 '표면의 시'가 있다. 그들은 긍정하고 발명한다. 시뮬라크르를 긍정함으로써 잠재적인 세계를 가동시키려 하고, 진짜 '나'를 찾아헤매기보다는 다른 '나'를 발명하려 한다. 그래서 그들은 과도하고 격렬하고 잔혹하기보다는 가볍고 유연하며 자유롭다. 그들의 세계는 현실과 비현실의 접면, 혹은 현실의 표면에 있다. 분열분석(들뢰즈)과 친연성을 갖는다.

우리는 2000년 이래로 후자의 계열을 대표하는 시인이 김행숙이라고 생각해왔다. 그녀의 시는 새로운 세계를 꿈꾸고 새로운 '나'를 촉발한다. 그녀는 '시란 무엇인가'를 묻기보다는 '시로 무엇을 할 수 있는가'를 묻는다. 이런 부류의 시는 본질적으로 '해석'의 대상이 아니라 '감응'의 대상이다. 그녀의 시가 '무엇을' 말하는가를 묻지 말고 그녀의 시와 더불어 '어디로' 갈 것인가를 묻는 일이 훨씬 더 생산적이다. 그녀의 시가 난해하게 느껴진다면 그것은 우리가 알고 있는 세계가 그만큼 협소하기 때문이다. 그녀의 시가 혼란스럽게 느껴진다면 그것은 우리가 알고 있는 자아가 그만큼 진부하기 때문이다. 그런 우리에게 그녀의 시는 은은하게 권유하고 발랄하게 유혹한다. '시뮬라크르들을 사랑하라.' 김행숙 시의 정언명령이다. 그리고 이것은 시도 할 수 있는 일이 아니라 시만이 할 수 있는 일 중의 하나다.

이 시집 전체의 마지막 문장은 이렇다. "나는 불연속적으로 사람들 속으로 사람들을 떠난다."(「사라지는, 사라지지 않는,」) 그녀는 또 어디론가 떠나려나보다. 사실 그녀는 본래 투명인간이 되고 싶어했으니까. "한때, 내가 되고 싶었던 건 투명인간이었다. (…) 만약 내가 단 하루만이라도 투명인간이 될 수 있다면, 무조건 달리고 또 달릴 거야. 다만 멀어지기 위해. 내가 사라지는 곳으로부터 더 멀리에서 나타나고 싶었다."(『사춘기』 뒤표지 글) '투명인간'은 시뮬라크르다. 그 시뮬라크르가 달린다. 숨기 위해서가 아니다. '사라진 곳보다 더 먼 곳에서' 다시 나타나기 위해서다. 서서히 사라졌다가 엉뚱한 곳에서 다시 나타나는 앨리스 월드의 체셔 고양이처럼, 투명인간은 원본이 없는 자유이고 중심이 없는 생성이다. "우리는 사랑스럽고 드디어 모호해진다."(「한 사람 3」) 신기해라, 느낌의 세계는. 놀라워라, 느낌의 위력은. 느낌의 세계에서 느낌의 위력으로, 우리는 사랑스러워지고 드디어 모호해진다.

어제의 상처, 오늘의 놀이, 내일의 침묵
─이민하, 『음악처럼 스캔들처럼』(문학과지성사, 2008)

당신의 비밀

"영혼을 가진다는 것은 비밀을 가진다는 것을 의미한다."[1] 이런 문장이 우리를 놀라게 하지는 않는다. 놀라운 것은 그 다음 문장이다. "결론. 영혼을 가지고 있는 사람은 거의 없다." 이것은 부당한 결론처럼 보인다. 비밀이라면 나에게 얼마든지 있지 않은가. 그러니 나에게도 영혼이 있어야 하지 않는가. 그러나 키냐르의 단호한 '결론'은, 해변의 글자들을 지워버리는 파도처럼, 우리의 자질구레한 비밀들을 단숨에 쓸어가버린다. 그리고 이렇게 말한다. 영혼의 증거가 될 만한 고귀한 비밀은 드물다, 라고. 그러고 보면 내가 나의 비밀들이라 믿어온 것들은 얼마나 진부한 것인가. 나의 비루한 비밀들이 끝내 지켜져야 하는 이유는 내 영혼의 진부함이 세상에 밝혀져서는 안 되기 때문인지도 모른다. 이제 우리가 고귀한 비밀을 가진 사람들에게 매혹되는 까닭을 알겠다.

---

1) 파스칼 키냐르, 『은밀한 생』, 송의경 옮김, 문학과지성사, 2001, 93쪽.

그들은 "영혼을 가지고 있는" 드문 사람들이기 때문이다. 그렇다면 우리가 들을 수 있는 가장 비참한 말은 '나는 너의 비밀을 알고 싶지 않다'가 될 것이다. 그 말은 아마도 '나는 너에게 영혼이 있다고 믿을 수가 없다' 혹은 '너에게 영혼이 있다 하더라도 나는 그것에 관심이 없다'는 뜻일 테니까. 비밀을 갖는다는 것 혹은 영혼을 갖는다는 것은 쉬운 일이 아니다.

키냐르의 문장을 이렇게 바꿔볼 수 있을까. "한 편의 시가 영혼을 가진다는 것은 비밀을 가진다는 것을 의미한다. 결론. 영혼을 가지고 있는 시는 거의 없다." 진정으로 비밀을 갖고 있는 시는 많지 않다. 우리 비평가들이 놀라는 척하면서 밝혀내는 시의 비밀이란 대개 소박한 것들이다. 이미 밝혀낸 것만을 비밀로 인정한다. 끝내 비밀을 드러내지 않는 시에는 '소통 불능의 난해시'라는 딱지를 붙이고 서둘러 떠난다. 그 딱지에는 '나는 너에게 영혼이 있다고 믿을 수가 없다'고, '너에게 영혼이 있다 하더라도 나는 그것에 관심이 없다'고 썩어져 있을 것이다. 물론 미숙한 사람이 난해한 사람으로 보일 수 있듯 시도 그럴 수 있다. '미숙해서 난해한' 시들에 속아서는 안 된다. 그러나 비밀을 품고 있는 시들을 미숙해서 난해한 시로 오해해서도 안 된다. 그래서 '난해시'라는 말은 서글프다. 그 말에는 어딘가 '포기'의 냄새가 난다. 그 말을 사용하는 사람은 포기하고 있으면서 오히려 이기고 있다고 생각하는 것일까. 이렇게 생각한다. '누군가를 포기할 자격이 있는 사람은 그를 위해 최선을 다한 사람뿐이다. 결론. 최선을 다하는 사람은 거의 없다.' 이제 이민하의 두번째 시집을 읽어보려 한다. 우리는 하나의 비밀, 하나의 영혼 속으로 들어간다. "사랑하다, 즉 책을 펼쳐놓고 읽다."[2] 그렇다면 지금 우리는 하나의 사랑 속으로 들어간다.

---

2) 앞의 책, 220쪽.

문(門)으로서의 시

한때 우리는 이민하의 시의 비밀 중 하나가 "주체도 대상도 없는" 이미지들에 있다고 생각했었다. "주체가 없다는 것은 그 이미지들의 연관을 붙들어매주는 서정적 자아의 통일된 목소리가 존재하지 않는다는 것을, 대상이 없다는 것은 이미지가 지시하는 대상이 불분명하거나 말소되어 있어서 이미지를 다른 그 무엇으로 환원할 수 없다는 것을 의미한다."[3] 저 문장은, 주체도 대상도 없는 이미지들이 있다, 왜 그래서는 안 된단 말인가, 라고 말하고 있다. 그래서는 안 된다고 생각한 사람들이 의외로 많았다. '환상시'라는 딱지를 붙이고는 하나의 비밀 혹은 영혼에 당당히 등을 돌리는 이들이 있었다. 주체도 대상도 없(어 보이)는 이미지들을 모조리 '환상'이라 명명하는 것은 마치 현대미술의 다채로운 이미지들을 모두 '환상'이라고 간주하는 것과 다를 바 없는 태만이다. 첫번째 시집에서 마그리트, 오딜롱 르동, 벡신스키 등의 미술가들과 교감했던 이 시인에게 '환상시'라는 명칭은 너무 좁아 숨이 막히는 이름이었을 것이다. 그에 대한 시인 자신의 답변처럼 보이는 시가 있어 가장 먼저 옮겨적는다.

1

허공에 커다란 손 하나가 걸려 있다.
팔이 연결돼 있지 않으므로 무엇이 그것을 지탱해주는지 보이지 않는다.
다만, 꿈틀, 핏발을 모두 한끝으로 모은 검지손가락이 끊임없이 흔들리고 있다.

---

3) 졸고, 「앓는 세대의 난경(難境)과 난무(亂舞)」, 『문예중앙』 2006년 봄호.

2

나는 1을 만든 사람이다. (…)

나는 나의 이름을 에이치로 할까 엠으로 할까 하다가 나로 부르기로 마음먹는다.

'나'는 누구나 가질 수 있는 동등한 닉네임이다.

3

복잡하거나 어려운 건 없습니다. 손가락은 지시가 아니라 암시입니다.
―「문제작」 중에서(강조는 시인)

창작자는 작품을 통제할 수 없다. 작품이라는 결과는 창작자의 의도를 초과할 수 있고, 수용자의 해석은 그 결과를 또 한번 뛰어넘는다. 이것은 즐거운 이중의 배반이다. 어떻게 통제할 것이며 통제해서 뭐 하겠는가. 창작자가 자기의 작품을 해명하는 일은 그 불가능하고 무익한 통제를 시도하는 일이 되기 십상이다. 그 일을 해야 할 때처럼 곤혹스러운 때도 없을 것이다. 이 시는 그 곤혹스러운 작업의 한 사례로 읽힌다. 시인은 자신의 시를 '허공에 걸려 있는 조각상'(검지손가락)과 같은 것이라고 말한다. 그녀는 그 조각을 배달하고 설치한 사람일 뿐, 어떤 이름으로 불리건 상관없다고도 한다. 시에서 '나'란 하나의 "닉네임"일 뿐이기 때문이다. 요컨대 시를 시인에게로 환원하지 말라는 주문일 것이다. 좋다, 그렇다면 '손가락'이 뜻하는 바는 무엇인가? "복잡하거나 어려운 건 없습니다. 손가락은 지시가 아니라 암시입니다." '지시'는 대상을 전제하고 그것으로 환원되지만, '암시'는 무한대의 대상으로 열려 있다. 손가락이 지시하는 것을 찾지 말고 손가락 자체가 암시하는 바를 음미하라는 뜻으로 읽힌다. 요컨대 시를 지시대상으로 환원하지 말라는 뜻이다. 이 정도만으로도 시인의 입장은 어지간히 표명된 듯하다. 그러나 수용자들은 만족하지 않을 것이다.

이어지는 대목(4~7연)에서 시인은 수용자와의 직접 토론에 나선다. 허공에 걸려 있는 손가락을 살피던 이 하나가 투덜거린다. "아무것도 없군". 암시가 아니라 지시로 읽으려 했기 때문에 아무것도 보지 못했다. 그래서 시인은 "당신은 한층 가벼워져야 하리"라고 충고한다. 수용자는 다시 따진다. "가리키는 것이 눈에 띄지 않고 뜯어볼 수가 없어요. 결정적으로 용도가 없어요." 지시대상을 찾을 수 없고 분석이 불가능하며 쓸모가 없다는 지적이다. 시인은 좀 짜증이 난 것 같다. "빛과 합창으로 세공된 당신의 취향은 어눌한 나의 혀보다 짧군요." 합리주의("빛")와 통념("합창")으로부터 벗어나라는 힐난이다. 그리고 시인의 당부가 이어진다. "손가락 끝을 보지 말고 그걸 둘러싼 허공"을 보세요, 그 허공을 지나가는 "바람의 요리"를 즐기세요. 이는 '지시가 아니라 암시'라는 설명의 변주다. 이어 시인은 수용자들의 오독을 "추적하거나 관여하지" 않겠다는 입장을 피력한다. "사람들의 표정과 목소리는 다양할수록 진짜인 법"이니까. 이제 결론이다. "당신은 文을 제작하는 사람./나는 門을 제작하는 사람." 작품은 수용자가 들고나는 문(門)이다. 어디에서 왔건 어디로 가건 다 좋다. 다음은 미지의 독자들에게 보내는 초대장. "우리의 소통은 일치하지 않는 데서 사용되며, 당신은 이미 문을 통한 산책을 시작했다."

이 시에서 네 가지 명제를 추려낼 수 있다. 첫째, '나'는 닉네임이다. 둘째, 지시가 아니라 암시다. 셋째, 작품은 하나의 문(門)이다. 넷째, 그 문에 대한 반응은 다양할수록 진실하다. (이 명제들은 어딘가 익숙하다. 우리가 동시대 미술작품 앞에서 어리둥절해 있을 때 미술가들이 흔히 하는 조언과 닮아 있질 않은가. 이 시인은 자신의 시가 미술작품처럼 감상되기를 원하는 것일까. 그것도 한 가지 방법일 것이다.) 이 명제들이 너무 친절하지 않아서 오히려 다행이다. 시인이 직접 자신의 작업에 대해 이야기하고 있지만 다행스럽게도 비밀을 누설하지는 않았다. 그저 비밀을 비밀로 즐기는 방법을 제안하고 있을 뿐이다. 그 방법의 핵심을 세번째 명제에서 찾을 수 있을 것 같다. 작품은 하나의 문이라는 것, 지금 당신이 읽고 있는 것은 '문으로서의 시'라는 것. 그 문으로 들어가면 아마도 시(인)의 비밀을, 그 비밀로 만들어지는 시(인)의 영혼을 만날 수 있으리라. 그리고 보니 이 시인은 첫번째 시집(『환상수족』, 열림원, 2005)의 처음과 끝에 각각 「열리는 문」과 「닫히는 문」이라는 제목의 시를 놓아두었다. 이번 시집에서 가장 생기발랄한 시 중 하나인 「구름표범나비」에서는 예의 '문으로서의 시'에 대한 사유를 이렇게 구체화시켜놓고 있다.

    살이 벗겨지도록 일광욕을 하며 기린초의 꿀을 빠는
    노란 입술 빨간 종아리
    울긋불긋 이름이 많은 나를 부르며 목이 쭉쭉 늘어나는
    너를 기린이라 부를래
    그러면 너는 흑마술 같은 울음
    바늘이 되어 나의 이름에 꾹꾹 文身을 하는
    너를 자꾸 통과하며 門身이 되는
    나는 죽어서도 구름표범나비
    표본실에 묻혀 사각사각 날개를 펴고 접으며
    찍을 테면 찍어봐! 포즈를 바꾸며
                 ―「구름표범나비」 중에서(강조는 인용자)

구름표범나비라는 이름의 나비가 있다. 바깥쪽 무늬는 표범 같고 안쪽 무늬는 구름 같다. 시의 앞부분에서 "몸을 펼치면 표범" "앉으면 구름"이라고 적어놓은 대로다. 제 몸에 셋 이상의 정체성(구름+표범+나비)을 동시에 갖고 있는 생명체의 매력이 이 시를 쓰게 했을 것이다. 시인은 '나는 너를 ○○라고 부를래, 그러면 나는 □□'와 같은 형식의 구문으로 시의 전반부를 구성했다. 이 구문에 담겨 있는 욕망은 이런 것이다. 어째서 우리는 다른 무엇이 되지 못하는가, 왜 늘 '너'이고 '나'여야 하는가, 이 정체(停滯)가 관계를 불모의 것으로 만들지 않는가, '너(나)'가 변하면 '나(너)'도 변하는 그런 역동적인 관계가 될 수는 없는 것일까…… 이것은 우선 이상적인 연애의 어떤 가능성을 꿈꾸는 노래이겠지만, 창작자와 수용자 사이의 역동적인 상호관계를 꿈꾸는 작품으로도 읽힌다. "당신은 文을 제작하는 사람./나는 門을 제작하는 사람"(「문제작」)이라는 구절이 여기서는 "나의 이름에 꾹꾹 文身을 하는/너를 자꾸 통과하며 門身이 되는 나"로 변용돼 있다. '너'는 내게 문신(文身)을 새기려 하지만 '나'는 문신(門身)이 되어 너를 빠져나간다. 이렇게 빠져나가면서 이민하의 시는 비밀을 품고 영혼을 얻는다. 이것은 즐거운 일이라고, 이 시의 발랄한 어조는 말하고 있다. 자, 이것으로 이민하의 시를 읽을 준비는 끝난 것일까?

자유의 위장

주체도 대상도 없는 듯 보이는 이미지들이 구름표범나비처럼 날아다니면서 문(門)으로서의 시를 만든다. 이것이 이민하의 시라고, 일단은 말할 수 있다. 이런 작업이 무(無)에서 생겨나지는 않았을 것이다. 그녀의 첫번째 시집이 보여준 대로 이는 우선 현대미술의 자유분방한 이미지들과 교감한 결과이고 더불어 한국시사에서 한 영역을 차지해온 어떤 경향을 더 강하게 밀고 나간 사례다. 김춘수는 '비유적 이미지'와 '서술적 이미지'라는 그 자신의 구분법과 관련해 이런 말을 한 적이 있다. "분명히 관념을 위하여 씌어진 비유적 이미지인데도 관념을 보지 않고 이미지만을 보려는 경우가 있듯이, 분명히 이미지만을 위하여 씌어진 이미지(서술적 이미지—인용자)인데도 관념을 보려고 하는 경우가 있을 수 있다. 전자의 경우에는 시를 시로서 대한다는 하나의 입장이 될 수가 있지만, 후자의 경우는 산(酸)의 분비가 너무 지나쳐 종내는 시 그것을 갉아먹게 되어 시를 병들게 할 위험이 있다."[4] 서술적 이미지조차도 '관념'으로 환원해야만 안심하는 수용자의 버릇은 한국문학사의 주류를 형성해온 '재현의 기율'의 산물이다. 선배 시인은 '이미지를 위한 이미지'를 말하면서 반(反)재현의 세계를 엿보았다. 후배 시인의 입장이 그 흐름 속에 있을 것이다. 그 흐름을 더 밀고 나가서 '주체도 대상도 없는 이미지'의 세계에 도달한 것일지도 모른다. 과연 그럴까?

이미지를 서술적으로 다룬 시들 중에는 대별하여 두 개의 유형이 있다. 그 하나는 대상의 인상을 재현한 그것이고 다른 하나는 대상을 잃음으로써 대상을 무화시킨 결과 자유를 얻게 된 그것이다. (…) 그러나 이 경우에도 완전한 자유에 도달하였다고 말하기는 어려울 것 같고, 비교적 자유에 접근해간 경우가 있었다고 해야 할는지 모른다. 자유를 위장해서라도 대상으로부터 자유로워지고 싶어하는 그런 경우가 훨씬 더 많을는지도 모른다. 이런 사정들을 식별하기란 매우 어려운 일이다. 그것은 시인의 창작 심리와 밀접한 관계가 있기 때문이다.[5]

서술적 이미지를 더 밀고 나가면 대상이 무화되고 이미지가 '자유'

---

4) 김춘수, 『의미와 무의미』, 문학과지성사, 1976.
5) 같은 책, 강조는 인용자.

를 얻게 된다는 설명은 논리적으로 납득할 수 있다. 미술에서 그것은 절대적인 추상에 해당할 것이고, 시에서 그것은 바로 김춘수 자신의 '무의미시'에 해당할 것이다. 그러나 선배 시인은 자유에 도달한 것처럼 보이는 것들 중에는 '자유를 위장한' 경우도 있을 수 있다는 지적을 빠뜨리지 않는다. 요컨대 '완전한 자유'와 '위장된 자유'가 있다. 필자의 말대로 이를 구별하는 것은 어려운 일이겠지만 그렇다고 불가능하지는 않을 것이다. 그리고 여기서 한 걸음 더 나아가자. 우리는 (미술에서는 어떨지 모르나 적어도 시에서는) '완전한 자유'가 시의 바람직한 상태라고 생각하지 않는다. 다시 키냐르의 문장을 활용하자면, 완전한 자유의 시에서 비밀은 '완전한 비밀'이 되어버리기 때문에 더이상 비밀이 될 수 없다. 비밀은 최소한 비밀이 존재한다는 단서를 누설할 때에만 비밀이 된다. 완전한 비밀은 비밀이 존재한다는 사실 자체를 무화시켜버리기 때문이다. 거기에서는 '영혼'을 감지하기 어렵다. 김춘수의 경우에도 비슷한 말을 할 수 있다고 믿는다. 우리는 무의미시의 단계로 진입한 이후의 김춘수보다는 의미와 무의미의 경계에서 비밀과 영혼을 품고 있었던 60년대의 김춘수가 더 아름답다고 생각한다. '완전한 자유'를 꿈꾸되 그곳에 도달하지 못하고 '위장된 자유'로 남을 때 시는 가장 아름다울 수 있는 것이 아닐까. 어쩌면 시는 '자유의 위장' 그 자체가 아닐까.

그렇다면 이민하의 경우는 어떨까. 우리는 한때 '주체도 대상도 없는 이미지'를 말하면서 그녀의 시가 완전한 자유에 도달한 것처럼 말했고, 그녀 역시 「문제작」에서 유사한 의견을 피력했다. 그렇게 보이는 때가 분명히 있다. 그러나 그녀의 시가 가장 좋아지는 때가 반드시 그런 때인 것 같지는 않다. 오히려 "자유를 위장해서라도 대상으로부터 자유로워지고 싶어하는" 내면의 움직임이 나타날 때, 그래서 대상을 희미하게나마 거느릴 때 그녀의 시는 더 아름다워진다. 그녀의 좋은 시들에서 이미지들은 그저 암시이기만 한 것이 아니라 지시와 암시의 경계에 있다. 철저히 반재현의 세계에 있기만 한 것이 아니라 재현과 구축의 경계에 있다. 완전한 자유에 도달한 것처럼 보일 때에도 위장된 자유의 흔적을 또한 거느린다. 주체도 대상도 없는 세계가 아니라 주체와 대상이 희미하게 숨겨져 있는 세계다. 이를 이렇게 일반화할 수 있을 것이다. 좋은 시는 지시와 암시의 틈, 재현과 구축의 틈, 대상과 비대상의 틈, 위장된 자유와 완전한 자유의 틈에서 씌어진다, 라고. 요컨대 좋은 시는 있는 세계와 있어야 할 세계 사이에서 씌어지는 것이다. 그렇다면 시를 읽는다는 것은 무엇인가. 위장의 방법론과 은폐된 대상을 이해하는 일이다. 이민하의 시에서 나타나는 위장의 방법론을 '놀이'로, 은폐된 대상을 '상처'로 명명해보려고 한다. 이 둘에 대해서 차례로 말하자.

오늘의 놀이

이민하의 '놀이'가 전제하고 있는 것들을 먼저 짚는다. 그녀는 진술보다는 묘사에 몰두한다. 묘사를 두 종류로 나눌 수 있다. 대상을 충실히 재현하는 묘사와 왜곡하고 변용하는 묘사. 전자는 진술을 보조하는 종속적 묘사이고 후자는 진술로부터 자유로운 독자적 묘사다. 전자에 몰두하는 시인들은 '이 세계'에 대해 모종의 입장을 표명하겠다는 욕망으로 쓴다. 후자에 몰두하는 시인들은 '다른 세계'를 창조하겠다는 욕망으로 쓴다. 이민하는 상대적으로 후자에 가깝다. 그녀는 진술하기보다는 묘사하고, 대상을 왜곡하고 변용하기를 즐기며, 그를 통해 '다른 세계'를 창조하기를 원한다. 이런 전제 위에서 그녀의 놀이가 시작된다. 그 놀이의 제1단계는 '말놀이'다. 이 시인은 거의 본능적이다 싶을 정도로 소리가 같은(비슷한) 글자들을 활용하기를 즐긴다.「천국의 i들」

「개랑 프라이」「유재河」「移死 前夜」 등이 대표적이다. 얼핏 유치할 수 있는 이런 말놀이들은 왜 필요한 것일까. 시인들이 갖고 있는 것은 언어뿐이다. 그래서 시인들이 '다른 세계'를 건축하기 위해서는 먼저 '이 세계'를 '실재'가 아니라 언어로 '구성'된 것이라 간주하지 않으면 안 된다. 그럴 때 말놀이는 말들의 질서를 비틀어 말들로 구성된 '이 세계'의 주춧돌 하나의 위치를 슬쩍 바꿔놓는 일이 된다. 말놀이는 세계 건축의 기초공사다.

휴지통에 버려진 상반신과 하반신을 용접하고
난 변신이 빠르다.

진짜 내 몸은 껍. 데. 기. 털갈이를 하듯
비워낸 내장을 새로 끼우기 위해

당신이 잘근잘근 씹기 전에
난 이미 씹을 만큼 씹었다.
땡볕에 익은 반숙의 살덩이를
개랑 사이좋게 나누어 먹는 두 개의 혀.

당신이 지글지글 지지기 전에
내가 먼저 지질 만큼 지쳤다. 짖을 만큼 짖었다.
—「개랑 프라이」 중에서

'개랑 프라이'는 물론 '계란 프라이'의 말놀이다. 이 최초의 놀이는 우발적이었을 가능성이 높다. 그러나 '개랑 프라이'라는 말이 '개랑(개와) 프라이를 먹는 사람'으로 변용되는 순간, 그리고 계란 프라이 요리의 현장을 계란의 목소리로 말해보겠다는 엉뚱한 착상이 발생하는 순간, 이 시는 주도면밀한 계산의 산물이 된다. 신선한 첫 문장이 그렇게 씌어졌다. "당신이 툭, 깨뜨리기 전에/난 이미 깨질 만큼 깨졌다." 덕분에 "껍데기 안에 멍든 살이 고여 있지만/난 감각이 빠르다"(흰자와 노른자가 껍데기의 틈으로 빠져나오는 순간이다), "껍데기를 빼앗기고 바닥에 감염되었지만/난 용서가 빠르다"(흰자와 노른자가 프라이팬으로 흘러내리는 순간이다), "휴지통에 버려진 상반신과 하반신을 용접하고/난 변신이 빠르다"(쪼개진 두 껍질이 포개어져 쓰레기통에 버려지는 순간이다)와 같은 번득이는 구절들이 씌어질 수 있었다. 이어 "진짜 내 몸은 껍. 데. 기"에 도달하면서 계란의 본질이 흰자와 노른자에 있다는 상식적인 생각이 전복된다. 이윽고 '당신과 나'의 대립이 앞으로 나서면서 이 시는 자연스럽게 깨뜨리는 자(지지는 자)와 깨지는 자(지져지는 자)의 구도를 얻게 되고, 인간관계 일반의 어떤 부정적 양상을 우의적으로 형상화하는 데 이른다. 하나의 말놀이에서 한 편의 시가 탄생하는 과정을 이 시를 통해 확인할 수 있다.

'말놀이'에서 더 나아가면 놀이의 층위가 시 전체로 번져나간다. 그녀가 한 편의 시 안에서 단어, 문장, 연과 행의 패턴에 이르기까지 얼마나 집요하게 반복과 변주를 시도하는가를 증명하는 사례는 일일이 예를 드는 게 무의미할 정도로 많다. 그것은 거의 체질적인 것처럼 보인다. 이 반복과 변주는 우선 더러 산문의 형태를 취하는 그녀의 시가 산문 쪽으로 탈선하지 않게 막는 기능을 한다. 그러나 더 중요한 것이 있다. 그 놀이가 시의 '구조'를 만드는 핵심 동력이라는 점이다. 본래 놀이는 무질서한 대상들에 일정한 구조를 부여하는 일이고, 모든 예술적 충동의 근원에는 그와 같은 구조에 대한 욕망이 있기는 하지만, 그렇다고는 해도 이민하의 시에서 구조에 대한 집착은 거의 강박적인 데가 있다. 과감하게 말하면 이민하의 시에서는 어떤 전언이 있고 그에 적합한 구조가 뒤따르는 것이 아니라, 구조 자체가 하나의 목적으로 설정돼 있는 것처럼 보인다. '시작(詩作)=구조=놀이'라는 등식이 작동하고 있다고 해도 좋다. 더 나아가 '놀이' 그 자체가 하나의 시적 성찰의 대상으로 상승하는 경우도 있다. 2부에 수록돼 있는 여섯 편의 '놀이' 연작이 그것이다. 두 편을 옮긴다.

그대여 싹둑 눈을 감아요 싹둑 눈을 떠요 싹둑 나풀나풀 찢어진 눈을 깜박거리며 나는 화단에 발을 묻고 전지가위로 앞머리를 자릅니다 아침을 꾸역꾸역 입에 넣다가도 딱딱하게 굳은 배꼽을 만지다가도 우두커니 양철가위로 앞머리를 자릅니다 꿈꾸는 밤마다 가위에 눌리지 않으려고 불철주야 이마를 가위에 눌리며 싹둑싹둑 거울 없이 거울도 없이 나풀나풀 앞머리 없이 앞머리도 없이

―「가위놀이」 중에서

가면을 수십 개 바꿔 쓰는 나는 그들의 상상 속에 이미 없어요
나는 너무 끝없이 자라고
해가 지고 있다고 손목시계를 들여다보며 당신이 보채는 사이에도
몇 개의 가면이 내 얼굴을 스쳐갔는지 몰라요
입을 맞춰도 소용없어요
가면을 버리고 당신은 너무 빨리 늙어버렸는걸요
벽돌처럼 굳어버린 얼굴엔 악몽조차 기웃거리지 않는걸요
물론 이건 사라지는 고백

―「가면놀이」 중에서

'놀이' 연작에서 읽을 수 있는 것은 '호모루덴스'에 대한 인류학적 성찰이 아니다. 그녀의 놀이는 슬프다. 하지 않으면 견딜 수가 없어서

하는 놀이들이다. 앞의 시는 꿈속에서 '가위'에 눌리기 때문에 '가위'로 앞머리를 자른다는 말놀이에서 출발한다. 화자는 가위에 눌리는 이유가 앞머리 때문이라고 생각한다. 앞머리를 자르기 위해서는 거울이 필요하고 거울을 매달기 위해서는 망치가 필요하다. 망치질 소리에 화가 난 이웃들이 거울을 모조리 빼앗아간다. "꿈속의 잠망경까지 빼앗긴 나는 깜깜하게 가위에 눌립니다". 고통은 소통되지 않고 치유는 점점 병리적인 놀이가 되어간다. 자르지 못한 앞머리가 눈을 찔러 피눈물이 흐르고 급기야 전지가위로 앞머리를 자르기 시작한다. 아직도 자를 머리가 남아 있는가. "싹둑싹둑 거울 없이 거울도 없이 나풀나풀 앞머리 없이 앞머리도 없이". 이제 '가위놀이'라는 제목을 다시 읽으면 비릿한 슬픔이 배어나온다. 뒤의 시는 어쩌면 놀이동산에서 엄마를 잃어버린 아이가 영원히 그곳을 떠나지 못하고 슬픈 전전을 거듭하는 이야기일지도 모른다. 화자는 '가면'을 가지고 논다. 내가 누구인지 알 수 없어서다. 그래서 온갖 가면을 바꿔 써가며 그 상황을 놀이로 (이렇게 표현할 수 있다면) '승화' 시킨다. 도대체 이런 놀이들은 왜 필요한 것일까.

상처의 구조

상처 때문이다. 우리는 한 아이의 유명한 놀이를 알고 있다. 18개월 된 아이가 실이 감긴 실패를 저만치 던져 사라지게 한 다음 "오(o)—"라는 소리를 내고, 실패를 다시 당겨 나타나게 한 뒤에는 "다(da)—"라는 소리를 내며 놀았다. 손자를 지켜보던 할아버지는 "오"가 'fort(가버린)'를, "다"가 'da(거기에)'를 뜻하는 것이 아닌가 생각한다. 그렇다면 이것은 '사라짐과 돌아옴'의 놀이, 어머니가 아이를 떠났다가 다시 돌아오는 상황을 놀이화한 것이 아닌가. 아이는 "자신의 경험을 놀이로 바꿨다".[6] 프로이트의 포인트는 '어머니의 사라짐'이 아이에게 결코 행복한 경험이 아님에도 불구하고 그 '고통스러운 경험의 반복'이 왜 일어나는가를 묻고 쾌락원칙을 넘어서는 죽음충동의 존재를 입증하는 데 있었지만, 지금 우리의 포인트는 아이의 놀이가 상처의 산물이라는 점을 음미하는 데 있다. 상처는 왜 놀이를 낳는가. "처음에 그는 '수동적인' 상황에 있었다. (…) 놀이로 그것을 반복함으로써 그는 '능동적인' 역할을 취하게 되었다."[7] 수동적으로 겪은 상처를 능동적으로 극복하기 위해서다. 어떤 상처인가. 이 질문은 '자유의 위장'이 은폐한 것은 무엇인가를 묻는 질문이다. 이 질문을 던지지 않으면 우리는 이민하의 시에서 '놀이'라는 표면만을 스쳐가게 된다. 시집에 묶여 있는 시들을 보건대 이 상처에는 몇 개의 다른 층위가 있는 것 같다. 그 첫번째 층위는 '유년'이다.

> 지루한 낮잠에서 깨어 기지개를 켜고 있을 때
> 안녕. 새장 속으로 친구 윌리가 날아왔다.
> 페트라와 윌리는 유일한 모이인 사랑을 나눴다.
> 머리에서 꼬리까지 다정하게 서로의 쓸모없는 깃털을 뽑아주었다.
> 이건 장난일 뿐이야. 새장이 세상 밖이듯 우린 죽음 너머에 있지.
> 페트라가 뼈대만 남은 날개를 휘두르자
> 윌리는 빨갛게 상처를 벌린 채 바닥에 눕혀졌다.
> 천진난만한 인내심으로 페트라는 윌리의 숨이 끊어질 때까지 기진맥진 쪼아댔다.
> 우린 지루한 꿈을 꾸고 있는 거야. 이건 장난일 뿐이야.
> ―「비둘기 페트라」중에서

---

6) 지그문트 프로이트, 『쾌락원칙을 넘어서』, 박찬부 옮김, 열린책들, 1997, 281쪽.
7) 같은 곳.

동물학자 콘라트 로렌츠의 실험이 소재가 되었다. 전하는 바에 의하면 로렌츠는 암컷 비둘기 페트라와 수컷 비둘기 윌리를 새장 안에 넣어놓고 둘의 반응을 관찰했다 한다. 예상과는 달리 두 비둘기는 '평화의 상징'이라는 이름에 걸맞은 모습을 보여주지 않았다. 페트라가 윌리를 잔혹하게 쪼아 죽였던 것. 페트라의 잘못이 아니다. 폐쇄된 공간에서 비둘기들은 그렇게 행동할 수밖에 없는 본능을 갖고 있으니까. 이 시에 어쩐지 시인의 유년기 체험이 섞여 들어가 있는 것이 아닌가 하는 생각이 든다. 로렌츠의 실험을 연대기 형식의 이야기로 재구성한 것이 우선 예사롭지가 않다. 게다가 이 비둘기들은 스스로 새장 안에 들어가지 않았다. 이 모든 것은 로렌츠라는 '아버지'의 기묘한 사육이 초래한 비극이었으니까. 그래서 "*우린 지루한 꿈을 꾸고 있는 거야. 이건 장난일 뿐이야*"라는 문장에서는 고통스러운 천진난만함 혹은 천진난만함의 고통스러움이 느껴진다. 우리의 잘못이 아니라는 것, 우리는 아무것도 몰랐으며 그저 본능이 시키는 대로 했을 뿐이라는 것. 이것은 훼손된 유년을 회상하는 이의 절규처럼 보인다. 아닌 게 아니라 이 시집에는 유년의 기억을 재구성한 시들이 더러 보인다. 그리고 그 시들은 대개 동화의 어투를 취하면서 어떤 상처를 뒤로 숨긴다. 그것은 유년의 상처를 극화해서 능동적으로 재구성하는 놀이일 것이다. 상처의 두번째 층위는 '타자'다.

허기와 요리의 접경인 허리에서 살과 살은 섞이네. 불어나는 허리 아래 뒤축 닳은 구름. 당신의 부피가 죽이는 것들. 당신은 너무 별처럼 헤퍼. 당신이 모은 눈물은 밤마다 화려해서 식도를 토해내는 소화불량. 부드러운 뼈대를 혁대처럼 날려봐. 섬세한 그림자의 각도. 관절마다 따뜻한 어둠의 유배. 골격만으로 울음을 우는 사람을 만나면 연애를 할 테야. 뼈 끝에서 비눗방울처럼 톡 톡 부서지는 눈물. 뼈와 뼈가 다리를 포개고 뼈와 뼈가 잔을 들고 창을 바라보네. 온몸의 창살은 육질의 우리를 안으로 밀어넣고 내장 같은 아침을 게우네.

—「거식증」 중에서

우리가 누군가를 불편해한다면 그것은 그들의 욕망을 이해할 수 없어서이기도 하다. 그때 어떤 시는 놀라운 직관으로 그 욕망을 포착한다. 이를테면 '거식증자'들의 욕망은 무엇인가. 이 시는 거식증자에게 매혹되어 있는 화자를 내세워 그 화자의 욕망을 드러내는 방식을 택해 거식증의 심층으로 유려하게 들어간다. 인용하지 않은 도입부에서 화자가 거식증자들을 "골격만으로 표정을 짓는 사람들"이라고 매력적으로 명명하는 순간 우리는 새로운 세계로 접어들게 된다. 이어 시인이 묘사하고 있는 것은 몽환적인 성찬의 풍경. "허기와 요리의 접경인 허리에서 살과 살은 섞이네." 허기와 요리가 합쳐져서 '허리'가 된다는 식의 말놀이가 덧붙여지고, 화자는 "당신의 부피가 죽이는 것들"이라는 구절로 살에 대한 혐오감을, 혹은 육식을 하는 '우리'에 대한 불편함을 표현한다. 그 다음은 두 명의 거식증자들이 함께 있는 풍경. "뼈와 뼈가 다리를 포개고 뼈와 뼈가 잔을 들고 창을 바라보네." '뼈'는 거식증자들의 제유(提喩)이고, "온몸의 창살"은 뼈만 남아 있는 그들의 육체의 은유일 것이다. 이 후반부는 아름답다. '타자'의 욕망 속으로 깊이 들어가지 않으면 발생할 수 없는 종류의 상상력이다. 타자에 대해 발언하지 않고 타자로서 발언할 때 미학과 윤리학은 이렇게 포개진다. 상처의 세번째 층위는 '연애'다.

애인은 고기를 사고 나는 나풀나풀 스웨터를 벗는다 애인은 고기를 사고 상추를 사고 깻잎을 사고 나는 원피스를 벗고 코르셋을 벗고 피어오르는 솜털들을 벗고 애인은 고기를 사고 나는 닦고 있던 거울에 매달려 낮잠을 잔다 (…) 애인은 고기를 사고 나는 산부인과에 다녀오고 애인은 고기를 사고 나는 손목의 피를 풀어 욕조에 잠긴다 애인은 고기를 사고 나는 구급차에 실려가고 애인은 고기를 사고 나는 의사를 사랑하고 애인은 고기를 사고 나는 자궁을 꿰매고 애인은 월요일 수요일 금요일 고기를 사고 나는 화요일 목요일 토요일 구두를 닦고 애인은 스무 해째 고기를 사고 나는 애인이 있는 정육점을 지나 스무 해째 엘리베이터를 타고 훨훨훨 공중으로 하관되고 애인은 정육점에 배달된 나의 엘리베이터를 <u>끄르고</u>

—「애인은 고기를 사고」 중에서

이 시에서 '위장'의 방법론에 해당하는 것은 '애인은 고기를 사고 나는……'의 구문이다. 이 구문이 집요하게 반복되면서 발생하는 저 숨막힘 속에 감추어져 있는 것은 이를테면 연애의 불가능성인 것 같다. 애인의 완강한 동일성과 나의 끝없는 전략, 20년 동안 되풀이된("애인은 스무 해째 고기를 사고") 그 드라마가 이렇게 펼쳐진다. 당신이 변함없이 고기를 사는 동안, 나는 스웨터를 벗고 원피스를 벗고 코르셋을 벗고 "피어오르는 솜털"마저 벗었다. 그러니까, 당신은 벗지 않았으나 나는 알몸이 되었다. 당신이 변함없이 고기를 사는 동안, 나는 거울을 닦았고 정원수를 칠했고 연필을 깎았다. 그러니까, 당신은 일하지 않았으나 나는 이토록 많은 일을 해야 했다. 당신이 변함없이 고기를 사는 동안, 나는 배꼽을 어루만졌고 붉은 신호등을 매달고 달렸고 산부인과에 다녀왔고 손목을 그었고 자궁을 꿰매었다. 그러니까, 당신은 전혀 다치지 않았으나 나는 아이를 가졌고 불행한 유산을 겪었고 자살을 시도했다. 그렇다면 이제 갈 데까지 간 것이다. 어떤 결론이 있을 수 있겠는가, 이제 당신이 '나'라는 고기를 사는 일밖에는. 나를 실은 관이 애인이 있는 정육점으로 배달되는 장면으로 시는 끝난다. 이렇게 심드렁한 어조로 이토록 잔인한 연애를 노래할 수도 있는가. 연애란 본래 잔인한 것이니까. 그 잔인한 일들을 살아내고도 우리는 이렇게 심드렁하게 살아 있으니까.

세 편의 시에 대해 덧붙일 것이 있다. 각각 유년의 상처, 타자의 상처, 연애의 상처를 다루고 있는 이 시들은 공교롭게도 모두 '(육)식'에 대한 거부감을 공유하고 있다. 정도의 차이가 있긴 하지만, 가해(加害)와 피해(被害)의 이미지가 이렇게 공통적으로 고기(육체)를 뜯고 뜯기는 모습으로 그려지고 있다는 점은 흥미롭다. 비둘기는 친구의 살을 뜯고, 거식증에 걸리지 않은 사람들은 핏물이 떨어지는 고기를 뜯고, 애인은 '나'를 뜯는다. 그러고 보면 이 이미지는 첫번째 시집의 표제작에서 '정육점'을 향해 포복해가는 마네킹의 형상으로 이미 등장한 바 있고, 앞서 읽은 「개랑 프라이」에서 '반숙의 살덩이를 씹어 먹는 혀'의 형상으로도 나타났었다. 이 이미지들의 심층의 심층에는 또 무엇이 있는 것일까. 그것까지 말하기는 어렵다. 그것이 은폐되어 있기 때문에 이민하의 시는 문(門)이 될 수 있는 것인지도 모른다. 그 문으로 독자가 들고 나면서 비어 있는 '심층의 심층'의 자리에 자신의 그것을 투사할 수 있을 것이다. 우리는 그저 이민하의 시에서 '놀이와 상처'의 구조가 작동하는 층위 중 하나가 '(육)식과 그 고통'에 있다는 점을 지적하는 데서 멈춘다. 다른 많은 층위들이 그녀의 시에 존재할 것이다. 이제 눈 밝은 독자들이 그 비밀 속으로 들어갈 것이다.

침묵의 음역

한 개의 입으로는 태어날 수 없나니

우린 뱃속에서 옹알이 대신 입 맞추는 연습을 했네.
지퍼처럼. 복화술처럼.
서로 다른 얼굴로는 태어날 수 없나니
우린 뱃속에서 걸음마 대신 변장술을 익혔네.
처음 거울을 마주하고 턱수룩한 입술을 면도하던 날
차가운 혀를 몰래 나누고 우린 스쳐갔네.
음악처럼. 스캔들처럼.
─「첫 키스」전문

그들의 죽음이 태어난 날.
내 주머니에서 폭죽을 털어 산파들은 떠나고
아랫배를 울리는 자명종 소리에
가위를 꺼내 나 혼자 배꼽을 지지는 텅 빈 거리,
때가 탄 케이크에 수십 개의 내 얼굴이 꽂히고
나프탈렌 같은 촛불이 켜졌다.
둘이서 촛불을 끄는 그들은 누가 뭐래도 연인.
목 조르지 않고는 멈출 수 없나니.
─「관계의 고집」전문

당신이 방금 한 권의 시집을 다 읽었다면 책꽂이에 꽂기 전에 첫번째 시와 마지막 시를 다시 한번 읽어보는 것도 좋겠다. 앞의 시는 쌍둥이 얘기다. 시인은 뱃속의 쌍둥이가 키스하듯 얼굴을 맞대고 있는 사진을 보았다. 그 사진에서 그녀는 다른 듯 닮은 두 존재가 '관계'를 맺는 방식의 어떤 간절한 원형을 본 것 같다. 그래서 시인은 두 존재는 태아일 때부터 관계 맺기에 몰두했을 것이라고 생각한다. (쌍둥이라고는 하지만) "한 개의 입"으로 태어날 수는 없으니 "입 맞추는 연습"을 했을 것이고(이것은 같게 되기 위한 연습), (쌍둥이이기 때문에) 서로 "다른 얼굴"로는 태어날 수도 없으니 "변장술"을 익혔을 것이다(이것은 다르게 되기 위한 연습). 그리고 그들은 세상에 태어나서 다른 누구와가 아니라 둘이 서로 첫 키스를 나누게 될 것이다("차가운 혀를 몰래 나누고"). 두 번째 시는 함께 죽은 연인에 관한 얘기다. 시인은 '발다로의 연인'이라 불리는 남녀 유골의 사진을 보았다. 다른 사람들이 그 사진을 보고 숭고한 사랑을 찬미할 때 시인은 그 사진에서 '관계'를 향한 인간의 집요한 열망을 재확인하고 조용히 소스라쳤던 것 같다. 그러고 보니 사진 속의 연인은 껴안고 있는 것이 아니라 서로 목을 조르고 있는 것 같기도 하다. 그래서 시인은 이렇게 적었다. "(…) 그들은 누가 뭐래도 연인./ 목 조르지 않고는 멈출 수 없느니."

  시집의 처음에 태아들이 있고 끝에 유골이 있다. 아마도 우리는, 태아일 때부터 유골이 될 때까지, '관계'를 향한 그토록 간절하고 집요한 욕망에 쓸려다니는 존재인가. 또 그러는 동안 우리는 얼마나 많은 상처를 입는 것인가. 그것이 유년의 상처이든 타자의 상처이든 혹은 연애의 상처이든, 그 모든 상처들은 결국 "관계의 고집" 속에서 생겨나는 것이 아닌가. 상처 입으면서도 끝내 그 '관계의 고집'을 버릴 수 없는 것이 또한 인간의 숙명이다. 그래서 이 시인은, 태아와 유골 사이의 시간에, 상처의 놀이를 한다. '상처의 놀이'라는 모호한 표현을 사용한 것은 이 놀이가 상처와 대면하기 위한 것이면서 동시에 상처로부터 자유로워지기 위한 이중적인 놀이여서다. 관계의 상처로부터 해방되기 위해, 더 아름다운 관계로 나아가기 위해 그녀는 시적으로 논다. 관계의 상처는 '스캔들'을 낳고 아름다운 관계는 '음악'에 육박할 것이다. 그래서 그녀는 "침묵의 음역에 도달할 때까지 우리의 노이즈는 계속됩니다"(「지퍼-관계에 대한 고집」)라고 적었다. "침묵의 음역"('음악')에 도달하기 위해 씌어지는 "노이즈"('스캔들'), 이것이 이민하의 시다. 그래서 이 시집의 타이틀은 '음악처럼 스캔들처럼'이 되었다.

　결론을 맺자. 이민하의 시는 상처와 놀이의 긴장 속에서 씌어진다. 때로 놀이가 너무 많아서 상처가 잘 안 보이는 때가 있다. 놀이가 많은 것은 상처가 깊기 때문일 것이다. 그런 때일수록 시에 오래 머물면서 내밀한 이야기에 귀 기울여야 한다고 생각한다. 타인의 상처와 만나는 일이 어떻게 쉬울 수 있겠는가. 상처가 비밀이고 비밀이 영혼인데. 다르게 쓸 수 있지 않겠느냐고 말하는 것은 어리석은 일이다. 한 편의 시는 어떤 불가피함의 산물이다. 시가 상처의 놀이라면, 아마도 그것은 이렇게도 할 수 있고 저렇게도 할 수 있는 종류의 일이 아닐 것이다. 그러니 쉬운 시와 어려운 시라는 구분을 이제는 포기했으면 한다. 명료한 상처와 불명료한 상처가 있을 뿐이다. 그것은 그 자체로 좋은 것도 나쁜 것도 아니다. 명료한 것은 명료한 대로, 불명료한 것은 불명료한 대로, 그 불가피성을 설득하는 시가 좋은 시라고 생각한다. 이 시집에 묶여 있는 시들을 여러 번 읽었다. 매번 달랐다. 시가 달라질 수는 없을 테니 읽는 이가 달라졌을 것이다. 시를 읽는 일이 본래 이러할 것이고 관계를 맺는 일이 또한 이러할 것이다. 오늘 당신의 놀이에 동참하는 일, 어제 당신의 상처를 이해하는 일, 그래서 내일 당신과 함께 침묵하는 일.

어쩐지 록 스피릿!

—문혜진, 『검은 표범 여인』(민음사, 2007)

"말하자면 우리에게는 너무 많은 발라드가 있다는 겁니다. 발라드는 이제 충분하다는 얘깁니다. 발라드는 본래 가볍고 통속적인 가곡을 뜻하는 말이었습니다. 오늘날에는 센티멘털한 러브송을 지칭하는 말로 널리 사용되고 있지요. 한국의 대중음악이 발라드와 댄스로 양분되는 것은 희극적인 사태입니다. 문학의 경우는 어떻습니까. 문학으로서의 발라드는 본래 교회와 궁정의 문학과는 구별되는 로맨틱한 이야기시였습니다. 민중들이 지어 부른 정형의 소서사시 일반을 발라드라 불러왔지요. 오늘날의 많은 시들은 이 발라드의 범주 안에 있습니다. 발라드가 나쁘다는 얘기는 아닙니다. 발라드가 '지배'하는 사태가 따분하다는 것입니다. 물론 1년에 수천 곡씩 쏟아지는 발라드의 멜로디가 모두 다른 것처럼 1년에 수백 편씩 씌어지는 발라드도 그 내용은 모두 다를 겁니다. 그런데 문제는 멜로디/내용이 아니라 사운드/발성법입니다. 발라드 음악의 사운드가 거기서 거기이듯, 발라드 시의 발성법도 너무 비슷하지 않은가 하는 것입니다.

음악의 경우는 말입니다. 도입부 몇 소절만 들어도 결판이 날 때가 있습니다. 사운드 메이킹이 관습적이라고 판단될 경우 그 순간 스킵인 것입니다. 깜짝 놀랄 만한 멜로디가 이어질지도 모르겠습니다만 아시다시피 우리는 인내심이 부족합니다. 물론 시를 이런 식으로 읽어서는 곤란합니다. 그런데, 알긴 아는데, 그러고 마는 때가 있습니다. 정말이지 시는 너무 많고 시간은 너무 없으니까요. 시는, 2차적으로 철학이 될 수 있고 3차적으로 종교가 될 수도 있겠지만, 1차적으로는 언어의 음악이라고 생각합니다. 시에도 사운드가 있다는 것입니다. 몇 줄 읽어보면 느낌이 올 때가 있습니다. "아, 이건 진부한 사운드다, 이런 발성으로 노래하실 거라면 어떤 내용이건 듣고 싶지 않은데요." 이런 식이 되어버리고 맙니다. 음악의 역사가 사운드 혁신의 역사라면, 시의 역사도 어떤 의미에서는 발성법 혁신의 역사일지도 모릅니다. 이런 관점을 형식주의적 혹은 탈정치적이라고 비난할 수는 없습니다. 한국시사를 돌이켜볼 때 (…)"

―「시의 사운드를 어떻게 어레인지할 것인가」 중에서

시와 음악―탕진과 이탈

문혜진의 첫번째 시집에 피처링(featuring) 격으로 참여한 뮤지션들의 이름을 나열해보면 이렇다. 먼저 스매싱 펌킨스. "우리는 빗속을 뚫고/턱이 높은 말에 나란히 걸터앉아/서울을 떠났다/빗속에서 스매싱 펌킨스를 들으며/탄력 있는 암말의 엉덩이를 걷어차며/어둠 속으로 말발굽 소리 또각이며/뒤돌아보지 않으며".(「여름비」) 다음은 재니스 조플린. "이 여름 낡은 책들과 연애하느니/불량한 남자와 바다로 놀러 가겠어/잠자리 선글라스를 끼고/낡은 오토바이의/바퀴를 갈아 끼우고/재니스 조플린의 머리카락 같은/구름의 일요일을 베고/그의 검고 단단한 등에/얼굴을 묻을 거야".(「질 나쁜 연애」) U2의 보노가 빠질 수 없다. "이런 날 보노의 목소리는/너를 떠올리기에 충분해/(…)/그 목소리를 들으면 네가 생각나/목에 그어진 3센티미터의 흉터/기도가 찢기고/하얀 약은 아마 네 속의 나쁜 생각들을/모두 죽이려 했을 거야".(「3센티미터의 우울」) 너바나의 〈rape me〉에서도 한 대목. "오늘이 내 생일이면 좋겠어./내 생일이야 내 생일…… 중얼거리다가/rape me! rape me……!/나를 강간해줘 친구야!"(「체셔 고양이도 눈물을 흘릴까?」)

스타일은 제각각이지만 하나같이 쟁쟁한 록 뮤지션들이다. 이 이름들과 더불어 그녀는 왔다. 첫번째 시집 『질 나쁜 연애』(민음사, 2004)에는 다른 많은 좋은 시들이 있지만, 우리에게는 앞에서 인용한 시들이 각별히 인상적이었다. 여기에서 뭔가 새로운 발성법이 싹트고 있다는 느낌을 받았기 때문이다. 그녀가 재니스 조플린의 이름에 붙인 주석. "27살에 요절한 여성 록가수. 그녀는 날것의 음성으로 노래하는 최초의 여성 록커였다."(「질 나쁜 연애」) 이 문장은 어쩐지 시인 자신의 욕망을 드러내기 위해 거기 있는 것만 같았다. 정말이지 그녀는 "날것의 음성으로 노래하는" 시인이었다. 그런 시인이 그녀 이전에 없었다고 할 수는 없다. 최승자의 하드한 날것이 있었고 황인숙의 소프트한 날것도 있었다. 그러나 '록'이라고 하면 이야기는 달라진다. 우리는 문혜진의 첫 시집을 읽으면서 이 시인이 한국시사 최초의 여성 록커가 될 수 있지 않을까 하는 기대를 품었다. 그녀는 록을 말할 때, 아니 록으로 말할 때 가장 그녀다운 세계에 도달하는 것처럼 보였다. 그녀에게 록은 무엇인가.

전인권은 왜 행진에서 한 발짝 더 나가지 못했을까?
그러면 탕진이 됐을 텐데.
(…)
그래. 피 한 방울 남기지 않고 모두 써버리겠어.

아무것도 아끼지 않겠어.
우리 동네 미대사관 앞 전경 아저씨들도 탕진!
우리 삼촌을 닮은 과일가게 총각도 탕진!
붕어빵 파는 뚱뚱한 아줌마도 탕진!
피스!로 인사를 대신하던 시대는 갔어.
아무리 외쳐도 평화 따윈 오지 않잖아?
탕진!

—「탕진」 중에서

이 싱그러운 시에서 그녀는 록을 '탕진'의 형식이라 규정한다. 꽤 그럴듯한 규정이 아닌가. 피스(peace)를 외치며 인사를 대신하는 것이 '행진'의 상상력이라면, 예컨대 "인도에서 옆구리를 스치고 달아나는 오토바이를/쓰러뜨리고 싶어요/버스에서 발을 내리기도 전에/빽빽거리며 문을 닫는 기사의 목을 따고 싶어/인파가 밀려드는 지하도에서/마네킹처럼 서 있는 전경의 방패를 걷어차고/구걸하는 거지의 동전통을 빼앗아 달아날 거예요"(「심리치료」)라고 말하는 식의 태도가 '탕진'의 상상력쯤 될 것이다. 너무 얌전한가? 그래도 반가웠다. 한 번도 아비에게 대들어본 적 없는 따분하고 순종적인 세대인 것이다. 우리 세대에서 이 정도의 발성이 나올 수 있다는 것만으로도 반가웠던 것이다. 그래서 그녀가 "아무리 지껄여도/당신은 당신/나는 나!"(「쓰레기와 야생의 책」)라고 말하면, 이것은 적어도 '에미넴(Eminem)의 뻑큐'(「문신」)보다는 더 진정성 있는 뭔가가 될 것처럼 보였다. 그래서 우리는 그녀가 "나는 모두의 엄마/세상의 수유원/젖기계가 될 거야"(「젖기계를 상상하다」)와 같은 문장을 쓰기보다는 진짜 록을 해주기를 기대했던 것이다. 그랬던 터라 두번째 시집 초반부에 등장하는 다음 시들이 우리에게는 조금 데면데면하였다.

해풍에 단단해진 살덩이
두엄 속에서 곰삭은 홍어의 살점을 씹는 순간
입 안 가득 퍼지는
젊은 과부의 아찔한 음부 냄새
코는 곤두서고
아랫도리가 아릿하다

—「홍어」중에서

나는 꽃피우는 기계
이성이 마비된 울창한 책
한 번도 읽지 못한
아무도 펼치지 못한 무한한 페이지
인류 문명의 근원보다 위대한
생명의 발상지
육덕한 젖줄기가
골짜기를 타고 대지에 흘러넘친다

—「야생의 책」중에서

앞의 시는 과부의 음부와 곰삭은 홍어를 아날로지로 이으면서 쾌락의 절정에서 죽음의 냄새를 맡는 감각을 보여준다. 예리한 감각이고 설득력 있는 통찰이다. 뒤의 시는 수유(授乳)하는 자신의 몸에서 출발하여 "인류 문명의 근원"에까지 거슬러올라간다.「젖기계를 상상하다」에서의 상상이 여기서 실현되고 있는 셈이다. "우주의 반복" 혹은 "세상의 경전" 운운도 과장으로 보이지 않는다. 아마도 앞의 시에는 친인척의 죽음이라는 사건이, 뒤의 시에는 출산 및 육아의 경험이 반영되어 있을 것이었다. 이 시들은 분명 잘 씌어진 시들이다. 취향에 따라서는 이런 유형의 시들을 더 높이 평가하는 독자도 있을 수 있겠다. 그러나 우리는 이 시의 발상 혹은 발성이 문혜진답지 않다고 생각한다. 여성성을 표나게 드러낼 때 록의 사운드는 흔들린다. '정주'의 이미지들과 록은 어울리지 않는다. 록은, 성별을 포함한 모든 구획들을 돌파하는 정신이 '유목'의 이미지들과 결합할 때에만, 록이다. 그녀의 시가 가장 매력적인 것이 되는 때는 그렇게 록 스피릿과 록 발성이 결합되어 작동하는 때다.

그래서 우리는 그녀가 「북극흰올빼미」에서 "눈보라 속에서 발끝을 세우고 춤추는 나는/이탈한 자의 폭포/정지 비행하는 매/재가 섞인 빙산의 에테르/새벽 3시/낙뢰에 영혼이 이탈한 흰올빼미"(강조는 인용자, 이하 동일)라고 쓸 때, 이 발성이 기분 좋게 심상치 않아서 반가웠다. 그녀는 '이탈'이라는 단어를 두 번이나 썼다. 첫번째 시집에서 그녀의 록이 '탕진'의 형식으로 규정될 수 있다면 이번 시집에서 그것은 '이탈'의 형식일 수 있겠다 싶다. 탕진보다 이탈이 더 강력하다. 후자에게만 '두번째 삶'이 주어지기 때문이다. 그런 맥락에서 보면 「검은 표범 여인」이 서시로 배치된 것은 꽤 그럴듯해 보인다. 이 시는 마치 첫번째 시집에서 두번째 시집으로의 이행, 즉 탕진에서 이탈로의 이행을 말하고 있는 시처럼 보이기도 하는 것이다. 전반부에서 그녀는 낯선 여행지에서 "표범 문신을 한 소년"과 어울리고 싶다는 욕망을 말한다. 그들은 공모(共謀)하기를 좋아하고, 무례함을 즐기며, 어떻게 하면 인생을 망칠 수 있을까 골몰하면서 "야생의 경전"을 돌려본다. 이것은 전형적인 '탕진'의 욕망이고 "질 나쁜 연애"의 세계다. 그러나 후반부에서 이 시는 체위를 바꾼다.

그러나 지금은 이산의 계절 우리는 춥고 쉬 지치며 더, 더, 더, 젊음을 질투하지 하지만 네가 잠든 사이 나는 허물을 벗고 스모키 화장을 지우고 발톱을 세워 가터벨트를 푼다 세상에서 가장 높은 하이힐을 벗어던지고 사로잡힌 자의 눈빛으로 검은 표범의 거처에 스며들 거야 단단한 근육을 덮은 윤기 흐르는 검은 벨벳, 흑단의 전율이 폭발할 때까지 이제 동굴보다 깊은 잠을 자야지 도마뱀자리 운명, 진짜 내 목소리를 들려줄까?
—「검은 표범 여인」중에서

소년이 잠든 사이 여인은 또다른 이탈을 꿈꾼다. 그녀는 한 마리 표범이 되어 표범의 거처로 스며든다. 전반부와 후반부의 차이는 이를테면 표범 문신을 한 소년과 진짜 표범의 차이다. 그 표범 여인은 저 자신을 "도마뱀자리 운명"이라 지칭한다. 밝은 빛을 뿜어내지 않아 눈에 잘 띄지도 않는 도마뱀자리(the lizard)는 그러나 강력한 에너지를 감추고 있는 별자리다. "흑단의 전율이 폭발할 때"를 기다리며 "동굴보다 깊은 잠"을 자는 여인이라면 과연 도마뱀자리와 어울리기도 할 것이다. 그리고 이 '운명'은 두번째 시집 전체의 운명이기도 할 것이다. 폭발을 예비하고 있는 존재의 이탈. 이것은 '질 나쁜 소녀'의 풋풋한 목소리보다 더 음험하고 더 집요해 보이는 '표범-여인'의 욕망이다. 이 표범 여인은 두번째 시집의 페르소나라고 할 법하다. '동물-인간'의 형식으로만 존재하는, 하이픈으로 연결할 수밖에 없는 경계선의 존재들이 두번째 시집 곳곳에서 "사로잡힌 자의 눈빛"을 하고는 어슬렁거리고 있다. "진짜 내 목소리를 들려줄까?" 두번째 시집의 문을 열면서 그녀는 매력적인 사운드로 유혹한다.

시와 동물—문명과 야생

그래서 이번에는 이탈의 록이다. 전세계를 주유하고 고금을 넘나들면서 그녀는 본때 있게 록을 소화해낸다. 동물-인간의 형식으로 존재하는 것들로 하여금 문명과 야생의 경계 위에서 격렬하게 놀게 하라! 이것이 핵심이다. 이 시집은 바로 그들을 위해 바쳐졌다. 시집 초반부에서부터 그들이 차례로 등장하여 "진짜 내 목소리"를 들려주기 시작한다. 첫번째 사내. "진짜 시베리아 이야기를 들려줘"라고 말하는 화자에게 그 사내는 시베리아 호랑이를 사냥한 체험을 이야기한다. 야생을 포획하면서 스스로 야생이 되어가는 일의 두렵고도 매혹적인 경이. "무엇인가에 사로잡혀 자신을 돌보지 않는 삶"이야말로 진정한 이탈의 삶이라고 이 시는 말한다.(「시베리아의 밤」) 두번째 사내. 악어 다큐멘터리를 찍으려다 절명한 사나이. 이 사나이가 시인에게 매혹적인 까닭은 그의 비극적 죽음 때문이 아닐 것이다. 야생과 접속하기 위한 노력이 그 사내를 동물-인간의 경지로 데려가서 그의 안에 "악어와 뒹굴고／상어와 나란히 헤엄치던 야생의 피"를 흐르게 하였기 때문일 것이다.(「악어사나이」) 세번째 사내. "맹금류에 버금가는 시력"을 가졌으나 지금은 갈비집에 취직한 전직 사냥꾼. 시인은 "한 번 사냥꾼은 영원한 사냥꾼"이라는 말로 그의 삶에 경의를 표한다.(「사냥꾼」)

　동물-인간은 인간-동물로 교체되기도 한다. 인간의 영역으로 건너왔다 건너가는 동물들 역시 시인을 매료시킨다. "자연과 인간을 넘나들며 (…) 치욕 따위는 뼛구멍까지 핥아먹는" 코요테에게 경탄하면서 시인은 그 자신 코요테가 된다. "미칠 것 같은 밤이면 나는 독주에 영혼을 팔고 들짐승을 노리는 코요테의 감각으로 어둠 속을 서성이지 발톱처럼 자라는 공격성".(「코요테」) 고속도로에서 비명횡사하는 고라니를 "순교할 준비가 되어 있는 소녀 자살특공대"로 격상시키고, 그들의 비극적 죽음을 "터널 아래로 뛰어내려 고속도로를 혼란에 빠뜨리는" 능동적 테러로 바꿔놓은 상상력도 참신하다.(「로드킬」) 이 두 편의 시에서 코요테와 고라니는 인간의 속성을 얼마간 가져가면서 동물과 인간의 경계지점에까지 육박해온다. 이번 시집에서 동시대 현대미술에 대한 해박한 참조가 빈번한 것도 대개 이런 맥락에서다(첫번째 시집에서 피처링을 했던 로커들이 퇴장한 자리에 미술가들이 대거 투입된 형국이다). 동물-인간의 경계를 교란하는 미술가들에 대한 시인의 공감 어린 지지가 산출한 시편들이 다수 보인다.

한 사나이가 걷는다
경계의 안과 밖을 넘어
길을 음미하고
밀회하며
자신이 걸어온 길의 신화를 만든다
─「알래스카-마이클 주에게」 중에서

부제 그대로 위의 시는 마이클 주(Michael Joo)의 비디오 작품 〈1년 주기 리듬 Circannual Rhythm〉과 〈소금 이동의 순환 Salt Transfer Cycle〉을 요령 있게 변주한 시로 읽는다(이 작품들은 2006년 말~2007년 초에 로댕 갤러리에서 전시되었다). 일일이 지적하기는 어렵지만 이 시에서 묘사되는 행위들은 두 작품의 영상을 구성하는 일련의 행위들을 문장으로 옮겨놓은 것이다. 중요한 것은 그 작품들에 대한 시인의 해석이다. 인용한 대목에서 시인은 마이클 주의 작품을 "경계의 안과 밖"을 넘나드는 미학적 실천으로 읽고 있다. 그 경계란 아마도 문명과 자연의 경계 혹은 인간과 동물의 경계일 것이다. 이런 월경(越境)만이 그녀의 관심을 끌 자격이 있다. 마이클 주가 '도로의 감식가'라면, 일생을 나뭇조각에 몰두해온 조각가 데이비드 내시(David Nash)는 "나무 언어 감식가"라고 할 만한데, 시「나무인지 바위인지」는 바로 데이비드 내시의 작품 〈나무바위 Wooden Boulder〉를 소재로 한 듯하다. 이 작품의 제작 경위가 1연에 묘사되어 있거니와, 시인은 여기서 나무도 아니고 바위도 아닌 '나무-바위'의 "두번째 생"에 매혹된 듯 보인다. (참고로 말하자면 「붉은 소파, 생물학적 연대기」는 붉은 소파를 들고 전세계를 떠도는 독일 출신의 사진작가 호어스트 바커바르트(Horst Wackerbarth)를, 「백상아리 레퀴엠」은 데미안 허스트(Damien Hirst)의 설치미술 작품 〈살아 있는 자의 마음속에 있는 죽음의 육체적 불가능성 *The physical impossibility of death in mind someone living*〉(일명 '상어')을 소재로 한 것이다.)

지금까지 언급한 시들에서 우리는 동물도 아니고 인간도 아닌 어떤 존재에 대한 강렬한 열망을 발견한다. 그 존재들은 호랑이-인간, 악어-인간, 자연-인간 등으로 표현할 수밖에 없는 창조적 이탈의 주인공들이다. 이것은 흉내(imitation), 모방(mimesis), 동감(sympathy), 동일시(identification) 등과는 달라 보인다. 고정된 두 항(項)이 있고 하나의 항이 다른 항이 됨으로써 종결되는 사태가 아니라, 두 항이 서로 얽히면서 제3의 존재로 생성(becoming)되는 어떤 사태다. 이를 들뢰즈와 가타리가 '동물-되기'라고 명명한 어떤 존재론적-미학적-윤리학적 실천과 나란히 놓지 않을 수가 없다.[1] 고정된 정체성의 완강한 고수는 이 시인의 관심사가 아니다. "자연과 인간을 넘나들며"(「코요테」) 혹은 "나무인지 바위인지 정체성도 잊은 채"(「나무인지 바위인지」) 다만 흐르고 흘러가면서 두번째, 세번째, 네번째 생을 실험하는 부단한 갱신의 실천이 이 표범-여인의 집요한 욕망이다. 이 대목에서 시인은 황지우의 정치적 동물(「산경」,『게 눈 속의 연꽃』), 남진우의 신화적 동물(『새벽 세시의 사자 한 마리』), 권혁웅의 상상적 동물(『그 얼굴에 입술을 대다』) 등과 갈라지면서 동시대 젊은 시인들의 반(反)인간주의와 결합한다. 이 시집이 발견한 가장 흥미로운 공간과 캐릭터가 여기에 있다.

---

[1] 동물과 변신과 문학의 내밀한 관계에 대해서는 서동욱의 탁월한 글 「동물 변신 문학」(『세계의문학』 2006년 겨울호)을 참고할 수 있다.

물어버리기 위해
이빨을 아끼는 것이 아니라
이빨이 없어서
물지 못하는 것이라고
청담동 표범 약사는
밤이면 긴 혀로 유리창을 핥으며
우아하게 내리는 눈을 바라본다

—「표범 약국」 중에서

표범 약사는
가로수 가지에 시체를 걸쳐두고
머리부터 살점을 깨끗이 발라먹기 시작했다

겨우겨우 피의 위안으로
문명을 견뎌내는 표범 약사

—「표범 약사의 이중생활」 중에서

자물쇠를 채운 캐비닛, 감춰둔 만다린오렌지빛 알약들, 태엽장치를 풀고 표범 약사는 매일 자신을 위한 처방을 내리지 피가 솟구치는 오전에 세 알, 참을 수 없이 화가 치밀어 혈관이 폭발하는 저녁에 다섯 알, (…)//누구나 자기만의 기념비적인 마취제가 필요해!

—「표범 약사의 비밀약장」 중에서

표범 약국은 서울시 강남구 청담동 47-3번지에 있다. 이 약국의 특이한 상호가 시인에게 일련의 독특한 상상을 촉발했을 것이다. 표범 약국이니까 당연히 표범 약사가 있겠지(이 표범-약사는 물론 앞서 살펴본 표범-여인의 변종이다). 그는 동물이면서 동시에 인간일 것이고, 혹은 동물도 인간도 아닐 거야…… 이는 문명의 야생 혹은 야생의 문명을 표상하는 데 맞춤한 존재가 된다. 문명의 야생? 실상 "인간의 육체를 포장해온 무수한 환상을 제거하고/오로지 생물학적으로만 본다면"(「표범 약국」) 인간은 부정적인 의미에서의 맹수와 다를 바 없고, 인간의 삶이란 "원형경기장" 속의 그것에 불과할지도 모른다는 것이다. 다른 시에서 시인은 이 문명의 야생을 "포르노그래피"라 지칭하고 있는데(「맹수에 관한 포르노그래피」), 시인이 추구하는 것은 "인간의 외설로 얼룩진 맹수가 아니라 진짜 호랑이", 즉 진정한 '야생의 문명'일 것이다. 이런 맥락에서 보면 '표범 약사'는 불모의 문명을 표상하는 페르소나가 된다. 그러나 그 야성이 완전히 소멸될 수는 없다. 그래서 이중생활은 불가피하다. 밤이면 인간을 사냥하는 그는 "피의 위안으로/문명을 견뎌"낸다.(「표범 약사의 이중생활」) 이 이중생활에 대한 상상은 표범 약국 어딘가에 '비밀약장'이 있을 거라는 상상으로 이어진다. "누구나 자기만의 기념비적인 마취제가 필요해!"(「표범 약사의 비밀약장」) 왜 아니겠는가. 마취제 따위가 필요 없어지는 강력한 도발이 있을 때까지 우리의 '이중생활'과 '비밀약장'은 불가피하다.

시와 윤리 — 건전과 건강

들뢰즈의 말마따나 비평적인(critical) 것은 임상적인(clinical) 것과 함께 가야 한다. 작가의 건강 상태를 체크해야 한다는 뜻이 아니다. 스피노자는 허약했고 로렌스는 각혈이 심했으며 니체에게는 끔찍한 편두통이 있었다. 그러나 그들의 텍스트는 생생하기 이를 데 없다. 바로 그 텍스트의 건강 상태를 체크해야 한다. 모든 문학작품은 삶(생)의 한 방식을 함축한다. 그것은 비평적으로 평가 받아야 할 뿐만 아니라 임상적으로도 평가 받아야만 한다. 작품의 의미를 분석하고 재구성하는 전통적인 의미의 비평 작업은 텍스트가 ('재현'이 아니라) '창안'하고 있는 어떤 '삶'의 위상을 진단하는 작업과 결합해야 한다. 이 삶은 존재론적으로 어떤 (의미가 아니라) 힘을 갖는가, 이 삶은 과연 윤리적으로 (선한 삶이 아니라) 좋은 삶인가. 말하자면 이런 질문을 던지게 하는 작품이 좋은 작품이다.[2] 두 종류의 텍스트가 있을 수 있다. 공감(sympathy)의 텍스트는 감정이입과 카타르시스를 유도한다. 촉발(affection)의 텍스트는 몸을 자극하고 삶의 좌표를 흔든다. 진단을 유도하는 작품은 후자다. 문혜진의 시는 어느 쪽인가.

물론 후자 쪽이다. 그녀의 시가 뿜어내는 특유의 활력은 그 '임상적' 건강성에서 나오는 것 같다. 건강하다는 것은 무엇인가. 건전하지 않은 것이다. 건전과 건강을 구별해야 한다. '건전'이 집단적 '도덕'의 시선에서 '선한' 것으로 판단되는 어떤 속성이라면, '건강'은 개인적 윤리의 시선에서 '좋은' 것으로 판단되는 어떤 속성이라고 말할 수 있다. 이 시인이 추구하는 이탈의 에너지는 오로지 좋은 삶을 향한 일로매진에 사용된다. 그녀의 시에는 삶을 '나쁜' 것으로 만든 것들에 대한 정념적 집착이 없다. 이것은 매우 드문 미덕이다. 말하자면 '트라우마(상처)'가 없고 '멜랑콜리(비애)'가 없고 '르상티망(원한)'이 없다는 것이다. 이 세 가지가 없으니 발라드가 될 수 없는 것이다. 있어도 아주 희미하게 숨겨져 있고 이것은 그녀 자신이 세심하게 단속한 결과로 보인다. 현재를 과거 쪽으로 당기기보다는 차라리 미래 쪽으로 밀고 나가는 데 열중한다. 이 건강성은 예컨대 다음과 같은 시에서 특히 눈에 띈다. 앞

---

[2] 지금까지의 논의는 들뢰즈의 소위 '비평과 임상' 기획의 골자를 요약한 것이다. 이에 대해서는 들뢰즈의 『비평과 임상 Critique et Clinique』을, 더불어 대니얼 스미스(Daniel W. Smith)가 쓴 영역본 서론을 참조할 수 있다.

서 읽은 '표범' 연작시와 미술작품을 참조한 몇 편의 시들이 '동물-되기'의 상상력을 보여준다면 아래 시는 '식물-되기'의 그것이라고 할 만하다.

> 혀는 퇴화해
> 인생을 말로 때우지 않아도 될 것이며
> 죽을똥 살았다는 뻔한 성공기는 농담이 될 것이다
> 해변에서 밀려난 산호처럼 말라가
> 대지에 뿌리를 두지 않는
> 꼬리겨우살이
> 몰락한 공산당 기관지가 지어낸
> 허풍인지는 몰라도
> 언젠가 나는 폐로 빗물을 흡수해
> 에너지로 바꾸는
> 독립영양인간으로 진화할 것이다
> ─「독립영양인간 1」 중에서

> 폐허가 된 아프가니스탄에서는 아편을 먹여 아기를 재워요 아편에 중독된 아기는 보채지 않고 배고파하지도 않죠 아무도 비대한 몸을 반기지 않아요 뚱보들을 위해 다이어트콜라가 나왔지만 말라깽이들의 주식이 되었어요 들쥐 연인을 위한 여인숙에는 작고 가녀린 몸들이 부딪치다 뜨거운 눈물을 흘리며 잠이 들죠
> ─「독립영양인간 2」 중에서

동물은 종속영양생물이고 식물은 독립영양생물이다. 말하자면 동물인 인간은 독립영양생물이 될 수 없다는 뜻이다. 그런데 독립영양인간

이 존재한다고 해서 화제가 된 적이 있다. "몰락한 공산당 기관지"인 '프라우다'(2006년 1월 23일자)에, 4년 6개월간 아무것도 먹지 않고서도 건강하게 살아 있는 한 노인이 소개된 적이 있었다. 아마도 이 '해외토픽'성 기사가 시인의 상상력을 자극했었던 것 같다. 그 상상력은 우리가 독립영양인간으로 '진화' 할 수 있다면 현실의 많은 질곡들이 자연스레 해결될 수 있겠다는 상상력이다. 그렇게만 된다면 "먹고살기 위해 뼈 빠지는 일은 유머가 될 것"이고 "죽을똥 살았다는 뻔한 성공기는 농담이 될 것"이라는 얘기다. 이 상상력은 천진해서 매력적이다. 게다가 "언젠가 나는/(…)/독립영양인간으로 진화할 것이다"라는 시인의 믿음이 순진한 공상이거나 기발한 상상으로 끝나지 않는 것은 그녀가 오늘날 세계의 실상에 사려 깊게 주의를 기울이고 있기 때문이기도 하다.

예컨대 독립영양인간에 대한 일견 황당한 꿈은 "폐허가 된 아프가니스탄"의 처절한 기아(飢餓)와 짝을 이룰 때 비로소 진지한 꿈이 된다. 이와 유사한 성찰은 시집 중반부에 배치된 일련의 시들에서 반복된다. 야생 사향고양이 배설물로 만든 커피 '루왁'에 대해서 이야기하던 시인은 이 기묘한 야생의 선물에 매혹당하면서도 "하루 25억 잔의 커피가 소비되는 동안 수마트라의 아이들은 일당 500원을 받고 키가 자라지 않는다"(「루왁」)는 사실을 잊지 않는다. '이탈'을 성취한 인물들의 이면에 처절한 고독과 상처가 있음을 담담히 인식하기도 하고(「코스프레 여왕」 「계단식 논 머리 모양을 한 소녀」), "광화문 교보문고 앞 인디오 연주자"를 보고서는 식인물고기 피라냐처럼 달려들던 굶주린 거리의 아이들을 떠올리기도 한다(「거리의 피라냐」). 혹은 제왕절개수술을 하면서 맨체스터 유나이티드의 축구선수 루니를 떠올린 시인은 이내 필리핀 빈민지역에서 만난 동명이인인 또다른 루니를 떠올리게 되는데, 제왕절개와 장기 밀매가 교묘하게 연결되면서 시는 착잡해진다.(「루니의 의료관광」)

이런 시들이 문혜진 시의 본령이라고 하긴 어려울지 모른다. 그러나 이런 시들 덕분에 그녀의 건강성이 그 진정성을 더욱 깊이 품는다.

　시집 전체의 마지막 시에서 그녀는 나이아가라 폭포 앞에 서 있다. "살갗을 파고드는 햇살 국경 너머 젖은 거삼나무 비릿한 이끼 냄새 굉음으로 먹먹한 이 거대한 물의 장막 앞에서 나의 두번째 인생을 시작할 수 없을까?"(「나이아가라」) 이 물음표는 시의 끝부분에서 느낌표로 바뀐다. "몇 시간 앞의 날씨를 점치는 구름과 물보라의 미세한 떨림 위로 터지는 아찔한 신의 오르가슴, 여기서 나의 두번째 인생을 시작할 수 있을까!" 첫번째 인생을 돌이켜 사는 삶이 아니라 늘 두번째 인생을 새롭게 시작하는 삶은 건강하다. 그녀가 지금까지 노래해왔던 모든 이탈의 록들은 바로 이 두번째 인생을 위한 것이 아니었던가. 그녀가 지금껏 세계 각지에서 읽어왔던 모든 '야생의 경전'들은 이 두번째 인생을 살 수 있게 해주는 지도들이 아니었던가. 저항의 에너지를 잃어버린 냉소와 체념의 시대에, 그녀의 그 모든 '이탈의 록'과 '야생의 경전'은 "울부짖지 못하는 육식동물을 위한 포효 교본"(「울부짖지 못하는 육식동물을 위한 포효 교본」) 같다. 그러나 우리는 그녀의 록이 더 '하드'해져도 좋겠다는 생각이 든다. 아마도 더 건강하고, 더 불온하고, 더 야생적이고, 그래서 더 섹시한 교본이 그녀에 의해 씌어질 것이다. 그녀는 드물게도 록 스피릿과 로커의 발성을 소유하고 있는 '검은 표범 여인' 아닌가. 말하자면 "그게 바로 록이다. 록! 록! 록!"(「꽃잔치 스탠드빠」)

　"예컨대 김수영의 시는 확실히 발라드가 아니었습니다. 흔히 그렇게 듣고들 있지만 「풀」은 저항적인 포크록도 아닙니다. 그 시가 포착하고 있는 세계는 차라리 혼돈스러운 동사들의 뉘앙스가 합종연횡하는 카오스모스의 세계입니다. 그의 걸작 중 하나인 「꽃잎 2」는 또 어떻습니까. 이런 시들이 들려주는 사운드는 차라리 앰비언트나 일렉트로니카에 가깝다고 생각합니다. 김혜순은 여성 시의 사운드를 다채로운 방식으로 개척한 뮤지션입니다. 그녀의 시는 한 편 한 편이 새로운 사운드의 실험이었습니다. 황지우는 어떻습니까. 그의 가장 중요한 공헌 중의 하나는 '정치적인 것'을 전달하는 기왕의 시들이 흔히 채택하곤 했던 태만한 사운드를 혁신했다는 것입니다. 비평가들은 박상순과 함성호와 박정대의 독자적인 사운드 메이킹 능력에도 충분히 주의를 기울이지 않았습니다. 그런 맥락에서 보면 최근의 한국시는 발악(發樂) 중인 난장(亂場)입니다. 이토록 시의 사운드가 중구난방 만화방창이었던 적이 있었던가요. (…) 당분간 결론은 이겁니다. 우리에게 더 많은 록, 더 더 많은 록, 더 더 더 많은 록을!"

—「시의 사운드를 어떻게 어레인지할 것인가」* 중에서

---

* 아직 씌어진 적이 없는 책에서 인용했다.

이렇게 헤어짐을 짓는다
— 이병률, 『바람의 사생활』(창비, 2006)

이별의 유전자

　기어이 사랑하며 살아보겠다 하는 마음과 이냥 헤어지고 죽어버리자 하는 마음이 번갈아 밀려왔다 밀려가며 파도를 만드는 것이다. 그 두 마음 중 어느 하나에 의지해 살 수도 있겠으나, 그 두 마음의 오고 감을 남 일처럼 들여다보며 살 수도 있는 것이다. 앞의 일보다는 뒤의 일이 더 아픈 일이다. 이병률의 일들이 그렇다. 이 사내의 내해(內海)를 드나드는 파도는 어찌 그리 심해파(深海波)이기만 한 것이며, 그것들을 바라보는 사내의 눈길은 어찌 이리 먹먹한 먹빛인 것인가. 그럴 수도 있는가, 그렇게도 살아지긴 하는가, 내내 물어가며 그의 시를 읽었다. 그 맨 처음이 이러하였다.

　　　지구와 달의 자리가 가까워 달이 커 보였던 때
　　　일 년은 오백 일이었고 하루는 열여섯 시간이었을 때
　　　당신은 나를 데리러 왔다

神과의 약속을 발설할 것 같지 않던 당신은
지금 그 시절은 아무도 살지 않는다고
백스물 아흔 여든두 살 쭈글쭈글한 얼굴로 돌아가자 말했다
허나 내가 지켜야 할 약속은
검고 고요한 저 소실점을 향해 가는 일

달과 지구의 자리가 멀어져 달이 작아 보일 때까지
일 년은 삼백육십오 일이고 하루는 스물네 시간일 때까지
—「봉인된 지도」 중에서

슬픔에도 스케일이 있다면 이것은 대규모다. 얼마나 속수무책이기에 "일 년은 팔백 일이었고 하루는 열한 시간이었을 때"로 거슬러올라가 시작하는가. 지구는 달에서 조금씩 멀어지고 있어서 하루는 100만 년에 15초씩 길어지고 있다 했다. 그러니 사내는 지금 30억 년 전의 이야기, 첫 생명이 이 세상에 났던 때를 말하고 있는 것이다. 그때부터 '나'는 "내가 지켜야 할 약속"을 지켜왔다. 1년이 365일이고 하루가 24시간이 될 때까지, 그러니까 30억 년을, "검고 고요한 저 소실점"을 향해, 그러니까 죽음을 향해 가는 일이 그의 일이었다. 19억 년 전에 당신이 '나'를 설득한 적도 있었지만 끝내 마다했다. 마치 그것이 뭇 생명들의 대책 없는 마음이라는 듯, 그것이 우리 몸속에 '봉인된 지도'라는 듯, 우리에게는 이별의 유전자가 매복해 있다는 듯 말이다. 영원처럼 장구한 이별이고 한없이 느린 죽음이다. 이것은 압도적인 서시(序詩)다. 덕분에 앞으로 이 시집을 끌고 갈 마음의 정체를 알겠다. 그 마음은 '검고 고요한' 자멸에 들린 마음이다. 내내 이별 쪽으로만 길을 잡아 30억 년을 살아온 지독한 마음이다.

독, 피 속의 독

　기어이 사랑하며 살아보겠다 하는 마음을 일러 에로스라 했고, 이냥 헤어지고 죽어버리자 하는 마음을 일러 타나토스라 했다. 그 두 마음의 왕래가 이를테면 밀려오고 밀려가는 파도와 같고, 묶였다가 풀리는 매듭과 같다고 했다. 그것이 생의 리듬이라는 것이다. 그 리듬이 끝내 온전하기만 하다면야 살아 있는 것들 모두 가까스로 제 생을 도모할 수 있겠다. 그러나 "생명의 수호자들도 원래는 죽음의 충실한 앞잡이"(프로이트)라 하질 않았던가. 에로스는 타나토스의 슬하에 있을 뿐이다. 밀려오는 파도 말고 밀려나가는 파도가 힘이 세고 매듭 묶이는 일보다 매듭 풀리는 일이 더 유혹이라서, 모든 살아 있는 것들 때로 휘청거리곤 하는 것이다. 그만 저를 놓아버리고 싶을 때, 그러다 그대와 함께 무너지고 싶을 때가 있는 것이다. 그와 같은 마음의 실력 행사를 사내는 '혈관 속을 흐르는 독'의 이미지로 사로잡는다. "좌심방과 우심실 사이, 독 만드는 공장"(「독 만드는 공장의 공원들은」)이 있다. 그 독 "슬퍼지는 데 쓰이기" 위해 피돌기하며 흐르다, 문득 당신의 몸속으로 이리 하릴없이 건너가기도 하는 것이다.

　피의 일

　당신을 중심으로 돌았던
　그 사랑의 경로들이
　백 년을 죽을 것처럼 살고 다시 백 년을 쉬었다가
　문득 부닥친 한 목숨에게
　뼈가 아프도록 검고 차가운 피를 채워넣는 일
　　　　　　　　　　　—「피의 일」중에서

독을 품고 있는 자의 만남이란 대개 이러하다. 혹독하고 길었던 사랑 때문에 순식간에 백 년을 살고 다시 백 년을 보낸 사내가 문득 한 목숨과 부닥친다. 독을 품고 있어 "검고 차가운 피"를 다른 목숨에게 부어준다. 그런데 이것이 만남인지 무너짐인지를 모르겠다. 사랑하며 살겠다는 것인지 함께 죽겠다는 것인지를 모르겠다. 이것이 자학인지 가학인지 알지 못하겠다. 그것이 '피의 일'이라는 것만 알겠다. 피의 일은 이렇게 종잡을 수 없는 역설이고, 여러 시들의 배후에서 이 피가 흐르고 있다.

이를테면 "군을 만하면 받치고 굳을 만하면 받치는 등 뒤의 일"(「사랑의 역사」)이 사랑이라는 일인데, 그 '사랑의 역사'를 노역(勞役)처럼 겪어내면서 사랑의 일이란 도대체가 뜻대로 되지 않는 '등 뒤의 일'이라는 것을 깨닫고서도, 목덜미에서는 처음인 듯 다시 "여름 냄새"가 생겨나 사랑의 방향 쪽으로 풀려나가는 것이다. 이 사태는 '피의 일'이다. 또 이를테면, 심야의 술집에서 홀로 술 마시는 일은 위험한 일인데, 옆 테이블의 누군가가 "절벽 갈래 바다 갈래"(「절벽 갈래 바다 갈래」) 하면, 그게 술집 이름이라는 것을 안다 해도, 문득 절벽이나 바다에서 허공으로 몸 던져보고 싶은 심사가 되어버리고 마는 것이다. 이 사태도 '피의 일'이다. 이 '검고 차가운 피'가 '검고 고요한 소실점'으로 사내를 이끌었던 것이다. 사내의 내해에서 울렁이는 파도는 이렇게 검은빛이다.

작별의 윤리

그래서 이 '검은' 사내는 '헤어지다'의 주어다. 한사코 제 이름을 '이리(李離)'라고 하겠다질 않는가.(「관계의 사전」) 그러나 헤어짐을

이렇게 헤어짐을 짓는다 411

당하는 일과 헤어짐을 만드는 일이 또한 사뭇 다른 것이다. 제 힘으로 어찌할 수 없는 헤어짐을 이별(離別)이라 하고, 제 힘으로 힘껏 갈라서는 헤어짐을 작별(作別)이라 한다. 이별은 '겪는' 것이고 작별은 '하는' 것이다. 전자는 감상과 통속에 더러 곁을 내주곤 하지만 후자는 그렇지 않다. 작별은 인정이고, 선택이고, 결단이기 때문이다. 헤어짐을 '짓는' 일이다. 작별의 안간힘과 준엄함을 노래할 때 그의 시는 가장 아름다워진다. 그는 헤어짐을 지으면서 시를 짓는다.

사내는 두 가지 방식으로 작별한다. 엇갈림을 묵인할 때가 있고 만남을 밀어낼 때가 있다('묵인'은 「묵인의 방향」에서, '밀어냄'은 「무늬들」 「아무것도 그 무엇으로도」 「點心」에서 가져온다). 예컨대 이렇게 묵인한다. 누군가 '나' 없는 동안 내 집에 다녀갔다. 나비처럼 내 집에서 겨울을 난 그이는 누구인가. 그가 누구이건, "누군가 빈집에서 머리를 풀어 초를 켜고 문고리에 얼굴을 기댔다"(「나비의 겨울」)라고 아름답게 쓰면서 사내는 묵인하는 것이다. 이런 일도 있었다. 깊은 밤 산사(山寺)에서 옆방 수행자가 문득 산을 떠났다. "한 번 등을 보이면 다시는 돌이키지 못할 만경창파의 연(緣)이 있음"(「한 사람의 나무 그림자」)을 그가 알았기 때문이다. 사내는 그의 빈방에 들어가 눕는다. 그로써 그의 출분을 묵인하는 것이다.

혹은 이렇게 밀어낸다. "정말 미안하지만 이야기 좀 할 수 있을까요"라 청해오는 옆 방 남자에게 사내는 끝내 건너가지 않는다. 그의 이야기를 듣다가 행여 내 마음의 자욱함마저 들켜버리면 "바깥에서 뒹굴고 있을 나뭇잎들조차 구실이 없어"질까 해서다.(「이야기를 할 수 있을까요」) 또 이런 식이다. 겨우내 얼었다 녹았다 했던 마당의 통을 사내는 모른척한다. 혹여 그 속을 들여다보면 그 통이 사내의 "깊은 불출(不出)의 골병을 아는 체하려 들 것"이기 때문이다.(「통」) 더는 아프지 않기 위해서, 아프게 아픔을 밀어내는 것이다. 이 묵인과 밀어냄의 내막을 다음 문장들에서 엿본다.

> 가능하다면 혹은 그것이 불가능할지라도
> 여자는 가지 않고 나는 여자를 보내지 않고 나는 오래 건너편을 살피
> 고 사내는 건너편이자 인디아인 이쪽을 봤으면 그것이 영원이었으면
> ─「인디언 섬머」중에서

> 이를테면 내가 당신의 누구인지 모르는 것과
> 내가 누구인지조차 모르는 것,
> 알게 되면 그것을 잃는 일이므로 껴안고 있으면서도 모르는 것
> ─「아무도 모른다」중에서

앞의 시에서 사내는 남자 있는 여자를 집에 들였다. 남자 때문에 멍들어 내 쪽으로 날아온 그녀를 보살피기로 한다. 그녀를 찾아 남자는 오고, 사내의 집 건너편에서 이쪽을 응시한다. 이 대치를 사내는 수습하려 들지 않고 더 나아가지 않는다. 외려 그 상황이 '영원'이기를 바란다. 이 엇갈림이 그에게는 차라리 견딜 만한 살림이었던 것이다. 뒤의 시에서 사내는 치매 노인의 방문을 받는다. "너 누구냐" 하고 물으며 내 집을 드나드는 노인네가 사내는 차라리 반갑다. 더는 묻지 않고 굳이 대답하지 않는다. 당신에게 '나'는 누구이고, '나'는 또 '나'에게 누구인 것인지. 만나서 알게 되는 일은 자칫 "잃는 일"일 수 있어서 이렇게 껴안고만 있는 것이다. 따뜻한 묵인이고 아름다운 밀어냄이다. 그의 시에서 시적인 것들은 이런 순간에 고인다.

이 묵인과 밀어냄이 다 사내의 작별이다. 이 작별들 뒤에 어떤 두려운 참혹이 있지 않았다면 그의 시는 얇아졌을 것이다. 타인의 눈부심 앞에서 제 안의 살얼음이 깨어질까, 혹은 타인의 참혹 앞에서 저 자신

의 참혹도 얼결에 들고일어날까, 사내는 두려웠던 것이다. "내가 나에게 뭐라 말을 거느라"(「물의 말」) 사내가 제 안쪽을 들여다본 때는 그런 때였을 것이다. "잘못했으니 다 내 잘못이었으니, 산 늪에 몸을 들여 서러워지고 늪이 다 마르고 몸 갈라져도, 구더기 복받쳐나오는 내 심장을 벌려 얼굴을 묻은 채로 안 볼 터이니"(「탄식에게」)라고 서럽게 울 때, 그는 저 자신을 단속하느라 필사적이다. 그동안 숱한 사내들의 필사적인 참혹을 읽었으나, 제 심장을 벌려 얼굴을 묻겠다 말하는 이를 본 적이 없다. 그의 작별이 그래서 필사적인 것임을 알겠다. 나는 내 안의 독을 다스리려 하니 너는 내게서 떨어져 부디 다치지 말거라. 이를 작별의 윤리라 부를 것이다.

바람처럼 여행처럼

그러니 이와 같은 생(生)의 이미지는 '바람'일 수밖에 없는 것이다. 이와 같은 생의 형식은 '여행'일 수밖에 없는 것이다. 바람은 머물러 있지 않아서 바람이다. 바람에게 미지(未知)와의 만남은 곧 기지(旣知)와의 헤어짐이라서 만남과 헤어짐이 모두 한 찰나다. 긴 시간 동안 만남과 헤어짐을 거듭하는 한 목숨의 일생도 우주의 시계로는 고작 바람 불어와서 불어가는 그 한순간이겠다. 그러니 삶이 바람이 아니라고 말할 수 있는가. 여행 역시 바람의 생리를 닮아 있다. 그것은 너를 만날 때부터 이미 헤어질 것을 염두에 두는 삶의 행사라서 잘 만나는 일보다 잘 헤어지는 일이 그토록 중요한 것이다. 그러니 삶이 어찌 여행이 아니라고 말할 수 있는가. 이 사내는 바람이 작별의 대가(大家)임을, 여행이 작별의 기예(技藝)임을 안다.

되돌아보면 그 바람을 받아먹고
내 나무에 가지에 피를 돌게 하여
무심히 당신 앞을 수천 년을 흘렀던 것이다
그 바람이 아직 아직 찬란히 끝나지 않은 것이다
—「바람의 사생활」중에서

혼자 죽을 수는 없어도 같이 죽을 수는 있겠노라고
낯선 눈빛이 낯선 다른 눈빛에게 말을 건다
(…)

난 다시 태어날 거예요
아니, 난 다시 태어나지 않으렵니다
더이상 말도 눈빛도 교환해서는 안 되는 두 사람은
오로지 죽자고 한 손을 묶고 있을 뿐
뒤를 당부할 일 없으므로 이름도 모른다
—「황금포도 여인숙」중에서

사내는 저 자신 바람의 혈육이라 믿고 있는 것이다. '사내'라는 '서럽고도 차가운' 이름으로 불리는 이 세상 모든 사내들이 죄다 바람의 핏줄이라 믿는 것이다. 사내라는 말이 처음 생겨난 그날 이후로 "수천 년을" 바람의 생리로 살아왔던 것이다. 바람과 바람이 엇갈리는 일, 그것이 사내의 여행이다. 그러니 "낯선 눈빛이 낯선 다른 눈빛에게" 말을 걸어 행여 만남을 만든다 해도, 그것은 함께 살기 위해서가 아니라 함께 죽기 위해서여야 한다. 만남이려면, 화장터의 가마 속으로 함께 들어가는 두 시신의 만남쯤은 되어야 하는 것이다.

그래서 바람 사내의 여행기는 시종일관 작별의 논리를 따른다. 예컨대 그가 '동유럽 종단 기차'에서 베트남 사내를 만난다고 하자. 여느 여행기라면 이 만남의 행사에서 모종의 시를 도모하려 들 것이다. 그러나 사내는 다만 엇갈림을 내버려둘 뿐이다. "혼자인 것에 기대어 가고 있기에"(「동유럽 종단 열차」) 그렇다. 혹은 그가 섬길 달리는 버스에서 쌍둥이 여인을 만난다고 하자. 그는 그네들의 셈을 듣고만 있을 뿐, 그 말길에 끼어들지 않는다. 다만 "두 여인네가 찾아헤매는 시간 즈음에 한참을 있다 가고 싶어"(「미행」) 삼거리에 내려보고는 하는 것이다. 루벤 곤잘레스를 찾아 쿠바로 떠나는 여행도 그러하다. "그의 손을 심장에 찔러넣고 한 달쯤 울고 싶어"(「장미의 그늘」) 갔지만, 고인(故人)은 한 평의 그늘로 남아 그를 어루만질 뿐인 것이다. 이 잦은 헤어짐의 풍경들에서 시적인 것들이 고인다. 바람이 쓰는 시다.

헤어지는 말들의 음악

사내의 시에는 언젠가는 당신을 떠나게 되리라는 예감이 있고, 그 예감을 스스로 불편해하는 불안이 있고, 그 불안이 당신에게 이해될 수 있는 것이기를 바라는 절박이 있고, 그 절박을 용서할 수 없어서 상처받는 당신을 위해 우는 갸륵이 있다. 그래서 그의 시는 얄밉고 위험하며 약하고 슬픈 남자의 시다. 그러나 이 모든 생의 오(誤)작동을 수락하는 이의 현명한 평정이 있어서 그의 톤은 흐트러지는 법이 없다. 아니, 거의 음악에 육박한다고 해야 옳다. 그 음악은 제가 실어나르는 예감과 불안과 절박과 갸륵마저도 감미롭게 만들 만큼 매력적이지만, 그 매력은 얄팍한 인위(人爲)의 소관이 아니다. 아이를 달래는 어미의 노래처럼, 고장나 부대끼는 한생이 "자신을 타이르는"(「여전히 남아 있는 야생의 습관」) 음악인 것을 알겠기 때문이다.

이 계절 몇 사람이 온몸으로 헤어졌다고 하여 무덤을 차려야 하는 게 아니듯 한 사람이 한 사람을 찔렀다고 천막을 걷어치우고 끝내자는 것은 아닌데

　　봄날은 간다

　　만약 당신이 한 사람인 나를 잊는다 하여 불이 꺼질까 아슬아슬해할 것도, 피의 사발을 비우고 다 말라갈 일만도 아니다 별이 몇 떨어지고 떨어진 별은 순식간에 삭고 그러는 것과 무관하지 못하고 봄날은 간다
　　　　　　　　　　　　　　　　　—「당신이라는 제국」 중에서

　　이 아름다운 책에서 단 한 편의 노래만이 허락된다면 이것이어야겠다. 헤어짐이란 마음들이 서로를 아득히 밀어내는 일이지만, 말들도 그렇게 서로를 밀어내며 헤어질 수 있는 것이다. 사태를 정확하게 포착할 수 있을 법한 손쉬운 말들을 이 사내는 밀어낸다. 우회하고 또 우회하여 "천 년을 넘긴 일"(「잠시」)처럼 되었을 때, 그제야 그 문장들을 수습하여 엮는다.
　　인용한 시의 첫 연에서 'A가 아니듯 B는 아닌데'는 한 줄의 여백을 껴안은 다음 "봄날은 간다"와 만난다. A와 B는 서로 헐겁고, 이제는 거의 슬픈 주문(呪文)처럼 들리는 '봄날은 간다'라는 말도 저 A, B와 각각 헐겁다. 누군가 온몸으로 헤어진 일, 누군가가 누군가를 찌르는 일, 그리고 봄날이 가는 일들을 말하는 문장들이 어쩐지 삼거리에서 한 번 스쳤다가 각자의 길을 찾아 헤어지는 나그네들 같다. 시적인 것은 이 순간에 고인다. 세번째 연에서는 "그러는 것과 무관하지 못하고"가 첫 연에서의 여백을 대신한다. 당신이 '나'를 잊는 일, 불이 꺼지는 일, 피가 마르는 일, 별이 삭는 일들이 서로 만날 듯 헤어진다. 그 찰나에 봄날

은 가는 것이다.

　이 모든 것들이 '당신이라는 제국' 안에서 일어나는 내 마음의 사소한 소요라고 사내는 거짓말처럼 노래한다. 헤어지는 일의 사소하지 않음을 말하기 위해 말들은 저렇게 모였다 헤어지면서 음악을 만드는 것이다. 헤어짐을 일삼는 사내의 성정(性情)이 저런 문장들을 낳았을 것이다. 이 사내의 시가 갖고 있는 특별한 아름다움의 비밀이 여기에 있다고 믿는다. 이 책의 곳곳에서 그 음악들이 흘러나온다. "달에게 보내는 별들의 종소리"(「달에게 보내는 별들의 종소리」)처럼 아련하고 저리다.

　이 사내는 헤어짐의 풍경, 공기, 기미를 세상에서 가장 아름답게 노래하는 바람이다. 다시 말하겠다. '아름다움에 패한'(「무늬들」) 얼굴로 말하겠다. 그는 '헤어짐을 짓는' 사내다. 이를 일러 작별(作別)이라고 하고 혹은 작시(作詩)라고도 한다. 지구가 달과 더 멀어져 하루가 수십 시간이 되는 날까지 이 노래들 내내 아름다울 것이다. 이렇게 헤어짐을 짓는다.

감춤을 드러내고 드러냄을 감추는 일
—장석남의 시[1]

1

비밀을 다룰 줄 아는 이가 시인이다. 비밀을 잘 다루는 일은 '나에게는 비밀이 있다'는 사실을 완벽하게 감추는 일이 아니다. 그렇게 되면 비밀이 있다는 사실조차 모르게 된다. 완벽하게 단속된 비밀은 비밀이 아니다. 얼굴의 반만을 드러낸 여인처럼 절반만 말해진 비밀이 진짜 비밀이다. 비밀이 있다는 것을 드러내되 그 비밀의 내용을 요령껏 감출 때 비밀은 매혹적인 것이 된다. 시가 그렇게 될 때 비로소 독자는 시의 인질이 된다. 말해지지 않은 나머지 절반이 내 욕망의 원인이 되고, 그때 그 절반은 때로 전체보다 더 커진다. 본래 모든 욕망은 A에 대한 욕망이 아니라 A 안에 있다고 간주되는 'A 이상의 어떤 것'에 대한 욕망이라고 라캉은 말하지 않았던가. 이상(李箱)이 "사람이 비밀이 없다는 것은 재산이 없는 것처럼 가난하고 허전한 일"(「실화 失花」)이라고 했을

---

[1] 이 글은 『한국문학』 2007년 가을호 '장석남 신작시 특집'의 해설로 쓰여졌다. 본문에서 인용 출처는 따로 밝히지 않는다.

때, 그는 '나의 비밀'이 곧 '너의 욕망'을 창출하는 동력임을 알고 있었던 것 같다.

비밀이 없는 시는 단 한 번 읽히고 버려진다. 투명한 것은 욕망의 대상이 되지 못하기 때문이다. 언제고 장석남의 시를 생각하노라면 이 시인이 비밀을 다루는 데 얼마나 능숙한가, 또 그의 좋은 시들은 얼마나 매력적인 비밀을 조촐하게 품어두고 있는가, 새삼 감탄하게 된다. 근작 중 언뜻 떠오르는 것은 「밤길」(『미소는, 어디로 가시려는가』, 문학과지성사, 2005)이다. "밤길을 걷는다/걸음은 어둠이나 다 가져라/걸음 없이 가고 싶은 데가 있으니/어둠 속 풀잎이나 바람결이나 다 가져라"라는 매력적인 방기(放棄)로 시작되는 이 시가 "새 날이 와서 침침하게 앉아/밤길을 걸었던 이야기를 하게 된다면/나는 벙어리가 되어야 하겠지/그것이 다 우리들의 연애였으니"라는 어여쁜 발뺌으로 끝날 때, 이 결말에서 "벙어리"가 되어버리기를 택하는 시인은, 참으로 능란하게, 비밀을 절반만 풀어놓고는 멈춰버리지 않았는가. 신작시 중 한 편을 읽는다.

눈물이 떨어지는 부뚜막이 있었다
어머니는 부뚜막이 다 식도록, 아궁이 앞에서
자정 너머까지 앉아 있었다 식어가는 재 위의 숨결
내가 곧 부뚜막 뒤의 침침함에 맡겨진다는 것을 짐작했지만 나는 가만히
어머니의 치마 끝단을 지긋이 한 번 밟아보고 뒤돌아설 뿐이었다

마당 바깥으로 나서는 길에 뜬 초롱한 별들은
모든 서른 사람의 발등을 지긋이 누른다는 것이
이후의 내 상식이 되었다 그로부터

천정이 꺼멓게 그을린 부엌 찬 부뚜막에 수십 년을 앉아서 나는
고구려 사람처럼 현무도 그리고 주작도 그린다
그건 문자로는 기록될 수 없는 서툰 사랑이다
그것이 나의 소박하기 그지없는 學說
아무도 모를 것이다 나는 아직도 그것을 詩로 알고 그리고 있다

—「부뚜막」 중에서

　인용한 세 연은 비밀이 생산되고, 품어지고, 절반만 발설되는 내력을 차례로 보여준다. 어머니의 눈물 앞에서 '나'는 "내가 곧 부뚜막 뒤의 침침함에 맡겨진다는 것"을 짐작한다. 생의 비밀을 문득 눈치 채는 한 순간이다. 이 깨달음과 더불어 그가 한 행위는 그러나 "가만히/어머니의 치마 끝단을 지긋이 한 번 밟아보고 뒤돌아"서는 것이었다. 비밀은 이 순간에, 그러니까 '짐작했지만'에서의 바로 그 '-지만'에서, 부주의하게 발설되지 않고 온전하게 품어지게 된다. 이어지는 대목에서 '나'는 그 비밀을 "내 상식"이라고 말하고 있는데, 이 경우 '상식'이란 '비밀'의 반어일 뿐이다. '나만의' 상식이란 존재할 수 없다. 그것은 '나만의 비밀일 뿐이다.
　그렇게 품은 비밀과 더불어 세월은 흘렀고, 그 수십 년 동안을 고구려 사람처럼 '현무'도 그리고 '주작'도 그려왔던 것이다. 여기서 '고구려 사람'이란 비밀을 다루는 방법을 체득한 시인의 다른 이름이다. '현무'니 '주작'이니 하는 것들은 고대 이래로 사신수(四神獸), 즉 신성한 네 마리 동물에 속하는 것들이다. 고구려인들은 그들이 품고 있었던 비밀을 그 상상의 동물로 표현했다. 말로 표현할 수 없었기 때문에 그려야 했을 것이다. 비밀을 드러내는 일이 그와 다르지 않다. 장석남에게 시쓰기란 그런 것이다. "문자로는 기록될 수 없는 서툰 사랑"을 딴청을 피우면서 현무나 주작 따위로 그려 보여주는 일, 비밀의 절반만을 풀어

놓는 일이다. 그래서 그의 시는 어느 때고 노골적일 때가 없고 내내 은은하다. 그가 품고 있는 비밀의 온전한 맨얼굴은 "아무도 모를 것이다". 그래서 우리는 장석남의 시를 읽고 또 읽는다. 그 비밀에 이끌려서 읽지만, 그 비밀이 완전히 이해되길 바라지는 않는다.

2

장석남의 지난 시집에서 특히 인상적이었던 것은 그의 시가 선배 시인들의 시와 격의 없이 몸을 섞고 말을 주고받는 풍경이었다. 우리가 어딘가에 어수룩하게 썼듯이,[2] 오랫동안 미당(혹은 백석)이 섭정해온 장석남의 시세계 안으로 김수영이 개입해들어오는 장면들은 각별히 인상적이었다. 미당 따로, 수영 따로가 아니었다. 한 편의 시 안에서 미당과 수영이 만나고 있었고, 장석남의 주재로 대화를 나누고 있었다. 미당과 수영이 변증법적으로 서로 겯고 트는 장면을 연출해낼 때 그것은 신선한 진풍경이었다. 예컨대 「시인은」(『미소는, 어디로 가시려는가』, 문학과지성사, 2005)이라는 제목의 중요한 시에서 그는 '행위를 넘어가는 무위'와 '무위를 넘어가는 행위'를 함께 말하고 있는데, 이 명제는 2000년대 이후 한국 서정시의 어떤 매너리즘을 돌파하려는 시도로서 더 깊이 음미됐어야 했다. 그 무위와 행위의 변증법의 현황이 궁금하던 차에 「주춧돌을 일으켜세우는 일을 하며 — 이상에게」를 읽어보니, 그는 한동안 이상의 시를 천천히 짚어가고 있었던가보다. 예컨대 이상의 시 중에서도 이런 시.

---

2) 졸고, 「서정은, 어디로 가시려는가」, 웹진 '문장' 2005년 10월호.

역사(役事)를 하노라고 땅을 파다가 커다란 돌을 하나 끄집어내어놓고 보니 도무지 어디서인가 본 듯한 생각이 들게 모양이 생겼는데 목도들이 그것을 메고 나가더니 어디다 갖다버리고 온 모양이길래 쫓아나가보니 위험하기 짝이 없는 큰길가더라.

그날 밤에 한소나기 하였으니 필시 그 돌이 깨끗이 씻겼을 터인데 그 이튿날 가보니까 변괴로다 간데온데없더라. 어떤 돌이 와서 그 돌을 업어갔을까 나는 참 이런 처량한 생각에서 아래와 같은 작문을 지었도다.

「내가 그다지 사랑하던 그대여 내 한평생에 차마 그대를 잊을 수 없소이다. 내 차례에 못 올 사랑인 줄은 알면서도 나 혼자는 꾸준히 생각하리다. 자 그러면 내내 어여쁘소서.」

어떤 돌이 내 얼굴을 물끄러미 치어다보는 것만 같아서 이런 시는 그만 찢어버리고 싶더라.
— 이상, 「이런 시」(『카톨릭청년』 1933년 7월호) 전문(띄어쓰기를 조정했고 한자는 한글로 고쳤다 — 인용자)

이상이 1933년에 발표한 최초의 한글시 세 편 중 하나다. 공식적인 등단작 중 한 편인 셈이다. 1년 뒤에 발표한 '오감도' 연작들에 비하면 그 스타일이 한결 온건하다. 이 시는 흔히 변장한 연애시로 읽히는 것 같다. 한 여자를 다른 남자에게 빼앗긴 슬픔을 노래하기 위해 '돌'이라는 소재를 빌려왔다는 식이다. 역사(役事)를 연애의 은유로 읽는 독법이다. 땅을 파다 꺼낸 "커다란 돌"은 내가 만난 (적 있는) 한 여자이고, 그 돌을 업어간 "어떤 돌"은 '나'의 연적이자 승리자가 되는 셈이다. 시의 후반부를 보면 "커다란 돌"을 잃어버린 슬픔을 노래하다가 "어떤 돌"의 존재 때문에 머쓱한 치욕을 느꼈다는 이야기 정도로 요약된다.

그러나 이렇게 읽으면 충분한 것일까? 어쩐지 뭔가 단순해지면서 힘이 빠져버리지 않는가. '연애=역사, 남녀=돌'이라는 식의 은유구조가 필연적인 것으로 보이지도 않는데다가 연애를 말하기 위해 동원된 '돌'이 메타포의 적절한 매체(vehicle)인 것 같지도 않다. 심하게 말하면 이 메타포는 유치해 보인다. 오히려 이 시는 거꾸로 읽어야 좋을 것 같다. 역사가 먼저이고 연애가 나중이라는 뜻이다. 우연히 파낸 돌이 다음날 사라진 것을 보고 시인은 "어떤 돌이 와서 그 돌을 업어갔을까"라는 식의 재기를 발휘해서 이를 연애의 층위로 슬쩍 떠넘긴다. 그리고는 작심한 듯이 역사를 연애의 층위로 끌어올려 '시 속의 시'를 편지 형태로 몇 줄 쓴다. 그러다가 어쩐지 객쩍은 심사가 되어 그만두고 만다. 말하자면 시작(詩作) 행위 자체를 시작(詩作)하고 있는 구조인 셈이다. '이런 시'라는 제목 자체가 '시 속의 시'를 가리키면서 동시에 이 시 전체를 지칭하는 이중적 역할을 하고 있다. 제목부터가 '메타-시'적인 요소가 있다는 말이다. 아마도 다음 시는 바로 이상의 이 시를 염두에 두고 쓰어진 듯 보인다.

마당을 메우느라 마사토를 스무 차나 실어다 붓고 그 위에 사모정자를 놓기 위하여 네 귀퉁이에 수평자를 놓아가며 시멘을 이겨넣어가며 주춧돌을 놓았다. 헌데 얼마 지나지 않아 어쩐 일로 그중 하나가 기울어가더니 아주 땅 아래로 겸손해져버렸다.

삽을 들고 파내기 시작하여 한나절을 흙을 걷어내었다. 지렛대를 사용하여 들추어도 으끗도 하지 않으니 어인 일인가. 궁리 끝에 주춧돌을 조금 들추어 버텨놓고는 그 사이에 물을 부어서 돌 아래로 흙을 흘려넣고 땀을 쏟아넣는 새 공법으로 조금씩 올리니 가라앉는 섬을 길어올리듯 참

세상에서는 드문 일을 해보는지라 잠시 손 놓고 앉아 쉬며 바라보니 참 진귀한 일이로다, 참 진귀한 구경이로다, 한쪽으로 옮겨심은 매화나 대나무나 모두 이 구식정자 주인의 꼬락서니를 바라보며 웃고 웃고 하더니 돌도 비스듬히 올라선 채 웃고 있다. 나는 문득 어느 오랜 시간 아래의 주춧돌이 된 양 웅크리고 앉아 하늘을 바라보며 어둠이 밀려오는 속으로 잠기어간다. 돌은 진솔한 자서전처럼 멀찍이서 뻐닥하니 의젓하다.
―「주춧돌을 일으켜세우는 일을 하며―이상에게」 전문

 마당에 정자를 짓기 위해 소규모 공사를 벌인 참이다. 주춧돌 하나가 그만 슬그머니 주저앉아버렸다. 궁리 끝에 시도한 "새 공법"으로 주춧돌을 일으켜세우는 데 성공한다. 이 사태를 두고 시인은 "참 세상에서는 드문 일" "참 진귀한 일" "참 진귀한 구경"이라고 자평한다. 시적인 비약이 일어나는 곳은 그 다음이다. "매화나 대나무나 모두 이 구식정자 주인의 꼬락서니를 바라보며 웃고 웃고 하더니 돌도 비스듬히 올라선 채 웃고 있다." 이 웃음은 좌충우돌의 시행착오 끝에 자연의 원리 중 하나를 겨우 체득한 화자에게 보내는 질책과 격려의 미소쯤 되지 않겠는가. 그렇게 읽는다면 이 시는 서로 소원해져버린 자연과 인간이 드물게나마 화해하는 한순간을 그리고 있는 것이 된다. 그러니 화자가 그 자신 "오랜 시간 아래의 주춧돌"이 된 듯한 느낌을 받은 것은 자연스럽다. '나' 역시 자연의 한 부분으로 오랜 시간 그 밑을 떠받쳐온 하나의 주춧돌인 것이다. '돌'을 주어로 한 마지막 문장이 "진솔한 자서전처럼"이라는 멋진 비유를 이끌고 나올 수 있었던 것도 '나=주춧돌'이라는 은유구조 때문이다.
 이제 이 시가 어떤 점에서 이상의 시를 참조하고 있는지 알 수 있다. 공통된 소재는 '역사(役事)'이고, 공통된 모티프는 '돌이 나를 본다'는 상황이다. 그러나 내막은 외려 정반대에 가깝다. 이상의 시에서 '나'는 역사의 와중에 문득 어떤 돌이 '나'를 쳐다보는 듯한 느낌이 들어 가벼운 치욕을 느끼고 있지만, 장석남의 시에서 '나'는 역사의 와중에 문득 어떤 돌이 '나'를 보고 웃고 있다는 생각을 하고 있다. 전자의 역사가 '나'와 세계의 불화 위에서 움직이는 사건이라면, 후자의 역사는 '나'와 세계의 조화를 향해 나아가는 사건이다. 그래서 전자의 결론은 내가 쓴 '시'를 찢어버리는 것이고, 후자의 결론은 돌에서 '나'의 '자서전'을 읽어내는 것이 되었다. 이상의 시가 풋풋하고 맑다면 장석남의 그것은 노련하고 유려하다. 비밀을 절반만 말하고 멈춘다는 것은 이런 식의 의뭉스러움을 발휘한다는 것이다. 말하자면 매화, 대나무, 돌의 웃음은 이 시인이 부뚜막에서 그리는 현무나 주작일 것이다.

3

이상과 장석남의 만남이 다소 의외롭다면 미당과 그의 교감은 우리에게 이미 낯익은 것이다. 다른 곳에서 이미 언급한 내용을 반복하자면, 예컨대 "보고 싶어도 참는 것/손 내밀고 싶어도/그저 손으로 손가락들을 만지작이고 있는 것/그런 게 바위도 되고/바위 밑의 꽃도 되고 蘭도 되고 하는 걸까?"(「새로 생긴 저녁」, 『미소는, 어디로 가시려는가』)라는 물음에서 엿보이는 무구(無垢)한 무위(無爲), "어스름의 언덕이나 찔레꽃들도/다시 생겨나/나의 作文 공부는 그 앞에서/아주 놓아버리고"(「벌판」, 같은 책) 마는 식의 작파(作破)의 미학, "애인의 발가락을 입에 넣어/쪽쪽쪽쪽 빨아먹는 소리라니까?/부처나 예수나 그런 분들도/손가락 깨물며 감탄할 어여쁨이라니까?"(「팔당을 지나며」, 같은 책)라고 반문할 때에 "부처나 예수나 그런 분들"이라고 천진하게 말할 수 있는 목소리가 이룩해내는 신성(神聖)의 일상화 등은 미당의 수사학을 유려하게 변용해낸 사례들이다. 신작시 중 한 편에서도 우리는 미당의 발성을 듣는다. 그 시를 읽기 전에 미당을 복습해야 한다.

> 노래가 낫기는 그중 나아도
> 구름까지 갔다간 되돌아오고,
> 네 발굽을 쳐 달려간 말은
> 바닷가에 가 멎어버렸다.
> 활로 잡은 산(山)돼지, 매로 잡은 산(山)새들에도
> 이제는 벌써 입맛을 잃었다.
> 꽃아. 아침마다 개벽(開闢)하는 꽃아.
> 네가 좋기는 제일 좋아도,
> 물낯바닥에 얼굴이나 비취는
> 헤엄도 모르는 아이와 같이
> 나는 네 닫힌 문(門)에 기대 섰을 뿐이다.
> 문(門) 열어라 꽃아. 문(門) 열어라 꽃아.
> 벼락과 해일(海溢)만이 길일지라도
> 문(門) 열어라 꽃아. 문(門) 열어라 꽃아.
>
> *사소(娑蘇)는 신라 시조 박혁거세의 어머니. 처녀로 잉태하여, 산으로 신선 수행을 간 일이 있는데, 이 글은 그 떠나기 전, 그의 집 꽃밭에서의 독백.
> ─ 서정주, 「꽃밭의 독백 獨白 ─ 사소娑蘇* 단장斷章」 전문

제4시집 『신라초新羅抄』(1960)에 수록돼 있는 시다. 이 시집에서 미당은 '사소'를 소재로 한 시 두 편을 나란히 배치하였는데 이 시는 그중 전편이다. 『삼국유사』가 전하고 있는 사소의 이야기는 미당의 그것과 같지 않다. 미당의 시는 미당의 주석이 가리키는 방향을 따라 읽으

면 된다. 그 방향을 따라가보면 우리는 입산을 앞두고 고뇌하는 사소를 만나게 된다. 신선수행을 떠나기 전 세속의 꽃밭에서 그녀는 독백한다. 노래를 해보고 말을 달려보아도 인간의 길은 초월에 이르지 못하고 어디쯤에선가 끊긴다는 것이 그녀의 절망이다. 초월을 꿈꾸는 자는 인간이라는 조건에 늘 발목을 잡힌다. 산돼지와 산새들에도 입맛을 잃었다. 초월을 엿보는 자에게 세속의 욕망이 더이상 의미 있을 리 없다. 미당의 시에서 이렇게 인간적인 것들 혹은 세속적인 것들에 심드렁한 (척하는) 화자를 만나는 일은 본래 드물지 않았다.

  이 시가 육박해오는 것은 후반부에서부터다. 신화적인 인물인 사소를 무대에 올려서 미당이 보여주고자 했던 것은 호젓한 초월이 아니라 초월하지 못하는 인간의 허망이다. 그 허망의 안간힘으로 사소는 꽃 앞에 서 있다. "아침마다 개벽(開闢)하는 꽃"이야말로 영원을 두고 보아도 그 신비가 탕진되지 않는 초월의 표상이었을 것이다. 그 꽃 앞에 선 인간 사소의 허망과 절망을 미당은 "물낯바닥에 얼굴이나 비취는/헤엄도 모르는 아이"에 절묘하게 빗댔다. 그 아이의 심정으로 사소는 꽃에다 애원인지 다짐인지 모를 말을 읊조린다. "문(門) 열어라 꽃아. 문(門) 열어라 꽃아." 이미 앞에서 꽃의 개화를 개벽에 빗댔으니, 이 애원 혹은 다짐은 존재의 개벽을 겨냥하고 있는 것일 게다. '벼락'과 '해일'의 길만이 그녀를 기다리고 있어도 그녀는 간다. 신라 여성의 높은 뜻과 기품을 노래하기 위해 미당이 사소를 선택한 이유다. 한편 장석남의 다음 시는 미당의 목소리를 반향하면서 이렇게 변주한다.

    문 열고 나가는 꽃 보아라
    꽃 위에 펼친 맵씨 좋은 구름결들 보아라
    옷고름 풀린 봄볕을 보아라

작약 한창인 때 작약밭에서 들리는,
어떤 늙은 할머니가 손주들을 대문 밖으로 내보내며 하는 말소리를

업어가는 중인
업고 가는 중인
업혀가는 중인
아침 바람을 보아라

꽃 지고 잎 돋듯 웃어라
뺨은 웃어라
조약돌 비 맞듯 웃어라
유리창에 별 돋듯 웃어라

한옥 짓는 마당가
널빤지 위에 누워 낮잠 들어가는 대목수의 꿈속으로 들어가
잠꼬대의 웃음으로 배어나오는
작약밭의 긍정, 긍정, 긍정, 긍정,

또 문 열고 나가는 꽃 보아라
또 문 열고 나오는 꽃 보아라
긍정, 긍정, 긍정, 긍정,
—「문 열고 나가는 꽃 보아라」 전문

대뜸 발설되는 "문 열고 나가는 꽃 보아라"만 보더라도 이 시가 미당의 앞의 시에 경의를 표하고 있다는 사실은 자명해 보인다. 꽃이 문을 열고 피어났으니 바야흐로 봄이다. 꽃 핀 자리 위로 "맵씨 좋은 구름결

들"이 있고 "옷고름 풀린 봄볕"들이 있으며 (한 호흡 쉰 다음 등장하는) "아침 바람"이 또한 있다. 이 평화로운 봄 풍경을 한껏 누리는 화자의 입에서 권유인지 감탄인지 모를 말, "웃어라"가 터져나온다. 꽃 지고 잎 돋듯 그렇게, 조약돌 비 맞듯 그렇게, 유리창에 별 돋듯, 그렇게 지금은 웃어야 할 때다. 1연과 3연 사이에 끼어들어가 있는 2연의 넉넉한 우회 (늙은 할머니와 손주들의 삽화)가 이 시의 첫번째 포인트라면, 4연을 떠받들고 있는 세 개의 연속 직유가 이 시의 두번째 포인트다.

여기까지 이 시는 서정적 아름다움에 도달하는 길을 차근차근 따라가고 있는 듯 보인다. 그런데 반복되는 "웃어라"에서 저 웃음의 정체는 무엇인가. 앞에서 매화, 대나무, 돌의 웃음을 받아안았던 시인이 이번에는 먼저 웃는다. 시인 스스로 발설하고 있는 그대로 이 웃음은 '긍정'의 웃음이다. "꿈속으로 들어가/잠꼬대의 웃음으로 배어나오는" 저 '긍정'을 시인은 네 번이나 되풀이한다. 네 번씩이나 긍정하지 않을 수 없는 이 마음은 미당이 어디선가 "괜, 찬, 타, ……/괜, 찬, 타, ……/괜, 찬, 타, ……/괜, 찬, 타, ……"(「내리는 눈발 속에서는」) 하면서 역시나 긍정을 네 번 반복하지 않을 수 없었을 때의 그 마음 같은 것은 아닌지 모르겠다.

그러나 이 시는 미당의 사소의 노래와는 다른 길을 간다. 그것은 무엇보다도 우선 "문(門) 열어라 꽃아"와 "문 열고 나가는 꽃 보아라"의 차이다. 미당이 그리고 있는 것은 초월에의 열망이고 장석남이 그리고 있는 것은 일상적 초월의 한순간이다. 전자가 '초월 이전'이라면 후자는 '초월 이후'다. 그래서 '문 열어라' 운운하는 미당의 나지막한 목소리는 꽃의 내부를 향해 있는 간절(懇切)이어서 이것은 그 이후 사소의 삶이 도달할 어떤 거대한 경지에 대한 기대로 충전되어 있지만, 장석남의 시에서 '꽃 보아라' 운운하는 목소리는 이미 꽃의 내부를 들여다본 듯 여유에 차 있는 것이어서 반복되는 긍정의 몸짓이 별다른 울림을 만들어내지 못하고 있다. 긍정은 대개 안간힘과 더불어 발설될 때 더 많은 마음들을 흔든다. '괜찮타'라는 긍정은 "운명들이 모두 다 안 끼어드는 소리"(같은 시)쯤은 돼야 우리의 마음을 시리게도 하는 것이다.

4

다섯 편의 신작시 중에서 두 편에 집중했다. 장석남의 시가 각별히 좋아질 때와 조금은 생경해질 때를 이 두 편의 시가 잘 보여준다고 생각했기 때문이다. 다시 '비밀'에 대해서 이야기해보자면, 이상을 변주한 시에서 이 시인은 비밀을 유려하게 장만했지만, 미당을 변주한 시에서는 비밀이 다소 과하게 누설된 것 같다. 얼마나 감추고 얼마나 드러내느냐가 늘 관건인 것이다. 이에 대해 우선은 이렇게 정리해두려고 한다. "시는 감추고 있다는 사실까지를 잘 드러내야 하며, 드러냈다는 사실까지를 잘 감추어야 한다." 어떻게 하면 그리 되는가? 더이상은 우리도 모른다. 이렇게 절반만 말하고 이쯤에서 멈추어야 참으로 우아하다.

애도하는 오르페우스, 그리고 그 이후
─김근의 시

애도하는 사막의 오르페우스 ─ 김근, 『뱀소년의 외출』(문학동네, 2005)

귀신 들린 듯 행복하거나 자멸적으로 불행하거나 둘 중 하나다. 시인에게 중간은 없다. 한 청년이 있어 가인(歌人)이 되기로 마음먹었으니 애초에는 그도 행복한 오르페우스가 되고 싶었을 것이다. 자연과 더불어 선(善)을 노래하여 사랑을 얻은 가인 오르페우스는 이보다 더 행복할 수 없는 찬미의 대가였고 서정의 사도였다. 그러나 에우리디케의 죽음과 더불어 사랑은 몰락했다. 뒤돌아보지 않겠다는 약속을 무심결에 배반하는 순간 연인은 두 번 죽었다. 이제 오르페우스의 노래는 충만한 연가가 아니라 참혹한 비가가 되었다. 생의 후반기에 오르페우스는 이보다 더 불행할 수 없는 애도의 대가가 되었고 서정의 불구자가 되었다. 오르페우스의 삶은 행복의 시기와 불행의 시기로 날카롭게 절단된다. 중간은 없다. 가인이 되기를 꿈꾸었고 마침내 노래할 수 있게 된 청년이 행복한 오르페우스의 가집(歌集)을 보내왔더라면 좋았을 것이다. 그러나 그가 보내온 것은 끝내 불행한 오르페우스가 될 수밖에 없었던 내력이구나. 그의 밖에서 무엇이 몰락했고 그의 안에서 무엇이 배반당했던 것인가. 어째서 불행한 오르페우스처럼 저 자신 갈가리 찢겨 죽어야만 끝장날 영원한 애도의 사도가 되었는가. 그 내면의 추이를 따라가기 위해서는 이 시집을 뒤에서부터 읽어야 한다.

이 시집의 4부에는 행복한 오르페우스를 꿈꾸면서 삶과 죽음의 선순환을 엿본 한 청년의 시정(詩情)이 풋풋하다. 삶과 죽음의 비의를 꿰뚫으려는 형안(炯眼)이 있어 에로스와 타나토스가 얽히고설키는 세계를 노래하는 와중에 이 가인은 벌써 애늙은이가 다 되어 있다. 이 세상의 '할애비'들과 '할미'들에게 기꺼이 제 목소리뿐 아니라 제 몸까지를 빌려주고 있으니 말이다. 예컨대 여성성("우물"과 "축축한 흙")과 남성성("할애비"와 "물고기")이 요동치고 그와 더불어 "수십 년 베어도 베어도 잎을 피우는" 나무의 나이테가 무장 무장 넓어지며 한 세월 흘러가는 풍경을 능란하게 장만하는 데 성공한 노래가 있다.(「홀딱 벗는 이 할애비 좀 보아요」) 대뜸 창자를 꺼내 소금 뿌리고 씻어 말린 뒤 다시 삼키라고 한 뒤에 "이제 좀 시원한가"라고 호탕하게 일갈하는 대목의 발성은 「격포우중」의 미당을 떠올리게 할 만큼 조숙해 있고(「햇볕 좋은 날」), 비 오는 바다에서 "너는 나를 다 파먹고/나는 너를 다 파먹고" 있는 현장을 벌여놓은 뒤에 웃음인지 울음인지 알 수 없는 비명을 "흐흐흑" 내지르면서 에로스와 타나토스를 한 몸에 얽어매는 재능은 박상륭 문학의 어떤 참혹한 아름다움을 떠올리게도 한다(「비 오는 바다가 시커멓게」). 이 모든 것은 물론 행복한 오르페우스의 재능이자 권력이다.

그런데 이 가인은 문득 노래할 수 없다고 말한다. 3부의 첫 노래이자 그의 등단작 「이월」은 "그리 깊지도 않은 내 몸속 어딘가에 현악기가 하나 들었나봅니다"라는 고백으로 시작된다. 오르페우스에게 칠현금이 있었듯 그도 제 몸속에 악기 하나 갖고 있으니 천생 가인인 것인데 이

가인은 목하 피로한 음성으로 "한 번도 켜지지 않은 그 낡은 악기"의 운명에 대해 말하고 있질 않은가. "누가 내 몸속에 악기를 넣어두었을까 의심하는 사이 또 한 켜의 먼지가 내려쌓이고 먼지에 못 이기는 이월, 자주 몸을 누이고 싶었"단다. 이것은 행복한 오르페우스의 때아닌 몸살이다. 시의 후반부에서 노래를 향한 그의 꿈은 "상한 소리"로 남아 말 그대로 혼몽이 되어 있을 뿐인데 노래하고 싶음과 노래할 수 없음 사이에서 가인의 "야윈 길들은 내내 얼었다 녹았다" 한다. 여기에는 장차 불행한 오르페우스의 길을 택할 한 가인의 머뭇거림이 녹아 있다. 무슨 일이 벌어진 것일까.

"이편의 태양이 너무 뜨겁게 타오르는 날이었네 남극과 북극이 바뀌고 모든 나침반들은 재빨리 폐기처분되었네 (…) 굴뚝에선 도무지 연기가 피어오르지 않았네 화덕은 식고 집은 곧 무덤이 되었네 사람들은 모두 제집에 묻혔네"라는 구절이 있다. "깡마른 바람이 한 번 불자 이편과 저편의 경계가 물렁물렁해졌네 오오오 어디가 이편이고 어디가 저편인지 어디가 죽음이고 어디가 삶인지 물렁물렁해졌네"라는 구절도 보인다.(「거울」) 그 무슨 거대한 몰락이 있었던 것이다. 남극과 북극이 바뀔 만큼 엄청난 방향 전환이 있었던 것이다. 그러나 그런 때일수록 나침반이 더욱 절실할 터인데 세상의 나침반들이 "재빨리 폐기처분되었"으니 어찌된 일인가. 방향 상실의 시절이 왔으되 그것은 받아들이지 않을 수 없는 어떤 힘과 더불어 왔던 것이다. 어디선가 불어온 바람이 이편과 저편의 경계를 해체해버렸던 것이다. 그래서 "어디가 이편이고 어디가 저편인지 어디가 죽음이고 어디가 삶인지 물렁물렁해졌"던 것이다. 이제 세계는 "무덤"이다. 거울 앞에 선 가인은 이제 어디로 갈 것인가. 인용된 시의 후반부에서 그는 "무덤에서 나와" "젤리 같은 경계를 헤치고 저편으로 건너"가고 만다. 우리는 여기에서 어떤 배반의 뉘앙스를 읽는다. 거울 저편의 세계에 있는 "어제의 난쟁이들과 나는 이제 동료가 되었네"라고 고백하는 가인의 어조에는 뭔가 회한의 흔적이 있다.

1973년에 태어났고 1992년에 스무 살이었다. 그 무렵 세계사적으로 거대한 몰락이 있었다. 그리고 배반의 계절이 왔다. 이미 배반의 계절이었으나 그걸 충분히 자각하지 못했던 세대가 있었다. 몰락 이후를 살았지만 몰락 이전의 빛이 아직은 남아 있었던 시절이 있었다. 죄지은 것도 없이 죄스러웠던 세대, 배반할 그 무엇도 남아 있지 않았지만 자신의 배반을 두려워했던 세대, 그러나 내세울 과거가 없었으므로 괴로워할 자격도 없었던 세대였다. 이럴 수도 저럴 수도 없었을 것이다. 몸속 낡은 악기에는 먼지만 쌓여갔을 것이다.(「이월」) 우렁찬 소리로 외칠 수 없었지만 골방의 유미주의도 마음 불편했을 것이다. 행복한 오르페우스의 시절은 꽃피기도 전에 끝났다. 이제 아름다움과 싸우면서 아름다워야만 했고, 노래와 싸우면서 노래해야만 했다. 그 고투의 자취들이 시집의 2부를 구성한다.

"그 계절이 다 가기 전에 나는 그 집을 나왔"(「마음속 폐가 한 채」)으나 "돌아갈 집이 생각나지 않"(「봄밤」)아서 그는 이제 고아가 되어버렸다(오르페우스orpheus는 본래 모든 고아orphan들의 근원이다). 그래서 고향의 신화적 세계를 떠나 몰락 이후의 폐허를 걷고 있다. 거울의 이편과 저편의 경계가 무화되면서 세계가 무차별의 무덤이 되고 말았다. 그에게 '서울'은 그 보편적 무덤의 다른 이름이다. 그의 서울시편들은 무덤가를 배회하는 쓸쓸한 오르페우스의 회한과 자책의 노래로 읽힌다. 예컨대 이런 식이다. "죽었잖아 김광석은 벌써 오래전 일이야 그의 콘서트에는 한 번도 못 가봤지 서울은 급속하게 사막화가 진행중이야"(「모래바람 속」), "모래가 사내의 말목을 덮는다 타클라마칸, 고비, 사하라를 삼켰나 낙타가 되어, 사막 같은, 너를, 건너야 하나 모래가 그치자 사내가 피식 웃는다 여긴 바늘도 없어"(「바깥 1」), "그 거리에선 과거나 미래 따위는 중요하지 않아 단지 자신이 영원히 현재인 것만 증명하면 되지 그러자면 몸에 붙은 기억들을 모조리 떼어내야 해"(「어두운, 술집들의 거리」).

이렇게 2부의 시들을 관통하는 열쇠어는 '사막' 이다. "서울은 급속하게 사막화가 진행중"이고 서울이라는 사막은 이미 내 몸속에까지 들어와 있는 터여서 '나' 는 "타클라마칸, 고비, 사하라"를 삼킨 것처럼 먹먹하다. 낙타가 되어서라도 살아야 할까. 그러나 통과할 "바늘" 구멍조차도 여기엔 없질 않은가. 희망이 없다. "기억들을 모조리 떼어내" 버리고 죽은 듯이 살아가는 공허의 거리에서 이제 무슨 노래가 가능할까. "김광석"도 죽었는데 말이다. 이제 가인은 에우리디케를 잃어버린 오르페우스처럼 상실 강박에 시달린다. 비전을 약속하는 눈을 잃어버렸고("그 거리에 들어설 때마다 내 눈알이 어떤 사람에게 팔려갈지 궁금해", 「어두운, 술집들의 거리」), 복음을 들을 귀를 잃어버렸으며("귀를 잃어버렸어 귀를 잃어버리고 나는 거기에서 여기로 왔지", 「바깥2」), 자기 존재의 중핵을 잃어버렸고("나는 그림자를 잃어버렸어 (…) 나는 곧 잊혀질 거야", 「모래바람 속」), 무엇을 위해 거리를 오가고 있는지 그 이유까지를 잃어버렸다("나는 가방을 잃어버렸어", 「바깥1」).

더 나아가 그의 '상실 강박' 은 '실종 망상' 에까지 이르는데, 2부의 중추가 되고 있는 두 편의 시 「공중전화부스 살인사건」과 「담벼락 사내」는 사막에 내던져진 오르페우스의 강박과 망상을 환상담의 문법으로 보여준다. 이 시들이 행복한 오르페우스의 노래들과 얼마나 멀리 떨어져 있는지를 지적하는 일은 새삼스럽다. 이 시들에서 전북 고창의 운문은 서울이라는 산문에 거의 패배한 것처럼 보인다. 서울에서 그는 강박과 망상을 얻었고 대신 노래를 잃었다.

무거운 짐처럼 가까스로 수화기가 사내의 귀에 매달린다 너를 죽이러 왔다 의뢰인을 밝히진 않겠다 그건 그의 프라이버시니까 너는 가장 사소하게 죽을 수도 있다 갑각류처럼 껍질이 손상되지도 않은 채 여기에서 저기로 건너가는 것이다 가볍게

—「공중전화부스 살인사건」 중에서

오래된 담벼락을 지날 때는 조심해야 한다 좀처럼 모습을 드러내지 않는 사내는 얼핏 찌든 세월의 오줌 자국이나 부식된 시간이 만들어놓은 얼룩처럼도 보이지만 그의 눈은 담벼락에 박혀 항상 우리를 노리고 있다 쫓기던 사람이 담벼락 근처 그늘 속으로 사라져버렸다면 일단 사내에게 혐의를 둬라

—「담벼락 사내」 중에서

위 인용문에서 정체불명의 '의뢰인'과 '담벼락 사내'가 (흔히들 그렇게 읽듯이) 권력과 자본의 에이전트들로 읽히는 면이 있다는 것은 부정할 수 없다. 없는데, 이것이 서울이라는 사막에서 눈과 귀와 제 그림자마저 잃어버린 자의 슬픈 망상이라는 점을 염두에 두고 시를 뒤집어 읽을 수는 없을까. 그러니까 '나'는 '그들'과 싸우고 있는 것이 아니라 '자기 자신'과 싸우는 것일지도 모른다는 뜻이다. 첫번째 시에서 수화기 너머의 살인 청부업자는 죽음이란 "갑각류처럼 껍질이 손상되지 않은 채 여기에서 저기로 건너가는 것"에 불과하다고 말한다. 그의 말은 위협이라기보다는 거의 유혹처럼 들린다. '나'는 유혹 받고 있다. 그것이 '나'를 불안하게 한다. 두번째 시에서도 유사한 뉘앙스를 감지해야 한다. "조심해야 한다"는 경고에서 정말로 조심해야 할 것은 문제의 '담벼락 사내'인 것이 아니라 담벼락을 향하는 '나'(를 포함한 사람들) 자신의 욕망처럼 보이질 않는가. 자기 상실이 두려운 것은 그 상실

을 조장하는 환경에 투항하려는 무의식의 움직임 때문이 아닌가. 그래서 이 시들의 주제는 '불안'이라고 해야 한다. 이들 시에서 시인의 상상력은 전북 고창에 본적을 두고 있는 신화적 상상력에서 완전히 벗어나 동세대 시인들에게 더 발견되는 존재 상실 강박의 상상력과 얼추 합류한다. 이제 어떤 길로 갈 것인가.

자기를 상실한 채로 산 주검(living dead)의 삶을 살아가서야 되겠는가. 살아 있으나 이미 죽어 있는 자들의 세계로 함몰될 것이 아니라 죽어 있으나 여전히 살아 있는 자들의 자리로 가야 한다. 서울이라는 산문의 사막에서 노래를 빼앗겼던 오르페우스는 이제 사라진 것들과 죽어 없어진 것들의 장례를 떠맡음으로써 노래를 회복하는 길을 엿본다. 이제 핵심으로 들어가자. 이 가집의 1부의 핵을 이룰 뿐 아니라 이 가집 전체를 지배하는 가장 유력한 목소리는 바로 이 '애도하는 오르페우스'의 목소리다. 예컨대 그가 "그러나 돌의 피를 받아 마시는 것은/언제나 푸른 이끼들뿐이다 그 단단한 피로 인해/그것들은 결국 돌빛으로 말라 죽는다 비로소/돌의 일부가 되는 것이다"(「사랑」전문)라고 말할 때, 푸른 이끼가 돌빛이 되어 말라 죽는 이 사태를 '사랑'이라 부르는 까닭이 무엇이겠는가. 이 가인은 이끼들이 돌빛으로 말라 죽어가는 것을 보면서 그것들이 죽은 돌의 피를 받아 마시고는 돌의 일부가 된 것이라고 믿는다. 그래서 돌의 피는 "단단한 피"로 미화되고 있고 이끼들이 말라 죽는 일도 예외적으로 강조된 "비로소" 덕분에 소망스러운 사태가 되고 있다. 그는 긴말하지 않는다. 죽은 자의 피를 마시고 죽은 자의 일부가 되는 것이 '사랑'이다.

이 사랑은 애도의 극한이다. 애도의 극한이 만약 먼저 죽어진 죽음의 일부가 되는 것이라면 말이다. 그에게 오르페우스의 피가 흐르고 있어 가능해진 무서운 아름다움이다. 죽어버린 에우리디케를 애도하면서(돌의 피를 받아 마시고), 마침내 온몸 찢겨 에우리디케의 세계로 가버린 (비로소 돌의 일부가 된) 오르페우스의 행위야말로 '사랑'의 구경(究竟)이 아닌가. 이 사랑의 행위는 「작은 방」의 후반부에서도 나타나거니와, 지난 연대를 상징하는 듯 보이는 '그'라는 인물이 갇힌 채 죽어 있는 작은 방에 들어가 그 옆에 나란히 누워 그의 몸을 빠져나온 구더기를 받아안는 '나'의 모습은 같은 맥락에서 사랑의 제의라고 해야 한다. 시의 마지막 구절은 이렇다. "뱀 한 마리 꿈틀거리며 기어나오고/작은 방은 금방 무너져버렸다". 몰락 이후의 가인, 모든 죽은 자를 애도하는 윤리적 오르페우스의 탄생이다. 이 '뱀'은 곧이어 '뱀소년'이 될 것이었다.

"누가 어미의 장사를 지내줄 것인가 누가/어미의 육체를 장엄하게 썩게 할 것인가/내 갈라진 혀는 여태도 길고 사나우니/내 날카로운 독니로 찢고 발긴/어미의 살점은 또 어느 허공에 뿌려질 것인가"(「뱀소년의 외출」)로 시작되는 이 시집의 표제작은 동세대 혹은 동시대를 통틀어 근래 보기 어려운 종류의 장려함을 내장하고 있다. 산문의 세계를 방황하던 사막의 오르페우스가 '뱀소년'이라는 득의의 페르소나를 발견했기 때문일 것이다. 가인에게 모티프를 제공한 것은 『삼국유사』에 등장하는 사생아 '사복(蛇福)'이다. 열두 살이 되도록 말도 못 하고 걷지도 못했던 터라 사복의 별명은 뱀소년(蛇童)이었다. 어느 날 어미가 죽자 그는 원효에게 도움을 청한다. 그런데 도움을 받는 와중에 사복은 오히려 당대의 혜안 원효에게 한 수 가르쳐주기를 마다하지 않는다. 원효가 축원하여 노래하자 "노래가 번거롭다" 하여 고쳐 부르게 하질 않나, 저 자신 게(偈)를 지어 부르고는 문득 땅속 연화장 세계로 제 어미와 함께 홀연히 사라져버리는 지경이니, 이 이야기에서 뱀소년은 신비로운 무명 고승에 가깝다.

그러나 우리의 가인은 무명 고승의 아득한 정신이 아니라 살아남은 소년의 필사적이었을 '외출'을 생각한다. 말하지도 걷지도 못하는 뱀소년이 어떻게 죽은 어미의 장례를 치를 수 있었을까. 뱀소년의 고투는 눈물겹다. 그는 "사라지는 것은 그저 비늘처럼 적막해지는 일"이라고 믿는다. 그래서 누이를 껴안아 죽이고도 "우는 법을 모른다". 누이를 제 몸에 묻고, 이윽고는 어미를 떠메고, "여기도 아니고 거기도 아"닌 그 어떤 곳으로 "몇천 년" 미끄러져들어가 묻힌다. 이것은 『삼국유사』의 저 신비로운 열반의 풍경을 재현한 것이라기보다는 지난 시대의 숭고한 죽음과 우리 시대의 모든 선량한 죽음들을 위한 레퀴엠처럼 보인다. 가인 자신이 "모든 사라지는 것들은 다 어미네"라고 말하고 있거니와, 그렇다면 '어미'를 위한 뱀소년의 고투는 죽어가고 사라져간 모든 존재들을 위한 우리 시대 오르페우스의 몸부림과 나란한 것이다. 우리의 뱀소년은 죽은 이들을 떠메고 언젠가 도래할 연화장의 세계로 갈 수 있을까? 애도와 신생의 경계에서 그는 앞으로도 분분할 것이다.

이 시집의 마지막 노래에서 시인은 "이상하지 모든 노래는 잊혀졌다네 노래의 기억은 잔광처럼 입술에만 남아 사람들은 모두 입술만 움직거렸다네"(「입을 다물 수 없는 노래」)라고 쓴다. 우리의 오르페우스는 노래가 잊혀진 시대에 "노래의 기억"을 형벌처럼 짊지고 있다. 그러나 오르페우스여, 당신도 알지 않는가, 다른 누군가의 노래가 아니라 당신의 "온몸 욱신거리"는 그 애도의 웅얼거림이 지금 우리에게 유일하게 가능한 노래일지도 모른다는 것을 말이다. 노래를 아름답게 만드는 것은 노래를 불가능하게 하는 한 시절의 조건들이다. 그 압력을 인식하고 있는 이에게 "노래로 가는 길은 멀다. 온통 흐물거린다".(「시인의 말」) 이 자의식은 소중하다. 예컨대 「江, 꿈」이라는 빼어난 노래가 아름다울 수 있었던 것도 '가능한 노래'로 질러가는 유장한 리듬 때문이라기보다는 '불가능한 노래'를 향해 포복하는 그 무슨 헐떡거림 같은 리듬 때문이 아닌가. 노래의 불가능성과 고투하지 않는 이에겐 못 부를 노래가 없지만 고투하는 자는 혼신의 힘으로 '노래할 수 없음'을 노래할 뿐이다. 끝을 맺자. 그의 노래는 아름답다. 이미 노래여서가 아니라 노래가 되기 위해 몸부림치는 노래이기 때문이다.

비명(非命)의, 비명(悲鳴)의, 비명(碑銘)의 ─ 김근의 신작시 읽기

1970년대 산(産) 2000년대 발(發) 젊은 시인들 중에서 김근은 하나뿐이다. 그는 제 또래의 누구와도 닮지 않았다. 동료들의 시적 태반(胎盤)이 대개는 90년대 이후의 미디어 인프라와 다국적 문화라면, 그의 그것은 꿋꿋하게도 전북 고창 고향집의 '뒤란'이고 그 뒤란의 '우물'이고 그 우물에 빠지곤 했던 '뱀'이고 구더기가 꿈틀거렸던 '장독대'다. 그러나 그의 시가 자연을 노래한다고 말하기는 어렵다. 자연은 자연이되 좀 다른 자연이다. 그의 '고창'은 유하의 '하나대'처럼 계몽주의적 에콜로지를 내장하고 있지 않다. 그의 '뒤란'이 문태준의 '수런거리는 뒤란' 같은 아늑한 농경문화의 공간인 것도 아니다. 그는 서울이라는 도시를 건조한 인공의 세계로 그려낼 때와 크게 다르지 않은 덤덤함으로 고향의 뒤란을 축축한 시원의 세계로 그려낸다(그의 시에서 도시의 풍경을 견인하는 주요 이미지는 '사막'이고 고향의 풍경을 견인하는 주요 이미지는 '늪'이다). 그 축축한 시원의 공간에는 생명 못지않게 죽음이 자욱하다. 아름답다기보다는 음습하다. 맑은 눈물보다는 비틀린 웃음(클클, 헤헤, 흐흐 따위)과 더 가깝다. 요컨대 그는 자꾸 뒤돌아보기 때문에 동료들과 다를뿐더러, 그가 돌아보는 그곳에는 에코토피아가 아니라 그로테스크가 있어 선배들과 또한 다르다. 왜 그런가?

자연으로 옛날로 돌아갈 수 있다고 믿는 자들이 있는 모양이다. 그들이야말로 세계가 아직도 견고하다고 믿는 자들일 것이다. 어느 틈에 부드러운 피부에 싸여 있는 세계가 제 피부에 생채기를 내어 시뻘건 속살을 보여줄 때 그들은 기절초풍하고만 말 것인가. 어미에게 돌아간들 이미 쭈글쭈글 천만 개 주름을 단 자궁일밖에. 어하리 넘차 어어허.(「시인의 말」,『뱀소년의 외출』)

그는 "부드러운 피부"와 "시뻘건 속살"을 힘주어 대비하면서 '자연(옛날)'의 '생채기'에 대해 말한다. 그가 말하고 있는 것은 '어미의 자궁'이 절망적으로 늙어버렸다는 준엄한 사실이다. 그렇다면 노래하지 않으면 그만 아닌가. 그러나 그는 역설적이게도 자연으로 '돌아갈 수 없다'는 사실을 노래하면서 자연으로 '돌아간다'. 그가 어미의 죽음을 필사적으로 인정하면 또다른 그가 그것을 애타게 거부하기 때문일 것이다. 이 모순이 그의 '그로테스크'(김수이)를 낳고 그의 괴이한 웃음을 낳는다. 그의 시에 나타나는 시간(과거)과 공간(자연)과 사람(태아 혹은 노인)은 그래서 아름다우면서 무섭고 무서우면서 슬프다(여유가 있다면 그의 첫번째 시집 1부에 전진 배치되어 있는 「어제」「헤헤 헤헤헤헤,」「오래된 자궁」 등을 인용하고 음미할 것이다). 김지하의 '그로테스크 리얼리즘'(오에 겐자부로)이 유신시대의 '황토'와 '빈 산'의 그로테스크였고, 기형도의 '그로테스크 리얼리즘'(김현)이 6공화국 서울의 그로테스크였다면, 김근의 그로테스크는 "쭈글쭈글 천만 개 주름을 단 자궁"으로 남은 어미(자연)의 그로테스크다. 그 그로테스크(무덤) 앞에서 그는 "어하리 넘차 어어허" 따위의 노래를 부른다. 이런 식이니 확실히 그는 동료들과도 다르고 선배들과도 다르다. 동료들이라면 이런 철지난 전라도 상여노래 따위는 부르지 않을 테고, 선배들이라면 아직은 어미(자연)의 죽음 자체를 인정하려 들지 않을 테니까 말이다. 그의 첫 시집을 다시 읽고 한 생각들이다.

첫 시집 이후 발표된 그의 시들을 수습해 읽었으나 어떤 의미심장한 변화를 발견하기 어려웠다. 읽은 작품들이 충분치 않아서일 수도 있고 보는 이의 눈이 어두운 탓도 있을 것이다. 그는 여전히 노인네들을 이야기했고 귀신들을 이야기하고 있었다. 혹은 그런 시들만이 여전히 위력적이었다. 그러다 다섯 편의 신작시를 읽었다. 한 편은 심심했고 두 편은 익숙했으며 두 편은 놀라웠다. 익숙한 시 두 편부터 읽는다.[1]

족보에는 어리거나 젊어 죽은 여인들이 있어 내가 생겨나기도 전에 죽은 여인들 대체 무슨 귀신이 되어 족보 한 귀퉁이 씻나락 까불고나 까먹고나 있나 까불고 까먹다가는 문득 그 여인들 왜 족보의 몇 쪽을 우루루 건너 내 이름이 새겨진 쪽으로 오나 족보에 미처 이름이 올라가보지도 못한 여인들까지 거느리고 와서 내 몸을 빨아대나 쪽쪽쪽 피 죄다 빨아먹고 눈구멍 귓구멍 입구멍 좆구멍 똥구멍 땀구멍 할 것 없이 모든 내 몸의 구멍에 대고 쪽쪽쪽 몸의 물기란 물기는 다 빨려 내 몸은 홀쭉해지고 홀쭉해지다 못해 뼈에 들러붙고 축축 가죽 늘어지고 머리칼 한 올 좆털 한 올 남김없이 수염이며 눈썹까지 터럭들 죄 빠지고 손톱 발톱 모조리 빠지고 내 이름자 올라 있는 종이쪽은 바스락거리고 불면 날아갈 것 같고 왜 빨아대나 모지락스럽게도 나를 빨아먹고도 젖지는 전혀 않아 퍼석거리는 몸 질질 끌고설라무네 그 여자들 또 문득 족보의 좀체 찾아지지 않는 귀퉁이로 훌쩍 숨어버리고 숨어버려도 그만 족보를 덮어도 족보 한쪽은 내내 가물고 내 이름도 몸도 영영 가뭄이 들어 태어나지도 않은 일족의 아이들 금세 노인이 되고 그 노인들 점점 더더더 노인이 되는, 족보에는 어리거나 젊어 죽은 여인들이 있어

—「발魃」 전문

---

[1] [이하에서 다룬 작품들은 이 글이 발표된 이후 『구름극장에서 만나요』(창비, 2008)에 수록되었다.]

토막내어 인용하기 어려운 시다. 이 시의 전문이 한 몸의 형태를 취하게 된 건 필연적이다. 귀신 들린 자의 독백이 유기적으로 분절되기는 어려웠을 테니까. 어떤 귀신인가. 제목의 '魃'은 '발'이라 읽고 '가물귀신'이라 새긴다. 이들은 중국신화의 본래적 맥락에서 이탈하여 김근 특유의 그로테스크로 옮겨와 있다. 화자는 족보를 편다. 젊어 죽은 여인들의 이름이 거기에 있다. 화자가 그 여인들의 사연을 측은지심으로 궁리하자 그녀들이 귀신이 되어 살아 움직이기 시작한다. 그녀들은 어찌하여 젊어 죽었을까. 굶주림(가뭄) 때문이었을 것이다. 가난했던 기층 민중들에게 굶주림은 일종의 천형이었을 것이고 아들조차 못 된 딸자식들은 그 천형의 더 빈번한 표적이 되었을 것이다. 그래서 그녀들은 가물귀신이 되었고 지금 돌아오고 있다. 김근의 시에서 이 귀신들이 그저 객체로 머물다 떠날 리가 없다. 김근 시의 근원적 존재론 중 하나가 '(귀신) 들림'인 까닭이다. 여인들은 "족보의 몇 쪽을 우루루 건너 내 이름이 새겨진 쪽으로" 온다. 가물귀신들이라서, 그녀들은 내 몸의 모든 물기를 다 빨아먹는다. 내 몸이 가물어간다. 귀신을 만난 자는 더러 귀신이 되기도 하는 법이다.

누가 귀신을 부르는가. 무릇 모든 귀신 들림의 근원에는 죄의식이 있다. 그녀들의 죽음이 자신의 탓이라고 믿는 자에게 귀신은 온다. 그의 접신(接神)은 저 이유 없는 죄의식의 산물이다. 이유가 없기야 하겠는가. 첫번째 가설. 그가 태어난 이후 모친은 자꾸만 유산을 했었다 하는데(첫 시집 「시인의 말」 참조), 어린 그에게 그녀들의 죽음은 자신의 생존을 위한 희생처럼 느껴졌을 수 있다. 그것이 그에게 무의식적인 빚으로 남아 부채상환 요청을 해오는 것인지도 모를 일이다. 이것은 가장 손쉽고 기계적인 설명이다. 두번째 가설. 그의 죄의식을 '뒤늦은 세대'의 '때늦은 사랑'(1973년 생이니 92학번쯤 될 것이다)의 소산이라 이해할 수도 있다. "죄지은 것도 없이 죄스러웠던 세대, 배반할 그 무엇도 남아 있지 않았지만 자신의 배반을 두려워했던 세대, 그러나 내세울 과거가 없었으므로 괴로워할 자격도 없었던 세대였다."[2] 그러나 그런 설명은 그 죄의식이 왜 하필 자연, 자궁, 무덤, 그로테스크(이 단어들은 어원적으로 죄다 연결되어 있다)의 계열을 따라 발산되는지를 설명하지 못한다. 앞의 가설은 너무 좁고 뒤의 것은 너무 넓다. 분명한 것은 그가 귀신들의 내방을 외면하지 못한다는 사실이다. 죽은 어미를 매장하기 위해 팔다리 없이 온몸으로 포복하는 '뱀소년', 김근 시의 본래면목이 그것 아니었나. 틀림이 김근 시의 근원적 존재론이라면 푸닥거리는 김근 시의 윤리학이다.

그러니 그 여인들이 한둘일 리가 없다. 족보에 이름 오른 여인들뿐만 아니라 "족보에 미처 이름이 올라가보지도 못한 여인들"까지 다 내게로 온다. 그녀들은 우리가 도망쳐온 과거 전체를 짊어지고 막 밀려온다. 그래서 김근이 펴는 족보는 김가의 족보가 아니라 이 나라의 족보이고 근대의 족보다. 이것이 김근 시의 역사의식이다. 그 가뭄귀신들은 내 몸의 물기를 모조리 빨아먹고도 "젖지는 전혀 않아 퍼석거리는 몸 질질 끌고" 어딘가로 숨어버린다. 가뭄귀신들의 목마름은 해갈되지 않는다. 그가 도대체 '서정적 해결' 따위에는 관심이 없다는 뜻이기도 하다. 죽음이 삶 속으로 포섭되는 것이 아니라 외려 삶이 죽음 속으로 포섭된다. 그래서 귀신들의 귀환은 "태어나지도 않은 일족의 아이들"을 노인으로 만들어버리고서야 혹은 이미 노인인 자들은 "더더더" 노인으로 만들어버리고서야 끝난다. 귀신과 더불어 사는 이에게 삶과 죽음이 별개의 것일 수 없는 것이다. 그래서 그는 아이들의 몸 안에서 미래의 노인을 보고, 노인들의 몸 안에서는 도래할 귀신을 보는 것이다. "족보에는 어리거나 젊어 죽은 여인들이 있어"와 함께 시의 꼬리는 시의 머리

---

2) 졸고, 「애도하는 사막의 오르페우스」, 『실천문학』 2006년 봄호.

를 물고 다시 돈다. 귀신들은 다시 돌아올 것이고 악몽은 계속될 것이라는 뜻이다. 근대는 전근대의 유령을 박멸하지 못하고 거꾸로 속에서부터 곪아간다. 말하자면 이것이 김근의 시간의식이다.

한 편의 시에서 한 시인의 존재론, 윤리학, 역사의식, 시간의식 등을 모두 읽어내겠다는 것은 만용에 가깝다. 그만큼 이 시가 김근 시의 한 전형처럼 보이기에 부려본 만용이다. 분절 없이 가쁘게 이어지는 문장들은 귀신 들림의 존재론에서 악몽의 시간의식까지를 적절히 보필한다. 다시 말하지만 앞의 시의 전문이 한 몸의 형태를 취하게 된 건 그래서 필연적이다. 그러나 「여우의 시간」의 경우 전체가 한 몸의 형태를 취하도록 한 것이 과연 적절한 처사였는지 따질 수도 있어 보인다. 시인에게는 불경이 되겠지만 독자의 편의를 위해 시를 적절히 끊고 필요한 인용부호를 붙여 다시 적어본다.

어디서부터인지 길짐승처럼 울면서 흐느끼면서 끙끙거리면서 오는데/미처 다 오지는 못하고 문밖에서 망설이고만 있는 밤,/그런 밤에 숫여우 한 마리가 온다

아귀가 맞지 않는 창문과 창틀 틈새로/얇고 질긴 바람이 들기는 해도 나지는 못하고/여우는 바람처럼 질긴 제 성기를 떼어낸다/집 안의 공기가 이따금 파닥, 파닥거리고

"이제 이 성기는 할 일을 다 했네"/성기에 골몰하는 여우라니 그런 밤이라니/"오직 울기 위한 눈을 가진 사람들과 모든 밤에 몸을 섞었지/사내든 계집이든 가리잖고 늙은이든 어린애든 상관없이/그들이 내 성기를 향해 끝도 없이 눈물을 쏟았다네"

꼬리가 몇 개인지 잘은 보이잖아도/여우의 중얼거림이 스웨터의 풀리는 올처럼 기다랗게 내게 옮겨붙는다/언제나 나는 입이나 다물밖에/여우의 중얼거림이 내게 와 스웨터 하날 다시 완성할 때까지 해도 그건 엉키고 엉킬 뿐/성기를 떼어내고 여우는 혼곤한 잠 속으로 꺼져들어갈 것이다

"컹, 이제, 컹, 모든 밤에, 컹컹, 나를 위해서는 한 번도 쓰이지 않은, 컹, 내 성기를, 컹, 그, 컹, 만, 떼어버리는 게 좋겠어, 컹컹컹."

밤은 기어이 망설이다만 가고/왜 하필 내 집에선지도 묻지 않고/시들고 주름투성이에 꼬부라지기까지 한 아침에 여우를 버리고 나는/여우의 성기로 내 성기를 바꿔 달까 말까 고민할 것이다/나를 위해선지 여우를 위해선지/오직 울기 위한 눈을 가진 사람들을 위해선지 어쩐지도 잊고/또 여우를, 컹, 기다리면서는, 컹컹컹컹,

─「여우의 시간」 전문

족보에서 죽은 여인들이 걸어나온 것처럼 이번에는 숫여우 한 마리가 내방한다. 와서는 "바람처럼 질긴 제 성기"를 떼어낸다. 여우는 왜 제 성기를 떼어내려 하는가. 할 일이 끝났기 때문이다. "오직 울기 위한 눈을 가진 사람들"과 몸을 섞고 눈물을 성기로 받아내는 일이 여우의 일이었다. 족보에서 걸어나온 여인들이 객체로만 떠돌다 가는 법이 없듯이, 내 방에 내방한 여우도 기어코 '나'와 접선한다. "여우의 중얼거림이 스웨터의 풀리는 올처럼 기다랗게 내게 옮겨붙는다". 앞에서 귀신들림의 존재론이라 했거니와, 여기서는 여우에 들리고 있는 형국이다. 그러나 '나'와 여우의 접선은 원활하지 못하다. '나'는 웬일인지 입을 다물고, '나'와 여우는 "엉키고 엉킬 뿐"이다. 그리고 아침이다. 명백

히 성적인 뉘앙스를 담아 시인은 "시들고 주름투성이에 꼬부라지기까지 한 아침"이라고 썼다. 이 '아침'에 '나'는 (발기하지 못한 채) 무력하다. 그래서인지 모르겠으나, '나'는 이제 "여우를 버리고"(이 구절은 모호하다) 여우가 떼어버린 성기를 대신 달아보면 어떨까 궁리한다. "울기 위한 눈을 가진 사람들을 위해"서 이젠 내가 여우가 되어야 한다는 듯이 말이다. 아니나 다를까, 화자는 벌써 여우처럼 '짖기'(여우는 짖는다기보다는 우는 동물이지만 이 시에서 여우는 개처럼 '컹컹' 짖고 있다) 시작하고 있다. 다시 밤이 되어(즉, "여우의 시간"이 되어) 여우가 돌아오길 기다리면서 말이다.

  이야기는 명백하지만 그 이야기가 뜻하는 바는 명료하지 않다. 그러나 여기에서도 「발魃」에서 살핀 기본 패턴은 여일하다. 누군가 오고, 그와 접선(혹은 접신)하여, '나'와 그가 섞이고 나면, 그가 떠난다. 두 가지 점에 주목할 필요가 있다. 첫째, 왜 (늑대가 아니라) 여우인가? 게다가 '숫여우의 성기'라니, 이것은 꽤나 변환하기 어려운 코드다. 둘째, 시인은 이 시에 '여우의 시간'이라는 제목을 얹었다. 말하자면 이 시는 특정한 시간의 기미를 포착한 작품이라는 힌트다. 두 질문에 동시에 답하면 이렇다. 동물의 내방을 모티프로 한 시는 대개 내 안의 또다른 '나', 즉 억압되어 있던 '나'의 은밀한 충동(drive)의 귀환을 그린 것으로 읽히게 마련이다. 예컨대 이 시가 늑대를 소재로 했더라면 공격적인 남성성의 분출을 환상적으로 꿈꾸는 작품으로 읽혔을지도 모른다.

  이 시는 오히려 반대다. 늑대가 아니라 여우이고, 여우의 성기가 갖는 의미는 공격적 남성성보다는 포용적 남성성에 더 가까워 보인다. 여우의 성기는 "오직 울기 위한 눈을 가진 사람들과 모든 밤에 몸을 섞"기 위해 사용되었는데, 사람들은 여우의 성기에 눈물을 쏟고는 했던 것이다. 그러니까 이 성기(penis)는 슬픈 자들을 위로하는 도구, 이를테면 시인의 펜(pen-is)과 같은 것이다. 그렇다면 '여우의 시간'이란 무엇이겠는가. 여우가 왔다 가는 시간, 밤에서 아침까지의 그 시간, 시인에게 귀신이 오고 그 귀신에게 제 몸을 내어주는 접신의 시간, 즉 시작(詩作)의 시간이 아니겠는가. 그러나 이렇게 읽는다고 해서 이 시의 세목들이 모두 명료해지는 것은 아니다. 불명료함은 그 자체로는 미덕도 결함도 아니다. '시적인 것'을 분만하는 불명료함과 그렇지 않은 불명료함이 있을 뿐이다. 다음 시는 어떤가.

> 어느 해 많고 많은 백성들이 제 몸에 불을 질렀사온데
> 한 번 붙은 불은 여간은 꺼지지를 않고 온 나라로 번졌사온데
> 소신은 행여 소신의 몸에 불의 혓바닥 끝이라도 닿을까 벌벌벌
> 떨면서 불구경이나 실컷 하면서 그 광경을 서책에 기록하였사옵는데
> 급하게 휘갈긴 글자들이 타닥타닥 소리를 지르며 타오르다 못해 기세등
> 등 불의 아가리가 두 겹으로 엮은 서책의 낱장들을 야금야금 삼켜들더니
> 마침내는 족제비 꼬리털 뽑아 만든 붓마저 집어삼켜들어서는 그만 얼
> 른 붓도 서책도 놓아버리고 날아붙은 불티에 재빨리 소매도 잘라버리고
> 그길로 타지로 도망을 하였사온데
> 도망에 도망을 보태도 도망이 되지를 아니 하였거니와 훨훨훨 끝없이
> 타오르는 백성들 소신의 몸을 뚫고 지글지글거리는 얼굴 내밀고 터져 쪼
> 그라든 눈알 부라리고 시커먼 혓바닥 날름날름거리고 그 모양으로 세상
> 천지 불타기 전 못다 부른 노래를 죄다 지어 부르고 부르고 부르고 하지
> 를 않았겠사옵나이까
>
> 그들이 소신의 몸을 빌려 부르는 노래는 어느 이부(耳部)에 당도하나이까
> 결코 재 되어 없어지지는 않고 평생 불타오르기만 하는 이 몸을, 이제
> 몸이라고도 할 수 없는 이 불덩이를, 전하,
> ―「분서焚書 2」 전문

앞의 두 시를 세심하게 읽은 독자라면 이 시와 대화하는 데 별 어려움이 없을 것이다. 들림의 존재론이라는 기본 모형이 여전히 관철되고 있다. 앞에서 들림의 대상이 '가물귀신'과 '여우'였다면, 여기서는 '불'일 따름이다. 그 들림의 존재론이 이 시에 이르러 장엄한 이미지 하나를 마침내 창조해내고 있다. 내용은 이렇다. 백성들이 제 몸에 불을 질러 온 나라가 불바다가 되었다. 가뭄이 들어 굶주려 죽은 여인네들의 이야기를 앞에서 읽었거니와, 이 시에 이르면 이제는 민생 파탄이 극에 달한 총체적 난국에 가깝다. 이 사태의 기록자인 '나'는 행여 "몸에 불의 혓바닥 끝이라도 닿을까" 두려워하며 상황을 다만 관조하기로 작정한다. 그러나 「발(魃)」에서 이미 확인한 대로, 관조를 가능하게 하는 이 거리는 아마도 본인의 의지와는 무관하게 무화될 것이다. "도망에 도망을 보태도 도망이 되지를 아니하였거니와" 기어이 접신은 이루어지는 것이다. 앞에서 우리는 무엇이 귀신을 부르는가를 묻고 죄의식이 그것을 부른다고 썼다. 그렇다면 무엇이 불을 부르는가. 그것은 불타는 백성을 외면하려 하는 자의 죄의식이면서 동시에 불타는 역사를 정직하게 기록해야 한다는 서기관의 책임감이기도 하다. 물론 이 죄의식과 책임감은 부여 받은 것이라기보다는 떠맡은 것이다. 이것이 김근이 수락한 시인의 운명이다.

이 시는 접신을 점화로 변주하면서 잊지 못할 이미지들을 산출해낸다. 내가 쓴 글자들이 불타올라 내 몸에 옮겨붙는다. 남진우의 시 「타오르는 책」(『타오르는 책』, 문학과지성사, 2000)에서 '타오르는 책'은 신성(神聖)의 유혹을 표상하지만, 김근의 시에서 타오르는 책은 서기관의 책임을 추궁하는 역사의 불이다. 이 서기관은 분신하는 백성들의 아우성에 점화되어 그들이 "세상천지 불타기 전 못다 부른 노래를 죄다 지어 부르고 부르고 부르고" 해야 하는 지경에 처한다. 백성들의 단말마를 제 목으로 노래하는 이 서기관의 불행은 과연 시인이 도달할 수 있는 한 경지라고 해야 한다. (백성들의) 타오르는 몸이 타오르는 책을 거쳐 다시 (시인의) 타오르는 몸으로 변주되면서 이미지는 항진하고, 그 길을 따라가다보면 우리는 시의 말미에 이르러 장엄한 이미지 하나를 얻게 된다. 그것은 '영원히 타오르는 몸'의 이미지다. 시인이란 "결코 재되어 없어지지 않고 평생 불타오르기만 하는" 몸을 갖는 존재다. 이것은 온몸으로 포복하는 뱀소년(「뱀소년의 외출」)의 이미지를 잇는 또다른 결정적 이미지라고 해야 한다. 김근이 도달한 시인의 존재론에 대해서라면, 적어도 당분간은 이 이상의 이미지를 제시하기는 어려울 것이다. 그렇다면 "세상천지 불타기 전 못다 부른 노래" 혹은 "소신의 몸을 빌려 부르는 노래"는 어떤 방식으로 존재할 것인가. 이제부터는 시인의 존재론이 아니라 시의 존재론이다.

이 서책에는
속눈썹이 없사옵나이다
이 서책의 각막은 하여
언제나 위태롭사옵나이다
이 서책의 홍채에 맺히는 소신도
전하의 용안도 여리고 여려
언제나 위태롭게 흔들리옵나이다
두려움 가득 담긴 상하기 쉬운 눈빛으로
이 서책은 어린 짐승처럼 그럼에도
보고 또 볼 것이옵나이다

하온데 어찌해볼 도리 없이 이 서책을
태워 없애버리셔야겠나이까
　　　　　　　　　　—「분서焚書 1」 중에서

"세상천지 불타기 전 못다 부른 노래" 혹은 "소신의 몸을 빌려 부르는 노래"를 기록한 서책이 아마도 이러할 것이다. "이 서책에는/속눈썹이 없사옵나이다". 첫 문장은 돌발적이고 강렬하다. 그래, 과연 책은 눈이다. 속눈썹이 없어 "불길한 공기"를 막아내기 어려운 눈처럼, 책은 그저 연약한 표지로 감싸여 있는 한낱 종이 뭉치에 불과하다. 그것은 불 앞에서 속수무책이다. 그렇게도 연약한 눈이지만, 그러나 그 눈은 언제나 부릅뜬 채로 세상을 "보고 또 볼" 것이다. 특별히 "이 서책"이 더욱 그러하다면 아마도 이 서책은 시집일 것이다. 그것이 '전하'이건 그 누구건 이 서책을 태울 수는 없는 일이다. 우리는 진나라의 분서갱유를 알고 있고 괴벨스가 총지휘한 1933년의 분서갱유도 기억하고 있다. 책을 태우는 일은 인간이 이 세상에서 저지를 수 있는 가장 끔찍하게 어리석은 일 중의 하나다. 그 불이 태울 수 있는 것은 그저 종이 뭉치일 뿐 진리와 정의와 아름다움은 타지 않는다. 이를 비꼬기라도 하듯 이탁오(李卓五)는 자신의 문집을 '태워버려야 할 책'이라 이름 지으면서 당당하였고(『분서焚書』), 브레히트의 시에서 어느 시인은 자신의 책이 분서 목록에서 제외되었다는 것을 알고 모욕감에 치를 떨며 "나의 책을 불태워다오!"(「분서」)라고 외쳤다. 시인은 전하의 안전에서 감히 직언한다. 책을 태우지 말라고 말이다. 「분서 2」와 이 시를 이어 읽으면 그 전언은 한결 명료해진다. 제 스스로 불타는 책(「분서 2」)은 그 누구도 불태울 수 없다는 것(「분서 1」), 그것이 시의 존재론이라는 것. 이것은 감히 현재 김근 시의 최전방이다. '책'과 '눈'의 이미지가 내통하는 일이 전적으로 새롭다 하긴 어려워도, 그 이미지와 더불어 직진하여 단단한 전언에 도달하는 이 시의 보폭은 인상적이다(그러나 인용하지 않은 마지막 두 줄은 사족에 가깝다). 이 '분서' 연작이 어디까지 이어질지 모르겠으되, 아마도 이 안에 김근 시의 미래가 있을 것이라고 믿는다.

결론을 맺자. 김근은 이상하게 웃는다. 클클, 헤헤, 흐흐 따위로 웃는다. 그의 동료들은 누구도 이런 식으로 웃지 않는다. 이것은 냉소(冷笑)인가 고소(苦笑)인가 실소(失笑)인가. 우리는 이 웃음이 늘 궁금했다. 이 웃음은 모순의 웃음이다. 그의 모순은 아마도 죽었으나 죽었다 하기 어렵고 살아 있으나 살아 있다 하기 어려운 것들 앞에서 느끼는 곤혹과 절망 앞에서 생겨나는 모순일 것이다. 그는 '그것은 죽었다'라고 단언하지 못하고 '그것은 살아 있다'고 기만하지 못한다. 죽음을 노래할 때에는 자꾸만 삶을 의식하고 삶을 노래할 때에는 자꾸만 죽음을 의식한다. 이 진퇴양난의 모순 앞에서 흘러나오는 속수무책의 웃음이 그의 웃음일 것이다. 모순을 끌어안고 있는 자는 정직한 자다. 세상이 오직 비탄일 뿐이라고 말하는 이도 가짜고 세상을 애오라지 아름답게만 보는 이도 가짜다. 세상은 모순이다, 라고 말하는 이가 대체로 진짜다. 그는 삶과 죽음을 함께 웃는다. 한 시인의 개성은 그가 품고 있는 그 모순의 개성이다. 김근은 그만의 모순 덕분에 김근일 수 있었다. 이제 그는 삶을 죽음으로 성찰하고 죽음을 삶으로 껴안는 일에 더 적극적인 듯 보인다. 귀신 들린 채로 혹은 불타오르는 몸으로, '오직 울기 위한 눈'을 가진 사람들과 몸을 섞으며 '영원히 태울 수 없는' 눈(책)이 되어 세상을 직시하기 시작하였다. 비명(非命)에 간 자들의 비명(悲鳴)을 비명(碑銘)에 기록하는 장엄한 일이 시인의 일이라는 듯 이렇게 단호하게 매달리고 있다. 이 길이 유일하게 올바른 길은 아니겠지만 시인이 가볼 수 있는 가장 아프고 영광스런 길 중의 하나가 또한 이 길이다. 이 길을 가는 자, 지금 얼마나 되는가. 1970년대 산 2000년대 발 시인들 중에서 김근은 하나뿐이다.

제4부

그가 누웠던 자리

서정은 언제 아름다움에 도달하는가. 인식론적으로 혹은 윤리학적으로 겸허할 때다. 타자를 안다고 말하지 않고, 타자의 고통을 느낄 수 있다고 자신하지 않고, 타자와의 만남을 섣불리 도모하지 않는 시가 그렇지 않은 시보다 아름다움에 도달할 가능성이 더 높다. 서정시는 가장 왜소할 때 가장 거대하고, 가장 무력할 때 가장 위대하다.

시선의 정치학, 거울의 주체론
─이상의 시

1. 오감(烏瞰)하는 시선과 탈-건축적 상상력

이상(李箱)은 조선총독부 재직 시절 잡지 『조선과건축朝鮮と建築』에 일어로 씌어진 시 28편을 1931~1932년에 발표하면서 작품활동을 시작한다. 그러나 이 작품들은 '만필(漫筆)'이라는 항목으로 분류되어 발표되었다. 말 그대로 '어지럽게 쓴 글들'이어서 일종의 스케치 혹은 아포리즘 정도로 읽힌다. 이 시기 이상이 이 글들을 '시'를 쓴다는 자의식을 갖고 쓴 것인지는 확실치 않다. 이상이 정식으로 문단에 데뷔한 시점은 정지용이 주재한 『카톨릭청년』에 「꽃나무」「이런 시」「거울」등을 발표한 1933년경으로 잡아야 할 것이다. 이때까지만 해도 동시대인들의 평가는 그다지 호의적이지 않았던 것 같다.[1] 소박하게 출발한 이

---

1) 간접적인 증언이긴 하지만, 정작 이 시들을 잡지에 수록한 정지용만 해도 이상의 시가 쓸 만하냐는 질문에 "쓸 만하긴, 그저 그렇지. 요새 유행하는 일본 젊은 시인들의 흉내를 내는 것 같은데, 우리나라에도 그런 시가 한두 편 있는 게 괜찮아요. 그 정도로 알면 돼요"라고 했다고 한다.(조용만,「이상 시대 — 젊은 예술가들의 초상」,『문학사상』1987년 4월호, 103쪽)

상은 1년 후 조선중앙일보에 발표된 '오감도' 연작(1934)이 일으킨 스캔들로 인해 단숨에 당대 문단의 중심부로 진입한다. 그러나 여전히 이상의 시에 대한 진지한 접근은 거의 이루어지지 않았다. 다만 김기림만이 "이상은 지금까지 얼마 알려지지 않은 시인"이지만 "사실 우리들 중에서 누구보다도 가장 뛰어난 쉬르리얼리즘의 이해자"[2]라고 상찬하여 자신의 혜안을 증명했을 뿐이다.

이상이 「날개」(1936)를 발표한 이후에는 상황이 달라진다. '일본 신(新)심리주의의 아류' 운운한 김문집을 특별한 예외로 한다면 「날개」에 대한 문단의 평가는 진영을 막론하고 대체로 긍정적이었다. 당대의 대표적 모더니즘 이론가인 최재서의 호의적인 평가야 자연스럽다 쳐도 임화조차 "어떤 이는 이상을 보들레르와 같이, 자기 분열의 향락이라든가 자기 무능의 실현이라 생각하나 그것은 표면의 이유이다. 그들도 역시 제 무력, 제 상극을 이길 어떤 길을 찾으려고 수색하고 고통한 사람들이다"[3]라고 하면서 이상 문학의 진정성을 인정한 대목은 흥미롭다. 모더니즘과 경향문학에 공히 비판적이었던 서정주 역시 이상에 대해서만큼은 예외적이게도 그의 내면 깊은 곳으로 기꺼이 내려가서 그의 문학을 이해하려는 노력을 마다하지 않았고 이상의 문학에서 식민지 지식인이자 폐병 3기 환자인 이상이 누른 절망적인 'SOS의 초인종'[4] 소리까지를 들었다. 인간 김해경은 쓸쓸하게 생을 마감했지만 이상 문학은 당대에 이미 외롭지 않았다.

다소 길게 당대의 분위기를 정리한 이유는 다른 것이 아니다. 그후로도 오랫동안 많은 사람들이 이상에 대해 이야기해왔다. 그런데 그러는 와중에 우리는 '30년대의 이상'으로부터 너무 멀어져버린 것은 아닌

---

2) 김기림, 「현대시의 발전」(1934), 『김기림 문학전집 3』, 심설당, 1988, 328~329쪽.
3) 임화, 「세태소설론」(1938. 4.), 『문학의 논리』, 서음출판사, 1989, 208~209쪽.
4) 서정주, 『서정주 문학전집 5』, 일지사, 1972, 92쪽.

가. 이상에 대해 말할 때 사람들은 늘 이상을 미래로 열려 있는 텍스트라고 평했다. 그는 '예언의 작가'였고 그의 문학은 '선취의 문학'이었다. 새로운 방법론이 도입되고 새로운 시각이 습득되면 이상은 어김없이 다시 호출되었다. 새로운 방법론과 시각을 능히 감당해내는 이상 문학의 다채로운 결이 다시 상찬되었고 그는 또다시 미래로 투사되었다. 이 와중에 우리는 이상 문학을 동세대로서 읽었던 이들의 당대적 실감을 거의 잊어버리고 말았다. 그러니 이상의 동시대인들이 이상으로부터 받은 충격의 '첫 장면'으로 되돌아가면 역설적이게도 이상 시학의 새로운 일면이 드러날 수 있지 않을까. 이런 맥락에서 최재서와 서정주의 다음 지적은 다시 음미될 필요가 있어 보인다.

문제는 재료에 있는 것이 아니라 **보는 눈**에 있다. (…) 박씨(박태원—인용자)가 혼잡한 도회의 일각을 저만큼 선명하게 묘사한 데 대해서도 존경하지만 이씨(이상—인용자)가 분쇄된 개성의 파편을 질서 있게 카메라 안에 잡아넣은 것에 대하여선 경복지 않을 수 없다.
—최재서, 「리얼리즘의 확대와 심화」(조선일보, 1936, 강조는 인용자, 이하 동일) 중에서

이상의 시의 특질을 말하려면, 첫째 **서정의 심화**를 들 수 있을 것이다. 그보다 앞섰던 대개의 시들은 사물의 윤곽성(輪廓性)의 표현에 지나지 않았던 것이다. (…) 그런데, 이것이 이상에 오면, 이런 것들이 윤곽적인 것들에 멈추는 것이 아니라 내면으로 흘러들어가 그 자세한 내심을 구체적으로 나타냈던 것이다.
—서정주, 「이상과 그의 시」(『한국의 현대시』, 일지사, 1988) 중에서

두 사람은 각각 '눈'과 '깊이'에 대해 말한다. 전자는 '내면'을 바라

보는 시선의 독특함을 문제 삼고 그것을 '리얼리즘의 심화'라 했고, 후자는 대상의 윤곽을 뚫고 들어가는 이상 시의 특질을 일러 '서정의 심화'라고 했다. 서로 다른 얘기처럼 보이지만 두 사람의 거리는 생각보다 멀지 않다. 양자에게서 공통적으로 발견되는 논점은 이상의 '시선'이 어딘가 특별하다는 것이다. 그들에게 이상은 무엇보다도 '깊이 들여다보는 시선'의 소유자로 각인되었던 것 같다. 당대의 독자들에게 이상 문학의 혁신성은 무엇보다도 눈의 혁신성이었다. 그의 시선은 벤야민의 보들레르마냥 경성 거리를 산책한 모더니스트들의 시선 — 도시와 군중에 대한 '매혹과 반발'의 기묘한 변증법으로 생겨나는 '산책자'의 시선 — 과도 닮지 않았다. 이상의 시선은 매혹된 자의 것이라고 하기에는 지나치게 서늘하고, 반발하는 자의 것이라고 하기에는 대상에 너무 깊숙이 연루되어 있다. 그의 시선은 경성의 자본주의와 도시문화를 필연적인 어떤 것으로 인지하면서도 그 이면을 꿰뚫어보는 냉정한 시선이다. 이 눈의 정체는 무엇인가. 다음 지적들이 시사적이다.

요컨대 현실을 X선으로 투과함에서 이상 문학은 출발되었다. X선으로 바라본 현실, 거기에는 두개골 같은 뼈다귀만 앙상히 드러난다. 회색이다 못해 푸른색까지 풍기는 귀기 서린 세계라고나 할까.[5]

그가 병든 육체를 통하여 펼쳐든 문학적 공간 속에서 그의 도시는 (…) 그것이 어디서 시작해서 어디로 가는지 알 수 없는 미로의 길들로 존재하며 (…) 그의 미로는 병든 육체를 가두고 있는 가족의 집과 어렴풋하게 멀어져 마치 카프카의 성처럼 안개에 싸여 있는 탑들의 도시에 둘러싸여 있다. 그의 골목은 그러한 가족과 도시의 오이디푸스적 권력들로

---

5) 김윤식, 「영어권 속의 이상 문학」, 『이상 문학 텍스트 연구』, 서울대학교 출판부, 1998, 47~48쪽.

막혀 있다.[6]

위의 예문들은 이상의 시선이 X선과 같다는 것, 그 시선으로 포착된 세계는 미로의 형상으로 재현된다는 것, 그리고 그곳은 '오이디푸스적 권력'이라고 할 만한 힘에 의해 장악당한 곳으로 나타난다는 것 등을 지적한다. 이상은 어디에서 이렇게 보는 법을 배운 것일까. 그가 경성 고등공업학교에서 건축을 배웠다(1927~1929)는 사실을 주목할 일이다. 건축을 배운다는 것은 무엇인가. 수학과 작도를 배운다는 것, 그 정교한 숫자와 선의 세계에서 설계도와 조감도를 그리는 법을 배운다는 것이다. 말하자면 그는 '도시 산책자'이기 이전에 이미 '도시 설계자'였다. 직접 건축물을 설계하고 도시를 계획하는 자의 시선은 자기 앞에 던져진 도시의 외관 앞에서 매혹과 반발을 동시에 경험하는 자의 시선과 다를 수밖에 없다. 이를 건축학적 시선이라고 불러보자.

당대의 동료들이 이상의 시에서 받은 특별한 인상은 바로 이 건축학적 시선의 산물처럼 보인다. 그것은 화려한 외관 이면에 숨겨져 있는 철골 구조물을 투시하는 시선이고 그 철골 구조물을 떠받치고 있는 수학공식과 기하학—이를 모더니티라고 불러도 좋겠다—까지를 투시하는 시선이다. 마치 X-ray처럼 대상을 흑백의 설계도로 환원해서 꿰뚫어보는 시선은 외관의 그럴듯함에 매혹되지 않으며 거기에 반발하지도 않는다. 매혹과 반발의 감정은 어떤 무지에 힘입어 생겨난다. 주체의 앎을 벗어나는 잉여를 품고 있는 대상만이 주체에게 매혹과 반발을 선사할 수 있다. 그러나 이상은 '너무 많이 아는' 타입이었다. 다 알고 있는 자의 시선은 매혹과 반발에 휩쓸리기보다는 차라리 조롱과 공포 사이를 오간다. 대상의 치부를 알고 있어서 우습고 대상의 비밀을 알고

---

6) 신범순, 「글쓰기의 최저낙원」, 『글쓰기의 최저낙원』, 문학과지성사, 1993.

있어서 무섭다. 그러고 보면 이 조롱과 공포의 정서는 우리가 이상 문학에서 가장 자주 접하게 되는 것이기도 하다.

앞에서 우리가 건축학적 시선이라 명명한 것은 너무 많이 아는 자의 시선이고 조롱과 공포의 정서를 창출해내는 시선이다. 이제 이 시선에 '오감(烏瞰)하는 시선'이라는 이름을 붙여보려고 한다. '조감도'는 완성되지 않은 건축물의 완성된 외관을 예상하여 실물보다 더 그럴듯하게 그린 그림이다. 새가 비스듬히 내려다보는 각도에서 그려지므로 돌기 부분 뒤쪽은 그림에 나타나지 않는다. 그러나 이상은 조감도를 거부하고 '흑백의 시선'[7]으로 대상의 안쪽을 투시했다. 그래서 그 결과물은 낯설고, 낯설기 때문에 난해하고, 낯설고 난해하기 때문에, 즉 어떤 잉여 때문에 독자에게 매혹과 반발을 동시에 불러일으킨다. 이를테면 이상 시학의 근본 원리이자 '오감도' 기획의 본래 취지는 이런 게 아니었을까.[8] '당신들에게 낯설고 난해한, 그래서 매혹적인 동시에 불편한 어떤 것을 보여주겠다. 그러나 사실을 말하자면 나에게는 이 모든 것들이 우습거나 무섭다.'

이상은 이 시선을 통해 건축된 것들을 '탈-건축'하는데 바로 여기에 이상 시의 '비판적' 요소가 잠재돼 있다. '건축된 것'이라는 은유의 내

---

7) 김윤식은 이렇게 쓰고 있다. "'조감도'가 아무리 높은 곳에서 내려다보는 시선이라도 그것이 총천연색의 세계라면, 이를 추상화한 방법이 '오감도'였다. 일시에 흑백의 세계로 돌변하고 있었던 것."(앞의 책, 34쪽) 그는 '흑백지도의 발견' '회색세계로의 진입'이라는 표현을 쓰고 있다. 이상 문학이 관념과 자의식의 세계를 본격적으로 탐구했다는 점에 주목한 언급이다. 우리는 만일 이상 문학을 '흑백'의 문학으로 부를 수 있다면, 그것은 관념과 자의식의 세계가 흑백이기 때문이라는 '내용' 차원의 설명보다는 차라리 대상의 외관이 아니라 설계를 투시하여 그 화려한 외관 이면의 뼈대를 드러내는 방법론적 의도에 기초한 것이기 때문이라는 '기법' 차원의 설명을 제시하고 싶다.
8) 물론 '오감도'가 '조감도'의 오식(誤植)이라는 설도 있다. 그러나 설령 그것이 우연한 실수의 소산이라고 해도 이 실수는 연재기간 내내 수정되지 않았다. 여기에는 이상의 의도가 얼마간 개입해 있었으리라고 보는 편이 온당할 것이다.

포를 넓게 잡아도 좋을 것이다. 그것은 도시일 수도 있고 가족제도일 수도 있다. 신체도 하나의 구조물이며 인간관계(이상의 경우 주로 '연애') 역시 보기에 따라선 건축된 구조물로 간주될 수 있다. 물론 텍스트 역시 하나의 건축물이다. 이 모든 건축물들(제도들)을 해체하는 작업은 당대의 일상적인 통념을 해체하는 작업과 나란한 것이다. 이상의 '오감하는 시선'과 '탈-건축적 상상력'이 대상들을 어떻게 포착하고 해체했는지, 그 비판적 잠재력이 어떤 결과물을 산출해냈는지 살펴보려 한다.

2. 거리 시편과 시선(視線)의 정치학

2-1. 설계도로서의 시와 '카프카적인(Kafkaesque) 것'

이상이 중앙문단을 향해 내민 출사표에 해당하는 「오감도 시 제1호 烏瞰圖 詩 第1號」는 이상 연구의 입구이자 출구다. 여기에는 이상의 상처와 이상의 전략이 동시에 드러나 있다. 이상의 주요 테마들 역시 집약되어 있는데, 예컨대 숫자 '13' '아해' '질주' '뚫린 골목과 막다른 골목' '공포' 등은 어느 하나 가볍게 다루어져선 안 될 이상의 열쇠어들이다.

  十三人의兒孩가道路로疾走하오.
  (길은막달은골목이適當하오.)

  第一의兒孩가무섭다고그리오.
  第二의兒孩도무섭다고그리오.
  第三의兒孩도무섭다고그리오.

第四의兒孩도무섭다고그리오.
第五의兒孩도무섭다고그리오.
第六의兒孩도무섭다고그리오.
第七의兒孩도무섭다고그리오.
第八의兒孩도무섭다고그리오.
第九의兒孩도무섭다고그리오.
第十의兒孩도무섭다고그리오.

第十一의兒孩가무섭다고그리오.
第十二의兒孩도무섭다고그리오.
第十三의兒孩도무섭다고그리오.
十三人의兒孩는무서운兒孩와무서워하는兒孩와그러케뿐이모혓소.
(다른事情은없는것이차라리나앗소)

그中에一人의兒孩가무서운兒孩라도좃소.
그中에二人의兒孩가무서운兒孩라도좃소.
그中에二人의兒孩가무서워하는兒孩라도좃소.
그中에一人의兒孩가무서워하는兒孩라도좃소.

(길은뚤닌골목이라도適當하오.)
十三人의兒孩가道路로疾走하지아니하야도좃소.

―「烏瞰圖 詩 第1號」[9] 전문

---

9) 조선중앙일보 1934년 7월 24일자. 앞으로 시의 인용은 처음 발표된 지면을 토대로 한다. 『이상 문학전집 1 ― 시詩』(문학사상사, 1989)는 정본 텍스트로서의 가치가 거의 없다고 해도 좋을 만큼 많은 오식과 오류를 포함하고 있어 인용 텍스트로는 부적합하다.
〔단, 원문이 일어로 되어 있는 시의 경우 어차피 우리가 다루는 텍스트는 일종의 번역시이므로 현대어로 자유롭게 옮긴다.〕

이 악명 높은 시를 논하는 일은 많은 경우 소모적인 유희로 끝나고 만다. 분석과정에서 텍스트의 빈틈을 인위적으로 메우려다보니 더러 추정과 과장에 의지할 수밖에 없었기 때문이다. 공백에 의미를 채워넣으려 하기보다는 공백 자체를 하나의 전언으로 받아들여야 한다. 이 시가 '실제로' 말하고 있는 것만을 간추려보기로 하자. 이 시가 전달하는 정보 내용들은 다음 세 가지로 정리된다. 1)13명의 아이가 도로로 질주한다. 길은 막다른 골목이 적당하다. 2)13인의 아해는 '무서운 아해'와 '무서워하는 아해'로 구성되어 있다. 3)길은 뚫린 골목이라도 적당하다. 13인의 아해가 도로를 질주하지 않아도 좋다. 세 명제를 차례로 검토해보자.

1)13명의 아이가 그 도로로(를) 질주한다, 길은 막다른 골목이 적당하다 : 첫 문장인 "13인의 아해가 도로로 질주하오"에는 서사의 3요소인 인물(13인의 아해), 사건(질주), 배경(도로)이 모두 제시되어 있다. 이 단도직입적인 진술은 상황 설정이라는 목적을 달성하는 일 외에는 관심이 없어 보인다. '자, 이런 상황이라고 한번 가정해보시오'라는 문장을 그 앞에 숨기고 있는 듯 보인다는 말이다. 이런 맥락을 의식하고 보면 이어지는 괄호 속 문장은 어쩐지 희곡의 지시문처럼 보이기도 한다. 예컨대 길은 막다른 골목이 '적당하다'는 표현은 '길은 막다른 골목이다'라는 사실 진술이 아니라 '일단 막다른 골목이라고 생각하고 이어지는 질주의 서사를 지켜보라'는 주문에 가깝다. '자, 이렇게 가정해봅시다. 13명의 아이들이 도로를 질주한다고 말입니다. 막다른 골목을 향해 달린다고 가정해보는 것이 적당할 듯싶습니다.' 이러한 설정과 주문은 시의 끝에 가서 화자가 이 골목이 뚫린 골목이어도 상관없다고 진술을 뒤집게 되는 사태를 미리 예비하는 것이기도 하다. 사실 진술이 아니라 설정이기 때문에 그때그때의 목적에 따라 얼마든지 번복될 수 있는 것이다.

왜 이와 같은 설정과 가정이 필요한 것인가. 이 시가 겨냥하는 것은 어떤 사실관계의 진술이 아니라 어떤 정서의 전달이기 때문이다. 정서라는 표현이 정태적이라면 심리학의 용어를 빌려 '정동(情動)'이라는 표현을 사용해도 좋다. 위의 첫번째 명제는 그러니까 막힌 골목이라고 가정하고 읽는 것이 독자가 그 정동을 전달 받는 데에 더 요긴할 것이라는 제안이겠다. 이상이 전달하고자 한 정동은 물론 '공포' 다. 이어지는 시행들이 그 공포를 전달한다. 그 공포는 '무섭다' 고 하는 아해들의 말(내용)과 13번에 걸친 반복(형식)이라는 이중 장치를 통해 전달된다. 즉 독자는 '무섭다' 라는 단말마의 외침을 13번이나 반복해서 듣게(읽게) 된다. 1부터 13까지의 아해가 빠짐없이 하나하나 수행하는 이 외침·반복은 강박적이라 해야 할 정도로 집요하다. 말하자면 이 시에서 일차적으로 중요한 것은 '무섭다' 는 말의 반복이 주는 공포감 그 자체이다. '왜 무서운가?' 라는 질문은 나중에 던져도 늦지 않다.

이렇게 13번의 반복이 끝난 후에 새로운 정보 내용이 추가된다. 2) 13인의 아해는 '무서운 아해' 와 '무서워하는 아해' 로 구성되어 있다 : 무서운 아해와 무서워하는 아해로 구성되어 있다는 말은 저 공포라는 정동의 생산자와 수신자가 분별될 수 없다는 것을 뜻한다. 예컨대 '제2의 아해' 는 '제1의 아해' 때문에 무서워하는 정동의 수신자이지만 그 자신은 '제3의 아해' 를 공포에 질리게 하는 정동의 생산자일 수도 있다는 말이다. 이곳은 무차별적인 상호적대의 공간이자 만유공포의 세계다. 이 대목에도 '지시문' 이 있어서 독자 편의 설정과 가정을 요구한다. "다른 사정은 없는 것이 차라리 낫소."[10] 다른 사정은 부차적인 것이며 중요한

---

10) 발표 당시 원문에는 '나앗소' 라고 표기되어 있었으나 임종국은 『이상 전집』(문성사, 1956)에서 이를 '나았소' 로 교열하여 과거형으로 만들어버렸다. 그러나 이상은 '졸다' 를 '조올다' 로, '알다' 를 '아알다' 로 표기하여 장음 표시에 주의를 기울였다. 이 '나앗소' 역시 장음으로 표기된 '낫소' 일 뿐 과거형이 아니다.(황현산, 「烏瞰圖 주석」, 『포에지』 2002년 봄호, 67~68쪽 참조)

것은 13인의 아해들이 서로가 서로에게 공포를 느낀다는 사실 자체이니 거기에만 주목하라는 주문이다. 서로가 서로에게 무차별적으로 공포를 느끼는 상황은 공포의 근원을 알지 못할 때 발생하는 상황일 것이다. 그렇다면 배경이 되는 '도로'는 공포의 근원이 은폐되어 있는, 그래서 거꾸로 어느 곳에나 공포가 있는 장소의 표상인 셈이다. 이어지는 네 행은 바로 이 사실의 부연이다. 누가 무서운 아해이고 누가 무서워하는 아해인지 상관없다는 것, 어떤 식으로 생각해도 '좋소'인 것이다.

이어서 세번째 정보 내용이 추가된다. 3) 길은 뚫린 골목이라도 적당하며 13인의 아해가 도로를 질주하지 않아도 좋다 : 이미 지적한 대로 시의 말미에서 이전 진술을 모두 철회해버리는 일이 가능한 것은 애초이 세계가 설정과 가정의 공간이었기 때문이다. 독자가 13번에 걸쳐 반복되는 단말마로부터 어떤 공포감을 느꼈다면, 그리고 그 공포의 근원이 은폐되어 있기 때문에 아해들이 서로가 서로에게 공포의 대상이 되고 있는 카오스적 상황을 추체험했다면 그걸로 됐다는 뜻이다. 이 '철회'의 제스처가 남기는 묘한 여운에도 주목할 필요가 있다. 무서운 이야기를 한 다음 '믿거나 말거나'라고 하거나 서사의 끝에 '그는 순간 잠에서 깨어났다, 모든 것은 꿈이었다'라는 식으로 여운을 남기는 이야기꾼의 수법과 유사해 보인다. 애초의 전제를 주밀하게 끌고 나가서 논리적으로 완결지으면 어떤 정동은 이야기 안에서 심리적으로 해소되게 마련이다. 반대로 애초의 전제를 무화시켜 끝과 처음을 다시 연결하고 진위 판단을 전적으로 독자의 몫으로 돌리면 이야기와 현실의 경계가 교란되고 정동의 파동은 계속된다. 이상이 겨냥한 것은 물론 후자다.

요약하자. 이 시는 이상이 독자들에게 던진 수수께끼가 아니다. 차라리 독자의 공포 체험을 유도하는 희곡적인 시에 가깝다. 공포를 체험했다면 '다른 사정은 차라리 없는 것이 낫다'. 물론 이것으로 이 시에 대한 논의가 끝나는 것은 아니다. 이 시는 이상이 의도했든 안 했든 당대 현실과 공명하는 몇 가지 사회적 상징성을 함축하고 있다. 은폐되어 있는 공포의 근원은 무엇인가, 왜 어른이 아니라 아이들인가, 왜 도로가 배경인가 등의 물음을 잇달아 물어야 한다.

첫번째 질문. 공포의 근원은 무엇인가. 이 물음에 답하기 위해서는 정보 내용의 확인 작업 너머로 나아가서 당대적 콘텍스트를 참조할 수밖에 없다. 그 추론의 단서 중 하나가 바로 이상의 시선이다. 이상은 까마귀의 눈으로 도로 위의 아수라장을 내려다보고 있다. 이 시선은 예의 그 설계도를 투시하는 시선이거니와 이 시는 다름 아니라 경성 거리의 설계도에 해당하는 것이다. 이상은, 투시하는 눈으로 보면, 경성 거리는 단지 만유공포의 카오스일 뿐이라고 말하고 있는 것처럼 보인다. 서로가 서로에게 그 근원과 이유를 알 수 없는 공포를 느끼고 있는 이 묵시록적 상황은 '카프카에스크(Kafkaesque)', 즉 카프카적 상황과도 흡사해 보인다. 밀란 쿤데라는 카프카에 관한 그의 에세이에서 소위 '카프카적인 상황'이 어떤 것인가를 흥미롭게 정리해주고 있는데, 이런 식이다. 벌을 받는 자가 있으나 자기에게 왜 죄가 있는지를 모른다. 그는 스스로 열렬히 자기의 죄를 찾아헤맨다. 그리고 마침내 벌이 죄를 '생산하는' 지경에까지 이르고 불쌍한 그는 마치 그럴 줄 알았다는 듯이 파멸한다.[11] 이런 상황이 주는 기묘한 불안과 공포는 「烏瞰圖 詩 第1號」가 전달하는 정동을 이해하는 데도 참고가 될 법하다. 밤이면 네온사인이 켜지고 야시장이 열리는 불야성의 경성 거리가 실상 허구일 수 있다는 것, 그 거리를 걷는 조선인들은 그 불야성의 들러리에 지나지 않는 소외된 존재일 수 있다는 것, 심지어 그 거리는 언제라도 조선인들이 체포될 수 있는 거리이며 그 거리에서 죄의 유무는 실상 중요하지 않다는 것, 이런 맥락들 속에 「烏瞰圖 詩 第1號」를 겹쳐볼 수 있을 것이다.

---

11) 밀란 쿤데라, 「저 뒤쪽 어디에」, 『소설의 기술』, 권오룡 옮김, 책세상, 1990, 119쪽.

'오감도'의 거리와 그 공포는 체포 이후에 비로소 죄가 '만들어지는' 카프카적 거리의 공포를 연상하게 한다.

이 시를 읽을 때 우리는 이 시의 배경이 되는 도로가 경성의 도로이고 경성의 근대는 식민지 수탈 정책의 일환으로 이루어진 '식민지 근대화'의 산물이라는 너무나 당연한 사실을 되새기지 않으면 안 된다. 이 당연한 사실을 되새기는 것만으로도 이 시에 대한 허무한 수수께끼 놀음은 얼마간 설득력을 잃게 될 것이다. 조선인은 주체가 아니라 객체이며 오직 짜인 각본에 따라 움직이는 어린아이('아해') 같은 존재들에 지나지 않는다. 희곡을 연상시키는 시의 양식은 경성 거리 배후에 숨어 있는 '짜인 각본'을 암시하고 있다. 아해들이 '13'명이라는 설정 역시 그 무슨 수수께끼 같은 것이 아니다. '13'이라는 숫자가 환기하는 일차적인 느낌에 충실해야 한다. 그것은 불길하기 때문에 배제되는 '타자성' 그 자체의 숫자화(化)라고 할 수 있을 것이다. 불길한 타자성을 표상하는 데 '13'이라는 숫자만큼 적절한 것이 있겠는가.[12] 이상의 눈에 조선인들은 식민지 근대의 도시 경성이라는 매트릭스(matrix)에서, 편재하는 '공포'에 휘둘리면서 '막다른 골목'을 향해 편집증적인 '질주'를 '반복'하는 불길한 타자들처럼 보이지 않았을까. 이 식민지 거리의 공포라는 테마가 그에 걸맞은 '반복 강박'적 형식의 옷을 입고 있는 것이 「烏瞰圖 詩 第1號」다. 물론 이것으로 이 시의 내포가 모두 탕진되는 것은 아니다. 두 개의 물음이 아직 남아 있다. 왜 도로가 배경인가, 왜 어른이

---

12) 시계는 흔히 근대성의 표상으로 간주되고 있거니와(이마무라 히토시, 『근대성의 구조』, 이수정 옮김, 민음사, 1999) 시계에는 12까지의 숫자만이 등장한다. 즉 12는 시계의 표상이자 근대의 표상이다. 이상의 다른 시에서도 숫자 '13'은 시계와 관련되어 나타난다. "나의 방의 시계 별안간 13을 치다. 그때, 호외(號外)의 방울 소리 들리다. 나의 탈옥의 기사."(「1931년 —九三一年(作品第一番)」) '13'은 근대의 타자이면서 동시에 식민지 근대 바깥으로 나아가는 탈주('탈옥')의 기호를 표상하기도 한다. 본문에 인용된 시에서는 전자의 의미가 강하다. 후자에 대해서는 뒤에서 다시 논의한다.

아니고 아해인가. '미로'의 모티프와 '아해'의 모티프가 그것이다.

2-2. 미로(迷路)의 모티프와 '군용장화'의 의미

막다른 골목이 뚫린 골목이며 그 반대도 마찬가지라는 정보 내용이 갖고 있는 상징 내용을 앞에서 충분히 해명하지 못했다. 이는 앞서 말한 것처럼, 이야기 안의 전제를 스스로 허물어뜨림으로써 이야기와 현실의 경계를 느슨하게 만들어 정서의 파동을 오래 끌고 가려는 수법에 해당하는 것이지만, 왜 하필 그것은 '막힌 골목과 뚫린 골목'이라는 형식으로 나타나는가. 막힌 골목이 뚫린 골목이요 그 역도 참이라는 명제는 이상 특유의 모티프 중 하나다.

> 活胡同是死胡洞　死胡洞是活胡同(뚫린 골목은 막다른 골목이요, 막다른 골목은 뚫린 골목이다)
> ―「지도의 암실」중에서

> 안전(安全)을 헐값에 파는 가게 모퉁이를 돌아가야 최저낙원의 부랑(浮浪)한 막다른 골목이요 기실 뚫린 골목이요 기실은 막다른 골목이로소이다.
> ―「최저낙원 最低樂園」중에서

이를 '미로의 모티프'라 불러도 무방할 것이다. 미로는 본래 뚫린 골목이다. 하나의 입구와 하나의 출구가 있고 입구와 출구는 연결되어 있다. 그러므로 뚫린 골목이다. 그러나 미로를 헤쳐나갈 방법을 몰라 출구를 찾지 못하고 헤매게 되는 경우라면 어떤 길도 결국은 막다른 골목에 지나지 않는다. 즉 '뚫린 골목이자 막다른 골목'이라는 역설은 곧

미로의 역설과 다르지 않다. 실제 경성 거리의 도로 사정이 어떠했는가 와 무관하게, '출구 없는' 식민지 시대 폐병 3기 지식인에게 어쩌면 모든 길은 뚫린 골목이자 곧 막힌 골목인 미로였을 것이다. 미로의 모티프가 갖는 의미는 여기에 한정되지 않는다. 근대 이후 미로는 투명하고 분명한 직선을 추구하는 근대의 '건축에의 의지'(가라타니 고진)에 의해 억압된다. 미로는 '억압된 것'들이며 그 억압의 부조리를 증거하는 상징물이다. 그러니 억압된 것들의 귀환을 종용하는 미로의 인식론은 '건축에의 의지' 자체를 내파(內破)하는 하나의 방법론이자 건축의 탈-건축화(해체)를 불러오는 주술일 수 있다. 건축물의 탈건축화란 무엇인가.

사각형의내부의사각형의내부의사각형의내부의사각형의내부의사각형.
사각의원운동의사각의원운동의사각의원.
비누가통과하는혈관의비누냄새를투시하는사람.
지구를모형으로만들어진지구의(地球儀)를모형으로만들어진지구.
거세된양말(그여인의이름은 '워어즈'였다)
빈혈면포(貧血緬布), 당신의얼굴빛깔도참새다리같습니다.
평행사변형대각선방향을추진하는막대한중량.
'마르세이유'의봄을해람(解纜)한 '코티'의향수(香水)를맞이한동양의가을.
쾌청(快晴)의공중에붕유(鵬遊)하는Z백호(伯號). 회충양약(蛔蟲良藥)이라고쓰여져있다.
옥상정원. 원후(猿猴)를흉내내고있는 '마드모아젤'.
만곡(彎曲)된직선을직선으로질주하는낙체(落體)공식.
문자반XII에내리워진두개의젖은황혼.
도어의내부의도어의내부의조롱(鳥籠)의내부의 '카나리아'의내부의감

살문호(嵌殺門戶)의내부의인사.

식당입구까지온자웅(雌雄)과같은붕우(朋友)가헤어진다.

까만잉크가옆질러진각설탕이삼륜차에적하(積荷)된다.

명함을짓밟는군용장화.가구(街衢)를질구(疾驅)하는조화금련(造花金蓮).

위에서내려오고밑에서올라가고위에서내려오고밑에서올라간사람은

밑에서올라가지아니한위에서내려오지아니한밑에서올라가지아니한위에서내려오지아니한사람.

저여자의하반신은저남자의상반신과비슷하다. (나는슬픈해후邂逅에슬퍼하는나)

사각이난케이스가걸어가기시작한다. (소름끼치는일이다)

'라디에이터'의근방에서승천하는사요나라

바깥은우중(雨中). 발광어류의군집이동

— 「AU MAGASIN DE NOUVEAUTES」[13] 전문

---

13) 『조선과건축』(1932. 7)에 실려 있는 원문을 토대로 문학사상사 판 전집의 번역을 수정했다. 이 시는 임종국에 의해 처음 번역(1956)된 이래로 이승훈 편 문학사상사 판 전집에 이르기까지 계속 채택되고 있으나 명백한 실수가 고쳐지지 않은 채로 의심 없이 텍스트로 사용되어왔다. 문학사상사 판 전집은 이 시의 제목을 '신기성의 백화점에서' 라 옮기고 있는데 '마가쟁 드 누보테' 는 19세기 말 프랑스 파리에 존재한 최신 유행품 상점 밀집지역의 명칭이다. '신기성의 백화점' 이라고 직역할 것이 아니라 '마가쟁 드 누보테에서' 라고 옮겨야 맞다. 세부 사항에서도 오류는 적지 않다. '참새 다리 같습니다' 를 '참새 다리 같습네다' 로 옮긴 이유를 알 수가 없다. 그리고 '일 개의 침수된 황혼' 은 '두 개의 젖은 황혼' 으로, '파랑 잉크가 엎질러진' 은 '까만 잉크가 엎질러진' 으로, '조화분련(造花分蓮)' 은 '조화금련(造花金蓮)' 으로 각각 고쳐져야 한다. 아울러 문학사상사 판 전집에서는 이상이 가타카나로 표기한 단어 및 문장들을 모두 방점 처리하고 있는데(이 방점 역시 정확하게 찍혀 있지 않다). 이상은 흔히 가타카나로 표기하는 외래어들 외에 다른 단어들에도 의도적으로 가타카나를 쓰고 있다. 외래어들의 경우 가타카나를 쓰는 건 관습적인 것일 뿐 강조의 뜻이 없으므로 한국어로 옮길 때 굳이 방점 처리를 할 필요가 없거니와 이상이 특별히 관례를 깨고 가타카나로 표기하고 있는 부분만 강조 처리를 해주면 될 것이다. 본문에서는 외래어들의 경우 별도의 표시를 하지 않았고 이상의 의도적인 표현들은 이탤릭체로 구별했다.('당신의다리도참새다리같습니다' 와 '소름끼치는일이다' 가 그것이다).

이 작품은 백화점[14]의 미로를 초현실주의적 수법으로 재현해놓은 작품으로 흔히 주석되고 있지만 '초현실주의적'이라는 규정은 다소 성급해 보인다. 이 시는 백화점이라는 대상을 통해 촉발된 무의식의 자유로운 연상을 '초현실주의적'으로 작품화한 것이라기보다는 지극히 '현실적'인 내용들을 '의식적'인 시선으로 포착하여 서술하고 있는 시에 가깝다. 혹은 백화점이라는 대상 자체가 초현실적인 인공의 세계이기 때문에 그 대상을 눈에 보이는 그대로 재현하는 것이 거꾸로 낯설게 하기의 효과를 거두고 있는 예라 보아도 좋다. 예컨대 "위에서내려오고밑에서올라가고위에서내려오고밑에서올라간사람은/밑에서올라가지아니한위에서내려오지아니한밑에서올라가지아니한위에서내려오지아니한사람"이라는 구절이 그러하다. 이 문장은 a/b/a/b/-b/-a/-b/-a의 구조로 되어 있다. 따라서 반복을 없애고 기본 모형만 남기면 a/b/-b/-a 구조로 축소될 수 있고 이를 대응 구절들끼리 연결시키면 a/-b, b/-a로 정리된다. 즉, 위에서 내려온 사람은(a) 밑에서 올라간 사람이 아니며(-b), 밑에서 올라간 사람은(b) 위에서 내려온 사람이 아니라는 (-a) 이야기다.

얼핏 말이 안 되는 진술처럼 보이고 무언가 초현실적인 풍경을 노래한 것처럼 보이지만 이는 백화점 엘리베이터 앞에서 그 문이 열리고 닫히면서 타고 내리는 사람들의 물결을 보고 있으면 누구나 목격하게 되는 상황이다. 위에서 내려온 사람은, 그 사람이 밑에서 올라가는 것을 내가 보지 못한 사람이니, 밑에서 올라간 사람이 아니다. 반대로 밑에

---

14) 이 시의 제목은 '마가쟁 드 누보테에서'이지만 이상이 프랑스를 방문한 적은 없으므로 이 시의 실제 모델이 된 장소는 1930년대 경성의 명물이었던 '미쓰코시 백화점 경성지점'일 것이다. 여기에는 이 시에 변형된 채로 등장하는 계단과 엘리베이터와 옥상정원 등의 시설이 모두 있었다. 이상은 미쓰코시 백화점을 관찰하고 거기에다 그가 간접적으로 접한 '마가쟁 드 누보테'의 이미지를 결합하여 이 시를 썼을 것이다.

서 올라간 사람은, 내가 그 사람이 다시 위에서 내려오는 모습을 볼 수 있다는 보장이 없으므로, 위에서 내려온 사람이 아니다(라고 아직은 말할 수밖에 없다). 올라가면 내려오고 내려오면 올라간다는 당연한 이치는 여기서 성립되지 않는다. 내려오는 사람들이 언제 올라갔던 것인지 알 수 없고 올라간 사람들은 언제 내려올지 알 수 없다. 이상이 여기서 a, b, -a, -b를 반복·교차시키면서 의도한 것은 그 무슨 말장난이 아니라 엄밀한 의미에서 '재현'일 뿐이다. 끊임없이 밀려드는 사람들과 끊임없이 오르내리는 엘리베이터의 모습, 이 모든 혼돈의 풍경을 바라보며 화자가 느끼는 정동의 전달을 의도한 시다. 대상에 대한 설명과 수식을 일체 배제하고 그 동작의 현상을 극도로 단순화해서 보여줄 때 발생하는 낯섦의 효과를 노린 작품이라 해도 좋다. 이상에게서 '미로의 인식론'이 하나의 시적 방법론이 되고 있다는 지적은 이런 식의 기법을 염두에 둔 것이다. 그의 문장은 대상을 미로화하는, 미로의 문장이다.[15]

이는 일례일 뿐이다. 이 시의 대부분의 구절은 지시대상들의 실체를 은폐하고 속성만을 제시하는 방법 혹은 두 대상을 돌발적으로 병치하는 방법으로 씌어진 구절들일 뿐, 화자의 시선에 잡히지 않는 어떤 초현실적인 풍경을 그려내기 위해 씌어진 구절들이 아니다. 오히려 시선 자체의 어떤 특징 때문에 이러한 진술이 탄생하는 것이며 급기야 초현실적인 인상을 주는 것이다. 여기서 우리는 다시 이상의 시선이라는 문제로 되돌아온다. 대상을 설계도의 차원으로 되돌려놓는 것, 그래서 그 대상-기계의 작동을 극도로 단순화시켜 적나라하게 보여주는 것, 이를 통해 대상의 외관이 지닌 화려함과 견고함을 해체해버리는 시선이 여기서도 작동하고 있다. 「烏瞰圖 詩 第1號」에서 경성 거리를 아이, 공포, 질주, 미로(막힌 골목이기도 하고 뚫린 골목이기도 한) 등으로 구성된 설

---

15) 「烏瞰圖 詩 第2號」나 「운동運動」 같은 작품 역시 이런 발상과 표현을 답습하고 있다.

계도로 제시했듯이, 이 시에서도 이상은 백화점이라는 공간의 화려한 외관을 과감하게 괄호 치고 그것을 설계도의 차원으로 되돌려 미로에 지나지 않는 부조리한 공간으로 부조하고 있다. 이상이 묘사하는 백화점 내부의 풍경들이 전체적으로 '혼돈' 속에 놓여 있는 것도 그러므로 우연이 아니다. 지구의(地球儀)가 지구의 모방인지 아니면 지구가 지구의의 모방인지를 딴청 부리듯 묻거나, 원숭이가 사람을 흉내내는 것이 아니라 사람이 원숭이를 흉내내는 것이 아닌가를 반문하는 식의 조롱은 (경성의) 근대라는 건축물 자체의 부조리를 겨냥한다. 이 혼돈의 세계를 수식하는 이미지들이 검은색과 흰색의 혼합('잉크가 엎질러진 각설탕'), 진리와 모조의 혼란('거리를 질주하는 가짜 연꽃') 등에 기반하고 있는 것은 자연스럽다.

　백화점-미로에서 벌어지는 일이 '아해들의 질주' 만큼 공포스러운 일은 아니라 할지라도 화자가 대상을 바라보는 시선이 지극히 냉정한 흑백의 시선이라는 점에서는 이 시의 분위기가 「烏瞰圖 詩 第1號」의 분위기와 크게 다르다고 할 수 없다. 지구와 지구의의 혼란, '원후'와 '마드모아젤'의 혼란, 사람과 기계의 혼란('사각의 케이스가 걸어가기 시작한다, 소름끼치는 일이다'), 올라가는 사람과 내려오는 사람의 혼란 등에 대한 냉연한 묘사는 미로에 갇힌 자의 암담함을 잔영(殘影)처럼 거느린다. 이상이 "비누가통과하는혈관의비누냄새를투시하는" 눈을 갖고 있었기 때문에 이 모든 것들이 가능해질 수 있었다. '오감(烏瞰)'하는 자의 시선에는 모든 것이 우스꽝스럽거나 혹은 공포스럽게 보일 수밖에 없다고 앞에서 말했다. 이 시에서 유독 이상이 가타카나로 강조해 두고 있는 부분인 '당신의 빛깔도 참새다리 같습니다'와 '소름끼치는 일이다'가 각각 '조롱'과 '공포'의 감정에 물들어 있는 것도 우연이 아닐 것이다. 이렇게 해서 식민지 소비자본주의의 메카인 백화점이라는 건축물은 이상에 의해서 낱낱이 파편화된 것으로 해체되고 혼돈과 미로의 공간으로 '투시' 된다. 그런데 한 가지 빠뜨린 것이 있다. 이 미로와 혼란의 한가운데에 돌연히 등장하는 '명함을 짓밟는 군용장화' 가 그것이다. 이 '군용장화' 는 다른 곳에서도 등장한다.

의족을 한 군용장화가 내 꿈의 백지를 더럽혀놓았다
—「烏瞰圖 詩 第15號」중에서

오전 한시 신숙역(新宿驛) 폼에서 비칠거리는 이상의 옷깃에 백국(白菊)은 간데없다. 어느 장화가 짓밟았을까
—「실화失花」중에서

'(군용)장화' 는 백지를 더럽히고 백국(白菊)을 짓밟는다. '더럽히고 짓밟는' 주체의 환유인 '군용장화' 가 권력의 형상이라는 점은 자명해 보인다. 당겨 말하자면 이것은 경성 거리를 장악하고 있는 파시즘적·카프카적 권력과 오이디푸스적 권력을 동시에 함축하는 미묘한 상징이다. 전자에 대해서는 이미 살펴본 바 있다. 후자에 대해서 이야기하기 위해서는 다소 우회해야 한다. '아해' 의 의미에 대해 먼저 묻자.

2-3. '아해(兒孩)'의 의미와 '무기체 되기'의 전략

이상 문학에서 간간이 등장하는 이 '兒孩' 라는 시어는 다른 곳에서 '동해(童骸)' 로 변주되기도 하는데 이는 '해골' 의 잔상(殘像)을 뒤에 남긴다. 이상에게 '해(孩)' 와 '해(骸)' 는 의미상으로 대립되지 않고 호환(互換)된다. 어째서 아이는 해골의 이미지를 동반하는가? "그(이상—인용자)의 골목은 가족과 도시의 오이디푸스적 권력들로 막혀 있다"[16)]는 지적이 시사적이다. 이 통찰에 기초하여 '아해', 즉 '아이와 해

골'이라는 이 기묘한 짝패의 의미를 이해하기 위해서는 우선 다음과 같은 질문에 대답하지 않으면 안 된다. 도대체 '오이디푸스적 권력'이란 무엇인가.

본래부터 아버지와 어머니를 모르며 그 누구(무엇)도 개의치 않고 흘러넘치는 욕망을 아버지-어머니-나로 연결되어 있는 삼각형의 울타리 안에 가두고 꿈꾸지도 않은 반란을 모의했다고 가정하고 처벌을 도모하는 권력이 있다고 들뢰즈와 가타리는 말한다. 본질적으로 '고아인 무의식'을 체포하여 '네가 아버지를 죽였지, 넌 원래부터 아버지를 죽이려고 했었어, 그렇지?'라고 심문하는 권력이라고 설명할 수도 있겠다.[17] 체포가 먼저고 죄를 찾는 것은 나중이다. 여기서 이 오이디푸스적 권력은 앞서 논의한 카프카적 권력과 만난다. 죄가 사후적으로 구성된다는 점에서 오이디푸스적 권력의 메커니즘은 식민지 거리의 '감시와 처벌'의 메커니즘, 즉 카프카적 권력의 그것과 동일하다. 그러나 '죄'가 사후적으로 구성된다는 차원이라면 굳이 카프카적 권력이 아닌 오이디푸스적 권력을 말해야 할 이유는 없어 보인다. 왜 거리를 질주하는 것이 '아해'인지도 여기서는 설명되지 않는다. 왜 여기서 오이디푸스적 권력을 거론해야 하는가. 그것은 식민통치 자체가 오이디푸스적 권력을 요구하기 때문이다.

피식민자들(the colonized)의 환경은 그들이 인간다운 삶을 영위할 수 있는 삶의 영역을 축소시킬 수 있다. 거기서 추구되는 해결책은 개인

---

16) 신범순, 앞의 글, 같은 곳.
17) "법률은 우리에게 말한다 : 너는 네 어머니와 결혼해서는 안 되고 네 아버지를 죽여서도 안 된다라고. 그래서 우리들, 온순한 신민(臣民)인 우리들은 생각한다 : 그래 그것이 내가 원했던 그거야!"(Gilles Deleuze · Félix Guattari, *Anti-Oedipus*, University of Minnesota, 1983, p. 114, 강조는 원저자)

적 차원이나 제한된 가족적 차원의 해결책으로 그치게 된다. 그 결과 집단의 차원에서는 극단적인 무정부 상태나 무질서가 생겨난다. 그 무정부 상태의 희생자는 언제나 개인이다. 여기서 제외되는 것은 그러한 시스템에서 열쇠를 쥐고 있는 사람들, 즉 식민통치자들(the colonizers)인데, 그들은 피식민자들이 삶의 영역을 축소당하는 바로 그 시기에 그들의 영역을 확대한다.[18]

식민통치 체제가 산출하는 모든 욕망의 난경(難境)들을 개인적 차원이나 가족적 차원으로 축소시키는 것, 모든 것은 네 가족의 문제일 뿐이라고 말하는 것, 그것이 바로 오이디푸스적 권력이다.[19] 식민통치자들은 이 오이디푸스적인 권력을 교묘하게 이용하여 오이디푸스적 질병이 예속집단들 속에서 창궐하게끔 촉발한다.[20] 구체적으로는 '호주제'를 실시하는 등의 방법으로 본래 흘러넘치기 마련인 욕망을 가족질서 안으로 영토화(territorialization)하고, 봉건적 가족구조를 잔존시키고 극대화하는 전략을 통해 식민통치로 인해 발생하는 욕망의 좌절에 대한 책임을 가족에 전가하는 '가국체제(家國體制)'[21]를 건축한다. 이상의 다음 시는 이런 맥락 안에서 읽힐 수 있을 것이다.

나의아버지가나의겨테서조을적에나는나의아버지가되고또나는나의

---

18) Robert Jaulin, *La Paix blanche*, Edition du Seuil, 1970, p. 309. Gilles Deleuze · Félix Guattari, 앞의 책, p. 169에서 재인용.
19) "식민통치자들(the colonizers)은 말한다 : 네 아버지는 네 아버지일 뿐 다른 그 누구도 아니다. 네 외조부도 마찬가지이다. 그들을 우두머리와 착각하지 마라. (…) 네 가족은 네 가족일 뿐 다른 그 무엇이 아니다. 비록 우리가 곧 새로운 재생산체계에 속박될 인재를 공급하기 위해서 네 가족을 필요로 하게 되더라도 사회적 재생산은 이제 더이상 네 집을 통과하지 않는다." (Ibid., pp. 168~169)
20) Ibid., p. 103.
21) 이득재, 『가족주의는 야만이다』, 소나무, 2001.

아버지의아버지가되고그런데도나의아버지는나의아버지대로나의아버
지인데어쩌자고나는작고(자꾸 ― 인용자)나의아버지의아버지의아버지
의……아버지가되니나는웨아버지를껑충뛰어넘어야하는지나는웨드듸
어나와나의아버지와나의아버지의아버지와나의아버지의아버지의아버
지노릇을한꺼번에하면서살아야하는것이냐

—「烏瞰圖 詩 第2號」전문

피식민지인에게, 인간다운 삶을 영위할 수 있는 영역이 축소된다는 문제는 '나'의 문제 혹은 '나의 가족'의 문제로 제한되어버린다. 그래서 인간다운 삶을 위해서 '나'는 '나의 아버지'의 역할까지를 감당해야 한다. 내가 '나'의 아버지가 되면 '나'는 조부의 아들이 되고, '나'는 다시 "아버지의아버지가되"는 과정을 반복하여 조부가 된다. 이 과정은 끝이 없고("……"), '나'는 "아버지를껑충뛰어넘어" 먼 선대의 조상들과 하나가 된다. '아이'가 결국 '해골'일 수밖에 없는 이유가 여기에 있다. 아이와 해골이라는 짝패는 카프카적 권력과 오이디푸스적 권력이라는 짝패, 즉 '군용장화'의 불가피한 징후다. 그것이 오이디푸스적 권력에 연관되어 있기 때문에 무서워하는 것은 '어른'이 아니라 '아해'들인 것이다.

이 공포의 악무한 속에서 어떻게 벗어날 것인가. 이에 대한 이상의 소극적 전략 중의 하나는 다음과 같은 반문과 더불어 탄생한다. 아해들은 반드시 어른이 되어야 하는가? 어른이 되기를 포기하는 것은 어떨까? 노동력을 소유한 정상적인 주체로 호명되기를 거부할 수도 있지 않은가. 노동하는 주체, 정상적인 어른이 되기를 거부하는 것, 바로 이것이 '무기체-되기'의 전략이다. 이상의 '오감하는 시선'은 그 자신의 신체 역시 설계도의 상태로 혹은 낱낱이 해체된 부품의 상태로 전락시켜 무기체로 만든다. 해부학적 상상력이라고나 해야 할 구절들

이 이상 시 곳곳에서 출몰하는 것은 이런 상상력 때문이다. 대표적인 경우를 보자.

> 내팔이면도칼을든채로끈어저떨어젓다.자세히보면무엇에몹시威脅당하는것처럼새팔앗타.이럿케하야일허버린내두개팔을나는燭臺세음[22]으로내방안에裝飾하야노앗다.팔은죽어서도오히려나에게怯을내이는것만갓다.나는이런얇다란禮儀를花草盆보다도사랑스레녁인다.
>
> —「烏瞰圖 詩 第13號」[23] 전문

화자는 끊어진 자신의 팔을 촛대('燭臺')처럼 방에 장식하는 의식을 치르고 있다. 그러한 의식(儀式)이 자신에게는 사랑스럽다고 고백한다. 그는 신체기관들을 해체·파편화시킨다. 유기적으로 조직된 신체라는 관념을 무시하고 탈-유기체화를 향해 나아간다.[24] 이상 시에 나타나는 이와 같은 유기체의 해체는 더러 편집증적 자살 충동처럼 보이기도 하지만 신체를 분열증적으로 개방하려는 의지의 소산처럼 보이기도 한다. 『천 개의 고원』의 저자들은, 유기체화된 신체에서 각각의 기관은 하나의 에너지장(場)으로서 존재하는 '기관 없는 신체' 위에서 축적·응고·퇴적된 것에 지나지 않는다고 생각한다. 기관이란 사회적으로 유용한 노동을 추출해내기 위해서 신체에 가해진 일종의 속박을 상징한

---

22) 발표 당시 원문에는 '세음'으로 되어 있으나 이승훈 편 전집에는 '세움'으로 바뀌어 있다. 이 표현은 촛대처럼 '세운다'는 의미가 아니라, 촛대인 '셈' 치겠다는 의미이다.(조해옥, 「자의식 해명의 구체화—이상 연구사 및 최근 동향」, 『포에지』 2002년 봄호, 16~17쪽 참조)
23) 조선중앙일보 1934년 8월 7일자.
24) 이런 상상력이 이상의 결핵 병력(病歷)과 무관하지 않음은 물론이다. 그러나 이러한 시를 그의 병력으로 환원하여 자살 충동으로부터 비롯된 환상 등으로 설명하는 것은 이 시의 작동을 중지시키는 일이다. 그 순간 시는 어떤 병 체험의 산물일 뿐 그 이상도 그 이하도 아닌 게 되어버린다.

다고 말이다.[25] 이런 시각에서 본다면 이상이 '팔'이라는 기관을 '燭臺'로 용도 변경하고 있는 장면은 기관화된 신체로부터 '기관 없는 신체'로의 이행을 표상한다고, 가장 중요한 노동의 도구인 팔을 '방 안에 장식하여놓는'다는 설정은 사회적 유용 노동에 대한 거부의 의지를 강하게 환기하는 상상력이라고 볼 수도 있겠다.

> 양팔을 자르고 나의 직무를 회피한다
> 이제는 나에게 일을 하라는 자는 없다
> 내가 무서워하는 지배는 어디서도 찾아볼 수 없다
> ―「회한悔恨의 장」[26] 중에서

'사회적 재생산(노동)'에 대한 이러한 거부는 '가족적 재생산', 즉 생식에 대한 거부 혹은 가족 만들기에 대한 거부로 이어진다. 이상 특유의 '리비도 없는 에로스'가 중요한 의미를 획득하는 것은 이런 맥락에서다. 예컨대「날개」에는 노동력과 생식 능력이 결여되어 있는 남자 주인공과 리비도적 생명력을 잃은 매춘부 아내가 등장하거니와 이를 "자본주의에 의해 점차 '영토화'되어가는 성과 노동의 형식들에 대한 비판에 관계하고 있다"[27]고 읽는 독법은 설득력이 있다. 과연 이상은 끝내 아이를 낳지 않았고 오직 함께 죽기 위해서(이상의 표현으로는 '찬란한 정사情死')라는 전제 하에서만 결혼을 고려하지 않았던가. 요약하자. 이상의 '아해'는 식민통치와 공모하고 있는 오이디푸스적 권력의 사생

---

25) Gilles Deleuze · Félix Guattari, *A Thousand Plateaus*, University of Minnesota Press, 1987, p. 159.
26) 이승훈 편, 앞의 책, 244쪽. 『현대문학』(1966. 7)에 발표된 유고시로 원문은 일어이며 본문의 번역은 임종국의 것이다.
27) 신범순, 「이상 문학에 있어서 분열증적 욕망과 우화」, 『국어국문학』 103호(1990. 5), 175쪽.

아들이다. 혹은 그 권력의 날카로운 반영이다. 그리고 이 권력에 대항하는 이상의 시적 전략은 사회적·가족적 재생산을 담당하는 어른이 되기를 거부하는 주체를 제시하는 것이다. 노동하지 않고 섹스하지 않는 이 주체, 즉 '무기체'로서의 주체를 이상의 독창적인 주체 모델이라고 간주해도 좋을 것이다.

그러나 유기체에서 무기체로의 전신(轉身)이 이상 최후의 전략이라고 할 수는 없다. 이상의 가장 독창적인 전략은 다름 아니라 이상의 '발명', 즉 자연인 김해경에서 문학인 이상으로의 탈출이다. 그가 '李箱'이라는 필명을 사용했다는 것이 중요하다기보다는 그가 '李箱'이라는 이름으로 완전히 다른 삶을 도모했다는 것이 중요하다. 텍스트에 '이상'이라는 이름을 노출시키면서 그가 겨냥했던 것은 그 조각조각 나누어진 텍스트(text)들을 모아서 하나의 삶을 창조하는 것이었다. '이상'이라는 '텍스트'를 만들어 '이상'이라는 '삶'을 구성하는 작업이다. 그러니 '이상'이라는 텍스트가 완성되는 그 순간 김해경으로부터 이상으로의 탈주는 완성될 것이었다. 바로 이것이 그가 죽음이 지척에 와 있음을 모르고 있을 때에 미리 「종생기終生記」를 쓰고자 했던 까닭이다. 김해경이 죽기 전에 이상이 먼저 '상징적으로' 죽어야 하기 때문이다. '문학으로서의 삶'[28]을 구축하려 한 이와 같은 시도는 이상 이전에는 그 유례를 찾기 힘든 것이다. 이를 '가면의 주체론'이라고 부르기로 하자.

이 주제와 관련해서 중요하게 다루어져야 할 것들이 바로 이상의 '거울 시편'들이다. 이상은 거울을 소재로 한 시를 여러 편 발표했다. 「거울」(『카톨릭청년』 1933. 7), 「烏瞰圖 詩 第4號」「烏瞰圖 詩 第8號」「烏瞰

---

28) 이 글의 이와 같은 시각은 알렉산더 네하마스, 『니체 — 문학으로서의 삶』, 김종갑 옮김, 책세상, 1994에 빚지고 있다.

圖 詩 第15號」(조선중앙일보 1934. 7. 24~1934. 8. 8), 「명경 明鏡」(『여성』 1936. 5) 등이 그것들이다.[29] 이상의 거울 시편들을 발표 순서대로 따라 읽으면서 이상 시에 나타나는 주체론의 의미와 한계를 살펴보기로 한다.

3. 거울 시편과 가면(假面)의 주체론

3-1. '이상'의 탄생과 그 의미

이상의 초기 시작(詩作) 경력은 앞에서 언급한 바 있지만 이번에는 발표 당시 필자명에 주의를 기울이며 다시 살펴보기로 한다. 김해경이라는 본명으로, 이상은 「이상한 가역반응」 외에 21편의 일어시를 『조선과건축』에 1931년 한 해 동안(7, 8, 10월호) 발표한다. 9개월 이후 그는 1932년 7월, 같은 잡지에 '건축무한육면각체'라는 타이틀로 7편의 시를 다시 발표하는데, 이때 필자란에 쓰어져 있는 이름은 김해경이 아니라 이상이었다. 1931년에서 1932년으로 넘어가는 동안 김해경은 이상으로 변신한다. 김해경이 이상으로 변모한 뒤 다시 1년이 지난 1933년에, 그는 『카톨릭청년』(1933. 7)에 3편의 한글시를 발표하면서 문단에 공식적으로 데뷔한다. 한글시로서는 최초로 발표된 그의 데뷔작은 「꽃나무」 「이런 시」 「一九三三, 六, 一」 등 세 편이다. 이중에서 「一九三三, 六, 一」이 특히 흥미로운데, 발표시기적으로나 내용적으로나, 이후의 시에서 중요한 소재로 등장하는 이상의 '거울'이 탄생하게 된 기원을

---

29) 「烏瞰圖 詩 第8號」와 「明鏡」은 이상의 여타 거울 시편들에서 공통적으로 나타나는 테마를 공유하고 있지 않다고 판단하여 논의 대상에서 제외한다.

엿볼 수 있게 하기 때문이다.

　　天枰우에서 三十年동안이나 살아온사람 (엇던科學者) 三十萬個나넘는 별을 다헤여놋코만 사람 (亦是) 人間七十 아니二十四年동안이나 쌘쌘히 사라온 사람(나)
　　나는 그날 나의自敍傳에 自筆의訃告를 揷入하엿다 以後나의肉身은 그런 故鄕에는잇지안앗다 나는 自身나의詩가 差押당하는 꼴을 目睹하기는 참아 어려웟기 째문에.

　　　　　　　　　　　　　—「一九三三, 六, 一」 전문[30]

　　두 부분으로 나눠져 있는 이 시의 전반부에는 세 사람이 등장한다. 천평(저울) 위에서 30년 동안이나 살아온 사람, 30만 개가 넘는 별을 다 헤아린 사람, "인간 70 아니 24년"을 뻔뻔히 살아온 사람이 그들이다. 그러나 이 시는 이 세 사람이 모두 한 사람, 즉 이상 자신일 뿐이라는 사실을 강하게 환기한다(괄호 안에 있는 말을 연결하면 '어떤 과학자 역시 나'가 된다는 점도 흥미롭다). 저울에다 물건의 무게를 달면서 30년을 허비한 사람이나 30만 개가 넘는 별을 다 헤아린 사람이나 생을 허비했다는 점에서는 동일하다. '나'가 이렇게 생을 허비하면서 살아온 시간은 고작 24년밖에 안 되지만, '나'에게 그것은 마치 70 평생을 산 것처럼 피곤하게 느껴진다. 그래서 '나'는 그간의 삶에 종지부를 찍고 새로운 삶을 시작하고 싶다는 열망을 강하게 토로한다. "나는 그날 나의 자서전에 자필의 부고를 삽입하였다"라는 표현이 뜻하는 바가 바로 그것인데, 그럴 수밖에 없었던 이유를 화자인 '나'는 "나의 詩가 차압당하는 꼴을 목도하기는 차마 어려웠기 때문에"라고 밝히고 있다. 그는 문

---

30) 『카톨릭청년』(1933. 7), 53쪽.

학을 위해서 이전의 삶을 포기한다. 1년여 전에 김해경이 이상으로 변모했던 사건을 떠올린다면 이 시에서 이전의 삶이란 김해경으로서의 삶일 것이고 새로운 삶은 이상으로서의 삶일 것이다. 1933년 6월 1일, 이상은 김해경을 죽였다.

그렇다면 김해경으로부터의 이상의 분화(1932. 7), 이상에 의한 김해경의 사망(1933. 6)이라는 일련의 사건이 일어나게 된 계기를 물어야 할 것이다. 김해경이라는 이름을 마지막으로 사용했던 1931년 10월과 이상이라는 필명을 처음으로 사용한 1932년 7월 사이엔 어떤 일이 있었을까. 「一九三一年(作品第一番)」이 시사적이다.

> 나의 방의 시계 별안간 십삼(十三)을 치다. 그때, 호외의 방울 소리 들리다. 나의 탈옥의 기사(記事). 불면증과 수면증으로 시달림을 받고 있는 나는 항상 좌우의 기로에 섰다. 나의 내부로 향해서 도덕의 기념비가 무너지면서 쓰러져버렸다. 중상(重傷). 세상은 착오(錯誤)를 전한다. 13+1=12 이튿날(즉 그때)부터 나의 시계의 침은 삼개(三個)였다.
>
> ―「一九三一年(作品第一番)」[31] 중에서

「一九三一年(作品第一番)」은 총 12항으로 되어 있고 인용된 대목은 제10항이다. 제목은 '1931년'이지만 씌어진 시기가 1931년인 것은 아니다. "一九三二年五月七日(父親의死日)"이라는 구절이 3항에 등장하는데, 이는 1932년 5월 7일 이상의 백부였던 김연필이 뇌일혈로 사망한 바로 그 날짜를 가리키고 있기 때문이다. 위에서 인용한 대목은 바로

---

31) 이 작품은 1960년 11월 『현대문학』에 발표된 유고시로 원문은 일어로 되어 있다. 김수영의 번역을 따르되 한자 표기를 한글로 고쳤다. 『현대문학』에 발표될 당시에는 "13+1=12"로 되어 있었던 부분이 문학사상사 판 전집에서는 '12+1=13'으로 바뀌어 있으나 이는 오류이다.

그 '1932년 5월 7일'의 사건과 관련하여 의미심장하게 읽힌다. 시계가 13을 쳤고 시곗바늘이 하나 늘어나서 세 개가 되었다는 것은 시곗바늘이 두 개 있고 숫자판이 '12'까지밖에 없는 이전의 시계(시간, 삶)와는 다른 새로운 시간(삶)의 차원이 열렸다는 뜻으로 읽힌다. 이와 더불어 "도덕의 기념비가 무너지면서 쓰러"진다. 이전의 삶(시간), 이전의 삶을 규율했던 도덕이 붕괴되면서 이상은 새로운 삶의 차원으로 나아가고 있다. 이를 이상은 "탈옥"이라는 말로 표현하고 있는데, 이 탈옥은 물론 '김해경'이라는 감옥으로부터 '이상'으로의 탈옥일 것이다. 즉, 위의 인용문은 1932년 7월에 '이상'이라는 필명 혹은 존재가 처음으로 등장하게 된 배경에는 1932년 5월에 있었던 백부 김연필의 사망 사건이 있다는 사실, 그리고 이상은 당시의 일들을 일종의 '탈옥'으로 받아들이고 있었다는 사실을 보여준다. '오이디푸스'라는 감옥으로부터의 탈출 이후 김해경은 이상이 되어 새로운 삶을 도모할 수 있게 된다(물론 이 탈출이 완전한 것이었는지, 혹은 그런 완전한 탈출이라는 것이 도대체 가능한 것인지는 별개의 문제다).

그러나 '이상'이라는 존재가 김해경의 분신 정도로 단순하게 취급되어서는 안 될 것이다. 김해경이 창안한 '이상'이라는 주체의 특징은 그 주체가 문학의 주체라는 점, 다시 말해 쓰는 주체이면서 동시에 써어지는 주체라는 점에 있다. 김해경은 이상이 되어 이상의 이야기를 쓴다. 이상은 하나의 가면이기를 넘어서 하나의 텍스트가 되고 있는 것이다. 김해경이야 어떻든지 간에, 이상은 고도의 의식적 조작, 예컨대 "위트와 패러독스를 바둑 포석처럼 늘어놓"(「날개」)는 기교를 통해 만들어낸 텍스트로서, 당대에 아직 남아 있었던 봉건적 이데올로기를 조롱하고, 아직 충분히 근대적이지 못했던 당대 문단과 독자를 조롱하고, 심지어는 근대마저 조롱하면서 탈근대적인 지평을 엿보기도 한다. 이상은 김해경과 별개의 존재이기 때문에, 김해경이 죽기 전에 이상은 '종생기

(終生記)'를 쓰고 먼저 죽을 수도 있는 것이다.

새로운 주체를 창조하고 그 주체를 텍스트로 혹은 예술작품으로 만드는 이 '자기의 테크놀로지'(푸코)는 보들레르의 모더니티론의 핵심을 이루는 주체론과 흡사해 보인다. 모더니티를 역사상의 한 '시대'로 고려하기보다는 일종의 '태도'로 봐야 한다고 주장하면서 푸코는 보들레르의 주체론에 같은 주석을 단다.

현대적이 된다는 것은 스스로를 스쳐지나가는 순간들의 흐름 속에 있는 것처럼 받아들이는 것이 아닙니다. 그것은 스스로를 복합적으로 공을 많이 들여서 세련되게 만들어야 할 대상으로 여기는 것입니다. (…) 그의 실존을 예술작품처럼 만드는 댄디의 금욕주의…… 보들레르에 따르면 현대인은 그 자신, 그의 비밀, 그의 숨은 진실 따위를 발견하려고 하는 사람은 아닙니다. 현대인은 그 자신을 발명하려고 애쓰는 사람입니다.[32]

자신의 실존을 예술작품으로 만드는 사람 혹은 그 자신을 '발명'하려는 사람이야말로 진정한 현대인이다. "숨은 진실 따위"는 없다. 이상이 "나는 근래의 내 심경을 정직하게 말하려 하지 않는다. 말할 수 없다. 만신창이의 나이언만 약간의 귀족 취미가 남아 있기 때문이다"[33]라고 말할 때, 그는 현대성의 에토스를 체현하고 있었던 것으로 보인다. 이상이 되어 이상의 이야기를 쓰는 일은 이상의 '귀족 취미'의 소산이며 새로운 주체-텍스트를 생산하고자 하는 욕망의 소산이다. 이상의

---

32) 미셸 푸코, 「계몽이란 무엇인가」, 김성기 편, 『모더니티란 무엇인가』, 민음사, 1994, 354~355쪽.
33) 『이상 문학전집 2 ─ 소설』, 190쪽. 이하 이상의 소설과 산문은 문학사상사 판 『이상 문학전집 2 ─ 소설』과 『이상 문학전집 3 ─ 수필』에서 인용하고, 그 출처는 각각 '(2:쪽수)'와 '(3:쪽수)'의 형식으로 표시한다.

텍스트는 김해경의 삶을 복사하는 사본이 아니라 이상이라는 영토를 창안하는 지도 만들기(cartographie)의 산물이다.[34] 그러나 이상이라는 새로운 주체는 김해경으로부터 완전하게 '탈옥' 하지는 못한다. 이상과 김해경의 끈질긴 인연으로부터 '거울' 의 드라마가 시작된다.

3-2. 거울의 발견 : 김해경과 이상

거울속에는소리가업소
저럿케까지조용한세상은참업슬것이오
　　◇
거울속에도내게귀가잇소
내말을못아라듯는싹한귀가두개나잇소
　　◇
거울속의나는왼손잡이오
내握手를바들줄몰으는―握手를몰으는왼손잡이오
　　◇
거울째문에나는거울속의나를만저보지를못하는구료만은
거울아니엿든들내가엇지거울속의나를맛나보기만이라도햇겟소
　　◇
나는至今거울을안가젓소만은거울속에는늘거울속의내가잇소
잘은모르지만외로된事業에골몰할쎄요
　　◇
거울속의나는참나와는反對요만은

---

34) 사본과 지도의 구분에 대해서는 질 들뢰즈 · 펠릭스 가타리, 『천 개의 고원』, 김재인 옮김, 새물결, 2001, 29쪽 이하를 참조.

쏘쇄닭앗소
나는거울속의나를근심하고診察할수업스니퍽섭섭하오
—「거울」전문[35]

이 시에 대한 일반화된 주석 중의 하나는 이 시가 '자아의 분열'을 노래하고 있다는 식의 설명이다. "'거울 밖의 나'와 '거울 속의 나'는 두 개로 분열된 자아, 곧 일상적 자아와 이상적 자아에 각각 대응한다"[36]는 식의 해석이 대표적인데, 두 자아를 '비본래적 자아/본래적 자아'로 읽는 독법[37]도 별로 다르지 않다. 과연 '거울 속의 나'는 이상적이고 본래적인 '나'일까? 이런 관점들이 갖고 있는 문제는 '거울'이라는 상징이 갖고 있는 통념적인 의미를 의심 없이 이상의 시에 적용한다는 데에 있다. 거울은 일종의 호수이고, 나르시스가 호수에서 이상화된 자기 자신을 바라보듯이, 거울을 보는 시인은 그 안에서 이상적 자아를 본다는 바슐라르 식의 관점[38]이 이상의 '거울'을 읽을 때에도 자동화된 반응을 불러오고 있는 것이다.

그러나 정작 위의 시에서 '거울 밖의 나'가 '거울 속의 나'를 바라보는 시선은 '이상적 자아' 혹은 '본래적 자아'를 바라보는 시선과는 거리가 멀다. 1연에서 3연까지가 거울의 발견 혹은 거울 속 '나'의 발견이라는 사건을 진술하고 있다면, 4연에서 6연까지는 거울 속의 '나'와 거울 밖의 '나'의 관계에 대한 진술이다. '거울 속의 나'는 "내 말을 못 알아듣는 딱한 귀"를 갖고 있으며 "악수를 모르는 왼손잡

---

35) 『카톨릭청년』(1933. 10), 52쪽. 문학사상사 판에는 빠져 있는 연 구분 기호(◇)를 살렸고, 원문의 표기를 따랐다.
36) 이승훈, 『이상 시 연구』, 고려원, 1987, 28쪽.
37) 이어령, 『이상 시 전작집 교주』, 문학사상사 자료연구실 편, 갑인출판사, 1977.
38) 가스통 바슐라르, 『물과 꿈 — 물질적 상상력에 관한 시론』, 이가림 옮김, 문예출판사, 1980, 1장 참조.

이"로 묘사되고 있는데, 이 진술들은 차라리 애상적이다. '딱한' '나', 혹은 '모르는' '나' 가 이상적인 '나' 일 수는 없다. '외로된 사업' 에 골몰하고 있는 그 '속의 나' 를 바라보는 '밖의 나' 의 시선은 안타까움이 섞여 있는 동정이다. 그 '속의 나' 를 '밖의 나' 는 만져보려 하고 위로하려 하지만 거울 때문에 불가능하다. 즉 '거울 속의 나' 는 이미 내가 떠나온("참 나와는 반대요마는"), 그러나 내가 지워버릴 수는 없는 또다른 '나'("또 꽤 닮았소")의 모습이다. 그래서 '밖의 나' 는 말한다. "거울 속의 나를 근심하고 진찰할 수 없으니 퍽 섭섭하오". 거울 속의 '나' 는 '근심' 의 대상이고 '진찰' 의 대상이다. 거울 속의 '나' 는 환자인 것이다.

　시인 이상이 문득 거울 속에서 만나게 되는 초췌한 얼굴은 생활인 김해경의 얼굴이다. "젖 떨어져서 나갔다가 이십삼 년 만에 돌아와보았더니 여전히 가난하게들 사십디다. 어머니는 내 다님과 허리띠를 접어주셨습니다. 아버지는 내 모자와 양복저고리를 걸기 위한 못을 박으셨습니다. 동생도 다 자랐고 막내누이도 새악시 꼴이 단단히 백였습디다. 그렇건만 나는 돈을 벌 줄 모릅니다. 어떻게 하면 돈을 버나요 못 법니다. 못 법니다"(3 : 63~64)라고 말하는 김해경을 이상은 물끄러미 거울을 통해 쳐다본다. 위의 시는 추상적·일반적 층위에서 진술이 이루어지고 있기 때문에 근대인의 자기 분열을 읽어내는 독법들을 충분히 견뎌낸다. 그러나 시 「거울」은 보다 더 내밀한 개인사의 층위에서 읽을 때에 그 실감이 온전히 전달될 것이다. '거울 속의 나' 가 골몰하고 있는 '외로된 사업' 을 있는 그대로의 사업(事業)으로, 돈을 벌어 가족을 부양해야 하는 생활인 김해경의 고뇌로 읽어도 좋다는 얘기다. 근대인의 자기 분열이라는 테마라면, 오히려 다음 시가 더 근접해 있는 것으로 보인다.

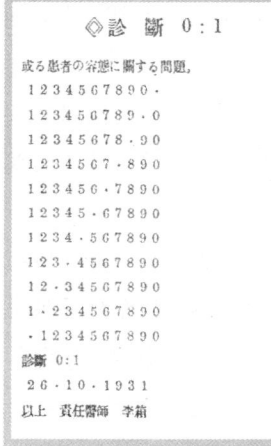
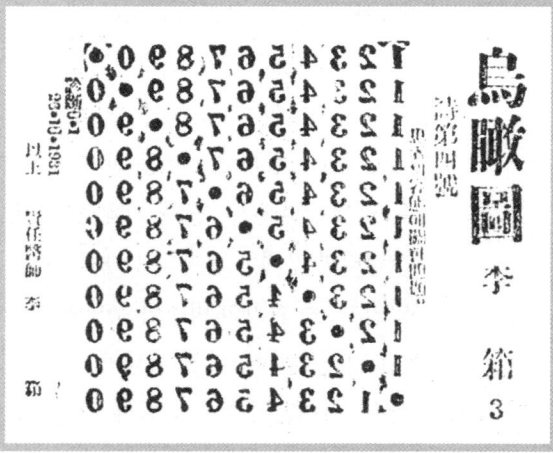

『조선과건축』(1932.7) 발표 당시 조선중앙일보(1934.7.28)에 발표된「烏瞰圖 詩 第4號」
「진단診斷 0:1」

이 시는 제목 그대로 '진단서'의 형태를 띠고 있다.[39] "환자의 용태에 관한 문제"가 진단서의 제목 역할을 하고 있고 그 아래의 숫자판은 환자의 상태(용태)를 시각화해놓은 것이며 그 아래에 기입되어 있는 것은 진단의 결과·일시·진단의사의 이름 등이다. 기존의 해석들은 뒤집어진 숫자판이 뜻하는 바를 다양하게 해석해왔다.[40] 그러나 숫자판의 좌우가 뒤집어져 있다는 사실은 이것이 거울에 비친 상이라는 사실을 뜻할 뿐이다. 책임의사가 이상이라는 것은 이상이 거울에 비친 자기 자신의 모습을 스스로 진단하고 있다는 얘기다. 자기 자신의 모습이기는 하되 거울에 비친 자기이다. 결국 그렇다면 여기에서도 역시 '거울 밖의 나'와

---

39) 황현산, 「烏瞰圖 주석」, 『포에지』 2002년 봄호, 73쪽.
40) 가치체계의 전도(임종국), 욕구와 현실의 균형 붕괴(정귀영), 원순열의 선순열로의 치환(송기숙), 내면에서 대상을 보는 것(김용운) 등 그 외에도 다양하다.(이승훈 편, 『이상문학전집 1 ─ 시』의 주해 부분을 참고)

'거울 속의 나'가 분리되고 있는 셈이다. 거울 밖의 '나'인 책임의사 이상은 거울 속의 '나'를 진찰한다. 「거울」에서 이상은 '거울 속의 나'를 근심하고 진찰할 수 없어 섭섭하다고 말하고 있는데 위의 시 「烏瞰圖 詩 第4號」에서 이상은 스스로를 진찰하는 단계에 이르렀다. 그렇다면 위의 시는 앞서 살펴본 「거울」을 기호화해놓은 것에 지나지 않는다.[41]

그렇다면 문제는 환자의 상태를 시각화해놓은 부분이 의미하는 바가 무엇인지, 즉 환자의 병명이 무엇인지를 이해하는 일이다. 우선 주목해야 할 것은 거울에 비친 이상의 신체가 숫자로 나타나 있다는 점이다. 이상은 "사람은 숫자를 버리라"(「선에 관한 각서 1」)고 쓴 적이 있다. 숫자가 수학과 과학을, 더 나아가 근대를 상징한다면, 거울 속의 '나'는 '근대'라는 병을 앓고 있는 것일 수 있다. 게다가 점이 숫자판을 대각선으로 가로질러가면서 숫자판을 나누고 있다는 것, 그래서 숫자판의 내부에 어떤 동공(洞空)을 만들고 있다는 시각적 효과에 주목한다면 이 '환자'의 병명은 「권태」에서 이상이 집요하게 탐구한 바 있는 바로 그 주제, 즉 '근대인의 공허'라고 해도 될 것이다. 「거울」보다는 이 시 「烏瞰圖 詩 第4號」가 근대인의 자기 분열이라는 맥락에 더 어울리는 시라고 앞에서 지적했던 것은 이런 이유에서다.

그러나 이상의 시는 '근대성'과 같은 거대 담론을 끌어들이지 않더라

---

41) 「烏瞰圖 詩 第4號」는 이상이 『조선과건축』(1932. 7)에 발표한 시 「診斷 0:1」과 동일한 작품으로 간주되어왔지만, 두 작품 사이에는 큰 차이가 있다(이에 대해서는 김주현이 「텍스트부터 잘못되어 있다」(권영민 편, 『이상 문학 연구 60년』, 문학사상사, 1998)에서 이미 지적한 바 있다). 우선 후자의 경우 "어느 환자(或る患者)의 용태에 관한 문제"로 되어 있는 부분이 전자에 오면 "어느(或る)"가 빠져 있으며, 후자의 경우엔 숫자판이 정상적인 형태로 되어 있는 반면 전자에 오면 좌우가 뒤집혀 있어서 거울에 비친 모습이라는 점이 분명하게 밝혀져 있다. 요컨대 「烏瞰圖 詩 第4號」에서 환자는 '어느 환자'가 아니라 그냥 '환자', 즉 자기 자신이다. 또 정상적인 숫자판이 아니라 뒤집힌 숫자판으로 교체되면서 그것이 '거울'에 비친 환자(자기 자신)의 용태라는 점이 명확하게 드러나 있다. 「烏瞰圖 詩 第4號」가 거울 관련 시편으로 분류될 수 있는 것은 이 때문이다.

도 충분히 즐길 수 있다. 앞에서 이상의 거울의 드라마는 생활인 김해경과 시인 이상의 분열에서 시작된다고 적었다. 위의 시「烏瞰圖 詩 第4號」역시 그런 문맥에서 읽을 수 있다. 조선중앙일보(1934. 7. 28)에 발표되었을 당시 이 시는 세로쓰기로 한 줄씩 표기되어 있었다. 즉 독자는 시를 오른쪽 위에서 아래로 읽기 시작하여 한 줄씩 왼쪽으로 읽어나가야 한다. 그렇게 읽을 경우 가장 오른쪽에 있는 숫자열(이를 편의상 1열이라고 지칭해보자)을 위에서 아래로 읽어야 하는데 1열의 경우엔 숫자가 다 1이다. 2열로 넘어가면 위에서 아래로 숫자 2가 9개 놓이고 점을 경계로 1이 놓인다. 3열의 경우엔 8개의 3과 2개의 2, 4열의 경우 7개의 4와 3개의 3……과 같은 식으로 읽는다. 수식화하면, n과 n-1이 점을 경계로 배열되어 있는데, n-1의 개수가 점점 늘어나 마지막 11열에 이르면 n-1에 해당하는 숫자(0)가 전체를 차지하게 된다. 이 과정을 거치면서 맨 오른쪽의 1들은 맨 왼쪽에 이르면 모두 0으로 바뀌고 만다. 이상의 유고 수필 중에 이런 대목이 있다.

> 나의 생활은 나의 생활에서 1을 뺀 것이다.
> 나는 회중전등을 켠다.
> 나의 생활은 1을 뺀 나의 생활에서 다시 하나 1을 뺀다.
> 나는 회중전등을 끈다.
> (…)
> 내게는 나의 생활이 보이지 않는다.
> 나의 생활의 국부를 나는 나의 회중전등으로 비추어본다.
> 1이 빼어져나가는 것을 목전에 똑똑히 보면서 — 나는 나에게도 생활이 있다는 것을 알았을까?
>
> —「무제(나)」(3:344) 중에서

생활인으로서의 김해경은 늘 생활의 문제를 고민한다. "문을 암만 잡아다녀도 안 열리는 것은 안에 생활이 모자라는 까닭이다"(「가정」)라고 말하는 이는 김해경으로서의 이상이다. 이상은 자신의 생활이 1이 빠진, 늘 1이 모자라는 생활이라고 자탄하는데, 그는 "1이 빼어져나가는 것을 목전에 똑똑히 보면서"도 무력할 따름이다. 정상적인 생활이 n이라면 김해경의 생활은 늘 1이 빠진 n-1의 생활이다. 이 말들은 시 「烏瞰圖 詩 第4號」의 '진단' 내용과 뭔가 맞아떨어지는 데가 있다. 1열에서 11열로, 오른쪽에서 왼쪽으로 진행되는 동안 n과 n-1의 갈등이 시작되고, n-1의 수는 점점 늘어나 결국에는 전체를 다 차지하게 된다. 1은 모조리 0이 되어버리고 만다. 오른쪽에서 왼쪽으로 진행되는 과정은 바로 이상이 "1이 빼어져나가는 것을 목전에 똑똑히 보면서"라고 한 그 과정이겠고 "나의 생활의 국부를 나는 나의 회중전등으로 비추어본다"라고 한 것은 책임의사 이상의 '진단' 행위가 되겠다. 진단의 결과는 "0·1"[42] 이다. 1이 유(有)라면 0은 무(無)이다. 물론 이때의 유무는 '생활'의 유무일 것이다. 생활을 해야 하는데 생활이 없다는 것, 여기에서 생겨나는 갈등('0·1')이 '거울 속의 나' 김해경의 병의 원인이다. 이 '환자' 김해경은 집요하게 이상을 추궁하고 쫓아온다. 이상은 이제 김해경에게 자살을 권유하기에 이른다.

3-3. '이상'의 파탄과 '테크노나르시즘'

1

나는거울업는室內에잇다. 거울속의나는역시外出中이다. 나는至今거울속의나를무서워하며떨고잇다. 거울속의나는어디가서나를어떠케하랴

---

42) 문학사상사 판 전집에는 "0:1"로 되어 있으나, 조선중앙일보에 발표될 당시의 원문에는 "0·1"로 되어 있다.

는陰謀를하는中일가.

2

罪를품고식은寢牀에서잣다. 確實한내꿈에나는缺席하얏고義足을담은軍容長靴가내꿈의白紙를더럽혀노앗다.

3

나는거울잇는室內로몰래들어간다. 나를거울에서解放하려고. 그러나거울속의나는沈鬱한얼골로同時에꼭들어온다. 거울속의나는내게未安한뜻을전한다. 내가그때문에囹圄되어잇듯키그도나때문에囹圄되어떨고잇다.

4

내가缺席한나의꿈. 내僞造가登場하지안는내거울. 無能이라도조흔나의孤獨의渴望者다. 나는드듸어거울속의나에게自殺을勸誘하기로決心하얏다. 나는그에게視野도업는들窓을가르치엇다. 그들窓은自殺만을爲한들窓이다. 그러나내가自殺하지아니하면그가自殺할수업슴을그는내게가르친다. 거울속의나는不死鳥에갓갑다.

5

내왼편가슴心臟의位置를防彈金屬으로掩蔽하고나는거울속의내왼편가슴을견우어拳銃을發射하얏다. 彈丸은그의왼편가슴을貫通하얏스나그의心臟은바른편에잇다.

6

模型心臟에서붉은잉크가업즐러젓다. 내가遲刻한내꿈에서나는極刑을

바닷다. 내꿈을 支配하는者는내가아니다. 握手할수조차업는두사람을封
鎖한巨大한罪가잇다.

—「烏瞰圖 詩 第15號」 전문

 구조적 완결성이라는 측면에서만 보자면 이 시는 이상의 전체 시작
품 중에서 가장 완성도 높은 시에 속하고, 거울 관련 시들 중에서도 결
정판에 해당된다. 이에 앞서 씌어지고 발표된 시「거울」,「烏瞰圖 詩 第
4號」 등과 비교할 때「烏瞰圖 詩 第15號」는 거울 속의 '나' 와 거울 밖의
'나' 가 맺는 관계가 다르다.「거울」에서 이상은 김해경을 근심하고 진
찰하려 하지만 그럴 수 없기 때문에 섭섭하다고 했고,「烏瞰圖 詩 第4
號」에서 이상은 집요하게 따라오는 김해경의 모습을 이상의 시선으로
진찰하고 진단했다. 그러나 김해경에 대해 이상이 갖고 있는 죄책감과
책임감은 점증해온 것이어서,「烏瞰圖 詩 第15號」에 이르면 두 주체 사
이의 관계는 극단적인 양상을 띤다. 이제 이상은 '근심' 하거나 '진단'
하지 않는다. 그는 김해경에게 자살을 권유한다. 이 시의 내용을 산문
적으로 따라가보자.
 '거울 밖의 나' 인 이상은 '거울 속의 나' 인 김해경에게 두려움과 공포
를 느낀다("나는 지금 거울 속의 나를 무서워하며 떨고 있다"). 이 두려움
과 공포는 이상이 김해경에게 느끼는 죄책감과 책임감이 전도된 형태로
되돌아온 것이겠다. 그 죄책감과 책임감 때문에 이상은 "죄를 품고 식
은 침상에서" 잔다. 고도의 의식적 조작으로 탄생하는 것이 이상이라면,
의식의 힘이 미약해지는 꿈속에서 김해경의 모습이 등장하는 것은 자연
스러운 일이다. 김해경이 등장하는 그 꿈은 다른 그 무엇도 아닌 "확실
한 내 꿈"인데, 이상은 그 꿈을 혹은 김해경을 외면하려 한다("확실한 내
꿈에 나는 결석하였고"). 그러는 동안 김해경은 "의족을 담은 군용장화"
에 의해 더럽혀지고 있다. 앞에서 이 이미지를 카프카적 권력과 오이디

푸스적 권력의 복합체로 이해했다. 이제 그것은 이상이라는 텍스트의 바깥에서 텍스트 안으로 침범해들어오는 어떤 강력한 현실의 힘이다. 이 현실의 '힘' 이야말로 비슷한 구절과 모티프로 씌어진 「거울」과 「烏瞰圖 詩 第15號」 두 시를 구분짓는 결정적인 변수다. 「거울」에서 거울 안이 "소리가 없소/저렇게까지 조용한 세상은 참 없을 것이오"라고 묘사되었던 것과 「烏瞰圖 詩 第15號」에서는 거울 안(꿈 안)에서 '군용장화'의 발소리가 들리기 시작한다는 차이는 사사롭지 않다.

그러나 현실의 강력한 힘에 의해 더럽혀지고 있는 김해경을 이상은 외면한다. 그는 김해경으로서의 삶의 책무를 회피하고 있고, 김해경과의 관계를(혹은 그 역할을) 완전히 폐기하고 싶다. 그는 그 자신을 "거울에서 해방하려고" "거울 있는 실내로 몰래 들어"가지만, 거울을 보는 순간 김해경은 "동시에 꼭" 어김없이 모습을 드러낸다. 김해경이 "동시에 꼭" 나타난다는 것은 그만큼 이상과 김해경의 완전한 분리가 쉽지 않다는 사실의 반증일 것이다. 이는 '거울'이라는 소재가 이 시의 내용과 관련하여 어떤 필연적인 설득력을 갖는 이유이기도 하다. 저 "동시에 꼭"이라는 말에는 어떤 '구속'의 뉘앙스가 있다. 이상은 김해경을 외면하려 하고 김해경은 이상의 삶을 옥죄려고 한다. "내가 그 때문에 영어(囹圄)되어 있듯이 그도 나 때문에 영어되어 떨고 있"는 것이다. "탈옥의 기사"가 "호외"에 실렸다고 말했던(「一九三一年(作品第一番)」) 이상이 여전히 김해경이라는 '감옥'에서 완전히 "탈옥"하진 못했음을 이 구절은 보여주고 있다.

4절에서 이상은 "내 위조가 등장하지 않는 내 거울", 즉 고도의 의식적 조작('위조')을 통해 탄생시킨 이상이 아니라 무능한 생활인으로서의 김해경이 적나라하게 드러나는 공간을 완전히 절멸시키려 한다. "나는 드디어 거울 속의 나에게 자살을 권유하기로 결심하였다". 물론 이 시적 진술은 "나는 드디어 생활인 김해경의 삶으로부터 완전히 떠나버리기로 결심하였다"는 일상적 진술의 시적 번안이다. 그러나 거울 속 '나'의 자살은 불가능하다. "내가 자살하지 아니하면 그가 자살할 수 없음을 그는 내게 가르친다". 물론 이 결론은 "이상은 자신에게 주어진 생활인 김해경으로서의 삶의 책임을 고스란히 떠맡아야 한다"는 삶의 법칙의 시적 번안이다.

 5절에서 거울을 향하여 총을 발사하는 극적인 장면은 4절에 나타난 '자살 권유'의 변주에 해당한다. 이상은 자신의 심장이 있는 왼편 가슴을 "방탄금속으로 엄폐(掩蔽)"한 뒤에 거울의 왼쪽 가슴을 향해 총을 쏜다. 이상은 살아야 하고 김해경은 죽어야 하기 때문이다. 그러나 모형심장에서 붉은 잉크가 엎질러질 뿐, 거울 속 '나'는 살해되지 않는다. 그 이유는 4절에서와 동일하다. 어떤 경우에도 관념(이상)과 삶(김해경)은 분리될 수 없다. 따라서 이 시를, 흔히 그렇게 하듯 분열된 자아에 대한 탄식으로 읽기보다는, 차라리 분열된 자아가 그 분열을 완성시키지 못한 것에 절망하는 작품이라고 읽어야 하지 않을까.

 이상이라는 주체를 창안해낸 것은 이상의 현대성이었지만, 김해경으로서의 삶에서 자꾸만 도망치려 한 것은 이상의 한계였다. 도망치고 외면하려 하면 할수록 더 강력한 형태로 귀환해오는 것, 그것이 물질적·육체적 삶의 힘이다. "내 꿈을 지배하는 자는 내가 아니"라 강력한 현실적 힘('의족을 담은 군용장화') 속에서 부대끼게 되는 물질적·육체적 삶이고, 다름 아니라 김해경이다. 이상의 죄의식의 원천은 바로 김해경과 이상을 "봉쇄(封鎖)"하려 했다는 데에 있다. 이를 "거대한 죄"라고 명명한 것을 보면 이상도 자신의 한계를 잘 알고 있었던 것 같다. 이상이 그 점에 민감했다는 사실이 그의 텍스트 여기저기에 나타난다.

 슬퍼? 응 ─ 슬플밖에 ─ 20세기를 생활하는데 19세기의 도덕성밖에는 없으니 나는 영원한 절름발이로다.(「失花」)

지성 — 흥, 지성의 힘으로 세계를 조롱할 수야 얼마든지 있지, 있지만 그게 그 사람의 생활을 '리드' 할 수 있는 근본에 힘이 되지 않는 걸 어떡허니?(「斷髮」)

암만 해도 나는 19세기와 20세기 틈사구니에 끼여 졸도하려 드는 무뢰한인 모양이오. 완전히 20세기 사람이 되기에는 내 혈관에는 너무도 많은 19세기의 엄숙한 도덕성의 피가 위협하듯이 흐르고 있소그려.(「사신私信 7」)

위 인용문들에서 이상과 김해경의 분열과 갈등의 드라마는 '20세기/19세기' '지성/생활' 등의 어휘쌍으로 변주되어 있다. 위 인용문들에 배어 있는 이상의 한탄, 자조, 회의의 태도는 그 자신 끝내 이상으로 김해경을 극복하는 데 실패한 경험의 소산이다. 그는 이상을 "위조"하는 방향으로 멀리까지 나아갔으나, 그 에너지를 통해 김해경의 삶을 떠안고, 그 삶의 배치를 바꾸는 지점에까지 이르지 못했다. 이상이라는 주체/텍스트는 물질적인 힘을 발산해내지 못하는 '기교'에 머무르고 말았다. 이를 '테크노나르시즘'[43]이라 부를 수 있을 것이다. "어느 시대에도 그 현대인은 절망한다. 절망이 기교를 낳고 기교 때문에 또 절망한다"(3:360)[44]는 유명한 에피그램의 자리가 이 어디쯤이다. 이상은 이렇게 적었다. "나는 오직 내 흔적일 따름이다."(「失花」) '이상'이라는 기획이 좌초한 지점에서 그가 맛본 피로감이 이 문장에 짙게 배어 있다.

---

43) 이 용어는 Gilles Deleuze · Félix Guattari, 앞의 책, p. 49에서 가져왔다.
44) 「시와 소설」(1936. 3. 13)에 실려 있는 이상의 아포리즘이다.

4. 이상(異狀)의 인식론, 이상(理想)의 주체론

정리하자. 이상의 시선은 건축물을 '투시'하는 시선이다. 그 시선은 외관을 설계도의 차원으로 되돌려 해체한다. 이 글에서는 그 시선을 '오감(烏瞰)하는 시선'으로, 그 해체의 전략을 '탈건축적 상상력'으로 명명했다. 이상이 그의 시선을 고정시킨 대상은 식민지 도시 경성(카프카적 권력)과 봉건적 가족제도(오이디푸스적 권력)에 기초한 식민지 구조라는 건축물이었다. 그는 건축과 권력을 투시하고 해체하고 조롱했다. 거기서 더 나아가 그는 '무기체 되기'의 전략을 채택했다. 무기체이기 때문에, 사회적 재생산(노동), 가족적 재생산(결혼하기와 아이 낳기)을 거부할 수 있었다.

'무기체 되기'는 '텍스트 되기'의 전략으로 이어진다. 김해경으로부터 이상으로의 탈출, 그것은 '이상'이 되어 '이상'이라는 텍스트를 쓰고 '텍스트로서의 삶'을 창조해내는 전략이다. 이 글에서는 이를 '가면(거울)의 주체론'이라고 명명했다. 그러나 '이상'이라는 가면은 김해경의 얼굴에서 자꾸만 미끄러졌다. 이상의 투시하는 시선은 거울 속에서 이상이 아니라 김해경을 보았다. 그는 근심했고 진찰했고 마침내 저격했다. 거울이라는 소재가 그에게서 반복될 수밖에 없었던 이유는, '이상'의 내면에서 이루어진, '반복강박'적인 '김해경'의 귀환 때문일 것이다. 이상이라는 주체, 이상이라는 텍스트를 창안해낸 이상은 그 힘으로 김해경의 삶을 바꾸는 데에까지 이르지 못했고, 김해경으로서의 삶으로부터 끊임없이 도피하다 좌초했다.

"갔다 와야 한다. 갔다 비록 못 돌아오는 한이 있더라도 가야 한다"(「동생 옥희 보아라 — 세상 오빠들도 보시오」)고 한 자신의 말 그대로 이상은 동경 행을 결행했다. 이상의 동경 행은 그 자신의 전략의 한 정점이었지만 그는 결국 파산하고 만다. '불령선인(不逞鮮人)'이라는 죄명으로 일경에 의해 체포되었는데, 아이러니하게도 그 체포의 근거 중 하나는 그가 '김해경'이라는 본명을 두고 '이상'이라는 이상한 이름을 쓴다는 것이었다. 성을 버리면서까지 '군용장화'로부터의 탈주를 감행하였고 '이상이라는 텍스트'를 만드는 것으로 예정된 죽음과 맞섰던 이상은, 결국 그 자신의 기획으로 인해 카프카적 권력에 포획되고 마는 아이러니 속에서 죽어갔다. 여기서 동경 행의 의미와 그 파산의 맥락에 대해서는 자세히 적지 못한다. 그저 이렇게만 적자. 그의 실패는 한국 문학사가 가져본 가장 철저하고 황홀한 실패였다. 물론 우리는 실패로부터 가장 치열하게 배운다.

그가 누웠던 자리
― 윤동주의 「병원」과 서정시의 윤리학

슬픔과 아픔

1939년 9월 1일 독일군은 폴란드를 침공했다. 2차대전의 시작이었다. 윤동주는 그해 9월부터 아무것도 쓰지 않는다. 그의 절필이 2차대전과 그 무슨 관련이 있는지 우리는 알 길이 없다. 분명한 것은 1939년부터 조선의 상황이 더욱 악화되기 시작했다는 점이다. 10월에는 친일 문학단체인 '조선문인협회'가 발족하였고 11월에는 '창씨개명령'이 공포되었다. 물론 윤동주는 문학제도 바깥에 있는 문청(文靑)에 불과했다. 친일문학단체와 직접적인 관련이 없었다. 창씨개명 또한 하지 않았다. (그가 창씨개명을 단행한 것은 2년 뒤였다. 도항증(渡航證)을 얻기 위해서는 불가피했다. 이때의 소회가 시 「참회록」을 쓰게 했다.) 그리고 1940년이 되었다. 윤동주의 나이 스물넷이었고 연희전문학교 3학년이었다. 악화일로의 시절이었다. 그해 8월에 동아일보와 조선일보가 강제폐간되었고, 9월에 일본은 독일, 이탈리아와 삼국 동맹조약을 맺었다. 그는 여전히 아무것도 쓰지 않았다. 자발적 절필은 1년이 넘도록 계속

되고 있었다. 그러다 그해 12월에, 그는 가까스로 몇 줄 쓴다.

> 슬퍼하는 자는 복이 있나니
> 슬퍼하는 자는 복이 있나니
> 슬퍼하는 자는 복이 있나니
> 슬퍼하는 자는 복이 있나니
> 슬퍼하는 자는 복이 있나니
> 슬퍼하는 자는 복이 있나니
> 슬퍼하는 자는 복이 있나니
> 슬퍼하는 자는 복이 있나니
>
> 저희가 영원히 슬플 것이오.
> ―「팔복八福: 마태복음 5장 3~12」 전문

이것은 시인가? 일단은 그렇다. 시를 만드는 것은 정념에 질서를 부여하여 그것을 대상화·형식화하려는 의지다. 이 시는 슬픔이라는 정념에 질서를 부여하는 데 일단은 성공했다. 그러나 이 시는 좋은 시인가? 그렇지는 않은 것 같다. 슬픔이라는 정념에 질서를 부여하기는 했으되 그 질서가 내부에서 창안된 것이 아니라 외부에서 도입된 것이기 때문이다. 아마도 정념을 구조적으로 파악할 수 있는 시야가 확보될 때 질서가 내부에서 창안될 수 있을 것이다. 그때 시에서 정념은 분출되기보다는 '인식'된다. 정념이 완강하게 주체를 압도할 경우 질서가 외부에서라도 도입되지 않으면 안 된다. 이 시가 그렇다. '산상수훈(마태복음)'이라는 언술 질서를 외부에서 도입하여 이를 패러디함으로써 슬픔이라는 정념에 질서를 부여할 수 있었다. 그러나 이 질서는 정념을 인식하는 데 기여하는 질서가 아니라 질서 그 자체에 상처를 입히기 위해

도입된 질서다. 슬픔은 가망 없이 절대화되고 구원의 가능성은 단호히 기각된다. 이것은 일종의 자해이거나 섬약한 야유에 가깝다. "슬퍼하는 자는 복이 있나니"를 여덟 번 적어나간 이의 영혼은 날카로운 칼끝으로 자신의 팔목을 여덟 번 긋는 자의 영혼을 닮아 있었을 것이다. 그 여덟 번의 자해가 "저희가 영원히 슬플 것이오"에 도달할 때 이 시는 기어이 피 흘리면서 복음을 야유한다. 여기에는 성숙한 구조적 시각이 동참한 흔적이 없다. 그러나 비슷한 시기에 씌어진 다른 시에서 이 시인은 한 걸음 더 나아간다.

살구나무 그늘로 얼굴을 가리고, 병원 뒤뜰에 누워, 젊은 여자가 흰옷 아래로 하얀 다리를 드러내놓고 일광욕을 한다. 한나절이 기울도록 가슴을 앓는다는 이 여자를 찾아오는 이, 나비 한 마리도 없다. 슬프지도 않은 살구나무 가지에는 바람조차 없다.

나도 모를 아픔을 오래 참다 처음으로 이곳에 찾아왔다. 그러나 나의 늙은 의사는 젊은이의 병을 모른다. 나한테는 병이 없다고 한다. 이 지나친 시련, 이 지나친 피로, 나는 성내서는 안 된다.

여자는 자리에서 일어나 옷깃을 여미고 화단에서 금잔화 한 포기를 따 가슴에 꽂고 병실 안으로 사라진다. 나는 그 여자의 건강이 — 아니 내 건강도 속히 회복되기를 바라며 그가 누웠던 자리에 누워본다.

—「병원」 전문

'슬픔'이 영원할 것이라고 말하던 이가 이번에는 '아픔'을 진단하기 위해 병원에 갔다. '슬픔'이 '아픔'으로 인식되기 시작한다. 이 차이는 결코 작은 것이 아니다. 슬픔이 구조적 통찰 이전의 즉각적 반응이라면 아픔은 어떤 구조적 통찰 이후의 반성적 반응이다. 이 아름다운 시를 경계로 윤동주는 비로소 습작기의 어설픔과 작별한다. 그래서 「병원」은 무엇보다 윤동주 자신에게 각별한 작품이었던 것으로 보인다. 윤동주는 1941년 12월에 연희전문학교 졸업 기념으로 자필시집을 제작했는데, 정병욱의 회고에 따르면, 시집의 표제는 '하늘과 바람과 별과 시'가 아니라 '병원'이었다. 당시 윤동주는 세계가 거대한 병원이고 사람들은 모두 환자일 뿐이라고 생각했던 것 같다. 성실한 시인이라면 지난한 암중모색의 와중에 세계를 인식하는 어떤 구조적 틀을 얻게 된다. '병원'이라는 단어는 그가 포착한 세계의 그 '구조'를 압축하는 말이었다. 말하자면 이 시는 일종의 개안(開眼)의 소산이었던 것이다. 그런데 이 시는 당시 윤동주 자신에게 문제작이었을 뿐 아니라 오늘날 우리에게도 여전히 문제작이다.

문제작으로서의 「병원」

문제작이란 무엇인가. 문제는 'problem'이거나 'question'이다. 당대에 분란(problem)을 일으켰거나 후대에 계속 질문(question)을 던지는 작품이 문제작이다. 이 시는 발표되지 않았기 때문에 당대에 분란을 일으킬 기회를 얻지 못했으나 오늘날에도 여전히 작동하는 질문을 제안에 품고 있다. 이 시는 서정적이다. (우리는 '서정적인 것'을 '시적인 것'의 하위 범주로 규정한다. 서정적인 것은 규정될 수 있고 또 규정되어왔다. 그러나 '서정적인 것'의 상위 범주인 '시적인 것'은 앞으로도 완전히 규정될 수 없을 것이다. 미지의 '시적인 것'들을 향해 시인들이 계속 전진하고 있기 때문이다.) 그리고 아름답다. 모든 서정적인 것이 아름다움에 도달하지는 않는다. 질문은 여기서 발생한다. 특정한 서정은 어떻게 아름다움에 도달할 수 있게 되는가. 이것은 얼핏 너무 빤해서 무의미한 질문처럼 보인다. 그러나 어떤 질문들이 빤해 보이는 것은 빤한 해답이 이미 있어서가 아니라 해답 없이 질문만 숱하게 반복되었기 때문일 수도 있다. 정색하고 다시 물어야 한다. 어떤 서정이 아름다움에 도달하는가?

오늘날 이 질문은 특히 중요해 보인다. 시적인 것의 하위 범주로서의 서정적인 것은 여전히 한국시의 우세종이다. 소수의 변종들을 제외한 대부분의 시인들이 서정시의 보편적 문법을 충실히 고수하는 시들을 써내고 있다. 그러던 와중에 일군의 젊은 시인들이 다소 변칙적인 시들을 쓰기 시작했다. 서정의 이름으로 그것들을 타매하는 목소리들이 더불어 높아졌다. 그 결과 서정시의 자기 갱신을 권유하는 작은 목소리는 서정시의 가치 사수를 주장하는 큰 목소리들에 묻혀 잘 들리지 않게 되었다. 그래서 다시 묻는다. 어떤 서정시가 좋은 시인가. 우리에게는 윤동주의 이 시가 바로 그런 질문을 던지고 있는 시로, 그러니까 시(인)에 관한 시로 읽힌다. 이 시는 세 토막으로 되어 있고 각 연들은 다음과 같은 질문을 던지고 있다. 첫째, 시인은 무엇을 어떻게 보는가(보아야 하는가). 둘째, 시인은 무엇을 어떻게 느끼는가(느껴야 하는가). 셋째, 시인은 무엇을 어떻게 행하는가(행해야 하는가).

　살구나무 그늘로 얼굴을 가리고, 병원 뒤뜰에 누워, 젊은 여자가 흰옷 아래로 하얀 다리를 드러내놓고 일광욕을 한다. 한나절이 기울도록 가슴을 앓는다는 이 여자를 찾아오는 이, 나비 한 마리도 없다. 슬프지도 않은 살구나무 가지에는 바람조차 없다.

　시인은 무엇을 보는가. 병원에 입원중인 한 여성 환자가 있다. 이 "젊은 여자"는 "가슴을 앓는다"고 했다. 그녀는 혹시 결핵을 앓고 있는 것일까? 아마도 그런 것 같다. 수전 손택이 지적한 대로 결핵이라는 질병은 낭만적인 내포를 거느리는 일종의 은유다. (더럽고 번잡스러운 것으로 간주된 암과 달리) 결핵은 깨끗하고 고독한 병이다. 1연의 풍경을 지배하고 있는 것은 그래서 흰색이다. "흰옷 아래로 하얀 다리를 드러내 놓고" 있는 그녀는 깨끗해서 고결해 보인다. 말하자면 결핵은 '하얀 병'이다.[1] 게다가 그녀는 철저하게 고립되어 있기도 하다. 누구도 그녀를 찾아오지 않는다. "나비 한 마리"도 없고 "바람조차" 없다. 이 고립은 앓는 자의 고독을 담담하게 전달한다. 결핵이라는 은유를 은연중 활용하면서 1연이 묘사하고 있는 것은 이렇게 '앓고 있지만 순결한 세계, 고립되어 있지만 무죄한 세계'의 어떤 풍경이다. 정병욱의 회고를 염두에 두지 않더라도, 이 풍경에서 당대 식민지 조선의 모습을 읽어내는 일은 자연스럽다. 말하자면 1연의 병원과 질병은 '정치적 은유'로 읽힐 수 있다.

이 정치적 은유를 '윤리적 은유'로도 읽을 수 있을 것 같다. 이미 언급한 대로 이 시는 독일군의 폴란드 침공(1939년 9월 1일)과 일본의 진주만 침공(1941년 12월 8일) 사이에 쓰여졌다. 공교롭게도 2차대전 발발 이후 침묵 속으로 빠져들어간 윤동주가 1년 3개월여 만에 쓴 작품이다. 『계몽의 변증법』(1947)의 저자들이 지적한 대로 그 전쟁은 인간을 신화와 마법의 세계에서 구출한 '계몽'의 과정이 '자연 지배'를 거쳐 마침내 '인간 지배'에 이르게 된 일련의 타락의 한 종착점이었다. 그 전쟁은 (그들의 용어를 빌리자면) '도구적 이성'의 전횡이 낳은 필연적 비극이었고, 잇달아 벌어진 아우슈비츠의 비극은 동일자(동일성)의 폭력 속에서 특수자(특수성)가 질식사한 참극이었다. 이는 실로 이성의 자살이었다. 그와 비슷한 시기에 식민지 조선의 한 청년은 병원 뒤뜰에서

---

1) 이재선, 『현대소설의 서사주제학』, 문학과지성사, 2007 참조.

병들고 고립된 한 환자의 오후를 목격하였다. 이 '병원의 뒤뜰'은 이를테면 '계몽(이성)의 뒤뜰' 일지도 모른다. 특히 눈에 밟히는 것은 "가슴을 앓는다는 이 여자"라는 무심한 언급이다. 화자는 그녀와 일정한 거리를 유지한 채 관찰하고 있다. 이 '거리'는 윤리적이다. 그녀를 '나'에게로 동일화하는 서정적 시선이 긴장감 있게 견제되고 있다는 뜻이다. 그렇다면 '나'는 누구인가.

나도 모를 아픔을 오래 참다 처음으로 이곳에 찾아왔다. 그러나 나의 늙은 의사는 젊은이의 병을 모른다. 나한테는 병이 없다고 한다. 이 지나친 시련, 이 지나친 피로, 나는 성내서는 안 된다.

2연에서 이 시는 1연 이전으로 돌아간다(과거형으로 된 첫 문장이 그렇게 읽게 한다). '나'도 아프다. 그는 "나도 모를 아픔"이라고 적었다. 이 아픔은 '젊은 여자'의 '가슴앓이'를 반향하면서 다른 종류의 아픔(병)이 존재한다는 것을 말한다. 그러나 "늙은 의사"는 "젊은이의 병"을 이해하지 못한다. 이 에피소드에서 읽을 수 있는 것은 '늙음'과 '젊음'의 대립구도만은 아닐 것이다. 우리는 이를 '의사'와 '시인'의 대립구도로 바꿔 읽고 싶다. 혹은 합리적 인식과 시적 감응의 대립구도라고 해도 좋다. 아도르노의 말이다. "합리적 인식은 고통과 거리가 멀다. 그것은 고통을 총괄하여 규정하고 그것을 완화하는 수단을 만들어낼 수 있다. 그러나 고통을 체험으로써 나타낼 수는 없다. 합리적 인식이 볼 때 고통은 비합리적인 것이다. 고통이 개념화되면 그것은 아무런 말도 할 수 없게 되고 일관성도 없어질 것이다."[2] 요컨대 합리적 인식은 고통을 이해할 수도 표현할 수도 없다는 것이다. 그러나 고통은 있다. 그

---

2) 테오도르 아도르노, 『미학 이론』, 홍승용 옮김, 문학과지성사, 1997, 39쪽.

것은 어디에 있는가.

그것은 의사의 매뉴얼 속에 있는 것이 아니라 시인의 시에 있다. 아도르노는 고통의 이해와 표현이 오로지 예술에서만 가능하다고 단언한다. 그에 따르면 예술은 "축적된 고통의 기억"[3]이다. 그는 예술이 고통을 잊어버릴 것이라면 차라리 예술 자체가 없어져버리는 편이 낫다고까지 했다. 이 단언은 매력적이다. 그것은 시인의 "나도 모를 아픔"을 윤리적인 것으로 만들어준다. 시인은 병 없이 앓는 자다. 윤동주의 "나도 모를 아픔"은 훗날 이성복에 의해 "우리가 이 세상에서 자신을 속이지 않고 얻을 수 있는 하나의 진실은 우리가 지금 '아프다'는 사실이다"(『뒹구는 돌은 언제 잠 깨는가』 뒤표지 글)라는 인식론으로 변주된 그 아픔이고, 황지우에 의해 "아픈 세상으로 가서 아프자"(「산경」, 『게 눈 속의 연꽃』)라는 윤리학으로 확산된 그 아픔이다. 윤동주의 마지막 선택은 무엇인가. 1연에서 그는 앓는 세계를 발견했고, 2연에서는 세계의 고통 속에서 더불어 아픈 시인의 자리를 인식했다. 아직까지 그는 그저 "나는 성내서는 안 된다"라고만 적었을 뿐이다. 이제 이 시에서 가장 인상적인 대목이 시작된다.

여자는 자리에서 일어나 옷깃을 여미고 화단에서 금잔화 한 포기를 따 가슴에 꽂고 병실 안으로 사라진다. 나는 그 여자의 건강이 — 아니 내 건강도 속히 회복되기를 바라며 그가 누웠던 자리에 누워본다.

다시 병원 뒤뜰이다. '그녀'의 아픔과 '나'의 고통이 한자리에 모인다. 모종의 서정적 동일화가 도모될 것이라는 예감이 든다. 그러나 여자는 금잔화 한 포기를 꽂고 병실 안으로 사라지고 시인은 그녀가 누웠

---

[3] 같은 책, 402쪽.

던 자리로 가서 누울 뿐이다. 이 무언의 행위들은 감동적이다. 그들이 끝내 만나지 않았기 때문이다. 예컨대 금잔화를 꽂는 행위는 매우 상징적이지만 그러나 그 상징이 해석되지 않았기 때문에 아름다울 수 있었다. 시인은 그 행위에 어떠한 의미도 섣불리 덧붙이지 않았다. 그러나 그들이 엇갈리기만 한 것은 아니다. 그들은 헤어지면서 비로소 만난다. 그녀가 누웠던 자리에 누우면서 시인은 "그 여자의 건강이 ─ 아니 내 건강도 속히 회복되기를" 바란다. 저 '아니'의 미묘한 머뭇거림이 이 시를 한층 겸허하게 만든다. 주체가 객체를 서정적으로 동일화하지 않으면서도 기어이 하나가 되는 이 기술이 바로 뛰어난 서정의 마력이다. 이 태도는 환자의 고통을 진단하(지 못하)는 의사의 지극히 합리적인 행위와 대비되면서 더욱 아름다워진다. 이 윤리적 태도에 뭐라고 이름을 붙여야 하나.

다시 아도르노의 표현을 빌려와서 이것을 '미메시스'의 윤리학이라고 부를 수 있을 것 같다. 이 미메시스는 모방과 다르다. "전통적인 예술 이론에서 미메시스가 '객체의 모방'이라면 아도르노적인 의미에서의 미메시스는 '객체에의 동화(同化)'라고 할 수 있다."[4] 이것은 투사(投射)와도 구별되어야 한다. "미메시스가 주변 세계와 유사해지려고 한다면 잘못된 투사는 주변 세계를 자기와 유사하게 만들려고 한다."[5] 이런 말들이 꽤 모호하게 들린다면 이는 아마도 대상을 객체화하는 근대적 합리성의 지배 속에서 우리가 저 미메시스의 능력을 거의 잃어버렸기 때문일 것이다. 뛰어난 서정시에는 그 미메시스의 계기가 보존되어 있다. "그가 누웠던 자리"에 가 눕는 이 소박하면서도 숭고한 행위는 주체와 객체의 동일성을 섣불리 확증함으로써 결국 객체를 주체로 종

---

4) 김유동, 『아도르노 사상』, 문예출판사, 1994, 41쪽.
5) 테오도르 아도르노 · 막스 호르크하이머, 『계몽의 변증법』, 김유동 옮김, 문학과지성사, 2001, 280쪽.

속시키고 마는 서정의 위험을 사려 깊게 피해간다. 그러면서 표명되는 희망이기에 이 시가 껴안고 있는 희망은 거북하지가 않다. 스탕달은 예술을 "행복에의 약속"이라 했다. 행복이 지금-여기에 있다고 말하는 예술은 허위다. 언젠가 그들은 건강해질 것이다, 그러나 아직은 아니다, 라고 이 시는 말한다.

서정적으로 올바른

아우슈비츠 이후 씌어지는 서정시는 다음 세 가지의 계기를 내포해야만 한다. 동일성(동일자)의 폭력 속에서 신음하고 있는 특수성(특수자)의 현실을 '발견'하고, 그 특수자의 아픔을 '나'의 고통으로 '감응'하고, 고통 없는 세계의 비전 혹은 진실한 화해의 비전을 강렬하게 '환기'하기. 이를 발견, 감응, 환기의 3단 구조로 정식화할 수 있겠다. 그러나 이 규정만으로는 불충분하다는 것을 시 「병원」이 알려준다. 첫째, 동일성의 폭력에서 특수자를 구제하기 위한 발견이 외려 동일화의 메커니즘을 채택하고 있지 않은지 반성해야 한다. 이미 발견할 준비가 되어 있는 눈 앞에서 특수자는 더러 제 뜻과 무관하게 아름다워지고 만다. 둘째, 특수자의 아픔에 감응하는 일은 그 감응이 어쩌면 영원히 불가능할지도 모른다는 비관주의와 끝내 함께 가는 작업이어야 한다. 타자의 고통이 곧 '나'의 고통임을 아름답게 고백하는 사이비 유마힐(維摩詰)이 되는 일은 얼마나 쉬운가. 셋째, 고통 없는 세계 혹은 진실한 화해의 세계는 어떠한 경우에도 긍정적인 방식으로(그것은 바로 여기에 있다) 제시되어서는 안 되며 다만 부정적인 방식으로(그것은 여기에 없다) 환기되어야 한다. 아름다운 가상의 세계(자연 혹은 여행지)에서 유유자적하는 저 수많은 시들은 '행복에의 약속'이 아니라 행복의 단언이어서 허위적이다.

　세 토막으로 이루어진 시 「병원」은 발견, 감응, 환기의 모범적인 사례를 그 순서 그대로 예시한다. 병원과 환자로 은유되는 세계의 실상의 발견, 타자들의 아픔에 감응하면서 이뤄지는 '나'의 고통의 인식, 미메시스의 윤리와 행복에의 약속을 통해 환기되는 유토피아, 이 모든 것들에 대한 배려가 저 소품 안에 있다. 이 시가 그런 서정시의 최고 수준을 구현하고 있다는 얘기가 아니라, 서정시의 윤리학에 대해 성찰하게 하는 특별한 힘을 갖고 있다는 얘기다. 그래서 걸작이라는 말보다는 문제작이라는 말이 더 어울린다. 이제 글의 서두에서 던졌던 질문을 다시 던지자. 서정은 언제 아름다움에 도달하는가. 인식론적으로 혹은 윤리학적으로 겸허할 때다. 타자를 안다고 말하지 않고, 타자의 고통을 느낄 수 있다고 자신하지 않고, 타자와의 만남을 섣불리 도모하지 않는 시가 그렇지 않은 시보다 아름다움에 도달할 가능성이 더 높다. 서정시는 가장 왜소할 때 가장 거대하고, 가장 무력할 때 가장 위대하다. 우리는 그럴 때 '서정적으로 올바른(poetically correct)'이라는 표현을 쓸 수 있다. 서정적으로 올바른 시들은 자신이 있어야 할 자리를 안다. 그곳은 '그가 누웠던 자리'다.

이 사랑을 계속 변주해나갈 수 있을까
― 김수영의 '사랑'에 대한 단상

1960년 4월 19일부터 1968년 6월 16일까지, 한국시는 사랑에 관한 가장 넓고 깊은 사유의 시간을 보냈다. 김수영의 시와 더불어 보낸 시간이었다. 김수영의 시에서 '사랑'은 ('죽음'과 더불어) 가장 빈번하게 또 가장 모호하게 사용되는 단어다. 이 빈번함과 모호함은 성실한 방황의 흔적일 것이다. 진정한 사유에는 그와 같은 방황의 흔적이 있다. 그런 사유에서는, 비록 그 사유의 내용이 세월의 흐름 속에서 낡은 것이 될 수는 있어도, 사유의 동선은 늘 현재의 것으로 작동할 수 있다. 사랑을 열쇠말 삼아 1960년 이후 김수영의 사유의 동선을 따라가보려고 한다. 김수영의 1960년대를 세 세기로 나눌 수 있을 것 같다. 그의 사랑이 가 닿는 시간대가 조금씩 달라지고 있기 때문이다. 그의 사랑은 4·19 직후에는 현재를, 5·16 이후에는 과거를, 1967년 무렵에는 미래를 향해 뻗어나간다. 시기별로 살피자.

현재, 사랑을 사랑해야 한다

김수영은 사랑에 대해 자주 말했지만 사랑을 정의한 적이 거의 없다. 그는 '사랑은 무엇이다'라고 말하지 않고 '무엇도 사랑이다'라고 말했다. 그에게 사랑은 주어가 아니라 서술어였다. '무엇도 사랑이다'라는 말은 '사랑은 무엇이다'라는 말보다 필사적이다. 적어도 사랑에 관한 한, 김수영은 필사적이었다. 그러니 중요한 것은 그 사랑의 의미이기도 하겠지만 그 필사적인 내면의 움직임 자체이기도 할 것이다. 우리는 언제 필사적일 수밖에 없는가. 힘들게 성취한 어떤 것이 허망하게 스러져 갈 때가 아닌가. 그런 맥락에서 우리는, 몇몇 평자들에게서 이견이 제시된 바 있음을 알지만, 여전히 4·19를 경계로 김수영의 문학을 나누어야 한다고 생각한다. 4·19 때 그는 확실히 무언가를 성취했다.

사실 4·19 때에 나는 하늘과 땅 사이에서 '통일'을 느꼈소. 이 '느꼈다'는 것은 정말 느껴본 일이 없는 사람이면 그 위대성을 모를 것이오. 그때는 정말 '남'과 '북'도 없고 '미국'도 '소련'도 아무 두려울 것이 없습디다. 하늘과 땅 사이가 온통 '자유독립' 그것뿐입디다. 헐벗고 굶주린 사람들이 그처럼 아름다워 보일 수가 있습디까! 나의 온몸에는 티끌만 한 허위도 없습디다. 그러니까 나의 몸은 전부가 바로 '주장' 입디다. '자유' 입디다…… '4월'의 재산은 이러한 것이었소. 이남은 '4월'을 계기로 해서 다시 태어났고 그는 아직까지도 작열하고 있소. 맹렬히 치열하게 작열하고 있소. 이북은 이 작열을 느껴야 하오. '작열'의 사실만을 알아가지고는 부족하오. 반드시 이 '작열'을 느껴야 하오. 그렇지 않고서는 통일은 안 되오.

―「저 하늘 열릴 때」(1960) 중에서[1]

김수영은 "'4월'의 재산"이라는 표현을 사용했다. 무엇이 4월의 재산인가. 이상하게도 그는 정치 사회 문화의 영역에서 이루어진 제도적 차원의 변화에 대해서는 전혀 언급하지 않는다. 그저 '하늘과 땅 사이의 통일' '다시 태어남' '작열(灼熱)' 등을 '느꼈다'고만 적었다. 게다가 그는 이 '느낌'에 대해서 설명할 생각이 별로 없는 것 같다. "이 '느꼈다'는 것은 정말 느껴본 일이 없는 사람이면 그 위대성을 모를 것이오." 설명할 수 없는 그 느낌이란 무엇일까. 조지 카치아피카스는 68혁명 당시의 '느낌'을 "정치적 에로스의 순간들 속에서 이뤄지는 성과 속의 통합"[2]이라는 말로 설명한 적이 있다. '4월의 재산'이 이와 유사해 보인다. 제도적 변화보다 더 중요한, 말로 설명할 수 없는 저 충만한 느낌. 조지 카치아피카스가 '정치적 에로스'라 부른 그것을 김수영은 이제 '사랑'이라 부를 것이었다.

어둠 속에서도 불빛 속에서도 변치 않는
사랑을 배웠다 너로 해서

그러나 너의 얼굴은
어둠에서 불빛으로 넘어가는
그 찰나에 꺼졌다 살아났다

너의 얼굴은 그만큼 불안하다

번개처럼

---

1) 김수영, 『김수영 전집 2 — 산문』(개정판), 민음사, 2003. 이하 김수영의 시와 산문은 모두 개정판 전집에서 인용한다.
2) 조지 카치아피카스, 『신좌파의 상상력』, 이재원 옮김, 이후, 1999, 55쪽.

> 번개처럼
> 금이 간 너의 얼굴은
>
> ―「사랑」(1961) 전문

사랑이 본격적으로 언급된 첫번째 작품이다. 이 시에서 두 개의 전언을 추려낸다면 '너에게서 사랑을 배웠다'(1연)와 '너의 얼굴은 불안하다'(2~4연)가 될 것이다. 무게가 실려 있는 곳은 아무래도 후자 쪽이다. 불과 1년 만에 그의 어조가 이렇게 변했다. 4·19의 정신이 변질되면서 느낀 상실감 탓일 것이다. 앞의 산문에서 4·19와 사랑은 한 몸이었지만 여기에서는 '너'와 '사랑'이 분리된 것도 그 때문일 것이다. 그런데 이 분리 덕분에 기묘한 일이 벌어진다. 이 분리는 '너'의 '불안함'을 슬퍼하기 위한 것이 아니라 사랑의 '변치 않음'을 확증하기 위한 것처럼 보이지 않는가. '너'의 얼굴은 "금이 간" 얼굴이고 "꺼졌다 살아났다"하는 얼굴이지만, 사랑은 "어둠 속에서도 불빛 속에서도 변치 않는" 것이라고 말하면서 그는 사랑을 구원한다. 네가 죽어도 사랑은 남는다. 이제 문제는 4·19가 아니라 사랑이다. 이 변화를 '너를 사랑한다'에서 '사랑을 사랑한다'로의 도약이라 볼 수 있을 것 같다.

이를테면 '68혁명의 재산'을 충실히 상속 받은 들뢰즈와 가타리는 이렇게 말했다. "혁명의 성공은 그 자체에 있는 것이 아니라, 정확하게 말해, 혁명이 이루어졌던 바로 그 순간에 혁명이 인간들에게 부여했던 울림들, 어우러짐, 열림들에 있다."[3] 지금 그들이 하고 있는 것이 바로 '너(혁명 그 자체)'와 '사랑(울림들, 어우러짐, 열림들)'의 분리 작업이다. 예술의 임무가 이와 관련돼 있다. 예술은 사건 자체를 기념하기보다는 사건 속에서 주체가 성취한 그 '감각들'을 미래의 청자에게 위탁

---

3) 질 들뢰즈·펠릭스 가타리, 『철학이란 무엇인가』, 이정임 옮김, 현대미학사, 1995, 225쪽.

해야 한다는 것이다.[4] 이를 김수영 식으로 바꿔 말하자. 시는 4·19를 기념하지 않고 4·19로 성취한 '감각들'을 노래해야 한다. 금이 간 '너'의 얼굴이 아니라 '너'에게서 배운 사랑을 노래해야 하고 '너'를 사랑하는 것이 아니라 사랑을 사랑해야 한다. 이 역동적인 전환이 60년대 중반의 문제작들을 낳는다.

과거, 사랑으로 긍정해야 한다

'너'는 떠났으나 사랑은 남았다. 사랑을 배웠으므로 다른 곳에서 다시 시작할 수 있다. 그러나 이제 상황이 4·19 당시와는 달라졌다. 상황은 악화되었고 힘은 흩어졌다. 어디에서부터 시작해야 하는가. 김수영은 과거로 눈을 돌렸다. 왜? 마르크스는 "모든 죽은 세대의 전통이 악몽처럼 살아 있는 사람들의 머리를 짓누른다"(『루이 보나파르트의 브뤼메르 18일』)고 했던가. 또 벤야민은 "과거로부터 희망의 불꽃을 점화할 수 있는 재능"과 "전통을 싸워서 빼앗으려는 시도"(『역사철학테제』)의 필요성에 대해서 말했던가. 널리 알려져 있는 이 언명들이 공히 강조하고 있는 바는 혁명은 현재의 시간에서 현재를 바꾸는 일이자 동시에 과거를 바꾸는 일이기도 하다는 점이다. 거꾸로 말하면 과거를 바꾸는 일은 동시에 현재를 바꾸는 일이 될 수도 있다. 현재의 혁명을 위해서는 과거를 혁명해야 한다.

60년대 중반의 문제작 두 편을 이런 맥락에서 읽을 수 있다. 「거대한 뿌리」는 이사벨라 버드 비숍의 책 『한국과 그 이웃나라들』의 독후감으로 씌어졌다. 소설가 김이석은 대원군을 소재로 한 장편소설을 집필하

---

4) 같은 책.

기 위해 자료조사를 하던 중 『40년 전의 조선』이라는 책을 입수했고 이를 김수영에게 건넸다.(산문 「마리서사」 참조) 그 책에 씌어져 있는 사실들을 김수영이 몰랐을 리 없다. 그가 새롭게 얻은 것은 그것들을 바라보는 버드 비숍 여사의 시선, 그러니까 국외자의 시선이었다. 그 시선은 대한민국의 과거 역사 혹은 전통을 치욕과 설움의 그것으로 보는 김수영 자신의 눈과는 썩 다른 것이었다. 그 눈으로 김수영은 대한민국의 역사를 다른 방식으로, 그러니까 "거대한 뿌리"로 보는 법을 배웠다. 그것은 이를테면 역사를 한 사회가 뿜어내는 무정부적인 힘을 통해 움직이는 역사, 즉 자연사로 보는 시선에 가깝다.[5] 왜 이런 시선이 필요했을까.

> 전통은 아무리 더러운 전통이라도 좋다 나는 광화문
> 네거리에서 시구문의 진창을 연상하고 인환(寅煥)네
> 처갓집 옆의 지금은 매립(埋立)한 개울에서 아낙네들이
> 양잿물 솥에 불을 지피며 빨래하던 시절을 생각하고
> 이 우울한 시대를 파라다이스처럼 생각한다
> 버드 비숍 여사를 안 뒤부터는 썩어빠진 대한민국이
> 괴롭지 않다 오히려 황송하다 역사는 아무리
> 더러운 역사라도 좋다
> 진창은 아무리 더러운 진창이라도 좋다
> 나에게 놋주발보다도 더 쨍쨍 울리는 추억이
> 있는 한 인간은 영원하고 사랑도 그렇다
>
>   ―「거대한 뿌리」(1964. 2. 3) 중에서

---

5) 가라타니 고진, 『은유로서의 건축』, 김재희 옮김, 한나래, 1998, 149~161쪽.

이 시선은 전통에 대한 민족주의적 긍정과는 아무 상관이 없다. 그는 "전통은 아무리 더러운 전통이라도 좋다" 혹은 "역사는 아무리/더러운 역사라도 좋다"라고 말한 뒤에 "진창은 아무리 더러운 진창이라도 좋다"라고 덧붙였다. 그는 "썩어빠진 대한민국"의 전통과 역사가 '진창'이라는 사실을 부정하지 않는다. 그러면서도 그는 "좋다"라고 말한다. 이 "좋다"의 반복에서 우리가 감지해야 하는 것은 자기를 설득하고 있는 자의 안간힘이다. 그가 하필 그 '거대한 뿌리'에서 "곰보, 애꾸, 애 못 낳는 여자, 무식쟁이" 등과 같은 "무수한 반동"들의 역할을 찾아내려고 하는 것도 같은 맥락이다. 그는 지금 진창인 한국의 역사와 그 역사 속에서 가장 낮은 지위를 점유했던 인간들을 긍정하는 연습을 하고 있는 것이다. 역사와 인간에 대한 긍정 없이는, 그러니까 '사랑'이 없이는, 60년대 중반의 한국사회에서는 단 한 발짝도 앞으로 나아갈 수가 없었다. 그래서 그는 치욕과 설움의 역사를 "쨍쨍 울리는 추억"으로 뒤바꾸는 시선의 마술을 실행해야 했을 것이다. 시 「현대식 교량」이 유사한 맥락에서 읽힌다.

> 이런 경이(驚異)는 나를 늙게 하는 동시에 젊게 한다
> 아니 늙게 하지도 젊게 하지도 않는다
> 이 다리 밑에서 엇갈리는 기차처럼
> 늙음과 젊음의 분간이 서지 않는다
> 다리는 이러한 정지(停止)의 증인이다
> 젊음과 늙음이 엇갈리는 순간
> 그러한 속력과 속력의 정돈 속에서
> 다리는 사랑을 배운다
> 정말 희한한 일이다
> 나는 이제 적을 형제로 만드는 실증을

똑똑하게 천천히 보았으니까!

―「현대식 교량」(1964. 11. 22) 중에서

현대식 교량을 건널 때마다 그는 "회고주의자"가 된다. 식민지의 산물인 그 다리가 못내 불편하기 때문이다. 그러나 젊은이들은 "선생님의 이야기는 20년 전 이야기지요"라고 말한다. 김수영은 젊은이들의 역사의식 부재를 질타하지 않는다. 오히려 그들에게서 배운다. 무엇을? 역사는 현재의 삶과 행동을 위해서 존재하는 것이지 거기에 얽매여 있기 위해 존재하는 것이 아니라고 말한 것은 니체였다.[6] 그는 기억의 능력 못지않게 필요한 것이 망각의 능력이라고 말한다. 생성은 '반(反)-기억'이라는 들뢰즈·가타리의 언명도 같은 맥락 속에 있다.[7] 김수영은 젊은이들에게서 바로 그와 같은 사유의 단서를 얻었다. 그것은 그에게 일종의 "경이"였다. 비로소 그는 "죄가 많은 다리"인 현대식 교량을 긍정할 수 있게 된다. "늙음"(김수영)과 "젊음"(젊은이들)이 다리 위를 스쳐갈 때 발생하는 것은 바로 그 '긍정'으로서의 사랑이다. 그때 "다리는 사랑을 배운다". 이제 김수영은 거대한 뿌리와 현대식 교량을 긍정할 수 있게 되었다. 이 모두가 사랑의 위력이었다.

미래, 사랑을 변주해야 한다

60년대 중반에 그는 '뿌리'와 '교량'에 대해 사유해야만 했다. 뿌리에 대한 사유가 현재의 혁명을 위해서 과거를 혁명적인 방식으로 다시 인식하는 새로운 시선을 확보하는 작업이었다면, 교량에 대한 사유는

---

6) 니체,「삶에 대한 역사의 공과」,『반시대적 고찰』, 청하, 1982.
7) 질 들뢰즈·펠릭스 가타리,『천 개의 고원』, 김재인 옮김, 새물결, 2001, 556쪽.

현재의 삶을 옥죄는 과거와 결별하고 미래의 생성에로 다리를 놓는 작업이었을 것이다. 그 작업은 "거대한 뿌리"를 "쨍쨍 울리는 추억"의 힘으로 뒤바꿔 긍정하는 일, "현대식 교량"을 건너면서 기억과 망각의 변증법을 배우는 일이었다. 여기서 사랑의 내포는 역사적인 층위로 깊어지고 넓어졌다. 그가 4·19의 재산을 사용하는 방법을, 그러니까 사랑을 사랑하는 법을 알지 못했다면 과거를 사랑으로 긍정하는 이와 같은 작업은 불가능했을 것이다. 이제 그는 미래로 눈을 돌린다. 그리고 사랑은 미래를 위한 하나의 가능성으로 간주되기 시작한다. 그 가능성은 어디에서 생겨나는가.

> 욕망이여 입을 열어라 그 속에서
> 사랑을 발견하겠다 도시의 끝에
> 사그러져가는 라디오의 재갈거리는 소리가
> 사랑처럼 들리고 그 소리가 지워지는
> 강이 흐르고 그 강 건너에 사랑하는
> 암흑이 있고 3월을 바라보는 마른나무들이
> 사랑의 봉오리를 준비하고 그 봉오리의
> 속삭임이 안개처럼 이는 저쪽에 쪽빛
> 산이
>
> 사랑의 기차가 지나갈 때마다 우리들의
> 슬픔처럼 자라나고 도야지우리의 밥찌끼
> 같은 서울의 등불을 무시한다
> 이제 가시밭, 덩쿨장미의 기나긴 가시가지
> 까지도 사랑이다

왜 이렇게 벅차게 사랑의 숲은 밀려닥치느냐
사랑의 음식이 사랑이라는 것을 알 때까지
　　　　　　—「사랑의 변주곡」(1967. 2. 15) 1~3연

왜 욕망인가. 이런 코멘트가 있었다. "당시만 해도 사랑과 욕망의 구조적 관계를 내놓고 다룬 시가 없었다. (…) 우리는, 아니 특히 당시의 우리는, 사랑을 욕망보다 위에 두고 있었다. 그러나 그 둘 사이의 구조적 관계를 간파한 김수영은 욕망 속에서 사랑을 발견하겠다는 발언과 함께 이 둘 사이에 높낮음이 없다는 것을 보여주고 있다."[8] 사랑과 욕망의 구조적 관계를 간파한 것은 맞겠지만 그 둘 사이에 높낮음이 없다는 것이 김수영의 핵심은 아닌 것 같다. 핵심은, 사랑이 혁명과 전통의 층위에서 욕망의 층위로, 그러니까 일상의 층위로 내려오고 있다는 데에 있을 것이다. '거대한 뿌리'와 '현대식 교량'을 비로소 긍정할 수 있게 된 그가 이제는 "욕망이여 입을 열어라"라는 명령과 더불어 일상을 긍정하는 법을 배우고 있다. 그 긍정의 시선은 그 무슨 '번짐' 처럼 형상화된다. "라디오"에서부터 "도시의 끝"까지, "강"을 건너 "쪽빛/산"에 이르기까지, 사랑은 썰물처럼 번져나갔다가 이제는 시인의 집으로 밀물처럼 되돌아온다.

난로 위에 끓어오르는 주전자의 물이 아슬
아슬하게 넘지 않는 것처럼 사랑의 절도는
열렬하다
간단(間斷)도 사랑
이 방에서 저 방으로 할머니가 계신 방에서

---

8) 황동규, 「유아론의 극복」, 『젖은 손으로 돌아보라』, 문학동네, 2001. 285~286쪽.

심부름하는 놈이 있는 방까지 죽음 같은
암흑 속을 고양이의 반짝거리는 푸른 눈망울처럼
사랑이 이어져가는 밤을 안다
그리고 이 사랑을 만드는 기술을 안다
눈을 떴다 감는 기술 — 불란서 혁명의 기술
최근 우리들이 4·19에서 배운 기술
그러나 이제 우리들은 소리내어 외치지 않는다
—「사랑의 변주곡」 4연

왜 주전자인가. 집으로 밀려든 사랑은 난로 위 주전자에서 끓는 물부터 물들인다. 산문 「삼동유감」(1968)에서 문제가 되고 있는 것도 이 난로 위 주전자의 물 끓는 소리다. 가족과 함께 영화 〈25시〉를 보고 돌아오면서 시인의 마음은 착잡했다. 나는 타락해 있지 않은가, 마비되어 있지 않은가, 자문해야 했다. 그래서 집에 돌아온 시인에게 "난로 위의 주전자의 물 끓는 소리"는 소시민의 무사안일을 상징하는 것처럼 들려 괴로웠다. 그러나 며칠이 지난 뒤 그는 미약한 힘들이 모이면 거대한 사회악과 싸워 이길 수 있으리라는 희망을 가까스로 되찾는다. 그때 주전자의 물 끓는 소리는 '사랑의 소리'로 들린다. 이 사연이 4연의 첫 대목을 이해할 수 있게 해준다. 주전자에서 시작된 사랑은 "이 방에서 저 방으로" 이어져간다. 적어도 그의 눈에는 그렇게 보인다. 그는 지금 일상의 영역에 훗날의 혁명을 위한 힘들이 잠재돼 있다고 믿고 있기 때문이다. 이 가능성들이 언젠가는 이렇게 폭발할 것이다.

아들아 너에게 광신을 가르치기 위한 것이 아니다
사랑을 알 때까지 자라라
인류의 종언의 날에

> 너의 술을 다 마시고 난 날에
> 미대륙에서 석유가 고갈되는 날에
> 그렇게 먼 날까지 가기 전에 너의 가슴에
> 새겨둘 말을 너는 도시의 피로에서
> 배울 거다
> 이 단단한 고요함을 배울 거다
> 복사씨가 사랑으로 만들어진 것이 아닌가 하고
> 의심할 거다!
> 복사씨와 살구씨가
> 한번은 이렇게
> 사랑에 미쳐 날뛸 날이 올 거다!
> 그리고 그것은 아버지 같은 잘못된 시간의
> 그릇된 명상이 아닐 거다
>
> ―「사랑의 변주곡」 6연

왜 '씨'인가. 우리에게는 두 개의 콘텍스트가 있다. 첫번째 콘텍스트. 「사랑의 변주곡」을 완성하기 10여 개월 전에 쓴 산문 「생활의 극복」(1966. 4)에서 김수영은 "나는 사랑을 배우기 시작하는 단계에 있다"고 적었다. 사랑을 배운다는 것은 무엇인가. "모든 사물을 외부에서 보지 말고 내부로부터 볼 때, 모든 사태는 행동이 되고, 내가 되고, 기쁨이 된다. 모든 사물과 현상을 씨(動機)로부터 본다."(강조는 인용자) 사물을 그 내부로부터 본다는 것은 사물을 현재성이 아니라 잠재성의 층위에서 살핀다는 것이고 당장의 현실성보다는 장래의 가능성 쪽에 내기를 건다는 것이다. 그러니까 씨는 '동기'다. 두번째 콘텍스트. '씨'를 뜻하는 한자는 '인(仁)'이다. 『논어』에 따르면 인이란 "사람을 사랑하는 것"(「안연顔淵」편)이다. 한의학에서 '불인(不仁)'이라 할 때 이는 마비 혹은 무감각 상태를 가리킨다. 그렇다면 씨는 '사랑의 능력'일 것이다. 두 개의 콘텍스트를 종합하면 이렇게 된다. 씨는 사랑의 능력을 내장하고 있는 어떤 동기다.

 이런 맥락 속에서 시인은 복사씨와 살구씨가 "사랑에 미쳐 날뛸 날"이 올 것이라고 외칠 수 있었다. 김수영의 죽음 이후 5·18과 6월 항쟁을 겪은 우리는 과연 그런 날이 왔음을 알고 있다. 그러나 1967년의 어느 날 그가 이렇게 말했을 때, 이는 5월과 6월에 대한 예언이라기보다는, 아들 세대에까지 고통을 물려줄 수 없다는 아비의 뜨거운 갈망에서 나온 말이라고 이해하는 것이 온당할 것이다. 반드시 그리 되어야 한다는 믿음이고, 그 믿음을 스스로 믿기 위한 몸부림이다. 이 시의 압도적인 호소력이 거기에서 나온다. 넉넉한 믿음이 있어서 아들을 껴안는 아비가 아니라, 아들을 위해서 필사적으로 믿음을 믿어야 했던 아비가 여기에 있다. 유종호는 이 대목에서 "초현실주의적 환희의 비전"을 보았고 여기에 "낭만주의적 요소"가 있다고 지적했다. 그럴 수도 있다고 생각한다. 그러나 무엇이 그를 초현실주의와 낭만주의에 기댈 수밖에 없도록 만들었는지를 더불어 묻지 않으면 안 된다. 그것은 아들, 미래, 인류를 향한 필사적인 사랑이었다.

 이 사랑에 대해 한 가지 덧붙일 것이 있다. 「사랑의 변주곡」을 완성하고 5개월 후에 발표한 산문 「로터리의 꽃의 노이로제」(1967. 7)에서 김수영은 사랑의 변주를 시도한다. 1967년 6월 8일 제7대 국회의원 선거에서 박정희 정권이 총체적인 부정선거를 행하자 학생들이 거세게 반발했다. 그에 대해 시인은 이렇게 적었다. "그들(학생들)은 시(詩)를 이행하고 있는 것이고 진정한 시는 자기를 죽이고 타자가 되는 사랑의 작업인 것이다." 요컨대 불의에 항거한 학생들의 행동은 사랑이다. 이듬해에 행한 강연 「시여, 침을 뱉어라」(1968. 4)에서 그는 또 한번 사랑의 변주를 시도한다. "이 세계가 자유를 보유하는 한 거기에 따르는 혼란은 허용되어야 한다"는 그레이브스의 말을 인용하면서 그는 사랑의 동의어 중 하나가 '혼란'이라고 말한다. 요컨대 자유의 증거로 발생하는 혼란은 사랑이다. 그는 죽었지만, 이 사랑을 계속 변주해나갈 수 없을까.

2008년 5월 한국사회로 눈을 돌린다. 이명박 정부의 황당한 쇠고기 협상에 항의해서 학생과 시민들이 거리로 뛰쳐나왔다. 이 정부는 '주권재민'의 원칙을 간단히 무시해버렸다. 김수영이 지금 이 시간 우리 곁에 있다면 뭐라고 말할까. 김수영이라면, 4·19의 유산을 사랑이라는 이름으로 지켜내려 했던 김수영이라면, "썩어빠진 대한민국"의 역사와 "죄 많은 식민지의 다리"까지 사랑이라는 이름으로 끌어안고 넘어서려 했던 김수영이라면, 난로 위 주전자의 물 끓는 소리에서도 사랑의 가능성을 찾아내려 발버둥 쳤던 김수영이라면, 그래서 언젠가는 그 사랑의 '씨'들이 미쳐 날뛰는 날이 와서 한국사회 곳곳이 사랑으로 물드는 날이 오기를 갈망했던 김수영이라면, 그래서 끝내 희망이 없는 듯 보이는 곳에서 기어이 희망을 찾아낸 김수영이라면, 과연 무슨 말을 했을까. 그의 말이 복잡할 것이라고 생각하지 않는다. 지금 그의 말을 우리가 대신하는 것이 또 한번의 '사랑의 변주'가 될 것이다.

사랑의 사도

한 가지는 분명해 보인다. 김수영이라는 '주체'는 4·19라는 '사건'을 통해 태어났다는 것, 4·19 때 사랑이라는 '진리'를 배운 이래로 그는 그 사랑을 포기해본 적이 없다는 것 말이다. 사랑이 곳곳에서 차고 넘쳤기 때문이 아니다. 그가 체험한 그 사랑을 배반하지 않기 위해서였다. 흔히 '피델리티(fidelity)'라는 말로 지칭되는 충성과 성실과 헌신의 윤리가 그에게는 있었다. 알랭 바디우는 특정한 '사건' 속에서 '진리'

를 체험한 '주체'가 그 진리에 대한 '피델리티'를 고수할 때 그것이야 말로 윤리적인 태도라는 요지의 말을 한 적이 있다.[9] 그는 사도 바울을 예수의 부활이라는 사건을 통해 진리에 관통당했고 그 진리를 사랑이라 명명하여 평생 그것에 헌신한 고행의 혁명가로 재해석하기도 한다.[10] 그렇다면 우리는 한 사람의 사도를 더 알고 있다고 말해야 할 것이다. 4·19라는 사건에 관통당한 이후 요절할 때까지 사랑이라는 이름의 진리에 헌신한 사도. 김수영은 한국 현대시사의 바울이다.

---

9) 알랭 바디우, 『윤리학』, 이종영 옮김, 동문선, 2001.
10) 알랭 바디우, 『사도 바울』, 현성환 옮김, 새물결, 2008.

시적인 것, 실재적인 것, 증상적인 것
―황지우의 시론

1. 황지우 시론의 맥락과 특질

황지우의 시학(詩學)은 '의사소통'이라는 중핵(中核)을 중심으로 회전한다. 왜 의사소통이 문제인가? 모더니즘이 대개 자폐적 독백에 그치고 만다는 비판이 만약 일리가 있다면, 리얼리즘이라는 의장(意匠)을 채택하는 순간 신비롭게 대화가 이루어진다고 믿는 것도 순진한 발상일 것이다. 독백 속에 안주하거나 상상적인 대화를 믿는 곳에 진정한 의미의 의사소통이 들어설 자리는 없어 보인다. 황지우는 자신의 시를 '리얼한 모더니즘' 혹은 '모던한 리얼리즘'이라고 말한 적이 있다. 이 발언을 리얼리즘과 모더니즘이라는 두 진영으로부터 그 자신을 변호하기 위한 알리바이에 불과하다고 비판하는 것은 쉬운 일이다. 그러나 그가 모더니즘과 리얼리즘의 경계선을 걸어간 이력의 밑자리에 의사소통에 대한 열망이 화인(火印)처럼 찍혀 있다는 것을 확인하는 일, 혹은 그 화인이 찍힌 순간으로 적시될 수 있을 법한 다음과 같은 시공간 속에 가담해보는 일은 쉬운 일이 아닐 것이다.

1980년 5월 30일 오후 2시, 나는 청량리 지하철 플랫폼에서 지옥으로 들어가는 문을 보았다. 그 문에 이르는 가파른 계단에서 사람들은 나를 힐끗힐끗 쳐다만 보았다. 가련한지고, 서울이여. 너희가 바라보고 있는 동안 너희는 돌이 되고 있다. 화강암으로 빚은 위성도시여, 바람으로 되리라. 너희가 보고만 있는 동안, (…) 문이 닫히고 나는 칼이 쏟아지는 하늘 아래로 갔다.

—「44」(II)[1] 중에서

1980년 5월 광주에서 끔찍한 학살이 자행된다. 이 소식을 접한 황지우는 '땅아 통곡하라'라는 제목의 유인물을 들고 청량리로 나간다. 그 때문에 그는 "계엄령 하의 합수부에 끌려가 모든 희망을 포기한 채 고문기술자의 의도대로 김대중 내란 음모 사건의 관련자가 되어야 했고, 연일 되풀이되는 고문에 못 이겨 한 친구를 끌어들여 그가 받았던 물고문, 몽둥이 찜질을 당하게 만들었다. 그리고 아무런 영문도 모른 채 들어온 그 친구의 입으로부터 그를 저주하는 비명과 고통의 외침을 들어야 했다."[2] 광주의 비극은 서울로 의사소통되지 않았고 그는 스스로 의사소통의 위태로운 도체(導體)가 되려고 했다. 그러나 사람들은 그를 "힐끗힐끗 쳐다만 보았다". 의사소통이 '목숨을 건 도약'이라는 말은 옳다.[3] 게다가 소통되어야 할 것이 '죽음'이거나 혹은 '사랑'일 때 그 말은 더더

---

1) 황지우는 총 다섯 권의 시집을 출간했다. (I)『새들도 세상을 뜨는구나』(문학과지성사, 1983), (II)『겨울-나무로부터 봄-나무에로』(민음사, 1985), (III)『나는 너다』(풀빛, 1987), (IV)『게 눈 속의 연꽃』(문학과지성사, 1990), (V)『어느 날 나는 흐린 酒店에 앉아 있을 거다』(문학과지성사, 1998). 본문에 인용된 시의 출처는 시 제목 옆에 해당 시집의 숫자를 표시하는 것으로 대신한다.
2) 임동확, 「솔섬에서 율도국, 화엄에서 진흙밭으로의 시간여행(황지우 연대기)」, 『황지우 문학앨범 — 진창 속의 낙원』, 웅진출판, 1995, 46쪽.
3) 가라타니 고진, 『탐구 1』, 송태욱 옮김, 새물결, 1998, 1장 참조.

욱 옳다. 학살당한 자들의 죽음과 학살당한 자들에 대한 사랑은 말해지지 않는다. 그 죽음을 말하기 위해 황지우는 예컨대 '묵념, 5분 27초'(I)라는 제목의 시를 공백으로 채웠고(물론 제목에서의 '5분 27초'는 광주 도청이 '함락' 된 5월 27일을 가리킨다), 그 사랑을 말하기 위해 '호명'(I)이라는 제목의 시에서 "이름 없는 그대여"를 스물한 번 부르짖었다.

이렇듯 그의 시에는 의사소통에 대한 절박한 욕망이 있고("누가 뗏목 위에서 런닝샤츠로 수기(手旗)를 흔든다",「81」(III)), 의사소통의 도체가 되려는 자살적 충동이 있으며("박해 받고 싶어하는 순교자",「서풍 앞에서」(I)), 소통을 거부하고 "힐끗힐끗 쳐다만" 보는 독자에게 기어이 죄의식을 심어놓고야 마는 초자아적 응시가 있다("젊음이 죄야. 젊은 놈들은 모두 용의자야",「191」(III)). 그는 의사소통의 불가능성이 초래하는 불행 ─ 그것은 그를 "지옥으로 들어가는 문" 앞에서 "칼이 쏟아지는 하늘 아래"로 가게 한다 ─ 으로 시 썼고, 의사소통의 가능성에 대한 희망 ─ 그것은 궁극적으로 "나는 너다"의 경지를 넘본다 ─ 으로 시 썼다. 이 불행과 희망은 대체로 시의 형태로 분출했지만 더러 논리화된 형태로 제출되기도 했다. 이 글에서 검토하고자 하는 것은 그 논리화된 발언들이다.

'논리화'라고 했거니와, 이런 맥락에서 그의 시론은 획기적이다. 많은 경우 한국시인들의 시론은 '론(論)'이라는 이름을 감당해내지 못했다. 인색하게 말하면 또 한 편의 시였고, 넉넉하게 말하면 시적 산문이었다. 아마도 김수영, 김현, 고은, 김지하 등의 선배들이 없었다면 씌어질 수 없었을 테지만, 황지우의 시론들은 확실히 시(적 산문)의 층위와 결별하고 있다. 이런 평가는 특히 그의「사람과 사람 사이의 신호」(1982)와「시적인 것은 실재로 있다」(1985)[4]를 염두에 둔 것이다.[5] 과

---

[4] 이 글은 1985년 11월 16일 '한국미학회' 학술연구발표회에서 처음 발표되었고, 이후『우리세대의문학』제8집에 수록되었으며, 다시 산문집『사람과 사람 사이의 신호』(한마

학적인 논변의 형태를 갖추고 있는 저 글들은 말의 바른 의미에서의 '시론'이라는 명칭에 값한다. 대학(원)에서 미학과 철학을 공부했다는 그의 개인적 이력 탓도 있겠지만, 그의 산문은 특유의 '문학적' 발랄함과 '논리적' 치밀함을 동시에 껴안는다. 황지우의 시론이 내용의 차원에서도 철저하게 반(反)낭만주의적인 지향을 드러내고 있다는 점 역시 주목할 만하다. 시적인 것은 '나'와 '너' 사이의 '간(間)주관적' 영역 속에서 '발견'되는 것이라거나 혹은 그것이 시인이라는 주관 외부에 '실재'적으로 존재하는 것이라고 주장할 때, 그가 단호하게 결별하고 있는 것은 시적인 것이 시인의 '주관 내부'에서 어떤 정서적 감응(영감)을 통해 무에서 유로 '생성'된다는 식의 낭만주의적 관념이다.

이 글은 바로 그 산문들을 가능한 한 자세히 검토·비판·재구성하기 위한 것이다.[6] 우리는 저 두 편의 글을 필요한 만큼 요약·해설할 것이고(검토), 그의 텍스트가 갖고 있는 빈틈들을 또한 지적할 것이며(비판), 그 빈틈을 메우는 작업, 즉 그가 알고 있었으나 미처 쓰지 못한 그것들을 이어서 쓰는 작업을 시도할 것이다(재구성). 그의 시론을 그의 시와 유기적으로 엮어 읽는 일까지 시도할 필요는 없겠다. 그런 작업들은 이미 더러 시도된 바 있는데다가,[7] 시인의 시론은 궁극적으로 작품

당, 1986)에 수록되었다. 처음 판본의 제목은 '시적인 것은 실재로 있다'이고, 산문집 판본의 제목은 '시적인 것은 실제로 있다'이다. '실재로'의 경우에는 '실재로서'의 의미가, '실제로'의 경우에는 '실제적으로'의 의미가 부각될 것이다. 여기서는 '시적인 것'이 주체의 인식이나 경험과는 독립적으로 존재한다는 저 글의 취지를 존중해 '실재'로 통일할 것이다.
5) 이 글에서는 산문집 『사람과 사람 사이의 신호』에 재수록된 글을 텍스트로 한다. 인용문의 출처는 본문에 쪽수만 표시한다.
6) 이 글은 초기 황지우의 두 편의 글로 그 대상을 한정할 것이다. 그가 이후에 다시 본격적인 시론을 쓴 바가 없다는 것이 일차적인 이유이고, 그가 이 두 글에서 제시한 입장을 최근에까지 여전히 고수하고 있다는 점(황지우·박수연 대담, 「시적인 것으로서의 착란적인 것」, 『문학과사회』 1999년 봄호)이 본질적인 이유다.

으로 결과해야만 가치가 있다는 통념에 우리가 동의하지 않기 때문이다. 시론은 그 자체로 독자적인 논리적 구조물이어야 한다. 그것은 일차적으로 창작방법론의 표명이지만, 논리적 담론이 갖는 보편성에 힘입어 시의 바깥으로 나갈 수 있고 담론의 장에 참여할 수 있다. 황지우의 시론은 논리적으로 독자적일 뿐 아니라 여전히 현재적이다.

2. 시, "사람과 사람 사이의 신호" — '의사소통'으로서의 시

「사람과 사람 사이의 신호」(이하 「신호」)는 1980년에 등단한 황지우가 처음으로 발표한 시론이다. 무크운동이 활발하던 당시, 계간 『문학과지성』의 후신으로 간주되었던 신생잡지 『우리세대의문학』은 제2집 특집 기획의 일환으로 젊은 문학가들의 문학관에 대해 설문을 실시한다. 황지우의 위 글은 그 답변으로 제출된 것이다. "왜 문학을 하는가?"라는 질문을 그는 "우리에게 문학이란 무엇인가?"로 바꾸고, 이에 대해 "문학이란 '의사소통'의 일종이다"라는 일반화된 결론을 당겨 제시한다. 이를 체계적으로 논증하기 위해 그는 "우리에게 문학이란 무엇인가"라는 앞의 질문을 다시 1) '우리'란 무엇이며, 2) '문학'이란 무엇인가로 양분한다. 경제학에 빗대 말하자면, 앞의 질문은 '시는 어떻게 씌어져 독자에게 읽히는가'라는 '유통(소통)'의 신비를 겨냥하며, 뒤의 질문은 유통되는 데 성공함으로써 상품이 된 그것의 '가치'의 실체는 무엇인가라는 문제와 대결한다. 먼저 첫번째 질문. 문학이 소통되고 있는 장(場)으로서의 '우리'란 무엇인가?

---

7) 김수이, 「시대의 전위에서 '아름다운 폐인'에 이르는 길 — 황지우의 시세계」, 『인문학연구』 제3집(1999. 12), 경희대 인문학 연구소 등을 보라.

사람은 그냥 살지 않고 삶에 대한 '되뇌임'을 하는 내면의 동공이 있다. 의심하고, 캐보고, 떠올리고, 짐작하고, 재보고, 믿고, 두려워하고, 바라고, 느낀다. 즉 '마음'의 움직임들이 있다. '밖으로 끌려나와 기호로 눌려'졌을 때, 그 기호를 보고 다른 사람들도 똑같이, 비슷하게, 혹은 전혀 반대로 의심하고 (…) 떠올리고 (…) 느낀다. 이때 '나'는 다른 사람에게도 '나'와 같은, 비슷한, 혹은 전혀 다른 마음이 있다는 것을 알게 된다. 어쨌든 '나'와 '다른 사람'은 뭔가 서로 **통했다**.[8](13쪽, 강조는 원저자)

하나의 "기호"를 매개로 어찌하여 "나"의 마음과 "다른 사람"의 마음은 "통"할 수 있는가? '나'와 '너' 사이에 동일한 의미내용이 교환될 수 있다는 것은 실로 하나의 불가사의라고 말하면서 황지우는 이러한 의사소통이 가능하다는 사실 때문에 우리는 '원초적인 의사소통'(메를로 퐁티)의 존재를 전제하지 않을 수 없다고 말한다. 그리고 문학(시)은 이 원초적 의사소통의 가능성에 의지하여 이루어지는 "일종의" 의사소통이라는 것이다. 시가 의사소통의 일종이라는 주장은 얼핏 당연해 보인다. 그러나 이 명제는 다음 두 가지 논점으로 분기되면서 자못 심각한 질문을 내포하기 시작한다.

첫째, 의사소통에 참여하는 '주체'의 문제. 황지우가 '의사소통'론을 통해 거부하고자 하는 것은 소위 "문학 본질론"이다. 어떤 시(문학)를 시(문학)로 규정할 수 있게 하는 어떤 본질적인 요소가 존재하고 그 요소는 확정적으로 기술될 수 있다는 이론에 반대하면서 그는 시의 개념은 당대의 "의미 공동체"의 구성원들이 갖고 있는 어떤 패러다임에 의해 "공시적으로" 규정된다고 주장한다. 특정 시기 특정 공동체의 구성원들

---

[8] 이하 원저자의 강조는 굵은 글씨로, 필자의 강조는 고딕체로 표시해서 구분한다.

은 '시적인 것(문학적인 것)'에 관한 어떤 공통감각(common sense)을 갖게 되며 이는 하나의 "제도"를 구성한다는 것이다.

둘째, '시적인 것'이 존재하는 '장소'의 문제. 그렇다면 그 '시적인 것'은 어디에 존재하는가? 그것은 시인의 주관 내부에 어떤 "섬광"처럼 존재하는 것도 아니고(주관주의), 객관적인 세계 어디에 "리얼하게" 존재하는 것도 아니다(객관주의). 시적인 것은 "간주관성의 역장(力場)" 속에, 즉 '나'와 '너' '사이'에 있다. 여기에서 이 두번째 논점은 첫번째 논점과 합류한다. '나'와 '너' '사이'란 결국 의미 공동체의 '내부'와 다르지 않기 때문이다. 종합하면, 의미 공동체의 구성원들에게는 '시적인 것'에 대한 공통감각(이것이 '시적인 것'인가 아닌가를 직관적으로 알아차릴 수 있는)이 존재하고 '시적인 것'은 바로 그 구성원들 '사이'에서 인정·생성된다는 것이다.

어느 경우든 시적인 것은 그렇게 극단적으로 주관적인 것이 아니듯이 그렇게 극단적으로 객관적인 것도 아니다. 그것은 진정한 주관성, 진정한 객관성의 다른 이름인 '간주관성'의 역장(力場) 속에 있다. (…) 우리가 주목하는 것은 '시적인 것'의 자격 부여와 그 틀의 형성이 시를 쓰는 사람과 읽는 사람들이 구성하는 의미 공동체에 의해 이루어진다는 사실이다. 좀더 정확히 말해서 쓰는 자와 읽는 자 사이의 의사소통에 의존하고 있다는 점이다.(20쪽)

이 '문학 = 의사소통'론은 극단적인 주관주의적 관념론과 극단적인 객관주의적 유물론을 동시에 넘어서려는 시도로 간주될 수 있다. 늘 그렇듯이 이런 태도가 '극단적인' 태도들에 비해 진실에 더 가까워 보이는 것이 사실이다. 그러나 위 논변에는 간과할 수 없는 어떤 논리적 결함이 있다. 위에서 본 바대로 '문학 = 의사소통'론의 핵심을 이루는 것은 '시적인 것'을 의사소통할 수 있는 '우리'의 존재다. '시적인 것'과 '우리'가 '문학 = 의사소통'론의 두 필수 항목이라는 말이다. 그런데 문제는 이 두 항목이 서로가 서로를 전제하는 관계라는 데에 있다. 말하자면 '시적인 것'은 우리의 공통감각에 의해 규정되고 '우리'는 시적인 것을 알아보는 능력에 의해 규정된다. 말할 것도 없이 이는 순환논법에 불과하다. 순환논법에서 벗어나기 위해서는 어느 한 항목이 실체화되지 않으면 안 된다. '시적인 것'이 먼저인가, '우리'가 먼저인가. 적어도 「신호」를 쓸 무렵인 1982년까지 그는 '시적인 것'을 규정하지 않는다. 그것을 규정하는 순간 우리는 다시 '문학 본질론'으로 되돌아갈 수밖에 없기 때문이다. 그렇다면 당대의 의미 공동체를 구성하는 '우리'의 실체를 규정할 수밖에 없다. 그 '우리'는 어떻게 해서 의미 공동체를 이룰 수 있는가? 혹은 '소통'은 어떻게 가능한가? 그는 "원초적으로" 가능하다고 말한다. 「신호」의 논리적 결함은 바로 이 부근에서 발생한다.

 이 논리적 오점은 앞서 인용한 대목에서 이미 그 단초를 드러내고 있는 듯 보인다. 인용문의 논리적 흐름에 큰 무리가 없어 보일 수 있다. 그가 강조하고 있는 대목을 주의 깊게 관찰하지 않는다면 말이다. 왜냐하면, 그 자신이 무심히 서술한 대로, '나'와 타자 사이의 의사(불)소통은 적어도 세 가지 차원을 갖는다. (1) '나'와 타자가 동일한 사유에 도달한다. (2) '나'와 타자는 비슷한 사유에 도달한다. (3) '나'와 타자는 정반대의 사유에 도달한다. 이 세 가지 경우의 수는 그러나 인용문의 마지막 문장에서, 오도적인 강조와 함께, 하나로 통합되어버리고 만다. "어쨌든 '나'와 '다른 사람'은 뭔가 서로 **통했다**"는 것이다. 그러나 황지우가 '통했다'고 표현한 의사소통의 '성공' 사례는 (1)에만 해당되는 것이 아닌가. 비슷한 사유나 정반대의 사유에 도달한 경우를 의사소통이라고 할 수 있을까. 그것은 '소통'이 아니라 '불통'이다. 그러니 이 대목의 진실은 강조점을 다른 곳으로 옮길 때 제대로 드러날 것이다.

"어쨌든 '나' 와 '다른 사람' 은 뭔가 서로 통했다." 엄밀히 말해 황지우의 '우리' 는 서술적(descriptive) 범주가 아니라 규범적(normative) 범주라는 말이다.

이러한 '또다른 나 자신' '또다른 주관성' 의 존재에 의해 다른 사람과 뭔가 통하는 것을 메를로 퐁티는 '원초적 의사소통' 이라고 부르는데, 실제로는 그러한 간주관성이 있기 때문에 의사소통이 되는 것이라기보다는 의사소통이 되었기 때문에 그것의 존재가 전제되었다고 보여진다. 어찌되었건 '우리에게 문학은 무엇인가' 했을 때의 '우리' 는 원초적 의사소통이 가능한, 이러한 간주관적인 자장(磁場)권을 가리킨다고 나는 말하고 싶다.(14쪽)

그의 '우리' 는 불특정 다수인 우리가 아니라 특정한 '우리' 다. 그것은 "원초적인 의사소통이 가능한, 이러한 간(間)주관적인 자장권"으로 규정되며 이 '의미 공동체' 는 "동일한 사회적 사건, 동일한 행동양식, 동일한 역사 안에 있는 유적 존재"라고 부연된다. 촘촘히 논리적 그물을 짜는 황지우로서는 이례적이게도 다시 한번 징후적인 '어찌되었건' 이 등장하는 위 인용문은 시의 소통을 가능하게 하는 '간주관성' 이라는 신비는 소통이 성공한 사례를 통해서 소급적으로 '전제' 되는 것이라는 사실을 드러낸다. 따라서 '우리' 를 '의사소통이 가능한 간주관적인 자장권' 이라고 정의하는 그의 방식은 엄밀히 말하자면 규정(definition)이라기보다는 한정(limitation)이라고 해야 한다. 그는 "아무튼 인간은 기적적으로 언어가 있고, 그래서 대화를 하고, 그래서 이해를 한다"(25쪽)는 것, 즉 의사소통은 '어쨌건' 이루어지고 있다는 것을 경험적으로 관찰하고, 이를 통해 '원초적인 의사소통' 메커니즘이 존재하는 것이 분명하다고 귀납적으로 '전제' 한 뒤, 그것을 '어쨌든' '어찌

되었건' '아무튼'의 방식으로 일반화하고 있다.

이와 같은 관찰(의사소통이 성공하는 사례가 있다), 소급적 전제(원초적 의사소통이 존재한다고 봐야 한다), 일반화(따라서 원초적 의사소통은 존재한다)를 거치면서 그의 '의미 공동체'라는 개념은 중립적인 사실 개념이 아니라 이상적인 가치 개념이 되어버린다. 간주관성, 의사소통, 의미 공동체 등의 개념은 '지금-여기'에서 벌어지고 있는 현실적 사태와 관계하는 것이 아니라, 마땅히 그래야만 한다고 가정되는 규범적 사태와 관계한다. 의사소통이 가능한 '나'와 '너'를 의미 공동체라 부른다는 규정의 이면은 의사소통이 가능한 '나'와 '너'만이 의미 공동체에 포섭될 수 있다는 한정이다. 그가 사실상 후자를 말하고 있으면서 전자를 말하고 있다는 제스처를 취할 때 황지우의 글에는 논리적 애매함이 발생한다.

그가 하버마스에 의지하고 있다는 점에 주목해야 한다.[9] 그의 동요는 하버마스적인 동요이다. 하버마스의 '보편화용론(Universalpragmatics)'[10]은 우리의 일상적인 의사소통 행위 안에는 해방된 삶의 모델을 예시하는 '이상적 담화 상황'이 내재되어 있다고 주장한다. 이 주장은 곧장 다음과 같은 의문을 부른다. '이상적 담화 상황'은 우리가 도달해야 할 '이상'인가, 아니면 구조적으로 '내재'하는 하나의 '선험'인가? 이 물음을 황지우에게 다시 물을 수 있다. 문학적 의사소통은 우리가 쟁취해야 할 하나의 이상인가, 아니면 구조적으로 내재하는 선험(소위 '원초적 의사소통')인가? 그것을 '선험'이라고 주장하는 것이 (지금까지 살펴본)

---

9) 황지우는 "나는 의사소통의 일반 이론으로서 하버마스의 보편적 화용론을 문학적 언어 행위에 약간 단순화시켜 적용하고 있다. 특히 그의 『의사소통과 사회진화』의 34~36쪽을 참조한다"(25쪽)라고 썼다.
10) 『우리세대의문학』에 발표된 판본에는 '보편활용론'으로 표기되어 있고 이후에 『사람과 사람 사이의 신호』에 재수록된 판본에는 '보편활동론'이라 표기되어 있다. 이 반복적인 오류가 황지우의 오해인지, 편집자의 실수인지는 알 수 없다.

「신호」의 전반부라면, 그것을 '이상'이라고 말하는 것이 (앞으로 살펴볼)「신호」의 후반부이다. 전·후반부 사이에는 어떤 균열이 있다.

    문학이 의사소통의 진정한 양식이라면, 누구에게나 자신의 느낌과 확신을 내적·외적 억압을 받지 않고 말할 수 있는 자유로운 담화 상황의 보장을 먼저 필요로 한다. 이 점에서 문학은 어쩔 수 없이 정치와 대응된다. (…) 정치가 '다원적인 것'보다 '연대적인 것'을 강조하고, 자유로운 토론의 값비싼 비능률성을 강력한 영도력의 값싼 능률성으로 대체하거나 정치 권력이 직접적인 폭력의 극약 처방에 의해 지탱되고 있을 때, 문학의 의사소통의 통로는 크게 위축되거나 아예 끊겨버린다. 문학은 그럼에도 불구하고 그 통로를 뚫으려 한다.(27~28쪽)

이 대목에 이르면 "어떻게 (문학의) 소통은 가능한가?"라는 질문과 "원초적 의사소통이 존재하기 때문에 가능하다"라는 대답은 "(문학적) 의사소통은 어째서 불가능한가?"라는 질문과 "'이상적 담화 상황'을 쟁취하기 위해서 문학은 무언가를 해야 한다"는 응답에 자리를 내준다. 이 문제 설정의 교체는 잉여를 남기며, 적어도「신호」안에서 이 균열은 해소되지 않는다. 배치되는 두 종류의 문답이 역설적으로 동거하고 있다는 말이다. (1)문학이 '소통'되고 있다는 그 신비를 증명하기 위해서는 의사소통의 성공을 전제할 수밖에 없거니와, 이는 '나'의 메시지를 온전히 수신하는 타자를 자동적으로 전제하게 만든다. (2)그러나 문학이 그 자신의 존재 '가치(의사소통의 매체가 된다는 가치)'를 증명하기 위해서는 '의사소통의 일반화된 실패'를 가정하지 않을 수 없으며, 이는 메시지를 온전히 수신하는 데 실패하는 타자를 가정하지 않을 수 없게 된다.
    이는 타자의 이중화와 주체의 분열을 동시에 초래한다. 이런 식이다.

(1)나는 의사소통을 억압하는 사회적 현실 때문에 의사소통으로부터 차단되어 있는 독자를 향해 쓴다. 그것이 내 문학의 가치다. (2) 그러나 나의 문학이 존재하려면 내 문학과의 의사소통이 가능하다고 간주되는 독자를 설정하지 않을 수 없다. 그들이 나의 실제적인 독자다. (1)과 (2)를 종합하면, 나는 내 문학이 필요한 독자를 향해 쓰지만, 내 문학과 소통할 수 있는 사람은 그들이 아니라 내 문학이 필요 없는 사람들이 다, 라는 모순이 발생하고 만다. 이 패러독스를 다음과 같이 정식화해 볼 수 있을 것이다. 나는 나를 필요로 하는 사람들을 위해 쓰고, 나를 필요로 하지 않는 사람들에 의해서만 이해된다. 이것은 과연 소통인가? 가라타니 고진이라면 아니라고 대답할 것이다. 그에 따르면 같은 말을 사용하는 동일자들 내부에서는 소통의 곤란이 발생하지 않는다. 내가 말하면 네가 듣고 우리는 소통한다. '말하다-듣다'의 관계만이 존재할 뿐 여기에는 타자가 없다. 그러나 같은 말을 사용하지 않는 '나'와 '너' 사이의 대화에서 '나'는 가르치고 '너'는 배워야 한다. 여기에서 성립되는 것은 '가르치다-배우다'의 관계이고 이제 동일자들 내부의 소통이 아니라 타자와의 소통이 문제가 된다.[11] 그리고 진정한 의사소통은 오직 후자에서만 문제시된다.

황지우가 '우리'라고 말할 때 그는 그 개념을 서술적 개념으로, 즉 "동일한 사회적 사건, 동일한 행동양식, 동일한 역사 안에 있는 유적 존재"를 지칭하는 집합적인 범주로 사용하고 있지만, 이 개념 안에는 타자의 존재가 배제되어 있다고 해야 한다. 그런데 문제는 그의 시가 겨냥하고 있는 대상이 다름 아닌 그 타자라는 점에 있다. 의사소통으로부터 배제되어 있는(다른 말을 사용하고 있는) 타자, 혹은 이데올로기에 지배당하고 있는 타자 말이다. 그렇다면 앞의 정식화는 다음과 같이 재

---

11) 가라타니 고진, 앞의 책, 같은 곳.

정식화될 수 있을 것이다. 난 타자를 위해 쓰고 동일자들에 의해서 이해된다. 황지우가 보편화용론에 입각하여 '우리'를 전제할 때 그가 놓치고 있는 것은 바로 타자다. 의사소통의 문제를 '우리'의 범주로부터 논리화하려는 시도는 '순환논법이냐 패러독스냐'라는 양자택일로 귀착된다. 그리고 이것은 이미 시(문학)의 범주를 넘어서는 것이다.

3. "시적인 것은 실재로 있다" — 간주관성에서 실재성으로

의사소통의 문제를 '우리'로부터의 추론으로 감당하기 어렵다면 다른 길은 없는가? 반대방향에서 돌파하는 길, 즉 '시적인 것'의 실재성을 주장하는 길이 있을 것이다. '우리'가 실재하고 그 '우리'가 '시적인 것'을 규정한다고 보는 것이 아니라, 반대로, '시적인 것'이 실재하고 그것이 '우리'를 규정한다고 생각해볼 수 있지 않겠는가. 우리가 앞에서 지적한 교착을 황지우가 인식했든 못 했든, 그가 '우리'를 전제하여 '시적인 것'의 간주관성을 주장하기를 그치고 시적인 것의 '실재성'을 주장하는 방향으로 나아간 것은 논리적으로 필연적이다. 그러나 그가 「신호」에서는 시적인 것의 간주관성을, 「시적인 것은 실재로 있다」(이하 「실재」)에서는 시적인 것의 실재성(객관성)을 주장했다는 식으로 그 단절을 단언하기는 어렵다. 이미 「신호」에서 '시적인 것'이라는 개념 역시 그의 '우리' 개념이 그러하듯 어떤 혼란을 동반하고 있는 탓이다.

나는 시를 쓸 때, 시를 추구하지 않고 '시적인 것'을 추구한다. 바꿔 말해서 나는 비시(非詩)에 낮은 포복으로 접근한다. '시적인 것'은 '어느 때나, 어디에도' 있다. 물음표 하나에도 있고, 변을 보면서 읽는 신문의 심인란(尋人欄)에도 있다. (⋯) 나에게 시는 '시적인 것'의 '보기'(창조가 아니다!)에 의해 얻어진다. 시를 통해서 우리는 하마터면 못 보았을 것을 본다. 나는 소리, 비명까지도 그것의 음운론적 '메아리'를 따라 마치 슬로비디오를 보듯 보여주려고 한 적이 있지만, 시적인 것을 '보면서 보여주는 것'이 시라고 생각한다.(16~17쪽)

위 인용문은 「신호」에서 가져온 것이다. 위 인용문의 논지는 "'시적인 것'의 자격 부여와 그 틀의 형성이 시를 쓰는 사람과 읽는 사람들이 구성하는 의미 공동체에 의해 이루어진다"는 같은 글에서의 다른 주장과 미묘하게 엇갈린다. 그는 '시적인 것'을 간주관인 것이라고 말하면서 동시에 그것이 "어느 때나, 어디에도" 있는 실재적인 것, 즉 객관적인 것이라고도 말한다. 그는 간주관성과 객관성 사이에서 머뭇거리고 있는데, 이는 앞서 얘기한 바대로 그의 '우리' 개념이 그 서술적 성격과 규범적 성격 사이에서 흔들리고 있는 것과 나란한 것이다. 그러나 3년 뒤에 발표한 「실재」에서 그는 시적인 것의 존재론적 지위를 객관적인 것으로 보는 관점으로 이동한다. 어떤 것을 '시적인 것'이라고 부를 수 있을 때 그 명명은 시인과 독자의 공동 작업이었으나 이제는 아니다.

시적인 것은 그것을 받아들이는 이가 부여한 가치가 아니죠. 그것은 시 안에서든 밖에서든 '발견'되는 어떤 아이디어와 같은 것입니다. (…) 내가 "시적인 것"은 **객관적이다**라고 말하는 것은 대담한 발언입니다. 그러나 브레히트가 갈릴레이의 발견을 시적인 발견과의 유추로 끌어들였던 것을 예로 들어 말한다면, 갈릴레이에 의해 발견된 아이디어가 그의 마음 상태에 대해 객관적으로 존재하는 것과 마찬가지로, "시적인 것"은 주체에 대해 객관적으로 존재합니다. 그것은 실제로, 자율적으로 존재합니다.(34~35쪽)

그렇다면 독자가 할 일은 이제 없는가? 그렇지는 않은 것 같다. 첫 두 문장에 주의해야 한다. 이제 문제는 더이상 '시적인 것'에 대한 가치 부여가 아니다. 시적인 것은 가치를 부여 받기 전에 '거기에 이미' 존재한다. 시인과 독자가 할 일은 어떤 것을 시적이라고 '가치 부여'하는 것이 아니라 그것을 '발견'하는 것이다. 독자가 할 일이 없어진 것은 아니지만 그 역할은 확실히 바뀐 것처럼 보인다. "시는 시의 주체인 시인과 독자에 의해 발견되고 만들어지고 받아들여진, 그리고 시의 객체인 언어 속에 육화되어진 '시적인 것'"[12]에 의해 지탱된다. '가치 부여'에서 '발견'으로 강조점이 이동한 것은 물론 시적인 것이 간주관적인 것에서 실재적인 것으로 이동한 것에 이끌려나온 변화이다. 이 변화는 그가 동일한 비유를 전혀 다른 맥락에서 사용하는 것에서도 발견된다. 「신호」에서 그는 '시적인 것'이 간주관적이라고 말하면서 그것은 "우리가 TV에서 보는 영상들을 객관적으로 '리얼하다'고 부르는 것처럼 객관적으로 리얼하다고 말할 수 없"(20쪽)다고 말한 바 있다. 그러나 「실재」에서 그는 시적인 것은 실재적이라고 말하면서 그것을 "우리가 TV 화면 위에 떠오른 그림들을 그냥 실재적이라고 부르는 그런 범위에까지 좀 과감하게 확장할 수는 있을 것"(36쪽)이라고 말한다. 그러고 보면 이 글에서 황지우는 유독 물리학적 비유를 즐긴다. 예컨대 그는 전류나 가스가 눈에 보이지 않지만 실재하듯이 시적인 것도 그런 방식으로 실재한다는 식으로 말한다. 이것은 단지 비유들일 뿐인가?

이 비유들이 의미심장한 것은 역설적이게도 이것이 더이상 비유가

---

[12] 그러나 이런 정리를 위협하는 것은 또다시 시인 자신이다. 그는 "시적인 것을 우리가 인식하기 때문에 그것이 존재하는 것이 아니라 그것이 존재하기 때문에 우리 그것을 인식한다"고 단언하면서도, 본문에서 또다시 시적인 것을 "시인과 독자에 의해 발견되고 만들어지"는 것이라고 하여 혼란을 초래한다. 시적인 것은 이미 존재하며, 우리는 사후적으로 그것을 발견하는 것인가, 아니며 우리가 그것을 발견하기 때문에 그것은 만들어지는 것인가?

아니기 때문이다. '시적' 대상의 존재를 '과학적' 대상과 유비하여 시적인 것의 과학적 실재성을 주장하는 것은 실상 「실재」의 궁극적 목표이기 때문이다. 그는 "시적인 앎과 과학적인 앎 사이의 경계가 흐려져 있다"(40쪽)는 것만 입증되면 논의는 끝난다고 단언한다. '시적인 것'의 존재론적 지위라는 그의 논점은 사실상 시론이 도달할 수 있는 최대치의 물음이자 궁극의 물음이다. 아울러 시적인 것과 과학적인 것과의 구조적 동일성까지를 증명할 수 있다면 이는 시학에 있어서 궁극의 물음에 대한 궁극의 논증일 수 있을 것이다. 이 "대담한" 기획이 확증된다면, 즉 시적인 것의 (과학적) 실재성이 확증된다면, 어느 날 시가 내게로 찾아왔다든가 혹은 나는 신의 말을 대신 받아쓴 것에 불과하다든가 하는 식의 낭만주의적 발상은 척결되고 말 것이다. 그 논증·확증은 과연 성공했는가?

황지우가 "시적인 앎과 과학적 앎 사이의 경계가 흐려져 있다"는 것을 입증하는 방식은 다음과 같다. 시적 언어와 과학적 언어의 차이를 규정하는 일반화된 방식 중의 하나는 전자가 비지시적(환기적, 표현적) 기능을 갖고 후자는 지시적(전달적, 재현적) 기능을 갖는다는 식으로 분별하는 것이다. '지시적인가 비지시적인가'라는 문제는 '검증 가능한가 아닌가'라는 문제와 연결된다. 따라서 시적 언어는 비지시적이기 때문에 그 참·거짓을 검증할 수 없으므로 '무의미한' 명제이고, 과학적 언어는 지시적이기 때문에 참·거짓을 검증할 수 있는 '유의미한' 명제라는 결론에 도달하게 된다. 그렇다면 이 둘의 차이를 무화시키는 방법은 (1) '시적 언어도 지시적이다', (2) 따라서 '참·거짓을 가릴 수 있다'는 것을 입증하는 것일 터다. 황지우가 시도하는 것 역시 이것이다. 그의 주장을 테제화하면 다음과 같다.

(1)시적 진술은 사실적 진술에 비해 그 지시방식이 다르긴 하지만 거

기에 지시 기능이 있다는 것은 분명하다.(43쪽)

이를 예증하기 위해 그는 자신의 시 「심인」(I)을 예시한다.

>   김종수 80년 5월 이후 가출
>   소식 두절 11월 3일 입대영장 나왔음
>   귀가 요 아는 분 연락 바람 누나
>   829-1551
>
>   (…)
>
>   나는 쭈그리고 앉아
>   똥을 눈다

신문의 심인란을 패러디한 위의 시에서 작품 안에 거명된 인명, 전화번호, 날짜 등은 허구다. 현실에서 그에 상응하는 지시체를 찾을 수 없다는 의미에서는 지시적 기능이 없다. 그러나 역설적이게도 이 허구는 현실 속에 그에 상응하는 지시체가 없기 때문에 오히려 지시체를 '생산'해낸다. 즉 시적 진술은 그것이 허구임에도 불구하고, 아니 오히려 허구이기 때문에, "현실을 생산적 방식으로 지시한다"(42쪽)는 것이 황지우의 첫번째 논점이다. 다음은 두번째 테제다.

  (2) 픽션 작품(시, 비극, 소설)을 이해하는 데 있어서도, 그 이해가 믿음에 의존한다는 것을 받아들인다면, 참·거짓을 가릴 수 있다.(45쪽)

픽션은 허구이지만 오히려 허구이기 때문에 더 감동적일 수 있다.

"허구의 감동은 그 허구에 대한 우리의 '불신의 자발적인 정지'를 전제하"기 때문에 발생한다. 허구는 우리가 그것을 믿을 때 현실보다 더 현실적인 어떤 것이 된다. 물론 이에 대한 반론은 과학적인 것은 우리의 '앎'의 대상이지만 허구적인 것은 단지 '믿음'의 대상일 뿐이므로 엄밀히 말해 둘은 다르다는 것이 될 것이다. 그러나 앎 역시 어느 수준에서는 '믿음'을 기초로 하는 것이라면? 붉은색과 푸른색이 다르다는 '앎'은 보라색의 입장에서 볼 땐 하나의 '믿음'이 아닌가라고 그는 반문한다. 이제 '앎'과 '믿음'의 절대적인 구분은 침식되며, 허구적인 것이 던져주는 어떤 통찰은 이제 '믿을 수 있는가 없는가'의 문제가 아니라 '정확한가 아닌가'의 문제로, 즉 참·거짓 판단이 가능한 명제로 전이된다. 요컨대 시적인 앎과 과학적인 앎은 그것에 대한 명제가 (그 방식은 다르지만) 공히 지시적 기능이 있으며 진위 판단이 가능하다는 점에서 서로 다르지 않다는 것이다. 그렇다면 논증은 끝났는가?

그러나 이것은 기묘한 논증이다. 이 논증이 밝혀낸 것은 시적 명제(앎)와 과학적 명제(앎) 사이에는 공통점이 있다는 것이다. 그런데 앎의 기능 혹은 지시적 '기능'의 구조적 동일성은 그 지시 '대상'의 동일성을 보증하는가? 그렇지는 않은 것 같다. 명제의 구조적 동일성은 대상의 본질적 동일성을 보증하지 않는다. 따라서 시적인 것(대상)의 실재성을 과학적인 것(대상)의 실재성에 의지하여 확증하려고 한 본래의 목표는 충족되지 못한 것으로 보인다. 그렇다면 다른 길은 없는가? 우리가 개입해야 할 대목이 바로 여기다. 개입의 빌미를 제공하는 것은 황지우 자신인데, 그는 시적인 것의 실재성을 주장하기 이전에 흥미롭게도 '문학은 징후다'(31쪽)라는 명제를 제출한 적이 있다. 이 명제에 대해 그는 충분히 말하지 않았다. 어쩌면 이 명제를 통해서 시적인 것의 실재성을 더 강하게 주장할 수 있었을지도 모르는데 말이다.

4. "시는 증상(과의 동일시)이다" — 황지우의 윤리학과 시학

여기에서 다시 음미해야 할 것은 전류나 가스가 눈에 보이지 않지만 실재하듯, 시적인 것 역시 보이지는 않지만 실재한다는 황지우의 유비다. 전류, 가스, 시적인 것, 이 모든 것들은 가시적인 현실이 아니지만 엄연히 존재하는 실재다. 우리는 감전될 때 전류를 지각하고 가스레인지에서 파란 불꽃이 점화될 때 가스를 인지한다. 그것들의 실재성은 현실 속에서 드러나지 않지만, 우리는 현실의 어떤 틈을 통해서, '감전' 혹은 '점화'의 형식으로 그것을 지각한다. 어쩌면 전류 혹은 가스와 시적인 것의 차이는 그 감전과 점화가 일어나는 장소의 차이일 뿐이라고 말할 수 있을지 모른다. 시적인 것은 전선이나 가스레인지에서가 아니라 "쎠어진 것과 쓰여지지 않는 것"(39쪽) 사이에서, "텍스트와 침묵"(39쪽) 사이에서 '점화' 되어 우리를 '감전' 시키기 때문이다. 그렇다면 시적인 것과 과학적인 것 사이의 유비를 그 명제적·구조적 동일성에서 찾기보다는 그 대상성(objectivity)의 차원에서 찾아보는 편이 낫지 않겠는가. 시와 과학이 모두 눈에 보이는 현실 이면의 어떤 '리얼한 것(the Real)'을 추구하는 것이라면, 오히려 현실적인 것(reality)과 실재적인 것(the Real)을 분별하는 방향으로 나아가야 하는 것이 아닐까?

정신분석학의 도움을 받아 논증을 진전시켜볼 수 있을 것이다. 현실적인 것과 실재적인 것의 구별이 정신분석 임상에서 핵심적인 중요성을 갖는다는 사실은 잘 알려져 있다. 주체는 상징적 질서 속에서 끊임없이 미끄러지면서, 스스로 '현실'이라 상상적으로 믿고 있는 어떤 세계 속에서 산다. 상징적 질서는 주체의 존재 조건이고, 상상적인 것은 그 버팀목이다. 그러나 이런 '현실'이 가능할 수 있는 것은 거기에 무언가가 은폐되어 있기 때문이다. 주체의 세계 속으로 상징화되어 포섭될 수 없기 때문에 누락된 그것을 정신분석학은 외상(trauma)이라고 명명한다. 주체가 드러내는 증상에는 이 외상이라는 실재가 그 '증상의 뿌리'[13]로 자리 잡고 있다. 이것이 주체의 '현실' 이면에 있는 '실재' 다.[14] 이와 같은 실재의 논리가 사회적-이데올로기적 영역 속에서는 '적대(antagonism)'(라클라우·무페)의 형태로 작동한다. 사회적-이데올로기적 영역이 조화로운 '전체'로 (상상적으로) 통합되지 못하게 만드는 "순수한 부정성, 외상적인 한계"로서 말이다. 사회적 '현실'이라는 상징적 질서는 이 '적대'를 (이데올로기를 통해) 은폐함으로써만 상상적으로 구성될 수 있다. 그 틈에서 사회적 증상(징후)이 출현한다. 그리고 그 증상은 이 사회 어딘가에 심각한 고장이 발생했다는 것을 폭로한다.

현실적인 것과 실재적인 것을 이렇게 구별할 수 있다면, 시적인 것은 현실적인 것은 아니지만 실재한다는 황지우의 테제("시적인 것은 실재로 있다")는 약간의 수정을 통해 더 명료해질 수 있을 것이다. "시적인 것은 실재로(서) 있다"라고 말이다. 시적인 것은 실재적인 것과 대등한 것이고, 그것이 "씌어진 것과 씌어지지 않은 것 사이"에서, "텍스트와 침묵 사이"에서 점화될 때 시가 탄생될 수 있다면, 우리는 현실을 도외시한 채 내적인 우주를 유영하기를 즐기는 낭만주의의 유아론(唯我論)과 거리를 두면서 동시에 현실 반영을 지고의 가치로 내세우는 '소박한' 리얼리즘과도 거리를 둘 수 있게 되지 않겠는가. 이런 까닭에 황지

---

13) Paul Verhaeghe and Frederic Declercq, "Lacan's Analytic Goal: Le sinthome or the Feminine Way", ed. Luke Thurston, *Re-inventing the Symptom — Essays on the final Lacan*, Other Press, 2002, p. 60 참조.

14) 이와 같은 라캉-지젝의 '실재' 개념의 그 내포와 의의에 대한 간명한 정리는 Slavoj Žižek · Glyn Daly, *Conversation with Žižek*, Polity, 2003에 수록되어 있는 Glyn Daly의 서론에서 찾아볼 수 있다. 아울러 1)주체의 수준에서 그 실재는 그의 '증상(증환)'이며, 2) 간주체적 관계에서 남성과 여성의 '성적 차이(sexual difference)'는 실로 상징화 불가능한 실재라고 할 수 있을 것이고, 3)오늘날의 포스트모던 사회에서 실재는 곧 '자본' 그 자체라고 할 수 있다. 1)에 대해서는 각주 13)의 글을, 2)와 3)에 대해서는 Slavoj Žižek, *The Ticklish Subject*, Verso, 1999, ch. 5를 참조.

우의 테제는 다음과 같이 재정식화될 수 있을 것이다. 시적인 것은 실재적인 것이다. 그리고 이 테제에 기반한다면, 황지우의 다음 말 속에서 우리가 읽어낼 수 있는 것은 더 많아질 것이다.

> 문학은 혁명에 관여하는 것이 아니라 그것의 조짐에 관여한다. 그리고 문학은 반혁명에 관여하는 것이 아니라 그것의 상처에 관여한다. 문학은 징후이지 진단이 아니다. 좀더 정확히 말해서 징후의 의사소통이다. 작가는 독자로 하여금 그 징후를 예시 받을 수 있게 하는 것으로 그쳐야 한다. 그래서 독자가 단순히 읽는 것이 아니라 그 징후의 내적 의미를 '자발적으로' 해석하고 재구성할 수 있게 해야 한다. 바로 이것이 해방을 예시하는 방식이다.(31쪽)

시적인 것이 실재적인 것이라면, 그리고 실재적인 것이 증상(징후)을 통해 귀환하는 것이라면, 또하나의 테제가 추가되어야 할 것이다. 시적인 것은 증상(징후)적인 것이다. 황지우가 위 인용문에서 지적하고 있는 것은 문학은 그 자신을 배태한 한 시대, 한 사회를 진단하고 치료하는 것이기보다는 증상(징후)을 드러내는 것이어야 한다는 것, 더 정확히 말하면 문학은 바로 그 증상이 되어야 한다는 것이다. 말하자면 시인은 의사가 아니라 환자여야 한다는 것, 그리고 시는 사회의 어딘가에서 발생한 심각한 고장을 바로 자기 자신의 고장으로 받아들여야 한다는 것이다.[15] 이는 문학의 계몽적 기능(진단과 치료)을 강조한 동시대의 다른

---

15) 황지우가 유마힐의 사례를 통해 암시하려고 했던 사태가 바로 이것이다. 문수보살이 몸져누워 있는 유마거사를 방문했을 때, 병의 원인에 대해 묻는 문수보살에게 유마힐은 이렇게 대답한다. "문수보살이시여, 모든 중생들의 아픔이 남아 있는 한, 제 아픔 역시 앞으로도 계속될 것입니다. 혹시 모든 사람들이 병고에서 벗어나게 되면 그때 비로소 제 병도 씻은 듯이 낫겠지요."(불전간행회 엮음, 『유마경』, 박용길 옮김, 민족사, 1993, 90쪽)

이들과 황지우를 구분하지 않을 수 없게 만드는 '황지우적인 것'의 한 실체다.

이를 구체화하기 위해 다시 정신분석의 임상적 차원으로 이동해보자. 시가 증상이 '되는' 단계는 정신분석 임상에서 소위 '분석의 종결' 단계와 유사한데, 이 단계를 '증상과의 동일시(identification with the symptom)'라 부른다. 성공적인 분석이 주체를 (자신의 증상으로부터 떼어놓는 것이 아니라) 자신의 증상과 '동일시'하는 지점으로 데려간다는 이 역설적인 언명은 일반적으로 분석 이전의 주체가 그 자신을 '타자(the Other)'와 동일시하고 있기 때문에 그 자신으로부터는 소외되어 있다는 사실을 염두에 두어야 이해될 수 있다. 성공적인 분석을 통해 주체는 '타자는 없다'는 사실을 받아들이게 되며('환상의 횡단 traversing of fantasy'), 비로소 그 자신 스스로 무언가를 '선택(choice)'하고 '창조(creation)'할 수 있게 된다.[16] 앞에서 '실재' 개념을 사회화했듯 이 '증상과의 동일시' 단계 역시 사회화할 수 있다. 이 경우 타자는 '사회'가 된다. 우리는 타자는 없다는 것을, 즉 하나로 통합되어 있는 조화로운 사회(Society)는 없다는 것을 인식하면서('환상의 횡단'), 체제가 개선되면 제거될 것처럼 보이는 것들이 사실은 체계 자체의 필연적 산물이라는 사실을 확인하고 그 비정상적인 '파열'과 '과잉' 속에서 진실로 접근해들어가는 열쇠를 찾아야 한다('증상과의 동일시').[17]

---

16) '증상과의 동일시'를 비롯한 분석 종결에 관해서는 여러 2차 문헌들이 있지만 Paul Verhaeghe, "Causation and Destitution of a Pre-ontological Non-entity : On the Lacanian subject", ed. Dany Nobus, *Key Concepts of Lacanian Psychoanalysis*, Other Press, 1999가 특히 간명하다. 특히 분석 종결 이후의 '선택'과 '창조'에 대해선 이 책의 pp. 182~183을 참조.
17) Slavoj Žižek, 앞의 책, p. 223. 이와 같은 (사회적) 증상과의 동일시를 예컨대 다음과 같은 표현으로 정식화할 수 있다. "우리가 유대인이다. 우리는 모두 체르노빌에 살고 있다. 우리는 모두 보트피플이다 등등." (슬라보예 지젝, 『삐딱하게 보기』, 김소연 외 옮김, 시각과언어, 1995, 227쪽)

이런 맥락에서 문학은 그 자신을 사회적 증상과 동일시함으로써, 즉 한 사회의 증상이 '됨'으로써, '(조화로운 총체로서의) 사회란 없다'는 사실을 입증할 수 있다.[18] 아울러 문학은 사회 속에서 의사소통됨으로써 '증상(징후)의 의사소통'을 촉발하고, 이는 독자로 하여금 '타자란 없다(사회란 없다)'는 것을 깨닫게 하면서 그 자신을 사회적 증상인 문학과 동일시할 수 있게 되고, 궁극적인 증상과의 동일시를 달성할 수 있을 것이다. 그럴 때 주체는 자신의 욕망을 타자(사회)에게 양도하고 타자(사회)를 '믿는' 단계에서 벗어나, 이데올로기의 너머에서, 스스로 무언가를 '선택' 혹은 '창조'할 수 있게 된다. 이것은 '믿음'에서 '선택'으로의 이동이다. 황지우가 말하는 저 "해방의 예시"란 바로 이 과정의 다른 이름일 것이다. 물론 이는 아직 시학이라기보다는 윤리학에 더 가까워 보인다. 그러나 이 윤리학은 하나의 시학을 잉태하고 있다.

나는 말할 수 없음으로 양식을 파괴한다. 아니 파괴를 양식화한다.(28~29쪽)

황지우의 가장 유명한 언명이자 그의 초기 시학의 골자를 압축하고 있는 이 에피그램은 그가 단지 기존 시의 고답적인 형식을 과감하게 파괴했다는 차원에서 읽혀서는 안 된다. 여기서 중요한 것은 그의 시에 '해체시'라는 부적절한 명칭을 선사하는 데 일조한 첫번째 문장이 아니

---

18) 이것이 시의 책무라면 시인의 임무는 아마도 다음과 같은 것이 될 수 있을 것이다. "오늘날의 포스트모던한 세계에서 비판적 지식인의 임무는 (…) (상징적 질서라고 하는 큰 타자 안에 있는—인용자) 바로 이 구멍의 자리를 시종일관 점유하는 것이다." (Slavoj Žižek, *Tarrying with the Negative— Kant, Hegel, and the Critique of Ideology*, Duke UP, 1993, 서론 참조)

라 두번째 문장이다. '파괴의 양식화'란 과연 무엇인가? 이 질문은 이 글의 마지막 물음이자 궁극적 물음이다. 지금껏 우리가 재구성해온 황지우의 시론은 다음 테제들로 이루어진다. "시적인 것은 실재로 있다"가 황지우의 애초 판본이었다면, 우리는 그것을 정신분석학과의 접속을 통해 "시적인 것은 실재로서 있다", 혹은 "시적인 것은 실재적인 것이다"로 변주했다. 여기서 우리는 '문학은 진단이 아니라 징후다'라는 황지우의 또다른 명제에 의지하여, "시적인 것은 증상적인 것이다"로 나아갈 수 있었다. 그리고 이 테제가 어떻게 하나의 윤리학을 배태하는지 보았거니와, 이는 "시는 증상과의 동일시다"라는 말로 정리될 수 있다. 이것은 '이곳엔 무언가 훼손된 것이 있다, 내가 바로 그것이다'라는 윤리적 태도를 내포한다. 이 글의 서론에서 우리는 황지우의 의사소통에의 열망이 추구하는 것은 죽음과 사랑의 소통이라고 했거니와, '이곳엔 무언가 훼손된 것이 있다'가 죽음에 관여한다면, '내가 바로 그것이다'는 사랑에 관여한다.

'이곳엔 무언가 훼손된 것이 있다, 내가 바로 그것이다'라는 이 윤리학의 시학적 판본은 '이곳엔 무언가 말해질 수 없는 것이 있다, 나는 말해질 수 없는 것 그 자체이다'가 될 것이다. 주의해야 할 것은 이 명제가 '이곳엔 무언가 말해질 수 없는 것이 있다, 나는 그것을 말한다'와는 전혀 다르다는 것이다. 전자가 환자(증상)의 담론이라면 후자는 의사(진단)의 담론이다. 후자는 '파괴의 양식화'라는 방법론을 요청하지 않는다. 단지 '그것'을 말할 수 있는 용기와 관련된 실존적 결단의 문제를 환기할 뿐이다. 반면 '파괴의 양식화'란 이런 것이다. 앞서 인용한 바 있는 작품 「묵념, 5분 27초」를 다시 음미해보자. 이 시는 '5월 27일'에 일어났던 일을 말하고 있지 않다. 다만 '5월 27일'에 있었던 어떤 '파괴'에 대해서는 '말할 수 없다'는 바로 그 사실을 말하고 있을 뿐이다. '이곳엔 무언가 훼손된 것이 있다, 내가 바로 그것이다'라는 윤리적 차원이 시학적 차원으로 전이되면서 시형식 자체의 훼손을 가져오게 된 것이다. '파괴'의 흔적을 '공백(침묵)'이라는 '양식'으로 말하기, 혹은 시 자신이 '파괴된 것' 그 자체가 되기의 한 사례다. 이럴 때 시는 증상에 대해 말하기를 그치고 그 자신 증상이 되어 앓는다. '파괴의 양식화'란 바로 이와 같은 시학적 차원에서의 '증상과의 동일시'다. 따라서 황지우의 최종적 테제는 다음과 같이 정식화될 수 있다. 시란 윤리적 차원과 시학적 차원에서 '증상과의 동일시'다.

5. '증상의 시학'을 위하여

그때는 뭐가 뭔지 모르게, 그냥 '견딜 수 없어서' 시를 썼습니다. 그때나 지금이나 문학이란 "나, 당신과 통하고 싶다"는 의사소통의 인류적 본능에 의해 저질러지는 것이라고 나는 생각합니다. 제 이야기가 여러분에게 통했다면 인간은 지옥 속에서도 사는구나, 어쩌면 지옥 속의 삶에도 따뜻함이 있고 그 따뜻함이란 서로 통한다는 것이겠구나 하는 감이 전달되었을 것입니다.[19]

이상, 김수영, 황지우로 이어지는 한국의 전위적 모더니즘이 보여준 유례없는 활력은 한 시대의 증상과의 철저한 동일시를 딛고 얻어진 성취이다. 그리고 더욱 중요한 것은 그 윤리학이 하나의 시학을 산출해 냈다는 점이다. 오늘날의 모더니즘은 저 윤리학과 시학에 과연 얼마나 철저한가? 시를 통해 의사소통을 고민하는 일의 고통스러운 보람은 이미 낯선 것이 되어버린 것은 아닌가?[20] 그럼에도 불구하고 이 좋은 세

---

19) 황지우, 「끔찍한 모더니티」, 『황지우 문학앨범 — 진창 속의 낙원』, 161쪽.

상에 아직도 '의사소통'이라는 화두를 붙안고 용맹정진하는 이들이 있어 "지옥의 문" 앞으로, "칼이 쏟아지는 하늘" 아래로 기꺼이 걸어가기를 원한다면, 시적인 것과 실재적인 것, 그리고 증상적인 것을 계열화해서 사유하는 일은 불가피하다. 적어도 우리가 시의 사회적 책무를 포기하지 않으려 한다면 말이다. 오늘날 가장 필요한 것 중의 하나는 바로 그와 같은 고민이고, 그 고민과 더불어 모더니즘은 갱신될 것이다. '증상의 시학'은 그 고민과 갱신의 노력들을 위해 준비된 명칭이다.

---

20) [여기서 우리가 전개하고 있는 '의사소통'론은 시인은 독자가 이해할 수 있는 쉬운 시를 써야 한다는 식의 논의와는 전혀 무관하다는 것을 밝혀두어야겠다. 그런 식의 가짜 '소통'에 대해서는 이 책에 수록돼 있는 졸고 「전복을 전복하는 전복」에서 이미 거부 의사를 밝혔다. 황지우의 '증상의 시학'이 분명히 보여주듯 진정한 의미의 의사소통이란 아직 밝혀져 있지 않은 위험한 진실 속으로 시인과 독자가 함께 뛰어드는 일이다.]

반성적 에피큐리언의 초상
— 오생근의 시론

금욕의 복화술

오생근의 글에서 시인과 비평가의 견해는 대체로 분별되지 않는다. 그는 '나'를 내세우는 일에 인색하고 '너'를 호명하는 일에 둔하다. 어떤 상상력과 그 슬하의 이미지가 서로 이합하고 집산하며 운동하고 있을 뿐, 그 상상력과 이미지는 시인과 비평가 누구에게도 배타적으로 귀속되지 않는다. 시인과 비평가가 거의 한 몸이 되어서 종내에는 어떤 보편성의 그늘로 들어가곤 한다는 말이다. 비평가는 시인 뒤에 숨고 시인은 비평가와 더불어 편안하다. 그의 평문들 어디에서나 우리는 이와 같은 금욕주의적 스타일, 매끄러운 복화술과 조우한다. 그의 글쓰기 스타일이 소위 '강단 비평'의 그것처럼 보일 수도 있겠지만 그의 평문은 강단 비평의 약점과는 무관한 자리에 서 있다. 딱딱한 이론과 해부의 정신으로 무장한 비평들은 대체로 시적 불감증이라는 고질을 어쩌지 못한다. 그들은 스스로 느끼지 못하므로 대상을 애무하지 못한다. 그러나 오생근의 비평은 너그럽고 편안하다. 이론 대신 감각이 있고 해부

대신 교감이 있다.

　그 감각의 교감이 어떤 것인지를 우리는 김현의 비평을 통해 익히 확인한 바 있거니와 오생근의 비평이 김현의 그것을 연상케 하는 대목이 없지 않은 것도 사실이다. 그러나 오생근의 교감과 김현의 그것은 결정적인 대목에서 서로 다른 길을 간다. 김현은 '나'를 내세우는 일에 인색하지 않았고 '너'를 호명하는 일에 등한하지 않았다. '나'를 드러내거나 '너'를 불러내는 일에 섬세하였으나 거리낌은 없었다. 그 와중에 시인과 비평가는 에로틱하게 몸을 섞고, 상상력과 이미지는 비평가와 시인 사이를 오가며 친자확인 소송에 휘말린다. 두 (무)의식 사이에서 벌어지는 송사(訟事)의 박진감이 김현 비평의 매혹이다. 그러나 그 교감이 언제나 행복한 결과를 산출했던 것으로 보이지는 않는다. 때로 김현의 욕망은 시인의 욕망과 밀착하기를 넘어서서 그것을 관통해버린다. 시를 위한 비평이 아니라 비평을 위한 시인 듯 보이는 순간이 없지 않다는 것이다. 그러나 바로 그럴 법한 순간에 오생근의 비평은 절제한다. 대상과 보다 더 깊이 밀착해도 좋지 않을까 싶은 때가 있다 하더라도 말이다.

　오생근은 1946년에 태어났고, 1970년 동아일보 신춘문예에 「동물의 이미지를 통한 이상李箱의 상상적 세계」가 당선되어 평론활동을 시작했다. 그러나 그가 실제로 본격적인 평론활동을 시작한 것은 석사학위를 취득한 직후인 1975년경이니, 지금까지 대략 30여 년간 평론활동을 해온 셈이 된다. 그가 30년 동안 묶어낸 평론집은 총 네 권이다.[1] 두 가지 사실이 흥미롭다. 첫째, 네 권의 평론집을 순서대로 통독한 독자는 얼마간 놀라게 될 터인데, 왜냐하면 38년 전의 글과 지금의 글을 비교

---

1) 순서대로 나열하면 다음과 같다. (1)『삶을 위한 비평』(문학과지성사, 1978), (2)『현실의 논리와 비평』(문학과지성사, 1994), (3)『그리움으로 짓는 문학의 집』(문학과지성사, 2000), (4)『문학의 숲에서 느리게 걷기』(문학과지성사, 2003). 이하 이 책들로부터 인용할 경우 괄호 안에 '책의 숫자 : 쪽수' 형식으로 표시한다.

할 때 적어도 그 스타일에서만큼은 거의 변한 것이 없다고 해도 과언이 아니기 때문이다. 세계를 바라보는 입장은 급변 없이 여전하고, 특유의 금욕적 스타일은 그때나 지금이나 여일하다. 오생근의 비평들을 통시적으로 개괄하는 일이 그닥 쓸모 있어 뵈지 않는 것은 이 때문이다.

둘째, 평론집의 출간주기가 점차 짧아지는 와중에 그가 쓴 대략 30여 편의 시 비평 중 절반 이상이 최근 5년간 씌어졌다는 사실도 흥미롭다. 물론 그는 엘뤼아르를 번역하고 초현실주의 시를 소개하는 것으로 학자의 경력을 시작한 시 전공자다. 그러나 초기의 평문들은 대개가 소설을 대상으로 한 것이었고 첫번째 평론집의 경우 엘뤼아르와 초현실주의에 관한 논문들을 제외하면 시인론은 고작 한 편에 불과하다. 소설론과 시론의 비율은 네 권의 평론집이 차례로 출간되면서 서서히 역전되는데, 5년 전에 출간된 네번째 평론집의 경우 3분의 2가량이 시론으로 채워지게 된다. 시를 읽고 평론을 발표하는 이들의 수가 점차 줄어들고 있는 상황에서 최근 들어 더욱 활발해지고 있는 그의 시 읽기는 이채로워 보인다.

우리는 이 두 가지 사실을 적절히 감안하여 이 글을 구성하기로 한다. 오생근의 비평세계를 통시적으로 개괄하기보다는 그의 비평이 항용 채택하곤 하는 기본 구조를 추출해서 그의 비평의 근본적인 문제의식이 무엇인지를 정리할 것이다. 이 작업을 통해 그가 30여 편의 평문을 써오면서 그간 머릿속에 그렸을지도 모를 '단 한 편의 평론'의 얼개를 작성해보려고 한다.

이미지의 성좌(星座)

"장석남의 시에서 중요하게 나타나는 이미지들 중의 하나를 골라 그의 시를 설명해야 한다면 그것은 무엇일까? 우리는 무엇보다 그것을 길이라고 말할 수 있다."(4:277) 오생근의 평문에서 가장 흔히 만나게 되는 문장형식 중의 하나다. 그에게 시는 무엇보다도 이미지의 성좌다. 밤하늘의 어지러운 별자리를 보면서 길을 잃지 않기 위해서는 누구나 길잡이별에 의지해야 한다. 그것은 대개 북극성이거나 카시오페이아다. 오생근은 한 시인의 시세계로 여행을 시작할 때 우선 한두 개의 길잡이별을 찾는다. 그가 "구태여 어떤 하나의 이미지로 시인을 설명하는 것이 시인에 대한 효과적인 이해의 방법이라면, 김화영의 특징적 이미지는 (…) 바람으로 모아질 수 있다"(3:346)라고 시작할 때나, 정현종을 '바람의 시인'(3:104)으로, 김명인을 '바다의 시인'(4:91)으로 명명하면서 글을 시작할 때에도 그의 관측법은 동일하다. 물론 이는 바슐라르와 '주제비평'의 영향일 것이다.

  하나의 길잡이별을 찾은 뒤에 그는 그것을 중심으로 성좌 전체를 재배치한다. 그것은 대개 두 가지 방식 중 하나로 진행된다. 그 길잡이별과 다른 별들의 관계를 횡적으로 펼쳐보거나, 그 길잡이별의 현재 모습을 그것의 과거의 모습과 종적으로 대비해보는 방법이다. 전자를 공시적 관측, 후자를 통시적 관측이라 말해도 좋다. 예컨대 그가 '구멍'과 '길'이 내밀하게 연결되어 있다는 사실을 포착하고, 뚫려 있다는 속성 때문에 개방성을 의미하기 쉬운 두 이미지가 이윤학에게서는 '폐쇄적 공간성'을 환기하고 있다는 사실을 지적한 뒤 이윤학이 대체로 "희망이 없는 세계에서 삶의 고통을 견디는" 태도를 취한다는 점을 읽어낼 때, 그는 공시적 관측에 몰두하고 있는 것이다. 한편 황인숙의 세 권의 시집을 오로지 '나무'라는 길잡이별 하나에 의지하여 그 성좌 전체를 일이관지하여 읽어낼 때 그가 하고 있는 것은 통시적 관측에 가깝다. 여기서 두 개의 물음을 물어야 한다.

  첫째, 길잡이별은 어떻게 선택되는가? 흔히 길잡이별이 되곤 하는 북극성이나 카시오페이아가 반드시 가장 밝은 별인 것은 아니다. 마찬가지로 오생근이 선택하는 길잡이별이 그 시인의 성좌에서 가장 밝게 빛나는 별과 반드시 일치하는 것은 아닐 것이다. 오생근은 황인숙론에서 예의 저 질문을 던지고 이렇게 자답한다. "황인숙의 시에서 의미 있게 표현되고 특징적으로 나타나는 시적 주제나 대상은 무엇일까? 의식적이고 객관적인 검토의 과정을 거친 것은 아니지만, 그러한 대상 중의 하나가 나무일 것이다."(4:189, 강조는 인용자, 이하 동일)라고 쓴다. 이 문장은 저간의 사정을 무심결에 보여준다. 황인숙의 시에서 유독 나무가 빈번하게 언급된다 할지라도, 빈번할 뿐만 아니라 중요하기까지 하다 하더라도, 결국 '나무'를 길잡이별로 '선택'하는 그 순간의 욕망은 비평가의 욕망이라고 해야 한다. 그 '선택'이 비평가 자신의 욕망에 따라 움직이는 것이라면, 길잡이별이 시인들 사이에서 간혹 겹치곤 하는 것도 이상한 일은 아니다. 오생근에게 정현종과 김화영의 성좌에서 북극성이 동일하게 '바람'일 수 있는 것도, 장석남과 기형도가 모두 '길의 시인'이 될 수 있는 것도 그 때문이다. 그렇다면 오생근의 시 비평에서 가장 빈번하게 선택되는 길잡이별이 그대로 오생근 자신의 욕망의 성좌를 읽어낼 수 있게 도와주는 길잡이별일 수 있는 것은 당연할 것이다. 그것은 무엇인가? 이것이 첫번째 물음이며 이는 비평가의 '욕망의 대상'을 묻는 것이다.

둘째, 선택된 길잡이별을 중심으로 한 성좌의 재배치 작업은 어떤 방향을 따라가는가? 선택의 순간에 비평가의 욕망이 개입되지 않을 수 없다면, 재배치 과정 또한 비평가의 욕망을 반영할 것이다. 평자의 욕망이 운동하는 방향은 평문의 내러티브를 구성하는 동인이 된다. 오생근 비평의 내러티브는 대체로 변증법의 논리를 따르는 것처럼 보인다. 길잡이별이 선택되고, 그것은 곧 그 자신의 타자와 대면하면서 부정되며, 부정된 그것이 다시 부정되어 더 큰 긍정으로 이어지는 식이다. 예컨대 그는 김혜순론에서 김혜순의 시세계 전반을 해명하는 열쇠가 되는 길잡이별로 '죽음'이라는 소재와 '물'과 '달'의 이미지를 선택한 뒤 죽음이 어떻게 삶/현실의 전복인지를 보여주고(부정), 그 부정성의 끝에는 물과 달로 표상되는 모성의 세계가 있고 새로운 삶/현실의 탄생이 있음(부정의 부정)을 논증하는 식으로 내러티브를 구성해간다. 이 작업을 통해 김혜순의 성좌는 '해체와 죽음'의 세계에서 '사랑과 모성'의 세계로 재배치된다. 김혜순의 시를 긍정을 향한 운동으로 읽어내면서 그는 그녀의 시에서 '달'과 '물'을 보편적(원형적) 의미망으로 감싼다. '김혜순의 달과 물'은 궁극적으로 '달과 물의 김혜순'으로 역전된다. '부정의 부정'을 수행하고 단독성들을 보편성으로 감싸안는 방식으로 글을 진행시키는 평자의 욕망은 무엇인가? 이것이 우리의 두번째 물음이며 이는 비평가의 '욕망의 운동'을 묻는 것이다. 이제 이 두 질문에 차례로 답해보자.

공간의 시학

오생근의 비평에서 비교적 빈번히 선택되는 길잡이 이미지들은 대개 공간에 관한 것들이다. 그는 텍스트가 만들어내고 있는 공간에 예민하다. 구체적으로 그것은 공간 그 자체에 관한 것이거나, 공간들의 경계에 관한 것이거나, 이 공간에서 저 공간으로의 이행에 관한 것일 경우가 많다. '공간의 시학'의 주창자인 바슐라르가 있고, 바슐라르의 시학을 빼어나게 활용한 김화영이 있고, 그 김화영의 비평에 대해 진심으로 찬탄을 금치 못하는 오생근의 비평이 있다. 김화영의 '공간 감수성'에 대한 그의 공감 가득한 해설은 바로 그 자신의 욕망을 해설하는 것과 다르지 않아 보인다. 왜 공간이 중요한가? 그는 김화영과 더불어 이렇게 답한다. "인간의 기억력은 늘 시간의 지속성을 감당할 수 없어서 그 시간을 공간으로 바꾸어놓아야 안심할 수 있"(3:352)기 때문이며, "육체적 체험은 (…) 그것에 상응하는 공간적 체험을 동반하기 마련이어서, 육체적 공간적 체험은 우리에게 과거의 기억이 현재화하는 것을 도와"(3:354)주기 때문이다. 기억은 육체와, 육체는 공간과 결합되어 있기 때문에 공간은 육체를, 육체는 기억을 되살린다는 것이 요점이다. 공간은 기억을 보존하고 환기하는 힘을 갖기 때문에 중요하다는 것이다.

왜 과거의 기억이 중요한가? "우연한 계기에 찾게 되는 우리의 과거는 단순히 지난 시간의 기억을 재생하는 데 의미가 있지 않고 '의식의 문지방'을 넘어서 우리의 내면 속에서 무화되지 않고 지속되는 자아의 참모습을 발견하는 데 의미가 있"(3:358)기 때문이다. 프루스트적인 테마를 변주하면서 그가 주장하고자 하는 것은 결국 '자아의 참모습'이라는 것이 존재하고 그것은 대개 잠재된 기억 속에 있다는 것이다. 결론은 이렇다. "김화영의 공간에 관한 글쓰기와 공간적 감수성의 다양한 표현이 지향하는 것의 끝에는 바로 그러한 문학의 힘에 대한 믿음이 있고 시간의 파괴력으로부터 지켜야 할 삶의 공간과 마음의 풍경에 대한 열정이 있다."(3:358) 오생근에게 서정시의 권능은 우리가 우리의 본래 모습을 회복할 수 있게 도와주는 데에 있다. 그 본래면목은 앞으로 만들어져야 할 미래의 것이 아니라 이미 존재하고 있으나 우리가 잊고 있는 어떤 것이다. 그렇다면 서정시는 그 어딘지 모를 곳으로 되돌아가려는 욕망, 즉 근원회귀 본능의 산물일 것이다.

공간의 시학이 근원회귀 본능과 연계되어 있다면, 근원인 저쪽으로 가지 못하고 있는 우리가 불가피하게 거하고 있는 이쪽 또한 중요한 공간일 수밖에 없다. 오생근에게서 '저곳'과 대립되는 '이곳'은 대체로 '도시'라는 공간으로 나타난다. 80년대와 90년대 초에 쓰여진 평문들에서 오생근이 도시공간의 문학사회학적 의미를 여러 차례 탐구한 것은 이런 맥락에서 이해될 수 있다.「도시공간의 소설적 기능」「소설 속에 나타난 서울과 서울 사람들」「도시와 시」 등의 글은 그 탐구의 성과들이다. 그가 90년대 후반에 씌어진 평문에서 '현대성(modernity)'이라는 큰 문제를 주제로 삼으면서 보들레르, 김수영, 김광규를 함께 읽을 때에도 현대성이라는 문제가 거느리고 있는 다양한 하위 주제들 중에서 유독 시인들의 현대 '도시 거리' 체험에 초점을 맞추고 있는 것 또한 같은 맥락에서 자연스럽다. 그는 김수영의 현대성을 논하면서 "도시의 거리에 매혹되면서도 그 도시의 일상 속에 갇히기를 거부하는 시인의 자유로운 정신성, 땅에 발을 딛고 있으면서도 땅의 세계를 종합적으로 굽어볼 줄 알고, 군중들의 고민을 알면서도 그 고민의 현실 속에 그들과 더불어 침몰하지 않으려는 시인의 자유와 드높은 자부심"(3:72)을 특별히 강조한다. 신경숙의 소설을 읽을 때에도 그는 "『바이올렛』의 작가가 주인공의 삶과 내면 혹은 꿈의 방향을 보여주는 데 가장 공력을 들인 요소가 있다면 공간과 장소의 구성일 것이다"(4:377)라고 말하면서 이 소설의 테마를 '도시의 폭력에 맞서는 식물적 삶의 저항과 꿈'으로 간추려낸다.

공간의 시학은 따라서 도시의 내부에서 도시의 외부를 꿈꾸는 근원회귀의 욕망을 자극하는 모든 문학의 근본적 전략의 하나가 된다. 세번째 평론집에서 그 근원을 가리키는 이름은 참으로 당연하게도 '집'이다. 그는 이렇게 쓴다. 집은 "위협적인 외부의 세계 혹은 이질적인 타자의 세계와 대립해서 인간을 보호해줄 수 있는 은신처이고 또한 인간의 영혼과 동화"(3:12)되는 곳이다. 그곳이 "부드럽고, 따뜻한 중심의 안정성과 더불어 튼튼한 돌의 힘과 견고성으로 우리가 안심하고 의존할 수 있는 모성적 이미지를 강화"(같은 곳)하기 때문이다. 요컨대 집은 어머니의 품과 같은 곳이라는 말이다. 그리고 이런 욕망이 세계로부터의 퇴각이 아니라 문학의 위엄으로 격상될 수 있는 것은 그 '집'이 '도시'라는 반대항과 긴장을 이루고 있기 때문이다. 그가 집만을 말할 때에도 그 집은 도시와의 긴장 속에서 탐구되며, 도시만을 말할 때에도 그것은 아늑한 집을 배경에 거느린다. "우리가 깊은 몽상에 잠겨 집을 꿈꿀 때, 그 집은 도시의 기능적이고 천편일률적인 아파트가 아니다"(같은 곳)라고 단호하게 주장하고 그것을 "도시나 아파트는 시인을 생활 속에 묶어두지만, 시인의 꿈과 마음은 늘 도시 밖으로 벗어나려고 이동한다"는 사실을 이태수의 시에서 새삼스레 읽어낼 때가 그렇다. '집'은 오생근 비평의 근원적 텔로스처럼 보인다. 그리고 그것은 아마도 모든 문학의 본질적 욕망일 것이다.

부정성의 포용

두번째 질문. 성좌의 재배치는 어떤 방향성을 띤 채로 움직이는가? 앞에서 간략히 살폈듯이 그것은 부정의 부정을 통한 긍정의 방향으로, 단독적인 것들을 보편적인 것의 품으로 귀속시키는 방향으로 움직인다. 이렇게 말해보자. 때로 바슐라르는 너무 천진하다. 김현이 바슐라르의 독법을 '행복의 시학'이라고 명명한 바도 있지만, 그의 눈에 포착되는 이미지는 거개가 행복의 추억이거나 행복의 예감으로 감싸여 있다. 그래서 바슐라르는 슬퍼하거나 고통할 줄을 모른다. 물론 '고통하다'는 '고통 받다'와 다르다. 전자는 윤리적 능력이고 후자는 감각적 자질이다. 행복의 능력이 결핍되어 있는 사람이 타인을 힘들게 하듯, 고통의 능력이 결핍되어 있는 사람 역시 타인을 질리게 한다. 그것이 깊은 행복의 웃음인지 얕은 만족의 웃음인지를 의심하게 된다는 말이다. 우리의 상상력은 때로 고통을 갈망하고, 우리의 내면은 가끔 이미지에 깊이 베이기를 원한다. 그러니 이미지는 행복의 추억이거나 행복의 예감만은 아닐 것이다. 그것은 상처의 응축이며 상처의 발화(發火)일 수도 있다.

> 삽날에 목이 찍히자
> 뱀은
> 떨어진 머리통을
> 금방 버린다
>
> (…)
>
> 가야 한다
> 가야 한다
> 잊으러 가야 한다

이윤학의 시 「이미지」(『아픈 곳에 자꾸 손이 간다』, 문학과지성사, 2000)의 처음과 마지막이다. 머리통을 잘린 뱀이 그 머리를 버리고 어딘가로 쏜살같이 떠나는 이 풍경은 낯설다. 하나의 이미지가 최초로 발화(發火)하는 순간 그것은 독자에게 세상에서 가장 낯선 어떤 것이어야 한다. 그러나 모든 위대한 이미지들은 낯선 가운데 그 안에 상처를 머금고 있는 것이어서, 그 상처가 독자의 상처를 건드려 점화되는 순간 그 이미지는 폭발한다. 폭발하면서, 세상에서 가장 낯선 것이었던 그것은 세상에서 가장 익숙한, 뼈아프게 낯익은 어떤 것으로 변한다. 위 시의 마지막 세 행이 바로 점화의 순간이다. 뱀은 잊으러 가는 것이었다. 그것을 깨닫는 순간 언젠가 몸의 일부가 절단되는 듯한 아픔을 잊어버리려 고투한 적이 있는 모든 독자의 상처는 불탄다. 낯선 풍경은 아프도록 낯익은 어떤 것이 되는 것이다. 이것이 이미지의 운동이다. 그 낯섦과 낯익음의 낙차가 클수록 이미지는 강력해진다. 이 시는 이미지가 어째서 애초 상처의 응축이었고, 지금 상처의 발화이며, 장차 상처의 폭발인지를 처연하게 보여준다.

오생근이 위 시를 두고 말했듯이 이 시에서 "가야 한다/가야 한다/잊으러 가야 한다"는 구절은 고통을 잊는 일이 결코 쉽지 않다는 신음에 가깝다. 실로 이것은 극한의 부정성이다. 다시 부정되어 더 큰 긍정으로 합류할 수 있는 여지를 남겨주지 않는다. 그 점을 알면서도 오생근은 고통은 잊혀야만 하며 중요한 것은 새로운 삶이어야 한다고 어깨를 두드리듯 말한다. "중요한 것은 상처와 고통을 견디고, 의식하면서, 동시에 새로운 삶을 찾는 일이다. 상처와 고통을 극복하려 하지 않고 그것에 계속 집착하는 것은 성숙한 자아의 모습이 아닐 수 있다. 그것은 사람을 자신의 세계 속에 가두게 하면서 타인에게 열려 있는 관심의 모습을 보이지 않게 하기 때문이다."(4:300) 그는 시인의 상처를 외면하지 않지만 그 상처를 더 깊이 파고들어보라고 말하지도 않는다. 그는 시인에게서 상처 받지 않으려 하며 또 시인에게 상처 주지 않으려 한다. 기형도와의 만남에서도 그와 비슷한 상황이 벌어진다.

장님처럼 나 이제 더듬거리며 문을 잠그네
가엾은 내 사랑 빈집에 갇혔네

저 유명한 기형도의 「빈집」(『입 속의 검은 잎』, 문학과지성사, 1989)의 마지막 두 행이다. "사랑을 잃고 나는 쓰네"로 시작되는 이 시는 세 번의 "잘 있거라"를 거쳐 마지막 연에 당도한다. 이 마지막 두 행이 실연하고 있는 것은 글자 그대로 봉인(封印)의 절차처럼 보인다. 사랑을 잃고 '나'는 편지를 쓴다. 그 이하는 편지에 쓰어지는 내용들이다. 그리고 인용한 마지막 두 행은 수신자 없는 그 편지를 봉투에 접어넣는 장면이다. 물론 이 봉인은 '기억의 봉인'이기도 하다. 내가 기억을 봉인했기 때문에 그것은 봉투 속에 갇힌다. 기억은 소멸된 것이 아니라 단지 봉인되었을 뿐이다. 그러니 이것은 생매장이다. 살아 있는 기억을 산 채로 묻는 일이며, 욕망의 뿌리를 제거하지 않은 채로 다만 그 줄기를 끊어내는 일이다. 이는 근원적으로 거세와 다르지 않다. 그리고 거세 공포와 실명 공포는 본래 한통속이다. 화자는 장님처럼 더듬거릴 수밖에 없다. 자기 눈을 찌르듯 스스로 자기 기억을 봉인해야만 하는 고통스러운 순간이니까 말이다.

대개가 이런 식인 기형도의 세계는 오생근에게 고통스러운 세계이다. 게다가 위의 시는 '집'의 이미지를 활용한 시임에도 불구하고 결국 관(棺)을 연상케 하기도 하니까 말이다. 오생근은 이런 세계를 (무)의식적으로 다스리려 한다. 딱히 위의 시를 두고 한 말은 아니지만, 그는 기형도론의 말미를 이렇게 마무리한다. "기형도는 죽음의 세계 앞에서 낯설어하거나 두려워하지 않고 그 세계를 직시하였다. 이러한 죽음에의 시선과 의식에서 각별히 주목되는 것은 그가 (…) 죽음을 의식하는 어떤 의식적 긴장을 드러낸다는 점이다. (…) 그러니까 죽음을 바라보는 시인의 의식은 그 반대편에서 삶을 의식하는 정신과 팽팽하게 맞물려 그의 시를 긴장된 힘으로 살아 있게 한다고 볼 수 있다. (…) 그의 시는 죽음을 두려워하지 않는 젊음의 시라고 말할 수 있다. 그것은 죽음을 바라보면서도 공포에 질린 표정으로 움츠러들지 않고 오히려 영원한 젊음의 얼굴로 웃고 있는 시인의 모습을 떠올리게 한다."(4:182) 적어도 기형도에 관한 한 이런 독법은 낯선 것이다. 그는 기형도의 시에서 기어이 "영원한 젊음의 얼굴로 웃고 있는" 얼굴을 떠올리고야 만다.

도저한 부정성으로 유명한 시인들과 만날 때 오생근은 이와 동일한 방식으로 그들의 부정성을 끌어안으려 한다. 황지우의 『어느 날 나는 흐린 酒店에 앉아 있을 거다』(문학과지성사, 1998)를 읽고 그는 이렇게 쓴다. "겉으로는 좌절과 상실감이 크게 보이지만, 그 이면에서 좌절의 삶을 껴안고 신생의 희망을 키우는 시인의 목소리가 들린다. 그것은 부정적인 세계를 부정하고 거부하는 것이 아니라 세계의 부정성마저 끌어안는 삶의 태도이다."(3:181) 그가 황인숙의 시에서 궁극적으로 읽어내는 것도 '희망의 도저한 의지'(4:204)이며, 이윤학론의 말미에서도 그는 "이윤학은 이렇게 절망과 고통의 극단에서 조금씩 몸을 돌려 삶의 진실과 희망의 가능성을 탐색하고 있는 듯하다"(4:302)고 쓰지 않고서는 글을 끝내지 못한다. 젊은 시인답게 그 부정성의 강도가 가장 큰 김중의 참혹한 시를 읽어나가면서 그는 문득 "이처럼 절망적인 죽음의 현실에서 희망은 없는 것인가?"라고 물은 뒤 "김중의 시에서 눈여겨봐야 할 것은 현실이 절망적인 만큼 희망의 의지가 그 누구보다 강렬하고 절실하다는 것이다"(4:311)라고 쓴다. 그는 시인들이 이 세상은 살 만한 곳이라고 말하는 순간을 놓치지 않는다.

  부정성은 반드시 지양되어야 하는가? 극복될 수 있는 고통은 고통인가? 헛된 낙관론보다는 정직한 비관론이 더 낫지 않은가? 그가 대책 없는 낙관주의자가 아닌 이상 그것을 모를 리 없다. 다만 "극단적인 고통의 체험을 부정하는 것이 아니라 그러한 체험의 바탕 위에서 삶을 새롭게 바라보고 자기 자신과 세계의 관계를 새롭게 정립하려는 의지"(4:302)를 무엇보다도 소중히 여길 뿐이다. 오생근은 허무주의도 초월론도 받아들이지 못한다. 중요한 것은 삶이고, 살아간다는 사실이다. 그리고 살아 있는 모든 것들은 행복하게 살 권리가 있을 뿐 아니라 행복해져야 할 의무까지가 있다고 그는 믿는 것처럼 보인다. 이로써 우리는 두 가지 질문에 답했다. 이제는 그의 욕망의 대상과 그의 욕망의 운동이 겨냥하고 있는 궁극을 엿볼 차례다.

서정의 구경(究竟)

　오생근이 공간에 집착하고, 도시와 집이라는 대립적 공간의 긴장에 예민하고, 그 두 공간 사이에서 벌어지는 이행의 움직임에 민감한 것은 그것이 시의 궁극적 텔로스라고 믿기 때문이다. 한편, 그가 부정성을 궁극적으로는 끌어안아야 할 대상으로 사유하는 까닭은 그 부정성이 시의 구경(究竟)은 아니라고 믿기 때문이다. 그의 이런 믿음은 최근 글에서 보다 더 여실하다. 과거의 그가 '현실의 논리'를 문학작품을 통해 규명하는 일이 비평의 소임이라고 생각했다면, 최근의 그는 점차 현실에서 꿈으로, 논리에서 감응으로 그의 관심을 이동하는 듯 보인다. '그리움으로 짓는 문학의 집' 한 채를 분양하고 있는 세번째 평론집과 '문학의 숲에서 느리게 걷기'를 권유하는 네번째 평론집의 제목이 이미 그렇다. 도시(현실)와 도시의 외부(유토피아)를 분별하고 그 관계를 논하는 것으로부터, 도시에서 도시 외부로 이행하는 도정의 의의와 가치에 관심을 표하는 것으로 이동한 것이라 해도 좋다. 문학은 '그리움'과 '느림'의 형식이어야 하며, 문학의 목적지는 '집'이고 '숲'이다. 평론집의 제목으로서는 너무 겸허해 보이는 말들이지만 이 친근한 말들은 두 권의 책 전반에 걸쳐 조금씩 제공되어 독자에게 건네진다. 그리고 그 말들은 새삼스러워지면서 시적인 울림을 얻는다. 그리움과 느림, 집과 숲이라는 어휘들의 내포를 이해하는 것이 관건이다.
　세번째 평론집에서 시인론을 묶은 제2부의 제목은 '그리움과 시적 상상력'이다. 그중 이태수론에는 '그리움의 시와 마음의 시학'이라는 제목이 붙어 있거니와, 이 글이 시사적이다. 오생근은 이태수의 시가 흔히 '그'와 '너'라는 대상을 기다리는 상황에 터하고 있음을 지적하면서 그를 그리움의 시인이라 명명한다. 그러나 그리움을 노래하지 않는 시인이 어디 있단 말인가? 오생근은 "이태수는 어느 하나의 대상에 한정시키지 않고 그리움을 지속적으로 노래하면서 그리움의 과정을 일정한 시적 수준에서 형상화시킬 줄 아는 시인이다"(3:151)라고 답한다. 그렇다면 그리움을 노래한다는 것은 '지금-여기'의 현실과 대결하지 않는 수세적 복고주의나 퇴행적 낭만주의는 아닌가? 이태수의 시는 "결코 어린 시절이나 지나간 날들에 대한 복고주의나 낭만적 취향으로 기울지 않는다. (…) 그것은 늘 어린 시절이나 과거의 추억을 넘어선 어떤 보편적 정서로 연결되어 있고, 아울러 현재의 자아를 객관화시켜보려는 인식의 노력을 배제하지 않고 있다"(3:152)고 그는 답한다.

이 해명에 의하면 그리움이란 수동적인 정념이 아니라 능동적인 기술인 것으로 보인다. 그것은 구체적인 대상이 있어서 그 대상과 결합하면 소진되는 감정이 아니라 '보편적'인 어떤 것이어서 늘 충족의 유예 상태 속에서 존재를 추동하는 욕망의 기술이고, 그 덕분에 지금 여기 '나'의 결핍을 '객관적'으로 반성할 수 있게 하는 인식의 기술이니까 말이다. "문학적 형태는 시의 형식이건, 산문의 형식이건, 견고한 틀로 구성되어 있어야 하지만, 그 틀 속에서 숨결 같은 것, 유동적인 것, 불투명한 것, 신비스러운 것이 손상되어서는 안 된다. (…) 그것은 바로 문학과 예술작품의 변함없는 본질적 요소이기도 하다"(3:364~365)라고 김화영과 더불어 그는 쓴다. 그 유동적이고 불투명하고 신비스러운 요소들은 우리에게 텍스트 자체에 내재되어 있는 어떤 공백을 환기하면서 동시에 우리 자신의 내부에 있는 어떤 결핍을 자극하는, 생산적인 결핍일 것이다. 그리고 그 자극은 우리로 하여금 예의 그 "본래의 자아 혹은 진정한 자아"(3:146)를 찾게 하는 원동력일 것이다. 그리움이 욕망의 기술이면서 동시에 인식의 기술인 것은 이런 맥락에서다.

그리운 곳을 향해 걸어가라, 고 말하는 것이 그리움의 시학이다. 단 유의해야 할 것이 있다. 느리게 걸어야만 그리움은 살아남는다. 유하는 『천일馬화』(문학과지성사, 2000)에서 '나는 추억보다 느리게 간다'고 선언한다. 오생근은 유하의 시에 깊이 공감하면서 유하론을 쓰고, 유하의 시에 기대어 「'느림'의 삶과 '느림'의 시학」을 쓴다. 속도의 삶이 비인간적인 것은 그것이 "과거를 추억하거나 미래를 전망하는 데 소요되는 시간을 무가치한 것으로 만들기"(4:55) 때문이다. 이 구절에서 우리는 '느림'이 어째서 그리움의 시학의 방법론이 되는지를 알게 된다. 앞서 살핀 대로 그리움의 기술이 '본래적 자아 혹은 진정한 자아'를 찾는 근원적이고 항상적인 추구의 기술이라면 그것은 과거를 추억함으로써 미래를 전망하는 일과 다르지 않다. 그러나 속도는 과거를 망각하게 하고 미래에 무관심하게 한다. 밀란 쿤데라는 『느림』에서 이렇게 말한다. 사람들이 속도에 탐닉하게 되는 것은 두려움을 없애기 위해서다. 빠름은 우리를 현재에 집중하게 하는데, 두려움의 원천이란 대개 미래에 있기 때문에 미래로부터 해방된 자는 두려울 게 없다. 한편, 무언가 잊어버리길 원하는 사람은 그 순간 빨리 걷게 되지만 무언가 떠올리길 원하는 사람은 그 순간 느리게 걷는다. 느림은 우리를 과거의 기억과 만나게 하는 형식이다. 빠름과 느림은 우리가 미래 및 과거와 맺는 관계를 각각 규정한다.

그렇기 때문에 빠름은 시의 적(敵)이다. 그리우므로, 그리움으로, 그리움에로 씌어져야 할 서정시의 적이다. 그리움의 전략은 느림이라는 전술을 동반해야 한다. 유하의 시집 『천일馬화』는 질주하는 말의 세계와 한가로운 자전거의 세계로 선명하게 나뉘어 있거니와, 오생근은 바로 여기서 빠름과 느림의 대립을 찾고 이 시집의 독법을 찾는다. 황동규가 "느린, 늘인 걸음으로" 가볍게 떠돌겠다고 말하자 그는 "'늘인 걸음'의 자리에는 자유로운 시간과 풍요로운 시간이 확장되어 자리 잡을 수 있고 그러한 가연성의 시간을 누림으로써 화자는 분주한 일상의 세속적 시간이나 폭력적 시간을 극복할 수 있는 자아의 길을 찾는다"(4:76)고 주석한다. 그리고 바로 그곳에서 서정의 힘을 발견한다. 오생근의 최근 두 평론집의 서문에는 다음과 같은 이정표가 세워져 있다. 결론 삼아 보기로 하자.

문학은 넓은 의미에서 보자면 아버지의 세계에서 어머니의 언어를 추구하는 행위이다. 그것은 억압적이고 비인간적 규율의 세계에서 자유롭고 진정한 것, 인간적인 것을 꿈꾸고 그리워하는 일이기 때문이다. 그런 점에서 문학은 그리움으로 짓는 언어의 집이다.(3:6)

작가는 자동차로 상징되는 현대 문명의 세계 속에서 그 문명의 폐해와 역기능을 문제시하고 비판하는 사람이다. 그는 자동차를 타고 가는 사람이 아니라 느리게 걸어가는 사람이고 또한 자동차를 타고 빨리 가는 사람들이 보지 못하는 것을 보는 사람이며, 그들이 누리지 못하는 자유로운 산책에서 혼자이면서도 다른 사람과 뒤섞일 수 있는 사람이다.(4:7)

위 인용문들은 오생근 비평이 의지하는 추억과 추구하는 꿈이 무엇인지 가장 선명하게 보여주는 대목이다. 숙고해보면 그리움과 느림이 어떤 윤리적 함의를 가질 수 있는가 하는 문제에도 얼마간 접근할 수 있게 된다. 그래서 우리의 마지막 질문은 이것이다. 오생근 비평의 윤리적 토포스(topos)는 어디인가?

정원의 사유

오생근의 비평을 따라 걷다보면 어떤 정원에 와 있게 된다. 여기서 '정원'은 도시 안에 존재하는 도시의 외부, 그러니까 예의 그 '집'이라는 공간의 다른 이름이라는 점에서 보통명사이지만, 행복을 약속하는 내면성의 공간을 지칭한다는 점에서 그것은 '에피쿠로스의 정원'이라는 고유명사여도 좋겠다. 오생근의 비평은 늘 행복에의 약속과 행복에의 예감으로 가득하다. 그래서 '문학의 집'과 '문학의 숲'을 말할 때, 이 집과 숲은 모두 에피쿠로스의 정원의 변주들처럼 보인다. 에피쿠로스를 따르는 쾌락주의자들이 정원에 모여 행복의 기술을 연마했다는 사실은 잘 알려져 있다. 그것을 "아버지의 세계에서 어머니의 언어를 추구하는" 기술로 보아도 좋을 것이다. 그러나 에피쿠로스의 쾌락주의가 항용 오해되는 것처럼 몰아(沒我)적 향락주의가 아니라 반성적 쾌락주의에 가깝다는 사실은 덜 알려져 있다. 몰아적 향락주의가 쾌락의 동인이 되는 정념에 수동적으로 스스로를 내맡길 뿐이라면, 반성적 쾌락주의는 욕망을 능동적으로 관리하면서 진짜 욕망과 거짓 욕망을 분별하여 그중 진짜 욕망을 활용하는 행복의 기술이다. 그의 쾌락주의를 반성적이라고 할 수 있는 것도 쾌락 추구의 동인이 되는 욕망이 바람직한 욕망인지 잘못된 욕망인지를 그가 끊임없이 되묻고 있기 때문이다. 그의 초기 비평문에 집중적으로 나타나는 대중문화에 대한 비판적 관심은 당대의 보편적 화두와 연결되어 있는 것이기도 하지만, 오생근의 일관된 관심사 중 하나인 진짜 욕망과 가짜 욕망의 분별이라는 맥락 속에서 이루어진 작업이기도 할 것이다. 이후 「권력·욕망·사회」에서, 또 유하론인 「욕망의 시대와 시인의 욕망」과 같은 글들에서 이에 대한 비판적 관심은 지속된다.

욕망의 순수성을 추구하는 이들이 때때로 초월적인 것에 매력을 느끼게 되는 것은 충분히 납득되는 바 있지만, 적어도 오생근은 초월적인 것에 대해 부정적이거나 최소한 무심하다. 그리움과 느림이라는 서정의 형식과 행복의 기술을 제안하는 이라면 과연 그럴 법한 것이다. 김주연의 비평을 논하면서 그가 거의 유일하게 동의하지 못하고 있는 대목도 바로 김주연 비평의 중심 주제인 초월성에 대해 논하는 장면에서 발견된다. "상상력은 초월의 소산"이며 그런 의미에서 "상상력이란 영감, 즉 영성"이라는 김주연의 주장에 대해 그는 "상상력에 관한 그러한 협소한 정의는 퍽 당혹스러울 수 있다"고 유보적인 태도를 취한다. 상상력은 영성이라는 김주연의 초월적 주장 대신 그가 내세우고 있는 것은 베이컨의 다음과 같은 정의다. 베이컨에 따르면 상상력이란 "사실의 세계에 매이지 않고 사실들을 마음대로 변형시켜 사실보다 더 아름답게, 좋게 다양하게 만들어 즐기는 능력"(4:404)이다. 상상력 역시 행복의 기술이지 않으면 안 되는 것이다.

물론 그가 에피큐리언들의 은둔적 삶을 찬미하는 것으로 오해될 수는 없다. 그가 행복의 기술을 말하고 삶의 긍정을 말할 때 그의 '삶'이란 대체로 공동체주의자의 그것이기보다는 기본적으로 개인주의자·자유주의자의 그것을 가리키고 있는 것은 맞지만 말이다. 이는 그가 정현종이나 마종기의 시를 읽을 때 유독 드러나는 면모이기도 하다. 시인이란 "현실과 거리를 두고 비현실적 언어를 사용하는 사람이지만, 그 현실 앞에서 무한한 개방성과 자유로움을 확보하게 된다. 개방성과 자유로움의 대가가 없다면 그는 무엇 때문에 시인이 되려 할 것인가"!(4:127~128) 그는 드물게도 감탄부호를 붙이고 있다. 그러니 그가 황인숙의 시에서 "자기만의 독자적인 삶"에 대한 강한 열정을 읽어내고 "주변 환경이 어떤 것이건 그것에 좌우되지 않고 삶을 개척하며 살아가는" 일의 아름다움에 기꺼이 동의하고 있는 것은 당연해 보인다. 물론 이런 지향의 궁극은 "자유로운 산책에서 혼자이면서도 다른 사람과 뒤섞일 수 있는"(4:7) 세계를 추구하는 데에 있을 것이다. 성숙한 개인주의를 토대로 할 때에만 진정한 어울림이 가능하다는 것일 터다. 그래서 우리의 정원사는 솎아내는 사람이 아니라 섞어놓는 사람이며 평가하기보다는 배치하는 사람이다. 그 정원에서 모든 텍스트들은 각각 '위대한 하나'이지만 어김없이 '전체의 부분'이기도 하다. 이것을 '정원의 윤리학' 혹은

'원예학으로서의 비평'이라 불러도 좋겠다.

　이상의 논의는 오생근의 30년 비평활동이 보듬은 모든 영역을 살피기에는 터무니없이 거칠고 간략한 것에 불과하거니와, 우리는 지금까지의 빈한한 말들을 이렇게 요약하자. 오생근의 비평은 어딘지 모를 '집'으로 가는 먼 길이고, 부정성을 끌어안은 채 긍정으로 뻗어가는 지난한 길이다. 그 길을 걸어가게 만드는 욕망의 근원은 고갈되지 않는 '그리움'이며 그 욕망의 형식은 산책가적 '느림'이다. 그리고 그 길은 아마도 에피쿠로스의 정원으로 이어질 것이다. 거기서 그는 진짜 욕망과 가짜 욕망을 분별하는 행복의 기술을 벼리고, 어떤 초월적인 세계에도 의지하지 않는 현세의 행복을 찬미하며, 그의 비평이 시인들의 시와 맺고 있는 관계가 그 모델이 될, 자유로운 개인들의 행복한 어울림을 꿈꾼다. 우리가 읽은 오생근의 비평은 이것이다. 이것이 오생근의 비평이다.

불타는 사랑기계들의 연대기
—김혜순의 연애시

> 연애시, 연애시라는 걸 쓰는 사람들이 있지
> 그런 건 뭘까
> 없어지지 않는데
> 없어지지 않는데
> 이 더러운 자식 이 더럽고 지겨운 자식
> —황병승, 「조금만 더」(『트랙과 들판의 별』, 문학과지성사, 2007)

> 모든 시는 연애시이다. 모든 시는 풍자시이다.
> 모든 시는 연애시이면서 풍자시이다.
> —김혜순, 「연애와 풍자」(『여성이 글을 쓴다는 것은—
> 연인, 환자, 시인, 그리고 너』, 문학동네, 2002)

1

 연애시라는 것을 쓰는 사람들이 있다. 더럽고 지겨운 연애시를. 그러나 연애시는 없어지지 않는다. 그럴 수밖에 없을 것이다. 시는 우선 '나' 혹은 '너'에 대해서 말한다. 이 둘이 시의 X축과 Y축을 만든다. 이 2차원의 공간에 (대개 긍정적인) '자연' 혹은 (대개 부정적인) '사회'가 제3의 축으로 가세하여 시라는 3차원 입체의 공간을 만든다. X축과 Y축이 제3의 축과 맺는 관계는 아주 섬세해서 조심스럽게 다뤄야 한다. 자연 혹은 사회가 나와 너를 덮어버리면 시는 1차원으로 추락할 것이다. 좋은 시인들은 그 사실을 잘 알고 있다. 그래서 그들은 자연과 사회를 말할 때에도 나와 너의 관계 속으로 끌어들여 말한다. 반대로 자연 혹은 사회라는 제3의 축이 삭제되면 당연히 나와 너의 관계는 2차원 평면 안에 갇힐 것이다. 좋은 시인들은 이 사실 역시 잘 알고 있다. 그래서 그들이 나와 너의 관계를 천착할 때 거기에서는 자연 혹은 사회가 함께 움직인다. 그래서 우리는 '연애시'라는 명칭을 섬세하게 사용해야 한다고 생각한다. 어느 시인이 '더럽고 지겹다'고 말한 것은 아마 2차원에 갇힌 연애시일 것이다. 다른 시인이 '모든 시는 연애시'라고 주장할 때 그가 염두에 둔 것은 3차원의 연애시일 것이다. 때로 더럽고 지겹지만, 뛰어난 모든 시는 결국 연애시다.

우리가 보기에 김혜순은 무엇보다도 우선 뛰어난 연애시의 생산자다. 그녀의 연애시는 대개 3차원적이어서 입체적이지만 드물게 2차원에 머물 때조차 아름다움에 도달하고 때로는 3차원을 넘어서는 다차원의 공간을 펼쳐놓기도 한다. 모든 시가 연애시라면, 그녀가 뛰어난 연애시의 생산자라는 말은 그녀가 뛰어난 시인이라는 말과 같다. 그런데도 굳이 연애시에 주목하는 것은 김혜순의 시세계를 부당하게 좁혀놓기 위해서가 아니다. 김혜순은 "나는 나의 시가 어렵다는 말에 진력이 난다"[1]고 적었다. 어느 편이냐 하면, 우리는 그녀의 시를 '어렵게 만드는' 글들에 진력이 난다. 그녀의 시는 대개 '재현'하지 않고 '구축'한다. 재현에서는 재현의 '질료'가, 구축에서는 구축의 '방법'이 중요할 것이다. 그래서 그녀의 '방법'에 주의를 기울이는 것은 정당하다. (첫번째 시집의 해설에서 오규원이 그녀의 시세계를 '방법적 드러냄의 세계'라고 명명한 것은 선구적인 것이었다.) 그러나 시의 방법에 주의를 기울이는 작업과 시를 다른 담론에 의지해 재구축하는 작업은 분명 다른 작업이다. 적지 않은 이들이 앞의 작업을 강조하면서 실제로는 뒤의 작업을 한다. 구축의 시를 즐기기 위해서 먼저 해야 할 일은 시를 재구축하

---

[1] 김혜순, 『여성이 글을 쓴다는 것은—연인, 환자, 시인, 그리고 너』, 문학동네, 2002, 243쪽.

는 일이 아니라 구축 이전의 상태로 되돌리는 일이라는 것이 우리의 경험적 결론이다. 그래야 구축되기 이전의 '시적인 것'과 구축된 이후의 '시'가 갖는 차이가 보이고, 비로소 구축의 매력이 드러난다. 말하자면 재현의 시는 오히려 구축의 시로, 구축의 시는 거꾸로 재현의 시로 읽을 때 더 빛날 때가 많다.

이런 맥락에서 보면 김혜순의 시를 읽을 때 '모든 시는 연애시다'라는 주장을 받아들이는 것은 꽤 유용한 일이다. 다차원적으로 구축된 김혜순의 시를 연애라는 사건에서 구축되어나온 것이라 간주하고 읽으면 그녀의 시는 제 매력을 잃지 않으면서도 투명해진다. 그녀는 최근의 한 대담에서 이렇게 말했다. "사랑에 빠진 사람의 모습은 시인의 모습과 너무도 흡사합니다. 그러기에 저는 제 시 속에서 대상과 사랑에 빠진 화자의 모습을 즐겨 등장시킵니다. 그런 시들일수록 메타시에 가깝습니다."[2] 아마도 사실이겠지만, 우리는 '메타시'라는 말이 부담스럽다. 좋지 않은 시는 그 시를 메타시로 읽을 때 더러 구원되기도 하지만, 좋은 시는 메타시로 읽힐 때 오히려 생기를 잃는다. 그녀의 좋은 연애시들을 온전히 연애시로만 읽는 것은 독자의 권리다. 더 나아가 우리는 그것이 독자의 의무라고까지 말하고 싶다. 그녀의 가장 최근 시집이면서 가장 좋은 시집 중의 하나인 『한 잔의 붉은 거울』(문학과지성사, 2004)[3]의 1부는 빼어난 연애시들로 채워져 있는데, 그 시들은 김혜순

---

[2] 김혜순·조하혜 대담, 「고통에 들린다는 것, 사랑에 들린다는 것」, 『열린시학』 2006년 여름호, 39쪽.
[3] 김혜순은 총 여덟 권의 시집을 냈다. 『또다른 별에서』(문학과지성사, 1981), 『아버지가 세운 허수아비』(문학과지성사, 1985), 『어느 별의 지옥』(청하, 1988/문학동네, 1997), 『우리들의 음화陰畵』(문학과지성사, 1990), 『나의 우파니샤드, 서울』(문학과지성사, 1994), 『불쌍한 사랑기계』(문학과지성사, 1997), 『달력공장 공장장님 보세요』(문학과지성사, 2000), 『한 잔의 붉은 거울』(문학과지성사, 2004) 등이다. 본문에서는 각각을 『별』 『아버지』 『지옥』 『음화』 『서울』 『기계』 『달력』 『거울』 등으로 약칭한다. 〔이 글이 발표된 후 아홉번째 시집 『당신의 첫』(문학과지성사, 2008)이 출간되었다.〕

시의 한 절정이면서 당대 연애시의 표준적 미학을 초라하게 만들어버린다. 그러니 어떻게 그녀의 연애시에 대해 말하지 않을 수 있겠는가. 우리가 지금 가장 궁금한 것은 그녀가 어떤 경로로 여기까지 왔는가 하는 것이다. 그래서 거기에 집중하기로 한다. 김혜순이 시와 산문으로 제기한 그 많은 혁신적 화두들을 이 글 하나에 다 우겨넣을 수는 없는 일이니까.

2

"여성의 언어는 스스로의 살을 끊어 파는 정육점의 언어"라고 규정한 뒤 그녀는 이렇게 말한다. "여성 시인은 이 그로테스크의 강을 건너야 언어의 세계에 입문할 수 있습니다. (…) 저 또한 제 시의 궤적 속에서 80년대를 그런 그로테스크의 언어로 건너왔다고 생각합니다."[4] 그로테스크의 언어로 연애시를 쓸 수 있을까? 만약 가능하다면 그 연애시는 연애시를 모욕하는 연애시가 될 것이다. 70년대 후반에서 80년대 초반까지의 시들을 묶은 첫번째 시집 『별』에서 사랑은 대개 위악적이고 희극적인 톤으로 그려진다. 열을 셀 때까지 그 무언가를 고백하라는 강압 속에서나 "사랑해"라는 고백이 겨우 튀어나오고(「고백」), "A가 좋아"라는 고백을 한 경우에는 결국 A, B, C 모두에게 '몰매'를 맞는 사태가 벌어지고 만다(「몰매」). 폭력이 '사랑해'를 낳고 '좋아'가 폭력을 낳는다. 사랑이 폭력에 의해 모욕당하는 사태를 이 시집은 희화화의 에너지로 그려낸다. 두번째 시집 『아버지』에서도 사랑과 폭력은 서로 결합되어 있다. 다만 더 구체적인 사도마조히즘적인 행위가 등장하고 더 적나

---

[4] 앞의 대담, 33쪽.

라한 "욕설과 증오"(「사연」)가 개입하고 있다는 점만이 다를 뿐이다. 세 번째 시집 『지옥』과 네번째 시집 『음화』에서 한 편씩 옮긴다.

> 편지를 부치면
> 곧 되돌아온다
> 지구를 한 바퀴 비잉 돌아
> 사랑을 보내면
> 사랑하는 내 두 손목이
> 금방 돌아와
> 발밑에서 부서진다
> 　　　　　　　　　　—「둥근 벽 앞에서」 중에서

> 우리는 다리가 너무 많아
> 각자 열 개씩 아니 그 이상
> 모래펄에서 만난 두 마리 꽃게처럼
> 다리가 너무 많아 결합 불능
> 안으면 안을수록 서로 잘려
> 목을 안으면 목에서 피가 나
> 가슴을 안으면 가슴이 찢어져
>
> 슬픈 연인들이야
> 안을 때마다 상처가 패이는
> 한 번도 완벽하게 안아본 적이 없는
> 슬픈 연인, 상처 받은 사랑이야
> 　　　　　　　　　　—「이 시대의 사랑법」 중에서

사랑은 가장 기본적인 층위에서 우선은 의사소통에 기초한 상호작용이다. 앞의 시는 기본적인 소통조차 보장되지 않는 사태를 그린다. 내가 보낸 메시지는 훼손된 채로 반송되고 만다. '편지'가 '잘린 손목'으로 되돌아온다는 것은 발신자의 절망이 그토록 크다는 것을 뜻할 것이다. 뒤의 시는 의사소통과 상호작용을 위해 노력하면 할수록 더 파국으로 치닫고 마는 부조리한 사태를 그린다. 이 시기의 시들에서 80년대라는 시대의 압력은 결정적인 것으로 보인다. 같은 시기에 시를 썼던 이성복과 최승자의 연애시에서도 우리는 비슷한 종류의 일그러짐을 본다. 그러나 두 편의 시는 (특히 후반부에서) 김혜순 특유의 유머를 잃지 않고 있는데 그 유머는 '사회'라는 제3의 축에 시가 완전히 장악당하는 것을 막기 위한 김혜순의 저항처럼 보인다. 그녀는 훗날 이렇게 적었다. "시인은 오직 현실에 기초하여, 그것의 원칙에 따라 현실을 다시 구축할 뿐이다. 오직 유희의 원칙에만 따르면서."[5] 이 발언은 이 시기의 시들에도 얼추 적용된다. 그녀는 80년대적 현실에 기초하되 유희의 원칙에 따라 현실을 구축하고 있다. 그 유희는 김혜순 자신의 표현대로라면 "고통스러운 유희"이고 『음화』의 해설을 쓴 남진우의 표현대로라면 "무서운 유희"일 것이다. 덕분에 80년대에 씌어진 네 권의 시집에서 그녀의 시들은 연애시를 조롱하는 연애시, 모욕당한 연애시, 반(反)연애시가 되었다.

80년대의 연애시들이 반연애시로 귀결될 수밖에 없었던 것은 그녀의 상상력과 언어가 당대의 상황에 정직하게 반응했기 때문일 것이다. 거꾸로 말하면 이 시기의 시들에서 사랑은 그 자체로 사유되고 있기보다는 당대의 사회구조가 자신의 찌푸린 얼굴을 비추는 거울에 가깝게 이용되고 있다는 느낌이다. 김혜순의 본격적인 연애시는 90년대 이후부

---

5) 김혜순, 앞의 책, 230쪽.

터 씌어지기 시작한다. 그 첫머리에는 의외로 아름다운 환상이 있다. 다섯번째 시집 『서울』에서 가장 널리 알려진 시 중 하나다.

> 그녀는 화장실 옆 의자에 앉는다
> 의자에 앉아선 자신의 유니폼 푸른 재킷으로 걸레를 감싼다
> 조금 전까지도 바닥을 닦던 걸레의 머리털에선 땟국물이 줄줄 쏟아진다
> 그녀는 그 걸레의 머리털 위에 모자를 하나 씌운다
> 그녀는 웃으며 자신의 팔 하나를 떼어 걸레의 팔에 달아준다
> 시궁창에서 놀던 십 년 전 남동생을 안듯 그녀는 걸레를 안는다
> 마치 의자 위엔 그녀가 앉고
> 그녀의 무릎 위엔 한 남자가 안겨 있는 것 같다
> 그녀는 대걸레 남자의 포켓에 손수건 하나 끼워준다
> 행복한 여자의 머리 위에서 손수건 꽃이 저절로 핀다
>
> 여자는 걸레를 안고 잠이 든다
> 걸레도 손을 들어 그녀의 꽃을 만져준다
> 그들은 너무 사랑하므로 포개어진 두 손은 하나처럼 보인다
> 아무리 눈을 부릅뜨고 보아도 둘이 합해
> 그들은 팔이 두 개다
>
> 푸른 바께쓰 신발이 그녀의 다리 사이로 파고든다
> ―「슬픈 서커스」 중에서

이 시는 노동계급 여성의 아름다운 낮꿈을 대신 꾼다. 바께쓰에 대걸 레를 거꾸로 세우고 모자를 씌웠다. 대걸레는 이제 남자가 된다. 그 다 음 "그녀는 웃으며 자신의 팔 하나를 떼어 걸레의 팔에 달아준다"에서

부터 이 시는 재현(현실)의 단계에서 구축(환상)의 단계로 넘어가고 시인의 유려한 개입을 통해 '그녀'의 결핍은 상상 속에서 충족된다. 그녀의 대걸레 남자는 폭력적인 남성성을 갖고 있지 않아서 "십 년 전 남동생" 같고, 덕분에 그녀는 능동적으로 그 사내를 "그녀의 무릎 위"에 앉힐 수가 있다. 그녀가 대걸레 남자의 포켓에 행커치프를 끼워주는 장면은 그녀의 욕망에 숨겨져 있는 계급적 무의식조차 암시한다. 80년대의 시들과는 달리 이 시는 충만한 결합을 보여준다. 앞에서 읽은 「이 시대의 사랑법」이 "아무래도 우린 다리가 너무 많아"라는 문장으로 끝났던 것을 떠올려보면 "둘이 합해/그들은 팔이 두 개다"라는 이 시의 마무리는 확실히 낙관적이다. 이제는 폭력이 아니라 포옹이다. 이 상상 속에서 그녀는 "행복한 여자"가 되고, 마지막 구절은 성적 결합의 뉘앙스를 풍기며 이 '행복한 서커스'의 종착점으로 독자를 이끈다.

그러나 이 시는 정확히 반대로 읽힐 수도 있다. 충만한 사랑이 아니라 불가능한 사랑을 말하는 시로. 그렇게 읽으면 이 시는 사랑은 환상의 형식으로만 가능하다고 말하는 시가 된다. 그렇지 않은가. '대걸레 남자'는 대걸레이지 남자가 아니다. 그녀가 제 팔 하나를 떼어주지 않으면 관계는 성립되지 않는다. 폭력적인 남성성의 기억으로부터 이 환상을 지켜내기 위해서는 대걸레 남자를 '남동생'으로 만들지 않으면 안 된다. 게다가 대걸레가 정말로 남자가 되어 그녀의 꽃을 만져주고 그녀의 다리 사이로 파고드는 것은 그녀가 잠이 든 뒤, 그러니까 낮꿈이 아니라 진짜 꿈속에서다. 그렇다면 이 시가 그리고 있는 것은 행복한 사랑이 아니라 슬픈 자위가 아닌가. 이 모든 환상이 끝나면 그녀는 노동계급 여성의 삶으로 되돌아갈밖엔 없다. 그래서 "행복한 여자"를 그리고 있음에도 이 시의 제목은 '행복한 서커스'가 아니라 '슬픈 서커스'이다. 서커스란 무엇인가. 인간이 제 한계를 뛰어넘기 위해 벌이는 곡예다. 그러니 서커스는 본래 슬픈 것이 아닌가. 이 시는 얼핏 김혜순의 시세계에 갑자기 튀어나온 행복한 연애시처럼 보이지만 결국은 사랑의 불가능성에 대해 말하고 있는 시로도 읽힌다. 일곱번째 시집 『달력』에 수록된 시 한 편을 당겨 읽자.

> 지독한 슬픔을 견디는 건 저 거친 들숨 날숨 따라서 찍는 발자국뿐
> 다리를 얽으며 쓰러질 듯 다시 돌아오는 질긴 싱커페이션,
> 그대는 나, 나는 그대라고 노래하지만 정녕 너는 내가 아니라는
> 다만 허공에 주형을 뜨듯 찍어보는 육체의 얽힌 형식이 있을 뿐
> 통곡이 올라오는 몸은 앞뒤로 흔들어줘야 하는 법
> 칙칙한 조명 끝자락 속에서 내 이마가 홍색으로 젖는다
> ―「0시의 부에노스아이레스」 중에서

탱고는 에로틱하지만 슬픈 춤이다. 그토록 격렬하게 서로 뒤엉키면서도 끝내 서로의 몸 앞에서 절도를 잃지 말아야 하니까. 시인에게 탱고는 에로틱하기보다는 슬픈 춤, 아니 에로틱하기 때문에 더 슬픈 춤이었을 것이다. 춤의 '싱커페이션'이 그러하고 배경에 흐르는 노래가 또한 그러하다. ("그대는 나, 나는 그대"라는 노랫말로 짐작건대 지금 흐르는 음악은 샐리 포터가 부른 영화 〈탱고레슨〉의 주제가 〈I am you〉인 것 같다.) 그래서 시인은 탱고의 춤사위에서 서로 갈구하되 하나 되지 못하는 "육체의 얽힌 형식"을 발견하고 "정녕 너는 내가 아니라는" 진실만을 되새기고 만다. 그러니 한국에 두고 온 사랑의 난제가 생각났을 것이다. "통곡이 올라오는 몸"에 전염된 채로 그녀는 외친다. "같이 가요 마피아, 지구 반대편의 그를 해결하고 / 제발 나를 해결해줘요". '해결하다'라는 마피아 풍의 '전문용어'를 도입해서 재치 있게 시의 통곡을 억제하고 있으니 역시 김혜순답다. 그러나 결국 이 시는 깊은 곳에서 「슬픈 서커스」를 닮는다. "지독한 슬픔을 견디는" 춤 혹은 서커스는

노동계급 여성의 한낮에도 마피아가 활보하는 남미의 밤에도 있다. 그 녀들의 애무(愛撫)는 슬픈 애무(愛舞)처럼 보인다. 애무는 본래 불가능한 것과의 춤이 아닌가. 그 불가능성에 대한 고뇌는 춤(서커스)의 상상력을 거쳐서 기계의 상상력으로 넘어간다. 여섯번째 시집 『기계』의 표제작을 읽는다.

카페 펄프의 의자는 욕조처럼 좁고
저 사람은 마치 물고기 흉내를 내는 것 같아
입술 밖으로 퐁퐁 담배연기를 내뿜고 있네
저 사람은 마치
비 맞은 개처럼 욕조마다 붙은
전화기를 붙잡고 혼자 짖고 있네
전화기는 붉은 낙태아처럼 말이 없고
나 전화기를 치마 속에 감추고 싶네

나는 내 앞에 있으면 좋을
사람에게 말을 거네
— 한 번만 다시 생각해봐요
더러운 걸레 같은 내 혀로
있으면 좋을 그 사람의
젖은 머리를 닦네

탐조등은 한 번씩 우리 머리를 쓰다듬고
나는 이제 몽유병자처럼
두 손을 쳐들고
물로 만든 철조망을 향해

> 걸어나가네
> 쇠줄에 묶인 개처럼
> 저 불쌍한 사랑기계들
> 아직도 짖고 있네
>
> ―「비에 젖은 불쌍한 사랑기계들」중에서

비 내리는 어느 날의 카페 안 풍경이다. 누군가는 하릴없이 담배연기를 내뿜고 누군가를 전화기를 붙들고 절망적으로 매달린다. 그런데 이 카페는 어딘가 정적이다. 물고기처럼 뻐끔거리는 사람은 나른한 권태에 빠져 있으니 당연히 그렇고, 전화기를 붙들고 있는 사람도 "짖고 있네"라는 표현 덕분에 무성(無聲)의 화면 속에서 표정으로만 울부짖는 사람처럼 보인다. 사랑이 뜻대로 되지 않는 사람들의 지하 카타콤인가. 이 카페의 분위기는 그들을 정말이지 어떤 '기계'처럼 보이게 만든다. '나' 역시 뜻대로 되지 않는 사랑 앞에서 속수무책이라 서글픈 1인극을 하고 있다. 기다리는 사람이 내 앞에 있다 치고, 아마도 사랑의 나라에서는 가장 무력하고 비참한 말이 될 그 말을 하고 있다. "한 번만 다시 생각해봐요". 1인극을 끝내고 '나'는 사랑기계들의 카타콤 바깥으로 걸어나간다. 바로 이 대목이 이 시의 포인트다. 바깥에서만큼은 사랑으로부터 자유로운가. 아니, 바깥이야말로 감옥이다. 시인은, 나는 불빛 번쩍이는 도시의 비 내리는 거리로 우산도 없이 걸어나가네, 라고 쓰지 않고, "나는 이제 몽유병자처럼/두 손을 쳐들고/물로 만든 철조망을 향해/걸어나가네"라고 적었다. 바깥으로 탈출해 더 큰 감옥으로 들어간다는 아이러니다. 그러니 "몽유병자처럼" 감옥 속으로 걸어들어가는 '나'와 "쇠줄에 묶인 개처럼" 여전히 안에서 짖고 있는 그들은 구별되지 않는다. 밖과 안이 모두 사랑의 감옥이니까. 사랑 없이는 살 수 없지만 그 누구도 사랑을 뜻대로 할 수 없고 게다가 그 사랑으로부터 벗어날 수조차 없다. 그러니 모두 불쌍한 사랑기계들인 것이다.

　이 시의 매력은 '사랑기계'라는 표현 자체의 신선함에서도 나온다. 시의 내용을 떠나서 이 단어는 그 자체로 인간에 대한 뛰어난 은유적 명명이다. 이 발상에 전례가 없지는 않다. 예컨대 호프만의 『모래 사나이』에는 아름다운 기계인형 여자가 등장하고, 그녀가 기계인 줄 모르고 사랑에 빠지는 남자가 나온다. 그 소설에서 놀라운 것은 여자가 기계라는 사실이 아니라 남자가 그녀(기계)와 사랑에 빠지는 과정이 정작 너무나 기계적이라는 데에 있다. 그렇다면 도대체 누가 기계인 것인가. "사랑에 빠진 주체나 대상은 양자 모두 자동기계로 환원될 수 있다. 우리는 완벽한 사랑기계를 갖고 있는 것이다."[6] 아니, 완벽하지 않은 기계다. '나'는 '나'라는 사랑기계의 전원을 끌 수 없다. 키스를 하건 춤을 추건, 물고기처럼 뻐끔거리건 개처럼 짖건, 그리고 끝내 몽유병자처럼 빗속을 걸어다니건, 우리 사랑기계들은 사랑을 멈출 수가 없다. 호프만의 '기계'가 사랑의 기계적 '발생'에 관심을 갖는다면 김혜순의 '기계'는 사랑의 기계적 '지속'에 연민을 갖는다. 이 시는 사랑이 불가능한 세계 안에서 사랑을 멈출 수가 없는 불쌍한 사랑기계들을 위한 비가(悲歌)다. 이 시의 발상을 더 부정적인 방향으로 구체화한 두 편의 시가 있다.

　　아아, 안간힘 다해 나는 너를
　　사랑한다고 너의 귀에 대고 말해본다
　　네 시계까지 들리라고, 네 시계를 울리라고
　　큰 소리로 말해본다
　　그러나 내가 너를 사랑한다는 말

---

6) Mladen Dolar, "At First Sight", ed. Renata Salecl and Slavoj Žižek, *Gaze And Voice As Love Object*, Duke UP, 1996, p.144.

네가 나를 사랑한다는 오후 세시의
뚝딱거리는 말, 정말일까?
우리는 우리의 시계까지 들어가본 적이 없다
(…)
잠시만이라도 내 시계바늘을 멈추어볼 수 있니?
이 바늘 없는 시계를 네 품에 안을 수 있니?
—「핏덩어리 시계」(『기계』) 중에서

그러나, 너, 착각하지 마라
차디찬 맥주라도 한 잔 마셔두어라
너는 이 기계의 서랍을 열어본 적이 있는가
서랍 속에는 너와 같은 모양의 쇠공들이
백 개 천 개 들어 있다
모두 불쌍한 사랑기계 자체의 물건들이다

밤하늘에서 가늘게 떨고 있던 행성들을
통제하는 기분인가
인생 전체를 배팅하는 기분인가
그러나 속지 마라 떠들지도 마라
기계는 혼자서 자기 보존 프로그램대로
움직여가는 것일 뿐
너만을 모셔둘 곳은 이 기계 내부 어디에도 없다
네가 할 일이라곤 늘 처음으로 다시 돌아가는 것일 뿐
이 문 없는 기계가 만든 가없이 텅 빈 몸속을 헤엄치는 것일 뿐
—「다시, 불쌍한 사랑기계」(『달력』) 중에서

앞의 시는 "피를 먹고 피를 싸는 시계"가 우리 몸속에 있다는 보고로 시작된다. 물론 이 시계의 원관념은 심장이겠지만 그 내포는 자못 착잡하다. 내 사랑의 주체는 내가 아니다, 그것은 시계(기계)다, 라고 이 시는 말한다. 말하자면 사랑기계의 설계도 일부를 노출하고 있는 셈이다. 이 시에서 '나'는 두 가지 사실에 괴로워한다. 첫째, 우리는 서로 사랑한다고 말하지만 그 사랑은 확신할 수가 없다. 그것은 때가 되면 울리는 시계 소리 같은 것이 아닌가. "내가 너를 사랑한다는 말/네가 나를 사랑한다는" 말은 그저 "오후 세시의/뚝딱거리는 말"이 아닌가. 둘째, 내 사랑은 무력하다. 내 시계에서 나오는 사랑의 말은 네 안에 있는 시계에까지 들리지도 않고 그 시계를 울리지도 못하지 않는가. 이 이중의 난관에도 아랑곳없이 시계는 쉬지 않고 우리 사랑기계들을 돌린다. 뒤의 시는 더 냉소적이다. 이 시에는 "잠시만이라도 내 시계바늘을 멈추어볼 수 있니?"와 같은 호소조차 들어설 틈이 없기 때문이다. "너는 밤마다 이 기계를 하러 온다"라는 구절로 시작된다. '기계를 하다'라는 독특한 술어가 이미 '사랑을 하다'를 얼마간 모욕하는 데가 있다. "차디찬 맥주라도 한 잔 마셔두어라"라는 돌발적인 문장으로 시에 매력적인 탄력을 부여한 뒤에 시인은 불행한 결론을 제출한다. '너'라는 기계는 '나'라는 기계를 사랑할 수 없다. '나'는 '너'와 무관하게 '프로그램'에 따라 작동하는 기계일 뿐이므로. "네가 할 일이라곤 늘 처음으로 다시 돌아가는 것일 뿐/이 문 없는 기계가 만든 가없이 텅 빈 몸속을 헤엄치는 것일 뿐". 실로 단호한 비관이다. 무미건조하고 괴팍한 진술들로만 구성된 이 시에 호감을 갖기 어려울 수도 있겠다. 그러나 그것은 의도된 것이다. 이 시의 화자는 '기계'가 아닌가.

「슬픈 서커스」에서 「다시, 불쌍한 사랑기계」에 이르는 90년대의 시들은 이전 시기 김혜순의 시들보다 더 유연해 보인다. 80년대의 시와 마찬가지로 사랑의 불가능성을 전제하고 있지만 90년대의 시들은 사랑의 불가피성에 대해서도 함께 말하고 있기 때문이다. 예컨대「이 시대의 사랑법」의 냉소가 어떤 위악적인 쾌감을 전달한다면「불쌍한 사랑기계」나「다시, 불쌍한 사랑기계」의 그것은 서글픈 비애를 느끼게 한다. 우리가 보기에 이 차이는 시인이 시 외부에서 사랑이라는 소재를 '방법적으로' 활용하는가, 아니면 시 내부에서 "불쌍한 사랑기계 자체"를 사유의 대상으로 삼는가의 차이처럼 보이기도 한다. 전자의 경우에는 사랑의 불가능성을 말하는 시인의 그로테스크한 유희를 즐기는 것 외에 독자가 시에 개입해들어갈 틈이 별로 없는 반면, 후자의 경우에는 불가능성과 불가피성을 함께 사유하고 있어서 그 틈으로 독자가 들어갈 공간이 생겨난다. 이를 좋은 의미에서의 대중적 호소력이라 해도 좋다. 그런데 문제는 이 시들에 입구는 있으되 출구가 보이지 않는다는 것이다. 이 시들에서 우리가 할 수 있는 일은 서커스 아니면 춤, 짖기 아니면 헤엄치기뿐이지 않은가. 이 "문 없는 기계"를 어찌할 것인가. 아마도 출구는 불가능성과 불가피성 사이의 틈에서 생겨날 수밖에 없을 테고, 그때 연애시는 더러 형이상학적 높이에 도달하기도 할 것이다. 김혜순의 연애시는 어디까지 왔는가. 여덟번째 시집 『거울』을 읽는다.

    네 꿈의 한복판
    네 온몸의 피가 밀려왔다가 밀려가는 그곳
    그곳에서 나는 눈을 뜰래

    네 살갗 밑 장미꽃다발
    그 속에서 바짝 마른 눈알을 치켜뜰래
    네 안의 그 여자가 너를 생각하면서
    아픈 아코디언을 주름지게 할래

아코디언 주름 속마다 빨간 물고기들이 딸꾹질하게 할래

너무 위태로워 오히려 찬란한
빨간 피톨의 시간이 터지게 할래

네 꿈의 한복판
네 온몸의 숨이 밀려왔다가 밀려가는 그곳
그곳의 붉은 파도 자락을 놓지 않을래

내 밖의 네 안, 그곳에서 영원히
돌아오지 못할래

—「붉은 장미꽃다발」 전문

 가장 최근 시집인 『거울』에도 여전히 사랑의 불가능성을 신선한 이미지로 구축해낸 사례들이 여럿 있다. 예컨대 "그러나 우리 중 누구도 각자의 몸속 사과를/따 먹을 수 있는 사람은 없다/다만 애타고 애타는 몸짓이 있었을 뿐"(「심장」)이 그렇고, "우리의 침대는 서로 다른 대륙에 놓여 있어서/내가 잠들 때 너는 일어나고/내가 일어날 때 너는 잠들지"(「박쥐」) 역시 그렇다. 그러나 중요한 것은 반복이 아니라 전진이다. 앞에서 읽은 「핏덩어리 시계」와 위에서 인용한 시를 비교해보면 이 시인이 동일한 소재를 놓고 전혀 다른 시를 쓰고 있다는 사실을 알아차릴 수 있다. 이 차이를 만들어내는 동력 중의 하나는 상상력의 변화인 것 같다. 이전 시기의 시들에서 '나'와 '너'의 관계가 '표면에서의 부딪침'의 양상으로 구축된다면 이 시기의 시들에서는 '심층으로 들어감'의 양상을 띤다. 예컨대 "아아, 안간힘 다해 나는 너를/사랑한다고 너의 귀에 대고 말해본다"(「핏덩어리 시계」)라는 구절은 귀에서 멈추었고, "너는 이 기계의 서랍을 열어본 적이 있는가"(「다시, 불쌍한 사랑기계」)라는 구절은 심층으로 들어가는 사랑이 불가능하다고 단언했던 터다. 그러나 이제 그녀는 "네 꿈의 한복판"으로 들어가서 "영원히 돌아오지 못할래"라고 말하고 있지 않은가. 그렇다고 해서 이 시인이 이제 사랑의 가능성을 말하기 시작했다고 단순하게 정리할 수는 없다. 차라리 불가능성을 대하는 태도가 달라졌다고 해야 할 것 같다. 불가능하기 때문에 비가(悲歌)가 될 수 있지만 불가능하기 때문에 찬가(讚歌)가 될 수도 있는 것이다. 그래서 "너무 위태로워 오히려 찬란한" 시간을 생각할 수 있게 되었고, 심장이 기계('핏덩어리 시계')에서 꽃('붉은 장미꽃 다발')으로 그 이미지를 바꿔 입을 수 있었을 것이다. 이런 변화는 다음 시에서 더 명확해진다.

당신의 얼굴은 당신 속의 당신이 당신을 팽팽하게 당기고 있는 모습 그대로 굳어져 있습니다 가끔 그 얼굴이 당신 밖의 내 얼굴로 기울어지기도 하고, 당신의 두 눈동자 속에서 나를 내다보는 당신 속의 당신을 내가 느끼기도 하지만 당신 속의 당신이 당신을 당겨 잡은 그 손을 놓은 적은 한 번도 없습니다 당신은 여전히 팽팽히 당겨져 있습니다 당신의 얼굴은 그 긴장을 견디느라 이제 주름이 깊습니다

당신 속의 당신은 또 얼마나 힘이 센지 내 속의 내가 당신 속으로 끌려 들어갈 지경입니다

당신은 지금 붉은 포도주를 한 잔 마시고 치즈를 손에 들었습니다

내 속의 나는, 치즈는 우유로 만들어졌다는 것을 상기합니다 그리고 곧이어서 그 우유는 어느 암소 속의 암소가 내뿜은 걸까 고민합니다

혹 당신이 멀리 떠나 있어도 당신 속의 당신은 여기에 또 있습니다 나는 당신 속의 당신을 돌려보내지도, 피하지도 못합니다

아마 나는 부재자의 인질인가봅니다

내 속의 내가 단단히 나를 당겨 잡고 있는 동안 나 또한 살아 있을 테지만 심지어 나는 매일 아침 내 속의 나로 만든 치즈를 당신의 식탁 위에 봉헌하고 싶어집니다

—「얼굴」 중에서

어딘가 만해의 노래들을 닮아 있는 이 시는 우선 "당신의 얼굴은 당신 속의 당신이 당신을 팽팽하게 당기고 있는 모습 그대로 굳어져 있습니다"와 같은 신선한 발상으로 우리를 놀라게 한다. 사랑기계들의 시계-심장들은 이제 '당신 속의 당신'과 '내 속의 나'로 분화되었다. 그러나 이 분화는 결코 부정적인 사태가 아닌 것 같다. 당신의 얼굴은 당신 그 자체가 아니라 당신 속의 당신을 덮고 있는 피부다. 그 얼굴 앞에서 '나'는 좌절하지 않는다. 그 피부를 벗겨낼 수 없어 불행하다는 한탄도 여기에는 없다. 얼굴은 당신 속의 당신이라는 타자를, 그 탕진되지 않는 비의를 감추고 있기에 외려 소중하다. 그렇기 때문에 같은 상상력이 낳은 구절인 "당신이 멀리 떠나 있어도 당신 속의 당신은 여기에 또 있습니다 나는 당신 속의 당신을 돌려보내지도, 피하지도 못합니다"와 같은 것에서도 우리가 느끼게 되는 것은 어떤 역설적인 긍정이다. '나'는 당신을 장악할 수 없기 때문에 당신과 함께할 수 있다, 라고 이 시는 말하는 것 같다. 그리고 그 뒤를 잇는 구절은 결정적이다. "아마 나는 부재자의 인질인가봅니다". 알랭 핑켈크로트는 "사랑은 당신을

'부재자의 인질'로 만든다. 당신은 그 부재자를 잡아두지도, 교묘히 피하지도, 돌려보내지도 못한다"[7]라고 말한 다음 이렇게 덧붙인다. "얼마나 멋진 무력감인가."[8] 이제 사랑기계들은 당신 속의 당신의 존재를 끊임없이 계시하는 타자의 얼굴 앞에서 멋진 무력감을 즐기고 있는 것은 아닌가.

  이 타자성의 긍정은 또다른 긍정과 결합되어 있다. 우리는 위 시의 다소 돌발적인 대목들을 언급하지 않았다. "당신은 지금 붉은 포도주를 한 잔 마시고 치즈를 손에 들었습니다// 내 속의 나는, 치즈는 우유로 만들어졌다는 것을 상기합니다 그리고 곧이어서 그 우유는 어느 암소 속의 암소가 내뿜은 걸까 고민합니다". 이 구절은 마지막 9연을 위한 사전 작업처럼 보인다. "나는 매일 아침 내 속의 나로 만든 치즈를 당신의 식탁 위에 봉헌하고 싶어집니다". 이 먹고 먹히는 상상력은 "이상하지요/당신이 날 잡아먹었는데/내가 당신 속에 있는 것이 아니라/당신이 내 속에 날아든 것 같았어요"(「새가 되려는 여자」)에서도 나타난다. 앞서 말했듯이 '심층으로 들어감'의 양상을 띠는 이 시기의 특징적인 상상력이다. 유사한 상상력이 80년대의 시에서도 더러 등장한 바 있으나 그 맥락이 전혀 다르다. "그리고 우리는/서로를 먹어치우지요/두 손으로 좍좍 찢어가며/둘이 모두 흔적 없이/사라질 때까지/열나게 삼켜버리지요"(「빵의 대화」, 『음화』)에서 보듯 이는 남진우가 지적한 대로 일종의 카니발리즘이다(「무서운 유희」, 『음화』 해설). 그러나 지금 여기서 나타나는 것은 "봉헌"의 상상력이다. "나는 매일 아침 내 속의 나로 만든 치즈를 당신의 식탁 위에 봉헌하고 싶어집니다". 이 구절 앞에서 시인은 "내 속의 내가 단단히 나를 당겨 잡고 있는 동안 나 또한 살아 있을 테지만"이라고 적었다. 그러니까 이 봉헌은 자기의 상실을 대가로

---

7) 알랭 핑켈크로트, 『사랑의 지혜』, 권유현 옮김, 동문선, 1998, 70쪽.
8) 같은 책, 26쪽.

한 것이다. 그런데도 왜 기꺼이 봉헌하려 하는가.

자기의 상실을 긍정하고 있기 때문이다. 타자가 있기 때문에 '나'는 '나'의 얼굴 바깥으로 빠져나가 다른 존재가 될 수 있기 때문이다. 다시 인용하자. "자기이고 싶은 욕구, 자기를 발견하고 외적인 노폐물들을 정화하고 싶은 욕구보다 더 멀고 더 깊고 더 결정적인 꿈이 있다. 자기로부터 해방되고 자기 자신으로 돌아가는 숙명으로부터 도망가고 싶은 꿈이다."[9] 이 시의 '나'가 '내 속의 나'를 봉헌하는 것은 그런 방식으로라도 '너'와 '나'를 일체화하겠다는 극적인 희생의 표현이 아니다. (이 시의 어조 역시 그런 식의 독법을 방해한다.) 그 봉헌은 '너'를 위해서가 아니라 어쩌면 '나'를 위해서 이루어지는 것이다. '나'는 '나'를 '너'에게 먹임으로써 '나' 자신에게서 빠져나올 수 있다. 사랑은 우리를 다른 존재가 되게 한다. 그것이 봉헌의 기적이다. 하나가 되기 위해서가 아니다. "사랑이 감동스러운 것은 넘어설 수 없는 이원성이 존재자들 사이에 있기 때문이다."[10] 아름다운 둘이 되기 위해서다. 먹고 먹히는 관계가 하나가 될 수 없다는 불행의 영향을 받을 때 카니발리즘을 낳지만 다른 '나'가 될 수 있다는 행복을 믿을 때 봉헌의 상상력을 낳는다. 요컨대 이 시는 타자성의 긍정과 자기 상실의 긍정이라는 이중 긍정 속에서 움직인다. 이 이중 긍정이 사랑의 불가능성을 외려 긍정하게 하는 힘이 된다. 불쌍한 사랑기계들은 이제 '부재자의 인질'이 됨으로써 기계의 운명을 끝내려 한다. '나'는 부재자의 인질이 될 때 더이상 '나' 자신의 인질이 아니다.

---

9) 같은 책, 19~20쪽.
10) 엠마누엘 레비나스, 『시간과 타자』, 강영안 옮김, 문예출판사, 1996, 104쪽.

3

　김혜순의 시가 그동안 여성성이라는 우주를 독보적인 방식으로 탐구해왔다는 평가에 우리는 동의할 수 있다. 그러나 그녀의 여성성을 설명하는 방식들에 늘 동의하는 것은 아니다. 김혜순의 시를 논하는 많은 글들은 흔히 남성의 언어와 여성의 언어를 구별하고 이를 다시 은유와 환유라는 수사학적 틀과 짝짓곤 한다. 출발이 그러하니 김혜순의 시가 환유적인 여성의 언어로 씌어지고 있기 때문에 전복적이라는 결론이 뒤따르는 것은 자연스럽다. 그러나 우리는 이런 논법이 이제는 좀 지루하다는 생각이 든다. 그 논법을 그대로 되풀이하자면 그런 식의 명쾌한 구분이야말로 남성적인 것은 아닌가. 지금까지 그녀의 연애시들을 읽으면서 우리가 인식하게 된 것은 그녀의 여성성이 '남성성의 타자'라는 의미로 한정되기 어렵다는 사실이다. 레비나스는 "타자성이 순수한 상태로 나타나는 그러한 상황이 존재하는가?"라고 묻고 이렇게 답한다. "그것은 여성적인 것이라고 나는 생각한다." 그가 '여성적인 것'을 말할 때 이것은 '남성적인 것'의 반대말이 아니다. 그것은 근본적인 타자성, 그러니까 "전적으로 다른 것"을 뜻한다.[11] 한편 "나는 스무 살 이래로, 사랑이라는 주제를 다룬 철학자들을 탐구해왔을 뿐, 그 외에는 아무것도 한 일이 없습니다"[12]라고 말한 라캉은 그가 평생 탐구해온 '사랑'의 진정한 장소를 '여성적인 것'에서 찾고 있다. 안티고네의 사례가 그런 것처럼 이 역시 '타자적인 것' 혹은 '전복적인 것'의 다른 이름일 뿐 고착화된 성별 구분의 반복이나 여성의 신비화와는 아무 관계가 없다.
　레비나스나 라캉이 여성적인 것을 타자적인 것이라고 말할 때 그 타

---

11) 같은 책, 103~111쪽 참조.
12) Jacques Lacan, *Seminar XX*, trans. Bruce Fink, Norton, 1998, p. 75.

자는 '남성의 타자'라는 의미를 넘어선 곳에 있다. 그들이 매혹을 느끼고 전복적인 힘을 발견하는 것은 '절대적인 타자성'의 영역이다. 절대적인 타자성은 특정한 분류법으로 포착되는 것이 아니라 분류법 자체를 혼란에 빠뜨린다. 연애시가 중요한 것은 그것이 흔히 여성적인 것과 남성적인 것이라고 명명되는 것들이 만나는 장소에서 썩어지기 때문에 여성적인 것과 남성적인 것의 자족적인 동일성을 깨뜨릴 수 있는 기회를 갖기 때문이다. 연애시는 두 성이 만나 기꺼이 함께 혼란에 빠지는 세계다. 자족적인 것이 될 때 신비주의가 눈뜬다. 여성성이라고 예외인 것은 아니다. 신비한 것을 여성적인 것으로 간주할 수는 있겠지만 여성적인 것이 곧 신비한 것은 아니다. 그녀의 연애시가 매력적인 것은 남성의 연애시와는 다른 여성의 연애시이기 때문이 아니다. 그녀의 연애시는 '타자의 연애시'가 아니라 '연애시의 타자'이고 결국에는 시 자체의 타자이기를 꿈꾼다. 그 타자는 점점 정체불명이 되어갈 것이다. 김혜순 자신의 시론과 산문들조차 배반하게 될 것이다. 타자의 연애시가 머무는 곳은 한정돼 있지만 연애시의 타자가 갈 수 있는 곳은 무한하다. 그렇지 않다면 김혜순의 시를 앞으로도 계속 읽어야 할 이유가 무엇이겠는가. "너는 안아도 안아도 다 안을 수 없어 너는 두근거리는 무한이야."(「기상특보」) 김혜순의 시는 '두근거리는 무한'이다.

시는 섹스를 한다
— 한국시, 체위의 역사

1. 전희(前戱)

태어나고 섹스하다 죽는다. 섹스는 태어남과 죽음의 가운데에 있다. 태어남의 충격으로부터 벗어날 수 있을 무렵 한생의 섹스가 시작되고, 일생의 섹스가 끝나갈 무렵 죽음이라는 사건에 대비한다. 태어남과 죽음은 인간의 소관이 아니라서, 인간은 태어남의 순간으로 되돌아갈 수 없고 죽음의 순간으로 미리 달려갈 수 없다. 오로지 섹스만이 인간의 소관이다. 인간은 인간의 소관인 섹스를 통해, 인간의 소관이 아닌 태어남과 죽음에 대해 간신히 말할 수 있을 뿐이다. 그때 섹스는, 키냐르 식으로 말해 태어남의 복습이고("자신을 만들어낸 행위를 떠올리지 않는 것이라면 어떤 이미지도 우리에게 충격을 주지 못한다"[1]), 바타유 식으로 말해 죽음의 예습이다("죽음은 현혹적이다. 그런데 에로티즘을 지배하는 것 역시 다름 아닌 그러한 현혹이다"[2]). 우리가 말할 수 있는 것은 섹스뿐

---
1) 파스칼 키냐르, 「서문」, 『섹스와 공포』, 송의경 옮김, 문학과지성사, 2007.
2) 조르주 바타유, 「서문」, 『에로티즘』, 조한경 옮김, 민음사, 1989.

이다. 그러므로 섹스에 대해서 말한다는 것은 모든 것에 대해 말한다는 것이다.

문제는 섹스에 대해서 말하는 것처럼 어려운 일이 달리 없다는 데에 있다. 어째서 그런가? 섹스는 타자와의 결합을 꿈꾸는 행위다. 그것도 가장 내밀하고 가장 격렬한 결합이다. 그런데 그것은 가능한가? 인간의 내부에는 자신이 인지하지 못하는 심연이 있다. 그곳은 무섭도록 내밀하고 끔찍하게 격렬할 것이다. 나에게는 타자의 심연이, 타자에게는 나의 심연이 그러할 것이다. 그 내밀함과 격렬함이 가시화될 때, 섹스는 우리가 견딜 수 없는 어떤 것이 되어버린다. 진실은 늘 고통과 더불어 오고, 고통을 피하기 위해서는 진실을 외면해야 한다. 그래서 타자의 심연을 알고 있지만 모른 척할 때, 섹스는 '상대방을 이용한 자위'(지젝)에 불과한 것이 된다. 두 눈을 가린 채 키스를 하는 르네 마그리트의 〈연인들〉의 섹스가 그러할 것이다. 혹은 타자의 심연이 가시화되는 순간 이를 서둘러 덮을 때, 섹스는 섹스에 대해 고민하지 않기 위해 할 수 있는 가장 좋은 어떤 것이 된다. 가시화된 각자의 심연에 잡아먹히려는 찰나, 영화 〈아이즈 와이드 셧 *eyes wide shut*〉의 부부들은 말한다. "집에 가서 섹스나 하자."

그래서 섹스에 대해 잘 말하는 일은 어렵다. 악순환의 고리를 끊는 일이기 때문이다. 섹스는 결합인데, 결합은 불가능하고, 불가능을 반복하는 일은 고통이기 때문에, 불가능을 은폐하기 위해 섹스를 한다. 섹스의 불가능성을 은폐하기 위해 섹스를 한다는 악순환. 많은 텍스트들이 자신의 눈을 가리고 독자의 눈을 가리면서 키스한다. 많은 텍스트들이 "집에 가서 섹스나 하자"고 말한다. 섹스를 하지 않기 위해서 섹스를 하고, 섹스를 말하지 않기 위해서만 섹스를 말한다. 그러므로 '시와 섹스'에 대해서 말하기 위해서는 우선 다음과 같은 텍스트들에 미련을 버려야 한다. 섹스를 단지 메타포의 틀로 소비하는 시, 섹스와 관련된 어휘들을 발설함으로써 무언가를 도발했다고 착각하는 시, 섹스의 '실재'로부터 도망쳐서 '에로티시즘의 미학'이라는 느슨한 범주 속에 안착하는 시들 말이다. 그런 시들은 언뜻 야릇하고 통쾌하고 아름답지만 진실의 입구에서 멈춘다. 우리는 진실과 직면하기를 선택한 시들에 대해서만 이야기할 것이다. 적게는 불편하고 많게는 거의 고통스러운 시들이 있다.

2. "그만큼 지독하게 속이면 내가 곧 속고 만다"—김수영의 정상위

그것하고 하고 와서 첫번째로 여편네와
하던 날은 바로 그 이튿날 밤은
아니 바로 그 첫날밤은 반시간도 넘어 했는데도
여편네가 만족하지 않는다
그년하고 하듯이 혓바닥이 떨어져나가게
물어제끼지는 않았지만 그래도
어지간히 다부지게 해줬는데도
여편네가 만족하지 않는다

이게 아무래도 내가 저의 섹스를 개관(槪觀)하고
있는 것을 아는 모양이다
똑똑히는 몰라도 어렴풋이 느껴지는
모양이다

나는 섬찍해서 그전의 둔감한 내 자신으로
다시 돌아간다
연민(憐憫)의 순간이다 황홀(恍惚)의 순간이 아니라

속아 사는 연민의 순간이다

나는 이것이 쏟고 난 뒤에도 보통 때보다
완연히 한참 더 오래 끌다가 쏟았다
한번 더 고비를 넘을 수도 있었는데 그만큼
지독하게 속이면 내가 곧 속고 만다
　　　　　—「성性」(『김수영 전집 — 시』, 민음사, 1981) 전문

1968년에 쓰어진 시다. 섹스의 현장을 이처럼 정면으로 응시한 시가 그 이전에 있었는지 모르겠다. 그래서 그 의의를 높이 사고 싶지만 문제가 그리 간단하지 않다. 창녀를 "그년"이라 칭하고 부인을 "여편네"라고 칭하고 있어 불편하다. 더 나아가 창녀를 "그것"으로, 부인을 "이것"으로 칭하기까지 하였으니 불쾌하기까지 하다. 몇몇 평론가들이 이 시에 대해 그와 같은 불편함과 불쾌함을 토로했다. 그러나 그것을 비평적 논평이라고 할 수 있을까. 당연한 것을 당연하게 지적하는 일은 쉬운 일이다. 대단한 발견이나 되는 듯 '진보적인 남성 시인도 여성에 대한 인식만큼은 별수 없다'는 식의 결론으로 넘어가는 것은 너무나 안이한 선택이다. 화자와 시인을 동일시해서는 안 된다는 것은 시학의 공리 중 하나이지만, 그 공리는 생각보다 자주 무시된다. 우리는 차라리 김수영은 왜 이것을 시로 써야만 했을까를 물어야 한다. 이 섹스의 현장에 모종의 '시적인 것'이 존재한다는 시인의 자의식적 판단이 이 시의 배후에 있다. 그 판단의 내용을 숙고하는 것이 생산적일 것이다.

창녀를 사고 와서 아내와 섹스를 한다. 그런데 아내가 만족하지 않는다. 평소보다 더 열정적으로 아내를 안았는데, 아내는 평소보다 덜 만족한다. 어째서 이런 아이러니가 발생하였는가. 몸과 몸 사이에 개입되어 있는 의식 때문이다. 아내를 속이고 있다는 남편의 '자의식'과 그런

남편의 자의식을 "어렴풋이" 의식하는 아내의 '자의식'이 충돌하고 있기 때문이다. 그렇다면 이것은 네 사람의 섹스와 다를 바 없다. 김수영은 바로 그 순간의 위태로움을 놓치지 않는다. 자의식이야말로 타자의 심연이라는 것을, 순간적으로 가시화된 이 심연이 '가부장적인 섹스'의 어떤 진실이라는 것을 포착한다. 그래서 그는 말한다. 섹스는 "황홀의 순간"이 아니라 "연민의 순간"이라고. 그런데 이 연민의 주체는 누구이고 대상은 누구인가. "속아 사는 연민의 순간"에서 "속아 사는"의 모호함에 주목해야만 한다. 이 모호함은 "속아 사는"('속으면서 사는'일 수도 있고 '속기 때문에 사는'일 수도 있다)의 주체(주어)가 누구인지 명확하지 않기 때문에 생겨난다. 그 때문에 '속이는 자'와 '속는 자'의 역할이 확정되지 않는다. 이 섹스의 풍경에서, 속이는 자는 곧 속는 자이고 속는 자는 곧 속이는 자다.

적어도 이 시에서 남성 화자는 더이상 '속이는 자'(가부장)의 위치를 독점할 수 없다. "지독하게 속이면 내가 곧 속고 만다"는 결말이 그 점을 재차 강조한다. 이 부부의 섹스는 균열의 현장이고 '속고 속이는' 의식의 전쟁이다. 누구든 아내의 의식을 의식할 수 있다. 그러나 김수영처럼 '적(敵)은 집 안에 있다'는 의식의 소유자가 아니었다면 아내의 의식은 손쉽게 외면되었을 것이다. 더 나아가 그는 이 사태를 '시적인 것'이라 판단했다. 시로 씌어지지 않았던들 너무나 사소한 것으로 간주되어 의식 바깥으로 흩어져버렸을 어떤 위태로움을 이 시는 정확히 겨눈다. 부부관계의 내적 균열이 가정 외부에서의 싸움과 무관하지 않다고 생각한 시인이었기 때문이다. 당대의 부르주아 남성 시인들은 이런 시를 쓰지 않았다. 그들에게 가정은 휴식처였을 뿐 싸움터가 아니었기 때문이다. 그들은 이미 승리자였고 '가부장적 향유'[3]의 주체였기 때문

---

3) 이종영, 『내면성의 형식들』, 새물결, 2002, 1장.

이다. 김수영은 섹스를 하는 순간에도 싸웠다. 그가 만약 "이것" 혹은 "저것" 따위의 말들을 순화했더라면, 이런 자기기만의 폭로가 효과적일 수 있었을까.

이런 맥락에서 본다면 이 시는 김수영의 한계를 예외적으로 드러낸 시라기보다는 김수영적인 것의 본질을 또렷하게 보여주는 작품이라고 해야 한다. 이 섹스에서 부부는 서로 마주 보고 있다. 말하자면 이 시는 정상위의 성(性)정치학이라 할 만한 것을 붙들고 있다. 섹스의 심연을 응시한다는 것은 이렇게 타인의 의식을 의식한다는 것이고 그와 더불어 자기기만을 폭로한다는 것이다. 어떤 섹스는 기만의 연극일 수 있지만 기만을 기만으로 의식하는 것은 더이상 기만이 아니다. 평소에 창녀를 '그것'으로, 부인을 '이것'으로 지칭하는 남자는 '구제 불능'의 망동을 하고 있는 것이지만, 시에 그것을 '쓴' 남자는 '불능 구제'의 작업을 하고 있는 것이다. 혹은 같은 이야기를 이렇게 반복할 수도 있겠다. 세 종류의 남자가 있다고 하자. 아무도 모르게 실제로 부인을 두들겨 패는 남자, 마음속으로만 두들겨 패고 실제로는 실행 안 하는(못 하는) 남자, 그것을 시로 실연하여 그 폭력을 공적인 것으로 만드는 남자. 세번째 남자가 가장 많은 비난을 받을 것이다. 그러나 세번째 남자가 가장 윤리적이다.

3. "사랑은 미안함의 추악함을 하나씩 없애가는 거야" — 장정일의 후배위

입을 맞춰줘… 음… 됐어… 이젠… 내… 보X를… 핥아… 아… 기분이 좋아… 이리 와… 너의 성기를 빨고 싶어… 냄새가 좋아… 이젠 너의 것을 내 항문으로… 집어넣어… 그렇게… 아… 이번엔… 가죽혁띠를 가져와… 나의 등을 때려… 더… 세게… 세게… 세게… 넌… 네… 어머니의… 젖을 빨고 자랐을 테지… 오늘은… 내 젖무덤에… 오줌을 갈겨… 아… 따뜻해… 아… 됐어… 네가 더럽혔으니… 깨끗하게… 네 입술로 닦아줘… 그래… 그래… 젖처럼… 달지… 꼭… 어린 시절로… 돌아가는 것… 같지? … 나도… 엄마나 된… 듯… 기분이 좋아… 이젠… 뭘… 할까… 그래… 동전을 한 움큼 가지고 와… 그걸… 보X에 넣어봐… 그래… 하나… 둘… 셋… 다섯… 열… 끝없이 넣어줘… 끝없이… 그런 다음… 우리 다시 한번… 하는 거야…

그런데… 넌… 왜… 꼼짝도 하지… 않는 거지… 미안하다고… 미안해서… 시키는 대로… 할 수 없다고? … 멍청이… 미안한 부분마저 나를 사랑해줄 수는 없어? … 사랑은 너와 나 사이에 가로놓인… 미안함을… 미안하다는 뜻의 추악함을… 하나씩 없애가는 거야… 자… 해봐… 해… 난… 사랑을 확인하고 싶은 거야… 얼마만큼 네가… 나를… 사랑하는지… 아마… 네가… 나를… 끔찍이도 사랑하고 있다면… 내가 말한… 모든 것들을… 너는… 맛보려고… 들 거야… 해… 하라니까… 난… 괜찮아… 난… 난… 멍들거나… 찢어져도… 좋아… 자존심 같은 거… 옛날에 팽개쳤어…

그런데… 넌… 못 하는구나… 진정으로… 날… 사랑하지… 않는구나… 넌… 바지 지퍼만 내리고… 간단히… 하고… 싶은 거지… 벽에 세운 채… 나의 치마를 들쳐놓고… 빨리… 한 번만 하고 나서… 집으로 돌아가고 싶은 거지… 그렇지? … 그렇지? … 개새끼… 너는 개새끼야… 그래… 난… 너 같은 놈들을… 알아… 잘 안다구… 호호… 좋아… 빨리 해… 그리고… 꺼져… 꺼져… (여자, 개처럼 짖는다.) 멍멍… 꺼져… 멍멍… 가… 멍멍… 멍멍… (하늘에는 달, 어둔 골목에는 개. 그 막막한 사이를 바라보며, 여자 혼자 운다.)

—「늙은 창녀」(『길 안에서의 택시 잡기』, 민음사, 1988. 원래는 전체가 한 연으로 되어 있으나 독서의 편의를 위해 세 단락으로 나눠 옮겼다. 강조는 인용자) 전문

장정일에게 아버지, 권력, 문학은 유의어(類義語)다. 80년대의 많은 자식들과 마찬가지로 그 역시 이 셋과 적대하면서 성장했다. 그러나 그에게 80년대의 어떤 자식들의 투쟁은 스스로 아버지가 되어 권력을 쥐고 주류문학에 안착하기 위한 욕망의 산물처럼 보였다. 그래서 그들과 거리를 두어야만 했다. 그와 같은 입지가 그를 특별한 존재로 만들었다. 80년대 중반부터 90년대 중반에 이르기까지 그는 지배 담론과 대항 담론 모두에 거리를 두면서 궁극적으로는 두 담론 모두 아버지의 언어일 수 있음을 꿰뚫어본 거의 유일한 존재였다. 덕분에 그의 문학은 호로자식이 되어 권력의 바깥으로 도망치는 반(反)문학으로서의 문학이기를 포기하지 않았다. 그 전략으로 그가 택한 것은 도착증적 자기모멸의 연극이었다. 그것은 두 가지 목표를 겨냥하는 것이었다. 아버지의 권력이 통제할 수 없는 것이 있음을 보여주는 것이 그 하나였고(나는 네 아들이다, 고로 너는 무능한 아버지다), 도덕적이고 권위적인 아버지의 외양 아래에 있는 아버지의 도착(倒錯)적 실재를 까발리는 것이 다른 하나였다(나는 너다, 고로 너는 음란한 아버지다). 장정일은 도착증의 문학으로 문학의 도착증을 폭로했다.

인용한 시는 소설에 비해 상대적으로 온건한 그의 시 중에서도 특별히 기억해둘 만한 작품이다. '늙은 창녀'의 목소리를 빌리고 있지만, 이 장치는 창녀의 내면을 재현하기 위한 것이 아니라 차라리 남성 주체의 자기모멸을 상연하기 위한 것이라고 해야 한다. 첫 단락은 남성의 섹스가 대부분 일정한 환상에 의존하고 있음을 보여준다. 섹스의 대상이 창녀이기 때문에 그 환상은 더욱 효과적으로 작동할 수 있었다. 창녀에게

는 환상이 없다. 그래서 그녀는 오로지 고객의 환상에만 집중한다. "꼭… 어린 시절로… 돌아가는 것… 같지? … 나도… 엄마나 된… 듯… 기분이 좋아…"에서 보듯 이 섹스의 기저 환상은 근친상간으로 세팅되어 있다. 여기까지 이 둘의 섹스에는 아무런 문제가 없어 보인다. 그런데 결정적인 한 대목에서 문제가 발생한다. "이젠… 뭘… 할까… 그래… 동전을 한 움큼 가지고 와… 그걸… 보X에 넣어봐…" 이 순간 남성 주체는 얼어붙는다. 미안하다, 시키는 대로 할 수 없다, 라고 그는 말한다. 어째서 이런 일이 벌어지는가.

창녀와 고객의 '환상-무대'가 원활하게 작동하기 위해서는 남성 주체가 창녀에게서 창녀를 보지 않아야 한다. 창녀는 내가 원하는 '바로 그 여자'로만 움직여야 한다. 그런데 창녀가 동전을 자신의 성기에 집어넣어달라고 말하는 순간, 그녀는 '바로 그 여자'의 자리에서 이탈해 버리고 만다. 그 돈은 이 연극이 은폐하고 있는 '팔고 사는' 관계의 본질을 순간 가시화하여, 남성 주체의 환상에 흠집을 낸다. 남성 주체에게 이전까지의 섹스가 환상 속에서의 자위에 불과한 것이었다면(그녀는 나의 어머니이다), 돈을 매개로, 창녀의 타자성이 비로소 가시화되면서 이 섹스는 괴로운 연극이 되어버리고 만다(그녀는 어머니를 연기하는 창녀일 뿐이다). 그러니까 "미안하다"라는 남성의 말은 그 무슨 윤리적 죄의식의 소산이 아니다. 창녀의 타자성이 산출한 부담으로부터 물러서겠다는 것이고, 이 섹스의 '실재'로부터 고개를 돌리겠다는 말이다. "미안한 부분마저 나를 사랑해줄 수는 없어? … 사랑은 너와 나 사이에 가로놓인… 미안함을… 미안하다는 뜻의 추악함을… 하나씩 없애가는 거야…" 사랑이 아니기 때문에 창녀의 타자성을 견딜 수 없었다. "미안하다"는 말은 결국 '사랑하지 않는다'는 말과 동의어가 된다. 그것은 추악한 말이다. 그리고 사랑은 미안함의 추악함을 돌파하는 일이 되어야 한다. 창녀의 말과 더불어 사랑의 맨얼굴이 드러나기 시작한다.

이것은 사랑에 대한 모욕이 아니라 사랑에 대한 냉철한 규정이다. 사랑은 '미안하다'라는 비겁한 말이 필요 없는, 타자의 심연과 정면 대결하는 '목숨을 건 도약'이어야 한다고 이 시는 말한다. 장정일의 소설들을 참조한다면, 이 창녀-남성의 사랑 없는 섹스는 80년대의 민중-지식인 관계의 일각을 은유하고 있다고 볼 수도 있을 것이다. 민중을 사랑한다는 것은 민중의 타자성을 견뎌낸다는 것이다. 지식인이 자신의 환상체계 안에 정립한 민중을 소비할 때, 그것은 사랑이 아니라 자위일 뿐이다. 적잖은 이들이 민중을 사랑한다고 자신했지만, 민중이 그 타자성을 드러내면서 '너무 가까이' 다가올 때 "미안하다"고 말하면서 도망쳐야 했던 이들이 있었을 것이다. 물론 이것은 특정 시대의 지식인들에게만 한정되는 이야기가 아니다. 이 시는 여성을 환상의 틀 안에서만 소비하는 남성 주체 일반의 무능력을 폭로하는 시로 읽혀야 마땅할 것이다. 남성은 여성의 얼굴이 보이지 않는 후배위에서 가장 큰 자유를 누리겠지만, 바로 그렇게 믿는 순간 그는 가장 무기력한 자위에 빠져 있는 것일지도 모른다. 이것은 후배위의 시다.

4. "그래 봤자 아버진 갈보예요"—김언희의 기승위

이리 와요 아버지 내 음부를 하나 나눠드릴게 아니면 하나 만들어드릴까 아버지 정교한 수제품으로 아버지 웃으세요 아버지 아버지의 첫날밤 침대 맡에는 일곱 어머니의 창자로 짠 화환이 붉디 푸르게 걸려 있잖아요 벗으세요 아버지 밀봉된 아버지 쇠가죽처럼 질겨빠진 아버지의 처녀막을 찢어드릴게 손잡이 달린 나의 성기로 아버지 아주 죽여드릴게 몇 번이고 아버지 깊숙이 손잡이까지 깊숙이 아버지 심장이 갈래갈래 터져버리는 황홀경을 아버지 절정을 아버지 비명의 레이스 비명의 프릴 비명

의 란제리로 밤단장한 아버지 처년 척하는 아버지 그래 봤자 아버진 갈
보예요 사지를 버르적거리며 경련하는 아버지 좋으세요 아버지 아버지
로부터 아버지를 뿌리째 파내드릴게
　　—「가족극장, 이리 와요 아버지」(『말라죽은 앵두나무 아래 잠자는 저
여자』, 민음사, 2000) 전문

　　김언희에게 남자는 '좆대가리'이고 여자는 '구멍'이고 모든 관계는
'섹스'다. 그녀의 눈으로 보면 인간, 사랑, 가족, 문명 따위는 모두 허위
에 불과한 것이 된다. 모든 것은 '좆대가리와 구멍의 섹스'로 환원될 수
있다고 그녀는 믿는다. 환원되지 않는 것은 관념이거나 가상일 것이다.
이 점을 증명하기 위해 그녀는 주도면밀한 시적 난교를 행한다. 아버지
와도 하고 어머니와도 하며 시체와도 한다. 한두 편의 위악적인 시 정
도는 누구나 쓸 수 있다. 그러나 그녀는, 어째서 다른 것들에 대해서도
써야 한단 말인가, 라고 말하는 타입이다. 너무나 명쾌하고 너무나 집
요하다. 소월의「진달래꽃」과 오규원의「한 잎의 여자」를 패러디한 두
편의 시를 읽어보는 것으로도 족하다. "너는 나를 뿌려진 나를 밟고 간
다 즈려밟는 발이 내 몸속에 푹푹 빠진다".(「역겨운, 역겨운, 역겨운 노
래」) "나는 한 구멍을 사랑했네. 물푸레나무 한 잎 같은 쬐끄만 구멍,
그 한 잎의 구멍을 사랑했네."(「한 잎의 구멍」) 그녀가 그리는 섹스에는
그 무슨 생산, 풍요, 열락 같은 것이 들어설 틈이 없다. "도살장"(최승
호) 아니면 "지옥도"(남진우)다. 이런 방식으로 그녀는 이전의 여성시
대부분을 내숭으로 만들었고 이후의 여성시 상당수를 아류로 만들어버
렸다.
　　위의 시는 그중에서도 각별히 선명한 전략을 내장하고 있어 인용할
만하다. 두 가지 유혹을 피해야 할 것 같다. 우선 피해야 할 것은 속류
정신분석학적 독법이다. 그녀가 이토록 아버지에게 적대적인 것은 그

만큼 아버지에 대한 애착이 강하기 때문이다. 따라서 그녀의 시는 실패한 오이디푸스 콤플렉스의 소산이다 운운. 그러나 김언희의 시 행간에서 무의식적 진실을 찾아내려는 시도는 별 소득이 없는 일이 될 공산이 크다. 그녀의 시는 지극히 의식적이고 전략적인 방식으로 만들어진다. 그녀는 확신범이다. 더불어 피해야 할 것은 그녀의 시를 알레고리로 간주하는 독법이다. 아버지는 아버지가 아니고 딸은 딸이 아니며 섹스는 섹스가 아니다. 이 모든 것은 하나의 '기표'일 뿐이며, 그녀의 본의는 그 기표들 너머에 있다 운운. 그러나 이런 독법은 텍스트를 위한 것이라기보다는 차라리 독자를 위한 것이다. 그녀의 고통스러운 텍스트를 여하간 견딜 수 있을 만한 것으로 만드는 방법이다. 텍스트는 격렬하게 섹스를 하고 있는데, 왜 그 텍스트를 발기부전과 불감증의 텍스트로 만들어야 하는가.

  이 시의 힘은 두 가지 전략과 더불어 생겨난다. 첫째, 남성과 여성의 섹스를 아버지와 딸의 섹스로 치환하기. 정상적인 섹스와 근친상간적인 섹스가 따로 있는 것이 아니다. 섹스의 근저에는 타자의 타자성이라는 심연이 있고, 그 심연을 처리하는 과정에서 주체와 타자 사이에는 지배와 종속의 관계가 형성되며, 그 관계는 이를테면 부녀관계를 재생산하는 것으로 귀결될 수 있다. 가장 정상적인 섹스가 가장 근친상간적인 섹스일 수 있다, 라고 이 시는 말한다. 둘째, 근친상간으로 치환된 섹스의 현장에서 다시 남성과 여성의 위치를 전복하기. 이 시의 수사학은 남성의 성적 언어를 여성 화자가 빼앗아오면서 형성된다. "아버지의 첫날밤" "아버지의 처녀막을 찢어드릴게" "아버지 아주 죽여드릴게" "처녀 척하는 아버지 그래 봤자 아버진 갈보예요" "아버지 좋으세요"와 같은 식이다. 이 술어들의 성별은 모두 남성이다. 남성이 여성을 성적으로 착취하고 정복할 때 사용하는 술어들이다. 남성에게서 그 술어들의 소유권을 박탈하라, 그리고 그 술어를 그들에게 모욕적인 방식으로 되돌려주어라. 문화 비평에서 흔히 재전유(再專有, reappropriation)라고 부르는 바로 그 작업이다.

인용한 시에는 이와 같은 치환과 전복의 이중 전략이 선명하게 구현되어 있다. 김언희의 다른 시들에서도 이 전략은 많건 적건 활용된다. 덕분에 그녀의 시에서 두 이성애자들의 아름다운 결합이라는 부르주아적 섹스 관념은 가차 없이 조롱당한다. 그 섹스가 근친상간, 시간(屍姦), 사이버섹스, 자위 등으로 분방하게 치환되어버리기 때문이다. 아울러 섹스의 과정에서 의식적·무의식적으로 작동하는 남성과 여성의 역할 분담이 교란된다. 가장 내밀한 순간에 흘러나와 남성과 여성의 성적 위치를 규정해주는 성적 술어들(예컨대, 남성의 "좋아?"와 여성의 "좋아!")의 성별을 전복하고 있기 때문이다. 남성성과 여성성의 관례를 재생산하는 시는 공허하다. 그런 시는 남성과 여성 어느 쪽도 오르가슴을 느끼지 못하는 섹스와 다르지 않다. 섹스를 했으나 하지 않은 것과 같다. 김언희는 아버지 위에 올라타고서, 한다. 이것은 기승위의 시다.

5. "누가 만든 불일까, 잘 탄다"— 황병승의 새로운 체위

태양남자 애인 하나 없이 46억 년 동안 하루도 빼놓지 않고 지구를 비췄다 왜, 무엇 때문에, 무슨 영화(榮華)를 누리겠다고. 여름, 일 년에 한 번 나 자신을 강렬하게 책망했다

늙은 나무들 과수원 바닥에 사과 배 대추 감, 열매들이 떨어질 땐 너희들이 먹어도 좋다는 게 아니고 우리들이 또 한번 포기했다는 뜻이다. 가을

미스터 정키 어떤 계절은 남녀를 가리지 않을 정도로 뜨겁고 또 어떤

계절은 순식간에 싸늘해져서 남자도 여자도 그 어느 누구도 사랑할 수 없을 정도로 뿌리부터 차가워지지

 힙합소년 j 친구들은 늘 우정이 어쩌구 선후배가 어쩌구 떠들어대지만 스윗 숍(sweet shop) 앞을 지날 때면 부모 형제도 몰라봅니다 친구들은 커서 달콤한 가게의 핌프(pimp)가 되겠죠
 나는 다릅니다 나는 생각이 있어요 붓질을 잘하면 도배사 하지만 글을 배워서 서기(書記)가 되지는 않을 거예요

 이소룡 청년 차력사인 아버지의 쉴새 없는 잔소리에 머리가 늘 깨질 듯이 아팠다 쌍절곤 휘두를 힘도 없다 가끔 정키씨를 불러 리밍*을 시켰다

 저팔계 여자 벽을 따라 게처럼 걸었죠 귀에는 이어폰을 꽂고 볼륨을 높였지만, 녀석들의 킬킬거리는 소리가 땅 파는 기계처럼 내 몸을 흔들었죠……
 그러나 더는 울지 않는 여자, 거리의 핌프들에게 심한 모욕을 당한 뒤 방문을 걸어잠그고 날마다 순돈육 소시지를 먹었다

 그리고 겨울 날개를 가진 짐승들은 모두 남부 해안으로 떠나고 이제 비유 없이는 한 발짝도 전진할 수 없는 계절

 깊은 밤이었고 눈이 내렸다
 스윗 숍에서부터 시작된 불길은 에로틱파괴어린빌리지 전체로 퍼져 나갔다
 늙은 나무들은 포기를 모르고 맹렬히 타올랐다
 힙합소년 j는 달콤한 가게의 구석방에서 창녀 셋과 뒤엉킨 채 숯불구

이가 되었고
　이소룡 청년은 차력사인 아버지를 때려눕히고 아비요! 교성을 지르며
　늙은 남자의 항문에 쌍절곤을 쑤셔박았다
　죽음도 삶도 아닌 세계, 붉은 해초들이 피어오르는 환각 속에서
　미스터 정키는 끝없이 헤엄쳐나갔고
　태양남자, 언덕 위에 누워 46억 년 만의 휴식처럼
　에로틱파괴어린빌리지의 겨울을 내려다보았다

누가 만든 불일까, 잘 탄다

저팔계 여자는 순돈육 자지를 달고 불 속을 걸었다

*항문 주위를 핥는 것.
―「에로틱파괴어린빌리지의 겨울」(『여장남자 시코쿠』, 랜덤하우스코리아, 2005) 전문

　이 시는 이상한 마을의 어느 하루를 그린다. 전반부에서는 배경과 등장인물이 특유의 매력적인 문장들로 소개된다. "태양남자"는 관습적으로 마을을 비추고 있고, "늙은 나무들"은 무언가를 포기하듯 열매를 떨어뜨린다. 어떤 이들이 살고 있는가. "남자도 여자도 그 어느 누구도 사랑할 수 없을" 것 같다고 중얼거리는 '미스터 정키', 친구들은 자라서 "달콤한 가게(sweet shop은 '창녀촌'을 뜻하는 은어―인용자)의 핌프(pimp는 '기둥서방'을 뜻하는 은어―인용자)"가 되겠지만 자기는 아니라고 주장하는 '힙합소년ʃ', 아버지의 잔소리가 지긋지긋할 때면 정키 씨를 불러 '리밍'을 즐기는 '이소룡 청년', 저팔계처럼 뚱뚱하다는 이유로 핌프들에게 모욕을 당해 "방문을 걸어잠그고 날마다 순돈육 소시

지를 먹"는 '저팔계 여자' 등이 산다. 여기까지 읽으면 이 시는 권태와 도착과 슬픔이 뒤엉켜 있는 현대 젊은이들의 내면(그 내면의 주소가 '에로틱+파괴+어린' 빌리지일 것이다)의 파편을 수습한 시처럼 보인다. 이 마을에서는 권태가 도착을 부르고 도착이 슬픔을 남긴다. 물론 이 악순환은 황병승의 시 전반을 관류하고 있는 구도이기도 하다.

그런데 이 마을의 겨울 어느 하루를 그린 후반부에 이르면 이 시는 말 그대로 '폭발' 해버린다. 스윗 숍에서 시작된 불길이 마을 전체를 태우면서 마을은 멸망한다. 이 대목에서부터 이 시는 '소돔과 고모라' 이야기의 현대적 변용처럼 보인다. 창세기에서는 여호와가 "유황과 불을 비처럼 소돔과 고모라에 내리사"(창세기 19:24) 저 도착의 왕국을 멸망시켰지만, 이 시에서는 빌리지의 중심부라 할 수 있을 스윗 숍에서 저절로 불길이 타올라 마을을 삼켜버린다. 그리고 이 멸망의 풍경을 바라보는 자의 목소리는 이렇다. "누가 만든 불일까, 잘 탄다". 이 대목이 관건이다. 시의 문맥으로 보면 이것은 "태양남자"의 말처럼 보인다. 그러나 이것이 빌리지 외부에 있는 자의 말이라면, 이를 신의 말이자 시인 자신의 말로 이해해도 틀리지 않을 것이다. 이 말의 어조가 묘하다. 어차피 더 나빠질 것도 없었다는 식의 기묘한 해방감과 누가 이 비주류들의 파멸 앞에서 떳떳할 수 있는가라는 식의 억눌린 서글픔 같은 것을 동시에 실어나른다. 이 멸망은 자폭인가 응징인가. 데이비드 린치 풍의 '과잉'의 이미지로 '소돔과 고모라'의 이야기를 변주하여 그 어떤 윤리적 판단도 없이 밀어붙이면 이런 시가 된다.

이 시의 마지막 구절이 한번 더 심상치 않은 여운을 남긴다. "저팔계 여자는 순돈육 자지를 달고 불 속을 걸었다". 물론 이 도착의 빌리지에 '남근 달린 여자'의 이미지가 어울리지 않는 것은 아니다. 도착증, 그 중에서도 물품음란증(페티시즘)의 기본 전제는 "어머니에게 남근이 없다는 사실을 '부인(verleugnung)' 한다"는 것이다. 그래서 물품은 "어머니의 페니스의 대체물"로 이해될 수 있다고 했다.[4] 말하자면 '남근 달린 여자'의 환상은 도착증의 인장(印章)과도 같은 것이다. 그러나 이런 설명이 저 구절의 미묘한 느낌을 다 설명해주지는 못한다. 저팔계 여자는 이 빌리지에서도 가장 황량한 주체였다. 그런 그녀가 모조남근을 달고 불길 속을 걸으면서 빌리지의 멸망을 증거한다. 이것은 남근에 대한 최후의 필사적인 조롱 같기도 하고, 심판의 불길에도 굴하지 않고 빌리지의 본분을 지키겠다는, 도착에 대한 위악적인 긍정 같기도 하며, 비록 여자이지만 남자가 되고 싶었던, 그러나 끝내 '자기 자신이 되는' 데 실패한 어떤 소수자의 슬픈 소망처럼 보이기도 한다.

조롱과 긍정과 슬픔이 범벅돼 있는 이 복합적인 의미의 망과 정서의 층을 하나로 확정하지 못하겠다. 왜 그래야 한단 말인가. 우리는 이 의문부호가 생산적인 것이라고 생각한다. 섹스를 말하는 시가 우리가 익히 알고 있는 그대로의 섹스만을 충실히 재현한다면 그것은 본의 아니게 이미 정상성과의 타협이 될 수밖에 없다. 황병승은 타협하지 않는다. 우리 식대로 말하자면, 그는 알 수 없는 체위로 즐긴다. 그것이 그의 힘이다. 어떤 독자들에게는 이것이 어떤 체위인지 알 수 없기 때문에 당혹스럽고, 그럼에도 무언가를 즐기고 있는 듯 보여 한번 더 당혹스러울 것이다. 기기묘묘한 체위로 섹스를 하는 이들을 볼 때면 감탄과 혐오의 감정이 동시에 생겨난다. 황병승의 시를 읽을 때 발생하는 정서가 아마도 그와 흡사할 것이다. 앞의 시는 황병승의 첫번째 시집에서 가장 '끝까지 간' 시에 해당된다. 이 시를 받아들일 수 있다면 그의 시집 전체를 받아들일 수 있다. 황병승의 시를 통해 한국 현대시는 알 수 없는 체위로 오르가슴에 도달한다.

---

[4] 지그문트 프로이트, 「절편음란증」, 『성욕에 관한 세 편의 에세이』, 김정일 옮김, 열린책들, 1996, 28쪽. 국역본의 '절편음란증' 대신 '물품음란증'이라는 역어를 택했다.

6. 후희(後戲)

슬라보예 지젝의 말마따나 변기에도 이데올로기가 있다. 대변이 사라지는 구멍이 앞쪽에 있어서 냄새를 맡을 수 있는 독일 식 변기는 독일 특유의 반성적 철저함을, 구멍이 뒤쪽에 있어서 대변이 신속히 사라지는 프랑스 식 변기는 프랑스 특유의 혁명적 조급성을, 변기에 물이 가득 차 있어 대변을 볼 수는 있지만 냄새를 맡을 수는 없는 영국 식 변기는 독일 식과 프랑스 식을 종합한 영국 특유의 온건한 실용주의를 보여준다.[5] 덧붙인 각주에서 지젝은, 그 자신 직접 분석하고 있지는 않지만, '체위의 이데올로기'라고 왜 없겠는가 하고 반문한다. 이를테면 우리는 한국시가 시기별로 취한 체위의 이데올로기(궁극적으로는 한국시의 성정치학의 역사)를 분석해보는 일이 필요하다고 생각한다. 그와 같은 본격적인 작업은 다시 숙제로 미루고 일단은 이렇게 결론을 맺자. 섹스에 대해서 말한다는 것은 결국 섹스를 하지 않는다는 것이다. 좋은 시는 섹스에 대해 '말하는' 시가 아니라 섹스를 '하는' 시다. 한 번은 정상위로, 한 번은 후배위로, 한 번은 기승위로, 또 한 번은 알 수 없는 체위로, 한국 현대시는 최소한 네 번 이상 섹스를 하는 데 성공했다.

---

5) 슬라보예 지젝, 『환상의 돌림병』, 김종주 옮김, 인간사랑, 2002, 1장.

제5부

고독한 인간의 지도

시스템의 현황과 우리의 좌표가 쓸쓸하게 일렁인다. 그렇게 떠오르는 기미들로 작가는 지도를 만든다. 헤라클레이토스는 모든 일에 울었고 데모크리토스는 모든 일에 웃었다고 했던가. 지도를 만든다는 것은 이를테면 그 중간에 서는 일이다. 거대한 고독의 세계에서 인간의 지도를 만드는 이 지도 제작자에게 우리의 갈 길을 묻고만 싶다. 그러나 이제는 울지도 웃지도 않기로 작정한 이 소설가에게도 삶은 얼마나 고독한 것일까.

거대한 고독, 인간의 지도
— 은희경, 『아름다움이 나를 멸시한다』(창비, 2007)

1

　은희경은 하나의 장르다. 1995년 1월의 등단작 「이중주」에서 2005년 1월에 출간된 장편 『비밀과 거짓말』에 이르기까지, 이 장르의 생명력은 10여 년간 완강하였다. 지금 막 사랑에 빠진 사람은 자신의 삶에 무엇이 결핍되어 있었던가를 뒤늦게 깨닫는다. 90년대 중반에 그녀의 소설과 만난 후 우리는 90년대 초반 한국소설이 빠져 있었던 어떤 편향을 뒤늦게 깨달았다. 이를 일러 '교술 편향'과 '서정 편향'이라고 부르려 한다. 그녀의 소설은 충분히 지적이었지만 거기에는 소위 지식인 소설의 엄숙과 훈계가 없었다. 읽는 이보다 얼추 반걸음 정도 앞서가는 그녀의 지성은 상쾌했을 뿐 부담스럽지 않았다. 더불어 그녀의 소설은 충분히 문학적이었지만 거기에는 소위 내성(內省)소설의 정념 과밀 현상이 해소되어 있었다. 한국소설이 으레 운명처럼 끌고 다닌 눅눅한 감상이 탈수된 자리에 그녀가 복권한 것은 통쾌한 산문정신이었다.
　'냉소'와 '위악'이 저 장르의 유전자인 것으로 알려져 있다. 그러나

이 말들에는 그 유전자의 진화과정이 생략돼 있다. 냉소와 위악은 정주하는 정신의 속 편한 포즈가 아니라 끊임없이 약동하는 정신의 어떤 태세다. 한국의 근대화는 절름발이였다. 시스템의 근대화가 심성의 근대화를 너무 앞서갔다. 물질적 기반이 부단히 갱신될 때 의식의 거미줄들은 채 걷히지 못했다. 은희경이 공들여 쓴 소설들은 그 거미줄들을 하나씩 철거하는 의식의 재개발 사업이었다. 허위와 싸우기 위해 냉소가 동원되었고 위선과 싸우기 위해 위악이 동원되었을 것이다. 넓게 말해 이데올로기라 할 수 있는 것들과의 유연한 격전이었다. 내 안에 나 아닌 그 어떤 것도 들여놓지 않겠다는 부단한 긴장이 그녀의 것이었고, 풍속의 세목들을 저인망으로 훑으면서 끝내 '진정성'이라는 '이타카(Ithaca)'로 귀환하는 자기의식의 여행이 그녀의 방법론이었다.

집단 정치에서 개인 윤리로의 전환이라는 말로 90년대 소설의 차이를 규정할 수 있고, '심층 근대화'를 위한 각개약진의 시기라는 말로 90년대의 문학사적 의의를 규정할 수 있다. 이런 흐름 속에서 특히 은희경의 소설들은 "개인주의적 파사현정(破邪顯正)의 한 절정"(황종연)이었다. 그러나 그것을 지금 우리는 '90년대적인 것'이라고 부른다. 개인 각자가 자신의 삶을 결단할 수 있는 선택의 왕국에서만 90년대적인 것은 가능하다. 그것이 착각이었을지언정 당시 우리에게는 선택이 가능하다는 믿음이 있었다. 1997년 IMF 사태 이후 10년 동안 많은 것들이 달라졌다. 시스템의 변화는 주체를 파괴하고 끝내 적응시킨다. 지금 이 세계가 유일한 세계일지 모른다는 절망, 이제 세계는 전진하지 않는다는 체념이 체화되었다. '역사의 종언'이 새삼 뼈아픈 실감으로 다가오기 시작했다. 지금 막 상실을 겪은 사람은 자신의 삶이 일종의 거대한 착각이었음을 뒤늦게 깨닫는다. 완강한 시스템 속에서 고독한 개인들과 더불어 은희경 문학이 다시 시작된다.

2

삶이 그대를 속일지라도 슬퍼하거나 노여워 말라. 이것은 푸시킨의 말이다. 그러나 푸시킨이 필요한 때는 이미 늦은 때다. 속지 않기 위해서는 안전거리를 유지해야 한다. "내 삶은 삶이 내게 가까이 오지 못하도록 끊임없이 거리를 유지하는 긴장으로써만 지탱돼왔다."[1] 혹여 가까이 오면, 속지 않기 위해 먼저 속여야 한다. "지금보다 훨씬 나쁘더라도 지금보다는 나은 거야."[2] 그러나 2007년의 은희경이 당시의 은희경에게 묻는다. 진정한 나라고 믿었던 것의 한가운데에 구멍이 뚫려 있었다면? 내 영혼의 고향인 이타카가 이미 지도에서 사라져버렸다면? 은희경의 근작들은 느낌표 대신에 물음표들을 몰고 다닌다. 그 의문들이 조금씩 땅을 흔들다가 마침내 나를 관통하고 이타카를 침몰시킨다.

「고독의 발견」을 먼저 읽는다. K는 서른여덟 살의 만년 고시생이다. 거짓말을 할 줄 모르고 자기를 여러 개로 쪼갤 줄도 몰라 삶이 한없이 무겁기만 하다. 오랫동안 만나왔던 S도 더이상 그를 견디지 못하고 떠났다. 서른여덟번째 생일날 홀로 찻집에 앉아 있었다. 짐 모리슨의 〈People are strange〉를 듣다가 깜빡 잠이 들었던가. 그가 깨어난 뒤부터 몽환적인 일들이 펼쳐지기 시작한다. 한 사내를 만나 W시의 여관을 소개 받고, W시의 지도를 구입하고, 그곳에 가서 '젤소미나'라 불리는 난쟁이 여자를 만난다. 그들 덕분에 '나'는, 가운데에 구멍이 뚫려 있던 W시의 지도를 읽듯, 중심이 텅 비어 있던 내 영혼의 지도를 읽어낼 수 있게 된다. 그는 한때나마 전도유망했고 누구에게나 사랑을 받았으며 여행지에서도 스스로 물에 뛰어든 그런 인간이 아니었다. 별 볼일

---

[1] 은희경, 「프롤로그」, 『새의 선물』, 문학동네, 1995.
[2] 은희경, 「그녀의 세번째 남자」, 『타인에게 말 걸기』, 문학동네, 1996.

없는 인간이었고 모두가 그를 싫어했으며 그가 물에 빠진 건 동료들이 그를 떠밀었기 때문이었다. "어쩌면 나는 S에게 상처를 주었을지도 모른다. 그리고 이 여자에게도, 가족들과 그리고 어쩌면 세상 모두에. 나는 무엇을 잘못했던 것일까."(72쪽)

그때였다. 깔깔거리는 웃음소리와 함께 여자의 몸이 허공으로 날아올랐다. 나는 여자의 치맛자락을 붙들었고 그 순간 내 몸도 함께 붕 떠오르는 걸 느꼈다. 붉은 먼지로 감싸인 채 멀리 강이 보였으며 배에 가득 찬 손님들, 검은 외투의 남자, 그리고 흰 입김을 날리며 뭔가 망설이는 표정으로 주머니에 두 손을 넣은 채 강을 내려다보는 젊은 날 K의 모습도 보였다. 그렇구나. 나는 중얼거렸다. 몸을 가볍게 만드는 연구가 드디어 완성되었어.(72쪽)

이것은 구원인가? 아닐 것이다. K가 자신의 과거를 한눈에 조감하는 이 순간은 K가 자신의 실패를 최종적으로 확인하는 순간이다. 제 영혼의 어두운 페이지들을 다 넘긴 이 순간에 발설되는 '완성' 운운의 말은 그래서 서글픈 역설이다. 이 대목이 환상으로 비약하는 까닭은 이것이 꿈의 끝이기 때문이다. K가 찻집에서 몽환적인 노래를 들으며 잠든 것이 아마도 꿈의 시작이었을 것이다. 홀연히 나타난 사내가 15년 전의 '나'를 기억하고 있었던 것도, 내게 지도를 판 서점 주인이 내 행선지를 이미 알고 있었던 것도, 젤소미나가 '나'를 구면인 사람처럼 스스럼없이 대한 것도, 그들이 다 꿈속의 인물들이자 내 영혼의 기미(幾微)들이었기 때문이다. 그리고 그후에야 이 소설은 꿈 이전의 어느 한때로 되돌아간다. "그날은 S의 생일이었다."(72쪽) 젤소미나의 죽음 앞에서 비로소 거대한 고독을 발견하고 어찌할 바를 몰라 오열했던 영화 〈길〉의 잠파노처럼, 그도 제 삶을 관통하고 있는 거대한 고독을 발견하고 그날 소리 없이 오열했다. "내가 남의 눈에 비친 그대로의 사람이라는 사실"과 "거기에서 벗어날 길이 없다는 것"(68쪽)을 깨닫는 일은 한 개인의 현실을 족히 무너뜨린다. 내가 잃어버린 기억들을 수습하고 영혼의 내력을 살피기 위해 슬픈 몽유를 시작한 것은 이 '고독의 발견' 이후의 일이다.

「유리 가가린의 푸른 별」의 구조가 이와 흡사하다. '나'는 "이제 내 인생에 변수는 거의 없다"(188쪽)고 말하는 출판사 사장이다. 그에게는 부족한 것이 없어 보이지만, 그것은 그가 무언가를 잃어버렸다는 사실 자체를 잊고 있기 때문인 것처럼 보인다. 그런 그에게 '1991년의 코스모나츠'라는 제목의 소설 원고가 들어오고(나중에 밝혀지지만 이것은 15년 전에 내가 분실한 J의 소설이다), '은숙'이라는 여인에게서 정체불명의 메일이 온다(나중에 밝혀지지만 이것은 15년 전 내가 띄운 편지의 답신이다). 「고독의 발견」에서 정체불명의 사내가 K를 W시로 안내했듯, 한 편의 소설과 하나의 이름이 그를 15년 전의 한순간으로, 1992년 어느 날의 결혼식 피로연장으로 서서히 데리고 간다. 1992년은 환멸과 허무의 연대였다. 그때 그곳에서 그들은 각자의 방식으로 제 청춘의 장례를 치르고 있었다. 그날 이후로 그들의 청춘은 끝난 것이었다. 이후 K는 자살했고 M은 이민을 떠났으며 '나'는 그때를 잊었다. 그런데 지금 그의 마음속에 파문이 인다. 당신은 어느 우주를 떠돌다가 이제야 그곳으로 돌아가고 있는가.

지구로부터 수만 킬로미터 떨어진 곳의 깊은 암흑 한가운데에 홀로 떠 있는 가가린은 이미 자신이라고 하는 존재로부터 이탈해 있었다. 모든 것이 어둡고 가벼워서 거의 허무에 가까웠다. 불안하고 고독했다. 그때에 유리 가가린의 눈앞에 빛을 머금은 행성이 나타났다. 검은 허공으로 가득 찬 우주 한가운데 신비롭게 떠 있는 아름다운 별. 가가린은 전율했

다. 나는 저 별을 보기 위해서 우주를 뚫고 그렇게 먼 거리를 가로질러왔
던 것일까.(208~209쪽)

　무언가를 잃어버렸으나 잃은 줄 몰랐고 진심으로 고독했으나 고독한
줄 몰랐던 그가 유리 가가린처럼 청춘이라는 푸른 별을 향해 귀환하기
시작한다. "오늘밤의 시간은 내 인생의 어디에도 속하지 않는 예외적인
미지의 시간이다."(210쪽) 15년 만에 되찾은 청춘의 한때가 권태로운
오늘에 빛을 뿌렸기 때문일 것이다. 그러나 이것은 구원인가? 역시 아
닐 것이다. 외려 우리는 소설의 끝에 놓여 있는 15년 전 '나'의 편지를
읽는 순간 무너질 듯한 애잔함을 느낀다. 15년을 건너뛰는 시적 도약의
순간에 오히려 15년이라는 시간의 무게를 새삼 느끼게 되는 탓이다. 청
춘의 기억을 삼키며 처연히 흘러갔을 15년의 세월이 상징하는 것은 삶
의 불가항력이다. 「고독의 발견」의 끝에서야 터져나오는 과거의 오열이
주는 착잡한 감회가 또한 그러하다. 우리는 이 소설들에서 인물들의 현
재를 가능하게 한 과거의 결정적인 한순간을 소설의 끝에서야 만나게
된다. 이와 같은 배치의 마술 덕분에 우리는 오늘날 우리의 삶을 규정하
는 어떤 유무형의 힘 앞에서는 도무지 선택의 왕국이 들어설 자리가 없
다는 사실을 아프게 깨닫는다. 이 모두를 일러 고독의 발견이라 부를 것
이다.

3

　많은 것을 잃어버렸으되 잃어버린 것들이 무엇인지를 도무지 모르겠
는 것이다. 그것은 먹먹한 일이다. 그러다 잃어버린 것이 무엇인지를
알게 되지만 그때는 이미 돌이킬 수 없는 일이 되어 있는 것이다. 그것

은 참혹한 일이다. 시간은, 삶은, 시스템은 그렇게 먹먹하고 참혹한 것이라고 은희경의 소설은 말한다. 상처가 켜켜이 쌓여 이제는 영혼이 온통 군은살로만 되어 있는 것이 아닌가 싶은 인물들이 있고, 그들의 내면에서 흘러나오는 말들을 어떠한 감상적 개입도 없이 옮겨내는 건조한 문장들이 있다. 그것들이 어울려 빚어내는 긴장감은 어떤 소설에서건 읽는 이의 방심을 허락하지 않는다. 이것은 단지 수사학의 소관이 아니다. 초기 소설들이 자유자재로 구사한 파사현정의 수사학이 이데올로기와의 유격전을 위한 것이었다면, 최근 소설들이 채용하고 있는 무색무취의 수사학은 시스템과 주체의 준엄한 대치를 그리기 위한 것이다. 그 수사학의 빈틈없는 긴장감 속에서 문득 재현되는 주체의 어떤 안간힘은 그래서 얼핏 강박증의 양상을 띠면서 마침내는 인간의 존엄을 되새기게 한다. 그 소재가 다이어트 강박이든 지도 중독이든 말이다. 「아름다움이 나를 멸시한다」의 결말 부분이다.

내가 이태리 식당에서 지금까지 내가 알던 것과는 다른 세계를 보았듯이 아버지 역시 자신이 알던 것과는 다른 아들을 보았어야 했다. 그러나 아버지는 뚱뚱한 아이의 기억을 갖고 떠나버렸다. 비너스를 보며 나는 생각했었다. 세상의 모든 아름다운 것들은 나를 멸시한다고.(113~114쪽)

'나'는 아버지의 인정을 받아본 적이 없다고 생각한다. 축복 받지 못한 출생이었기 때문이다. '보티첼리의 비너스'에 대한 애착은 '아름다운 출생'에의 꿈이다. 그 인정의 결핍이 '나'를 고독하게 한다. '나'의 거대한 몸집은 저 거대한 고독의 슬픈 은유다. 그래서 아버지의 위독을 통보 받은 서른다섯번째 생일날 다이어트를 시작한다. 아비가 죽기 전 마지막 한 번만이라도 달라진 모습을 보여야 했다. 그러므로 이 소설에서 다이어트라는 소재는 방편일 뿐이다. 육체의 질긴 욕망은 삶의 불가항력을, '나'의 필사적인 다이어트는 시스템과 맞서는 고독한 분투를 은유한다. 거대한 고독의 세계에서 '나'의 좌표를 찾겠다는 열망의 다른 이름이 아니라면, 이 다이어트가 그토록 사무칠 까닭이 없는 것이다. 그러나 끝내 아름다움은 '나'를 멸시한다. 이 소설은 완강한 시스템 속에서 빠져나오기 위한 인간의 안간힘에 바치는 비가로 읽힌다. 이 다이어트에 비견되는 것이 '소녀 B의 몽상'(「날씨와 생활」)이다. 그러나 현실은 밀린 할부 책값을 받으러 오는 수금원처럼 나타나 태연하게 그 몽상을 무너뜨리고 만다. 그러나 "상상까지 하지 말란 법이 있는가".(140쪽) 소녀는 현실의 사소한 악의에도 쉽게 바스러지고 마는 삶을 웃음으로 견뎌낸다. 그러나 그 웃음은 반어다. 그 웃음은 폭우가 쏟아지는 '날씨'라 해도 '생활'은 맑을 수 있다는 순진한 믿음의 소산이라기보다는 시스템의 악의에 맞서는 안간힘의 웃음일 것이다.

최근 은희경의 소설들에서 무심하게 나열되는 정보들은 그 안간힘의 무늬를 그려내기 위해 동원된다. '나'가 다이어트에 대한 정보를 소상히 나열할 때, 소녀 B가 온갖 동화책들의 제목을 나열할 때, 그것들은 모두 고독한 인간들의 강박증적인 내면을 우회적으로 재현한다. 말하자면 그것은 좌표를 잃어버린 인간들이 고안해낸 '없는 지도'의 대체물들일 것이다. 그래서 「지도 중독」을 마지막으로 읽어야 한다. "좌표가 흔들리고 있기 때문에 길 찾기가 쉽지 않은 세상"(153쪽)을 사는 인간들의 여행기다. 좌표 없는 세상을 살아가는 두 유형의 인물이 있어 우리의 거울 역할을 한다. M은 "삶에서 일어나는 일을 그저 받아들여야만 한다"(152쪽)고 믿는 '적응론자'다. 좌표가 불확실할 때에는 그저 무리에 섞여 있는 것이 상책이라고 생각하는 타입이라고 해도 좋다. 그가 캐나다 로키 산맥에서 만나게 되는 P는 자신의 좌표를 끊임없이 확인하려고 하는 강박에 사로잡혀 있는 인물이다. 그의 '지도 중독'은 좌표를 잃어버린 시대의 한 증상처럼 보인다. 얼핏 "사회부적응자"(162쪽)처럼 보이는 그의 강박증은 그러나 길을 찾기 위한 가파른 모색의 소산이다. "나는 남이 안 가본 길을 가는 재미로 살아"(180쪽)라고 말할 때, 혹은 "적응만 하면 진화를 할 수가 없지"(181쪽)라고 말할 때의 그는 그래서 M과 사뭇 다른 '진화론자' 쯤 될 것이다. 적응론자가 진화론자에게 묻는다.

　— 선배가 생각하는 진화란 게 뭐예요?
　— 모두들 다른 존재가 되는 것, 그것이 진화야. 인간들은 다르다는 것에 불안을 느끼고 자기와 다른 인간을 배척하게 돼 있어. 하지만 야생에서는 달라야만 서로 존중을 받지. 거기에서는 다르다는 것이 살아남는 방법이야. 사는 곳도 다르고 먹이도 다르고 천적도 다르고, 서로 다른 존재들만이 평화롭게 공존하는 거야.
　— 왜 그렇게 지도를 열심히 보세요?
　P선배는 피식 웃었다.
　— 좌표 읽는 것은 내가 풀어본 중에 가장 쉬운 2차방정식이야. 원점 O가 확실하면 P의 위치는 구할 수 있는 법이거든.(181쪽)

그저 무리에 섞여 있는 것이 상책이 아니라 부단히 서로 다른 존재가 되기 위한 모색이 필요하다는 것이다. 고독의 발견 이후에 필요한 것은 고독과의 강인한 대치라는 것이다. P와의 여행을 끝낸 후 M이 적응론자의 면모를 얼마간 탈피하고 있는 것은 사실이지만 그러나 이 소설이 P의 진화론을 낭만적으로 지지하고 있다 생각한다면 그것은 오해일 것이다. P의 강박적 지도 중독은 그저 또하나의 몸부림일 따름이다. 인용된 대목 이후에 "다음 순간 P선배의 얼굴에서 웃음이 걷혔다"(181쪽)가 기어이 따라붙는 것은 그 때문일 것이다. 좌표 P의 위치를 구한다 한들 갈 길이 환히 보일 리가 있겠는가. M은 P에게서 진실로 우리를 이끌어줄

지도가 필요하다는 착잡한 깨우침 정도만을 얻어냈을 것이다. 모두에게는 각자의 지도를 찾아야 할 의무가 있다는 것, 없는 지도를 더듬어가는 모색이 인간의 사명이라는 것이 이 신중한 작가의 마지막 한마디가 아닐 것인가. "상투적인 말이긴 해도 어쨌든 인생이란 길 찾기이니까요" (178~179쪽)라는 말은 과연 상투적이긴 하지만 어쨌든 진실이다. M의 탄식이 그래서 마음을 건드리는 것이다. "어떻게 살아야 할지 모르겠다고? 서른이 넘었는데, 나도 아직 어떻게 살아야 하는지 몰라."(183쪽)

어쩌면 이 책은 지도에서 시작해 지도에서 끝난다고 해도 좋아 보인다. 중심에 구멍이 뚫려 있는 W시의 지도와 더불어 고독을 발견하였고 (「고독의 발견」), 캐나다 로키 산맥의 지도를 들여다보며 갈 길을 물었다(「지도 중독」). 식품영양학에 관한 사변이 육체의 유전자 지도에 대한 논의로 이어질 때에도(「아름다움이 나를 멸시한다」), 우연과 필연의 통계학을 집요하게 물고 늘어질 때에도(「의심을 찬양함」) 거기에는 '지도의 사유'라 할 만한 것이 있다. 우리의 정신과 육체를 근저에서 좌우하는 시스템의 내적 논리를 지도로 그려내는 일에서부터 비로소 모종의 전진이 가능할 것이라는 성숙한 구조적 통찰이 이 소설집을 떠받친다. 요컨대 지도라는 메타포 위에 이 책은 서 있다. 지도 메타포의 역사는 유구하다. "별이 빛나는 창공을 보고, 갈 수가 있고 또 가야만 하는 길의 지도를 읽을 수 있던 시대는 얼마나 행복했던가?"[3] 운운한 루카치에서부터 "사회적 총체성에 대한 자기-의식"[4]의 탈환을 요청하면서 '인식적 지도 그리기'(cognitive mapping)의 필요성을 역설한 프레드릭 제임슨에 이르기까지 말이다. 그들의 고뇌와 고투는 지금 은희경의 것이기도 하다.

---

3) 게오르크 루카치, 「첫머리」, 『소설의 이론』, 반성완 옮김, 심설당, 1998, 29쪽.
4) 프레드릭 제임슨, 「저자 서문」, 『지정학적 미학 — 세계 체제에서의 영화와 공간』, 조성훈 옮김, 현대미학사, 2007.

4

 성실한 작가라면 고뇌할 것이다. "미네르바의 올빼미는 황혼녘에야 날개를 편다"는 사상가의 금언과 "여기가 로도스다, 여기서 뛰어라"라는 실천가의 명령 사이에서 고독할 것이다. 그러나 소설가는 사상가도 아니고 실천가도 아니다. '황혼녘'이 되기 전에 날아올라야 하고 '로도스'에서는 외려 호흡을 가다듬어야 한다. 그는 사상가보다 빠르고 실천가보다 느리다. 이 성실한 오류와 성숙한 주저가 소설가의 존재 증명이다. 그 자리에 서면 보인다. 시스템의 현황과 우리의 좌표가 쓸쓸하게 일렁인다. 그렇게 떠오르는 기미들로 작가는 지도를 만든다. 헤라클레이토스는 모든 일에 울었고 데모크리토스는 모든 일에 웃었다고 했던가. 지도를 만든다는 것은 이를테면 그 중간에 서는 일이다. 이제 은희경의 소설은 울지도 웃지도 않는다. 거대한 고독의 세계에서 인간의 지도를 만드는 이 지도 제작자에게 우리의 갈 길을 묻고만 싶다. 그러나 이제는 울지도 웃지도 않기로 작정한 이 소설가에게도 삶은 얼마나 고독한 것일까.
 "나는 아름답고 낯설고 허망한 소설을 좋아한다. 그러나 잘 쓰지는 못한다. 대개 내 소설은 질문과 고민을 포함한 '이야기'이기 때문이다."[5] 이 말은 믿을 게 못 된다. 이 소설집에 실린 작품들로 말하자면, 질문과 고민이 응축되어 있는 이야기인 채로 아름답고 낯설고 (섣부른 전망을 거절한다는 의미에서) 끝내 허망하기까지 하다. 한 단어도 빼놓지 않고 다시 적겠다. 아름답고, 낯설고, 허망하다. 초기 은희경의 소설들은 면도칼 같아서 읽는 중에 여러 번 당신을 긋고 지나갔을 것이다. 그것은 기꺼이 즐길 만한 통증이었을 것이다. 그러나 이제 그녀의 소설

---

5) 은희경, 「작가의 말」, 『비밀과 거짓말』, 문학동네, 2005.

은 칼이 아닌 척하는 칼이어서 당신은 베이고 있는 줄도 모르는 채로 깊이 베이게 될 것이다. 쉽게 알아보기 힘든 어떤 힘이 밀고 들어와, 조용히 빠져나가고, 마침내 피 흐를 때, 비로소 당신은 그것이 칼이었음을 알게 될 것이다. 면도칼도 못 되는 소설들의 중구난방 속에서 오랜만에 느끼는 묵직한 통증에 경의를 표한다. 이 독창적인 소설미학에 어떤 이름을 붙여야 하나. 이 소설의 장르는 그래서 그냥 '은희경'이다.

정치적으로 올바른 아담
— 이기호, 『갈팡질팡하다가 내 이럴 줄 알았지』(문학동네, 2006)

1. 아담이 눈뜰 때

　최초의 인간 아담에게는 개념이 없었다. 말하자면 그는 '개념 없는' 인간이다. 알다시피 '개념 없는 인간'이란 말은 이제 욕설이 되어버렸다. 최소한의 교양과 기본적인 예의조차 결여하고 있는 백치들을 그리 부른다. 그러나 교양과 예의라 불리는 것들은 제아무리 거드름을 피워도 별수 없이 상대적이다. 우리의 교양이 당신들에게는 허드레 지식일 수 있고, 동방의 예의가 서방의 무례이기 십상이다. '개념'이라는 것들의 상당 부분은 한낱 상대적인 가치들의 똥덩어리이거나 철 지난 이데올로기의 거대한 화석이다. 그러니 '개념 없는'이라는 말이 욕설이어야 할 까닭이 없다. 부정적으로는 백치의 지경이 되겠지만, 긍정적으로는 이데올로기의 영도(零度)에 가까운 경지다. 그 경지는 맷집이 세다. 이기호의 소설은 피투성이가 되도록 린치를 당하고도 끝내 씩 웃는 자의 난감한 무구함을 닮아 있다. 그런 백치를 조롱할 수는 있어도 싸워 이길 수는 없다. 바바리를 걸친 아담과 조우할 때 결국 자리를 피하는 것은 아담이 아니라 우리다. 그 영도의 알몸 앞에서 거대한 '개념'들은 별수 없이 허망해지고 만다. 아담의 시선을 복원하는 것, 그 '개념 없음'의 자리에 서는 것은 그래서 급진적일 수 있다. 그 자리에 이기호가 서 있다.

그는 '개념 없는' 작가다. 소설가라면 반드시 갖춰야 할 개념들이 있다. '소설(가)'에 대한 개념, '인물'에 대한 개념, '역사'에 대한 개념이 그것이다. 소설 혹은 소설가란 모름지기 이러저러해야 한다는 개념들이 엄연하지만 그에게는 별무소용이다. 소설의 인물들이 비루해지기 시작한 것은 90년대 이후의 한 흐름이지만 이 작가의 인물들에게는 때로 비루하다는 말조차 과분하다. 역사를 대하는 태도도 용감하다. 그는 때로 '역사(History)'를 '안녕, 이야기!(Hi, Story!)'의 합성어 정도로 생각하는 것처럼 보인다. 좋다는 이야기다. 그는 개념 없는 아담의 눈으로 인간을 관찰하고 세상을 읽는다. 무구한 아담의 목소리로 눈치 없이 이야기를 늘어놓는다. 덕분에 그의 소설에서는 못 할 일이 없고 안 되는 일이 없다. 절대적으로 악한 것도 절대적으로 선한 것도 없다. 대신 그 영도의 자리에는 아담이 느낀 최초의 감정인 '부끄러움'이 있다. "하 참, 좀 쪽팔리네요……"(173쪽) 혹은 나의 부끄러움과 너의 부끄러움이 만나 발생하는 정체불명의 '미안함'이 있다. "왠지, 그냥 왠지, 미안한 마음이 들었다."(179쪽) 개념 없는 아담의 부끄러움과 미안함으로 그는 쓴다. 그래서 그는 자유롭다.

『최순덕 성령충만기』(문학과지성사, 2004)가 분만(分娩)한 활력의 태반(胎盤)이 거기에 있다. 덕분에 소설, 인간, 역사에 대한 우리 상식인들의 '개념'이 어색해져버렸다. 물론 그 이전에 성석제가 있었고 그 이후에 박민규가 있을 것이었다. 그러나 그 개념 없음의 정도로 말하자면 그는 선배의 뺨을 치고 후배조차 혀를 차게 만든다. 그는 랩(rap)의 리듬, 조서(調書)의 문답, 성경의 2단 편집 등의 형식으로 버무려낸 이야기들을 소설이라 우겼다. '바바리맨'을 전도하는 최순덕, 본드를 불고 햄릿과 대화하는 배우, 뒤로 달리는 '백미러 사나이', 소처럼 네발로 기는 사내와 같은 인물 군상들을 감히 '현대소설'의 주인공으로 들어앉혔다. 한국전쟁의 상처와 박정희 군부독재의 기억에 한 다리 걸칠 때에도 리얼리즘의 기율에 아랑곳하지 않고 기담(奇談)을 만들어냈다. 소설, 인물, 역사를 대상으로 한 이 '개념을 상실한' 도발 앞에서 우리는 아담의 부끄러움과 미안함에 감염되어야 했다. 이런 소설도, 이런 인물도, 이런 역사도 가능하다는 사실을 인정하지 않을 수 없었고, 서둘러 기왕의 개념을 수정하거나 최소한 의심해야 했다. "제발 상상 좀 하고 살아라."(「발밑으로 사라진 사람들」) 그것은 화끈한 도발이었다.

그리고 2년 만에 두번째 소설집이다. 저 '개념 없음'의 에너지는 여전하지만, 이제 그만의 '다른 개념'에 대한 성찰이 엿보여서 더 좋다. 소설이란 무엇인가, 인물이란 무엇인가, 역사란 무엇인가. 이제 그는 반성적으로 질문하고 더 진지하게 대답한다. 이런 생각이 든다. 그는 우리가 생각했던 것보다 훨씬 더 진지한 작가인지도 모른다. 그는 전진하고 있다.

2. 곡괭이를 든 소설가

이번 작품집에서 눈에 띄는 것 중의 하나는 '소설가란 누구인가' 혹은 '소설이란 무엇인가'를 주제로 한 자기 성찰과 반성적 질문이다. 그런 질문을 던지며 써나간 소설을 흔히 '메타(meta)소설'이라 한다. 이름만 들어도 지루해 죽겠다. 그런 성찰과 질문은 작가 자신에게나 중요할 뿐, 독자가 원하는 것은 성찰의 '결과'이고 질문의 '해답'이니까. 그러나 이기호가 메타소설의 상투적인 패턴을 답습했을 리 없다. 심상찮은 문제의식을 기상천외한 방식으로 탐구하고 있는 「수인囚人」과 「나쁜 소설 — 누군가 누군가에게 소리내어 읽어주는 이야기」를 이 범주로 묶을 수 있다. 「수인」이 '소설가란 누구인가'에 대한 응답이라면 「나쁜 소설」은 '소설이란 무엇인가'에 대한 대답이다. 우선 첫번째 질문. 소설가란 누구인가? '글월로 세상을 계몽하는 지식인'이라는 유구한 정답이 있으나 이기호의 세계에서는 실소 만발의 오답이 될 것이다. '글로 억압과 싸우는 투사'도 땡, '문자로 예술하는 고독한 댄디'도 땡이다. 이기호가 생각하는 소설가는 지사(志士)도, 투사도, 댄디도 아니다. 어느 편이냐 하면 그것은 막노동꾼에 가깝다. 「수인」은 이 새로운 시대의 소설가 상(像)을 날렵한 상상력으로 부조해낸다.

"수영은 심판장의 문을 열고 들어갔다."(193쪽) 카프카 풍의 도입부다. 범인 찾기를 주제로 하는 추리물을 흔히 '후던잇(whodunit)' 소설이라 한다. 이를 변용해서, 어느 날 갑자기 자신이 누구인지를 증명해야만 하는 인물의 다급한 처지를 다룬 소설을 '후앰아이(whoami)' 소설이라 하자. 이를테면 「수인」은 소설가를 주인공으로 한 '후앰아이' 소설이다. 이야기는 이렇다. 32세의 별 볼일 없는 소설가 박수영은 총 11개월 동안 깊은 산속에서 와신상담 소설 집필에 매진하다가 최근 하산했다. 그사이 원자력발전소가 폭발하여 세상이 아수라장이 된 줄도 몰랐다. 살아남은 사람들은 각자의 직업에 따라 UN의 심사를 받고 세계 각지로 흩어지는 중이다. 소설을 탈고하느라 뒤늦게 심판장에 도착한 수영에게 서기는 말한다. "소설가라, 소설가…… 모집 직종란엔 없는 직업이군요."(196쪽) 소설가가 더이상 직업으로 인정되지 않는 세상이 된 것이다. 그는 이제 완벽하게 무능력한 무직자다. "선생이 쓰는 소설이라는 것도, 따지고 보면 전구나 라디오 같은 발명품 아니냐"(207쪽)라거나, "노동 없는 곳에선 소설도 아무 의미 없는 게 아닌가요?"(208쪽)라는 심판관의 논리 앞에서 "그러니까 소설은…… 예술의 영역이니까……"(206쪽)라는 수영의 대답은 무력하다. 그는 어떻게 자신을 증명해야 하나.

　수영에게는 선택의 여지가 없다. 심판관의 제안대로 25미터의 시멘트벽을 뚫고 교보문고에 들어가서 자신의 책을 가져와야만 한다. 그는 곡괭이질을 시작한다. 열흘째 되는 날, 마침내 교보문고의 입구에 도달한다. 그는 슬슬 불안해진다. 저 안에 내 책이 남아 있지 않으면 어떡하지? 그런데 그를 찾아온 서기의 대답이 황당하다. "아, 형씨야 이미 증명이 다 된 걸 뭘 그런 걱정을 합니까? (…) 아, 이 벽을 다 깼잖아요. 이렇게 두꺼운 벽을 혼자서 다 깼는데 그 이상 무슨 증명이 더 필요합니까?"(230쪽) 심판관의 제안은 미끼였다. 그들에게 중요한 것은 수영의 노동력일 뿐 그의 책 따위는 아무 의미도 없는 것이었다. 수영은 "가로 일 미터 세로 이 미터 크기의 굴"(231쪽)로 그 자신을 증명한 꼴이 되어 버렸다. 소설가이기를 원하는 수영에게 그것은 '나는 누구인가?'를 찾아헤맨 끝에 '나는 무(無)다'라는 결론에 도달한 것과 다름없다. 이것은 '후앰아이' 플롯에서는 가장 비극적인 결말에 속한다. 우리의 쓸모없는 소설가는 교보문고의 저 쓸모없는 책들과 더불어 순교하는 길을 택한다. 소설의 끝부분이다. "그가 라이터를 켜면 그곳에 소설이 있었고, 그가 라이터를 끄면 소설은 사라졌다."(233쪽) 소설과 소설가의 운명은 지금 점멸중이다. 그래서 「수인」은 "자본주의적 가치체계 속에서 질식된 소설의 운명과 그러한 운명에 저항하는 소설가의 절망적인 운명"(심진경)을 다루고 있는 소설로 우선 읽힌다. 그러나 이렇게 읽어보는 것은 어떨까. 수영은 책과 함께 순교한 것이 아니라 곡괭이와 더불어 다시 태어난 것이라고 말이다.

　전국의 모든 곡괭이들은 어딘가에 버려진 채 서서히 녹슬어가고 있을 것이었다. 그 위로 분진이 내려앉고 비가 내릴 것이고, 그러면 곡괭이의 날도, 자루도 땅속 어딘가로 사라져버릴 것이다. 그리고 그때가 바로 곡괭이란 단어가 사라지는 순간일 것이다.(217쪽)

저 벽 뒤에 자신의 소설이 존재하지 않는다 하더라도, 그로선 계속 벽을 파나갈 수밖에 없었다. 그것이 제안을 받아들이고, 그 제안을 수행한 자의 관성이었다. 아니, 어쩌면 이미 회색 시멘트벽 그 자체가, 그의 존재였고, 그의 실체였는지도 몰랐다. 그는 그것을 인정하기로 했다. 이제 그 자신이 완벽한 연장이 되었다는 것을…… 연장은 미리 벽 뒤를 내다보지 않는다는 것을…… 연장은 연장일 뿐.(226쪽)

단 한 사람이라도 곡괭이를 사용하는 한 곡괭이는 존재할 수 있다. 마찬가지로 세상에서 오직 그만이 소설가이고자 해도 소설가는 존재할 수 있다. 그가 그 마지막 곡괭이(소설가)가 되면 어떻겠는가. 그래도 영원히 그 벽을 뚫으면 어떻겠는가. 이 소설의 표면적인 논리대로라면 수영의 노동은 소외된 노동에 불과하다. 그 행위는 그 자신의 정체성을 무(無)로 왜곡하는 과정에 불과했으니까 말이다. 그러나 뒤집어 생각해보면 그는 벽을 뚫는 동안만큼은 무(無)가 아니었다. 소설가 '인' 상태는 아니었지만, 소설가가 '되어가는' 상태였다. "소설가라는 객관적인 증거"(210쪽)는 심판관의 말대로 책이 아닐 수 있다. 소설가를 만드는 것은 소설가이고자 하는 '의지'일 것이다. 말하자면 수영은 벽을 뚫을 때에만 소설가일 수 있다. 소설가는 '직업'이 아니라 '상태'라는 것, 여기에 소설가의 존재론이 있다. 자기를 증명하기 위한 끝없는 노동, 즉 '소설가가 되겠는가?'라는 "제안을 받아들이고, 그 제안을 수행한 자의 관성"(226쪽)이 곧 소설쓰기라는 말이다. 그러니 25미터의 벽이 곧 '현실'이고 곡괭이질이 '소설쓰기'의 은유라고, 혹은 곡괭이가 곧 소설가의 존재 자체라고("그 자신이 완벽한 연장이 되었다는 것을"), 더 나아가 소설가의 윤리는 결과를 예측할 수 없는 무한노동의 윤리라고("연장은 미리 벽 뒤를 내다보지 않는다는 것을") 말할 수 있지 않을까.「수인」을 소설가의 존재론과 소설쓰기의 윤리학이라는 관점에서 읽어도 좋겠다. 그렇다면 이기호의 소설가는 곡괭이를 든 노동자이고, 이 소설은 '육체파 소설가'의 자기 선언이다.

3. 이렇게 나쁜 소설

우리 시대의 소설 노동자는 어떤 소설을 쓰는가.「나쁜 소설」은 '소설이란 무엇인가?'를 혹은 '소설은 무엇이어야 하는가?'를 묻고, 소설은 나쁜 것이고 나쁜 것이어야만 한다고 대답한다. 소설의 의장이 현란하다. 몇 단계의 설정이 착종되어 있기 때문이다. '작가=서술자'가 직접 문면에 등장하여 '독자=당신'에게 말을 걸고 있다. 물론 전례가 없지 않다. 이인성이 80년대에 이미 '당신들' 운운하여 소심한 독자들을 움찔하게 한 바 있다.「나쁜 소설」의 서술자는 숫제 독자에게 최면을 걸고 있는 터다. 서술자는 최면술사가 되고 독자는 피실험자가 된다. 서술자는 이 이야기의 주인공이 '그' 혹은 '그녀'가 아니라 독자인 바로 '당신'이라고 말한다. "당신에게도 소설 속 주인공의 얼굴이 그려지나요?"(15쪽) "자, 그럼 이제 당신이 들고 있는 카메라 렌즈를, 저기 앉아 있는 소설 속 주인공의 눈과 겹쳐지도록 해봅시다."(16쪽) "이제 탁자 위 소설책을 자세히 살펴볼까요? 흠, 당신은 소설책 맨 앞에 실린 어떤 단편소설을 읽고 있었군요."(17쪽) 이 약속을 경계로 이 소설은 사실상 '독자(=당신)'를 주인공으로 하는 2인칭 소설로 바뀐다. 그런데 이것이 끝이 아니다. 이 소설은 '누군가 누군가에게 소리내어 읽어주는 이야기'이기 때문이다.

이 소설의 독자(=당신)가 실제로 이 작품을 누군가에게 읽어주게 되면 독자는 주인공에서 서술자로 위치 이동하게 된다. 이제 '당신'으로 호명되는 것은 청자이고 그가 주인공으로 호출된다. 이것은 독자가 독자, 주인공, 서술자 등으로 차원 이동할 수 있는 아날로그 하이퍼텍스트처럼 보인다. 더 나아가 '독자⇌주인공⇌서술자'가 이야기의 빈곳을 상상력으로 채워넣을 수 있게 배려된(31~32쪽) 독자 지향형 소설처럼 보이기도 한다. "이 소설도 읽어주는 사람에 따라, 그의 맘에 따라, 계속 변하고 뒤바뀌고 출렁거려, 누가 진짜 이 소설의 원작자인지 모를 지경까지 흘러가길 원합니다. 나는 그런 것엔 하나도 서운하지 않으니까요."(10쪽) '작품(work)'의 주인인 '권위적 서술자'의 자리를 포기하고 독자의 자유를 보장하는 '텍스트(text)'가 되도록 방조하겠다는 선언이다. 그러나 과연 그런가? 작품의 실상은 그렇지 않다. 이미 말했듯 이 소설은 논리적으로는 독자의 차원 이동이 가능하지만 실제로는 '당신'을 주인공으로 하는 2인칭 주인공 소설에 가깝고, 독자의 상상력이 구성의 층위에까지 참여할 수 있도록 열어놓고 있는 듯 보이지만, '당신(독자⇌주인공⇌서술자)'의 행로는 불가피한 결론으로 치닫는다. '당신'의 해방을 보장하는 '형식'이 '당신'의 속박을 재확인하는 '내용'과 충돌하면서 오히려 씁쓸한 아이러니를 발생시키고 있다는 말이다. 내용은 이렇다.

'당신'은 9급 공무원 시험을 준비하고 있다. 도서관에서 우연히 어떤 소설을 읽게 된다. 누군가에게 읽어주는 소설이란다. 이 기괴한 소설은 '당신'의 비루한 현실을 은근히 힐난한다. "인간관계가 좋지 않아 곁에 아무도 소설을 읽어줄 사람이 없는 경우라면, 흠, 그러면 어쩔 수 없지요."(9쪽) "뭐, 인간관계가 어쩌고 어째, 에이 더러운……"(21쪽) '당신'은 '당신'의 현실을 부정하기 위해 서술자의 명령에 따르기로 한다. '착한 소설'이라면 '당신'에게 '비현실의 오아시스'를 제공할 것이 분명하니까 말이다. 그러나 백수인 '당신'에게는 소설을 읽어줄 사람이 없다. 급기야 '당신'은 옛 애인을 찾아간다. 그러나 만남은 어찌어찌하여 결렬되고, '당신'은 결국 여관에서 콜걸에게 소설을 읽어준다. 콜걸에게라도 읽어줄 수 있게 되어서 '당신'은 감격한다. 소설과 현실의 간극을 마침내 없앴다는 듯이, 현실을 벗어나 소설을 살게 됐다는 듯이.(38쪽) 바로 그 순간, 숨어 있는 작가가 말하기 시작한다. 감격하는 '당신', 아서라. '당신'의 현실은 비루하다, 그래서 '당신'은 혼자다…… 그러니 '당신'은 '비현실의 오아시스'를 찾기 위해 '윤대녕의 소설'을 흉내냈다가 실패한 과거의 경험을 더 서글프게 반복하고 '현실의 사막'을 재확인한 것이다. 이런 '나쁜 소설'을 봤나. 그러니 이 소설의 형식은 아이러니를 위해 고안된 미끼에 가까운 것이다.

여관방에 혼자 누워 있자니 당신은 왠지 모르게 서글퍼지기 시작했습니다. 어쩌면 그제야 당신은, 당신이 서 있는 자리를, 당신이 디디고 있는 현실을, 제대로 인식한 것인지도 모릅니다. (…) 따지고 보면 당신이 '윤대녕' 소설에서 멀어지게 된 것 역시 어쩔 수 없는 현실세계의 벽 때문이었죠. 시간이 흐르고 흐르다보니, 당신이 살아가고 있는 이 현실이, '윤대녕' 소설에서 그려지는 세계보다 더 소설 같고, 더 사막 같다는 생각을 하게 된 것이죠.(32~33쪽)

그래서 한때의 독자들은 이제 한국소설을 떠나버렸다. 소설보다 더 '더 소설 같고 더 사막 같은' 현실이 그 모든 '당신'들을 옥죄고 있기 때문이다. '윤대녕 소설'(은 물론 하나의 상징에 불과하다)의 "어떤 몽롱함, 어떤 쓸쓸함과 애잔함"(25쪽)은 『스파르타 영어』와 '9급 공무원 시험'의 현실에 속절없이 밀려났다. 그러니 이제 어떤 소설이어야 하는가? 이것이 우리 '소설 노동자'의 질문이다. 그는 아마도 소설과 현실의 간극을 더 좁혀야 한다고 생각하는 것 같다. "블루마운틴 원두커피와 여과지"(25쪽)의 세계가 아니라 "24시간 장모님 해장국"(22쪽)의 세계로, "상처에 중독된 사람"(29쪽)의 세계가 아니라 "와, 이 오빠 진짜 센 변태네"(37쪽)의 세계로 가야 한다고 말하는 것도 같다. 우리는 소설의 세계와 현실의 세계가 어렴풋하게나마 다른 것이라고 알고 있다. 고상한 소설의 세계와 비루한 현실의 세계가 있고, 그 '차이' 때문에 소설을 읽는 것이라고 알고 있다. 그 '차이'에 찬물을 끼얹는 소설이 나쁜 소설이다. "뭐 이런 좆같은 소설이 다 있냐. 좆나 깨는 소설이네."(39쪽) "아, 씨발, 뭐 이리…… 나쁜 소설이 다 있냐……"(43쪽) 현실이 소설보다 더 소설적이라면 그 현실과 경쟁할 수 있는 '깨는 소설'이어야 하고, 현실이 소설보다 더 사막 같다면 현실의 사막으로 더 깊이 파고드는 '나쁜 소설'이어야 한다. 그런 소설을 위해 그는 곡괭이질을 하였고, 예컨대 이런 소설들을 썼다.

4. 낙오자들의 심야 로망스

'백수의 시대'라고들 하지만 그 말은 사려 깊지 못하다. 백수 그룹 안에서도 계급은 엄연하다. 만만찮은 문화 자본과 상징 권력을 갖고 있는 '프리터'들이 백수를 자처하는가 하면, '자발적 백수'라는 신인류가 출현했다는 소식도 들린다. 그러나 그들의 '흰 손'은 적빈(赤貧)에 허덕이는 필사적인 백수들에게 언감생심이다. 이들을 혼동하는 것은 부도덕하다. 그러니 후자들을 '시봉'이라고 부르자. 우리 시대 뒷골목(outback)의 낙오자(outcast)들에게 이 작가가 붙여준 이름이다. 씹할새끼, 씹새끼, 씨방새, 시봉새…… 등등을 거쳐 '시봉'이 되었을 것이다. 이 사회의 주류였던 적이 한 번도 없었고 앞으로도 그럴 가능성이 농후한 인간 군상들의 보통명사다. 그러니 한자로는 시봉(侍奉)이라고 써야 맞겠다. 이기호의 페르소나인 '시봉'이 등장하는 두 편의 이야기가 있다. 「당신이 잠든 밤에」(이하 「당신」)와 「국기게양대 로망스—당신이 잠든 밤에 2」(이하 「국기」)가 그것이다. 작가는 이 이야기들을 '로망스'라 명명했다. 로망스(Romance)란 무엇인가. 신화(myth)와 소설(novel)의 중간 단계인 중세의 '모험담'이다. 우리 식으로 말하면 '민담' 정도가 되겠다. 특이한 인간 군상들의 기이한 이야기이고, '꿈은 이루어진다'와 '정의는 승리한다'를 모토로 삼는 이야기다. 그러나 시봉의 꿈은 이루어지지 않고, 정의는 바빠서 시봉에게 관심이 없다. 그래서 '로망스'라는 명칭도 아이러니다. 여기 '낙오자들의 로망스'가 있다.

「당신」의 내용은 이렇다. "비가 추적추적 내리고 있는 새벽 한시, 진만과 시봉은 한적한 도로 한켠, 버려진 방범초소 옆에 쭈그리고 있었다."(136쪽) 이들은 지금 자해공갈을 도모하고 있다. "이렇다 할 기술도, 학력도, 연고도 없는 지방 상경 청년들"(136쪽)이 "딱히 되돌아갈 곳도 없"(144쪽)는 막장에서 벌이는 눈물겨운 소동이다. "타이밍이 중요해."(137쪽) 인생을 타이밍에다 걸어놓고, "오기와 두려움이 공존하는, 그래서 더더욱 측은함이 배어나는 눈"(134쪽)을 한 채로 그들이 기다리고 있다. 있는데, 일이 제대로 될 턱이 없다. 대기중인 그들에게 보안업체 직원이 온다. "신분증 좀 보여주시겠습니까?"(140쪽) (이기호의 아담들은 늘 이런 식이다. 심사를 받고(「수인」), 조서를 쓰고(「햄릿 포에버」「갈팡질팡하다가 내 이럴 줄 알았지」), 고백을 강요당한다(「옆에서 본 저 고백은—고백시대」). 질문할 수 있는 권리와 대답해야 하는 의무가 애초 그렇게 배분되어 있다는 듯이 말이다.) 드디어 첫번째 기회가 온다. 그러나 시봉이 보도블록에 걸려 넘어져서 실패한다. 이번에는 보안업체 직원이 아니라 한 소녀가 온다. 소녀의 연기에 속아넘어간 덕분에 깡패들에게 린치를 당한다. (이기호의 아담들은 늘 이런 식이다. 돈 있고 권력 있고 지식 있는 계급들은 그들에게 질문의 폭력을 휘두르고, 같은 계급이라 믿었던 이들은 외려 그들에게 물리적 폭력을 행사하거나 무관심의 폭력을 선사한다. 아담들은 그 사이에 끼여 있다.) 이제 마지막 기회다. "겁 많고 병약하기 그지없는"(152쪽) 시봉이 "확실히 하자"(151~152쪽)는 취지로 제 발을 내리찍는다. 그러는 와중에 차는 이미 빠른 속도로 사라지고…… 네 토막의 에피소드가 차례로 이어지면서 빗줄기는 거세지고 날은 점점 밝아온다. 역시 정의는 그들의 편이 아니었고 꿈은 이루어지지 않는 것이었다. '자해공갈 로맨스'는 이렇게 끝이 나고 이어지는 것은 '국기게양대 로맨스'다.

다시, "모두가 잠들어 있는 새벽 세시 무렵이었다".(163쪽) 진만과 팀을 짜서 시도했던 자해공갈이 실패로 돌아가고 시봉은 이제 '외로된 사업'에 골몰한다. 두번째 아르바이트는 자해공갈에 비하면 한결 고무적이다. 국기게양대에 걸려 있는 국기를 훔쳐 파는 일이니까 죽을 위험은 없는 것이다. 오늘도 힘겹게 국기게양대에 매달려 있는 시봉은 문득 소스라친다. 시봉의 오른편 국기게양대에 매달려 있는 이 '남자'는 누구인가. "사실은…… 저도 국기게양대를 사랑하고 있어요!"(173쪽) 남자가 국기게양대에 입맞춤을 하고 있는 동안 또다른 '사내'가 등장한다. "저기, 혹시 여기 아래에서 웬 여자 한 명 못 보셨나, 해서요."(176쪽) 사내의 아내는 빚보증을 서서 집을 날린 뒤 말문을 닫고 오로지 국기게양대하고만 대화를 나누다 가출했다. 사내 역시 남자의 권유로 시봉의 왼편 국기게양대에 매달린다. 세 개의 국기게양대에 세 남자가 나란히 매달려 있는 기상천외한 풍경이 마침내 완성된다. 국기게양대와 사랑을 나누는 것이 국보법 위반은 아닌지 사내가 묻자 남자가 대답한다. "그런 거 생각하면 사랑 못 하십니다. (…) 눈 감으면 국가도 싹, 사라진다니깐요."(189쪽) 이 장면이 희극의 비등점이고 동시에 비극의 발화점이다. 국가의 혜택이라고는 받아본 적 없는 이들이 국기게양대와 사랑을 나누면서 국보법을 떠올리고야 마는 이 엉뚱한 희극은 사내의 통곡과 시봉의 눈물로 이어지면서 비극으로 몸을 바꾼다. '국기게양대 로망스'도 이렇게 끝난다.

진만은 도로 저편을 바라보았다. 어둠은 구석에 웅크린 쥐처럼 적요했다. 기세 좋게 내리던 비는 차츰차츰 안개비로 변해갔다. 이제 곧 새벽이었다. 사람들은 간밤에 내린 비의 양에 대해 얼마나 알까? 촉촉이 내리는 안개비를 보며 뒤숭숭하던 간밤의 천둥소리를 단지 꿈으로만 치부해버리지 않을까?(154~155쪽)

셋은 그렇게 말없이 가만히 국기게양대에 매달려 있었다. 동네는 어둠 속에 괴괴히 잠들어 있었다. 상현달은 서서히 이울고 있었다. 그럴수록 새벽별은 더 밝게 빛났다. (…) 자신이 여기에 왜 계속 매달려 있는지, 그 마음을 알 수 없었다. 어차피 오늘 일은 망친 셈이었다. 그리고 이제 곧 새벽이었다.(179쪽)

이렇게 그들은 밤의 인간들이다. 두 편의 로망스는 각각 '당신이 잠든 밤'에 시작되고 "이제 곧 새벽이었다"와 더불어 끝난다. 그러나 사람들은 "간밤에 내린 비의 양"을 모른다. "간밤의 천둥소리를 단지 꿈으로만 치부"할 게 분명하다. 그러거나 말거나 그들은 여전히 우리가 잠든 밤에 방범초소 앞에서 지나가는 차를 기다릴 것이고 국기게양대에 매달릴 것이다. "그건 선택의 문제가 아닌 것 같았다."(187쪽) 어쩔 도리가 없는 것이다. 한 시대의 후방에서 벌어지는 이 '어쩔 도리 없음'의 이야기는 어딘가 낯이 익다. 「당신」의 진만과 시봉은 『고도를 기다리며』의 '블라디미르'와 '에스트라공'을 떠올리게 한다. 한 그루 나무 앞에서 아침이 밝아올 때까지 하염없이 고도(Godot)를 기다리는 그 두 사람은 나무에 목을 매달고 죽어버리자 운운하면서도 도리 없이 고도를 기다린다. 고도의 도착이 계속 내일로 유예되듯이, 진만과 시봉이 기다리는 그 차도 끝끝내 그들을 비켜갈 것이다. 한편 「국기」의 세 남자는 「서울, 1964년 겨울」을 살았던 세 남자의 최신판처럼 보인다. 대학원생 '안'과 구청 병사계 직원 '김'이 "파리를 사랑하십니까?" 운운하는 대화를 나누던 중, 아내를 잃고 방황하는 30대 사내를 만나 새벽을 보내는 저 쓸쓸한 60년대의 풍경은, 당신도 국기게양대를 사랑하느냐 운운하던 시봉과 남자가, 아내가 떠나 괴로워하는 30대 사내를 만나 새벽을 지키는 「국기」의 2000년대 풍경과 자연스럽게 오버랩된다.

그러나 이기호의 로망스는 선배들의 부조리극처럼 냉정하지 못하다. 블라디미르와 에스트라공이 기껏 서로 몇 번 껴안아주는 동안, 시봉은 "꿈이라도 좋은 꿈 꾸라고"(143쪽) 잠든 진만의 성기를 빨아준다. 안과 김이 외판원 사내를 끝내 외면하고 돌아오는 동안, 시봉은 "왠지, 그냥 왠지, 미안한 마음이"(179쪽) 들어 남자와 사내를 떠나지 못하고 함께 새벽을 맞으며 운다. 바로 이 장면들에 이기호의 인장(印章)이 찍혀 있다. "이 세상의 눈물의 양엔 변함이 없지. 어디선가 누가 눈물을 흘리기 시작하면 한쪽에선 눈물을 거두는 사람이 있으니 말이오."(『고도를 기다리며』 1막) 이 말이 사실이라면, '당신이 잠든 밤에' 누군가 눈물을 흘릴 때 그 눈물은 그 개인의 눈물이 아니라 이 세상의 눈물이다. 다만 그들은 '당신'과 달리 '눈물을 거두는 사람'이 아니라 '눈물을 흘리는 사람'의 자리에 운 나쁘게 서 있을 뿐이다. 이기호의 인물들은 '눈물을 거두는 사람'의 자리에 설 수 없고 서지 않는다. 그들은 함께 우는 길을 택한다. 이것이 시봉의 윤리감각이다.

5. 역사는 걱정 마세요

　시봉의 윤리감각으로 무장한 채 낙오자들의 로맨스를 쓰는 작가가 당대의 뒷골목이 아니라 역사의 그늘로 눈을 돌리면 이기호 식 '역사기담'이 씌어진다. 이 '기담' 계열은 저 '로맨스' 계열과 함께 이야기꾼 이기호의 쌍두마차다. 기왕의 작품인 「백미러 사나이」와 「발밑으로 사라진 사람들」이 그 가능성을 증명했고, 그 뒤를 잇는 작품인 「누구나 손쉽게 만들어 먹을 수 있는 가정식 야채볶음흙」(이하 「흙」)이 다시 한번 쐐기를 박는다. 이런 기담을 불편해할 리얼리스트들을 위해 이 작가는 두 가지 장치를 마련한다. 저 기행이 실제로 일어났거나 일어나고 있는 일임을 증명하기(증거 설정)가 그 하나고, 그 기행을 촉발한 정치적/역사적 맥락을 설정하여 그 불가피성을 설득하기(맥락 설정)가 다른 하나다. 이기호의 기담은 전자 덕분에 현실성을 얻고 후자 덕분에 당대성을 얻는다. 기담이 현실성을 얻는 순간 현실에 대한 우리의 관념이 낯설어지고, 기담이 당대성을 얻는 순간 문학이 역사와 조우하는 새로운 형식이 탄생한다.

　예컨대 「백미러 사나이」를 떠올려보라. '여의도 한강 고수부지 조깅코스'에는 실제로 뒤로 달리는 사람들이 있지 않느냐는 의뭉 떨기가 전자에 해당되고(현실성), '박정희의 눈'(군사 파시즘과 개발 독재 이데올로기의 끈질긴 영향력)이 그 기행을 낳았다는 식의 맥락화 작업이 후자에 해당된다(당대성). 「흙」에서는 이런 식이다. "초근목피로 연명하다 못해 흙까지 파먹은 사람들 이야기"(50쪽)가 『성호사설』에 나온다는 식으로 저 기행의 '현실성'을 정색하고 말하는 대목은 먹을 수 있는 것과 먹을 수 없는 것의 경계에 대한 우리의 관념을 교란한다. 더불어 흙을 먹는 기행을 분단체제가 조장한 맹목적 반공주의와 연결하여 맥락을 설정하는 작업은 이 기담에 '당대성'을 부여하면서 '신기하고 재미있는 이야기'의 층위를 넘어서게 만든다.

　화자의 아버지는 '육군 상사'였다. 말이 군인이지 소심하고 겁이 많은 양반이었다. 군사정권이 분단체제를 빌미 삼아 공포정치를 일삼았던 때였다. 시대가 그를 그리 만든 것이다. 그가 뒤뜰에 지하벙커를 만든 것은 당대의 비합리를 반영하는 서글픈 기행이다. 1983년의 어느 날, 아비의 강박관념 덕분에 벙커로 대피한 아이는 아비가 죽으면서 고립된다. 아이는 나오지 못하는 것이 아니라 나오지 않는다. 인민군에게 총살당하느니 굶어 죽는 편이 낫다고 생각한 탓이다. 6개월을 버티다 처음으로 흙을 먹었다. 그가 '흙 요리사'가 된 사연이다. 이상의 내용이 1983년을 배경으로 한 이 소설의 전반부라 할 수 있다면, 후반부는 1994년으로 건너뛰어 이어진다. 청년이 된 소년이 명희를 만난다. 명희는 늘 굶주려 있다. 그것은 육체의 굶주림이고(그래서 먹는다) 동시에 사랑에 대한 굶주림이다(그래서 아무리 먹어도 허기는 채워지지 않는다). 명희는 곧 11년 전의 '나'다. '나'는 명희에게 흙을 먹여주고 싶다는 생각을 하게 된다. 왜? 분단 모순이 조장한 희극적 해프닝 때문에 '나'는 기인이 되었고 세상과 단절되었다. 그러던 내가 명희에게서 소통의 가능성을 감지한 것이다.

　이야기는 절정을 향해 다가간다. 명희가 이윽고 "순도 백 퍼센트의 맨 흙"을 받아먹고 "처음으로, 희미하게 웃어"(80쪽) 보이는 그 순간, 둘의 소통은 완성된다. 시각장애인인 명희가 그 맛을 "초록색 냄새"(79쪽)라 표현할 때, 이 소통은 분단체제에 초록색 흙 한 삽을 뿌리면서 그것을 '상상력'의 힘으로 혹은 '동화적으로' 해소한다. "중요한 건 역시 여러분의 상상력"(48쪽)이라는 언급이나 "여러분들의 구태의연한 상상력" (89쪽)을 힐난하는 장면을 주목할 일이다. 말하자면 '나'와 명희는 고령토를 초록색으로 상상할 줄 아는 이들이고, 그들의 상상력은, 거창하게 말하면, 분단체제의 바깥을 지향하는 도주의 상상력이다. "분단도 결국 '밥' 때문이 아닌가요?"(63쪽)라거나, "아, 그때 제가 느낀 희열을 어떻게 표현할 수 있을까요. 북에 있던, 잃어버렸던 여동생을 만난 심정이라면, 그게 좀 과장된 표현일까요?"(77쪽)라는 과장된 서술이 그래서 나온다. 분단체제의 희극이 강요한 불가피한 상상력이 일순 분단체제의 바깥을 겨냥하는 상상력으로 반전되는 이 장면은 무구해서 난감하다. 이 동화적인 세계는 곧 파괴될 것이기 때문이다. 간첩이 무서워 흙을 먹었던 소년이 간첩이 되어 끌려나오는 결말의 아이러니, 분단체제가 흙을 먹이고 다시 그 분단체제가 흙조차 못 먹게 하는 아이러니로 소설은 끝을 맺는다. 이것은 우스운 이야기인가, 슬픈 이야기인가, 혹은 무서운 이야기인가.

물론 셋 다일 것이다. "재미있는 이야기를 주의 깊게 찬찬히 들여다보면 점점 더 슬퍼진다"고 고골은 말했다. "우스운 것과 무서운 것을 갈라놓는 것은 거의 없다"고 이오네스코는 말했다. 말하자면 이 소설은 고골의 리얼리즘과 이오네스코의 부조리를 뒤섞은 볶음요리다. 그러니 이것은 "누구나 손쉽게 만들어 먹을 수 있는" 소설이 아니다. 다만, '요리방송'을 차용한 스타일에 대해서만큼은 갸우뚱하게 된다. 이 '가짜 목소리'가 분단체제의 비극을 희극의 뒤로 감춰두기 위한 에이런(eiron)의 위장술인 줄은 알지만, 그 위장술은 이야기가 본격화되면서부터는 아무래도 좋은 것이 되고 만다. 소설에서 '형식'의 효과는 대부분 그 소설이 장착하고 있는 '시간'의 철학과 함께 작동한다. 시간론이 없는 형식론은 아이러니를 위한 위장(僞裝) 이상을 해내기 어렵다. "스타일을 꾸며대서 소설을 어렵게 만들려고 할 필요는 없다. 모든 소설은 그것이 소설이라는 이름에 값할 수 있는 것인 한, 아무리 명쾌한 것이라 하더라도 그 아이러니의 본질로 말미암아 충분히 어려운 것이다."[1]

---

1) 밀란 쿤데라, 『소설의 기술』, 권오룡 옮김, 책세상, 1990, 153쪽.

밀란 쿤데라의 말이다. 말하자면, '야채볶음흙' 조리법에 대한 친절한 설명이 없었더라도 이 소설은 충분히 우습고, 슬프고, 무섭고, 게다가 어려웠을 것이다.

그러나 「할머니, 이젠 걱정 마세요」의 경우는 다르다. 이 소설은 극화(劇化)형식을 채택하고 있다. 어떻게 보면 '사이코드라마'의 형식이고, 달리 보면 '굿'의 형식이다. 이 형식적 배려는 소재가 다소 평이하다는 이 소설의 결점을 긴장감 있게 보완한다. 소설가인 '나'는 할머니로부터 이야기를 배웠다. "명색이 이야기로 밥을 벌어먹고 사는 손자"(239쪽)로서 이제 할머니에게 이야기를 들려줄 때가 됐다. 그것은 "힘이 더 센"(251쪽) 할머니의 이야기에서 그 소재를 가져오되, 역사의 격류 속에서 깊은 상처를 입었을 할머니 세대를 위로할 수 있는 이야기여야 한다. 그러니 '나'는 우선 할머니의 상처 속으로 깊이 개입해들어갈 수밖에 없다. 소설이 본론에 접어들면, 한국전쟁 당시 어린 조카 '덕용이'를 본의아니게 죽일 수밖에 없었던 할머니의 기억이 무대화된다. 여기서 '무대화'라는 말은 비유가 아닌데, '가로등'과 '달빛'이 정교하게 조명을 담당하고 있고, '반야심경'의 독경 소리가 해원(解寃)을 도모하는 음향효과로 깔리고 있는 터다. 그리고 '나'는 그 자신 '덕용이'가 되어 이 무대에 서고, 할머니에게 "작은 위로"(263쪽)를 드리는 데 성공한다.

이 작품을 보니 이 작가가 작가의 역사적 책임에 대해 새삼 진지하게 고민하고 있음을 알겠다. 역사를 무책임하게 전유(專有)하려는 것이 아니라, 그 앞에서 겸허한 채로, 상처의 치유와 화해에 기여할 수 있는 역사 이야기를 쓰려는 것임을 알겠다. 어쩌면 앞으로 이기호의 '역사기담'은 '기담' 쪽보다 '역사' 쪽이 더 우세해질지도 모르겠다. 사실 이 작품은 어쩐지 장편소설의 한 대목처럼 보이기도 하는 것이다. 그가 앞으로 본격적인 역사 이야기를 쓰게 된다면 그것은 이 작품이 보여주고 있는 진지한 문제의식에 이기호 특유의 발랄한 아이러니가 가미되어 품격 있는 역사적 희비극의 한 사례를 보여줄 것도 같다. 홀로코스트의 악몽 앞에서도 '인생은 아름다워'(로베르토 베니니)라고 말한 이가 있었다. 이기호라면 그럴 수도 있을 것이다.

6. 아이러니의 소설공학

최초의 인간 아담에게는 개념이 없었다. 말하자면 그는 '개념 없는' 인간이다. 우리 시대의 아담들이 여기에 있다. 곡괭이로 25미터 두께의 시멘트벽을 뚫고, 여관에 콜걸을 불러 소설을 읽어주고, 나무와 대화를 하고, 벽돌로 발을 찧으며 자해공갈을 하고, 국기게양대와 사랑을 나누고, 흙으로 요리를 해 먹는다. 우리가 잠든 사이에, 세상이 그들을 깜빡 잊은 사이에 말이다. 이 작가가 없었더라면 그 기행의 곡절들을 모르고 지나칠 뻔했다. 그 곡절들의 무구함 앞에서 우리는 어찌할 바를 모르겠다. 웃다보면 부끄럽고, 부끄럽다가 미안하고, 미안해져서 눈물이 난다. 그들을 조롱하건 연민하건 그것은 당신의 자유다. 그러나 당신이 그들을 조롱하면 그들은 당신을 연민할 것이고, 당신이 그들을 연민하면 그들은 당신을 조롱할 것이다. 과연 그의 소설을 읽다보면 어쩐지 그렇게 되고 마는 것이다. 그의 두 겹 목소리, 즉 아이러니 덕분이다. 덕분에 진실은 그들의 것이고, 결국 그들이 이긴다. 그가 보여주고 있는 이 아이러니의 소설공학은 2000년대 문학이 선사하는 여러 유쾌함들 중에서도 가장 '개념 있는' 유쾌함 중의 하나다. 그 아이러니의 저의(底意)가 대부분 '정치적으로 올바른(politically correct)' 것이기 때문이다. 아이러니는 최근 젊은 작가들에게서 다양하게 복제 혹은 변주되고 있지만, 아무래도 아이러니의 '원천기술'은 그에게 있는 것 같다. 조롱과 연민 혹은 웃음과 눈물 사이에서 갈팡질팡하다가 우리 이럴 줄 알았다.

우리의 잘못이 아니다. 이기호가 그들을 다루는 방식이 얄궂기 때문이다. 그의 톤은 조롱(희극)과 연민(비극) 사이를 미묘하게 오간다. 이 애증병발(愛憎竝發)의 정체는 무엇인가. 그들의 비합리와 부조리를 우리가 이미 지나온 '과거' 혹은 기괴한 '비현실'이라 매도하고 싶지만 그럴 수가 없기 때문이다. 우리의 여전한 '현재'이고 부인할 수 없는 '현실'이기 때문이다. 전근대, 근대, 탈근대가 착종되어 있는 한국사회의 일그러진 거울상이기 때문이다. 이 작가는 말한다. 우리는 아직 멀었다고, 그들과 함께 가야 한다고, 그것이 이를테면 '심층 근대화'라고…… 그가 소설의 시멘트벽을 여기까지 뚫고 들어온 것은 보기에 흥미롭고 읽기에 즐거운 일이지만, 아직 맥주 한잔 하기는 이른 것인지도 모르겠다. "어느 한순간, 벽이 뚫릴까봐, 예고도 없이 그의 모든 작업이 끝이 날까봐, 두려웠다"(227쪽)고 했던가. 그러나 그에게는 더 뚫어야 할 벽이 있으니 다행이다. "이미 존재하는 기존의 담론이나 형식적 틀을 활용하여 그것을 딛고 발상을 진전시켜 뻗어나가는 형식적 생기에 비해 그것을 실하게 채울 수 있는 자기 자신만의 숙성된 사유의 '내용'이 아직 충분히 확보되어 있지 않다"(김영찬)는 지적이 있었다. "정작 소설의 주제는 어느 면에서 지극히 상식적이고 단순하다. 그 때문에 이기호의 소설이 기존 소설에 대한 반성을 담고 있다고는 해도 그것이 독자의 상식을 뒤흔드는 인식적 자극으로 오지는 않는다"(심진경)는 지적도 있었다. 다소 가혹해 보이기는 하지만, 그가 앞으로 뚫어야 할 시멘트벽 하나 세운 셈 치면 어떻겠는가. 이 벽이 그에게는 오히려 즐거운 자극이 되겠다. 말하자면 "자, 그럼 파이팅하십쇼!"(223쪽)인 것이다.

그러고 보니 생각난다. 하루키의 일화다. "아카사카의 '베르비'라는 패션빌딩의 대합실 의자에 뚱한 얼굴로 있을 때(집사람의 쇼핑이 너무 길어졌기 때문에), 누군가 말을 걸어온 적이 있다. 이때의 상대는 젊은 남자였는데, "무라카미 씨, 힘내세요"라는 말을 듣고 엉겁결에 "네, 열심히 하겠습니다"라고 대답해버렸다. 무슨 '프로야구 뉴스'의 인터뷰처럼 돼버린 것이다."(「소설가의 유명세에 관하여」) 무라카미 씨한테는 미안한 말이지만, 이 에피소드가 더 잘 어울리는 작가는 이기호가 아닐까 한다. 어느 날 당신이 광화문 교보문고 앞에서 그를 만나기라도 하면 부디 주의할 일이다. "선생님, 존경합니다"라든가 하는 따위의 말을 했다가는 온 우주가 어색해지는 순간을 경험하게 될 것이고, 정신을 차려보면 황망히 도망치고 있는 한 사내의 뒷모습을 망연히 바라보게 될 것이다. 정답은 이거다. "이기호씨, 힘내세요." 그러면 그는 '엉겁결에' 대답할 것이다. "네, 열심히 하겠습니다." '힘내세요'라는 말이 어떤 작가에게나 어울리는 것은 아니다. 그의 소설을 읽고 있자면, 두 팔 걷어붙이고 땀 뻘뻘 흘리며 한 문장 한 문장 써나가는 '육체파 소설가'가 눈에 선히 그려지는 것이다. 그렇지 않은가? 그는 곡괭이를 든 소설가다.

욕망에서 사랑으로
— 천운영, 『그녀의 눈물 사용법』(창비, 2008)

1

천운영의 등단작 「바늘」(동아일보 2000년 1월 1일)은 다니자키 준이치로의 「문신刺靑」(1910)이 발표된 지 정확히 90년 뒤에 씌어졌다. 다니자키가 쓴 것은 한 문신사가 순결한 소녀의 몸에 문신을 새기면서 필생의 예술적 목표를 이루고 소녀의 육체까지 소유하게 된다는 식의 이야기다. 맹목적으로 아름다움을 추구하고 있으니 일단은 탐미주의라 하겠으나 거의 반강제적으로 문신을 당한 소녀가 돌연 요부로 거듭나 사내의 품에 안긴다는 이야기이니 갈데없는 남성 판타지의 재현이기도 하다. 이 경우 바늘은 남근 외의 다른 것일 수가 없다. 긴 시간의 격차가 있으니 불공정한 비교가 될 수도 있겠지만 「바늘」은 그 기량 면에서 「문신」에 비할 바가 아닐 뿐 아니라 「문신」의 고루한 남성 판타지를 매력적으로 전복한 수작이다. 예컨대 남자의 몸에 바늘로 바늘 모양의 문신을 새기고, 그것을 "어린 여자아이의 성기 같은 얇은 틈새"(『바늘』, 창비, 2001, 33쪽)에 빗대는 대목은 허를 찌르는 데가 있었다. 이 등단작

이 어찌나 강렬했던지 바늘은 지금까지도 천운영의 '개인 상징'처럼 간주되고 있는 모양이다.

물론 이 소설이 해낸 것은 남근 이미지의 전복 이상이다. 천운영의 좋은 소설들에서 두루 나타나는 장점들이 여기에서 이미 탄탄했다. 적어도 한국소설에서는 전례를 찾기 어려운 강렬한 여성 캐릭터, 문신 시술 현장의 세부를 그야말로 문신을 새기듯 감각적으로 묘사하여 확보한 리얼리티 등은 이 작품을 2000년대 한국문학의 첫번째 화제작이 되게 했다.[1] 물론 문학사는 돌연변이를 인정하지 않는다. 천운영 소설의 유전자는 90년대 이래 여성소설의 성과와 한국소설의 본류 중 하나인 남성적 리얼리즘의 공력이 결합된 곳에서 생겨났다고 해야 한다. 이를테면 오정희와 전경린의 어떤 것이 황석영과 김소진의 어떤 것과 만나 일으킨 화학 작용이라고 해도 좋다. 그 화학 작용의 결과물은 평단의 대대적인 환영을 받았다. 페미니즘은 그녀의 소설에서 90년대 여성소설의 여성상을 넘어서는 가능성을 보았고, 리얼리즘은 그녀의 소설에서 리얼리즘의 갱신을 위한 단초를 보았다.

독자들에게 그녀의 소설이 준 인상은 대개 '강렬하다'는 느낌으로 수렴될 것이다. 이 강렬함은 어디에서 온 것일까. 그녀의 좋은 소설들에는 순도 높은 욕망의 서사가 내장되어 있었다. 물론 인간을 인간이게 하는 힘을 이념이 아니라 욕망에서 찾으려는 취지는 탈이념시대 소설의 공통된 입지에 가깝다. 그러나 그 욕망을 몽롱한 헛것으로 신비화하지 않고 철저하게 육체적인 것으로 끌어내려 드잡이하는 태도는 유난

---

1) 이 전복적 여성상과 취재형 묘사는 이후 천운영 소설의 트레이드마크가 된다. 이에 대한 새삼스러운 논평은 불필요해 보인다. 전자에 대해서는 남진우의 「늑대의 후예」(『문학동네』 2003년 여름호)와 김형중의 「Vagina Dentata: 씹어 먹는 자궁─천운영, 『바늘』」 (『변장한 유토피아』, 랜덤하우스코리아, 2006)을, 후자에 대해서는 황종연의 「탈승화의 리얼리즘─윤성희와 천운영의 소설」(『문학동네』 2001년 가을호)과 김영희의 「천운영을 읽는 한 가지 방식」(『창작과비평』 2004년 여름호)을 참조할 수 있다.

스러웠다. 그녀에게 욕망은 지성의 두통이나 내면의 소란 같은 것이라기보다는 피부를 찢고 튀어나오는 고집스러운 괴물인 듯했다. 그 괴물을 불러내기 위해 인간의 피부에 바늘을 들이대는 일이 그녀의 소설쓰기가 아니었을까. 남자의 알몸에 바늘을 갖다 대고 지금 막 첫 땀을 뜨려 하는 여자, 바늘 끝을 잘라넣은 녹즙을 꾸준히 마시게 해서 스님을 살해하고 자살하는 어미가 요청하는 것은 욕망의 사회학이 아니라 욕망의 물리학이다. 욕망의 물리학은 욕망의 질을 성찰하지 않고 강도만을 계측한다. 바늘이라는 강렬한 욕망의 상관물만이 그곳에서 눈금처럼 떨리고 있었다.

 사회학이 아닌 물리학도 은연중 당대의 기운을 반영하기 마련이다. 한 평론가가 천운영 소설의 그로테스크한 외양 이면에서 멜랑콜리(우울증)라는 '전략'을 읽어내기도 했지만,[2] 실로 천운영의 소설에는 상실과 결핍에 대한 첨예한 감각이 있었고 회복과 충족을 방해하는 세계에 대한 단호한 원망과 항의가 있었다. 그것들은 대개 "가족 단위의 어두운 운명론"(이광호, 「그녀들, 우주를 빨아들이는 틈새」, 『바늘』 해설, 250쪽)과 결부되어 있다. 이는 1997년 이래로 한국사회에서 개인의 불행이 실제로 가족 단위에서 발생했다는 사실과 무관하지 않을 것이다. 이전 시기의 불행이 이념적 토대의 격변 속에서 발생하는 정체성의 위기와 결부되어 있다면, 1997년 이래의 불행은 대체로 경제적 토대의 붕괴 속에서 발생하는 생존의 위기와 연결되어 있는 것이었다. 집요한 욕망의 서사가 한 시대의 불행한 공기와 만나서 천운영 소설의 강렬함을 낳았다. 소설가 자신은 그 강렬함으로 무엇을 하려 했을까. 그녀는 당신의 욕망을 이해한다고, 당신의 잘못이 아니라고 말하고 싶었던 것 같다. 욕망이란 본래 그런 것이 아닌가, 그래서 징그럽고 슬프고 심지어

---

2) 차미령, 「그로테스크 멜랑콜리, 상실에 대응하는 한 가지 방식 — 천운영의 소설세계」, 2005년 서울신문 신춘문예 문학평론 부문 당선작.

는 아름다울 수도 있는 것이 아닌가, 라고 말이다.

8년의 시간이 흘렀다. 그녀는 이제 네번째 책을 세상에 내보낸다. 본연의 취지만큼은 달라지지 않은 것 같다. 변한 것은 다만 사랑의 방식일 것이다. 첫 장편 『잘 가라, 서커스』(문학동네, 2005)를 읽고 그렇다는 것을 알았다. 의외의 작품이었다. 화끈한 욕망의 서사를 기대한 이들에게는 혹시 당혹스러웠을까. 여전히 지독한 욕망들이 있었으나 욕망들이 모여 있는 풍경은 달라져 있었다. 욕망과 욕망이 마주 보고 있었다. 나의 욕망을 냉혹하게 고집하기보다는 너의 욕망 앞에서 마음이 기울고들 있었다. 작가는 「작가의 말」에서 그 소설을 온전히 사랑의 서사로 읽어주길 바라고 있었다. 어쩌면 천운영 소설의 밑자리는 욕망에서 사랑으로 조금씩 옮겨온 것인지도 모른다. 이 책은 『바늘』과 『명랑』(문학과지성사, 2004)과 『잘 가라, 서커스』를 쓴 세 사람이 골고루 나눠 쓴 것처럼 보인다. 새로운 소설들을 욕망과 사랑의 이야기로 나눠 읽어보려 한다. 그녀가 어디에서 왔고 어디로 가고 있는지를 마지막에 알게 되면 좋겠다.

2

욕망의 서사라는 말은 동어반복일 수 있다. 모든 욕망은 그 자체가 하나의 서사다. 욕망은 개체보다 크다. 내가 욕망의 주인이 아니라 욕망이 나의 주인이다. 그래서 욕망은 제 갈 길을 '서사'의 형식으로 걸어간다. 맨 앞자리에는 어떤 상실이 있다. 그 상실이 욕망을 낳고 욕망이 대상을 부르는 것이다. 특정한 욕망이 작품 속으로 들어온다는 것은 그 욕망의 기원(상실)과 출구(대상)가 동시에 설정된다는 뜻이다. 욕망을 깊이 사유하는 작가라면 그 기원과 출구를 치밀하게 설정할 것이다. 존재의 근원적 허기 운운하는 몽롱한 기원이나 일상에서의 탈출 운운하는 애매한 출구에 투항하지 않을 것이다. 천운영의 소설들은 이 점에서 철저하다. 「눈보라콘」(『바늘』)과 「세번째 유방」(『명랑』)이 특별히 선명하지만 다른 작품들도 많건 적건 그렇다. 상실의 맥락이 확실하고 (제목에서 이미 그러하듯) 대상의 정체가 분명하다. 천운영 소설의 두 가지 특질인 전복적 캐릭터와 취재형 묘사가 이 욕망의 물리학에 기여한다. 기형과 불구의 신체는 그 '결핍'의 육체성을, 환경과 직업에 대한 강박적 묘사는 '대상'의 물질성을 떠받친다.

하나의 욕망이 하나의 대상을 만나 '충족'에 이르기만 한다면 욕망의 서사는 멈출 것이다. 그러나 욕망의 서사에서 그런 일은 일어나지 않는다. 욕망은 반성을 모르고 후진을 알지 못한다. 그것은 최종적인 목적어가 없는 동사다. 욕망은 그저 다른 욕망에 의해 대체되거나 끝장에 이르러 자폭할 수 있을 뿐이다. 어떤 대상도 애초의 상실을 복구하지 못하기 때문이다. 대상은 그저 위태로운 대체물로서만 가까스로 있다. 내가 원하는 그것을 너는 갖고 있지 않다는 것, 그것이 욕망의 서사를 대체로 비극으로 만든다. 애착은 불안을, 불안은 집착을, 집착은 파괴를 부를 것이다. "나는 당신을 사랑합니다. 그러나 불가해하게도, 나는 당신 안에 있는 당신 이상의 어떤 것을 사랑하기 때문에, 당신을 파괴합니다."[3] 이 문장의 주어는 그 자신을 '사랑'이라 믿고 있는 '욕망'이다. 이 문장은 모든 욕망의 서사를 단숨에 요약한다. 리비도가 쓰는 소설은 피로 마침표를 찍는다. "내가 마지막으로 칼을 찔러넣은 곳은 너의 세번째 유방이야. 비너스의 세번째 유방."(「세번째 유방」, 『명랑』, 159쪽) 이 모든 것은 일반론이다. 이번 책에서 욕망의 서사는 어떤 방식으로 펼쳐지고 있는가.

---

[3] Jacques Lacan, *The four fundamental concept of psychoanalysis*, trans., Alan Sheridan, W. W. Norton & Company, 1998, p.268.

「내가 쓴 것」을 먼저 읽는다. 세 편의 짧은 이야기와 「작가후기」로 구성돼 있다. 곁다리 텍스트인 「작가후기」가 세 편의 짧은 이야기를 하나로 통합하고 논평한다. 세 편의 이야기를 엮어 읽으면 이렇다. 그녀는 '냉정할 것'을 창작의 제1원칙으로 내세우는 쿨한 소설가다. 그러나 "지나친 도도함과 우아함은 조롱거리가 된다"(165쪽)는 것을 모르는 그녀를 학생들은 은밀히 경멸한다(「나와 롤리타」). 학생들이 아니더라도 그녀의 상태는 지금 말이 아니다. 5년 전에 10살 연하의 청년을 만나 밀회를 즐겨왔다. 그런데 이제 소설가가 된 청년이 그녀를 떠나려 하고 그녀는 청년을 붙잡으려 한다. "자기 연민 같은 건 버려요. 당신이 늘 하던 말 아니었어요?"(173쪽) 쿨했던 여자는 마음의 진흙탕으로 떨어진다.(「마우스피스」) 실상 그녀는 5년간의 밀회로 남편을 잃기도 했다. 아내의 불륜 현장을 목격한 남편은 친구 집에서 스스로 목숨을 끊었던 터다.(「사내와 개와 오동나무」)

서술자가 「작가후기」에서 자신을 "학생들에게 조롱을 받는 퇴색한 여교수"이자 "이제 나를 흥분하게 만드는 어린 남자애도 없"는 상태이며 "남편을 죽음으로 몰고 간 나쁜 아내"(191쪽)라 지칭하고 있기 때문에 위와 같은 독법이 가능하다. 이 이야기들을 통해 그 자신 작가인 서술자는 일종의 자기 모독을 감행한 셈이다. 왜 그랬는가. 타인을 내 소설의 모델로 이용하기만 했을 뿐 내가 누군가의 소설에 이용되어본 적은 없었다. 모델이 되어본 뒤에야 그간 자신이 해온 일이 어떤 것인지를 알게 되었다. "소설을 위해서라면 어쩔 수 없는 일"(191쪽)이라는 명목으로 '나'는 얼마나 많은 사람들에게 상처를 주었던가. 소설가에게 과연 그럴 권리가 있는가. 그래서 "세상에 진 빚을 갚는"(191쪽)다는 기분으로 욕망의 화살을 자기 자신에게 돌려, 세 편의 짧은 이야기를 썼다. 덕분에 매우 독특한 형식의 '소설가 소설' 한 편이 쓰어졌다. 이 소설은 소설가의 욕망을 대상으로 한 매우 흥미로운 성찰의 산물이다. 욕망의 진실이 무엇인가를 묻는 소설이 한 편 더 있다.

「내가 데려다줄게」의 사내는 지금 자살을 하기 위해 늪 앞에 서 있다. 제자와 성관계를 맺은 일이 와전돼 권력형 성스캔들로 번진 탓이다. "내 죽음이 진실을 대신하리라"(106쪽)는 문장을 유서에 쓰고 늪으로 들어간다. 그리고 작가는 이런 문장을 적어두고 있다. "꿈과 생시, 이승과 저승, 삶과 죽음, 그 좁은 듯하면서 광활한 사이 혹은 틈새."(111쪽) 이어지는 이야기를 이 '광활한 틈'에서 벌어지는 것으로 간주하고 읽어 달라는 주문이다. 사내는 한 가족에 의해 구조되었다. 어딘가 비현실적인 데가 있는 가족들이다. 이후 사내는 이승도 저승도 아닌 공간에서 산 것도 죽은 것도 아닌 상태로 일련의 사건들을 겪는다. 소설을 읽어나가다보면 그 사건들이 일종의 재생을 위한 제의라는 것을 알게 된다. 늪에서 허물을 벗는 뱀의 이미지가 반복 출몰하는 까닭이 여기에 있다. "뱀들은 허물을 벗기 위해 흐린 안개눈을 하고 늪으로 온다."(115쪽) 아닌 게 아니라 사내는 누군가의 인도라도 받은 양 안개를 따라 늪으로 온 터다. 그리고 늪의 여자를 만나게 된다. 그녀에 대한 사내의 욕망은 진퇴를 반복한다. 그 과정에서 사내는 일방적인 이혼을 당한 후 그가 제자에게서 느꼈을지도 모를 무의식적 욕망들의 기복을 되돌아보게 된다. 좁게는 제자와의 관계를, 넓게는 자신의 삶 전반을 압축 복습했을 것이었다. 그 결과 다음과 같은 질문을 던질 수 있게 된다.

사내는 문득 자신이 남기고 온 유서가 생각났다. 내 죽음이 진실을 대신하리라. 진실. 사내가 믿고 있던 것이 과연 진실이었을까? 힘과 권력과 지위를 전혀 쓰지 않았다는 것이 사실일까? 스스로 옷을 벗도록 사내가 종용한 것은 아니었을까?(131쪽)

사내는 비로소 자신의 욕망을 들여다보고 자신이 일방적인 피해자라는 생각을 접게 된다. 이제 무엇이 진실인지 알 수 없게 되어버렸다. 사내는 진실을 알기 위해 '노래하는 탑'으로 간다. 한 총각이 한 처녀를 사모해 그녀의 마음을 얻고자 수없이 늪을 건너며 만들어낸 탑이었다. 처녀가 슬플 때는 부드러운 노래로, 기쁠 때는 발랄한 노래로 감싸준 탑이었다. 아마도 그 탑은 사랑의 탑일 것이다. 노래하는 탑 속에서 사내는 비로소 진실을 알게 된다. "사내의 눈에서 한 줄기 눈물이 흘러 바닥에 떨어졌다. 그 순간 탑 안에는 포로록, 맑은 실로폰 소리가 조용히 울려퍼졌다."(133쪽) 사내가 원했던 것은 언제나 변함없는 위안을 주는 그 탑과 같은 사랑이었을 것이다. 아내와 이혼한 이후에도, 제자와 가까워졌을 때에도, 국도변을 달릴 때에도, 사내가 원했던 것은 "추위를 막아주는 그 따뜻한 늪"(134쪽)이었을 것이다. 진실을 깨달은 사내는 다시 늪 앞에 서서 옷을 벗는다. 그가 이승과 저승의 틈에 있는 것이라면 이제 제대로 죽을 수 있게 될 것이고, 꿈과 생시의 틈에 있는 것이라면 다시 태어나게 될 것이다.

「소년 J의 말끔한 허벅지」는 아마도 이번 책에서 『바늘』의 세계와 가장 가깝고 욕망의 서사 일반론에 가장 근접해 있는 작품일 것이다. 그는 사진사다. 부부관계가 심각한 위기에 처해 있다. 남자에게는 아내의 젊음이 부담스럽고 여자에게는 남편의 늙음이 불만스럽다. 남자에게 결핍되어 있는 것이 젊음이기 때문에 남자는 젊음이 부럽고 또 그만큼 증오스럽다. 예비 부부의 누드사진을 찍고 난 뒤부터, 그들의 젊은 육체에서 강렬한 양가감정을 느낀 뒤부터 사내의 존재론적 불안은 더욱 커진다. "어떤 맹금류의 발톱이 그의 심장을 거머쥐고 있는 것 같았다."(19쪽) 그 무렵 열여덟의 소년을 만나게 되고 그를 사진관의 조수로 채용한다. 젊음에 대한 양가감정은 소년에게 고스란히 적용된다. 소년의 젊음을 동경하면서도 자신의 욕망의 대상이 된 소년을 증오한다. 동경보다 증오가 더 커지게 된 것은 아내 때문이었다. 아내와 소년의 사이가 의심스러웠기 때문이다. 그러나 소년이 아내의 누드를 찍고 있으리라 생각한 장소에서 남자는 예상치 못한 풍경을 목격하게 된다.

> 아내는 없다. 조명 아래 쑥스럽게 웃고 있는 여자는 아내가 아니다. 상의를 벗고 앉은 여자는 바로 늙고 야윈 노파다. (…) 그는 조명 아래에서 노파의 몸이 살아나는 것을 본다. 그것은 그가 여태 상상하고 단정지은 추악하고 안쓰러운 늙음이 아니었다. (…) 조명 아래에서 노파의 몸은 부끄러워하고 시샘하고 달아오르는 소녀의 몸이었다. 소멸과 생성이 공존하는 원숙한 자연이자 소녀인 노파의 몸.(39~40쪽)

소년이 카메라에 담고 있는 피사체는 소멸과 생성이 공존하는, 원숙한 자연이자 소녀인, 노파의 몸이다. 소년은 할머니의 몸이야말로 가장 아름다운 누드라고 생각했고 그래서 찍은 것이었다. 남자의 내면에서 "무언가 와르르 무너지는 소리가 들린다".(40쪽) 그의 편협한 욕망의 체계가 무너진 것이다. 젊음은 아름답고 늙음은 추한 것이라 생각했다. 그래서 중년의 그는 되찾을 수 없는 젊음을 동경하고 또 증오했다. 여기서 욕망의 서사가 관철되었더라면 남자는 소년을 대상화(이를테면 '허벅지')하여 파괴하는 길로 나아갔을지 모른다. 그러나 이 소설은 인용한 대목을 경계로 방향을 꺾는다. 소년 덕분에 아름다움과 추함의 경계가 흔들리고 젊음과 늙음의 경계도 흔들리게 된다. 이제 그는 자신의 늙음을 받아들일 수 있게 되면서 자신과 화해하게 될 것이다. 비로소 소년을 애증의 눈이 아니라 기꺼운 눈으로 바라볼 수 있게 될 것이다. 욕망의 서사가 파국의 방향으로 직진하지 않고 성찰 혹은 성숙의 방향으로 꺾이는 이와 같은 양상은 「내가 쓴 것」 「내가 데려다줄게」 「소년 J

의 말끔한 허벅지」에서 공통적으로 나타난다. 천운영의 욕망의 서사에 어떤 변화가 생긴 것이다. 이 변화를 사랑의 발견이라 부를 수 있을까.

3

 욕망과 사랑을 구별하는 일은 간단치 않지만 욕망의 서사와 사랑의 서사를 구별하는 것은 가능하다. 욕망의 논리를 고집할 경우 사랑의 서사는 성립될 수 없고 그 역도 마찬가지다. 사랑의 서사는 '주체와 타자'의 층위에서, 욕망의 서사는 '주체와 대상'의 층위에서 발생한다. 욕망은 타자를 대상으로 축소한다는 뜻이다. 그렇기 때문에 대상(부분)을 위해서 타자(전체)를 파괴하는 파국의 서사가 가능한 것이다. 욕망이 반성 없는 흐름이라면 사랑은 숭고한 단절이다. 내가 원하는 그것을 네가 갖고 있지 않을 때, 나의 결핍을 네가 채워줄 수 없다는 것을 알았을 때, 사랑은 외려 그 결핍을 떠안는다. 두 결핍의 주체가 각자의 결핍을 서로 맞바꾸는 것이 사랑일 수 있다. 사랑은 부분을 위해 전체를 파괴하지 않고 부분을 채워 전체를 만든다. 욕망은 환유이고 사랑은 은유라는 명제의 뜻이 거기에 있다. 욕망은 가까운 '부분'을 향해 계속 자리를 옮기지만 사랑은 유사한 '전체'끼리 자리를 바꾸는 것이기 때문이다. 마지막 순간에 욕망은 '이것이 아니다'라고 말하지만 사랑은 '나는 너다'라고 말한다. 이것은 사랑의 서사 일반론이다. 아직 읽지 않은 소설들이 좋은 각론이 되어줄 것 같다.

 「그녀의 눈물 사용법」을 먼저 읽는다. '그녀'가 일곱 살일 때 남동생이 태어났다. 칠삭둥이 미숙아였기 때문에 인큐베이터가 필요했다. 그러나 부모에게는 그럴 능력이 없었다. 장롱 속에 갇힌 채 단 하루를 살고 아이는 죽는다. 3년 뒤, 열 살이 된 그녀가 홍역을 앓던 어느 날, 미숙아가 아니라 우량아의 모습으로 '그애'가 돌아온다. 그애는 7년 동안 성장하여 일곱 살 소년이 되었고 거기서 성장을 멈춘 채로 다시 20년을 그녀의 곁에 머문다. 그애는 지금 "서른일곱 살 여자의 몸속에 살고 있는, 단 한 번도 울지 않은 영원한 일곱 살 소년"(52쪽)이다. 가족들은 그녀의 오라비가 원인 불명의 병으로 고통 받고 있는 것이 그애의 원혼 때문이라고 생각한다. 도대체 죽은 아이는 그 옛날 어찌되었던가. 아비는 그애의 시신을 한강에 띄워 보냈노라고 뒤늦게 고백한다. 그애가 중음신으로 떠돌았던 까닭은 제대로 매장되지 못했기 때문이었을 것이다. 가족들은 30년 만에 때늦은 천도제를 지내고, 거짓말처럼 오라비는 평온을 되찾는다. 이제 '그애'는 떠났다. 그녀를 울지 않게 했고 살 수 있게 한 그애는 없다. 그렇다면 그녀는 어떤 것을 잃기만 했는가. 아니, 한 가지는 얻었을 것이다.

"그래 이상해. 눈물 흘리는 여자들이라면 질색이었는데, 그 여잔 자꾸만 등을 쓰다듬어주고 싶어. 머리칼도 쓸어올려주고 싶고. 옛날 그애가 한 대로 뜨거운 입김도 불어넣어주고 싶고. 아니면 함께 눈물 흘려도 좋고."(69쪽)

그녀는 본래 눈물을 흘리지 않았다. "눈물은 감정의 늪이다. 유약한 인간들만이 제가 만든 늪에 빠져 허우적거리는 법이다."(57쪽) 그녀만 그런 것이 아니다. 이 가족의 여자들은 어느 땐가부터 눈물을 흘리지 않았다. 자신을 버린 남편을 저세상으로 먼저 보낸 후 할머니가 그랬고, 유방 절제수술을 한 이후 어머니가 그랬다. 삶의 간난신고 속에서 누구에게도 의지할 수 없었던 여자들의 고투였다. 눈물을 흘리지 않는 것이야말로 자기 자신을 지켜내는 방법일 수 있는 그런 삶이었다. 그녀에게는 그애가 있어서 다행이었다. 삶이 힘들어도 계집애처럼 울지 않고 차라리 사내애처럼 오줌을 쌌다. 그녀와 그애는 한 몸이었기 때문이었다. 그런 그애가 떠났으니 이제는 '유약한 인간'이 되어 울기나 하는 못난 서른일곱의 여자가 되려는가. 아니, 그녀는 이제 눈물의 의미를 알게 되었을 뿐 아니라 레즈비언으로서의 성정체성까지 찾게 되었다. 그러니 그애는 갔지만 가지 않은 셈이다. "내 위에 누운 여자가 나를 바라보며 눈물을 흘렸다. (…) 눈꼬리로 떨어진 눈물이 내 것인지 여자의 것인지 분간이 되지 않았다."(71쪽) 그녀는 이제 눈물을 사용하는 방법을 알게 되었다. 그것은 사랑하는 방법을 배우게 되었다는 말과 같다.

「알리의 줄넘기」를 읽는다. 애틀랜타에서 무하마드 알리가 성화 점화를 하던 해인 1996년에 태어났으니 소녀는 13살이다. 소녀의 이름은 '김알리'다. 할머니가 '제니'라는 가명을 쓰며 노래를 부르던 처녀 시절 흑인 군인과 결혼해서 혼혈아를 낳았다. 그 아이가 자라 12살 소년이 되었을 때 권투선수 무하마드 알리가 한국을 방문했다. 소년은 아이를 낳으면 이름을 알리라 짓고 권투를 시키겠노라 결심한다. 그래서 태어난 혼혈소녀가 알리다. 알리는 씩씩하다. 혼혈을 배척하는 또래 녀석들과의 싸움에도 당당하고, 치매에 걸린 할머니에게도 다정하고, 거친 남자들과 사랑에 빠졌다가 상처 받기를 되풀이하는 고모에게도 어른스럽고, 3년째 소식이 없는 아빠를 원망하지도 않는다. 알리의 이와 같은 씩씩함이 이 소설 전체의 톤을 결정한다. 일찍이 알리의 아버지는 말했다. "유머를 잃어서는 안 돼, 알리." 알리는 말한다. "유머 있는 알리가 될 순 없어도 슬퍼하는 알리가 되어서는 안 돼."(81쪽) 슬퍼하는 것은 삶과의 싸움에 지는 것이다. 유머를 잃지 않는다는 것은 삶을 사랑한다는 것이다. 알리는 철이 없는 소녀가 아니라 철이 너무 빨리 든 소녀일 것이다.

이 소설이 의도하는 바가 민족주의, 인종주의, 혼혈 차별 등에 대한 항의라는 것은 명확하다. 할머니의 몽고반점을 둘러싼 대화에서 그 메시지는 다소 직접적으로 노출된다. 그러나 그보다 더 눈여겨봐야 될 것은 혼혈 1세대와 2세대의 차이일지도 모른다. 혼혈 1세대인 알리의 아버지에게 무하마드 알리는 '아메리카의 심장을 겨눈' 혹인 영웅이다. 그래서 딸 알리에게 권투(줄넘기)를 가르치려 한다. 거친 세상과 싸워 이겨야 한다고 믿었기 때문이다. 그에게 삶은 싸움이고 줄넘기는 그 싸움의 상징일 것이다. 반면 혼혈 2세대인 알리는 소설의 결말부에서 이렇게 말한다. "더블더치를 하려면 두 개의 줄넘기와 적어도 세 사람이 필요하다. (…) 줄넘기를 사면 손잡이에 더블더치를 할 '우리' 들의 이름을 또박또박 적어야지. 나는 지금 '우리' 를 만나러 간다."(102~103쪽) 더블더치는 더이상 권투를 하기 위한 줄넘기가 아니다. 세 사람 이상의 인원이 멋진 조화를 이루는 일종의 게임이다. 말하자면 '알리' 의 줄넘기가 아니라 '우리' 의 줄넘기인 것이다. 이런 줄넘기라면 사랑의 연습이라고 불러야 하지 않을까. 사랑만이 저 '우리' 에서 작은따옴표를 떼어낼 수 있을 것이다. 물론 그것은 알리의 몫이기도 하지만 더 많게는 말 그대로 '우리' 들의 몫일 것이다.

「노래하는 꽃마차」를 사랑의 서사로 읽어볼 수 있을까. 봄이 오면 미친 듯이 제 몸을 긁어대다 온몸에 피꽃을 피우고 마는 한 여자가 있다. 어떤 상처가 그녀를 그리 만들었는가. 유년 시절 그녀의 가족은 '찬양사역단' 이었다. 어미의 신앙은 거의 광신에 가까웠다. 부재하는 남편의 자리를 그 광신의 힘으로 견디려 한 것일까. 어미의 눈에는 '거인가족' 에 어울리지 않는 작고 가녀린 막내딸이 하나님의 은총을 받지 못한 것으로 보였다. 애정을 바라는 소녀를 어미는 밀쳐내기만 하는 것이어서 어미는 딸이 꺾어준 봄꽃으로 외려 딸을 후려친다. 소녀는 여자가 되고 상처는 더욱 깊어진다. 어미는 자라면서 피어나기 시작하는 딸의 아름다움을 죄악의 근원이라 저주하고, 오빠는 하나님을 빙자해 여동생을 겁탈하고, 노래하는 사람이 되어 주점에서 일하기 시작한 이후에는 또 한 많은 남자들이 그녀를 범한 뒤 침을 뱉고 돌아선다. 이 모든 것들이 그녀의 영혼을 병들게 하였다. "왜 이렇게 봄을 두려워하는지, 꽃 피는 봄이 오면 왜 봄을 피해 숨어야 하는지……"(142쪽)

이 상처를 이겨내게 하는 것은 그녀 자신이 부르는 노래와 한 남자의 사랑이다. 전체가 12개의 절로 되어 있는 이 소설에서 그녀의 목소리를 직접 들을 수 있는 곳은 2, 4, 10, 12절인데, 완연한 1인칭이라 할 수 있는 곳은 10, 12절뿐이다. 아름다운 그 두 절의 문장들은 다른 절의 문장들과 미세하게 다르다. 그 문장들은 노래가 되려는 듯 보인다. 작가는 상처투성이인 삶에서 가까스로 흘러나왔을 그 노래를 아름답게 복원하려 한다. 바로 이 대목을 위해 이 소설은 씌어진 것이 아닐까. 더불어 이 작가는 아마도 한 여자를 상처뿐인 삶에서 이끌어내기 위해 그 남자를 창조했을 것이다. 이 소설의 홀수절은 모두 그 남자의 목소리로 되어 있다. 짝수절들을 채우고 있는 여자의 고통스러운 상처들을 어루만지기 위해 남자의 말들은 나타났다 사라지고 다시 나타난다. 한때 남자는 봄이 오면 실종되는 그녀의 기벽 때문에 의심과 집착으로 고통 받으면서 그녀를 학대하기도 했었다. 그녀를 사랑하는 방법을 배우면서 남자는 저 자신을 사랑하는 방법도 배우게 된다. 끝부분에서 남자는 이렇게 말한다.

나는 지금 당신 만나러 간다. 동면에서 깨어 기지개를 켜고 있을 당신. 몸속의 독기를 꺼내 소진시킨 당신. 숨만 겨우 쉬어가며 반수면 상태로 견뎌냈을 당신.

어쩌면 당신은 봄을 낳기 위해 동굴 속으로 숨어든 것인지도 모른다. 봄을 피해서 간 것이 아니라 봄을 낳기 위해 온몸에 꽃을 피우면서 산고를 겪는 것인지도. 당신은 제 살 찢어 꽃망울을 터뜨리는 나무다. 온몸으로

열병 앓으며 싹을 틔우는 대지다. 봄을 잉태하고 봄을 낳는 당신."(157쪽)

이 대목이 이 사랑의 서사를 완성한다. 이것은 어째서 사랑의 서사인가. 한 여자의 결핍과 한 남자의 결핍이 맞서 있었다. 그런 순간에 욕망의 서사와 사랑의 서사는 서로 다른 길을 갈 것이다. 결핍이 대상을 파괴하면서 제 결핍을 재확인하는 길은 욕망의 길이고, 결핍이 다른 결핍을 어루만지면서 제 결핍마저 넘어서는 길은 사랑의 길이다. 이 작가의 변화를 여기서 발견한다. 예전의 소설들에서는 뒤돌아보지 않는 욕망이 (1인칭 단일 화자와 더불어) 직진하는 서사를 낳기도 했지만, 이제는 서로의 빈자리를 찾아들어가는 사랑이 (다수의 주인공 및 복수의 화자와 더불어) 곡선으로 휘어지는 서사를 낳는다. 뿐인가. 예전에 그녀는 해피엔딩을 믿지 않았다. "행복한 결말은 날계란보다 더 비리다."(「그림자상자」, 『명랑』, 229쪽) 그러나 이제 그녀는 어떤 경우 행복한 결말은 반드시 있어야 한다고 믿게 된 듯하다. 그 절박함이 그녀를 사랑의 서사로 이끈다. 이제 소설의 끝에서 천운영의 주인공들은 사랑하는 이와 함께 눈물을 흘리고, 사랑하는 이를 찾아 여인숙으로 가고, 줄넘기로 더블더치를 연습한다. 그것은 자신의 삶을 사랑하는 그들만의 방법이고 그들이 이 세상의 약하고 아픈 이들을 사랑하는 방법이기도 할 것이다. 천운영의 행복한 결말은 비리지 않다.

4

소설을 쓰는 것은 소설가의 손인가. 핏물이거나 눈물일 것이다. 끓어오르는 욕망의 에너지이거나 넘쳐흐르는 사랑의 에너지일 것이다. 소설의 질료는 액체 같은 것일지도 모른다. 그렇다면 두 종류의 소설이 있다고 말해도 좋지 않을까. 핏물이 쓰는 소설과 눈물이 쓰는 소설. 비유컨대 그녀의 세번째 소설집에 더 많이 함유되어 있는 성분은 핏물이 아니라 눈물인 것 같다. 이 변화를 '욕망에서 사랑으로'라는 말로 정리하면 어떨까. '네 안에 있는 네 이상의 것'을 향하는 욕망의 서사에서 '네 안에 있는 네 이하의 것'을 향하는 사랑의 서사로의 변화. 천운영은 변화를 선택했다. 그래서 어떤 것을 버렸고 어떤 것을 얻었다. 써왔던 세계에 안주하지 않고 써야 한다고 믿는 세계로 나아가려 한다. 모든 작가는 그 자신의 이름이 보통명사가 되려는 순간에 다시 한번 고유명사가 되기를 선택해야 한다. 이제 천운영이라는 이름에서 우리가 떠올리곤 했던 한정된 수식어들을 내려놓을 때가 되었다. 이것은 한 작가의 성숙이기 이전에 어쩌면 한 인간의 성숙일 것이라는 생각을 감히 한다.

조심스럽게 말하자면 이 성숙은 지금 우리에게 필요한 것일지도 모른다. 1990년대 이래 우리를 사로잡은 것은 '다름'에 대한 열정이었다. 그보다 앞선 시대가 불가피하게 '같음'을 강조한 것에 대한 반작용이었을 것이다. 그러나 이제는 다시 '같음'을 사유해야 할 때가 온 것 같다. 다름을 억압하는 과거의 같음을 복권하자는 뜻이 아니다. 다름을 인정하되 더 넓은 같음으로 나아가는 길을 고민해야 할 때라는 뜻이다. 타자와의 대화와 만남을 강조하면서 같음을 말하는 기왕의 소설들이 우리에게는 만족스럽지가 않았다. 다름을 충분히 사유하지 않고 같음을 말하고 있었기 때문이다. 그 소설들이 사용하는 눈물에는 피냄새가 나지 않았다. 욕망(핏물)을 충실히 탐구하지 않은 사랑(눈물)은 힘 있는 자들의 거드름이거나 위선이기 쉽다. 천운영의 소설이 사랑의 보편성을 말할 때 그 사랑은 위험해 보이지 않는다. 그녀의 소설은 욕망의 개별성을 너무나 잘 알고 있기 때문이다. 욕망은 가까운 곳에서 천 개의 얼굴을 하고 있지만 사랑은 먼 곳에서 단 하나의 얼굴로 빛나고 있다. 천운영의 소설이 그곳으로 갈 것이다.

섬뜩하게 보기
— 편혜영, 『사육장 쪽으로』(문학동네, 2007)

1. 내장을 만지는 글쓰기

 이렇게까지 써야 하는가, 하고 묻고 싶은 작가들이 있다. 이렇게밖에 쓸 수 없다, 하며 그들은 난감해한다. "작가는 '가지고 있는가, 가지고 있지 않은가'로 결정된다"(쓰지 히토나리)고 했던가. 예컨대 '가지고 있지 않은' 작가는, 나는 이렇게도 쓸 수 있고 저렇게도 쓸 수 있다, 라고 말한다. 그들은 프로다. 그러나 그들에게 어울리는 말은 라이터(writer)이지 작가(作家)가 아니다. '가지고 있는' 작가는 이를테면 "이렇게밖에 쓸 수 없다"고 말하는 작가들이다. 머리와 가슴과 손이 완강하게 결합되어 있는 이들이다. 그래서 그들이 쓴 모든 것들은 어떤 필연성의 산물이 된다. 그런 필연성이 없다면, 예술이 아니라 기술이다. 이렇게까지 써야 하는가 하고 물었을 때, 이 작가의 첫번째 소설집 『아오이가든』(문학과지성사, 2005)은 이렇게밖에 쓸 수 없었다, 라고 대답하고 있었다. 그래서 그녀를 신뢰할 수 있었다. 그녀는 '가지고 있는' 작가다.

그녀는 어떻게 쓰는가. 명백히 잔혹한 것들도 있지만 어쩐지 잔혹한 것들이 있다. 전자의 경우 선택의 여지가 별로 없다. 도덕적 가치판단에 곧바로 연루되기 때문이다. 그러나 후자의 경우에 그것들은 미학적 자율성이라고 해야 할 것을 갖게 되기 때문에 몇 가지 방법으로 그려질 수 있다. 슬프게 그릴 수 있고 우스꽝스럽게 그릴 수 있으며 분(憤)하게 그릴 수 있다. 그 결과 차례로 연민이 생겨나거나 아이러니가 발생하거나 선동적인 효과가 초래된다. 그러나 잔혹한 것들을 실로 무상하게 그려내는 경우도 있다. 그때 발생하는 것은 연민이나 아이러니나 선동 따위가 아니라 불편함과 불쾌감이다. 이 작가가 그렇다. 이 작가는 잔혹한 것들을 광범위하고 집요하게 다룬다. 그런데 어떠한 도덕적 관심도 없어 보이기 때문에 그 부도덕성에 연루되는 듯해 불편해지고, 독자의 쾌락원칙을 무시하면서도 작가 자신은 분명히 뭔가를 '즐기고' 있는 듯 보여 불쾌해진다.

예컨대 첫번째 작품집 『아오이가든』의 표제작이 특히 그러했다. 2003년 4월 홍콩의 아파트 '아오이가든' 주민들은 사스 때문에 열흘간 피난생활을 해야 했다. 작가는 이 실제 사건에 영감을 얻어 소설을 쓰고 반년 뒤에 발표한다. 역병이 창궐한 아파트에 사는 이들이 단지 살아남기 위해 인간과 짐승의 경계를 넘나들기를 마다하지 않다가 끝내 처참한 파국에 이르는 이야기다. "편혜영의 소설 중 가장 기괴한 소설"[1]이라는 평가가 있었다. "인간과 짐승의 구별이 없어진 세계를 표상하는 가장 그로테스크한 이미지"[2]들을 이 소설이 품고 있었기 때문이었다. 그러니 범례가 될 만한 작품이다. 이미 지적했듯 이 작품의 기원은 실제 사건이지만 이 소설은 그런 사실주의적 디테일에는 별 관심이 없다. 배경이 되는 시공간도, 역병의 정체도, 인물들의 나이도 모두 오리무중

---

1) 류보선, 「침묵하는 주체, 말하는 시체」, 『문학동네』 2005년 겨울호.
2) 박혜경, 「문명의 심연을 응시하는 반문명적 사유」, 『문학과사회』 2005년 여름호.

이다. 대신 이런 식의 묘사들이 있다.

> 그녀는 쉴새없이 마루를 서성거리며 무슨 말인가를 중얼거렸다. (…) 대개 누이에 관한 것이었다. 누이가 숲 속에서 사납고 고약한 다람쥐가 올라탄 나뭇가지에 걸려 옷이 찢어졌거나, 들쥐를 잡아먹은 고양이에게 입을 할퀴었거나, 동면 중인 뱀을 잡아 가랑이에 집어넣었거나, 올챙이가 든 줄도 모르고 샘물을 마셔 구역질을 했거나, 죽은 쥐의 껍질을 벗겨 먹이로 삼지는 않았을까 하는 것이었다.(41쪽, 강조는 인용자, 이하 동일)

> 나는 고양이가 흘린 다량의 검붉은 피를 떠올렸다. 그것은 연하면서도 깊고, 화려하면서도 더러운 색이었다. 나는 떨어진 것을 주워들고 냄새를 맡아보았다. 그러자마자 그것의 정체를 알아챘다. 그것은 까맣게 죽은 그녀의 가랑이 사이에 여러 겹으로 접혀 있던 거였다. 거기서는 거울을 흐리게 하고, 칼날을 무디게 하고, 유리접시에 금을 내고, 점토 아래의 지렁이를 불러모으고, 다락의 쥐들을 미쳐 날뛰게 한다는 냄새가 났다.(53~54쪽)

문장이 순수하게 '소모되고' 있는 대목이다. 서사의 논리라는 측면에서 보면 이런 대목들은 필요 이상으로 집요하다는 인상을 준다. 달리 말하면 작가는 여기서 뭔가를 '즐기고' 있다. 무슨 일이 벌어지고 있는 것일까. 역병이 창궐한 거리를 떠돌다 돌아온 딸을 집 안에 들이고 어미는 전전긍긍한다. 어디서 무슨 일을 겪었는지 알 수가 없어서다. 그래서 어미는 이런저런 상상들을 늘어놓는다. 이 대목을 쓰면서 작가는 기괴한 상황을 (주로 인간과 짐승의 경계를 부담스럽게 뒤섞는 방식으로) 상상하고 이를 문장으로 차곡차곡 옮겨놓는다. 두번째 인용문에서 '나'는 자궁이 도려내진 고양이가 흘린 피의 빛깔이 "연하면서도 깊고, 화려하면서도 더러운" 빛깔이었노라 묘사하면서 정성 들여 음미한다. 냄새를 묘사하는 그 다음 대목은 또 어떤가. 다섯 개의 메타포를 동원하면서 후각을 구체화하는 데 몰두하고 있다. 적어도 이런 대목에서 작가를 사로잡고 있는 것은 서사적 욕망이 아니라 시적 욕망처럼 보인다.

이런 대목은 어떤가. 역병의 거리에서 임신해 돌아온 누이가 마침내 출산한 것은 끔찍하게도 개구리들이었다. 어미가 그 개구리들을 태연하게 씻는다. "개구리들은 그녀의 손이 닿을 때마다 눈알이 터지도록 울음을 터뜨렸다. 그리고 터진 눈알에서 흘린 피로 몸을 물들였다."(60쪽) 아마도 앞의 두 문장은 미리 고안된 것이 아닐 것이다. "눈알이 터지도록"은 비유의 층위에서 만들어진 것이고, 그 비유가 퇴장하지 않고 살아남아 "터진 눈알"이라는 표현을 끌어당겼을 것이다. 덕분에 "터진 눈알에서 흘린 피"까지가 뒤를 잇게 되었다. 실상 개구리들은 애초 "피로 물든 누이의 가랑이"(60쪽)에서 나온 것이기 때문에 굳이 재차 피를 뒤집어써야 할 이유가 없다. 이 기괴한 결말은 서사 전체의 논리가 요구한 어떤 필연적 결말이기도 하겠지만 어떤 측면에서는 '끝장'까지 가버리겠다는 어떤 미학적 고집의 귀결은 아니었을까 하는 생각마저 든다. 이를테면 이것이 편혜영 소설의 개성 중 하나라고 할 수 없을까.

왜 이렇게 쓰는가. 많은 비평가들이 그녀의 소설을 두고 문명 비판의 메시지를 읽어내는 데 열중하였지만 작가에게 그런 것들은 아무래도 좋은 것이었을지도 모른다. 어쩌면 그녀의 욕망은 다른 곳에 있지 않았을까. "복강에 손을 넣어, 그리하여 따뜻한 혈관에 둘러싸인 내장을 보게 되면 나라도 그것들을 만지고 싶을 터였다."(52쪽) 아무나 그 내장을 만지고 싶어하지는 않을 것이다. 이를테면 세계의 내장을 만지고 싶다는 것, 그것이 이 작가의 근원적 욕망이었을지도 모를 일이다. 그래서 이 작가는 내장처럼 흘러나오는 문장들을 핀셋처럼 하나하나 집어서 수술대 위에 늘어놓듯이 써나간다. 서사가 그 욕망을 산출했다기보다는 오히려 그 욕망이 서사를 이용한 것은 아닌가. 우리는 지금껏 시를 분석하듯 작품을 읽었다. 소설에 미달했기 때문이 아니다. 어떤 대목에서 이 작가의 소설은 소설을 초과한다. 소설을 초과하게 만드는 그 욕망의 정체가 궁금하다.

그 욕망을 '리얼한 것(실재성)'에 대한 욕망이라고 부를 수 있다. 이것은 '리얼리티(현실성)'에 대한 배려 혹은 '리얼리즘'에 대한 추구와는 구별되는 것이다. 리얼한 것은 보편적이지 않다. 어떤 것을 리얼하다고 느끼는 감각은 시대·세대별로 다를 수 있다. 예컨대 "전형적인 환경에서의 전형적인 인물들을 진실하게 재현하는"(엥겔스) 소설이 '리얼하다'고 느끼는 세대가 있을 수 있다. 그 세대에게 편혜영의 소설은 리얼하지 않은 것으로 보일 것이다. 그러나 그녀라면 오히려 리얼리즘이라 불리는 소설들이 가짜라고 생각할지도 모른다. 너무나 그럴듯한 것들은 오히려 허구적인 것으로 보인다. 이쯤 되면 감각의 유전자가 다르다고 해야 한다. 소위 '실제보다 더 실제적인 것'들로 자욱한 세계를 이미 경험한 터다. 웬만한 것들은 실감으로 육박해오지 않는다. 그들에게는 더 리얼한 것, 더욱더 리얼한 것에 대한 갈급이 있다. 그럴 때 소설은 리얼리티 혹은 리얼리즘을 초과한다. 육체에 대해서 이야기하고 싶은가? 살갗을 애무하는 것으로는 부족하다. 살갗을 절개해야 하고, 피를 흘려야 하며, 내장을 꺼내야 한다. 이것이 내장을 만지는 글쓰기다.

2. 기괴함에서 섬뜩함으로

리얼한 것에 대한 이 작가의 집요한 욕망은 『아오이가든』의 출간과 더불어 한국소설사에 낯선 미학적 지평 하나를 열었다. 이를 '실재의 미학'이라 명명할 수 있다. 그러나 이 미학적 도발의 의미가 충분히 음미된 것 같지는 않다. 많은 이들이 이 작가의 소설에 내장돼 있는 반(反)문명 혹은 반계몽의 메시지에 더 주목했다. 그러나 그런 독법이 다소 뻔한 결론을 내놓고 말았던 것은 편혜영 소설의 실상과 충분히 교감하지 못했던 탓인지도 모른다. 더러 지적된 대로, 편혜영의 작품들은 명확히 대비되는 두 세계로 구축된다. 한쪽엔 빛, 문명, 인간의 세계가 있고 다른 쪽에는 어둠, 파국, 짐승의 세계가 있다. 이 작가가 특히 공들인 것은 후자의 세계를 지극히 명료하면서도 인상적인 방식으로 구축해내는 것이었다. 일종의 미장센 세팅이다. 매클루언(Mcluhan) 식으로 말한다면 이 작가의 경우는 미장센이 곧 메시지라고 해도 좋다. 그녀의 작품들이 주로 그 미장센의 핵심이 되는 공간을 제목으로 삼고 있는 것은 그래서다. 만약 반문명 혹은 반계몽의 메시지를 의도했다면 '두 세계'를 비등하게 구축했을 것이다. 어떤 세계가 전복될 수 있으려면 전복될 세계 자체가 먼저 구축되어야 한다. 그러나 어떤가. 「아오이가든」의 경우 역병에 침공당한 세계만이 완강하다. 이 작가에게 아오이가든의 바깥은 없다고 해야 한다.

그렇기 때문에 그녀의 소설이 현실(realty)의 세계를 재현하기보다는 실재(the Real)의 세계를 무대화하고 후자를 통해 전자를 전복하는 '실재의 정치학'을 구현한다는 평가는 절반만 옳다. 라캉의 용법을 따를 경우, 한 세계를 '현실'의 영역으로, 다른 한 세계를 '실재'의 영역으로 명명하는 것 자체가 엄밀하지 못하다. 현실과 실재는 공간적으로 실체화될 수 없는 것이기 때문이다. 세계의 진실이 '어딘가'에 '따로' 존재한다고 생각하기는 어렵다. 말하자면 실재는 '실재계'가 아니다. 실재라는 것이 예컨대 괴물이 사는 '저수지'이거나 조각난 시체가 출몰하는 '호수'이거나 혹은 '맨홀' 뚜껑 속 같은 것이라면 실재를 '인식'하는 일은 그다지 어려운 일이 아닐 것이다. 실재는 또다른 현실이 아니라 현실의 오작동이다. 비유컨대 현실이 어떤 그물망 같은 것이라면, 그 그물망의 어딘가가 찢어질 때 그 망의 틈으로 나타났다가 사라지는 어떤 것, 혹은 찢어짐이라는 사건 그 자체가 실재다. "실재란 상징적 네트워크로의 포획에 저항하는 외재적 사물이 아니라 상징적 네트워크 자체 내부의 틈이다."[3] 말하자면 현실 없이는 실재도 없다. 그러나 그녀의 소설에는 모종의 현실적 지표들이 대부분 삭제돼 있었다.

이런 맥락에서 우리는 실재의 미학과 실재의 정치학을 분별해야 한다고 생각한다. 이 작가가 도입한 특별한 미학은 천운영 이래로 여성 소설의 새로운 미학적 지평 중 하나가 된 그로테스크 미학의 한 진화로 이해될 수 있다. 그리고 오늘날 이 실재의 미학이라는 층위에서 이 작가의 냉정하리만큼 집요한 작업을 대체할 수 있는 사례는 없다고 해도 과언이 아니다. 그러나 실재에 대한 집요한 미학적 추구가 어떤 매개도 없이 전복적인 실재의 정치학으로 도약할 수 있는 것은 아니다. 이것은 기괴함과 섬뜩함이 다른 것과 같은 이치다. 기괴함(grotesquerie)이 낯선 것들과의 조우에서 발생하는 미학적 효과라면 섬뜩함(uncanniness)은 낯익은 것이 돌연 낯선 것으로 전화될 때 발생하는 (미학적 효과이면서 동시에) 정치적 효과다. 현실적인 것의 내부로 잠입해들어가 그것과 뒤섞여 종내에는 현실적인 것의 내부에서 그것을 찢고 나와야 한다. 그럴 때 기괴함은 섬뜩함으로 도약하고, 실재의 미학은 실재의 정치학과 결합한다. 편혜영의 최근작들이 특히 매혹적인 까닭은 편혜영 특유의 실재의 미학(기괴함)이 마침내 실재의 정치학(섬뜩함)으로 진화해가는 국면을 인상적으로 보여주고 있기 때문이다.

---

[3] 슬라보예 지젝, 『How to read 라캉』, 박정수 옮김, 웅진지식하우스, 2007, 112쪽.

3. 섬뜩함의 3부작

「사육장 쪽으로」를 먼저 읽는다. '나'는 누구인가. "전형적인 도시인"(44쪽)인 이 남자는 "전원주택이야말로 진정한 도시인의 꿈이 아니겠느냐"(49쪽)고 허세를 떨며 시 외곽의 전원주택으로 옮겨온 터다. 그러나 삶은 얼마나 불확실한 것인가. 이 남자는 파산 지경에 이르고 만다. 재산 압류를 예고하는 경고장이 이윽고 집으로 날아온다. 언제 집이 압류당할지 알 수 없다는 불안감과 짝을 이루는 것은 어딘지 모를 사육장에서 들려오는 개 짖는 소리의 불길함이다. 그들은 언제 오는 것이며 개들은 어디서 짖고 있는 것인가. 이 불확실성의 상태는 아이가 실로 급작스럽게 사육장 개에게 물어뜯기게 되면서 끔찍한 악몽의 근원이 된다. 병원은 어디에 있는가. 사육장 근처에 있다. 사육장은 어디에 있는가. 그것은 아무도 모른다. 개 짖는 소리가 사방팔방에서 들려오고 "도시 전체가 사육장"(60쪽)이라 해도 좋을 지경에 이르면 이제 낯익은 일상은 완벽하게 낯선 것으로 역전되고 만다. 남자가 마침내 "자신이 찾는 것이 사육장인지, 아이를 치료할 병원인지, 아니면 아이를 물어뜯은 개인지"(59쪽) 헛갈리기 시작할 때 이 불행한 남자는 영원히 성(城)에 도달하지 못하는 우리 시대의 K(카프카, 『성城』)가 된다.

「소풍」의 연인들도 처음에는 기대에 부풀어 있었다. 도시생활의 고단함을 일거에 보상 받을 수 있는 여행이 될 것이라 기대했기 때문이었다. 그러나 이 소설 역시「사육장 쪽으로」의 구도를 유사하게 밟아나갈 것이었다.「사육장 쪽으로」의 남자가 전원주택과 더불어 새로운 삶을 살게 되리라 기대했으나 종국엔 파국으로 치닫게 된 것처럼,「소풍」의 연인들에게 이번 여행은 오랜 동경(憧憬)의 실현이기는커녕 그간 억압해왔던 긴장이 끔찍한 방식으로 폭발하는 계기가 될 것이었다. 이 작가는 희망의 계기가 될 줄 알았던 것이 역설적이게도 파국의 계기가 될 때 섬뜩함이 초래된다는 사실을 너무나 잘 알고 있다. 게다가 「사육장 쪽으로」를 내내 휘젓고 다니던 개 짖는 소리마냥 「소풍」의 연인에게도 불길한 안개가 지겨운 동행처럼 따라붙고 있음을 놓쳐서는 안 된다. 개는 아이를 물게 될 것이었고, 안개는 연인들의 차를 두 건의 사고로 몰아넣을 것이었다. 위험이 의외의 것에서가 아니라 설마 했던 바로 그것에서 닥쳐올 때 섬뜩함이 초래된다는 사실 또한 이 작가는 간파하고 있다. 연인들은 끝내 함께 목적지에 도달하지 못하고 각자의 길을 떠나게 된다. 여자의 허기가 어느 순간 구토로 돌변하듯 불과 몇 시간 만에 일상은 악몽이 되고 만다.

「분실물」의 '박'은 상사인 '송'에게서 비밀스러운 업무를 부탁 받는다. 그것이 박에게는 '전원주택'이자 'W시로의 여행'인 셈이다. 이 업무만 멋지게 해내면 박의 인생도 달라질지 몰랐다. 공연한 야근을 하지 않아도 될 거였고 아내도 더이상 남의 아이들을 돌볼 필요가 없을 거였다. 박은 며칠 밤을 새워 마침내 일을 끝낸다. 그러나 눈을 뜨는 순간 악몽은 시작된다. 아이가 어느 순간 갑자기 개에게 물리듯 혹은 안개 속에서 불시에 사고가 일어나듯, 박은 업무 관련 서류를 지하철에서 잃어버린다. "가방은 없었다."(187쪽) 악몽은 이렇게 결정적인 순간에 너무도 단순 명료하게 찾아온다. 그후로 낯익은 그 모든 것들이 더이상 낯익은 것이 아니게 된다. 말 그대로 '낯'이다. 박은 송의 얼굴을 알아보지 못한다. 동료 김의 얼굴도, 거래처 직원들의 얼굴도 잊어버린다. "이러다가 자기 얼굴마저 잊게 되는 건 아닐까."(193쪽) 사태는 예정된 파국으로 치닫고 박은 결국 자신의 얼굴을 잃어버리게 될 것이었다. 이 소설은 김기택의 시 「사무원」과 김영하의 소설 「고압선」 등을 떠올리게 만든다. 도시 중산층 화이트칼라의 정체성 문제와 신경쇠약을 다루고 있다는 점에서, 혹은 현실성과 환상성을 절묘하게 배합했다는 점에서 그렇다.

이 세 작품을 '섬뜩함의 3부작'이라 부르려 한다. 낯익은 것(일상)이 낯선 것(악몽)으로 돌변할 때 발생하는 섬뜩함을 이렇게 흥미진진한 스토리 라인으로 전달하기도 쉽지 않을 것이다. "도대체 내가 잘못한 게 뭐란 말인가"(「사육장 쪽으로」, 39~40쪽)라는 독백도 섬뜩하고, "모두가 안개 때문이었다"(「소풍」, 30쪽)라는 궤변도 섬뜩하며, "지진이 있었던 걸 아셨나요?"(「분실물」, 202쪽)라는 헛소리마저도 섬뜩하다. 악몽이 남기고 간 이 말들은 모두 우리 시대의 단말마들이다. "일상이 걷잡을 수 없는 악몽으로 휩쓸려가는 과정의 경험적 리얼리티를 세세하고도 집요하게 추적"하고 있다는 점에서 이 작가의 이전 작품들보다 "한 발짝 나아간 작품"이라는 평[4]은 「사육장 쪽으로」를 두고 언급된 것이지만, 이 논평은 위의 세 작품 모두에 공히 적절해 보인다. 3부작의 결말 부분을 함께 읽는다.

그는 불빛이 사라진 도시가 낯설어서, 여기가 도시인지 아니면 그가 사는 마을인지 헛갈렸다. 트럭은 보이지 않았다. 여전히 개 짖는 소리가 가로등처럼 그를 인도하고 있었다. 그는 그 소리를 따라 사육장 쪽으로 가기 위해 속력을 높였다. 언젠가는 길이 끝날 거였다. 길이 끝나는 곳까지 달려가면 어딘가에 닿을 거였다. 그는 그들이 닿는 곳이 사육장 쪽이면 좋겠다고 생각했다.(「사육장 쪽으로」, 61쪽)

여자는 멈추어 선 채로 허공에 매달린 이정표를 읽었다. 모두 처음 보는 지명이었다. 이정표는 언젠가 도착할 도시의 이름을 알려줄 뿐, 여기가 어딘지에 대해서는 함구하고 있었다. 여자는 천천히 갓길을 따라 걸었다. 저 앞에 W시로 들어가는 톨게이트가 보였다.(「소풍」, 34쪽)

---

[4] 김영찬, 「닫힘의 감각, 혹은 우울과 공포」, 『현대문학』 2006년 9월호.

박은 눈을 감고 머릿속에 떠오르는 얼굴을 잠자코 지켜보았다. 지금 떠올린 얼굴이 메모지에 남긴 것과 같은 얼굴인지 알 수 없었다. 그는 송일 수도 있고 김일 수도 있었다. 거리에서 단 한 번 지나친 사내의 얼굴일 수도 있었고, 텔레비전에서 수없이 봐온 배우의 얼굴일 수도 있었다. 어쩌면 박의 얼굴인지도 몰랐다. 희미하게 떠올린 얼굴 위로 어둠이 조금씩 번져나갔다. 어둠이 스며든 얼굴이 흔들리기 시작했다.(「분실물」, 202쪽)

인물들은 마치 약속이나 한 듯 비슷한 지경에 도달해 있다. 이곳이 어디인지를 모르거나, 어디로 가야 할지를 모르거나, 눈이 흐려져 타인의 얼굴을 알아볼 수가 없다. 그러니까 악몽 이후, 이제 확실한 것은 아무것도 없다. 3부작의 악몽 뒤에는 겹겹의 맥락들이 포진해 있지만 2000년대 중반 한국사회의 총체적 불확실성이 이 모든 것의 근원적인 배후로 버티고 있는 듯 보인다. 불확실성이 지배하는 곳에서는 꿈들이 많아진다. 삶이 한순간 환하게 피어날 것이라는 백일몽을 꾸면서 전원주택을 사거나 W시로 떠나거나 비밀업무를 맡는다. 삶이 어느 순간 나락에 떨어지고 마는 악몽 속에서 사육장을 향해 달리고 탱크로리와 추격전을 벌이고 지하철 분실물 보관소를 뒤진다. 백일몽도 모두의 것이고 악몽도 모두의 것이다. 이곳에서 그 백일몽과 악몽 사이의 거리는 아주 짧다. 자본제국 신민(臣民)들의 삶은 이렇게 섬뜩하다.

4. 악몽의 일상화에서 일상의 악몽화로

그녀의 세계가 섬뜩한 것은 세계 자체의 속성 때문이기도 하지만 세계를 바라보는 그녀의 방법론 때문이기도 할 것이다. 이 방법론을 (이를테면 지젝의 '삐딱하게 보기(looking awry)'를 변주하여) '섬뜩하게 보기(looking uncannily)'라 명명하면 어떨까. 기왕의 작품들이 뿜어낸 기괴한 매력은 우선 그 대상 자체가 얼마간 기괴했을뿐더러 그 대상을 기괴하게 묘사하는 시적 열정에 힘입은 것이었다. 반면 지금까지 살펴본 근래의 수작들에서 소재는 얼마간 일상적이지만 그 결과는 섬뜩하기 짝이 없다. 병원을 찾아헤매거나, 교외로 드라이브를 떠나거나, 지하철에서 물건을 분실하거나 하는 일들 따위가 본래 섬뜩하다 하긴 어렵다. 애초 섬뜩한 대상들을 택하기보다는 그렇지 않은 일상잡사를 서서히 섬뜩한 것으로 바꿔나가는 서사의 조율 능력이 탁월하다. 방법론의 이같은 변화를 '악몽의 일상화'에서 '일상의 악몽화'로의 변화라 부를 수 있을까. 이 변화는 명백히 진화다. 이 진화 덕분에 2000년대 작가군(群)에서도 이 작가의 존재는 이제 각별해진 듯 보인다. 작가는 언젠가 이렇게 고백한 적이 있다.

말하자면 어떤 그리움이나 상실감이 없는 채로, 부정해야 할 대상도 없고 증언하고 싶은 시절도 없이, 고백해야 할 내면이나 문학적 책임의식도 없는 20세기 막바지 세대가 21세기에 문학을 하고 있는 셈이다. 어쩐지 재미없는 농담 같다.[5]

아니, 이것은 흥미로운 진단이다. 이 문장들은 죄다 부정형으로 되어 있다. 첫째, 그리움도 없고 상실감도 없다. 그러니까 그녀에게는 회고 취미나 애도의식이 없다는 것이다. 둘째, 부정의 대상도 증언의 대상도 없다. 말하자면 문학의 바깥에 문학의 중심을 세워야 할 필요성을 못 느낀다는 뜻이다. 셋째, 고백해야 할 내면도 의식해야 할 책무도 없다. 얼추 옮기건대 90년대적인 것과 80년대적인 것에 대해 공히 거리를 둘

---

5) 편혜영,「교본의 시간」,『문학·판』2006년 겨울호.

수밖에 없다는 말일 것이다. 이 부정문들을 모두 긍정문으로 바꾸면 그녀의 욕망이 된다. 그녀에게 문학은 (과거가 아니라) 현재를 향하는 것이고, (바깥에서 안을 지향하는 것이 아니라) 안에서 바깥을 지향하는 것이며, (80년대적인 것이나 90년대적인 것과는 다르다는 뜻에서) 2000년대적인 어떤 것이다. 지금 이 시대의 배를 갈라 그 내장을 섬뜩하게 꺼내드는 새로운 소설을 쓰겠다는 것, 이것이 이 작가의 욕망이다. 욕망이 재능을 만나면 역사가 된다. 이 책에서 그녀는 그녀가 욕망하고 있는 바로 그것을 해내고 있다. 편혜영은 '가지고 있는' 작가다.

남근이여, 안녕
—오현종, 「본드걸 미미양의 모험」(문학동네, 2007)

신화는 있다

이언 플레밍의 소설 「카지노 로열」이 출간된 것은 1953년이었다. 제임스 본드라는 스파이를 주인공으로 내세운 첩보소설이었다. 냉전의 시대였고 대중은 열광했다. 플레밍은 10여 년 동안 1년에 한 편꼴로 007 이야기를 써냈다. 소설의 인기에 힘입어 1962년 첫번째 영화〈닥터 노 Dr. No〉가 제작된다. 그 이후는 우리가 모두 알고 있는 대로다. 두 편의 외전(外傳)을 제외하고 정규 시리즈만 20편이 제작되었다(21편이 개봉을 앞두고 있다. 지겨워라). 007은 대중의 영웅이 되었고 007-이야기(007-Saga)는 우리 시대의 신화가 되었다. '007 클리셰(상투형)'라 할 만한 것들이 생겨난 것은 당연하다. 신무기, 개성 넘치는 악당, 아름다운 본드걸, 변함없는 본드의 조력자들(상관 'M', 신무기 개발자 'Q', 그리고 M의 비서 '머니페니') 따위가 그것들이다. 이런 지경이 되면 이제는 새로운 것을 만들고 싶어도 만들 수가 없다. 대중이 원하는 것은 정확히 그 클리셰들이기 때문이다. 동일한 것들의 반복이 축제를 만든다.

축제처럼, 2~3년에 한 번씩 본드가 돌아온다. 그 모습 그대로다. "누구 신지?"라는 물음에 그가 "본드, 제임스 본드"라 답하면 왠지 유쾌하고, "뭘 드릴까요?"라는 물음에 "보드카 마티니, 젓지 말고 흔들어서"라 답하면 왠지 반갑다. 그는 변하지 않는다. 그래서 영웅이다.

 변하지 않는 것은 본드의 캐릭터만이 아니다. 007 이야기가 은연중 설파하는 이데올로기 역시 대규모로 확대재생산된다. 007 이야기는 찬미 3종 세트다. 애국주의, 자본주의, 남근주의를 찬미한다. 먼저 애국주의. 제임스 본드는 영국인이다. 플레밍의 소설들은 2차대전 이후 옛 영광을 잃어버린 대영제국의 부활을 은연중 선동했다. 사회주의권과 제3세계라는 공동의 적에 맞서기 위해 더러 미국과 협력할 때도 있지만, 007 이야기가 대체로 미국에 냉소적인 것은 그 때문이다.[1] 그리고 자본주의. 007 이야기는 자본주의의 판타지를 자기도취적으로 전시한다. 제임스 본드의 멋들어진 때깔, 본드걸들의 화려한 자태, 기기묘묘한 신무기들 등이 찬미하는 것은 자본의 낙원이다.[2] 마지막으로 남근주의. 007 이야기가 찬미하는 낙원의 성별은 끝내 남자다. '여자-상품'은 '남자-자본'의 흐름에 따라 교환되고 소비되고 폐기된다. 제임스 본드에겐 능동적인 총(남근)이 있고 본드걸에겐 수동적인 몸이 있다. 007 영화의 저 유명한 오프닝 타이틀에서 본드의 격발하는 총과 본드걸들의 흐느적거리는 몸은 남근주의를 찬미하기 위해 협력한다. 007이 선동하는 애국주의, 자본주의, 남근주의는 이렇게 너무 노골적이어서 차라리 귀엽다.

---

1) 김성곤, 『문학과 영화』, 민음사, 1997.
2) 유지나, 『유지나의 여성영화 산책』, 생각의나무, 2002.

신화는 없다

　오현종의 이 소설이 겨냥하는 바는 지극히 명쾌하고 정당하다. 이 소설은 '블록버스터' 시리즈물 007 이야기의 3대 이데올로기를 조롱하고 해체하는 '저예산독립' 소설이다. '블록버스터'와 '저예산독립'의 차이는 신화와 일상의 차이에 대응된다. 007 이야기는 일종의 신화다. 로망스(Romance)라 해도 좋고 사가(Saga)라 해도 좋다. "M은 왕이고 본드는 임무를 부여 받은 기사다. 본드는 기사이고 악당은 용이다. 소녀와 악당은 미녀와 야수를 대변한다. 본드는 소녀에게 정신과 감각을 완전하게 되돌려준다. 그는 잠자는 미녀를 구해주는 왕자다."[3] 뇌가 없어도 즐길 수 있는 대다수 할리우드 블록버스터들이 그러하듯, 007 이야기 역시 '일상'이라는 골치 아픈 우주를 과감히 삭제하고 마니교적인 선악 이분법의 세계 속을 노닌다. 오현종의 이 소설이 007이라는 신화를 조롱하기 위해 채택한 방법론을 (좀 거창하지만) '신화의 일상화'라 부를 수 있다. 신화를 일상화한다는 것은 무엇인가. 신화가 끝나는 지점에서 비로소 시작한다는 것이다. "걱정 마. 누구도 007을 당해낼 순 없어. 결말은 늘 해피엔딩이지."(8쪽) 용을 퇴치하고 미녀와 입 맞추면 그것으로 끝일 뿐 신화는 결말 '이후'에 대해서 말하지 않는다. 해피엔딩 이후에는 무엇이 오는가. 옹색한 일상이 온다. 이 소설이 007 이야기의 상투적인 엔딩지점에서 시작되는 것은 바로 그 때문이다. 따지고 보면 제임스 본드는 결국 "나라의 녹을 먹는 공무원"(12쪽)이고 본드걸 역시 일개 비정규직 아르바이트생에 불과하지 않은가, 그렇다면 그들 역시도 해피엔딩 이후에는 도리 없이 일상으로 돌아가지 않겠는가, 라고 이 소설은 묻는다.

---

3) 움베르트 에코, 『대중의 영웅』, 새물결, 2005.

예컨대 "007은 딱딱한 마룻바닥에 앉아 막 시작한 축구경기를 시청했습니다"(10쪽)라는 문장이 스타트라인쯤 된다. 여기서부터 007 이야기라는 신화는 일상의 공간 속으로 옮겨져 썰렁해진다. 제임스 본드가 마룻바닥에 앉는 순간부터 그는 전형적인 한국 남자다. 집에서는 소파에 드러누워 멍청하게 텔레비전만 보고, 대화보다는 섹스를 더 좋아하며, 그나마 섹스를 할 때조차도 애무 따위는 생략해도 그만이라 생각하는 갈데없는 한국 아저씨다. 본드걸 미미는 어떤가. 하마터면 금발 미녀라고 착각할 뻔했다. 사실 그녀는 "입사시험에 마흔 번 떨어진 경력"(68쪽)이 있는 한국 아가씨였는데 말이다. 뉴질랜드에서 007을 만나 함께 죽을 고비를 넘기고 본드걸이 되긴 했지만, 서울로 돌아오면 그녀는 언니와 형부가 운영하는 갈빗집에서 카운터를 봐주고 있는 청년 실업자에 불과하다. (육식마니아인 언니와 채식주의자 형부를 소개하는 몇몇 페이지들이 다소 뜬금없어 보일 수 있지만 이 역시 신화의 일상화라는 대의에 충실히 기여한다.) 소설의 초반부만을 본다면 이 소설은 신화를 걷어낸 자리에서 진행되는 007과 미미의 특별할 것 하나 없는 연애 이야기다. 007과 본드걸의 럭셔리하지만 공허한 모험이 아니라(그런 거라면 이미 지겹도록 보지 않았는가), 쩨쩨하지만 미워할 수 없는 한국산(産) 마초와 한심하지만 착한 순정파 처자의 이야기다.

우린 모두 스파이

초반부의 재미가 신화와 일상의 낙차에서 발생하는 재미라면, 중반부 이후부터의 재미는 연애소설의 문법과 스파이소설의 문법을 적절하게 뒤섞는 데서 오는 재미다. 말하자면 이 소설은 스파이소설의 외양을 한 연애소설이고 연애소설의 성분이 가미된 스파이소설이다. 연애소설의 문법이란 무엇인가. 태초에 환상이 있다. '나는 그의 욕망을 안다, 나는 그가 원하는 바로 그녀다'가 그것이다. 그러나 환상은 깨어지라고 있는 것이다. 어느 날 타자는 '넌 나를 몰라, 너는 내가 원하는 그 사람이 아니야'라고 통보해온다. 이제 환멸의 시간이다. 나는 그제야 나의 무지를 깨닫고 타자를 알고자 하는 욕구로 불타오른다. 우리의 그녀는 절치부심, 불철주야, 동분서주한다. 그리고 그 과정에서 타자가 아니라 오히려 나 자신을 알게 된다. 사랑이 실패한 것은 내가 타자를 몰랐기 때문이 아니라 오히려 나 자신을 몰랐기 때문이라는 것, 정말 문제는 지금 타자를 잃어버렸다는 데에 있는 것이 아니라 그동안 내가 나 자신을 잃어버린 채 살아왔다는 것에 있음을 알게 된다. 이별은 이렇게 독이면서 약이다. 질 나쁜 연애소설은 연애에서 생긴 문제를 다른 연애(또다른 타자, 반복되는 환상)로 해결하지만, 괜찮은 연애소설은 연애에서 생긴 문제를 이렇게 자기 발견(또다른 나, 성숙한 환멸)의 형식으로 해결한다.

이 소설은 '태초의 환상, 환멸의 시간, 자기의 발견'의 패턴을 취하는 괜찮은 연애소설의 문법을 스파이소설의 형식으로 변주한다. 애초 미미는 이런 식이었다. "그를 다 이해할 수는 없지만 사랑할 수는 있어요. 사랑은 늘 이해보다 앞서는 것이죠."(19쪽) 왜 아니겠는가. 그러나 더 정확히 말하면 이해하지 못하기 때문에 사랑하게 되는 것이다. 타자에 대한 무지가 환상을 낳고 그 환상이 사랑을 산출한다. 타자에 대한 환상 속에서 나는 스스로를 그 환상극장의 여주인공으로 옹립한다. "한번 본드걸은 영원한 본드걸이 아니겠어요."(18쪽) 그녀는 007의 눈으로 스스로를 바라보고, '본드가 보시기에 좋았더라'의 자리에 스스로를 갖다놓는다. 이 두 겹의 환상이 모든 사랑의 처음이다. 그리고 환멸의 시간이 온다. 어느새 새로운 본드걸을 대동하고 등장한 007 왈, "난 본드, 제임스 본드, 스파이야. 당신은 날 몰라".(46쪽) 그럼 '나'는 대체 누구란 말인가? "본드걸은 원래 일회용이야. 한 번 사랑 받고 퇴출당하는 운명이라고."(46쪽) 격분한 미미는 007이라는 타자를 알기 위해서 스파이가 되기로 결심한다. 애초 목표는 본드에 대한 복수였다. 그러나 치열한 트레이닝과 목숨을 건 작전을 거치는 동안 그녀는 알게 모르게 점점 그녀 자신의 자기실현을 위해 움직이기 시작한다. 그리고 마침내 그녀의 담담한 일갈. "난 본드걸 미미, 013, 스파이야. 당신은 날 몰라."(208쪽) 비로소 그녀는 '본드의 걸'이길 그만두고 '그녀 자신'이 된다.

　　이로써 내게는 007이 영원히 알지 못할 비밀이 생긴 셈입니다. 나에게 비밀이 존재하는 이상 그는 나를 완전히 이해하지 못하겠지요.
　　난 본드걸 미미, 013, 스파이야. 당신은 날 몰라.
　　나는 죽음처럼 곤히 자고 있는 007의 얼굴을 내려다보며 낮게 읊조립니다. (208쪽)

이렇게 이 소설은 남자의 시선으로 자기 자신을 인지하던 한 여자가 어떻게 스스로 설 수 있게 되는지를 보여주는 여성 성장소설의 일종으로 읽힌다. "한 번 본드걸은 영원한 본드걸"(18쪽)이라고 꿈꾸듯 말하던 미미가 "저는 007보다 훌륭한 스파이가 될 수 있는데, 왜 폐기처분되어야 하죠?"(57쪽)라고 질문하기 시작하고, 더 나아가 "근데 왜 본드걸 말고 본드보이는 없죠?"(134쪽)라고 꼬집기까지 하더니만 급기야 "난 미미가 아니에요. 스파이 013이죠"(196쪽)라고 말하기에 이른다. 그러니 누가 그녀를 본드걸이라 부르는가. 이제는 제임스 본드가 미미보이다! 물론 이런 식의 성장담은 얼마간 관습적인 것으로 보일 수 있다. 만약 이 관습적인 이야기를 어깨에 힘준 채로 정색하고 써나갔다면 차마 지루해서 읽기 어려웠을 것이다. 그런데 이 소설은 관습적이기 쉬운 이야기를 그보다 더 관습적이라고 해야 할 '본드와 본드걸'이라는 틀에 붓고는 대놓고 농담처럼 써나가고 있으니 허를 찌르고 있는 셈이다. 게다가 작가의 운필은 나비의 날갯짓처럼 가볍다. 이봐요, 긴장 풀고 읽어요. 그렇게 진지한 표정이라니, 촌스럽게시리. 이런 식이다. 그래서 독자는 연애소설과 스파이소설의 세계를 오가면서 부담 없이 즐길 수 있다. 이 소설이 드문드문 소개하고 있는 스파이 활동 관련 매뉴얼은 그대로 연애의 기술로 사용될 수 있으니 그것 또한 참고할 일이다. "사랑도 일종의 게임이고 전쟁"(46쪽)이라고 했던가. 사랑이라는 전쟁터에서 우리는 모두 스파이다.

남근이여, 안녕

여기까지 이야기하고 끝내면 서운하다. 매력적인 후반부가 남아 있다. 앞에서 007 서사의 3대 이데올로기 운운했거니와, 그중에서도 이 소설이 특히 힘주어 비틀고자 하는 것이 007 서사의 남근주의라는 사실을 빼놓지 말아야 한다. 남근(phallus)이란 무엇인가. 단순하게 말하면 권력의 상징이다. 가부장적 시스템 안에서 작동하는, 가부장의 권력이 응축되어 있는, 그래서 누구나 갖고 싶어하는 '그것'의 상징이 남근이다. '남근주의'란 남근에 부여되어 있는 이 상징적 가치를 임의적인 것이 아니라 보편적인 것으로 합리화하고자 하는 이데올로기다. 이 이데올로기를 내장하는 남근주의 서사의 핵심은 남근의 '기만적' 자기 확인('남근은 남근이다')이다. 이 자기 확인의 과정에서 여성은 필수불가결하다. 남근은 본래 실체 없는 헛것, 일종의 기표(signifiant)에 불과하기 때문이다. 남근이 '반성적' 자기 확인('남근은 꼬추다')에 도달하면 그것의 결핍이 폭로되고 가부장적 시스템의 근저에서 지진이 발생하기 때문이다. 본래 결핍인 것들은 타자에 의존해야만 기만적인 자기 확인에 도달할 수 있다. 그래서 여성이라는 타자를 '제물'로 삼거나 '장식물'로 걸치려 한다. 자신을 위기에 빠뜨리는 여성을 제물로 희생시키면서 남근은 스스로를 재확인하고, 남근을 추앙하는 여성을 장식물로 제 휘하에 거느리면서 딱한 나르시시즘을 충족한다. 요컨대 가장 단순하고 저열한 남근주의 서사에서 여성의 위치는 제물이거나 장식물이거나 둘 중 하나다.

    제물로서의 여성과 장식물로서의 여성은 각각 따로 등장할 때도 있고 함께 등장할 때도 있다. 누아르 풍 서사에서 매력적인 요부는 치명적인 매력으로 남성을 유혹하는데, 그 유혹이 남근의 자기 파멸을 유도하는 지경에까지 이를 때 요부는 처단된다. 제물로서의 여성이다. 한편 영웅모험담 풍의 서사가 요구하는 것은 공주형 캐릭터인데, 순결한 매력의 공주는 시종일관 남성 영웅의 지극한 보호를 받으며 그 자체 숭고한 가치인 양 묘사되지만 실은 역설적이게도 남근의 숭고함을 보조하는 수단으로 이용되고 만다. 장식물로서의 여성이다. 이 두 여성 유형이 함께 등장하면 그 둘이 각각 요부와 공주가 되어 남근을 사이에 두고 상호 적대적으로 경쟁하게 된다. 이런 서사는 대체로 '여자의 적은 여자'라는 유구한 이데올로기를 재생산하는 최악의 효과를 낳는다. 우리는 007 서사가 남근주의에 효과적으로 호소하고 있다는 사실을 알고 있다. 본드걸은 제물로 혹은 장식물로 소비되고, 때로는 동시에 등장하여 서로 싸운다. 남근주의를 전복한다는 것은 이를테면 이런 식의 구도를 깬다는 것이다. 두 가지 방식이 있다. '여자 대(對) 여자'라는 구도를 전복하고 자매애를 도입하여 여성성을 재규정하는 방식이 있고, 남근의 허구성을 폭로하고 가면을 벗겨 남성성을 전복하는 방식이 있다. 이 두 가지 방식이 이 소설의 후반부를 끌고 간다.

어쩌면 두 여자 이야기

먼저 여성성의 재규정. '여자 대 여자'라는 구도를 전복한다는 것은 007 시리즈의 클리셰 중 하나인 '착한 본드걸'과 '나쁜 본드걸'의 대립구도를 해체한다는 것이다. 이 소설에서는 '미미'와 '플라워'가 각각 착한 본드걸과 나쁜 본드걸의 역할을 맡는다. 처음에는 007 시리즈의 관습을 따라가는 것처럼 보인다. 스파이 훈련과정을 무사히 마친 미미는 드디어 '백색공포망명작전'(161쪽)에 투입된다. 작전은 실패한다. 백색공포는 살해되고 그의 내연녀인 플라워만이 구출된다. 플라워와 007 사이에 미묘한 애정전선이 형성되고 미미는 "사랑에 빠진 두 악마들"(166쪽) 때문에 심기가 불편해진다. 두 사람은 마치 경쟁관계로 돌입하고 있는 것처럼 보인다. 그러나 플라워가 적들의 스파이임이 밝혀지고 나쁜 본드걸로서의 정체를 완전히 드러낼 무렵 이 소설은 007 서사의 관습을 비틀어 엉뚱한 방향으로 나아가기 시작한다. 플라워는 체포되지만 입을 열지 않는다. 그녀 역시 신산한 과정을 거쳐 오늘에 이르렀던 탓이다. 007 서사의 정석대로라면 '여자의 적은 여자'임을 재확인하면서 이 갈등관계를 남자인 본드가 멋지게 해결해야 한다. 그러나 이 소설에서 본드는 무기력할 따름이고 플라워의 입을 열게 만드는 것은 오히려 미미다. 게다가 그 해결은 지극히 비(非)남근적인 방식으로 이루어진다. 미미가 시도하는 것은 그저 대화일 뿐이다. 미미는 자신에게서 플라워를 보고 플라워에게서 자신을 본다.

나는 머릿속으로 멍하니 내가 걸어온 길을 되돌아보았고, 내가 운명을 개척하고 있다고 여겼지만 실제로는 그게 아닌 것 같다는 생각에 사로잡혔지요. 나는 길을 따라 달려가고 있으나 그 길을 놓고 있는 자는 내가 아닌 다른 누구인 것 같은 느낌이었어요. 누군가가 놓은 길을 따라 다리를 절며 달리고 있는 기분이었어요. 그 막연한 느낌을 대체 뭐라고 설명하면 좋을까요? 나는 검은 방에 앉아 있는 미스 플라워에게서 내 얼굴을 보았고, 그녀가 나의 잃어버린 쌍둥이, 혹은 나의 짝패 같다는 생각이 들었어요.(186쪽)

따지고 보면 미미와 플라워는 닮은 데가 많다. "007을 만나서 본드걸이 되고, 그 다음 나비더듬이가 되고, 또 오란실이 되었다가 플라워 앞에 앉아 있는 스파이 013이"(187쪽) 된 미미의 삶과 "이름과 국적이 바뀔 때마다 매번 머리칼 색깔과 구두굽 높이를 바꾸었고, 계속 염색을 하다보니 본래 자신의 머리카락이 무슨 색이었는지 잊어버리게"(188쪽) 된 플라워의 삶은 모두 남성(적 시스템)이라는 타자의 시선 속에서 자기를 상실했다가 비로소 고통스럽게 자기를 되찾아가고 있는 여성들의 삶 일반을 표상하고 있지 않은가. "나는 그에게 인정받고 싶어서 기꺼이 스파이가 되었어요"(189쪽)가 그들의 공통된 출발이라면 지금 그들은 "나는 나를 이해하기 위해서 내 이야기를 들려주었고, 그것과 같은 이유로 당신의 이야기를 듣고 싶어요"(188쪽)라고 말할 수 있는 지점에 함께 도착해 있는 셈이다. 이 두 여자가 한국어와 영어라는 이방의 언어로 힘겹게 대화를 나누고 있다는 점은 주목할 일이다. "어차피 소통이란 불완전한 것"(187쪽)이라는 사실을 모르지 않지만, 그것은 우리에게 주어져 있는 거의 유일한 가능성이다. 게다가 "이야기를 다 듣기에 우리들의 시간이란 늘 부족"(187쪽)한 것이지만, 우리는 우리에게 주어진 시간을 최대한 활용할밖엔 없는 것이다. 이렇게 두 여자의 방식은 모든 것을 총으로 해결하는 007의 방식과 사뭇 다르다. '나쁜 본드걸'도 없고 '착한 본드걸'도 없다. 여자들이 있을 뿐이고, 자매애가 있을 뿐이다.

어쩌면 두 남자 이야기

다음으로 남성성의 전복. 플라워로부터 중요한 정보를 빼낸 미미가 조직 내부의 배신자를 본격적으로 추적하면서 이야기는 결말을 향해 간다. 도대체 배신자는 누구인가? 이 대목에서 이 소설은 의외의 강수를 둔다. 감히 M을 배신자로 설정하고 있으니 말이다. M과 007의 관계는 실로 007 서사의 중추라고 해야 한다. 20여 편의 영화가 만들어지는 동안, 수많은 악당들이 폼나게 나타났다 허망하게 사라졌고 수많은 본드걸들이 제 육체를 전시하고 매력을 탕진한 다음 허망하게 버려졌지만, M과 007의 관계만큼은 흔들림이 없었다. 이 둘의 관계는 부자관계의 한 변용이기 때문이다. 아비와 아들은 본래 애증의 관계이지만 국가주의, 자본주의, 남근주의가 위협 받는 결정적인 순간에는 동맹을 맺는다. 타자의 침입 앞에서 그 둘은 늘 동일자다. 이것은 가부장적 시스템의 배수진이다. 아비는 더러 아들을 위험에 빠뜨리지만 그것은 결국 가부장의 지위를 떠맡을 수 있는 강한 아들을 길러내기 위함일 때가 많고, 아들은 때로 아비에 저항하지만 그것은 저 자신 또다른 아비/가부장이 되기 위한 통과의례가 되곤 하는 것이다. 부자의 애증이 더러 불장난에 그치고 마는 것은 그들이 아비와 아들이기 이전에 우선 남자이기 때문이다. 남자와 남자는 애증의 경쟁관계일 수 있지만, 여자와의 경쟁 앞에서 그들은 기꺼이 한편이 된다. 만국의 남자들이여, 단결하라. 이 소설은 이 대목에서 007 서사의 금기 중 하나를 비튼다. M(아비)이 007(자식)을 죽이려 했다니.

"그래, 나는 아주 오랫동안 007을 지켜봤어. 그는 아주 젊었고, 재능이 있었고, 매력이 넘쳤어. 그를 사랑하기에 아끼기도 했지만, 그래서 더 위험한 임무를 떠맡기기도 했지. 이제 그를 계속 지켜볼 수 없어. 더이상은 그러고 싶지도 않고, 그럴 수도 없어. 내 앞에 이렇게 끝이 와 있으니까. 나는 모든 것을 내 눈앞에서 끝내고 싶었어."(203쪽)

M이 007을 죽이려고 했다는 사실도 놀랍지만 그 이유는 더 놀랍다. 그는 007을 사랑했던 것이다. 아비가 자식을 사랑하듯 사랑하였지만, 그 이상이기도 했다. 이미 작가는 소설의 초반부에 "M과 007이 내연의 관계라는 소문" "두 사람이 동성애 관계라는 소문" "M이 007의 친아버지라는 소문"(91~92쪽) 등을 누설해주었던 터다. M이 그토록 쉽게 미미를 받아들였던 것도 미미를 이용해 007을 죽이려는 계산 때문이었던 것으로 밝혀진다. 돌이켜보면 초반부에서 미미가 M을 처음 대면할 당시 그에게서 "한순간에 무너질 수 있는, 혹은 스스로 무너지고 싶어하는 빈틈 같은 것"(55쪽)을 읽어낸 것은 정확한 관찰이었다. 아울러 "007과 나의 관계를 알면서도 우리에게 같은 임무를 맡긴 M을 나는 이해할 수 없었습니다"(137~138쪽)라고 의혹을 품었던 것도 이제 와서는 이해가 되는 것이다. M의 사랑, M의 불안, M의 결핍이 그의 "솔직한 손"(204쪽)처럼 드러나고, 또 그 손을 미미가 잡아주는 이 장면에서 우리는 미미의 여성성이 갖는 힘을 소박하게나마 느낀다. 아울러 M이 죽은 뒤 불면증에 걸려 옷장 안에서야 잠을 잘 수 있게 된 007을 미미가 물끄러미 바라보는 장면에서는 007의 인간적 결함마저도 그의 근원적 결핍—"그는 유독 '아버지'라는 말에 약하지요"(183쪽)—의 산물로 이해하고 감싸안는 미미의 모성성까지를 얼핏 엿보게 된다. M과 007이 애증의 폐쇄회로를 형성하고 있었다면, 그 남근적 질서의 위장된 완강함 속으로 미미가 끼어든 것이다. M에게는 딸이 되고 007에게는 어머니가 되어, 남근(적 질서)의 불완전성과 불안정성을 폭로하는 동시에 포용하고 있는 셈이다.

그러고 보면 플라워와 M은 공교롭게도 둘 다 자살로 생을 마감한다.

플라워는 사랑하는 이를 죽이면서까지 하이드에게 헌신했지만 결국 하이드에게서 버림 받는다. 실상 그 순간 플라워는 이미 제 모든 존재의 근거를 한순간에 잃어버렸고 그때 이미 상징적으로 죽은 것이나 마찬가지였다. 그러니 미미가 또다른 플라워가 되어 플라워의 마지막 말을 들어준 것이라고 해야 할 것이다. 한편 M은 암에 걸려 이미 죽어가고 있었거니와, 그는 "침묵 속에서 인고의 세월을 견디느니 차라리 사자의 입 속에 머리를 집어넣어 내 운을 시험"(86쪽)하겠다던 미미의 소신을 대신 실현하기라도 하듯 "별장에서 기르던 수사자의 입을 벌려 자신의 머리를 집어넣"(206쪽)는다. 그가 미미에게 모든 비밀을 털어놓은 그 순간 그 역시 상징적으로 죽은 것이라고 해야 한다. 그의 자살은 저 상징적 죽음의 형식적 마무리라 해도 좋겠다. 말하자면 플라워는 죽기 전에 미미와 하나가 되었고 M은 죽으면서 미미와 하나가 된 것이다. 이것은 일차적으로는 사건의 해결이지만 이차적으로는 생의 구원이다. 미미를 통해 그들은 비로소 죽을 수 있었다. 그토록 바라던 스파이가 되어 총과 살인면허를 얻었지만, 결국 그녀는 총과 살인이 아니라 진심어린 대화(사랑)로 이 모든 분란을 해결한 것이다. 이는 남성들의 총(남근주의)을 부드럽게 조롱하는 뼈 있는 아이러니다. 미미는 큰일을 했다. 이제 모험은 끝났다. 물론 한 모험의 끝은 또다른 모험의 시작이다.

달려라, 미미

어떤 소설은 마치 '콜럼버스의 달걀'과도 같아서 그 소설이 나오고 난 뒤에야 "아니 여태까지 이런 소설이 없었단 말이야?"라는 반응을 낳는다. 이를테면 이 소설이 그렇다. 거기서 거기인 영화를 20편이나 봐오는 동안 우리는 본드걸들의 후일담을 궁금해해본 적이 없었던 것이다. 그 많던 본드걸들은 모두 어디로 갔는가? 여기 본드걸 미미가 돌아왔다. 본드걸이라는 비정규직과 작별을 고하고 정규직 스파이 '013'이 되어서. 물론 아쉬움이 없지는 않다. 이 작가가 007 서사의 3대 이데올로기와 더 드세게 맞장을 떴더라면 어땠을까 싶은 것이다. 이것은 너무 착한 소설, '전(全)연령대 관람가' 소설이 아닌가 말이다. 그럴 만도 한 것이, 사실 우리는 007 서사의 이데올로기에 어지간히 이골이 나서 '알면서도 속아주는' 경지에 도달한 지 오래가 아닌가. 그래서 외려 정색하고 덤볐다가는 이쪽이 민망해질 수도 있었겠다. 그래서 미미의 활약이 (제목 그대로 '모험'이라기보다는) '모험'과 '소동'의 중간쯤으로 조율된 것이겠다. 달걀 세우는 법을 보여줬으니 이제는 바위 치는 법을 보여줄 차례다. 스파이 013의 활약은 이제부터다. 영화만 속편이 있으란 법 있는가. 소설로 쓰는 미미의 모험도 업그레이드되면 좋겠다. 국가주의와 자본주의와 남근주의를 발랄하게 들쑤시는 이야기(말은 쉽다), 그러니까 더 본격적인 '여성주의 스파이소설' 말이다. 그러니 미미는 계속 분발해주시고, 우리는 미미의 앞날을 위해 마티니 한잔! 아, "젓지 말고 흔들어서".(15쪽)

소녀는 스피노자를 읽는다
―김애란, 『달려라, 아비』(창비, 2005)

1. 그녀를 사랑하지 않는 것은 가능한가?

"프랑스에서 미국에 이르는 오늘날 학계의 불문율 중 하나는 '스피노자를 사랑하라'는 명령이다. 모두가 그를 사랑한다. 알튀세르적인 과학적 유물론자부터 들뢰즈적인 분열적 무정부주의자에 이르기까지, 합리적인 종교 비판가로부터 자유주의적 자유/관용의 일파에 이르기까지 말이다. (…) 그렇다면 스피노자를 사랑하지 않는 것은 도대체 가능한가?"[1] 출판계와 저널리즘에 이르는 오늘날 문단의 불문율 중 하나는 '김애란을 사랑하라'는 명령이다. 모두가 그녀를 사랑한다. 진보적 리얼리스트들에서부터 전위적 모더니스트들에 이르기까지, 젠체하는 비평가들에서부터 자유분방한 독자들에 이르기까지 말이다. 그렇다면 김애란을 사랑하지 않는 것은 도대체 가능한가?

우리는 왜 그녀를 사랑하는가? 이를테면, 그녀가 '명랑'하기 때문이

---

1) 슬라보예 지젝, 『신체 없는 기관―들뢰즈와 결과들』, 김지훈 외 옮김, 도서출판b, 2006, 72쪽.

다. 밝을 명(明)에 밝을 랑(朗)이다. 밝다는 것은 무엇인가. 이를테면 상처가 없(어 보인)다는 것, 마음에 이지러진(傷) 자리(處)가 없(어 보인)다는 뜻이다. 사람은 언제 이지러지는가. 나의 외부에서 무언가가 나를 찌를 때다. 그 '외부'란 타인들의 세계이고, 그 '무언가'란 어떤 말, 어떤 시선, 어떤 행위들이다. 타인의 말, 시선, 행위가 하나의 원인을 형성하고, 그 원인에 의해 나의 정념들이 수동적으로 촉발된다. "정신이 더 큰 완전성으로 이행하는 수동"이 '기쁨'이라면, "정신이 더 작은 완전성으로 이행하는 수동"이 '슬픔'이다.[2) 이 슬픔은 여러 정념들을 그 변종으로 거느리는데 이를테면 수치, 연민, 비애 같은 것들이 모두 나를 작아지게 하는 수동적 변용의 일종들이다. IMF 세대가 성인이 되어 가혹한 빈곤과 마주친 것이건, 지방 소도시 출신 젊은이가 상경하여 서울 문화의 높은 진입장벽과 마주친 것이건, 아비가 없거나 어미가 없다는 가족의 결핍과 마주친 것이건 간에, 내가 그 마주침의 과정에서 어떤 외부적인 원인에 지배당하여 나를 작아지게 만드는 어떤 정념에 수동적으로 빠져들 때, 그 정념은 모두 슬픔이다. 슬퍼하는 자는 모두 노예다.

그래서 '명랑해져라'는 그녀 세대의 정언명령이다. 슬픔이라는 정념의 노예가 되지 않고 상처를 다스릴 줄 알아야 한다. 두 가지 특질이 있다. 김애란의 인물들은 IMF 현실, 서울 문화의 은근한 배타성, 가족의 결핍 등과 마주친다. 마주치는데, 상처를 받지 않을 만큼 강하지 못하고, 상처와 싸울 만큼 강하지도 못하다. 그녀들을 조력해줄 키다리 아저씨도 없다. 국가도, 이념도, 가족도 무력하다. 그녀들은 모두 고독한 개인의 안간힘으로 그 정념을 개관(槪觀)함으로써 이겨낸다. 그 마주침의 기록이 핍진하고 그 안간힘이 애틋하다. 우리가 그녀를 사랑하는 이유다. 특별히 흥미로운 한 가지 특질이 더 있다. 그녀의 중성(中性)성

---

2) 스피노자, 『에티카』, 강영계 옮김, 서광사, 1990, 142쪽.

말이다. 대체로 그녀의 인물들은 자신의 성별에 의지하지 않는다. 마주침과 견뎌냄의 과정에 어떤 성별 논리도 개입하지 않는다. 여자라서 혹은 남자라서 특별히 겪게 되는 마주침은 없다. 여자라서 혹은 남자라서 정념을 처리하는 방식이 달라지는 것도 아니다. 그들의 슬픔은 중성적이고 그 슬픔의 처리과정도 중성적이다. 이 중성성이 그녀의 명랑성을 만든다. 아니, 명랑성이란 본질적으로 중성성인 것이다. 그래서 앞으로 우리가 그녀의 화자들을 '소녀'라 부른다 해도 여기에 큰 의미는 없다는 것을 먼저 밝혀두어야겠다.

2. 역기를 든 소녀, 수치를 다스려야 한다 — '공간과 소통' 4부작

모든 작가들에겐 근원적인 공간이 있다. 그 공간을 내 몸처럼 장악하게 될 때 작가가 된다. 멀게는 이상의 유곽, 손창섭의 폐가, 김승옥의 하숙방 등이 있었다. 그들의 소설을 각각 유곽의 소설, 폐가의 소설, 하숙방의 소설이라 부를 수 있다. 가까이는 박민규의 고시원, 이기호의 노상(路上), 김중혁의 지하실 등이 있다. 고시원의 백수, 심야 노상의 낙오자, 지하실의 마니아 등이 그들 세계를 상징하는 캐릭터다. 그들의 소설은 그 공간이 함께 쓴 것이다. 저 공간들이 이미 한 시대를 끌어안고 있었으니 어쩌면 작가는 그 공간에서 흘러나오는 이야기들을 받아 적은 것인지도 모른다. 80년생 작가 김애란이 이 목록에 몇 군데를 더 추가한다. 원룸과 편의점이다. 이 공간들은 당대 한국사회의 가장 인상적인 풍속도 중 하나를 머금고 있는 곳인데, 이 작가는 등단작(「노크하지 않는 집」, 이하 「노크」)과 그 이후의 첫 작품(「나는 편의점에 간다」, 이하 「편의점」)에서 이 공간들이 스스로 말할 수 있게끔 문을 열어놓았다. 튼튼한 소설적 공간이 마련되어 있었다는 것, 저 작품들이 갖고 있는 안정감의 근원이 여기에 있다.

　두 편의 이야기에서 핵심을 이루는 것은 '공간'과 '소통'의 문제다. 소통의 곤란이야 동서고금의 주제이지만 그것이 발현되는 공간은 늘 당대적이(어야 한)다. 하숙 세대와는 다른 원룸 세대의 소통양식이 「노크」에 있다. 「노크」를 읽어나가다보면 우리는 16번째 줄에서 처음으로 놀라게 된다. 여관식 원룸에서 다섯 여자는 열린 문틈으로만 서로의 얼굴을 흘깃 엿보는데, "그럴 때 보는 서로의 얼굴이란, 반쪽 혹은 삼 분의 일쯤으로 조각난 것이다".(223쪽)[3] 우리는 이 '조각난 얼굴'의 이미지가 이 작품의 핵심이라고 말하고만 싶다. 소통이란 '완전한 얼굴'들끼리의 대면일 텐데, 도대체가 원룸으로 상징되는 현대사회에서 완전한 얼굴을 향한 도약은 무례가 되고 만다. 그러나 조각난 얼굴로 이루어지는 소통, 예컨대 '포스트잇' 따위로 이루어지는 소통은 그것대로 오해를 낳기 십상이니 이 또한 문제다. 완전한 얼굴은 본의 아닌 무례가 되고, 조각난 얼굴은 불가피한 오해를 초래한다. 이 딜레마를 효과적으로 활용하면서 이 소설은 '도난 사건'이라는 중간 기착지를 밟고, 다섯 여자가 실상은 "하나의 오차도 없이 징그럽게 똑같은"(242쪽) 존재라는 결론으로 나아간다. 이렇게 씌어져 있는 마지막 포스트잇이 골인지점이다. "미안해요. 무서워서 그랬습니다."(244쪽) 이 메시지는 '징그럽게 똑같은 존재'들의 아이러니한 고립을 깔끔하게 압축한다. 이렇게 주석을 달 수 있다. "소통하자니 미안하고 안 하자니 무섭습니다."

　「편의점」에서 '편의점'이라는 공간의 백태가 또한 그렇다. 결국에는 '징그럽게 똑같은' 존재들일 무수한 사람들이 '조각난 얼굴'로 서로를 힐긋거리고 있는 곳이 편의점이다. "그들은 모두 누구일까?" 그러나 "편의점은 묻지 않는다. 참으로 거대한 관대다".(33쪽) 이 집단적 무관

---

3) 앞으로 이 책에 수록된 작품을 인용할 경우 괄호 안에 쪽수만 표시한다.

심은 실로 편안하면서도 무섭다. 그녀의 원룸과 다를 바 없는 것이다. 이를테면 이곳은 칸막이가 없기 때문에 시선 처리에 각별히 유의해야 하는 개방형 원룸이고, 「노크」에서의 '포스트잇' 역할을 하고 있는 것은 편의점의 '계산대'다. 계산대의 에티켓 역시 살벌하다. 당신이 편의점 주인이라면 주의해야 한다. '완전한 얼굴'을 들이밀면 고객은 당황스러워할 것이고 '조각난 얼굴'로 시종하면 답답해할 것이다. 우리의 그녀가 세븐일레븐, 이동식 포장마차, 패밀리마트에 발길을 끊은 것은 완전한 얼굴의 부담 때문이었고, 큐마트에 상처를 받은 것은 혹시 "최소한의 진실"(48쪽)을 알지 않을까 기대했던 점원이 끝내 조각난 얼굴로 시종하였기 때문이었다. 이 소통 지향과 소통 거부의 길항을 효율적으로 조율해가면서 소설은 마지막 임팩트를 향해 간다. 「노크」에서 '도난 사건'이 맡았던 역할을 이번에는 '교통사고'가 맡는다. 소설의 전반부에서 '나'는 상상한다. 편의점으로 상징되는 사회의 '거대한 관대'는, 이를테면 세 개의 편의점이 마주 보고 있는 도로 한가운데서 한 여자가 차에 치여 죽을 때 세 군데 편의점의 진술이 모두 제각각인 결과를 초래할 것이다, 라고. 그럴 때 그 여자는 대체 누구인 것인가. 독자들도 알다시피 소설의 후반부에서 실제로 그와 같은 일이 벌어진다. 마지막 포스트잇이 여기에서도 나부낀다. "미안해요. 무서워서 그랬습니다."

이 소통의 문제는 작가의 이후 작품인 「그녀가 잠 못 드는 이유가 있다」(이하 「이유」)와 「영원한 화자」(이하 「화자」)로 이어진다. 「이유」에서는 아버지와의 본의 아닌 며칠간의 동거가, 「화자」에서는 고교 동창과의 본의 아닌 몇 분의 동석이 초래하는 소통의 딜레마가 각각 반지하 셋방과 지하철을 배경으로 펼쳐진다. 이를테면 「이유」의 그녀는 "사람들이 A를 그냥 A라고 말하지 왜 C라고 말한 뒤 상대방이 A라고 들어주길 바라는지" 이해할 수 없었다. 그런 그녀가 정작 아버지와의 소통에서 "C라는 카드를 던져놓고 모른 척"(104쪽)하고 있는 것이다. 뒤늦게

"아버지, 그것은 C카드가 아니라 그냥 A, 마음의 A일 뿐이었어요"(109 쪽)라고 후회해봐야 소용없는 일이다. 「화자」에 이르면 '나'는 드디어 잠자기를 포기한 것인지 이런 어긋남에 대해 작심한 듯 성찰한다. "내가 어떤 인간인가에 대해" 혹은 "당신이 어떤 인간인가에 대해"(114쪽)서 말이다. 오죽하면 '영원한 화자'라 자처하겠는가. 그런 그녀가 지하철을 탄다. '원룸' '편의점' '반지하 셋방'에 이어 이번에는 '지하철'이다. 사정은 비슷하다. 지하철이란 "모두가 똑같은 거짓말을 하고 있으므로 아무도 속고 있지 않다고 생각하는 듯한, 그런 느낌"(118쪽)을 주는 곳이니까 말이다.

그러니 「노크」에서 「화자」에 이르는 일련의 작품을 우리는 '공간과 소통' 4부작이라 부를 수 있을 것이다. 두 가지를 지적하려고 한다. 우선, 네 작품의 저 깔끔한 호소력은 상당 부분 이 작가 특유의 관찰력에 힘입고 있다. 예컨대 공용욕실을 둘러싼 미묘한 신경전(「노크」), 편의점에서 콘돔을 사는 일의 피곤함(「편의점」), TV만 떠들고 있는 방에서 부녀지간에 흐르는 서먹한 기류(「이유」), 지하철 앵벌이에게 적선하려다 낭패를 보는 사관생도의 에피소드(「화자」) 등은 산다는 일의 피곤과 민망을 제대로 포착한 탁월한 삽화들이다. 이 관찰력은 자아와 타자를 넘나들면서 실로 섬세한데, 좋은 작가의 기본 자질은 무엇보다도 관찰력이라는 사실을 우리는 새삼 되새기게 된다. (물론 상상력도 필요하다. 이 작가의 깜찍한 상상력 역시 정평이 나 있다. 이에 대해서는 뒤에서 다시 말한다.) 또하나는 소통의 불안과 연계되어 있는 정념의 정체다. 그것은 이를테면 수치심이라 부를 만한 것이다. "수치란 추한 행동을 범하지 않게끔 인간을 억제하는, 치욕에 대한 공포 혹은 두려움"[4]이라 했고, "상대방의 동정을 받지 않으려고 하는 경계심"[5]이라 했다. 실로 우

---

4) 스피노자, 앞의 책, 198쪽.

리의 그녀들은 타인을 갈구하면서도 치욕을 맛보게 될까봐 두렵고, 혹은 동정의 대상이 될까봐 자신의 체모 따위를 간수하느라 힘겹다.

이 수치의 풍경을 가장 인상적인 이미지로 집약하면서 또한 그것을 넘어서는 길을 열고 있는 작품이 「종이물고기」다. 세상과 수치심 없이 소통할 수 있는 방법은 과연 무엇인가를 묻고 있다는 점에서 '공간과 소통' 계열을 잇는 소설이고, '관찰'에서 '상상'으로 그 방법론이 전환되고 있다는 점에서 「달려라, 아비」를 예감하는 소설이기도 하다. 이와 같은 단언으로 시작된다. "그가 사는 곳은 진담의 세계이며, 범인(凡人)의 세계에다가, 오해의 세계이기까지 하다."(194쪽) '진담'이 '오해'를 낳는 세계라서 '범인'들은 모두 진땀이 난다. 그러니 "웬 물고기가 커다란 아가리를 쩌억 벌리며 자기에게 덤벼드는"(198쪽) 악몽은 그 심술궂은 세계의 은유일 것이고, "겨드랑이 털을 드러낸 채 땀을 뻘뻘 흘리며 만세 자세를 취하고 있는"(206쪽) 역도선수 소녀의 모습은 수치심을 무릅쓰고 삶을 버텨야 하는 우리 범인들의 초상일 것이다. 그러니 진담이 오해를 낳는 범인들의 세계를 넘어서는 길은 '농담'으로 '이해(소통)'에 도달하는 '영웅'의 세계를 창조하는 길, 이를테면 작가가 되는 일일 것이다. 많은 이들이 지적했듯 이 소설을 '작가' 김애란의 탄생을 기록한 자전소설로 읽을 수 있는 이유다.

지금 우리의 '그'는 "포스트잇 한 뭉치가 위조지폐처럼 수상하게 들어 있"(205쪽)는 가방을 들고 보무도 당당히 상경하고 있다. 가난하고 고독했던 어린 시절, 비가 새는 벽을 막아주었던 신문지의 그 하염없는 글자들은 "엄마의 아랫배"(200쪽) 같은 것이었다. 마음의 고향이었던 것이다. 그것은 "상처 위의 딱지처럼" 혹은 바람을 막아주는 "튼튼한 지층"(201쪽)처럼 그를 보호해주는 하나의 세계였다. 이제 그는 포스트

---

5) 알랭, 『정념론』, 정봉구 옮김, 을유문화사, 1975.

잇으로 그와 같은 세계를 또하나 창조하려 한다. 이어지는 대목들에서 작가는 한 세계를 창조하는 일의 지난함을 한 땀 한 땀 그려나간다. (포스트잇에 문장을 써서 사방의 벽을 메워나가는 저 일은 소설쓰기의 메타포로서는 한국소설사를 두고 봐도 가장 최근의 것이자 가장 신선한 것이라 할 만하다.) 그리고 마침내, 그의 악전고투 덕분에, 아가리를 벌리며 달려드는 악몽의 물고기는 포스트잇 비늘을 달고 유영하는 '종이물고기'가 되었고, 저 역도선수처럼 "만세 자세"(198, 209쪽)로 자는 버릇이 있는 '나'는 비로소 "두 팔을 머리맡에 둔 채"(217쪽) 잠을 잘 수 있게 되는 것이다. 비록 결말에 이르러 그의 세계는 좌초하고 마는 것이지만, 그러나 어디선가 흩날려온 포스트잇의 저 "희망"(219쪽)이라는 글자는 이 고투가 앞으로도 계속될 것이라는 점을 인상적으로 암시한다.

그렇다면 그나 나는 왜 이런 낭비를 하고 있는 것일까? 그리고 당신은 왜 이 낭비를 아직도 견디고 있는 것일까? 그는 별로 침도 없는 입을 열며 우리에게 처음으로 말을 했다. 그것은 어쩌면 희망 때문일 것이라고. 그는 오랫동안 입을 다물고 있었기 때문에 그의 희망에선 입냄새가 났다. 하지만 그것은 자연스러운 일이었다.(214~215쪽)

특히 이 소설이 의미심장한 것은 우리의 그녀가 내내 그녀를 잠 못 들게 했던 소통의 불안과 수치의 정념으로부터 벗어날 수 있는 길 하나를 찾아냈다는 점에 있다. 이 작품의 중심 이미지라고 해야 할 '역기를 든 소녀'의 모습은 왜 우스꽝스러운가. "소녀의 표정이 참으로 진지했기 때문이다."(206쪽) 세상은 적대적이다, 왜냐하면 우리가 진지하면 할수록 우리를 조롱하려 들기 때문이다. "그리하여 절실함은 내게 언제나 이상한 수치를 주었다."(211쪽) 「노크」에서 「화자」에 이르기까지 우리의 소녀들을 잠 못 들게 한 이 세상의 진상이 이것이다. 이를 넘어설 수 있는 힘은 바로 "이건 진짜야"(217쪽)라고 자신할 수 있게 해주는 '상상'의 힘이다. 상상력의 힘으로 우리는 하나의 세계를 창조하고 수치를 넘어선다. 혹은 진담이 오해를 낳는 범인의 세계로부터 이탈하여 농담으로 이해(소통)에 도달하는 영웅의 세계로 진입할 수 있다. 덕분에 이제 그는 "보증금 백에 월 십"(208쪽)짜리 옥탑에서도 "괜찮아요"라고, "저도 다 생각이 있어요"(204쪽)라고 말할 수 있게 되었다. 더 나아가서는 아버지가 없고 어머니가 없어도, 괜찮아요, 저도 다 생각이 있어요, 라고 말하게 될 것이었다.

3. 가족을 상상하는 소녀, 연민을 다스려야 한다 ─ 가족소설 4부작

상상의 힘 덕분에, 아비는 달리고 나는 '스카이콩콩'을 탄다. 상상의 힘 덕분에, 세상에 '사랑의 인사'를 건넬 수 있게 되고 '불꽃'은 작렬한다. 당연한 이야기지만, 그렇다고 모든 것이 다 해결되는 것은 아니다. 이를테면 상상의 힘으로 하나의 세계를 창조하는 일이 수치를 넘어서는 일이 아니라 수치를 회피하는 일이라면 어째야 하나. 「종이물고기」가 얼마간 그러하듯, 그나마 원룸이나 편의점 혹은 지하철이라는 공간으로부터도 퇴각하여 옥탑에 들어앉고 마는 일이 될 수도 있지 않겠는가. 의미심장하게도 소녀는 "누군가를 창피해한다는 것은 동시에 그를 이해한다는 것일 수도 있음"(202쪽)을 깨달았다고 썼다. 이해조차 못 하는 대상에 대해서라면 경멸만이 가능할 뿐이니까 그렇다. 자칫 세계와의 나름의 긴장의 산물인 수치가 이해로 길을 트고, 여기에 상상의 힘까지 덧붙여진다면 갈데없는 연민의 세계가 도래할 수도 있는 것이다. 스피노자가 소녀에게 말한다. 수치를 다스리는 데 성공하였는가, 그렇다면 연민을 조심하라. 「달려라, 아비」(이하, 「아비」)로 시작되는 일련의 가족이야기가 떠맡은 과제가 이것이다. 수치와 맞서면서 관찰의 힘으로 써 나갔던 '공간과 소통' 4부작이 있었고, 연민과 맞서면서 상상의 힘으로 써나갈 또다른 4부작이 시작될 것이었다. 「달려라, 아비」, 「사랑의 인사」(이하 「인사」), 「스카이콩콩」(이하 「콩콩」), 「누가 해변에서 함부로 불꽃놀이를 하는가」(이하 「불꽃」) 등의 작품들이 그 목록을 이룬다.

「아비」는 아비 없는 가족의 이야기다. 한국소설의 동향에 일말의 관심이 있는 독자라면 이 소설의 내용을 모를 수가 없을 것이다. 그런데 이 소설은 더러 오해되고 있는 듯 보인다. 우리가 읽은 것은 '아비 없는' 가족의 이야기인가, 아니면 아비 없는 '가족의 이야기'인가. 말하자면 이 소설의 핵심이 부재하는 아비에 있는지, 현존하는 모녀에 있는 것인지를 우리는 묻고 있는 것이다. "내겐 아버지가 없다."(15쪽) "아버지가 되기 전날 집을 나가 그후로 다시는 돌아오지 않았다."(14쪽) 이것이 현실이다. 그러나 '아비의 부재'라는 현실은 '나'에게 상처가 될 수 없었는데, 그것은 어미 때문이다. "어머니는 농담으로 나를 키웠다."(15쪽) "어머니가 내게 물려준 가장 큰 유산은 자신을 연민하지 않는 법이었다."(16쪽) 덕분에 '나'는 이렇게 말할 수 있게 되었다. "아버지는 달리기를 하러 집을 나갔다. 나는 그렇게 믿기로 했다."(15쪽) 말하자면 어미는 '나'에게 '상상'의 힘으로 결핍을 이겨낼 수 있는 비결을, 그러니까 '종이물고기'를 만드는 방법을 가르쳐주었다. 그 비결은 매우 효과적인 것이어서 "아버지가 없는 아이라고 해서 특별히 나쁠 것도 다를 것도 없는 일상"(21쪽)이 유지된다. 그 이면에 슬픔과 허전함이 없지 않지만, 이 모녀의 살림은 씩씩하고 건강하다. 그 어미에 그 딸인 것이다.

그런데 문제는 이 상상과 농담의 세계 한가운데로 날아온 한 통의 편지다. 그 편지는 아비의 죽음을 알리면서 두 모녀가 힘겹게 구축해놓은 현실에 얼룩을 남기려 한다. "말하자면, 아버지가 돌아온 것이다." 편지 덕분에 딸은 실상을 알게 된다. "아버지는 지금까지 세계를 뛰어다닌 것이 아니라 미국에 살고 계셨다."(22쪽) 이 소설에서 가장 멋진 대목이 여기서부터 시작된다. 영어를 읽을 줄 모르는 어미에게 딸은 편지의 내용을 왜곡하여 전한다. 아비가 평생 미안해하면서 살았다고, 젊었을 때의 어미가 아비의 눈에는 참 예뻤다 했다고 말이다. 어미가 딸에게 아비의 출분을 상상하는 법을 가르쳐준 것처럼, 딸이 어미에게 아비의 죽음을 수락하는 법을 선물한다. 아비의 부재가 딸에게 상처가 되지 않도록 어미가 아비보다 빠른 속도로 택시를 몰았던 것처럼, 아비의 죽음이 어미에게 상처가 되지 않도록 딸이 그 긴 편지를 짧게 줄여 읽고 있는 것이다. 이것은 모녀관계의 역전이다. '현실→상상→다시 현실→다시 상상'의 구조를 밟는 이 소설에서, 앞의 '상상'의 주체는 어미이지만 뒤의 '다시 상상'의 주체는 딸이다. 모녀가 번갈아 현실로부터 상상을 방어하고 있는 셈이다. 소설의 후반부에서, 딸이 일러준 그대로 아비의 죽음을 상상하며 어미가 잠드는 장면은 그래서 흥미롭다.

> 어둠 속. 어머니의 숨소리가 점점 잦아들었다. (…) 아주 긴 고요가, 어머니의 숨소리를 쓰다듬었다. 그런데 자고 있는 줄 알았던 어머니가 갑자기 입을 열었다. 어머니는 작게 움츠러든 몸을 더욱 안으로 말며, 죽은 아버지에 대한 원망도, 무엇도 없는 낮은 목소리로 이렇게 말했다. "잘 썩고 있을까?"(27~28쪽)

> 그래서 나는 오늘 밤 아버지의 얼굴에 선글라스를 씌워드리기로 결심했다. 나는 먼저 아버지의 얼굴을 떠올렸다. (…) 아버지가 가만히 눈을 감는다. 마치 입맞춤을 기다리는 소년 같다. 그리하여 이제 나의 커다란 두 손이, 아버지의 얼굴에 선글라스를 씌운다.(28~29쪽)

소설의 도입부에 등장했던 "씨앗보다 작은 자궁을 가진 태아였을 때"

(8쪽)의 그 '어둠' 속의 딸처럼, 소설의 결미에서 어미가 "말아쥔 주먹처럼 몸을 아주 작게 모"(27쪽)으고 '어둠' 속에서 아기처럼 딸의 곁에 눕는 이 장면은 절묘하다. 어미가 딸이 되고 딸이 어미가 되고 있기 때문이다. 아비는 또 어떤가. 딸의 상상 속에서 아비는 "마치 입맞춤을 기다리는 소년 같다". 어미가 소녀가 되었으니 아비도 소년이 된다. 마치 아비는 '나'의 아들 같다. 이제 아비는 '나'에게, 결혼하여 처자식을 거느린 아들, 말 그대로 '아비'가 되는 것이다("달려라, 아비!"). 그래서 "나의 커다란 두 손"이 '소년 같은' 아비를 다독인다. 마치 아비에 대한 상상은 이번이 마지막이라는 듯, 이제 당신을 우리 모녀의 삶에서 영원히 밀어내겠다는 듯한 제스처가 아닌가. 딸이 어미가 되면서 이 모든 일이 가능해졌다. '소녀'들은 모두 '제 어미의 어미'가 되는 순간 '여자'가 된다. 아비가 부재해도 혹은 아비가 죽어도 이 모녀는 끄떡없다. 때로는 어미가 어미의 역할을 때로는 딸이 어미의 역할을 하면서, 상상의 힘으로 아비의 부재를 '처리하고' 연민을 다스리면서 이토록 어여쁜 가족을 이룰 수 있다. 그러니 '달리는 아비'의 형상에 특별히 집착하는 독법은 오히려 이 소설의 저 어여쁜 건강성을 되돌리는 것이 될 수 있다. 그 독법은 차라리 그 독법 자체가 그만큼 '아비의 질서'에 질기게 얽매여 있다는 것을 반증하는 것일지도 모른다. 이 소설은 아비 없는 모녀의 삶이 어떻게 가능할 수 있는지에 대한 아름다운 사례 보고서에 더 가깝지 않은가.

그런 맥락에서 똑같이 아비의 부재를 소재로 하고 있는 작품인 「인사」는 그 역시 아름답고 애틋한 작품이긴 하지만 「아비」에 비하면 얼마간 후퇴한 작품이다. 「인사」는 「아비」의 플롯단계('현실→상상→다시 현실→다시 상상') 중 하나가 빠져 있다. 그것은 무엇인가? 아비가 '나'를 버렸다. 이것은 '현실'의 단계다. "정말이지 아버지는 실종된 것이 틀림없었다. 그렇지 않고서야 이렇게, 이런 곳에, 이런 식으로 나를 버릴 리 없었다."(146쪽) 그래서 '나'는 인류의 원초적 아비인 '심해(深海)'로 돌아가기 위해 수족관에서 근무하길 택한다. 이것은 '상상'의 단계다. 그런데 어느 날 수족관 바깥에 아비로 짐작되는 사내가 나타난다. 「아비」에서 아비의 죽음을 알리는 편지와 더불어 아비가 돌아온 것처럼, 여기에서는 실제로 아비가 돌아와서 '사랑의 인사'를 건넨다. 이것은 '다시 현실'의 단계다. 그러나 아비는 사라지고 '나'는 수족관 안에서 운다. 신화적 아비를 찾아 유리벽 안으로 들어간 내가 외려 그 유리벽 때문에 실제적 아비를 놓치고 마는 이 아이러니는 절묘해서 뭉클하지만, 이 소설이 여기서 끝나게 된다면 「아비」의 성공을 견인했던 그 결정적인 한 단계가 빠져버리는 것이다. '다시 상상'의 단계 말이다. 그래서 「인사」는 친부(親父)에 대한 집착으로부터 자유롭지 못하며, 연민의 정념으로부터도 당당하지 못한 데가 있다.

부재하는 아비를 소재로 한 두 작품인 「아비」 「인사」와 짝을 이루기라도 하듯, 부재하는 어미를 소재로 택한 두 작품 「불꽃」과 「콩콩」이 있다. 「콩콩」에서 흥미로운 것은 중요한 장면에서 무심하게 등장하는 가로등의 형상이 이 소설에 따뜻한 온기를 부여하는 데 결정적인 역할을 하고 있다는 점이다. 가로등은 마치 이 소설에 숨어 있는 어머니처럼 보인다. 아버지가 고장난 물건을 열심히 고치는 것도, 형이 우주의 세계를 동경하는 것도, 내가 스카이콩콩을 열심히 타는 것도 어쩐지 부재하는 여성의 빈자리를 메우려는 무의식적 강박처럼 보인다는 말이다. '나'는 예컨대 펄럭이는 커튼에 얼굴을 묻고는 하거니와(66쪽, 73쪽) 이 장면은 명백히 '나'의 모성 결핍을 보여주질 않는가. 그래서 내가 스카이콩콩을 탈 때 그 행위는 '난 엄마가 없지만 그래도 괜찮아'라고 스스로를 다독이는 놀이처럼 보인다. 가로등이 그때 '나에게' 윙크를 하는 것(66쪽)은 '무의식적으로' 지극히 자연스럽다. 더불어 아비가 툭하면 술에 취해 가로등과 씨름을 벌일 때(75쪽, 76쪽) 여기에는 어떠한 폭력성도 없을 뿐 아니라 응당 있을 법한 유머도 느껴지지 않는다. 어쩐지 아비의 여성 결핍을 암시하는 장면처럼 보이기 때문일 것이다.

그러니 이 소설을 '3인칭 관찰자 시점'으로 고쳐 쓴다면 서술자는 '가로등'일 수밖에 없다. 형이 집을 나가면서 가로등이 고장나고 형이 집에 돌아올 무렵 가로등이 저절로 고쳐지는 설정 따위는 그래서 필요하다. 가족의 또다른 결여를 염려하는 부재하는 모성이 그들을 지켜보며 보살피는 장면이기 때문이다. 「콩콩」의 아련한 정서는 이렇게 부재하는 어미를 환기하는 행간의 기미들에 힘입고 있다. "내가 이곳에서 혼자 "나야……" 하고 말하면 먼 저 별 어디에서 누군가 울어주지 않을까"(75~76쪽) 하는 식이다. 다시 「아비」의 도식을 가져오자면 '현실→상상→다시 현실→다시 상상'에서 이 소설은 '다시 상상'의 층위를 공백으로 놓아두고, 그 자리에 가로등의 반짝임이나 우주에서 들려오는 대답 따위의 이미지들을 들어앉히고 있다고 말할 수 있다. 말하자면 시적 성격이 더 강조되어 있다고 할 것인데, 이 소설의 플롯이 다소 풀어져 있는 것도 그 때문일 것이다.

한편 「불꽃」은 스카이콩콩의 "콩 콩" 소리 없이도 한결 더 경쾌하다. 이는 '부재하는 어미'의 자리를 순수한 이야기 충동이 완전히 장악하고 있기 때문일 것이다. 순수한 이야기 충동이란 무엇인가. "아버지, 나는 어떻게 태어났나요?"(170쪽)가 이 소설의 질문이다. 이 질문은 예컨대 '아버지, 어머니는 어디 계시나요?'라는 물음과는 그 성격이 다른 것이다. 아이의 질문은 어미의 죽음이라는 결핍을 전제한 질문이 아니라, 내 생명은 어떻게 긍정될 수 있는가라는 질문이다. 아이는 언제 태어났는가? 예컨대 "아버지의 거대한 성기에서 나온 불꽃들이 민들레씨처럼 밤하늘로 퍼져나갔을 때. 아버지의 반짝이는 씨앗들이 고독한 우주로 멀리멀리 방사(放射)되었을 때"(177쪽)다. 말하자면 이 작품은 「아비」의 플롯 도식에서 맨 마지막 자리를 차지하는 '다시 상상'의 단계로 곧장 나아간다. 그래서 아비의 이야기를 듣고 아들이 "거짓말"(177쪽)이라며 아비를 힐난해도, 혹은 아비의 이야기에 아들의 가슴이 두근댈 때 정작 아비가 "거짓말이다"(187쪽)라고 장난을 쳐도, 이것은 그저 웃어보자는 수작이 아니다. 진실이건 거짓이건 상관없다는 뜻이다. 생을 결핍 없이 혹은 연민 없이 긍정할 수 있는 이야기라면 무엇이건 좋은 것이다. 그래서 이 불꽃놀이(이야기)의 상상력은 김애란의 가족소설 4부작에서 가장 생동하는 날것의 상상력이다. 소녀, 이제는 세상에 나가도 되겠다.

4. 더이상 욕망이 없는 사람이 지는 것이다

작품집 『달려라, 아비』이후 김애란은 다시 한번 도약한다.[6] 그 첫 작품인 「그대 언제 오시려나, 저 바다 건너서」가 이 작가의 변화를 선언적으로 보여준다. 소년 소녀 혹은 가난한 고학생 화자들 대신 직장인 화자가 등장하고, 빈번히 등장했던 '대학가 근처 주택단지'의 공기들 대신 직장생활의 세목(細目)들이 촘촘히 그 자리를 채운다. 「베타별이 자오선을 지나갈 때, 내게」는 '노량진'이라는 공간의 공기를 민감하게 포착한다. 재수 시절, 유명강사의 강의를 듣기 위해 악다구니를 벌이던 '나'가 "자꾸만 주변부로 밀려"나는 대목들, 대학 졸업 이후에도 서른 번 입사시험에 낙방한 화자가 "혹시 나는 정말 괴물이 아닐까?" 자조하는 장면 등에서, IMF 세대의 내면풍경을 사려 깊게 이해하고 있는 작가

---

6) 『달려라, 아비』이후 발표된 작품은 다음과 같다. 「그대 언제 오시려나, 저 바다 건너서」(『현대문학』 2005년 11월호), 「베타별이 자오선을 지나갈 때, 내게」(『창작과비평』 2005년 겨울호), 「성탄특선」(『문학과사회』 2006년 여름호), 「플라이데이터리코더」(『문학·판』 2006년 여름호), 「침이 고인다」(『문학사상』 2006년 11월호).
〔이 작품들은 이 글이 발표된 이후 『침이 고인다』(문학과지성사, 2007)에 수록되었다.〕

는 당대 한국사회의 캐리커처를 산뜻하게 포착한다. 「성탄특선」은 그 중 특히 탁월한 작품이라 할 만하다. 맘 편히 사랑을 나눌 방 한 칸을 찾아헤매는 가난한 연인들의 성탄절 에피소드가 전달하는 비애는 드물게 접하는 영미 풍 단편의 그것이다. 이 연인들의 소동을 이주노동자들의 쓸쓸한 성탄절 파티와 짐짓 포개놓은 것은 이 작가의 노회한 재능을 엿보게 하는 대목이라고 해야 한다.

그러고 보니 이제 소녀는 스피노자 읽기를 그만둔 것일까. 이 작가는 이제 수치와 연민이라는 정념의 근원을 인간 안의 '자연(본성)'에서 찾기보다는 그 정념의 사회적 근원을 탐문하고 있는 것처럼 보인다. 물론 그런 경향은 이 명민한 작가의 소설에 늘 얼마간은 내재되어 있었지만 이제 그것은 의식적으로 전진 배치된다. 그래서 최근의 단편들은 '누가 이야기하고 있는가'와 무관하게 성숙한 3인칭의 존재를 배면에 거느린다. 인물들은 이제 뭔가 '무릎쓰기를' 마다하지 않으며, 그 와중에 발생하는 '비애'의 정념이 소설의 중심에 고인다. 수치와 연민이 얼마간 방어적인 정념이라면 비애는 '좌절된 희망'이 낳는 정념이라는 점에서 다른 슬픔들과는 얼마간 구별되는 것이다. 좌절된 상태로나마 그 흔적을 남기는 '희망의 기획'을 그곳에서 알아볼 수 있기 때문이다. 실상 저 '희망의 비애'라는 것은 단편의 본령이기도 하다. 그러나 그 '비애'마저 다스려야 할 때가 올지도 모른다. 그것은 여전히 수동적인 정념이니까, 욕망의 긍정이 아니니까 말이다. 김애란 소설이 대체로 여러 겹의 의미층을 거느리지 못하는 것은 그 수동성 탓일 수 있다. 싸움이 부족하다는 말이다. "더이상 욕망이 없는 사람이 지는 거다."(133쪽) 기실 욕망의 긍정이란 싸우는 자의 윤리가 아닌가. 스피노자가 찬미한 것이 바로 그것 아닌가. 그러니 스피노자를 사랑하지 않는 것은 불가능하다. 스피노자를 사랑하는 소녀를 사랑하지 않는 것이 불가능한 것처럼. 그래서 다시, 소녀는 스피노자를 읽는다.

현실의 비관주의, 문학의 낙관주의
— 김영찬, 『비평극장의 유령들』(창비, 2006)

두 종류의 비평가가 있다. 능동적(active) 비평가, 그들은 앞서서 기준을 정립하고 미답의 가치를 발굴한다. 반동적(reactive) 비평가, 그들은 정립된 기준을 뒤늦게 추종 혹은 비난하고 이미 답보된 가치만을 안전하게 숭상한다. 전자가 큰 걸음으로 성큼성큼 지도를 그려나가면, 후자는 잰걸음으로 따라오면서 이러쿵저러쿵 말을 보태거나 흠을 잡는다. 물론 '능동적/반동적'을 '긍정적/부정적'과 혼동해서는 안 된다. 능동적 비평가가 늘 긍정적(positive)이거나 반동적 비평가가 늘 부정적(negative)인 것은 아니다. 이를테면 김영찬은 그가 부정적일 때나 긍정적일 때나 늘 능동적이었다. 1)백낙청과 황종연의 입론을 비판적으로 검토할 때 그는 부정적이었지만, 이는 현장의 변화에 부합하는 새로운 기준을 '정립'하기 위한 능동적 개입이었다. 2)90년대 문학의 종언을 고하고 2000년대 문학의 출발을 예감·전망했을 때 그는 긍정적이었지만, 이 역시 답보된 가치를 안전하게 숭상하기를 사양하고 미답의 가치를 '발굴'하기 위한 능동적 개입이었다. 그의 발언 이후 많은 비평가들이 그가 '정립'하고 '발굴'한 것들을 놓고 왈가왈부하느라 분주했다. 그의 '능동성'을 입증하는 사례다. 그 능동성의 두 층위를 간단히 살핀다.

1) 그는 교묘하다. 이를테면 그는 황종연의 눈으로 백낙청을 비판하고(「한국문학의 증상들, 리얼리즘이라는 독법」), 백낙청의 눈으로 황종연을 비판한다(「2000년대, 한국문학을 위한 비판적 단상」). 예컨대 백낙청이 배수아의 '재현'에 초점을 맞추고 또 '한국사회의 현실'에 대한 그녀의 관심을 운위하면서 배수아를 너무 덜 읽거나 더 읽어버릴 때, 김영찬은 그녀의 소설이 "기억의 서사의 실험적 극단"이며 "글쓰기의 한계지점을 성찰"하는 소설이라는 점을 정당하게 전제하고, 그녀의 소설이 "후기 근대 자본주의의 국면을 나름의 방식으로 치열하게 거부하면서도 또 그럼으로써 역설적으로 의도치 않게 그 안에 통합되어가는 개인주의의 한 운명을 보여주는 드라마틱한 소설적 증상"이라는 결론으로 나아간다. 백낙청이 소설의 줄거리를 기워가며 읽는다면, 김영찬은 찢긴 자리를 찢긴 채로 두고 그 찢김 자체의 의미를 물어가며 읽는다. 거칠게 정리하면, 백낙청은 리얼리즘 이론이 제안하는 독법을 따른 것이고 김영찬은 모더니즘 이론이 제안하는 독법을 따른 것이다. 적어도 배수아에 관한 한, 김영찬의 독법 쪽이 더 실감이 크다. 텍스트의 성격 자체가 모더니즘적 독법 쪽에 더 친화적인 때문이기도 하지만, 김영찬 비평의 기질 자체가 솔직하게 잘 드러나 있어 가독성이 높은 때문이기도 하다.

반면 찰스 테일러의 독자이자 「모더니즘에 대한 오해에 맞서서」(『창작과비평』 2002년 여름호)의 필자인 황종연이 90년대 문학의 미덕으로 '진정성의 윤리'를 운위한 것에 대해 그가 논평할 때, 김영찬의 목소리는 다소 달라지고 그의 논리는 얼마간 '지당'해진다. 그는 "무릇 치열한 자아 탐구는 자율적인 자아의 존립을 불가능하게 하는, 그것을 끊임없이 간섭하고 탈구시키는 '바깥'에 대한 끊임없는 성찰을 필수적으로 포함하는 법"이라는 말로 황종연의 논리를 비판적으로 보완하려 하는데, 90년대 문학이라고 해서 '바깥'에 대한 성찰에 무심했을 리가 없을 뿐만 아니라(혹시 그랬다 해도, '증상으로서의 소설'이라는 김영찬의 입론에 비추어보자면, 90년대 문학의 그런 성격은 그 자체가 90년대 현실을 반영하는 한 '증상'으로서 옹호되어도 무방하지 않은가), 황종연 역시 '진정성의 윤리'라는 것이 '바깥'도 없는 그 무슨 존재의 골방에서 이루어지는 것이라고 생각했을 리 없는 것이다. 그러나 그는 다소 '지당한' 말들로 황종연을 비판하는 척한다. 이때 김영찬은 기실 황종연을 비판하고 있기보다는 자신의 비평적 각오를 새삼 다지고 있는 것처럼 보인다. '증상으로서의 소설'이라는 입장 자체가 현실을 수리(受理)하고 마는 독법이 될 수 있음을 그 자신 경계하려 했던 것은 아닌가.

 그렇다면 그의 비평적 입지는 아마도 백낙청과 황종연의 비판적 종합 정도가 되지 않을까 싶다. 그러나, 그 자신 동의하든 안 하든, 우리는 김영찬이야말로 진정한 모더니즘 비평가라고 생각한다. '증상으로서의 소설'이라는 그의 입론 자체가 '진단으로서의 소설'을 추구하는 리얼리즘의 그것과 다르다는 것은 이미 지적한 대로다. 더 나아가 박민규의 소설에서 '편집증적 내러티브' 구조를 발견해내고 윤성희의 소설에서 '감정 지출의 경제학'을 포착해낼 때, 그는 문학이 어떻게 그 '기법'의 층위에서 동시대를 드러내는 '증상'일 수 있는가를 증명해낸다. 시와 소설을 막론하고, 아직도 우리 평단에는 작품이 '무엇을 말하는가'에 몰두하면서 소재와 전언을 2차 담론으로 '번역'하는 일이 비평이라고 생각하는 주석가들이 너무 많다. 소설의 소재로 작품의 정치성을 판단하고, 표면적 전언에 감격하며 작품의 성취를 찬미하는 일은 너무 쉽다. '무엇을 말하는가'에 대해서는 창작자 자신도 어리둥절해할 만큼 과도한 의미를 부여하는가 하면, '어떻게 말하는가'에 대해서는 당황스러울 정도로 당당하게 무심하다. 김영찬의 비평에는 '어떻게 말하는가'를 통해 '무엇을 말하는가'를 역추적해들어가는 모더니즘 비평의 형안(炯眼)이 있다. 물론 여기에서 '모더니즘'이란 '바깥'에 대한 문제의식이 주제의 차원이든 기법의 차원이든 직간접적으로 내장되어 있는 명석한 모더니즘을 뜻한다. 자족적이고 폐쇄적인 사이비 모더니즘은 나쁜 리얼리즘보다 늘 더 나쁘다.

  2) 김영찬의 비평이 없었다면 2000년대 소설은 아직도 자기가 누구인지 몰랐을 것이다. 창세기에서 명명은 신의 권리였지만, 비평에서 명명은 비평가의 의무다. 어떤 비평가들은 새로운 시대의 소설을 방치해둔 채로 반성도 모험도 없이 노스탤지어에만 젖어 있었고, 어떤 비평가들은 새로운 세대의 '다른' 문학이 비평가 자신의 정체된 감각에 부합하지 않자 그것들을 '틀린' 문학이라 선고하기를 주저하지 않았다. 그때 김영찬은 '명명'의 의무를 이행하기 위해 노력했다. 이 과정에서 그는 백낙청 황종연의 입론을 비판적으로 검토할 때와 유사한 방식으로 90년대 소설과 2000년대 소설을 분별한다. 말하자면 그는 리얼리즘의 눈으로 90년대 소설을 '긍정적'으로 '비판'하고, 모더니즘의 눈으로 2000년대 소설을 '비판적'으로 '지지'한다. 이때 그의 논리는 마치 '리얼리즘의 승리'를 뒤집어놓은 '모더니즘의 승리' 론처럼 보이기도 한다. 예컨대 그가 "내면성이 축소되고 또 그럼으로써 90년대 문학이 한편으로 다다랐던 집요한 자아 탐구의 치열함에 미치지 못하는 것이 이들 소설의 실상이지만, 그런 한에서 내면의 폐쇄성에 일방적으로 고착되지 않는 개성적인 탈내면의 상상력의 자리는 바깥으로 산포되면서 넓어지고 있는 셈"이라고 말할 때, 이 논리에는 '모더니즘의 승리' 론이라 할 만한 어떤 기교적인 유혹이 있다. 이에 대해서 길게 논의하기 어렵다. 다만 다음과 같은 독후감을 덧붙인다.

그는 우리 시대 소설을 "증상-유령"(7쪽)이라 명명한다. "근원적인 상실과 불행의 흔적을 누설"하기 때문에 '증상'이고, "시대가 애써 떨쳐버리려 해도 떨칠 수 없는, 죽어도 죽지 않는" 것이기 때문에 '유령'이라는 것이다. 오늘날 소설의 위상을 생각한다면, 이는 한편 씁쓸하고(기껏 유령이라니!) 한편 위안이 되는(그나마 증상이라니!) 수사(修辭)다. 그러나 사실 이는 문학의 본질을 재차 (그것도 수세적인 방식으로) 말한 것에 불과한 것이 아닌가. 좀더 단순하게 물어보면 어떨까. 본래 증상은 '아픈' 것이고 유령은 '두려운' 것이다. 들뢰즈의 '증상학(symptomatology)'과 데리다의 '유령학(hauntology)'도 이 점을 잊지 않는다. 그러나 2000년대 소설은 그 자신 충분히 앓고 있는가, 혹은 2000년대 소설은 우리에게 충분히 두려운가? 오히려 그것은 우리의 아픈 현실보다 더 '건강'하고, 우리의 두려운 현실보다 더 '유쾌'하지는 않은가? 만약 그렇다면, 아프지 않은 증상과 두렵지 않은 유령이란 대체 무엇인가. 2000년대 소설은, 증상이긴 증상이되, 현실로 복귀하기가 두려운 환자에게 퇴원을 미루는 빌미가 되어주는 그런 증상이고, 유령이긴 유령이되, 세상은 그가 죽었다고 생각하지만 저 혼자 살아 있다고 믿는 존재라는 의미에서의 유령일 뿐이라고 누가 힐난한다면 어찌할 것인가. 존재의 독방에 스스로를 유폐한 채 자신이 세상의 증상을 대신해서 앓고 있다고 믿는 환자, 남들은 그를 죽은 사람 취급하지만 스스로는 여전히 살아 있다고 믿는 유령, 이는 옹호의 대상이라기보다는 치료 혹은 푸닥거리의 대상이 아닌가. 그러나 비평은 치료도 아니고 푸닥거리일 수도 없다. 그러니 우리 시대의 소설은 더 깊이 병들고 더 섬뜩하게 두려워져라. 그래야 김영찬의 '비평극장'도 더 분주해지지 않겠는가.

*

그의 평론집에 그는 '비평극장의 유령들'이라는 타이틀을 얹었다. 푸코의 들뢰즈론인 「철학극장」과 데리다의 마르크스론인 『마르크스의 유령들』이 그 배경에 있다. 앞의 글에서 푸코는 "새로운 사유는 가능하다, 즉 새로운 사유는 다시 한번 가능하다"는 말로 들뢰즈를 찬미했다. 들뢰즈의 "강렬한 사유, 긍정적 사유"는 김영찬의 것이기도 하다. 그의 평론은 말한다. 근대문학의 종언이 운위되고 있지만 새로운 비평은 가능하다, 즉 새로운 비평은 다시 한번 가능하다고 말이다. 뒤의 글에서 데리다는 '역사의 종언'을 고하고 자유시장경제 시스템을 찬미하는 치들에게 '마르크스의 유령'이 보이지 않느냐고 힐난했다. 그의 마르크스론은 그 모든 후쿠야마들에 대한 해체론의 반격이었다. 신자유주의 질서에 대한 집요한 적대감과 위기의식 역시 김영찬의 것이다. 우리는 그의 비평을 읽으면서, 긍정적이되 경박하지 않아야 하고 비판적이되 체념적이지 않아야 한다는 것을 배운다. 그러니 그람시를 바꿔 쓰며 이렇게 결론을 맺자. 당분간 우리에게 필요한 것은 현실의 비관주의, 문학의 낙관주의다.

| 에필로그 |

울음 없이 젖은 눈
―김소진에 대해 말하지 않기

    그는 63년생이고 나는 76년생이다. 그러니까 한 사람은 '386 세대' 이고 한 사람은 (입에 담기조차 훗훗한 그 말) 'X세대' 다. 386이라는 말은 학부 초년생인 나에게 콤플렉스였다. 문학평론이라는 것을 해보겠노라 마음먹고 있었던 천둥벌거숭이에게 그 가당치도 않은 콤플렉스는 짐스러웠다. 나는 황지우와 이성복을 열렬히 흠모했지만, 네가 하려는 문학은 무엇이냐고 선배들이 물을 때 그 내심을 털어놓는 일은 늘 민망했다. 네가 뭘 아느냐고 코웃음 칠까 지레 주눅이 들곤 했었다. 곰곰이 생각해보면 정말 그런 생각이 드는 것이었다. 내가 황지우와 이성복에 대해서 무슨 말을 할 수 있겠는가. 말할 자격이 있겠는가 싶었고, 설령 말문을 연다 한들 그 말에 무슨 진심이 담기겠나 싶었다. 나는 나 자신이 가끔 창피했다. 그 창피를 교활하게 눅이려고 이렇게 바꿔 말하기도 했다. 우리는 우리 세대가 창피하다, 라고.
    1997년 4월의 어느 날이었다. 삶이 때때로 창피했던 당시의 나는 노래패에서 민중가요를 부르고 있었다. 창피하지 않기 위해 불렀지만 부르면서 더 창피했다. 서울대 불문학과의 최권행 선생께서 우리 청맹과

니들을 지도하고 계셨다. 개강을 맞아, 늦었지만 선생님께 인사를 드리고자 만든 술자리였다. 노량진에서 선생이 사주신 회를 먹고, 서울대 앞 '녹두거리'로 와서 2차를 진행하고 있었다. 아마도 나는 경거망동하고 있었을 것이다. 70년대를 아득하게 헤쳐오셨을 선생 앞에서 창피하고 싶지 않았을 것이다. 우리 세대 나름의 진지함을 거북한 치기로 선생께 호소하고 있었을 것이다. 내 기억이 맞다면, 그때 어떤 전화 통화 직후 선생께서는 자리를 뜨겠노라 양해를 구하셨다. 소설가 김소진이 영면했다는 것이었다. 캄캄한 표정으로 떠나는 선생께 나는 심상한 인사를 올렸다. 그리고 경거망동을 계속하였다. 아마도 그날이 4월 23일 밤이었던가 싶다.

 그가 작고한 날에야 그의 이름을 내 속에 새겨넣었다. 그의 이름을 익히 들어 알고는 있었다. 그러나 읽어볼 생각은 하지 않았다. 당시 나는 문학이란 관념의 성채이거나 실존의 기미 같은 것이라고 믿었다. 철학이 아니면 시(詩)여야 했다. 그 중간에 어정쩡하게 끼여 있는 '이야기'들을 나는 혐오했다. '고아떤 뺑덕어멈'이나 '장석조네 사람들'과 같은 유의 제목에는 미동도 하지 않았다. 나 역시 지방 출신의 상경민이었지만, 내가 사는 곳은 미아리가 아니었고 쥐를 잡느라 부산을 떨었던 기억도 없었다. 읽어도 이해하지 못할 세계라고 지레 단정했을 것이다. 아무래도 13년의 격차란 엄연한 것이니까, 라고 생각했을 것이다. 삶을 살아내기보다는 다만 인식하려고 하던 때였다.

 그로부터 7~8년이 지난 뒤 평론이라는 것을 쓰게 되었다. 김소진을 읽지 않은 채 90년대 문학을 이야기하기 시작했다. 여전한 청맹과니에다가 가일층의 경거망동이었다. 데뷔 직후 소설가 손홍규 형의 첫번째 창작집 해설을 맡아 쓰게 되었다. 내게는 첫 해설이었다. 잔뜩 힘을 주고 130매를 썼다. "K형, 홀연히 편지 띄웁니다"라는 문장으로 시작되는 서간체 글이었다. 긴 해설을 읽느라 곤욕을 치렀을 손홍규 형이 문득 물었다. 당신이 'K형'이라 지칭한 이는 혹시 고 김소진 형이 아닌가. 물론 아니었다. 그러나 나는 그저 아니라고만 했을 뿐 김소진을 읽어본 적이 없다고는 차마 말하지 못했다. 그의 목소리에서 언뜻 비친 고인을 향한 애정이 내게 어떤 압력을 행사했기 때문이었다. 김소진을 읽지 않는 일이 이를테면 한국문학에 대한 결례일지도 모른다는 생각을 비로소 했다. 그의 이름이 또 한번 내게 각인되었다. 더이상 도망 다닐 수 없었다.

김소진의 평판작들을 찾아 읽은 것은 그러고도 한참 뒤의 일이었다. 「쥐잡기」「열린 사회와 그 적들」「그리운 동방」「용두각을 찾아서」「처용단장」「고아떤 뺑덕어멈」「개흘레꾼」「늪이 있는 마을」「자전거도둑」 등등의 명편들과 낯을 익혔다. 그러나 내통하지는 못했다. 알겠다고 느끼는 순간, 이 느낌은 위험하다고 스스로 물러섰다. 그리고 이제야 그에 대해서 뭔가를 쓸 기회가 주어졌다. 내내 붙들고 있었지만 붓 놀릴 길이 막막했다. 그럴 때마다 그의 약력을 되풀이해 읽었다. 그는 1963년에 태어나 1991년에 소설가로 데뷔했고 1997년에 작고했다. 63, 91, 97 등의 숫자를 되뇌다가 겨우 몇 줄 썼다. "그는 소비에트 연방이 해체된 해에 소설가로 데뷔했고 외환 위기가 임박했을 때 세상을 떠났다. 소위 '역사의 종언' 직후부터 본격적인 신자유주의적 사회 재편 이전까지의 기간을 작가로 살았다. 옛것은 가고 새것은 오지 않았던 저 '유토피아의 유예' 기간에 그는 무엇을 찾아헤맸던가. 유토피아의 기억조차 희미해진 오늘 그의 소설은 우리에게 무엇인가." 나는 이런 알량한 메모를 휘갈겨놓고 더듬거리고 있었다.

그러다 모두 놓아버렸다. 이따위 문장들이 대체 무슨 소용인가. 실상 이런 식의 연대 꿰맞추기는, 만약 그것이 작품과의 내통과정을 생략한다면, 외려 작품의 '바깥'에서 작품의 '안'을 목 조르는 일이 되기 십상인 것이다. 안과 밖의 변증법을 가동시킬 자신이 없었다. 그의 소설은 삶 안으로 깊숙이 들어가 있는데, 나는 그의 소설들을 삶 바깥으로 끌어내려 하고 있었다. 저 문장들이 확실히 증명하고 있는 것은 내가 아직도 김소진을 모르고 있다는 사실뿐이었다. 이런 식의 관념적 태도처럼 김소진과 무관한 것은 달리 없다. 「열린 사회와 그 적들」에서 그는 "못 먹게 돼 쓸모가 없어진 밥알 부스러기" 같은 존재들인 '밥풀떼기'들의 삶을 옹호하였다. 그가 보기에 그들은 "우리 앞에 어떤 세상이 열리든 간에 소외에서 벗어나지 못할 군상"들이었다. 관념적 조작은 무구한 '있음'들 앞에서 언제나 무력한 것이다.

  이런 맥락에서 보면 그는 확실히 90년대 작가였다. 이 말은 조심스럽게 이해되어야 한다. 그는 90년대에 '출발'한 것이 아니라 90년대에 '도달'한 것이었다. 80년대적인 것을 반성하면서 구제하는 그의 길은 단순하지 않았다. 그 길은 70년대적인 것으로 정당하게 귀환했다가, 80년대적인 것을 정직하게 관통한 다음, 그 힘으로 90년대적인 것의 부박함과 맞서면서, 마침내 90년대적인 것의 독특한 흐름 하나를 만들어내는 길이었다. 무엇이 그 길을 만들었는가.

  나로서는 그의 아버지와 어머니에게 의지할 수밖에 없었다. 그의 소설에서 가장 인상적인 장면들 중 하나가 「개흘레꾼」과 「용두각을 찾아서」에 있었다. '나'의 아비가 포로수용소에서 감내해야 했던 그 가파른 사연들을 먹먹하게 더듬는 대목(「개흘레꾼」), '나'의 어미가 온 가족의 동반자살을 도모하는 무섭고 슬픈 장면(「용두각을 찾아서」) 등에서 김소진 문학의 힘은 위력적이었다. 거기서 그는 아버지와 어머니라는 두 존재와 처절하도록 깊이 내통하고 있었다. 그 내통 이전에는 또 얼마만한 영혼의 혈육상쟁이 있었을까. 부모와 자식의 싸움은 어찌 보면 감추면서 견디려 하는 존재와 파헤치면서 사랑하려 하는 존재의 질긴 실랑이일 것이다. 그것을 딛고서야 아마도 인간이라는 바다에 이를 것이다.

부모라는 '고유명사'를 이해하지 못한 채 인간이라는 '집합명사'를 이해한다는 것은 얼마나 허망한 만용일 것인가.

그에게는 그만의 아버지와 어머니가 있었지만, 그분들은 곧 그 세대 모두의 부모였을 것이고, 결국엔 인간의 부모이기도 했을 것이었다. '열린 사회'를 우선은 고유명사의 층위에서 고민했기 때문에 저 '열린 사회'의 비전은 온전한 집합명사의 그것이 될 수 있었을 것이다. 그에게는 아비와 어미가 있었다. 이런 표현이 가능하다면, 그에게는 진솔한 트라우마가 있었고 부드러운 초자아가 있었다. 우리 세대는 어떤가. '아버지'라는 상처도 없고 '어머니'라는 가난도 없다. 아니, 상처와 가난이 없지 않았으되 대개는 견딜 만한 것이었다. 혹은 견딜 만한 것이 될 수 있게 적당히 눈감았다. 그것들은 한 시절의 공적 기억과 연결되어 있지도 않다. 그래서 감히 적는다. 우리 세대에게는 트라우마도 없고 초자아도 없다. 모더니티를 근본적으로 의심해본 적 없고 그것과 생살을 부대끼며 싸워본 적 없다. 말하자면 애비도 에미도 없는 호로자식들이다. 여직 인간을 모르고 있는 것이다. 인간을 모르면서 문학을 이야기하고 있는 것이다.

그뿐인가. 실은 이렇게 '세대' 운운하면서 보편적·일반적 위치를 참칭하는 것 자체가 나의 혹은 우리 세대의 갈데없는 경박함이다. 앞세대의 거대 담론을 비판하는 일에 이제는 이골이 났다. 그러나 그들보다 더 용감하게 거창한 이야기들을 주워섬긴다. 우리가 모더니티를 이야기할 때 거기에는 핏줄의 직접성이 없다. 그래서 문학도 결국 사람의 일이라는 것을 자주 잊는다. 리얼리즘 미학에 대해 사려 깊지 못하며 거침없이 회의적이다. 리얼리즘을 사칭하는 지긋지긋한 미학적 클리셰들에 대해서는 얼마든지 더 가혹해도 좋다고 생각한다. 그러나 대안을 제시하는 데 무능하고 무책임했다. 우리가 90년대 문학을 '내면성'의 문학이라고 손쉽게 규정할 때 거기에는 김소진의 자리가 없다. 80년대,

90년대, 2000년대 운운할 때 나의 도식은 얼마나 완강하고 상습적이었던가. 예컨대 천운영이나 이기호 같은 작가들에게서 김소진의 숨결을 알아보는 데 나는 얼마나 소홀했던가. 그는 세대와 시대와 보편과 진리를 생짜로 발설하지 않았다. 그러나 그가 이야기한 것들은 그보다 더 크고 더 깊다. 그보다 더 크고 깊게 이야기할 수 없다면 그보다 더 크고 깊게 반성해야 한다.

    이런 생각들을 하며 엎드려 있었다. 잘 읽지 못했고 잘 쓰지 못했다. 고인 생전에 그의 가장 가까운 벗이었고 나의 까마득한 선배님이기도 한 J선생께서 취중에 이리 말씀하셨다. 네가 실패에 대해서 무엇을 아느냐, 네가 실패에 대해 말할 때 그것은 한낱 비평의 수사학에 불과한 것이 아니냐. 나의 최근 글들에 대해 하시는 말씀인 줄 대번에 알아들었다. 선생의 목소리는 취기로 흔들렸지만 그 직진하는 취지 앞에서는 도망갈 틈이 없었다. 이미 아파하고 있는 곳을 향해 화살이 날아왔고, 나는 졸지에 헐벗은 과녁이 되어버리고 말았다. 잘 아는 것에 대해서만 써야 한다면 나는 아무것도 쓸 것이 없지 않느냐, 는 말이 목에 걸렸지만 삼켰다. 맞다. 피 끓는 증오도 애타는 동경도 없는 삶이다. 그런 삶에 그 무슨 성공과 실패가 있겠는가. 나는 인간을 모른다. 인간을 모르기 때문에 김소진을 모르고 있다. 김소진을 모르기 때문에 나의 문학은 너무 편안하다.

    그래서 김소진에 대해 아직은 쓸 수가 없다. 이렇게 생각한다. 내가 끝내 쓰지 못할 글이 하나쯤 있는 것도 좋겠다. 써야 하는 글이 내내 앞에 있는 것도 괜찮겠다. 늘 써야 할 글을 빚처럼 짊어지고 다니는 것도 괜찮겠다. 때로 비평가들은 써버림으로써 잊는다. 그러니 앞으로도 그에 대해서는 쓰지 않고 버티면서 그를 잊지 않겠다. 이후로도 오랫동안 그는 나를 되비추는 우물이거나 내 발목을 잡아 찢는 덫이 될 것이다.

그 우물과 덫으로 내 경거망동을 제어할 것이다. 고인의 10주기에 나는 아무 할 말이 없다. 그에 대해 말하지 않음으로써 그를 기리려고 한다. 새 한 마리가 "울음 없이 젖은 눈을 굴리면서"(장석남, 「새의 자취 — 故 김소진 兄 생각」) 봄 나무 위에 앉았다가 날아가는 날들이다. 지금은 그 방향을 그저 바라보고만 있겠다.

| 발표 지면 |

프롤로그 몰락의 에티카 _ 21세기 문학 사용법 「문학·판」, 2006년 겨울호

제1부 만유인력의 서사학

만유인력의 소설학 _ 김영하, 강영숙, 박민규의 장편을 통해 본 '소설과 현실'
「작가와비평」, 2006년 하반기호
속지 않는 자가 방황한다 _ 김훈 소설에 대한 단상 「문학동네」, 2007년 겨울호
오이디푸스 누아르 _ 영화 〈올드보이〉를 위한 10개의 주석 「영화언어」, 2004년 가을·겨울호
수음하는 오디세우스, 노래하는 세이렌 _ 「무진기행」의 한 읽기
「한국근대문학연구」, 제5권 제2호(2004. 10), 발표 당시 제목은 '여성을 여행하(지 않)는 문학―「무진기행」의 정신분석적 읽기'
아포리아의 제국 _ 박성원의 소설 「문학동네」, 2006년 봄호
당신의 X, 그것은 에티카 _ 김영하의 90년대와 배수아의 2000년대 「문학동네」, 2005년 봄호
보유 우리가 '소설의 윤리'를 말할 때 너무 많이 한 말과 거의 안 한 말 _ 세 편의 평론에 대한 노트 「너머」, 2008년 여름호

제2부 전복을 전복하는 전복

문제는 서정이 아니다 _ 웰컴, 뉴웨이브 「문학동네」, 2005년 가을호
진실은 앓는 자들의 편에 _ 2005년, 뉴웨이브 진단 소견
「문예중앙」, 2006년 봄호, 발표 당시 제목은 '앓는 세대의 난경(難境)과 난무(亂舞)―2005년, 뉴웨이브의 어떤 경향'
스키조와 아나키 _ 2000년대 한국시의 정치학 「창작과비평」, 2006년 여름호
시적인 것들의 분광(分光), 코스모스에서 카오스까지 _ 2006년 여름의 한국시
「문학동네」, 2006년 가을호
전복을 전복하는 전복 _ 뉴웨이브 총론 「실천문학」, 2006년 겨울호
보유 미니마 퍼스펙티비아(minima perspectivia) _ 시의 '깊이'에 대한 단상
「문학과사회」, 2007년 가을호
감각이여, 다시 한번 _ 김경주의 시에 대한 단상 「문예중앙」, 2007년 봄호
보유 시인들이 거기에 있을 때 우리는 무엇을 해야 하는가 _ 필연성과 가능성에 대한 두 개의 단상 「현대한국시」, 2008년 가을호

제3부 열세번째 사도들

열세번째 사도의 슬픈 헛것들 _ 남진우, 『새벽 세시의 사자 한 마리』(문학과지성사, 2006) 해설

시뮬라크르를 사랑해 _ 김행숙, 『이별의 능력』(문학과지성사, 2007) 해설
어제의 상처, 오늘의 놀이, 내일의 침묵 _ 이민하, 『음악처럼 스캔들처럼』(문학과지성사, 2008) 해설
어쩐지 록 스피릿! _ 문혜진, 『검은 표범 여인』(민음사, 2007) 해설
이렇게 헤어짐을 짓는다 _ 이병률, 『바람의 사생활』(창비, 2006) 해설
감춤을 드러내고 드러냄을 감추는 일 _ 장석남의 시 『한국문학』 2007년 가을호
애도하는 오르페우스, 그리고 그 이후 _ 김근의 시 『실천문학』 2006년 봄호, 『시작』 2007년 봄호.
발표 당시 제목은 각각 '애도하는 사막의 오르페우스 — 김근, 『뱀소년의 외출』' '비명(非命)의, 비명(悲鳴)의 비명(碑銘)의'

제4부 그가 누웠던 자리

시선의 정치학, 거울의 주체론 _ 이상의 시 『한국현대문학연구』, 12집(2002. 12)
그가 누웠던 자리 _ 윤동주의 「병원」과 서정시의 윤리학 웹진 '문장' 2007년 6월호
이 사랑을 계속 변주해나갈 수 있을까 _ 김수영의 '사랑'에 대한 단상
『세계의문학』 2008년 여름호
시적인 것, 실재적인 것, 증상적인 것 _ 황지우의 시론 『한국학보』 30권 4호(2004. 1)
반성적 에피큐리언의 초상 _ 오생근의 시론 『문예중앙』 2005년 여름호
불타는 사랑기계들의 연대기 _ 김혜순의 연애시 『작가세계』 2008년 봄호
시는 섹스를 한다 _ 한국시, 체위의 역사 『문학수첩』 2007년 겨울호

제5부 고독한 인간의 지도

거대한 고독, 인간의 지도 _ 은희경, 『아름다움이 나를 멸시한다』(창비, 2007) 해설
정치적으로 올바른 아담 _ 이기호, 『갈팡질팡하다가 내 이럴 줄 알았지』(문학동네, 2006) 해설
욕망에서 사랑으로 _ 천운영, 『그녀의 눈물 사용법』(창비, 2008) 해설
섬뜩하게 보기 _ 편혜영, 『사육장 쪽으로』(문학동네, 2007) 해설
남근이여, 안녕 _ 오현종, 『본드걸 미미양의 모험』(문학동네, 2007) 해설
소녀는 스피노자를 읽는다 _ 김애란, 『달려라, 아비』(창비, 2005) 『문학동네』 2006년 겨울호
현실의 비관주의, 문학의 낙관주의 _ 김영찬, 『비평극장의 유령들』(창비, 2006)
『문예중앙』 2006년 가을호

에필로그 울음 없이 젖은 눈 _ 김소진에 대해 말하지 않기 『소진의 기억』(문학동네, 2007)

문학동네 평론집
몰락의 에티카
ⓒ 신형철 2008

1판 1쇄 | 2008년 12월 12일
1판 32쇄 | 2025년 8월 11일

지은이 신형철

펴낸곳 (주)문학동네 | 펴낸이 김소영
출판등록 1993년 10월 22일 제2003-000045호
주소 10881 경기도 파주시 회동길 210
전자우편 editor@munhak.com | 대표전화 031)955-8888 | 팩스 031)955-8855
문학동네카페 http://cafe.naver.com/mhdn
인스타그램 @munhakdongne | 트위터 @munhakdongne
북클럽문학동네 http://bookclubmunhak.com

ISBN 978-89-546-0731-5 03810

* 이 책의 판권은 지은이와 문학동네에 있습니다.
  이 책 내용의 전부 또는 일부를 재사용하려면 반드시 양측의 서면 동의를 받아야 합니다.
* 잘못된 책은 구입하신 서점에서 교환해드립니다.
  기타 교환 문의 031) 955-2661, 3580

www.munhak.com